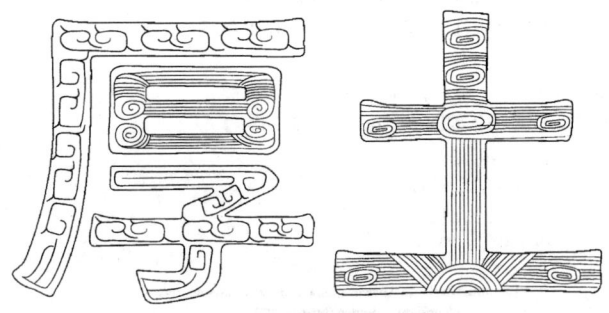

Life and Afterlife in Ancient China

古代中国的今生与来世

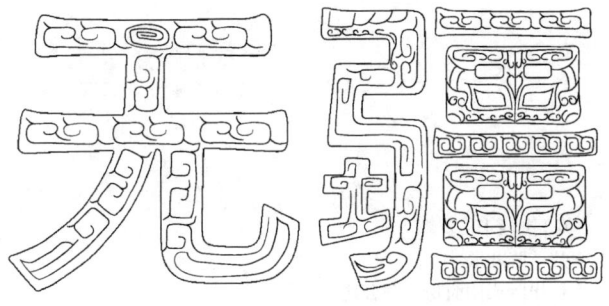

［英］杰西卡·罗森（Jessica Rawson） 著
李晨 陈北辰 译

中信出版集团｜北京

图书在版编目（CIP）数据

厚土无疆 /（英）杰西卡·罗森著；李晨，陈北辰译. -- 北京：中信出版社，2025.9. -- ISBN 978-7-5217-7751-2

I . K878.8-49

中国国家版本馆 CIP 数据核字第 2025TJ8814 号

Life and Afterlife in Ancient China by Jessica Rawson
Copyright © Jessica Rawson 2023
No part of this book may be used or reproduced in any manner for the purpose of training artificial intelligence technologies or systems.
First published as LIFE AND AFTERLIFE IN ANCIENT CHINA in 2023 by Allen Lane, an imprint of Penguin Press. Penguin Press is part of the Penguin Random House group of companies.
Simplified Chinese translation copyright © 2025 by CITIC Press Corporation
ALL RIGHTS RESERVED
本书仅限中国大陆地区发行销售

厚土无疆

著者：　　[英]杰西卡·罗森
译者：　　李晨　陈北辰
出版发行：中信出版集团股份有限公司
　　　　　（北京市朝阳区东三环北路 27 号嘉铭中心　邮编　100020）
承印者：　北京盛通印刷股份有限公司

开本：787mm×1092mm　1/16　　印张：34
插页：8　　　　　　　　　　　　字数：512 千字
版次：2025 年 9 月第 1 版　　　　印次：2025 年 9 月第 1 次印刷
京权图字：01-2025-2868　　　　　书号：ISBN 978-7-5217-7751-2
审图号：GS（2025）2718 号（此书中插图系原文插图）
定价：88.00 元

版权所有·侵权必究
如有印刷、装订问题，本公司负责调换。
服务热线：400-600-8099
投稿邮箱：author@citicpub.com

重磅推荐

（按姓名拼音排序）

    这是一部杰作。罗森教授清晰而详尽地描述了跨越五千年的十二座墓葬遗址及其随葬品，帮助读者深入了解中国文化，让人受教、惊喜、愉悦。

不列颠哥伦比亚大学历史学荣休教授　卜正民

    罗森教授深耕中华文明，新著《厚土无疆》从代表中华文明五千年精髓的十二座墓葬入手，见微知著，构建了中华文明的宏大叙事体系。罗森教授参观湖北省博物馆曾侯乙展览时，时任馆长的我有幸与她交流探讨。2025年恰逢随州曾侯乙编钟入选《世界记忆名录》，曾侯乙墓又得以入选此书"曾之礼乐"一章，祝此书成为世界文化交流的友好使者。

全国杰出专业技术人才，湖北省文物考古研究院院长　方勤

    高等级墓葬墓地选择、墓葬排列、随葬品组合、复杂葬具等，是社会组织结构和观念意识形态的反映，这一神圣场景是另一个世界的重生，也是现实世界的延续。罗森教授从玉之神秘的良渚文明出发，全景式地向读者呈现古代中国的来世和今生。

浙江省文物考古研究所所长、研究员　方向明

杰西卡·罗森这部著作兼具学术性与可读性，纵览了秦及秦之前古代中国多样的历史图景和社会形态……通过考古实证系统介绍特定时期的墓葬遗址，适合有意一览古代中国的读者，也能让读者切实体验中国青铜时代研究行家罗森学术研究的魅力。

哈佛大学人类学系教授　傅罗文（Rowan Flad）

罗森教授以国际化的宏大视野，对亚长墓进行了全新的解读，作为亚长墓的发掘者与研究者深感耳目一新，她对其余墓葬的研究同样新见迭出。

中国社会科学院考古研究所研究员　何毓灵

俗话说，"哪处黄土不埋人"。罗森教授关注的"厚土"，范围并不限于黄河流域的黄土高原，那片令她惊叹不已的黄土地，还包括长城内外和长江流域，涉及的是整个中国——那个中国人生于斯、长于斯、葬于斯，"中国制造中国"的"中国"。厚土深埋的墓葬为我们封存了他们的历史记忆。她想用《厚土无疆》这本书把这些封存已久的秘密揭示给大家，特别是那些对中国知之甚少的西方公众，为此她选了十二座墓葬。我跟罗森教授相识多年，眼见她从北到南、从东到西，风尘仆仆行走于中国大地。我们曾一同游历河西走廊，北上俄罗斯的远东地区。现在我知道，她在做什么了。

北京大学人文讲席教授　李零

中国有着百万年的人类史，一万年的文化史。要理解并读懂万年中华文化，墓葬是一个重要的窗口。罗森教授选择了十二座墓葬作为切入点，以广博的知识、优美的语言、不同时空与视角的切换，讲述了中华文化的风貌、信仰、宇宙观、审美等多方面的内容。让我们跟随罗森教授读懂中国。

浙江大学艺术与考古学院教授，
浙江大学艺术与考古博物馆馆长　刘斌

在当今欧美研究中国考古和艺术史的学者中，罗森教授以其眼光独特、细腻和犀利而尤为引人瞩目。在这部新著中，罗森通过对十二处墓葬和遗址的细致考察和剖析，揭示了古代中国文明的独立性、丰富性和多样性，尤其是祖先崇拜观念在塑造中国古代物质文化特征方面的巨大作用。她还揭示了中国文明的丰富性和多样性特征来源于各区域文化的创造性，以及与欧亚草原文化之间持续不断的联系和互动。

剑桥大学李约瑟研究所所长，
剑桥大学麦克唐纳考古研究所研究员　梅建军

杰西卡·罗森是讲述中国故事的大师。中国的故事埋葬在墓葬里，记录在几千年的器物上，通过剖析十二座墓葬，讲述了数千年来的中国故事，一次次指出中西方人的本质差异。这趟地下之旅带领我们通往古代中国的壮丽史诗，启发我们了解今天的中国。

英国艺术史学者，大英博物馆原馆长　尼尔·麦格雷戈

杰西卡·罗森擅长用通俗语言解释陌生事物。《厚土无疆》是一本适合初识中国者的好书，也很适合有知识储备的读者，因为它为古代中国与邻国之间的复杂关系提供了最新写照。

耶鲁大学历史教授　芮乐伟·韩森（Valerie Hansen）

罗森教授新著《厚土无疆》以贯通中西的宏阔视野和独特视角，透过十二座重要墓葬深刻剖析了古代中国的社会结构、信仰体系、王朝兴衰与文化交流，重构了上下五千余年间古人生时与死后世界的鲜活图景，揭示了中国早期文明独特的发展路径与世界观。这是一部融汇考古实证、艺术鉴赏与文明比较的权威之作。

陕西省考古研究院原院长，中国考古学会常务理事　孙周勇

Life and Afterlife in Ancient China 汉译本出版在即，热烈祝贺罗森教授。她把视域集中在中国玉器和青铜时代，选择了重要遗址的祭祀坑或高等级墓葬来勾勒古代中国上层社会组织生活中的厚葬及祭祀现象，展现古代中国社会生活图景。这位资深汉学家对中国考古学研究有独到视域，具有深厚中国文化素养。她毕生致力于世界文明互鉴研究，她本身也成为让西方了解中国的重要使者。这本书第4章"秘境献祭"，对古蜀时期三星堆和金沙遗址先民生活的奇异世界有独到见解，在此推荐。

四川省文物考古研究院院长　唐飞

古代墓葬是先民生活的折射，其形制、葬俗及随葬品是古代文明的重要载体。罗森教授凭借深厚学识，遴选距今5000年至2000年间最具代表性的十二座墓葬，以通俗笔触为读者勾勒中华文明壮丽图景，展现延绵不断、独具特色的中华文明丰富内涵与辉煌成就。

中国社会科学院学部委员、历史学部主任、一级研究员　王巍

杰西卡·罗森教授以公元前3000年至前221年的十二座墓葬为时空坐标，通过物质文化解码古代中国的政治演进与精神信仰，揭示了与西方迥异的历史图景。其跨文化视野与严谨考据，将墓葬转化为文明对话的桥梁，为理解中华文明多元一体格局提供了全新维度。这部融合学术深度与叙事张力的著作，既是考古瑰宝的导览，更是文明互鉴的典范，值得细读深思。

山西博物院院长　王晓毅

《厚土无疆》的不同之处在于，它采用了以个案带动整体，以时刻勾连时代的写作策略，希望向更为广泛、更为多元的读者，展示一种超越"重大发现"的表面喧嚣，走向作为基磐的早期中国文明洪流的方式。

上海大学文化遗产与信息管理学院教授　徐坚

《厚土无疆》是杰西卡·罗森教授积数十年研究之功，为我们呈现的关于古代中国的又一力作。全书以时间和空间为经纬，选取十二座不同时期、地域典型的墓葬材料，条分缕析，深入、系统地论述了古代中国从公元前3000年至秦始皇统一期间历史的演化轨迹及其特征。该书视角独特，视野宏阔，读来引人入胜。

"在墓葬中，我们可以看到一个充满令人眼花缭乱的多样性的中国，至今仍为人所熟悉。中国人为世界上最伟大的文明之一的长期发展做出了重要贡献，其世界观即根植于中原腹地，也深受多种环境和地方文化的影响。"这部著作是利用考古材料书写宏大历史的新范本。

罗森教授《厚土无疆》这本新著会和她此前著作的中译本《中国古代的艺术与文化》《祖先与永恒：杰西卡·罗森中国考古艺术文集》《莲与龙：中国纹饰》一样，值得中国的读者认真阅读，会从中受到极大启发。

良渚博物院院长　徐天进

《厚土无疆》是杰西卡·罗森教授又一部厚重力作。罗森教授具有深厚中国文化素养。她对中国考古材料的熟稔和沉浸式的研究风格，使其作品既作为"他山之石"可以攻玉，又让中国读者怀有深深的亲切感。她毕生致力于文明互鉴研究，她本人也成为让西方了解中国的重要使者。

中国社会科学院考古研究所研究员　许宏

杰西卡·罗森教授以中国先秦到秦统一多民族国家的建立为历史轴线，以西方学者的特有视野，对古代中国广袤时空范围内极具典型代表意义的十二处高等级墓葬和遗址进行了深入观察，进而分享其对博大精深中华文明的独到见解，这无疑为世界认识5000多年的中华文明史提供了一个绝佳的视角。

安徽省文物考古研究所所长　叶润清

罗森教授深爱中国文化，以毕生的精力研究古代中国。她这本书原来是写给西方学界，讨论古代中国何以走出一条不同于西方文明之路。罗森教授以不同于我们的视角，总结出区位、黄土等中国特质，非常值得国人自我审视。

武汉大学历史学院教授、长江文明考古研究院副院长　张昌平

在资深考古学家与美术史家杰西卡·罗森的这部新著中，深埋于黄土之下的墓葬不再只是代表沉睡与死亡。作者以引人入胜的文字举重若轻地激活了一幕幕历史大戏。传统的延续与变革、区域间的交流互动、中国与域外的对抗与关联，这些波澜壮阔的画卷在她的笔下触目如见，彰显了考古学与美术史在历史书写中独特的力量。

北京大学艺术学院教授　郑岩

目录

地图列表	03
推荐序　早期中国文明的一场壮游	05
中文版序	13
自序	15
致谢	19
前言　来生的世界	23

第一部分　华屋山丘（公元前3200—前1200年）

第 1 章　玉之神秘
　　　　浙江余杭良渚遗址　　　　003

第 2 章　狼藉盛宴
　　　　山西襄汾陶寺遗址　　　　029

第 3 章　铜臂武将
　　　　河南安阳殷墟亚长墓　　　057

第二部分　物的语言（公元前1200—前700年）

第 4 章　秘境献祭
　　　　四川广汉三星堆遗址　　　093

第 5 章	礼物经济	
	陕西宝鸡強国墓	119
第 6 章	逢新感旧	
	陕西韩城梁带村芮国墓	151

第三部分 文化交融（公元前700—前300年）

第 7 章	草原边陲	
	北京延庆玉皇庙山戎墓	183
第 8 章	南方之圆	
	安徽蚌埠双墩钟离国墓	213
第 9 章	曾之礼乐	
	湖北随州曾侯乙墓	239
第 10 章	设计之国	
	河北平山中山王墓	279

第四部分 马上天下（公元前300—前221年）

第 11 章	戎车即止	
	甘肃张家川马家塬遗址	313
第 12 章	永恒军队	
	陕西临潼秦始皇陵	337

尾声	373
注释	383
墓葬列表	477
单色插图列表	479
彩版列表	489
拓展阅读	491

地图列表

1. 良渚遗址与长江三角洲　　　　　　　　　002
2. 陶寺遗址与黄土高原　　　　　　　　　　028
3. 安阳殷墟遗址与中原地区西部边缘　　　　056
4. 三星堆遗址与四川盆地　　　　　　　　　092
5. 宝鸡与渭河平原西部　　　　　　　　　　118
6. 梁带村与黄河、汾河和渭河交汇处　　　　150
7. 玉皇庙遗址与燕山山脉　　　　　　　　　182
8. 蚌埠——淮河上的明珠　　　　　　　　　212
9. 曾国与楚国　　　　　　　　　　　　　　238
10. 灵寿城与中山国　　　　　　　　　　　 278
11. 马家塬与秦国的西部　　　　　　　　　 312
12. 咸阳与西安　　　　　　　　　　　　　 336

推荐序　早期中国文明的一场壮游

上海大学文化遗产与信息管理学院教授　徐　坚

罗森教授新著 Life and Afterlife in Ancient China 的中文版《厚土无疆》即将面世，承蒙著者和出版方美意，我得以先睹为快。这是一部讲述中国文明的关键时段、国家文明的形成历程的作品。从距今约 5200 年开始，延绵到公元前 3 世纪晚期（即秦实现空前的大一统之际）这一长达近 3000 年的阶段是中国"五千年文明史"的第一个段落，在考古学上正是青铜时代。对于认识中国文明，这是最值得浓墨重彩、洞幽察微的段落，因为它上承一方水土养一方人的山川形胜、资源物产和生计生活，下启中国文明最本质、最深邃的世界观和宇宙观，以及由此滥觞的书写、图绘及种种艺术、宗教和意识形态。关于这个关键时段的作品并不少见，但面面俱到、宏大而平均的叙事居多，《厚土无疆》却另辟蹊径，宛如避用主调音乐，转而采纳赋格曲一样，以跨越广袤的时空距离的 12 处特殊埋藏为节点，循序渐进地反复深描，最终勾勒出中国的国家文明与世界其他主要国家文明的同步、独到，以及跨越欧亚大陆的文化交融。因此，《厚土无疆》提供了一场跨越近 3000 年，既有顺时而下的潮流，又有跨越山海的呼应，在关键节点上盘桓，乃至一唱三叹的壮游。这是一场与国同行的壮游。

一

这场壮游的首要特质是它建基在考古学，尤其是中国考古学之上。这并不仅仅指 12 个主题都是考古新发现和收获，更是指全书的核心观念建立在考古学上。考古学不仅提供了壮游的素材，更提供了壮游的时空尺度、主题以及叙事可能性。

"青铜时代"最早由 19 世纪上半叶丹麦国家博物馆馆长汤姆森（C. J. Thomsen）提出，至今仍然用于包括中国在内的世界考古学体系中。在汤姆森眼中，包括青铜时代在内的三期说原本只是博物馆展陈叙事的一种排序和编辑方式。英国马克思主义考古学家柴尔德（G. Childe）对三期说的旧瓶新酒式改造才奠定了《厚土无疆》的第一种基调。柴尔德提出，"城市革命"是人类社会跨入文明的门槛，是青铜时代的本质。从反山 M12 大墓、遭遇破坏的陶寺酋邦首领墓葬到安阳花园庄东地 M54，即亚长墓，都是这场变革在东亚大陆登场之际的表现形式。来自南北不同地点、不同时段的 12 个主题无一不是柴尔德城市革命的经典样本：超越一般墓葬的尺度规模，青铜、玉石、黄金甚至精致陶器等珍贵物质的奢侈调用，对来自异域的物质和技术的垄断，对他人生命的支配和占有。这些表现背后的驱动力就是稳定的社会复杂化和层级化进程。

所有的主题都是近半个世纪以来中国考古学的新发现和新收获。不少地点，如广汉三星堆和秦始皇陵区的考古工作还在持续进行。虽然统称为 12 座墓葬，但它们的考古学内涵更加丰富。大多数君主并非孑然独立，反山、陶寺、殷墟花园庄、宝鸡茹家庄、韩城梁带村、军都山玉皇庙、蚌埠双墩、天水马家塬都是尊卑有别、绵延有序的权贵墓地。有的从属于陵墓，帝王的威权和气势扑面而来，但无人安葬于此，如秦始皇陵兵马俑坑、铜车马坑、百戏俑坑和青铜水禽坑。在最新发掘收获的支撑下，广汉三星堆埋藏坑应该可以确认并非墓葬，只是是否为祭祀坑，此地是原生还是次生埋藏现场，与之相关的仪式活动和信仰，都尚未成定论。在严谨的考古学分析中，它们都可以被归为同类。无论是墓葬、祭祀坑，还是本书没有详细介绍的窖藏，都属于特殊埋藏，或者有意埋藏，与中国考古学中被称为"灰坑"的任意埋藏，组成考古学文化单元的全谱系。

《厚土无疆》的 12 个主题都在青铜时代的特殊埋藏类别之中。所有的特殊埋藏都是有意图、有动机、有预期的个人或者集体行为的结果，而行为受到集体无意识的文化传统或者个人有意识的选择和表达的驱使。从葬于反山的未知其名的良渚首领到横扫六合的秦始皇，所有个人和从属的集体，所有的言说和言外之意，所有的规则和变通，都在考古学视野下呈现出来。

二

当以 12 处特殊埋藏为关键案例得到考古学的背书后，它们的阐释力就成为随之而来的问题。这场壮游究竟能够带领我们抵达何处，是浮光掠影的考古新发现，还是早期中国甚至整体性中国文明的本质特征？这也构成《厚土无疆》的第二种基调，即超越生死，超越个人，超越现时的墓葬观。12 处特殊埋藏反复说明生死并不截然对立，墓葬也绝非一己私事。在中国文明之中，它就是现实和憧憬的投影，也是社会生活的中心舞台之一，因此成为探寻文明深处的观念和记忆的关键门径。

在中国文化中，墓葬具有格外特殊的地位和重要的意义。首先，墓葬不是生死的边界。正如《厚土无疆》英文版的标题用词一样，与"生"相对的不是"死"或者"逝"，而是"来世"。《白虎通义》有"阳气动于黄泉之下，动养万物也"。因此，墓葬不是人生的终点，也不是另一个世界的入口，相反，它是无始无终的人生循环的一个转化环节，意味着未来生命的到来。其次，当血缘关系成为中国基层社会的关键纽带，而社会和国家治理建立在血缘制度的暗喻或者转换形式基础之上时，祖先崇拜就将墓葬推向了社会的聚光灯下。因此，墓葬不必是凄苦悲恸的，它可以是充满表达和期盼的。相对于离别和断裂，墓葬更强调聚合和连续；相对于逝者，它更多关注和表达生者的世界。

在世界所有主要早期文明中，墓葬，尤其是权贵的奢华墓葬，是重要的宣示之地。墓葬，成为和公共建筑、纪念性建筑一样的公开展示的艺术。所有的墓葬、随葬坑和器物坑都是支配社会人力和财力的指标。《厚土无疆》的12处特殊埋藏因此就是12座中心舞台。虽然如同凤翔雍城秦景公大墓到秦始皇陵那样空前的尺度并不多见，但是几乎所有的陵墓都远大于同侪。而且，要么如同陶寺、随州擂鼓墩、平山三汲乡那样，权贵墓葬与其他人的墓葬保持间隔，要么如同殷墟花园庄东地、延庆军都山那样形成众星拱月之势。所有的特殊埋藏都以令人咋舌的数量和质量为特色，人无我有、人有我多、人有我优是所有权贵都熟谙的法则，无论是墓葬中的青铜器、玉器、金器，还是象牙、殉人，都是这个法则的表达形式。在奢侈性展示之外，所有的中心舞台上的角色都需要解释权力与文明的来路和走向，这造成了陶寺大墓的彩绘龙纹陶盘、鼍鼓，三星堆埋藏坑的神树、面具，双墩大墓的包金铠甲，中山王䚟墓的铜版兆域图，等等，闪亮登场。

三

这场壮游的实现方式引出了《厚土无疆》的第三种特质，兼具政治学和诗学的物质文化研究。在这种行之有效的方法下，纹样、器物、墓葬和景观都不再神秘而隔离，早期中国文明是可游的。

罗森教授曾经荣膺有中国人文研究领域诺贝尔奖之誉的唐奖汉学奖，颁奖词中，"为静默的器物发声"就是对她在如何理解中国文明尤其是物质和艺术上的贡献的最精准的褒扬。20世纪60年代起，罗森教授供职于大英博物馆东方器物部近30年，她使中国的玉器、青铜器乃至整体性中国文明成为西方博物馆的常见展陈主题，她不仅通过一系列专业著述和图录向考古学与艺术史学生示范和传授，她的《大英博物馆中国艺术》(The British Museum Book of Chinese Art)更是教会更广泛的西方观众如何观看中国艺术。

物其实并不沉默，只是以文字先入为主的观看者不一定听得到物的声音。19世纪英国工艺美术运动的伟大旗手拉斯金（J. Ruskin）曾经说过，"伟大国度以三种文本——事迹、言辞和艺术书写自传，没有一种能在不参考另外两种的情况下得到理解，但是，三者之中，只有最后一种才是可信的"。罗森教授"写一部全新的、不同于早期文献和正史的历史著作"的愿望正是这种思想一脉相承的结果。中国考古学迄今都不擅于讲述"物的历史"，物常常被当成科学规则的证据，或者不受约束的文化标签。我记得罗森教授多年前以殷墟妇好墓随葬器物组合为例，说明晚商社会的物质语言系统的统一性和多样性。墓主人的尊崇地位可以通过器物形态、规格、数量、组合关系，寻常器物形态组合成罕见形态，以珍贵材质制作常见器型，远距离输入的奢侈品，等等，表达出来。这一思路发人深省，在《厚土无疆》的所有案例里都表现得淋漓尽致，尤其值得走向阐释的中国考古学学习。

物的表达可能是"政治学的"，可以精确地计算和整饬地排列的。从《周礼》开始，绵延至后世的基于所有者身份和等级的层级式鼎簋制度、舆服制度甚至建筑制度，《考工记》的都城营造格局符合这种规范。然而，物的表达从来都不是严丝合缝地符合规范的，既可能处心积虑地将文化或者政治认同、倾向、记忆和期盼揉进去，也可能将个人私慕、思绪情愫或者灵机应变带入物中，也就是"诗学的"。

《厚土无疆》的所有案例都在集体有序传承的文化和制度里，但也不乏个人的灵光乍现。所有的特殊埋藏都不是地不爱宝，有意遗留给未来的我们的，它们一定服务于当时的赞助人和行为者。这就是我们能够透过特殊埋藏看到背后的人影，揣摩暗藏的心态的原因。安徽蚌埠双墩墓葬的形态和随葬器物组合传递出两种不同的声音，在遵循甚至可能复制楚制的表象之下，巨大的圆形墓穴、模仿石墙的土坯墙、被陪葬墓环绕的主墓、墓主人心爱的环首弯刀都在表明钟离君与遥远的北方割舍不断的文化脐带。这样的例子何其多也！我相信领会了罗森教授的壮游之术的读者必定能够发现更多、更独特的早期中国文明之美。

此时距我初读罗森教授的《莲与龙：中国纹饰》(*Chinese Ornament: The Lotus and the Dragon*)、《剑桥早期中国史》西周考古章

10　　　　　　　　　　　　　　　　　　　　　　　　　　　厚土无疆

（*The Cambridge History of Ancient China: From the Origins of Civilization to 221 B.C.*）和《赛克勒博物馆收藏中国青铜器》西周卷（*Western Zhou Ritual Bronzes from the Arthur M. Sackler Collections*）已近30年，罗森教授一直在中国早期考古、艺术和物质文化上笔耕不辍，引领前行。《厚土无疆》的不同之处在于，它采用了以个案带动整体，以时刻勾连时代的写作策略，希望向更为广泛、更为多元的读者，展示一种超越"重大发现"的表面喧嚣，走向作为基磐的早期中国文明洪流的方式。这正是我敬佩和推崇，并且不畏浅薄，以续貂心态作推荐序的原因。

中文版序

《厚土无疆》是 *Life and Afterlife in Ancient China* 一书的中译本。英文原书出版于 2023 年，讲述了中国营建墓葬的悠久历史和深厚传统，所涉年代始于公元前 3000 年的新石器时代，止于秦代。墓葬的数量其实是十一座，但三星堆祭祀坑出土了大量精美青铜器、玉器和金器，和墓葬一样，也是独特习俗和信仰的呈现。很多遗址为公众所熟知，许多人甚至实地参观过其中的一些。本书旨在揭示这些遗址体现出的非凡创造性，以及中国在世界文明早期历史中的独特性。

黄土高原孕育了不同的族群，黄土的地质特征决定了中国迥异于西方的深墓传统，黄土与中国北方陶器传统密切相关，也是领先世界的青铜器铸造工艺的前提。黄土对中国墓葬、中国物质文化乃至中国社会有着深远影响，但尚未受到足够的重视。这一点也正是本书中文书名的由来。

在本书的写作期间，我一直很感激中国的考古学家和各地的考古研究院所数十年如一日的细致工作。没有他们的奉献精神和杰出成果，我就不可能将这一重要传统展现于读者面前。我也非常感谢许多机构为本书中英文版提供珍贵的彩色照片。正因如此，墓葬及其出土文物所蕴含的"物的语言"(language of objects)得以呈现，它和我们习以为常的"文字的语言"(language of words)一样重要，体现着中国和西方的本质不同。

感谢上海大学徐坚教授慷慨应允为本书撰写精彩的推荐序。与英文初版精装本相比，英文再版平装本和中译本均做了一些修改，修订后的尾声篇幅更长。我很感谢两位译者李晨博士（同济大学人文学院副教授）和陈北辰博士（首都师范大学历史学院讲师）提出修改意见和补充建议。邓菲教授（复旦大学艺术研究院副院长）和吴晓筠博士（台北故宫博物院器物处处长）对翻译工作给予了进一步的支持，在此表示感谢。我也非常感谢中信出版集团的编辑团队在推介这部作品时所付出的努力。

杰西卡·罗森

2025年5月

自序

在公元前 3 世纪秦始皇统一之前,我们现在所知的中国领土范围内并不只有一个单一的国家。为了便于理解,我在全书中仍会使用"中国"一词,尽管我们不会走遍当今中华人民共和国的每一个角落。我们将重点关注从长城至东海、南海,向西至青藏高原边缘的广大地区。中国的历史不仅仅是中原诸国的历史,主要是三大独特区域的历史。第一个区域是黄河中下游,尤其是渭河流域,这是商周王朝(公元前 1600—前 256 年)的核心地带。三门峡以东的海拔较低的农耕地带被总称为"中原",但这一术语也包括华北平原在内的许多地区。我将中原地区以北、以西的山脉与河谷地带称为"黄土高原",尽管严格来讲,这片黄土覆盖的辽阔景观中仅有一部分地域适用这个名称。第二个区域从古至今都是联结农业谷地、平原和从内蒙古一直延伸到黑海以及今天的乌克兰的草原的重要桥梁。第三个区域是长江流域,这里气候湿润,稻田肥沃,是中国繁荣的基础。

中国文明的发展——社会、文化和环境条件的结合——不适用西方设定的社会复杂性的标准。我认为中国的复杂社会与西亚、埃及和地中海等地的复杂社会完全不同且相互独立。重要的证据就是本书前几章所描述的大型定居点，年代在公元前3000年至公元前1800年。中国早期城市乃至国的建设方式、物质文化和社会组织都跟我们所知的西亚完全不同，但两者的发达程度是相当的。西亚的城市通常被视为西方文明的基础。本书中所描述的中国早期文化则有着不同的起源。在公元前4000年至公元前3000年间，我们今天称为中国的这片土地上生活着许多不同的地方群体，他们随着时间的推移分分合合，共同构建了人们的生活和信仰。尤为重要的是，石峁和寨沟等大型遗址所在的陕北及邻近地区，都为早期王朝的演变做出了重要贡献。这些王朝已有文字记载，它们所控制的领土范围大不相同，其政府性质也有所差异。商朝和西周的统治范围并不大，主要由贵族血缘关系维系的宗法制度来实现，统治者的世系既遵循单一父系原则，又通常处于一个被称为"宗族"的更大亲缘群体之中。有些人是王室亲属，其他人则是来自不同宗族的有权有势的土地所有者。他们的领地被称为"邑"。领地边界没有标记，也不稳定，可以（并且确实）从一个地区迁到另一个地区。从公元前8世纪中叶开始，周王室的军事力量渐衰，许多相互竞争的邑逐步合并成更大的领地，我们可以称之为"国"。它们的行政系统通过传世文献和出土文献渐渐被揭示出来。这些国之内的人民通常以国名来命名。

在商、周及非周族群和诸侯国之间，活跃着一些族群，这些族群在青铜器铭文和传世文献中被称为"戎""狄""夷"，有时也被称为"胡"，主要生活在定居区域的北面和东面。在特定的时期，一些人融入了华夏的礼仪和物质文化，另一些人则选择保留他们的北方习俗。一些族群的墓葬并未采用中央王朝所宣扬的主要文化规范，我们由此识别其存在，但无法得知其名称，这些人我们用"北方人""新来者""外来者"等术语来称呼。这些族群占据着黄土高原大部分地区和今内蒙古一带。这里有交通要道，可通往草原地带以及今新疆的沙漠和绿洲。这些重要的交通线路横跨欧亚大陆，为著名的丝绸之路打下基础。中原地区的墓葬还向我们展示了丝绸、漆器和瓷器等中国特有的精美器物及其精湛工艺，这些后来也成为中外贸易的重要商品。

本书插图来自考古发掘报告，并基于原图重新绘制，通常将器物的外表面整体展开来呈现。若没有考古学家们努力的成果，本书便不可能如此细致地展示这些墓葬。

致 谢

"把库房里的玉器整理一下倒是个好主意。"

20世纪70年代,当有人向我提出这个建议时,我还只是大英博物馆的助理策展人,刚刚获得伦敦大学亚非学院中文专业的第二个本科学位。我拿到了装卸区旁边一个房间的钥匙,里面堆满了石头,也就是著名的中国玉器。我很快意识到它们的历史鲜为人知,还有很多有待整理。

我很感激我的家人点燃了我对不寻常的语言文字(尤其是中文)的热情,他们鼓励我反复观看和记忆伦敦各个博物馆里的画作等古物。20世纪60年代,凯瑟琳·凯尼恩女爵士(Dame Kathleen Kenyon)在我离开学校后接收了我,让我加入了她在耶路撒冷主管的发掘工作,那是我当时到过的最东的地方。在三个发掘季的时间里,她培养了我对考古学的兴趣。后来,在约旦的一次发掘中,许多来自中国的陶瓷碎片吸引我继续深入研究,彼时我正在攻读剑桥大学历史专业的学位。

我非常感谢大英博物馆及其策展人、各部门主管,特别是大卫·威尔逊爵士(Sir David Wilson),以及展览设计师、文物管理员

19

和安保人员。最重要的是，通过参与"七千年珠宝史"（7000 Years of Jewellery）、"艺术中的动物"（Animals in Art）、"中国纹饰：莲与龙"等跨部门的展览工作，我有幸了解欧亚大陆的多种物质文化。一个由哈佛大学主导的大型项目，即在美国对一批重要青铜器收藏进行编目，使我获得了有关中国丰富历史文献的宝贵经验。在文化的旋涡之中，玉器再次经由何鸿卿爵士（Sir Joseph Hotung）呈现在我面前，他在香港的家中收藏了精美玉器。乔（何鸿卿的昵称）改变了我的学术生涯。他同意了我的建议，不仅慷慨地支持了大英博物馆中国展厅的翻新，还为南亚馆增加了另一半的展陈。这不仅改变了亚洲部，也改变了整个大英博物馆。

我们如果不把古代玉器拿在手里仔细观察，就无法对它们进行分类，连识别都很困难。乔鼓励我这样做，这也进一步开阔了我的眼界。随着中国更多考古发掘的展开和公布，前往中国的机会也越来越多。在我担任牛津大学墨顿学院（Merton College）院长一职（1994—2010年）以及后来执教于牛津大学考古学院期间，我多次访问了中国大部分地区的遗址。在这项工作中，我感受到了学院其他同事对中国的热情，尤其是克里斯·戈斯登（Chris Gosden）和马克·波拉德（Mark Pollard）。中国各地考古机构、院校中同人的开放和支持教会了我今天所知的一切。如果没有这种与发掘者、科学家、策展人和学生们的互动，我对古代中国的了解将会更加有限。我还要感谢同人在我访问俄罗斯和蒙古国的遗址、博物馆期间提出的富有启发性的建议。

随着中国日益受到瞩目，我受益匪浅，牛津大学也受益于利华休姆信托（Leverhulme Trust）的两项重要资助。第一项资助用于"当代中国研究"，这是牛津大学中国中心成立的主要推动力之一。

然后，该信托资助了我的研究"公元前1000年至前200年的中国和内亚：改变中国的互动"。这项研究为我探讨中原地区经由黄土高原与欧亚草原进行的交流奠定了基础。我非常感谢信托的远见卓识。这些年来，牛津大学考古学院的学生也让我受益匪浅，他们的研究和发现增强了我们对欧亚大陆关键互动的了解。他们的所有努力都为本书做出了贡献。

尽管现代中国每天都出现在新闻中，但西方很少有人认识到现代中国的根基。欧洲人不可避免地回顾古希腊和古罗马，甚至远至古美索不达米亚和古埃及，中国人同样意识到他们的悠久历史及其对自身生活、语言和价值观的贡献。我在剑桥大学阐述了书中的部分观点，很荣幸地被选为斯莱德美术讲座教授（Slade Professor of Fine Art，2013—2014年），在此感谢评审人和剑桥大学圣约翰学院的董事，也正是在圣约翰学院我享受了为期一年的资助。我要感谢RCW文学经纪公司的彼得·斯特劳斯对我书稿计划的鼓励和建议。感谢企鹅出版集团的斯图尔特·普罗菲特接受本书。两位编辑启发了我，让我尝试打开一个被距离、时间和语言屏蔽的世界。本·辛约尔和艾丽斯·斯金纳建议把重点放在墓葬及其随葬品上，并让我坚持这一点。在没有相关先验知识的情况下，编辑们做出了一个明智的选择——中国的墓葬很少被当作研究复杂历史的途径。我很感激他们在每一个阶段的坚持和鼓励。企鹅出版集团的许多其他人也在此过程中做出了重大贡献，包括：伊丽莎白·布兰登、阿梅莉亚·埃文斯、桑德拉·富勒、马特·哈钦森、肖娜·莱西、林登·劳森和丽贝卡·李。

另两位也不可或缺。宓立旻博士和我合作多年，研究马匹在早期王朝生活中的角色，也研究黄土高原地区及其墓葬。立旻为本书绘制了地图，并在我撰写章节和整理参考书目时提供了源源不断的信息。然而，如果没有我的丈夫约翰，本书将因没有线图而化为泡影。他对此十分坚持。他认为，一本关于墓葬及其随葬品的书必须有插图，因此他承担了所有器物的线图和许多墓葬的平面图的绘制工作。不幸的是，他没能看到本书付梓，但他的心血呈现在本书每一章中。在我们的婚姻生活中，他对我的工作保持理解并提供不懈支持，无论是我在大英博物馆、牛津大学还是在中国。这本书是最好的纪念。

由于本书涉及面广，时间跨度长，我打扰了许多同事和友人，他们一直热心地分享自己的知识并阅读本书的一个或多个章节，这些人包括：李安敦（Anthony Barbieri-Low）、江雨德（Roderick Campbell）、狄宇宙（Nicola Di Cosmo）、康斯坦丁·丘贡诺夫（Konstantin Chugunov）、葛觉智（Yegor Grebnev）、韩文彬（Robert Harrist）、柯马丁（Martin Kern）、夏玉婷（Maria Khayutina）、马硕（Maxim Korolkov）、梅建军（Jianjun Mei）、韩书瑞（Susan Naquin）、杜德兰（Alain Thote）、谢藏（Armin Selbitschka）、苏芳淑（Jenny F. So）、吴芳思（Frances Wood）、黄炜均（Raphael Wong）、许杰（Jay Xu）和庄奕杰（Yijie Zhuang）。我很感激他们的评论和指正。其他同人也非常慷慨地允许我使用他们对早期文献的英文翻译。中国的考古机构、博物馆的负责人以及考古学家们为我提供了许多珍贵的照片，并授权出版社使用，我也要对此表示感谢。

前言　来生的世界

中国在世界舞台上扮演着重要的政治和经济角色，但是在其国界之外，这个国家及其历史却并不广为人知。在某种程度上，这是因为其令人敬畏的语言、其人民和地理景观对西方来说是陌生的。西方人很少具有中国文化素养。事实上，一家英国报纸评论道：我们对中国的了解存在"严重的国民赤字"。[1] 西方人缺乏同理心，甚至感到陌生，这掩盖了中国悠久而辉煌的历史。如果西方不承认和重视中国的历史，这不仅影响着中国的现在，而且影响着西方的现在，那么西方限制了自己与这样一个横跨 5 个地理时区并与 14 个国家接壤的国家的交往。为了巩固中国在国际社会中的地位和作用，中国的当代领导人经常提到由祖先创造的五千年文明。这个史诗般的时间跨度塑造了中国人的个体和集体身份，以及他们的道德价值观和理想抱负，这值得西方人认可和思考。然而，即使是五千年，也低估了中国从欧亚大陆的大部分地区中脱颖而出所经历的漫长岁月。现存的器物和文献的规模及复杂程度都是前所未有的，使得中国在欧洲和美洲那些年轻得多的国家中具有权威地位。西方人只能看到这几千年中的一小部分。尽管如此，公元前 221 年秦朝建立之前的近 3000 年——这一时期出现了早期城市和最初的王朝——

为中国留存至今的许多独特的文化元素奠定了基础。

中国有许多极端环境。它的领土北起黑龙江主航道中心线，冬季的温度降至零下 40 摄氏度甚至零下 50 摄氏度，南至约 5500 公里外的南沙群岛曾母暗沙，同欧洲——从挪威的最北端到西班牙南部海岸——的面积大致相同。中国地势西高东低，呈三级阶梯状，从海拔约 5000 米的青藏高原下降至北部的黄土高原，此外也包括海拔可达 1500 米的东南丘陵，以及农业河谷和平原。在辽阔的北部地区，黄土高原上覆盖着黄土。黄土是一种细小的、通常半结晶的尘土，从阿尔泰山脉、青藏高原和戈壁沙漠吹来，历经数千年甚至数百万年。[2] 这一至关重要的地区将中国与欧亚草原联结起来。在中部和东部，黄河从 5 米多高的堤坝上流过平原，长江从孤立的四川盆地向东穿过三峡。这曾经是云梦泽的水源，云梦泽和洞庭湖覆盖了武汉附近的一片低地，如今这里已经淤塞成农田。长江随后奔流而下，在上海汇入大海。

仅凭地图无法传达这一充满挑战的地形，它不仅延伸到地平线以外，而且超出了我们的经验和想象。因此，了解这个非凡国家的唯一方式就是游历其中。20 世纪七八十年代，包括我在内的许多人都乘坐火车，慢悠悠地穿过遍布精心挖成的窑洞的黄土丘陵，也穿过南方的竹林。今天的速度飙升，所有人都可以乘坐高铁或飞机。中国的多样性就在这样的速度下消失了。我们需要放慢脚步才能看到公元前 3 世纪由秦始皇所统一的辽阔疆域在地貌和历史上发生的巨大变化。当时的疆域比现在的中国更加紧凑，从青藏高原的东部边缘延伸到北部的沙漠和草原，从东海到长江沿线，再往南延伸到更偏远的地方。虽然东部沿海地区存在着持续不断的海上往来，但与地中海或印度洋的社会相比，海洋在中国古代所起到的作用较小。

然而，东部的海洋确实决定了中国乃至东亚大部分地区的气候。太平洋季风会带来一种主要的气流，其中的水分形成夏季雨水。由于这些雨水止于黄土高原，往往无法到达草原，它们形成了世界上最重要的边界之一。在这个边界之外，仅有相对受限的作物种植。到了秋天，季风退去，来自北极南部的风吹向草原和中国北方的大部分地区，带来了严冬。季风是中国长久以来财富的源泉。它滋养了黄河和长江及其支流，带来了与地中海沿岸截然不同的潮湿夏季。雨水的馈赠也促进了本土草本植物的种植，南方的主要作物是水稻，北方的主要作物是粟。水稻是世界上最有营养的谷物，是劳动密集型的作物；而粟的生长周期非常短，从播种到收获只需100天左右，并且可以在海拔较高的地域茁壮成长。这两种谷物都是煮熟食用的，而不是像西亚和欧洲那样磨碎来制作面包。大西洋地区的特点是夏季干燥，冬季潮湿。[3]这种气候的重大差异导致了两种完全不同的生活方式和饮食习惯。

中国在农业实践方面也与西方存在显著的差异。盘羊和山羊在西北部的山脉上生存，它们没有出现在河谷地区，而这些河谷地区的早期居民驯化了狗和猪。结果是人口的增长无须与动物争夺牧场所需的土地。从公元前3000年至今，中国庞大的人口一直是其核心优势，使艰巨的人居环境和大型基础设施——从长城、三峡大坝、故宫到高速铁路、特大城市和5G网络——成为可能。古代基础设施的早期迹象存在于巨大的夯土建筑、城墙、大坝和控制夏季季风地区水量的水渠遗存之中。[4]夯土是一种非常有效的建筑材料，因此古代中国对石头的使用并不多，事实上，通常很难找到石材。在汉代（公元前206—公元220年）之前，砖并不是主要的建筑材料。

因此，在中国各地，我们看不到太多可以与古埃及的石筑神庙、美索不达米亚和波斯的高大建筑或欧洲的巨石阵相媲美的纪念碑式建筑。中国古代的历史告诉我们，古人以自己的形式建立了复杂的社会。

由于地下遗存如此丰富，人们很容易忽视在高度控制的组织中以多个群体运作的劳动力。[5] 在适当的时候，这种熟练的劳动分工不仅建造了城市，而且制造了中国著名的青铜器和兵马俑，并将其文化传播到世界各地。我们可以在成千上万的仿中国瓷器的白色陶瓷餐具和用中国丝绸制成的欧洲宫廷礼服上，看到这些非凡创造的痕迹。在中国，那些需要大规模生产和专业技能相结合的物品格外受青睐，比如玉器、丝绸、漆器和陶瓷。开采玉石，养蚕并从成千上万的蚕茧中抽丝，从森林中采集漆树液，以及获取并混合最好的陶土，都是艰巨的任务。然后需要成百上千的技艺精湛的工匠来雕琢玉石，或将纤细的蚕丝变成可编织的丝线，或处理漆，或揉捏陶土，或收集草木并用于烧窑。这些劳动力既继承了制造传统，又发展了新的技术，需要管理严格的生产线。在这些工匠群体中，有些人具有特殊的才能，可以创造出不同寻常的器物，比如良渚的玉琮、陶寺的彩绘陶和三星堆的青铜人像。这些物品不仅仅是奢侈品，更是中华文明的标志，早在开始运用文字之前的几千年里，就已经成为生者与其先祖和神灵之间的重要纽带。

早期有文字记载的历史大多来自黄河中下游流域的城市和统治者。三个王朝——夏（可能在公元前1600年之前）、商（公元前1600—前1046年）和周（西周：公元前1046—前771年。东周：公元前770—前256年）——主导了中国的核心叙事。根据早期的记载，著名的西汉史学家司马迁从公元前104年开始撰写的纪传体通史《史记》中描述了这三个王朝，并影响了后世记叙三代的大部分著作。[6] 商周时期的主要城市已为我们所了解，但夏代的聚落迄今为止尚未被考古学家确定。文献、陶器和青铜器都将人们的注意力吸引到了黄河流域，商代的主要都城在今安阳，西周的都城则在今西安附近。在春秋时期（公元前770—前476年），人口增长和来自北方的入侵威胁到了控制着近150个诸侯国的农业地区的周天子。这导致了政治和军事冲突，孔子及之后的哲学家都为此提出了解决方案。在战国时期（公元前475—前221年）的几百年间，随着大国吞并小国，越来越残酷的战斗随之而来，直到秦直面韩、赵、魏、楚、燕、齐六国，并最终征服了它们。

这片富饶的土地，以及被称为中原的东部地区，将我们的视线从另外两个地区转移开了，这两个地区位于黄河中下游的两侧，对建立一个统一的国家至关重要。向北是黄土高原（彩版5），从兰州绵延1000多公里至太行山脉（彩版19），黄土进一步向东北延伸至北京以外。[7] 黄土高原侵蚀而成的崖壁和土丘是灰色的，但在阳光下是黄色的。黄土使黄河呈现浑浊的厚重色调（彩版17）。河流将这些泥沙散布到盆地和冲积平原上。黄土是一种异常稳定的地质现象，它使人们能够挖掘出壮观的深墓，甚至鼓励人们这样做。这就像火山灰——那不勒斯周围和下方堆积着大量的火山灰——对建造罗马水下港口建筑的混凝土是必不可少的。黄土高原同时也是中国农业财富的边缘地带和欧亚草原的中间地带，草原是一个人口、马畜的巨大储蓄池。在本书所描述的几千年中，早在海上航线开通之前，互联互通的流动人口建立了世界上最伟大的交通线，跨越了数千公里的山脉和草原。西经河西走廊，一连串穿越沙漠、绿洲的路线通往中亚。从公元前10000年起，没有哪一位统治者声称或实际控制过黄土高原，相反，黄土高原孕育了许多不同的族群，包括有抱负的入侵者，有时甚至是来自草原的畜牧者。这种处于两类截然不同的生活方式之间的枢纽地位，使黄土高原的居民为中国物质文化的历史及扩张做出了永久性的贡献。他们不稳定的生活方式与南方长江沿线的农业繁荣形成了鲜明对比。农业养活了若干独立族群，他们进而建立了独特的社会：我们在长江三角洲发现玉器，在四川盆地发现大量的青铜器，在淮河流域发现土墩墓，在汉水以南发现漆器和青铜装饰。在秦始皇统一之前，在长城成为中国的防线之前，黄土高原和长江流域的人们虽然坚持着地方习俗，但逐渐地、一步步地融入黄河流域的文化传统。

乍一看，中国从农业社会到城市国家的发展轨迹，似乎类似于西方人可能更熟悉的西亚、埃及和地中海地区的历史，这些地区的发展常常被视为衡量全球"进步"的基准。然而，如果我们跳出既定框架，以中国古代文明自身的维度审视其辉煌，我们就能发现根本差异。我们常常武断地称之为"文明"的事物——依赖小麦和大麦，驯养绵羊、山羊和牛，拥有冶金术和文字的定居生活，几乎像传染病一样，随着人口流动、贸易往来，从西亚沿地中海向北传播至欧洲——并未直接向东传播。[8,9] 虽然这些习俗和技术有时确实从伊朗或土库曼斯坦向东南传入南亚次大陆，但茂密丛林所覆盖的广阔山脉从西藏东部向南延伸，阻隔了进一步的传播。青藏高原海拔很高，从西到东长约 2800 公里，这使得来自低地的人和牲畜几乎无法适应那里的环境，也难以穿越它的中心地带，不得不沿着其边缘移动（彩版 4）。这是中华文明独立的基础。水稻和粟的夏季生长，放牧动物的缺乏，玉器、漆器和丝绸等在金属经由草原地带传入之前甚至之后作为身份象征的材料，以及相对较晚的文字发明，都是中华文明独立的标志。即使是广为接受的从石器到青铜器再到铁器的"三个时代"的历史发展模式，在中国的发生或传播方式也与其他地区截然不同，事实上，美洲和大洋洲等其他大陆也是如此。因此，我们不能期望中国的城市或早期国家与美索不达米亚或古埃及相似。根据定义对不同文明进行比较，不仅针对城市和国家，还针对统治权、仪式和信仰，这些定义首先适用于西亚。[10] 我们将它们应用于青藏高原以东的地区时具有误导性。中国人的建筑、抱负和技能都来自他们所处的环境。

但中国从未完全孤立。几千年来，青藏高原虽然阻隔了穿越欧亚大陆中部的直接路线，但是接触、交流和交锋以其他的方式发生。南亚次大陆所产生的构造力将青藏高原推向欧亚大陆，抬升了巨大的山脉，形成了兴都库什山脉、帕米尔高原、天山，以及跨越中国西北部、蒙古国、俄罗斯与哈萨克斯坦的阿尔泰山脉和萨彦岭。山脉是矿物质和水的储藏库，也是穿越欧亚大陆众多路线的重要轴线。阿尔泰-萨彦岭山脉分隔了东部和西部草原，构造运动使东部草原高度增加。这些是环绕青藏高原的桥梁。

地理是唯一的、突出的原因，可以解释为何人们从公元前2千纪才开始广泛使用青铜器，而铁器则从公元前8世纪（请记住，赫梯人在公元前1400年左右就拥有了铁制武器）开始使用。这些金属首先发现于西亚和巴尔干半岛，并成为人们的工具，他们带着动物、材料和技术，开始向东迁移数千公里，历时数百甚至数千年。早在这些新奇的事物传入中国之前，河谷地区的人民就发展了自己的器物、传统、社会等级和信仰，冶金术只有在与该体系相适应时才被采用。不可移动的青藏高原确保了草原、帕米尔高原、天山与阿尔泰-萨彦岭山脉成为两个早期定居世界之间往来的主要通道。"一带一路"倡议、从土库曼斯坦到上海的6000公里以上的天然气管道，以及从俄罗斯到中国北方的"西伯利亚力量"天然气管道提醒我们，这些路线至今仍然存在。

古代中国非凡的创造力和多样性体现于那些充满了用于日常生活和仪式的器物的巨大墓葬中。在世界各地，墓葬远比宫殿、仪式场所和普通住宅保存得更完整，也保存得更久。只要它们没有被洗劫一空，墓葬的出现带来的是价值连城的宝物和日用品。这些物品总能告诉我们一些信息，但我们需要对它们可能承载的社会和宗教意义保持敏感和警觉。[11]埃及人向地上营建，而中国人却不断向地下营建。干燥的黄土高原上的人们发现，该地区的地质条件允许他们向下挖掘7米、10米甚至更深的墓穴，竖穴也不会坍塌。在古埃及，石筑金字塔的高度是权力的象征，也体现了对来世信仰的追求。在中国，墓葬的深度和囤积的随葬品，宣告了墓主人的地位以及他们所期望享受的未来。[12]古代世界的任何其他地方，都不可能有如此巨大而丰富的墓葬，分布在一个大的地区，并且在几千年里反复建造。黄土——而非岩石和石块——是这些供来世使用的地下宫殿、豪宅或房屋的基础，它催生了奢华的宴会器皿、武器以及其他讲述那个时代故事的物品。黄土地区的大量墓葬刺激了长江以南地区的竞争，并建立了一种模式。这种模式与其他地区不同，且一直持续到19世纪。

为了挖掘中国的历史，本书将探讨12座墓葬（11座墓葬和1处大型祭祀遗址）。12处富有趣味的工程遗址，每一处都来自一个特定的历史时期，从5000年前的聚落统治者的墓葬，到公元前3世纪晚期秦始皇陵——他建立了一个可与亚历山大大帝的帝国相媲美的国家。[13] 大多数的墓葬是为男性修建的，但同样也提供给他们的妻妾，使他们能够在来世继续过上充实而富足的物质生活。这些地下空间可视为个体生命的盛大庆典和重要延伸。它们过去是，现在仍然是这些个体的未来。每座墓葬——其形制和随葬品——告诉我们墓主人是谁，曾如何生活，曾经拥有什么，同时展现了处于权力巅峰的个体，让我们一窥在不断变化且充满活力的社会生活中，墓主人家族对来世的渴望。

这些墓葬分布在12个不同的地区：从长江三角洲的湿地和黄河支流地区，到黄土高原的干旱景观，再到与北方草原开阔地带接壤的山脉。本书不是关于死亡的，墓葬也不仅仅是死亡的象征。它们是人们所声称的"来世的居所"。这些巨大的居所不是象征性的，并且在各个时期都存在于一个更广阔的宇宙中。这些墓葬展示了数千年来古代中国人如何跨越广阔的地理和文化区域，发展出自己独特的习俗和信仰，并在来世延续下去。就像舞台上一系列生动的场景一样，墓葬是生命的物证，揭示了一个更为广泛的历史：在公元前221年，不同的群体如何形成一个相对统一的国家。虽然秦始皇陵尚未被完全发掘，但是在死后世界守卫秦始皇的兵马俑仍是世界上最引人注目的纪念物之一。北京还有后来修建的，我们更为熟悉的明（1368—1644年）、清皇陵，反映了一种更为悠久的传统，早在现存文献解释古代墓主的信仰之前。

我们将通过墓葬中的器物来讲述中国古代的历史。器物让我们进入一个或多个可能看起来陌生且难以理解的社会。器物定义了人们的个人关系和政治结构，并且在某种程度上定义了仪式的意识形态以及表现。我们都在潜意识中解释我们周围的物质世界。我们厨房里各种锅的功能、我们遇到的人的穿着，以及基督教教堂中金闪闪的马赛克对天堂的呈现,都是基于一套既定的观念和假设,以及特定的艺术与技术传统。在所有的社会中,日常用品和神圣物品都有特殊的含义。但只有那些在该社会中长大或受过教育的人才能轻易解读这些物品。我们实际上在童年时期就被赋予了一套物的语言以及一套文字的语言。西方人从小使用餐勺,然后学习如何用刀叉取食物。这些餐具对于中国孩子来说往往很陌生,西方人需要用刀叉切割的食物也是如此。对于来自中国以外的人来说,很容易用自己的物的语言工作,当试图解读大量的汉字时,这和有词形变化的字母语言一样是一个障碍。正如尼尔·麦格雷戈提醒的那样:"当我们用自己的语言冒险进入他者的思想世界,我们所能做的就是承认我们的不足:我们讨论某些事情,却没有相应的词汇来表达。"[14] 与词语一样,器物也并非只有单一的含义。将母题、图像和材质视为承载基于功能、习俗和信仰的联想,只有通过体验才能真正理解,这样更有帮助。[15] 我们继续阅读本书,就会发现墓葬中经常藏有武器、装饰品和器皿,它们不仅属于一种语言,有时还属于两种或多种语言。这些揭示了个体所属的多重网络,以及他们在生前和死后所拥有和彰显的多重身份。我们必须培养对这些不同语言的敏感性和鉴赏力,即使我们的解释永远不可能完整。

许多墓葬是信仰和仪式结合的产物,这类祭祀活动通常统称为祖先崇拜。或许将这些习俗理解为祖先崇拜的一部分会更为恰当,该术语将贯穿全书。但即便如此,也未能充分体现古人对祖先力量的信仰,以及通过建造宏大且随葬品丰富的墓葬,并以日常、每周或每年的定期供奉,来表达对祖先崇拜的仪式要求。这些通常被称为祭祀,但不是《旧约》或希腊神话中记载的那种献祭。它们实际上是礼仪性宴会,用陶器、青铜器和漆器等容器盛放丰盛的食物,这些器物堪称中国最伟大的艺术品之一，工艺极其精湛。[16]这是一种与体现西亚、埃及和地中海地区的信仰的人物雕塑和绘画截然不同的艺术形式。这些器物所属的信仰赋予了它们一种难以捉摸的品质，需要以独特的材料制作出最精美的作品："只有当器物由合适的人在适当的时间、地点，以适当的方式为恰当的目的制作并使用时，它们的仪式功能才会赋予它们力量。"[17]仪式是约束性的，但并非限制性的，应该被视为必要的、自愿参与的创造性过程，以期获得理想的结果。祖先崇拜的发展和延续从上古时期直至中国统一，并以新的方式延续至今。它是中国社会结构的核心组成部分，贯穿于家庭、乡村和城市。祭祀祖先的仪式和宴会是在家族内部举行的。家族可能很庞大，包括姻亲，但家族之外的人不能也不想加入其他家族的仪式中，正如《左传》中所载：

神不歆非类，民不祀非族。[18]

在现代中国，祖先的重要性依然存在，对仪式参与者的限制也同样存在。因此，它将最重要的社会群体限制在家族中，而家族是所有信仰、伦理和仪式实践的基础。由于不同的家族或邻里之间不会共享仪式，所以无法形成在基督教和佛教的宗教场所中所看到的混合的、包容的社群。[19]很多国家遵循或熟悉所谓的"天启"宗教的文化、礼拜仪式和公共集会，对于生活其中的人来说，祖先崇拜的私密性意味着大多数中国人的信仰很难被理解。基督教教堂，以及佛教寺庙的壁画和雕塑常描绘死亡和毁灭的场景，中国的墓葬则不然。恰恰相反的是，它们呈现甚至创造生命。在任何关于中国的，尤其是古代中国及其墓葬的讨论中，祖先崇拜——一种对祖先进行精心表演和敬奉的信仰——都是一个核心特征。

相对私密的祖先崇拜赋予了家族强大的动力去支持并提升其所有成员。这在任何一个个人福利依赖于家族的社会中都是不可避免的。人们向祖先寻求帮助，用来对抗可能降临到身上的疾病和不幸。食物是崇拜的核心。在公元前1300年之前，没有早期文献来解释这些仪式。我们只能通过物质历史来了解古代的生前与死后的世界，首先是通过早期墓葬中的器物，其次是通过解读甲骨文和青铜器上的铭文。在后来的几百年里，大量的文献阐述了如何遵循祖先、神灵和鬼魂的仪式。墓葬充满了生活物品，缘于对确保个人及其家族的繁荣的不懈追求：为来世提供财富是为了使祖先保佑后代成功。

家族中所有成员之间的紧密联系，无论是活着的还是死去的，还有另外两个重要的长期影响。第一个是所有形式的社会等级制度——在家族、地方组织和国家层面——都是根据资历建立的，以世代顺序为模型。正如父亲比儿子的资历高，他的地位不可藐视，整个社会的秩序都是如此。我们也从最早的铭文中得知，同样的世系结构不仅被维持，而且由第一代统治者强行宣告，用与家族相同的原则来约束国家。[20] 在这样的结构中，所有女性的地位都低于男性，但仍然是重要的婚姻伴侣。第二个长期影响则是，从公元前1200年至今，这种社会框架没有受到任何其他宗教或社群结构的挑战，也未曾根本改变。中国没有出现建立在宗教、贵族和商业团体基础上的独立社群，这与中世纪和文艺复兴时期的欧洲不同。当时教堂、修道院、土地所有者、政府、商人和工匠行会争夺权力。[21] 尽管也有一些神灵的流行，如公元前2世纪左右的西王母，公元3世纪被神化的关羽，以及西汉末年佛教的传入，但祖先崇拜和等级化的社会结构仍然存在。[22] 至少从商后期起，自然力量就得到了认可，与占卜密切相关。在公元前 5 世纪和公元前 4 世纪，自然力量也被引入这一仪式体系之中。后来，古人在以宫城（如北京故宫）为中心的四个方位的祭坛上以礼器供奉日、月、天、地。虽然今天仍有许多游客参观天坛，但他们很难想象，更不用说参与那些在层层祭坛之上所举行的盛大年度宫廷仪式。

在古老的基石上发展起来的中国，仍有许多深厚的地方传统，这些传统贯穿于我们的故事中。这些传统并没有取代祖先崇拜的核心惯例，事实上许多传统与之相结合，进一步强调了根植于中国地理的区域多样性。[23] 当我们研究近 3000 年来建造的墓葬时，我们看到了宇宙日益显现的特征，这个宇宙不是由神灵创造的，而是由现存的自然力量生成的，这些力量是宇宙的一部分，而不是在宇宙之外。在公元前 4 世纪，这些概念逐渐成熟，并被阴阳的二元力量强化。阴阳最初用于指代山的背阴面和向阳面，后来用于描述不断变化的世界的运行规律，并衍生出四象和五行体系：四季、四方、五色、五声和五味。这些关联在汉代就已根深蒂固，也与古代对吉兆的探求有关。中国古人保持了对祥瑞的关注，这带来了有关日食的精确记录，后世更衍生出丰富的象征符号——莲花、牡丹和松树。[24]

祖先崇拜根植于人们对宇宙的广泛理解，将生者、死者以及后代都联系在一起，形成一个关于"归属"的延续性叙事。[25] 生者的世界由居住于墓中的祖先监管。与《创世记》中描述的上帝创造宇宙，或古希腊、古罗马诸神统治天界、冥界与海洋不同，中国古代的宇宙是通过关联和类比来秩序化的，将祖先的力量置于与生者平行或高于生者的地位。其他社会也将类比作为理解神灵的方式，例如，在中世纪的欧洲，上帝的力量由"他"作为国王坐在宝座上来

前言　来生的世界　　*35*

象征。随着我们追溯祖先崇拜的逐渐传播，我们还将探索墓葬所表达的完全不同的宇宙观，通常通过墓中受到南方和草原世界其他文化力量影响的异质器物来实现。

除了祖先崇拜——与不同的地方习俗互动——和一个自我生成的关联的宇宙之外，第三个基本要素促进了古代中国的连续性，即我们称之为"汉字"的非凡文字。[26] 汉字可追溯至晚商，并沿用至今。汉字最初以象形图形和符号为基础，每个汉字通常代表一个语素。随着时间的推移，使用不同方言的人对汉字的发音有所不同，但它们的语义变化缓慢。虽然人们可能听不懂彼此的方言，但他们可以读写相同文字，这在一定程度上类似于英语、法语或印地语使用者对 1，2，3 这些书面数字的理解一致，但发音不同。汉语中这种意义与发音之间的分离，在字母语言中是不可能出现的。举例来说，这意味着在 10 世纪左右宋朝早期颁布政令时，所有有文化的官员都能理解，无论他们的方言是什么。同样，无论学者说何种方言，都可以阅读相同的古代文献。除了早期用于占卜的甲骨文和用于宴会仪式的青铜器铭文之外，只有少数幸存的文献与本书前几章中的人物处于同一时期。大量的传世文献通常被视为早期历史的基础，但它们并不一定与其所描述的事件同时期。它们有时是在事件发生几百年之后才被编纂出来，而后又经历了数百年的流传和编辑。墓葬中的物品为解读中国古代官方书写的历史提供了新的途径，它们经常告诉我们那些被早期文献遗漏或遗忘的内容。[27]

这些墓葬阐明了三个基本要素——祖先崇拜、充满关联和类比的宇宙以及共同的文字——是如何被传播到黄河中下游以外的南北地区的。黄土高原和长江沿岸的盆地最初孕育了彼此迥异的生活方式、文化和信仰，它们也与中原地区商周王朝的统治截然不同。即使这两个地区的人们接受了这些习俗和信仰，他们仍保留了当地的风俗习惯。自始至终，黄土高原都是草原牧民和大河流域定居农民之间的重要缓冲区。农耕者、游牧者和自公元前800年左右起从草原带来马匹的养马人逐渐交融，赋予了他们自身相当大的文化影响力，甚至政治权力。正如我们将看到的那样，这些北方人并不遵循祖先崇拜的仪式。但他们是将新材料和新技术带入中原地区的重要中间人。数百年间，这些部落带着马匹向南迁徙并与各诸侯国比邻而居，他们只有在接受了祖先崇拜的情况下才会被接纳。我们可以从他们的墓葬里的物品识别出接受者，以及那些仍然是他者的局外人。

长江流域的人们也拥有不同于黄河流域的器物和信仰。南方各地之间虽有交流，但他们很少直接进入中原。然而，从公元前8世纪开始，随着中原各诸侯国之间竞争的蔓延，许多来自南方和东部的群体（包括家族）被吸引并最终加入了中原诸侯国的政治权力基础和信仰框架。尽管他们保留了许多自身的传统，但他们使用文字并通过礼器来供奉祖先，这具有重要意义。在本书所描述的最后1000年中，黄河流域的诸侯也逐渐向南、北扩张。尽管形成了一个官方的、有组织的国家，但辽阔的陆地、险峻的山脉、沟壑纵横的黄土高原和平坦肥沃的平原，促进了多种文化的交融。在墓葬中，我们可以看到一个充满令人眼花缭乱的多样性的中国，至今仍为人所熟悉。中国人为世界上最伟大的文明之一的长期发展做出了重要贡献，其世界观既根植于中原腹地，也深受多种环境和地方文化的影响。

第一部分

华屋山丘

（公元前 3200—前 1200 年）

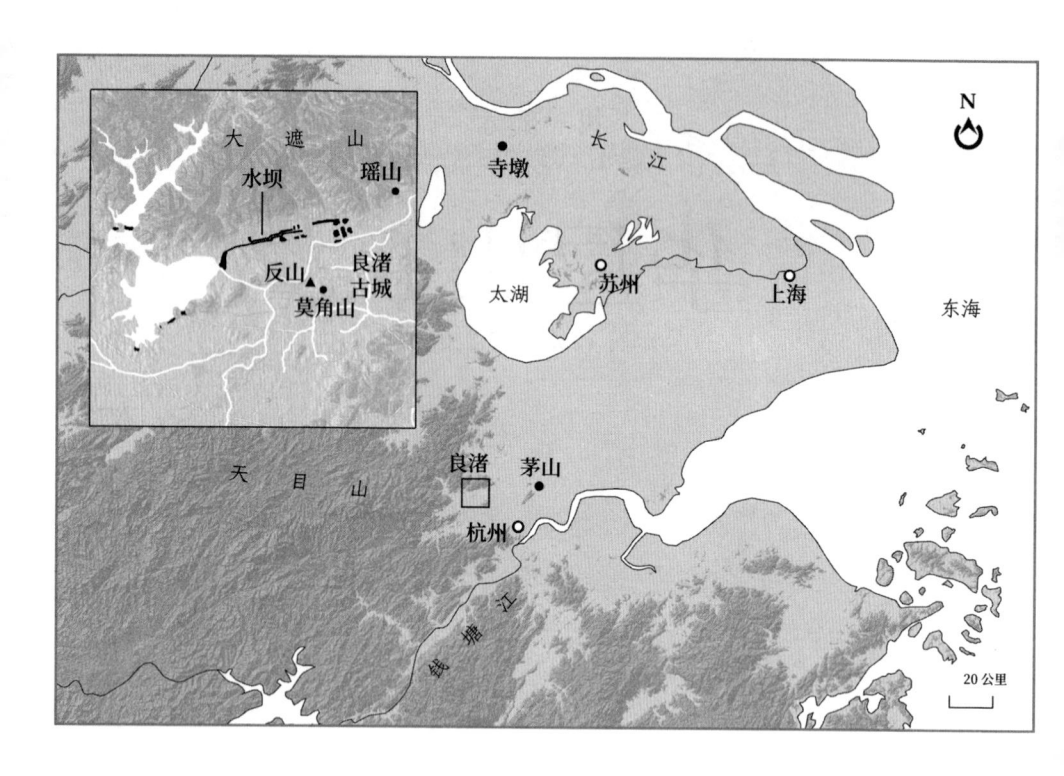

良渚遗址与长江三角洲

第 1 章　玉之神秘

浙江余杭良渚遗址

如果说一种材料能代表甚至体现中国的价值观和期望，那就是玉。这种几乎半透明的石头坚硬冰冷，却有着柔软且丝滑的触感，可以说是中国历史上最珍贵的材料——从西王母昆仑山里的仙玉桃，到玉山子中圣贤的智慧，再到玉龙、凤、辟邪等祥瑞，到处可见其身影。对所有熟悉玉的人来说，它具有一种不言而喻的永恒甚至不朽的品质。2000多年来，从公元前1世纪汉朝设立西域都护府开始，玉无疑与青藏高原北缘的昆仑山脉西部联系在一起。[1] 这一起源故事被17世纪宋应星的百科全书《天工开物》中记载的逸事强化。该书讲述了一系列材料的制造技术，包括木制品、纸张和陶瓷等。根据"珠玉第十八卷"的描述，玉石是从青藏高原北缘昆仑之巅发源的河流中采集的。

> 玉璞不藏深土，源泉峻急，激映而生。然取者不于所生处，以急湍无着手。俟其夏月水涨，璞随湍流徙，或百里，或二三百里，取之河中。凡玉映月精光而生，故国人沿河取玉者，多于秋间明月夜，望河候视。玉璞堆聚处，其月色倍明亮。凡璞随水流，仍错杂乱石浅流之中，提出辨认而后知也。[2]

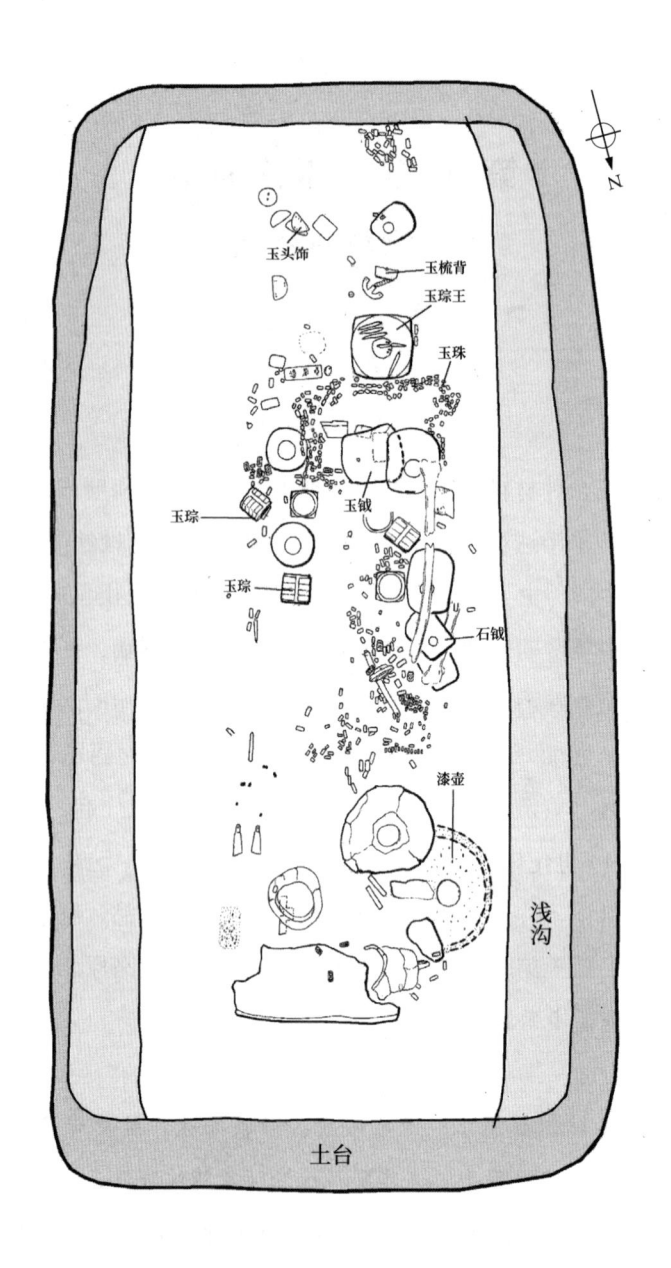

良渚遗址反山大墓，长3.1米，宽1.65米，深1.1米

如果事实如此，为何要转向钱塘江畔杭州附近的良渚小镇呢？虽然这里群山环绕，但它们并不是昆仑山脉的高峰。此外，良渚位于一个巨大的三角洲上，而不是玉石的常见产地。

长江的长度仅次于尼罗河和亚马孙河。它发源于青藏高原，奔腾6000多公里后在上海入海。大约1.5万年前，上一个冰期末期，东海的海平面上升并侵入内陆，长江在入海口沉积淤泥，形成了一个三角洲。南京古城坐落于长江南岸，是明朝初期的首都。其他著名的城市，尤其是园林城市苏州，则是太湖之滨的瑰宝。

长江三角洲是世界上城镇尤其是特大城市密集的地区，也是人口密集地区。它是一个农业、工业和国际贸易极度发达的地区。南方的杭州可谓标志性城市，因其繁荣，也因其是科技巨头阿里巴巴总部所在地而闻名。波光粼粼的太湖、薄雾和湿润的气候展现出一个不同于西方的古老世界。长三角是中国最杰出的古城之一——良渚古城的腹地。从公元前3300年到前2300年，它统治了这片土地1000年。良渚古城坐落于一个弧形的盆地中，东面有一些高地使其免受钱塘江巨浪的侵袭，天目山脉则拱卫于西北方向。尽管杭州的工业影响力越来越大，今天的良渚仍显偏远。20世纪80年代末，稻田遍布整个盆地。如今，这里有欣欣向荣的城镇，这是中国近年来繁荣的标志。这片盆地及其北部的土地在历史上曾位于海平面以下。[3] 长江和钱塘江泥沙沉积后，大部分地区被咸水覆盖。后来它又渐渐变成了淡水沼泽。约公元前4000年，随着水位的下降，人类开始在这里定居。在良渚文化之前，从公元前4000年左右开始，崧泽文化逐渐向南迁徙，穿越整个地区。[4]

2019年，良渚国家考古遗址公园开放——连植被都经过精心规划。如果我们想了解玉石如何成为中华文明的核心，那么我们需要追溯这一地区自1936年以来被发现的玉璧、玉琮和玉珠——这些玉器曾是良渚古城首领的生活、死亡和信仰的核心的标志。第一批大型墓葬发现于20世纪80年代，但由于当时地表没有建筑遗存，仅有一些植被覆盖的土台，所以很难想象会有一座庞大城市存在。2006—2007年，这座古城的巨大城墙和众多水道首次被完全发掘；[5] 直到那时，学者才开始认识到这些了不起的遗迹代表着一个以稻作农业为支撑的失落文明。[6] 在中国，城墙是城市化的标志；事实上，"城"这一汉字也用于指"城市"。良渚不仅有巨大的城墙，而且是整个长三角最核心的定居点。我们不知道谁曾住在那里，也不知道人口是如何组织的，但其水利系统的规模足以衡量这一社会的成功，这同时也和此地的景观、稻作农业与精美玉器密切相关。这些都不是几个小村落可以做到的。即使良渚不同于美索不达米亚的古城，它也一定是权力的中心，是一座伟大的城市。自2013年以来，良渚外围的山区和洪泛区有了更多的考古发现。[7] 这些发现彻底改变了我们对中国乃至世界古代历史的认知。2019年，良渚古城遗址（包括外围水利系统）被列入《世界遗产名录》。[8]

除了良渚古城遗址公园，良渚古城的展示还包括一个棱角分明的博物院。这是一系列低矮无窗的亮白色方形展厅。它由英国建筑师大卫·奇普菲尔德设计，外立面全是坚固得令人惊叹的伊朗洞石。由入口穿过长长的玻璃外墙之后，内部有一个宽阔的中庭向天空敞开。巨大的中央带孔白色圆盘如睡莲一般漂浮在黑暗的水池上，与古老的玉璧相呼应。展厅里的玉璧与此类似，当然要小得多。另外还有玉钺，曲线优美，打磨光滑，简直不像是武器。最奇特的则是不同高度的玉琮，横截面呈弧面方形，中心轴为圆柱形孔，棱部依稀有眼形纹饰。良渚几处墓地出土的玉梳背上也有眼形纹饰。它上缘中间有凸起的尖儿，两侧向下内收，整体呈倒梯形，下缘有三个卯孔，用来连接梳齿。[9]它温润的表面有倾斜的呈条带状分布的沁色，触感非常温和。这些深灰绿色的沁色条纹几乎隐藏了表面的雕刻。良渚文化持续到公元前2300年，对生活在这里的人来说，玉器显然不仅仅是饰品。许多良渚玉器上都有两组眼睛纹样——靠近顶部的小圆圈和下方带有圆形瞳孔的拉长椭圆，边角处的两个鸟形纹饰也是如此。但什么是玉呢？

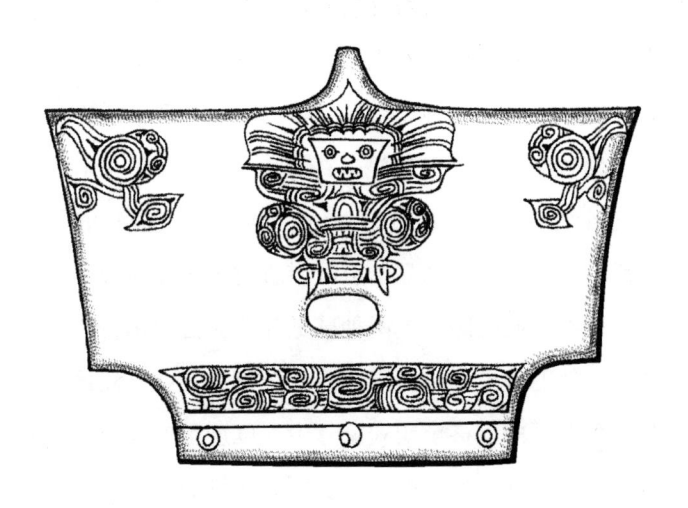

玉梳背，5.8厘米高，7.7厘米宽

答案并不简单。在英语中，术语"jade"用于指代各种绿色、灰色、白色或深色的矿物，其中最重要的是软玉，其他包括蛇纹石和另一种被称为鲍文玉（bowenite）的石头。同样，在汉语中，"玉"一字被用于表示多种矿物。玉以稀为贵。对中国人来说，最珍贵的玉也是软玉，良渚玉器中的大部分是这种矿物。[10]软玉可能有许多不透明的颜色，从纯白到墨绿色。无论颜色如何，软玉都难

第 1 章 玉之神秘

以加工，因为它是在地质时期的巨大压力和高温下形成的，其微小的针状晶体会相互缠绕。这意味着软玉不会像钻石或祖母绿那样断裂成晶状，也不易被金属切割。良渚先民探索附近的山脉并与周围的世界接触时，可能发现了优质的玉料来源。我们并不知道它的位置，因此长三角为什么发现了这么多玉器至今仍是个谜。

软玉通常是从其他矿物和岩石之间经常断裂的矿床中开采出来的。一定有先民发现了具有半透明纹理的岩石并试图开采，这并非易事。首先，必须用石器（当时也只有石器可用）从周围的岩石中凿出软玉，有时一些岩石也可能受热开裂以提取玉。随后大块玉料被切割成较小的板状和块状，这一过程必须使用解玉砂如刚玉砂，再借助竹制工具便可轻松进行打磨。[11] 这种组合形成了我们今天所说的砂纸的一种古老形式。[12] 由于经过了反复抛光，玉器成品触感丝滑，因此一些小饰品一直吸引着物主贴肤佩戴。玉器坚硬而冰冷，丝绸柔软而温暖。这两种感觉几乎无法用语言描述，但又与中国许多物件的价值一致。同样的丝滑感也存在于漆器、宋瓷如玉般的灰绿色釉面中，甚至明式家具中。以这种方式切割玉料造就了许多可以进行修饰和抛光的平整表面。切割的过程中不可避免地产生了许多边角料，然后又可以巧妙地将其制成我们刚刚看到的玉梳背、小饰品和玉珠等。我们不知道如何在坚硬的玉石表面刻出精美的阴线以描绘人和奇怪生物的眼睛。良渚工匠可能使用了小块的二氧化硅，其质地类似于欧洲广泛分布的燧石。[13] 良渚一定有非常丰富的资源，因为那里有足够多的软玉来制作玉钺、玉璧和大量的玉琮。

软玉不会随着时间的推移而分解消失。被埋在土壤中时，周围的化学物质和水分有时会使它出现白色的沁色，但它通常变化不大。持久性是其决定性的品质之一。软玉在早期社会中的稀缺性确保了它一旦被加工出来，就只有地位最高的成员才能拥有。它的稀缺性引发了一个深刻的问题。它是如何根植于中国文化，被广泛接受为社会和礼仪场景的一部分的？对中国以外的人来说，良渚玉及其被加工成的多种器型完全陌生。即使他们手持一块玉，其历史线索也远远超出了他们的认知范畴。这可以说是他们与一种未知文化语言及其材料和形式的第一次相遇。

事实上，即使对中国学者来说，良渚周围湿润的低地看起来也完全不像一个会发现大量古代玉器的地方。纵观有文字记载的历史，至少从大约公元前 1000 年开始，青铜礼器上的铭文和传世文献中都提到了玉器。人们获得古代玉器并制作了许多复制品，却对良渚一无所知。在接下来的几百年间，特别是公元前 5 世纪之后，这些古董开始有了名称。良渚博物院中庭复制的巨大圆盘传统上被命名为"璧"。横截面呈弧面方形、中间有垂直孔的管状器物被称为"琮"。这些名称在良渚不可能被使用，它们的主人会用自己的语言为其命名。我们很想知道这些名称到底是什么，但又无从知晓，因为良渚古城的人们可能并未发展出书写系统。术语"璧"和"琮"在公元前 4 世纪和公元前 3 世纪的战国时期成为标准。[14] 在这样一个战乱频仍的时期，礼学家试图恢复并遵循周初的天子之礼，并将其视为正统的典范。礼学家搜集了一系列玉器的名称及其含义。《周礼》可谓集大成者，其中也提到了琮：

> 以玉作六器，以礼天地四方。以苍璧礼天，以黄琮礼地，以青圭礼东方，以赤璋礼南方，以白琥礼西方，以玄璜礼北方。[15]

所有这些古玉器型（琥除外）都要比周代的历史更悠久。琮可能比周早了 2000 年。在良渚玉器开始被发掘之前，人们并不知道后来礼学家命名的这些器型的起源。在这样一个重视文字和历史的文明中，与周代联系起来赋予了玉器威望，但这完全是误导。先民在长江三角洲南部边缘建造了一座水系纵横交错的巨大城市，对他们来说古玉的器型意义深远，但在周代这些器型被借用并融入完全不同的叙事体系。这是人类的典型做法。在历史上，人们一直倾向于辨认物件的来源或赋予其意义。2000 多年后，黄河中下游的周人生活在一个完全不同的城市社会中，有着完全不同的墓葬形式、物质文化、愿望和信仰，他们不可能对良渚有任何了解。周人逐渐发展出了一个相互关联的宇宙，随着时间的推移，它成为后来影响更广泛的汉代官方哲学体系的一部分。然后，这份古玉器型清单被铭记，并指导了后来的收藏者、研究者和玉石商人。宇宙的属性被组织成体系：对立的阴阳，金、木、水、火、土五行，东、南、西、北、中五方，同时也与青、赤、黄、白、黑五色相关联。例如，阳代表明亮、炎热、干燥、坚硬、动态、男性、天、太阳、南方、圆形、奇数，阴代表黑暗、寒冷、潮湿、柔软、静态、女性、地、月亮、北方、方形、偶数。玉琮的方形和玉璧的圆形看起来可以提供一种理解天圆地方的方式。[16] 这很有误导性，因此良渚玉琮和其他玉器的器型被挪用并嵌入了一个不同的社会。这种转变增添了玉器的神秘色彩。尽管我们现在已经能够分辨这两种并无关联的信仰体系，但我们仍然很难真正理解我们所看到的一切。玉器的多重角色已经变得模糊，很难让人们重新关注它们原来的意义。

良渚的发现使古代中国玉器的历史向前追溯了几千年，远早于周代，甚至远早于黄河流域王朝的兴起。这些玉器表明，长江下游地区居住着一群特殊的人，他们有玉器加工的技能及其相关的信仰。真正的转折点是1986年的一次发掘，当时在良渚的反山遗址发掘了11座大型墓。[17]

其中最有趣的一座墓长度超过3米，深约1米，墓底中央两侧各有一条浅沟。这种土台状结构有时被识别为棺床，其上放置着椁室和内部的木棺。

同时代的其他遗址中发现了更明显的木材残留。由于土壤的酸性，男性墓主的骨骼几乎不存。他可能穿着的衣物或随身携带的纺织品或其他有机材料制成的物品也没有幸存。俯视墓穴，玉器和石钺触目皆是，这显然是为了覆盖墓主的身体。他一定对随葬玉器有着强烈的执念——发掘报告中列出了647件玉器。它们当然价值不菲，并将带领我们进一步了解玉器的历史。虽然在良渚许多其他遗址发现了精美的陶器，但在反山12号墓中只有4件，旁边还有一把嵌玉红漆壶，红色来源于矿物朱砂。一长串玉珠环绕着他的脖子或肩膀，其他的挂得更低。男性墓主的头骨上方有几块精美的玉牌，形似徽章，应为附在冠帽上的饰件。放在胸部位置的是一把玉钺，左侧有几把石钺。他的左肩附近有一件巨大的方形玉块，如今被称为"玉琮"。这件玉器的尺寸及其精美雕刻非常引人注目，因此被称为"玉琮王"。许多小型玉器，如玉牌饰、锥形器、玉珠和串饰，也是一个有权势的男人的象征。女性墓主则会有一套不同的饰品。我们对良渚女性的相对地位一无所知。但如果反山墓地中的有些墓葬是为她们而建的，那么她们也有很高的地位。反山12号墓随葬的玉器数量惊人，该男性墓主和埋葬在反山墓地的其他权贵无疑是这座城市的领导者。

男性墓主的玉器分为三类：工具、武器（如玉钺），以及附着在衣服上或挂在身上的个人饰品。这些物品展示并重申了他的身份。玉琮和玉璧一样没有实用功能，但几乎可以肯定具有仪式意义。[18] 玉钺尤为引人注目。它非常雅致美观，并不是用来砍树或斩敌人首级的。这件武器闪耀的光泽和精心的装饰是为了展示权力，而不是为了战争。作为一块坚硬的玉石，它的弧面刃和两面的隆起展示出工匠所付出的努力，这位工匠无疑在玉器传统方面具有丰富经验。在容易遭受水患的良渚，需要组织起大量的人口来建造高大的城墙，因此这把玉钺一定是权力的象征。玉钺上缘附近有一个小孔，可以将其捆扎在一根木柲上，木柲上下分别有漂亮的玉瑁和玉镦。玉钺权力的另一个标志是两侧上角的纹饰。一张棱角分明、重圈为眼的脸从一个像人的神秘形象中凸显。狭窄的口内以横长线与竖短线相交，象征紧咬的牙齿。头部戴冠，冠上饰有放射状羽毛，中心处略高。神人的腹部又有浅浮雕的兽面纹，其眼眶呈椭圆形，眼珠呈圆形，周围有密集的剔地纹饰覆盖在鼻梁上方。这种浅浮雕和剔地的设计组合表明，神人兽面纹是从玉器中浮现出来的。下角

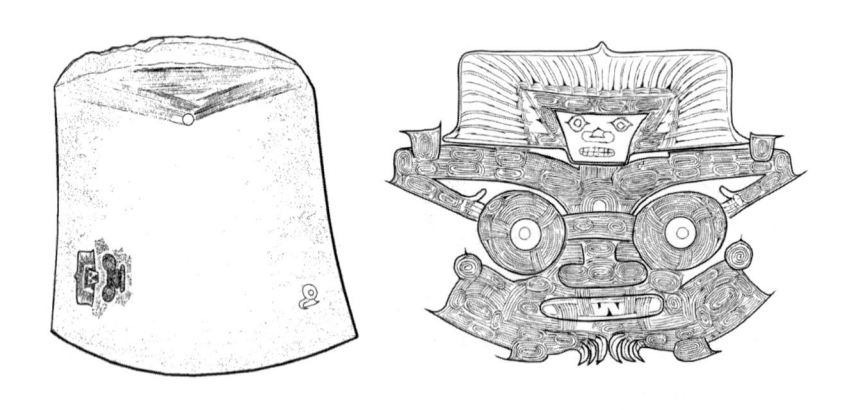

刻有神人兽面纹的玉钺，长17.9厘米，上端宽14.4厘米

的两侧均饰有类似神兽眼睛的鸟纹。[19]

我们不知道这些纠缠的神人、兽面和两双眼睛描绘的是谁或是什么,但它们凝视的强度和它们在许多玉器上的重复出现,凸显了它们在良渚体系中扮演的重要角色。[20]

眼睛再次出现在一块略呈矩形的小型玉器表面的装饰带上,其力量更加强大。这块玉瑁不到6厘米高,底部有一个卯孔,可能和玉钺一样是被装在柲上的。玉瑁饰有细密的螺旋线和纹饰,每一寸都充满了动感。下端两个外缘是戴着头饰的神人和有着曲爪尖牙的神兽。此处雕刻的形象不得不在玉瑁宽阔的边缘拉伸,并因弯曲的表面而变形。这两个形象周围细密的线条表明,它们是隐藏的存在,偶尔才会出现。也许这些是另一个世界的迷雾,或者是幻象和梦境中的卷云。我们不知道这个奇幻的造物象征着什么,但它的装饰是一种标准,以衡量其将主人与宇宙中神话般的过去或强大的神灵相联系的效力,这是通往看不见的世界的桥梁。这是迄今为止发现的此类作品的唯一例子。主人一定因拥有如此特殊的物品而受到颂扬。这件玉器只能近距离观察,这进一步强调了它的价值。

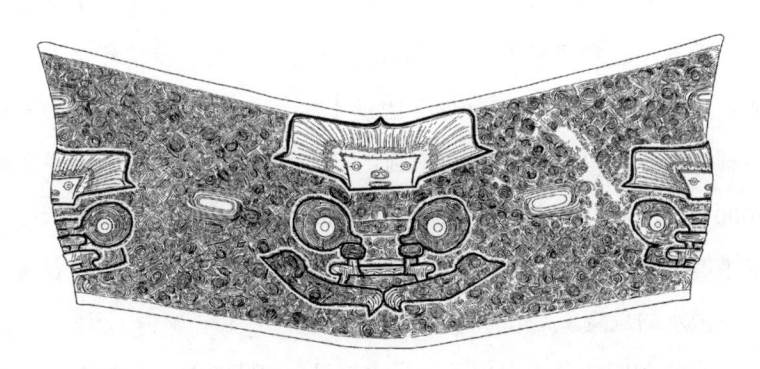

玉瑁,高5.72厘米,长8.4厘米。图为两侧刻纹的展开图,外缘重复出现神人兽面纹

第 1 章　玉之神秘

一个人佩戴的小饰品可以界定他的年龄、性别和社会角色。世界各地的人们都用贵金属王冠象征首脑,用链条和勋章标识职位,用戒指代表婚姻,借项链和胸针来彰显财富或地位。在西方,这些饰品通常是闪闪发光的金银,饰以璀璨的切割宝石。而在中国,玉饰品的格调和形制则完全不同。经过数千年的开采和精心加工,玉石已被赋予至高无上的地位。例如,明朝男子佩戴玉带,手持仿古玉器形制的笏板,女子头戴玉花,就是这样的传统的延续。[21] 我们要了解反山墓地中的那位随葬华美玉琮的男性墓主的权势,就需再探寻他所生活的世界——良渚古城。

良渚是中国古代最大的早期有城墙的聚落之一,也就是城市。良渚古城的内城面积约为 3 平方公里,外城面积约为 8 平方公里。发掘者估计其人口规模与美索不达米亚南部的乌鲁克(约公元前 3300 年)和印度河流域的哈拉帕(约公元前 2500—前 1900 年)可以相提并论。[22] 然而,良渚之所以在中国历史上享有盛名,并不是因为它的规模,而是因为良渚先民在管理其景观、创造独特身份认同和宇宙观方面取得的成就。在评估早期的城市时,历史学家通常转向美索不达米亚和古埃及的城市,那里的人口主要依赖小麦和大麦。直到最近,人们还很少考虑基于稻作农业的社会生活及其复杂程度。水稻这种本土谷物的驯化可能完成于公元前 6000 年至前 5000 年。[23] 稻作农业是良渚成功的关键。没有大米,中国东南部就很难有安定的生活。良渚周边的低地带来了财富,但也伴随着海侵和发洪水的危险。

良渚外围的茅山发现了被洪水淹没的稻田遗迹,包括灌溉水渠和田埂等。[24] 复杂的灌溉系统必须经常操作和修缮,这也使得水稻成为所有驯化谷物中劳动最密集的季节性作物。[25] 从 5 月到 6 月，太平洋季风横扫整个华南地区，使 7 月和 8 月都保持潮湿。水稻首先必须育秧，插秧则随着雨季的到来而完成。冬天意味着更少的农活，所以人们转而修建灌溉渠道以供水和排水。在这种艰苦的环境下，大规模基础设施的开发需要很长时间。每一个阶段都需要许多劳力去搬运几乎无法估量的土方，以修建渠道和堤坝。由于水资源的控制对水稻种植至关重要，所以其管理需要周密的规划。

良渚是一个人们齐心协力完成重要项目的世界。今天，游客沿着木制步道穿过沼泽地和众多小支流时，不难发现良渚古城内外都有运河——古城内有 51 条小运河和 8 座水门。另外还发现了一些可能曾是独木舟和桨的遗存，以及木桩的遗迹，表明那里曾是船只停靠的码头。[26] 中央区域围着夯土墙，石块地基有时宽达 120 米。仅掌控古城内外的水资源是不够的。在这座城市形成之前，盆地的大部分地区已经修建了堤坝。这是不可磨灭的人类活动印记，也是良渚古城首领强大的环境管理和社会组织能力的明显标志。

今天的天目山脚下仍然能看到巨大河岸和堤坝的一部分。在雨季高峰期，它们保护城市免受陡坡上倾泻而下的急流侵袭。在努力修建城墙之前，良渚先民不仅部署劳动力修建了较低的堤坝，还在深山里修建了防御工事。几座高坝拦截了谷口，使水流转而流向地势较低的土地。据估计，大约 3000 人用了 8 年多的时间才建成了水利系统。[27] 可能有更早期的尝试，因此工程的总时间可能更长。堤坝是用当地泥土制成的古代沙袋筑成的，沙袋由芦苇和茅草包裹。这些堤坝引起了考古学家的兴趣，因为良渚先民展示了对工程的高度理解：这些长度在 20 到 50 米、高达 7 米的堤坝并不是实验性的。在雄心勃勃的计划之前，他们已经建造了许多较小的堤坝。

毕竟，如果它们失败了，下面的土地将被灾难性地淹没。[28] 低坝形成的淡水湖可用于农业灌溉。灌溉水渠对稻田管理至关重要，防止海水倒灌使咸水进入水渠，良渚重视作为优良备用水源的雨水和河水。我们知道，由于出色的水利系统，稻田产量很大，足以养活良渚的人口。在古城中心发现了大量炭化的稻米，重量超过1.3万公斤，可能来自被大火摧毁的粮仓。[29] 城内或附近并没有稻田，稻米应该是来自遥远的农田，由首领来指挥运输以满足城内供应。

当然，良渚在其存在的1000年间不断扩张。城内的人口不可避免地要创造更高的生活区域。古城内多处发现了夯土台，人们可能居住在台基上和部分城墙上。[30] 详细的调查和发掘揭示出更多草裹泥围起来的区域。[31] 草裹泥和稻田需要不断的人力投入来搬运泥土、改造地貌。同时期的黄河流域城址，如北方的陶寺和今天山东省内的古城，也必须依靠细分的劳动力建造夯土墙和台基。[32] 良渚是中国建筑传统的原始范例之一，即在夯土台上建造较轻的木柱建筑。我们今天在故宫仍可看到这种情况。在那里，夯土台被精心雕琢的石板掩盖。这种装饰让我们立即意识到我们失去了多少中国古城遗址的风貌。我们不仅失去了构成厅堂和房屋结构的木材和竹子，也失去了其茅草和芦苇屋顶，我们再也看不到建筑装饰的纹理和雕刻。我们只能根据已有材料重新描述，但必须时时提醒自己，已经缺失的信息太多了。

莫角山遗址位于良渚古城中心的一座小山上，是一座高10到15米的台基，上面一定有以木柱为支撑的建筑。据发掘者估计，为了堆筑这座台基，大约运来了228万立方米的泥土。与此相比，公元前2500年左右，古埃及为了建造胡夫金字塔而运送了250万立方米石料。[33] 这片630米长、450米宽的长方形区域还保留着更多的夯土台基，可能是宫殿、祭祀庙宇或行政中心。莫角山是这座伟大城市中央集权的象征。反山墓地也营建于土墩之上，就在莫角山的西北方向。当我们思考良渚的成就时，我们可以看出，反山墓地的墓主一定为此做出了最关键的努力，他们被安葬在城市中心，墓地的高度和随葬的玉器都与其社会顶层的指挥地位相匹配。

但良渚的规模和基础设施并不能完全解释非凡玉器的存在。高度的组织和巧妙的水利管理不一定会导致雕刻有神秘面孔的精美玉器的制作。玉器的生产也不可能一蹴而就。[34] 世界上很少有古代社会使用过玉器——其他著名的例子包括中美洲的奥尔梅克人、玛雅人以及新西兰的毛利人，但不如中国那样规模宏大，也不如中国玉器古老。在反山贵族墓地的年代，玉器已经至少有 4000 年的历史了。要使玉石得到广泛应用，材料的来源、加工方法，以及最重要的观念——玉器受人青睐——必须得到发展和传播。这不是一个单一的想法，不会是在一个地方发明的。

虽然找不到玉器精神特质的直接来源，但玉器在中国东部沿海的许多文化中有着悠久的历史，从遥远的北方黑龙江一带，一直到长江三角洲，再到更远的南方。海洋和许多水道连接，形成了广泛的交通线路。在最后一个冰期，即旧石器时代晚期（公元前 30000—前 10000 年），人们崇拜这种半透明的石头，他们也用猛犸象牙和其他动物的牙齿作为装饰品。[35] 这些材料散布于和黑龙江省接壤的西伯利亚森林地带、冻土带和巨大的冰河之中。当今中国境内最早的软玉发现于黑龙江省饶河县的小南山遗址，其中的玉饰品可以追溯到公元前 7200—前 6200 年。[36] 我们不知道这些人的历史，但我们有更全面的图景，展示从公元前 7000 年开始，玉器如何被带到更远的南方。在内蒙古和辽宁，玉器也作为个人饰品出现，特别是玉玦等耳饰。圆角方形薄玉璧也很受欢迎,并在东部沿海区域的许多小型文明中反复出现。我们在牛河梁遗址的红山文化积石冢中发现了第二阶段的玉器制作顶峰,年代大约是公元前3500年。堆筑积石冢的做法将连绵起伏的山峦从自然景观变成了充满纪念物的景观,为具有特定信仰的人建造。[37] 死者进入来世时会得到玉器。[38] 在这里,与良渚一样,玉器的存在体现了人们对物质具有联结今世和来世的力量的信仰。

在红山文化先民埋藏的几种玉器器型中,最重要的是一种蜷曲的生物形状。其材质通常呈半透明的浅绿色且富有光泽(彩版22)。玉器呈厚厚的环形,高约10厘米,一侧有一条横缝,可以说是早期玉玦耳饰的放大版。其表面平滑圆润,裂缝上方是一个兽面,有突出的圆形耳朵。有人把它看作猪的头部,猪是中国古代继狗之后驯化的重要家畜,但它的耳朵下面是分布在身体两侧的两只大眼睛。这双凝视的眼睛和良渚神人兽面纹错综复杂的表情大不相同。这只生物无疑是难以辨认的,超越日常生活的,可能有原型,但迥异于原型。其形式和材料可能为其主人赋予了权威。为了创造它,玉匠用一种稀有的温润玉料使它栩栩如生。

面孔会在我们的故事中一次又一次地出现。我们绝不能期望这些面孔在不同的时间和地点具有相同的含义。有些物品可能经过了长途运输的交换或被路人偶然捡到,物品通常不会也不能带着其原始含义。要做到这一点,其制造者和所有者也必须旅行,并成功传达他们的信仰。西方人把饰有蝙蝠纹的中国花瓶放在桌子或壁炉架上,但他们并不知道对中国人来说蝙蝠象征着"福"。弯曲的松树则象征坚韧和长寿。这些瓷器图案被传到西方,但其制造者和所有者所赋予的意义并没有被西方人了解。尽管意义和制作风格各不相同，但红山和良渚的玉器证明，在中国的东部，贵族用玉来表达他们的权力，并与无形的力量密切交流。

虽然红山文化比良渚文化的鼎盛时期早了500多年，但我们沿着东部海岸线发现了约3000公里的文化交流痕迹。在长江三角洲，良渚文化之前的崧泽文化制作了类似龟甲的玉雕、举臂的玉人像和玉猪龙。这些在牛河梁都有原型。[39]玉镯和玉环可能曾被运送到崧泽。有些损坏了，有些则被重新加工。这1000年间的丰富玉石造就了一条可称为玉石之路的交通线路。[40]良渚先民创造的玉器有眼睛突出的蜷曲玉龙，这呼应着对红山玉猪龙的遥远记忆。[41]玉环和玉镯的传播将这些兽面引入了良渚体系，但有两项重大变化实际上重新诠释了这种生物。其头部被旋转90度，并被框在矩形之内。这是朝着玉琮上兽面纹迈出的第一步。匠人同时发现，二氧化硅或另一种石头可以切割软玉，他们用一种新技术制作这些古老的图案。第二步是将红山玉猪龙上的圆润线条转变为刻在良渚玉器上的动态造型。虽然玉环和玉镯上有凸起的矩形内的面孔，其中保留了浮雕的眼睛、鼻子和嘴巴，但玉工们刻了许多细纹，以形成繁缛的图案背景。[42]还添加了人形的造型，其手臂和怪物弯曲的爪形腿被雕刻于表面较低处。这些特征表明，浮雕和扁平的设计有不同的来源。玉工们由此创造了一种具有新含义和新目的的原始图案。我们追随了数百年间的文化交流步伐，并观察了原初作品在与当地观念的互动过程中的转变。可以说，我们重走了一段古老的旅程，在许多社会（包括西方社会）中都能找到共同点。

我们不知道是谁用软玉制作了玉璧、玉琮和其他带有诡异面孔的装饰品，也不知道它们的含义，这并不奇怪。既没有口头记录，也没有书面记录。一些考古学家认为，精美玉器的主人就是工

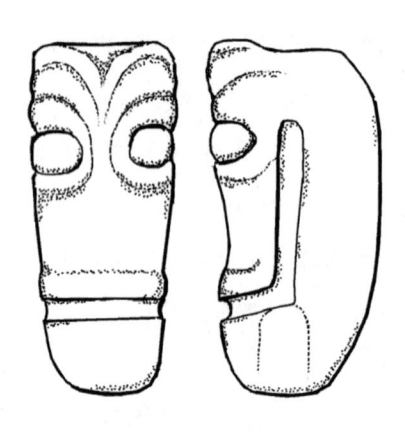

良渚遗址出土的小型蜷曲玉龙

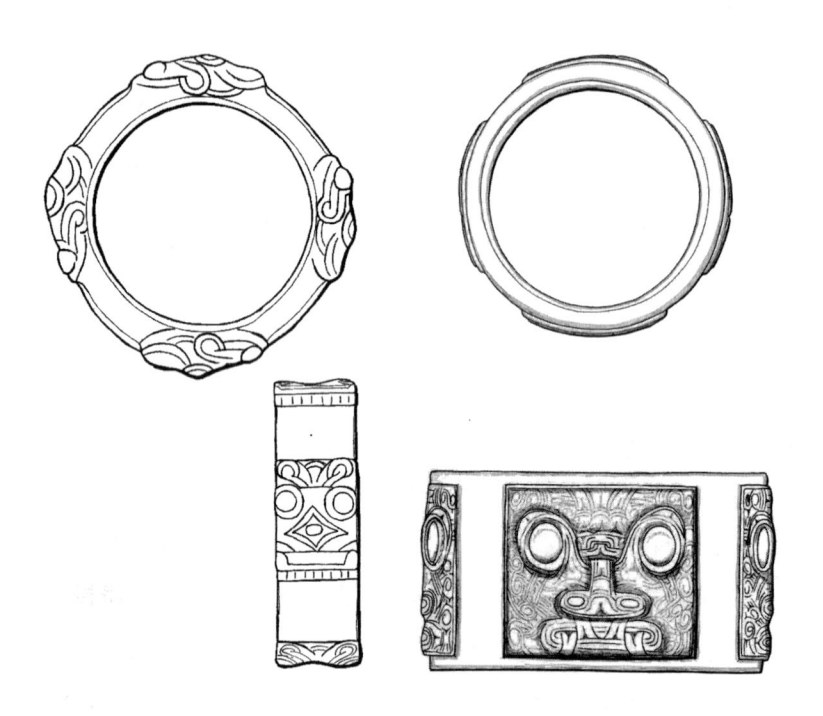

左上：玉镯，直径8.2厘米，纹饰为人面纹和兽面纹的发展（彩版22）；
右上：玉镯，直径7.95厘米，其上人面纹被旋转，并变得更加繁缛，凸显了治玉工艺的飞跃

匠，这赋予了他们在整个族群中独特的文化地位，即发号施令的权力。但是，鉴于族群中还有许多其他工匠，例如陶工、漆工、纺织工等，他们很可能都享有良好的社会地位。但今天更加难以理解的其实是，在今生和来世拥有玉器的背后代表着什么。

玉琮王放置在反山12号墓墓主人的头肩左侧。这是一个重要的，甚至是重大的展示，关乎墓主人在社会上的身份和角色。乍一看，玉琮王只是一块方形玉料（彩版1）。我们如果能把它拿起来，就会突然发现它很重，超过6公斤——这是材料稀有且价值很高的标志。要在琮的中央打一个孔，需要转轮或钻头，也许还要几节空心竹片和解玉砂。从技术上讲，这相当于当今使用的金刚钻的前身。对于所有的良渚玉器来说，孔都是从两端开始向内加工而成的，两个方向的钻孔无法精确相交，因此在中间形成一个小台阶。[43] 我们可以把手指伸进里面触摸来找到台阶。[44] 玉琮王的顶部和底部被砣具打磨成圆盘状，在边缘处向下切割几毫米以凸显下层的装饰带。顶部和底部的圆形表面本身是琮的一部分，中心有一个孔，因此看起来几乎像玉璧。其意义和用途显然超出了周代文人的理解范畴。12号墓中只有少数不起眼的玉璧，而反山墓地的另一座墓中有43件玉璧，其中不少还留有砣具旋转切割的痕迹，但没有一件玉琮像玉琮王那样让人印象深刻。玉琮和玉璧没有明显的实用功能，良渚习俗中肯定有两种不同的仪式属性。它们与其他玉器一起构成了一个关于宇宙的结构化信仰体系。如果它们对我们来说是个谜，那是因为它们表达的信仰是如此个人化，对它们的主人来说是如此重要，以至于我们无法理解。当我们走进一座祠堂或寺庙，如果我们不熟悉这种信仰，那我们也就无法解释目之所见。反山墓地也是如此。打开墓穴，看到玉器，我们进入了一个宇宙，远比

《周礼》中的五色和五方更遥远。

我们必须观察玉琮王的四个侧面，每一侧面分成三个垂直的部分。略微凹陷的中央部分有两组神人兽面纹，上面的人戴着羽饰头冠，紧握着下方兽的眼睛，还有它的獠牙和爪子。要明确解释这些雕像对其主人的意义是不可能的。[45] 然而，这些蜿蜒的雕刻使玉琮王成为迄今已发现的最重要的玉礼器之一。这件琮上重复出现神人兽面纹，并在四角有简化的眼睛，几乎所有其他琮都没有完全展示这些纹样。眼睛倒是出现在许多其他琮上，但这一装饰图案最早是在良渚发现的。这些纹饰可能也曾出现在其他已灭失的材料上，例如陶器、漆器或衣物。[46]

我们如果能够用手指触摸琮的外侧面就会发现，中央的垂直部分是完全平坦的，两侧与装饰带相交的角落都被略微切割，形成了柔和的曲面，这绝非偶然。这些曲面在琮的每个角上形成宽阔的矩

玉琮王，高8.9厘米，宽17.6厘米，重6.5公斤

形,使人和兽的眼睛在棱上形成框架,从而呈现三维的面部。神人和神兽仿佛从玉石中浮现,向我们逼近,却又保持着超然。玉器的主人和工匠想要一个几乎方形的横截面,便于雕刻动人的外观。同时,他们在略呈弧形的角落重塑神人和神兽的形象。它们不仅仅是简单的再现:它们是玉器的一部分,存在于玉器之中。这种效果会让琮的主人接触到他世界的另一部分。对于外界乃至日常生活之外的存在来说,玉器既是一种交流方式,也是其载体。交流的工具就是玉及其加工方式。早期的玉工认为石头中蕴含着力量。这是良渚古城乃至后来中国社会对玉器的核心价值的认知。这件琮的随葬,即使在当时也极为罕见,意味着它将继续与逝去的主人在一起。从现世生活中移走这样一件华丽的雕刻品无疑证明,它和众多具有类似图案的小型玉器一样,在来世与现世一样重要。玉琮王是富有创造力的东方玉石之路最突出的标志性器物之一,也是在其他地区发现的玉琮的原型,更是至今仍可见可触的玉琮之一。如果没有玉琮王上极为特殊的图像,我们就无法识别其他玉器上类似却简化的人面纹或兽面纹。

  如今从太湖流域的良渚文化墓葬中出土的琮是一种年代更晚且更为常见的形式,也在许多博物馆展出。方形的横截面更加明显,弧形的角落消失,表面的装饰细节也不那么丰富。通常只有人面纹饰上的小眼睛位于狭窄的浮雕装饰带下方。这些琮也是中空的,但具有不同的比例,有的矮,有的高。许多是带有绿色条纹的棕色石头,即蛇纹石的一种变体。这些琮不同的形状和材质又添了疑云。如果说反山的玉琮王是早期工艺巅峰之作,那么这些更为标准的作品又是谁拥有的呢?它们是不是一个日益壮大的社会的产物,在那里尺寸比细节更重要?它们是一个共同的信仰体系的足迹,在掌握专门技艺和技术的人与需要稀有材料的人之间传播。由于这种古板的、方形的、颜色更深的玉琮比反山的珍贵玉琮多得多，所以后来的学者和鉴赏家应接不暇。他们只是接受并将其置于不同的相关宇宙中，并没有回顾并想象更遥远的起源。这些相对简化的玉琮传播开来，后来在中国的其他地方也发现了。[47]当我们在反山大墓中看到宽大厚重的玉琮王，发现上面雕刻着精美的图案时，我们就得知了一个闻所未闻的秘密。

良渚的城墙和堤坝的消失，使后人无法了解良渚玉器的故事。良渚古城是怎么消失的？一些玉器是如何在不同的背景下被复制、改造、保存和解读的呢？这些问题虽鲜少被提及，却是理解玉琮和其他玉器遗产的关键。我们现在知道，重大的环境变化给良渚带来了严峻考验。[48]该地区的地势非常低，上古时期曾被海水覆盖，并且有时降雨量很大。在良渚鼎盛时期的后半段，经历了一段时间的干旱之后，两段漫长的降雨期引发了灾难性的洪水。起初，恶果只是慢慢显现，整个长江三角洲似乎经历了几次洪灾，并加速了海平面的上升。随后，城市就消失了。这些问题的痕迹只能从地层中看出来：厚厚的泥沙沉积叠压在文化层之上。[49]在一些地区，稻田附近或稻田里发现了小海贝，这是海侵的又一迹象。[50]如果这种破坏最初是逐渐发生的，那么可能会有人群沿着东部海岸向南或向北迁徙以寻找高地。[51]玉琮或其相当精确的复制品，在良渚周边广阔的区域内被发现。但是，庞大的城市、成千上万的人口、大型基础设施和广袤的耕地的迁移是不可能的。良渚受困于水。许多人很快就返回了这一地区，但直到汉代，这一地区才再次变得人口稠密。

当人们离开这座日渐衰落的城市时，有些人带着他们的玉器。

少数玉器，特别是小吊坠，可能并没有被埋葬，而是被代代相传或遗失几百年后被发现。其他玉器被埋葬，后来人们开挖沟渠、开垦农田时，或者古墓被洪水冲开、被盗墓贼打开时，玉器重见天日。玉石，特别是软玉，其非凡的持久性保证了它得以重见天日，在大多数情况下并无明显的腐烂迹象。良渚出土的玉器对玉器史有着深远影响，在良渚以西2000多公里的甘肃东部和四川盆地，其玉琮形制的仿制品出现于祭祀遗址中。[52] 这种独特器物外方内圆，并未被完全改造。如果我们绘制一幅公元前2千纪的玉琮分布图，我们会发现低矮、高大等各种类型的玉琮都源自良渚原型。有些带着小圆眼装饰，有些只有圆圈纹饰，有些根本就没有眼睛。其他玉器也有流传，尤其是玉璧。

良渚不是唯一一座受洪水影响的古代玉城。在长江中游有另一处著名的城址石家河，那里的人们在低地上生活了数百年，并修建了巨大的护城河。人们还在城市周围的高地上建立了定居点，因此人口规模逐渐扩大。随着洪水再次侵袭了这一聚落，那些决定留下的人转而生产精美的玉器，并在大约公元前2000年将玉器埋藏在了瓮棺里。这些玉器与我们在良渚所看到的玉器有所不同。但是，和良渚玉琮一样，石家河玉器也被传播开来：离开该地区的人们随身携带着玉器，这些幸存的玉器在几百年后仍被收藏。[53]

波澜壮阔的河流及其复杂的支流难免泛滥，催生了大禹治水的传说。[54] 这一传说可以追溯到公元前4世纪，描述了大禹对水的治理和将天下划分为"九州"的功绩，这一划分后来成为中国文化区域的象征。[55] 洪水和严重的干旱影响了黄河流域。中国历史上充满了这样的灾难时刻，即便如今长江也一再发洪水。沿着玉石之路，形制多样的玉器往往幸免于难，并在适当的时候重见天日。[56] 这种偶然的机会使玉器遍布中国北方和中部,并在几千年的时间里被反复使用。玉石从地下重现更增添了神秘色彩。在黄土高原几乎不可能发现矿脉,因此金属要么不为人所知,要么很稀有。但玉石在流传的过程中经常被掩埋,后来偶然被发现。它因此成为一种备受珍视、价值极高的材料,相当于黄金在许多文明中的地位。

如果我们把注意力转向东部沿海地区,转向牛河梁一带和更北的遗址,以及良渚及其周边地区,我们就远离了后来西部的玉石来源——青藏高原边缘的昆仑山脉。地理焦点的转变非常关键,有助于我们理解玉器在宏观地貌中的传播。这一关键转变改变了我们对玉器是如何出现并传播到其他东部城市的理解,尤其是山东,许多古城也逐渐走向衰亡。[57] 很多玉在历史上不断被传播和再利用,上述玉器让这一现象的内涵更加丰富。玉器的传播确保了其难以捉摸的力量和晦涩难懂的形式能够一直流传至今,在不问出处的情况下被接受,并且比所有其他材料都更受重视。随着良渚文化被遗忘,中国一些最令人印象深刻的古代玉器也被遗忘了。

考古发掘还原了这段历史。至少从公元前8千纪起,中国东部的文明就创造了大量的玉器,这些玉器在随后的数千年间被发现。玉器甚至在更远的西部被人们认识和使用,例如在甘肃省的石器时代遗址中发现了几件。[58] 反山的玉琮王有美丽的棱角和精心打磨的雕刻,使我们能够识别许多其他简化的琮,但无法解读其语言。这些古玉建立起了复杂的谱系,影响深远,因为它们在早期王朝贵族的来世中被找回、仿制、收藏和陈列。这些晚期的琮(彩版20)有新的用途,和我们以往对琮的理解以及文献中记载的都不相同。"以苍璧礼天,以黄琮礼地"并不是新的解释,而是增添了更多神秘色彩。孔子的著名论述更进一步,在战国时期的士人手中,玉器进入了一个截然不同的社会、政治和宇宙论体系：

> 夫昔者君子比德于玉焉：温润而泽，仁也；缜密以栗，知也；廉而不刿，义也；垂之如坠，礼也；叩之，其声清越以长，其终诎然，乐也；瑕不掩瑜，瑜不掩瑕，忠也；孚尹旁达，信也；气如白虹，天也；精神见于山川，地也；圭璋特达，德也；天下莫不贵者，道也。[59]

在杭州，十二三世纪南宋的都城临安，没有人知道周围的稻田下面藏着什么。尽管如此，人们还是用汝窑瓷器复制了琮。[60] 在明清两代，大量来自新疆的玉石被进贡给皇帝和官员。玉制的笔洗、笔架、祥瑞动物，以及仿古的玉琮、玉璧和玉璜被制作出来，以满足日益增长的需求。最终还产生了雕刻有神仙人物的巨大玉山子，以进献给乾隆皇帝。[61] 成书于18世纪的《红楼梦》是中国四大名著之一，主人公贾宝玉含着宝玉出生。他及其家族的复杂故事最终以玉石的消失而告终。[62]

反山12号墓墓主人的遗产不仅仅是良渚博物院里展出的一批精美的玉器。其真正意义在于：玉琮王的主人及其族群曾在一个拥有自己独特信仰的强盛社会的顶峰建造了一座城墙环绕的城市。一系列的知识断层将良渚、红山乃至更古老文明的玉器分散开来，催生出新的历史叙事，为新信仰的构建、修正和重建奠定了基础。玉石的物理性质确保了它能继续提供强有力的保护。中国东部沿海的早期玉器，联结了中国古代的生与死，也联结了中国的过去与现在。

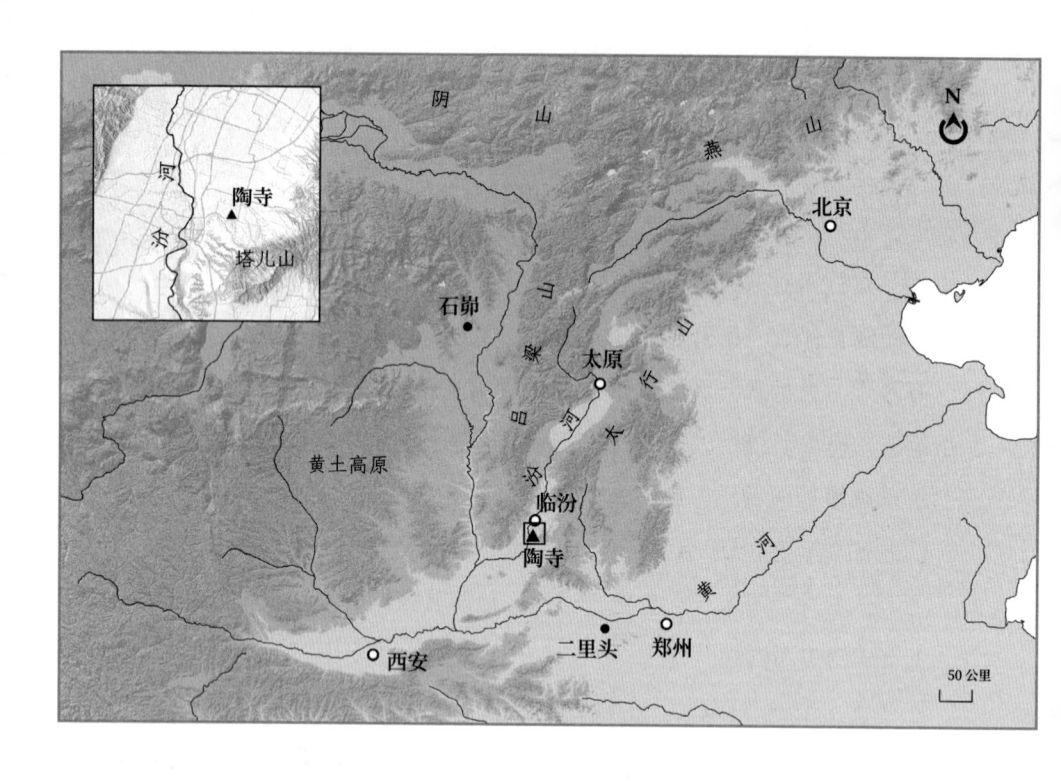

陶寺遗址与黄土高原

第 2 章　狼藉盛宴

山西襄汾陶寺遗址

　　从兰州到太行山脉（彩版19）绵延1000多公里的黄土高原，是非凡的景观，在中国不断演变的历史和文化中扮演了核心角色。[1] 它与南方气势恢宏的长江流域一起成为后世王朝的两翼，核心地带则是黄河中下游尤其是渭河流域的著名城市。黄土高原的南缘滋养着商周之前的大型古城，就像长江三角洲孕育了良渚古城一样。数百万年来，特别是在冬季，来自北极的风和西风从西部山脉和沙漠搬来黄土这种灰黄色沉积物。[2] 在大多数地区，黄土质地非常细，可以被压实成高耸的砂质峭壁。[3] 该地区气候干燥，但土壤中的矿物质可以养活农作物和动物。这里常有强沙尘暴和严冬，因此少有访客涉足这一奇异地貌。黄土高原与中国标志性的形象——故宫、兵马俑和稻田——完全不同。事实上，许多外国人并不知道它的存在，但它是中国古代潜藏的优势之一。

　　厚重的黄土沉积物覆盖在一个相对平坦的高原上，海拔在1600米到2000米之间。这决定了黄河的走向。黄河之水自青藏高原奔流而下，在兰州附近被迫向北绕过巨大的黄土丘，并裹挟着泥沙到达鄂尔多斯以北的戈壁，随即突然转向南方，形成巨大的几字弯。黄河随后穿过黄土高原，将陕西省和山西省分隔开来（彩版17），

带牙齿的公猪下颌骨

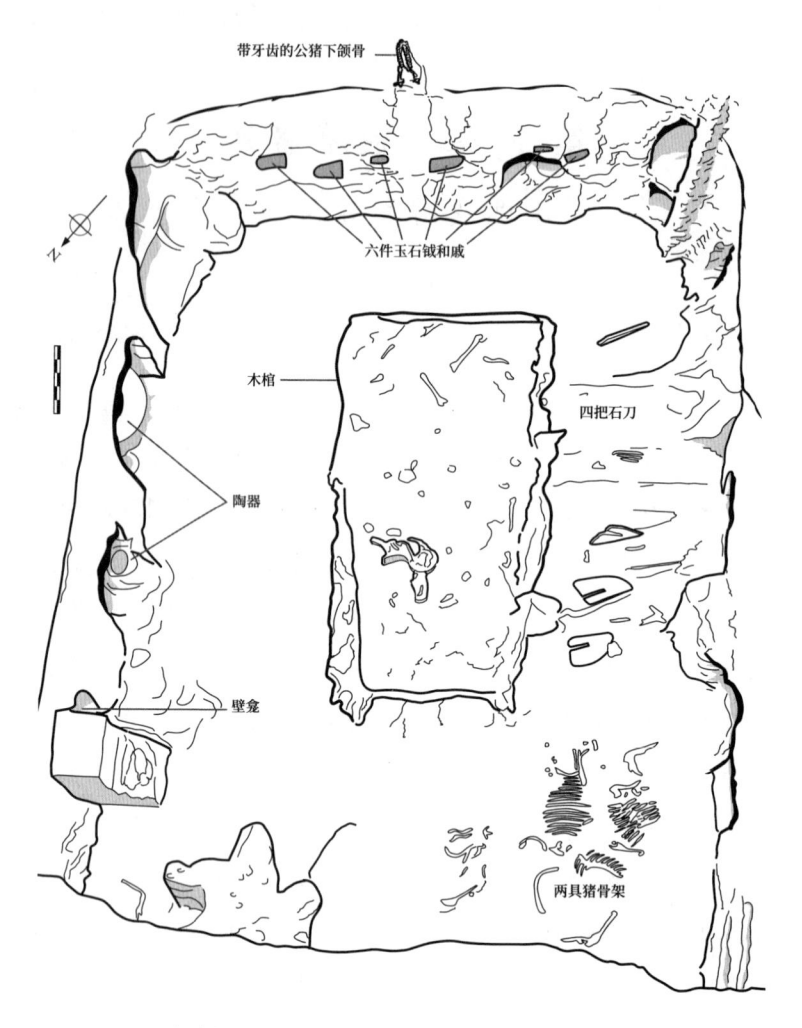

六件玉石钺和戚

木棺

四把石刀

陶器

壁龛

两具猪骨架

被破坏的墓葬，5~5.3米长，3.7米宽，7~8米深

汾河从东侧汇入。黄河最重要的支流——渭河流经关中盆地，在两者汇合的地方，黄河再次急剧转向，这一次是向东流去。与这个急转弯相关的是一座神话般的山——龙门。一条巨大的瀑布从那里倾泻而下。随后黄河流经几处狭窄的山口，或称关口，终于到达中原，将泥沙带入肥沃的农田。千沟万壑的黄土高原、九曲黄河及其众多支流的蜿蜒河道共同构成了上古时期中国历史上某些重大事件的发生背景。

持续不断的风蚀和水蚀促成了黄土高原千沟万壑的景观。当地居民在这些裂缝和峡谷间修筑梯田、道路和防御工事，加剧了进一步的侵蚀。卫星图像显示出沟壑和干涸的河床，如叶脉般密集。这里的农村由迷宫般的山谷和梯田组成，在无情的夏日酷热中变成淡淡的赭色（彩版5），在严寒的冬天则为人们提供宝贵的庇护。层层叠叠的耕地和村镇点缀着地平线。这里的主要作物是粟，适合种植在干旱的高原上。如今，这里还以小麦、玉米和畜牧业为补充。[4]数千年来，人们一直居住在窑洞中。黄土中甚至可以挖掘出数层窑洞而不会坍塌，几乎像今天的高层建筑一样。一个美国人在20世纪20年代旅行时做了这样的描述：

> 事实上，窑洞几乎是普遍存在的，并会在将来继续存在；村庄或是城镇都遍布窑洞，一排排地沿着巨大的黄土峭壁延伸，如梯田一般，覆盖了山区的每一寸土地：从河谷到依稀可见的山顶。在这片乱糟糟、灰蒙蒙的风景中，唯一的色彩往往是柿子，就像橘黄色的大番茄。[5]

最著名的是陕西延安遍布窑洞的村庄，20世纪30年代，毛泽东在这里领导建立了革命根据地。尽管环境和气候常常对农业构成威胁，但黄土地区在公元前5000年以前就孕育了中国早期的一些农业社会。⁶在随后的几百年间，其居民因缺乏城市和文字而受到贬低。黄土高原以南的农耕文明，既害怕又轻视其强邻，但不得不面对对方的一再入侵，这对中国古代的发展至关重要。

黄土高原的地形为人们提供了三条交通路线，以便从遥远的北方向农业腹地迁徙。从中亚和今蒙古西部的山区出发，最直接的路线是沿着河西走廊，这是青藏高原和草原之间的一条狭长地带。另一条路线是在遥远的东方，燕山山脉分隔了蒙古东部的草原与北京以南的农业用地。这条路线穿过公元前5世纪或前4世纪开始分段修建的长城。第三条路线则与陶寺古城相关，从内蒙古草原向南沿黄河及其支流汾河而下。

在长城以北，黄土高原以外，中国加入了横跨欧亚草原的交流潮流。在西边，大地高高隆起，形成阿尔泰山脉这一伟大节点；更远处继以欧亚草原，无边无际的草场和群山之间活跃着猎人、来自更西部的移民以及逐水草而居的牧民。这条路线一直延伸到乌拉尔山脉以及今俄罗斯的土地。牧民带着他们的羊群和牛群迁徙，后来还有驯化的马群，最初发现于西部大草原和西亚地区。⁷在与中国接触之前，沿着这条无尽的、几乎连续不断的路线，人们与小亚细亚、美索不达米亚和波斯等地的定居社会建立了联系。黄河流域农业文明的统治者无法知道北方和西北方到底有什么。即使在今天，青藏高原仍然是一道阻碍欧亚大陆直接交流的生态和地理屏障，我们仍然难以想象绕过青藏高原的路线。然而，新的人口、新的动物、新的材料和新的技术，还是沿着山路和草原穿越黄土高原，抵达中原腹地。

气候变化似乎引起了人口南迁。数千年来，太平洋季风的北部边界发生了变化，影响了追求稳定生活的人们。公元前 3 千纪，充沛的雨水让人们可以在黄土高原北部定居、耕种。但在公元前 2 千纪，季风带向南移动，降雨较少，因此农耕族群和牧民也向南迁徙。[8] 黄土高原以北的草原地带更干旱，适合狩猎和放牧，农业用地面积小而分散。南来北往的人群在草原之间迁徙，也越过黄土高原向渭河、汾河等黄河支流的农业盆地迁徙，带来了频繁的文化碰撞与交流，也带来了动荡。草原居民以及主要河谷的定居村庄、城镇居民之间对话日益增多，黄土高原上的人群是必不可少的中间人。20 世纪 50 年代，在汾河流域发现了一处大型聚落——陶寺遗址，这甚至可以说是一座城市，令考古学家兴奋不已。当时他们希望找到夏朝的证据，而夏朝是古代文献中提到的第一个王朝。[9] 在中国古代的传统故事中，夏朝紧随传说中的圣王时代之后，并最终被有充分史料记载的商朝取代。[10]

黄帝、尧、舜等圣王是中华文明奠基神话中的著名人物。关于他们生平的详细记载出现在《尚书》中，其中一些资料是从公元前 9 世纪开始口头流传的，但也有许多记载不早于公元前 5 世纪。[11] 公元前 100 年左右，史学家司马迁将有关圣王的段落编入《史记》中，以颂扬他们的美德和成就，当然这些内容现在多被认为是神话。[12] 尽管陶寺可能没有提供夏朝的痕迹，但它表明，早在商朝掌权之前，黄土高原以南山谷地区的农业文明就见证了城市的建立。每当发现一座新的城市，我们就更明白古代中国的多样性远超我们的想象。[13] 在 20 世纪上半叶，我们稍后将要论述的陶寺的一切都是完全未知的。[14] 城市本身以及城市之间的联系，在文字发明之前很久便已存在，为我们了解中国的过去打开了新的大门。

第 2 章　狼藉盛宴

陶寺位于襄汾县城东北约7公里的山谷中。它是联结黄河及其支流汾河的重要枢纽。从公元前3千纪至前2千纪上半期，该地区位于季风带内。肥沃的土地养育着农业社会，这些社会从公元前2300年开始，保持了三四百年的繁荣，直到公元前1900年左右人口开始减少。[15] 在此期间，陶寺从一个小聚落发展成一个不到2平方公里的小城市，并成为黄土高原边界最早的城市之一。陶寺深处内陆，环境与良渚不同。这些环境和气候多样性是丰富中国文化的重要因素。黄土高原上的山谷过去和现在都与长江三角洲的肥沃稻田一样重要。陶寺以南的邻近山谷、黄河沿岸及其支流渭河流域通常被视为中原的一部分，即函谷关以东的农耕区。然而，虽然陶寺繁荣，但其居民可能并不了解函谷关以外的土地。如果我们认识到黄土高原的特殊性，我们就会更加全面地了解中国。

就像在良渚一样，我们要观察城墙、建筑和墓葬才能了解陶寺。从早期（公元前2300—前2100年）起，陶寺古城被护城河环绕，后来护城河被黄土墙取代。黄土在中国北方一直被用来筑墙，至今仍然是一种重要材料。[16] 黄土具有非凡的强度和稳定性，而且可以在木板内快速夯实，许多定居点是用这种版筑的方式建造的，这也解释了为什么在几千年间中国建筑几乎不使用石头。[17] 随着每一段夯土墙的完工，木板都会被上移，然后夯筑上一层。采石和刻石的劳动强度要大得多，石材直到19世纪末或20世纪才完全进入中国的建筑领域。由于石砌建筑和石雕的缺失，古代中国在与古埃及的对比中常常略显逊色。但这种对比没有抓住重点。中国以惊人的速度建造城墙、台基和墓葬的能力是其政治和等级权力的有效体现，这种能力却没有得到充分认可。夯土墙也很容易被忽视，因为它们会逐渐沉积于地表以下。而且它们在几百年间不断被建造和重建，因此不太容易确定其年代和用途。夯土墙却成为中国建筑实践的标志之一，是一种经久不衰的传统，易于修复、替换和扩展。

一座宏伟的建筑，通常被称为宫殿，坐落在陶寺的中心。大型平台或地基的建造一定需要大量的劳力。这些平台为复杂的木结构建筑提供了空间，木结构建筑至今仍为我们所熟悉。城墙以南有一处庞大的墓地，有1万多座墓葬，其中1000座已经被发掘，这让我们对陶寺城内的生活有了些许了解。[18] 6座大墓展示了墓主的物质财富和社会地位，以及他们对宇宙的信仰。他们都随葬了成套陶器或彩绘木器，包括罐、盘、豆等，以便他们来世仍然可以高标准享用食物。[19] 随葬品的数量不仅可以衡量制作陶器或木器的水平，也意味着一群精英所实现的农业繁荣。这些习俗一直延续到第二阶段（公元前2100—前2000年），当时陶寺占地2.8平方公里，周围有一道新的城墙。陶寺越来越富裕，修建了更多奢华的礼制建筑、城墙和墓葬，以及较小的房屋，这表明，与早期一样，社会等级在不断分化。一条长长的中央道路将城市一分为二，并将其与一系列村庄的腹地连接起来，这些村庄最终发展成城镇。在第三阶段（公元前2000—前1900年），城市发生了巨大的变化，早期的规划被推翻，建筑被摧毁，第二阶段的一位首领的墓葬被破坏，且城市各处无序地分布着平民的墓葬。这种破坏在中国的考古记录中是极为罕见的。黄土建造的房屋和更宏伟的建筑很容易倒塌并消失得不见踪影。它们不像欧亚大陆其他地区那样留下农田、泥砖或石砌建筑的痕迹。因此，陶寺遗址难得地证明了曾经的富饶。

然而，一座被破坏的墓葬使人们注意到一场重大的灾难。它不是在主墓地，而是在陶寺城墙的东南角发现的。[20] 其周围有自己的墙，围住了一个不寻常的结构。从其半圆形的地基判断，目前主要的发掘者何驽（本名何努）教授认为这是一处观象台。[21]新月形的地基之上可能有一排夯土柱，可以通过柱间缝隙向东南方向观察崇山。崇山现称塔儿山，其高耸的主峰为太岳山系支脉。这些柱子的定位可能是为了精确观测太阳的运动。发掘者认为，在被破坏的墓葬中发现的一根长杆与此观象台有关，杆上分段的彩绘可能是用来标定尺寸的。他们初步推测墓主也与此有关，因为墓葬和观象台均遭到破坏。我们当然可以推测观象台是如何被精英用来管理城市的。但是他们无法为自己发声，我们不应该让我们的想法压倒他们的想法。陶寺古城被毁坏的夯土建筑与良渚古城的水系、沟渠、堤坝相去甚远。不同的世界有着不同的命运。陶寺拓展了我们对早期城市兴建、繁荣和衰亡的多种方式的理解。

由于其位置、规模和最终被破坏的命运，这座墓葬是中国古代最有趣的墓葬之一。这是迄今发现的商代以前最宏伟的墓葬之一，标志着大墓的兴起。这座墓葬比陶寺早期的墓葬挖得更深，接近8米，但由于地面可能发生了变化，因此不容易精确评估。[22]为了营建这座墓葬，墓主的盟友或家族利用了黄土的特性。在所有的黄土区域，深度都很重要：墓主越重要，墓葬就越深。这些地下建筑在整个华北地区发展的主要动因是黄土的稳定性。在举行葬礼和埋葬的过程中，细密的黄土颗粒让巨大的墓坑保持稳固，没有坍塌的危险。除了随葬品之外，墓葬本身也是一种权威的展示。

下一章将要讨论的安阳大墓长期以来被认为是商代最宏伟的墓葬，陶寺这座被破坏的墓葬在规模和深度上与之相当。男性墓主在陶寺鼎盛时期一定是一位非常重要的人物，我们当然可以称他为首领。他周围有一些随葬品较少的墓，被认为属于精英成员，即他的重要臣民。这些较小的墓葬也有更小的陪葬墓，陪葬墓的主人被认为是侍从，随葬品包括玉器和贝壳等。

首领为仰身直肢葬，头朝东南，即崇山的方向。不同寻常的是，他葬在船形木棺之中，木棺由一根巨大的树干雕凿而成。墓穴四面底部褪色的黄土墙上开挖出了若干放置随葬品的壁龛，这得益于黄土的稳定性。这些壁龛与窑洞中用来储存食物和财产的做法类似。[23] 船棺葬和壁龛都是其他地方的特征，可能来自黄土高原更北的地区。这是一场史无前例的葬礼，我们今天无法追溯其起源。墓葬建筑，在任何时候都是由那些举行葬礼的人决定的，并与墓主人的身份密切相关。这座墓的深度和相关设计一定是为了表达这位首领的出身。不同寻常的是，他可能来自陶寺以外的地方，可能带来了新的技能和知识，因此被授予了一场盛大的葬礼。我们对他的生平一无所知，但他在那样一个遥远且现在不为人知的社会中，很可能有令人敬畏的背景。船形木棺内外均发现了朱砂。朱砂是可以提取出汞的矿石，后来在渭河以南的秦岭山脉有大量开采。[24] 在墓主人下葬时，朱砂可能撒在了他的尸体上。漆器上的朱砂也因其鲜红的色泽而引人注目。红色后来代表一种积极的力量，并且随着时间的推移，与南方和太阳的温暖联系起来。除了朱砂，绿松石碎片的痕迹为整个视觉环境增添了另一种色调。这些绿松石碎片和一个贝壳一起被发现于木棺内。附近的一处陶寺文化墓地发现了一件宽环带状手镯，其上贴附有绿松石碎片，中间镶嵌一个贝壳，由此我们可以推测陶寺大墓中绿松石和贝壳可能的组合方式。[25] 这种装饰也许是一种保护形式，很可能是城市西边的人带到陶寺古城的。[26]

其中一个壁龛内发现了一件光滑的方形玉琮，中间有一个圆柱形的孔。陶寺其他墓葬中的玉琮有着与此类似的矮胖造型，有些玉琮外侧表面有横向凹槽的原始形式。在陶寺大墓主人去世的时候，良渚玉器生产的鼎盛时期已经过去几百年，玉琮从东海岸经由水路被带到陶寺以南的定居点，然后被复制或改造。[27] 与长江流域的石家河文化的进一步接触和交流，为陶寺带来了另一种玉器——一种形状相当抽象的玉兽面，顶部有冠和宽大的翼状延伸，细长的孔表示眼睛，上方可能有眉毛，另一个圆孔则表示嘴巴。[28] 这位首领似乎就像磁铁一样将来自不同方向的玉器吸引到他的墓中。他还有几把用玛瑙制成的钺或牌饰，据记载，在回填墓穴的泥土中还发现了其他玉器。

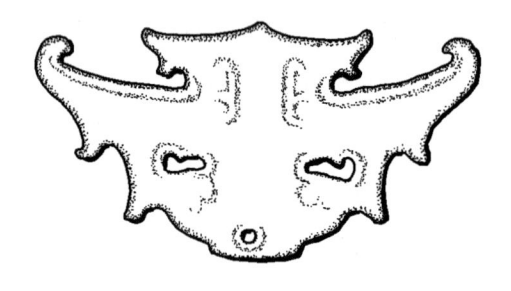

玉兽面，宽6.4厘米，为石家河文化（公元前3千纪晚期）的典型玉器

玉料不太可能是在陶寺附近开采的。风沙肆虐的黄土高原并没有玉矿，最近的矿脉在西北方向几百公里的山中，但陶寺先民对此并不知情。[29] 考古发现逐渐揭示了长江流域居民和黄河流域居民之间之前鲜为人知的联系，这种联系培养了人们对玉的广泛热情，并形成了关于其吉祥、礼制甚至超自然特性的新观念，远早于金属从更遥远的西方传入。陶寺的这位首领不可能了解良渚或石家河，也不知道玉器是如何传到他手中的。我们并不知道他是如何使用玉器

的，但他显赫的地位得到了证实。美石可能与神灵有关，特别是墓主人头端的墓壁中央放置着一副完整的公猪下颌骨，两侧各展示着三件彩漆柄的玉石钺和戚。这可能象征着军事力量，就像后来欧洲人在城堡墙壁上展示戟或矛一样。这位首领还有一套骨箭头和木弓，这表明他可能亲自猎杀了公猪。

除了礼器和武器之外，这位首领还得到了为来世准备的宴会用具。宴会通常有多种菜肴、口味和风味，因地区而异，甚至因村庄而异，这是典型的中国特色。在陶寺，我们看到了这种传统是如何融入来世的。宴会的最早迹象是 10 头猪的骨架（第 30 页的墓平面图上展示了其中两具）。10 头猪都被一劈两半，共 20 片。野猪和家猪在古代中国经济生活中占有核心地位，对富人而言尤其如此。在陶寺古城建立之时，中国只驯化了猪和狗两种家畜。[30] 尽管狗有时也会被食用，但猪因其富含脂肪的肉而更有价值。猪肉至今仍然是中国最受欢迎的肉类，猪肉供应不足也是社会不稳定的因素。从《东京梦华录》中对北宋市场的描述可以看出猪的中心地位：

> 唯民间所宰猪，须从此入京。每日至晚，每群万数，止十数人驱逐，无有乱行者。
>
> 坊巷桥市，皆有肉案，列三五人操刀。生熟肉从便索唤，阔切、片批、细抹、顿刀之类。[31]

陶寺大墓中的猪显然是供食用的，旁边还散落着几块木俎，以及 V 形石刀，上面的部分可供手持。这种刀的尺寸从 15 厘米到 60 厘米不等，可能是为了切不同部位的猪肉。猪对墓主人的来世幸福生活而言非常重要，那些毁墓者一定知道这一点。虽然他们留下了

第 2 章　狼藉盛宴

一些玉器，但扰洞直达墓坑正中，破坏了墓主人的尸体，以确保他无法享用准备好的来世盛宴。

通过将这座首领墓与陶寺早期的其他墓葬进行比较，我们可以假设墓葬的功能之一是用于食物的最后准备，就像北京烤鸭被带到餐馆的餐桌上，在客人面前被切片。[32] 在所有陶寺大墓中，被切开的猪、木俎和石刀不仅仅是葬礼的遗留，它们也指出了对未来盛宴的信仰。

如果猪和各种器具是为了首领的来世准备的，那我们就需要想象见证这些准备工作的观众，包括活着的和死去的观众。首先当然是首领活着的亲属和侍从，主持他的葬礼，但另一组无形的观众——灵魂和祖先也出席了。我们无法确认墓主人是否喜欢在来世独享大餐，或者他是否被期望款待其他人，也许是他已故的家人。但毫无疑问的是，他带上了未来宴会所需的一切。在他的墓中，宴会用具、食物和饮料是一种重要的沟通渠道的一部分，将准备葬礼的生者、墓主人和来世的其他居民联系起来。在这里，器具和饮食扮演着和良渚玉器一样的角色：它们的实体呈现是一种通往灵魂世界的方式。几乎可以肯定的是，在今生和来世的宴席中，菜单是相似的。在年代较晚的文献《招魂》中，食物是召唤垂死之人的灵魂归来的方法之一。这篇作品收录于西汉刘向所辑的诗集《楚辞》中。

> 魂兮归来！何远为些？
> 室家遂宗，食多方些。
> 稻粢穱麦，挐黄粱些。
> 大苦咸酸，辛甘行些。

> 肥牛之腱，臑若芳些。
>
> 和酸若苦，陈吴羹些。
>
> 臑鳖炮羔，有柘浆些。
>
> 鹄酸臇凫，煎鸿鸧些。
>
> 露鸡臛蠵，厉而不爽些。
>
> 粔籹蜜饵，有餦餭些。
>
> 瑶浆蜜勺，实羽觞些。
>
> 挫糟冻饮，酎清凉些。
>
> 华酌既陈，有琼浆些。[33]

这一典型的美食取悦死者的例子，让对陶寺大墓的亵渎行为更加令人震惊：破坏宴席的人，就像西方派对上的捣乱者一样，知道他们在严重伤害首领。首领的死亡也没有让他避免更大的不幸。

那些准备墓葬的人的初衷是把这10头猪的肉放在炊器内煮，而不是欧洲人想象的那样把肉穿在扦子上烤。配猪肉的是谷物和蔬菜。像大米一样，小米也要在煮熟或蒸熟后食用。西亚和欧洲的硬面包或脆面包与中国较软的小米饭、大米饭（通常为稀粥）之间的差异也标志着菜系之间的明确界限。[34] 带有中空锥足的陶鬲是陶寺的标准炊器，不过这种较高的袋足是一种新的形式。[35] 烹饪器皿的变化不应被忽视，象征着接触和交流，其始终是衡量社会及其农业是否繁荣的标准。我们不知道是什么刺激了公元前3千纪后期的这一变化，但这一变化在黄土高原的大部分地区和下游的黄土冲积河谷地区都存在。有独立甚至可能相互竞争的族群在今山东的地区逐渐向东繁荣起来，也有着不同的陶器用于烹饪和宴饮，例如有三只袋足和一个喙形流的陶鬶。这些可能刺激了陶寺炊具形状的变化。[36]

我们在陶寺遗址发现了另一件引人注目的陶器，它有三个分开的袋足，上接短颈，形成一个分瓣状的容器，比山东优美的黑陶杯要重得多。它不仅用于炊煮，也可能用于谷物发酵，如今被称为"鬲"。[37] 陶寺及以北的人们也使用陶甗，即一个甑之下连接着带有三个袋足的鬲。甗在更早的时期就已发展成熟，并且一直是中国的重要炊器。后来，在商代和周代早期的礼器组合中，鬲和甗都被用

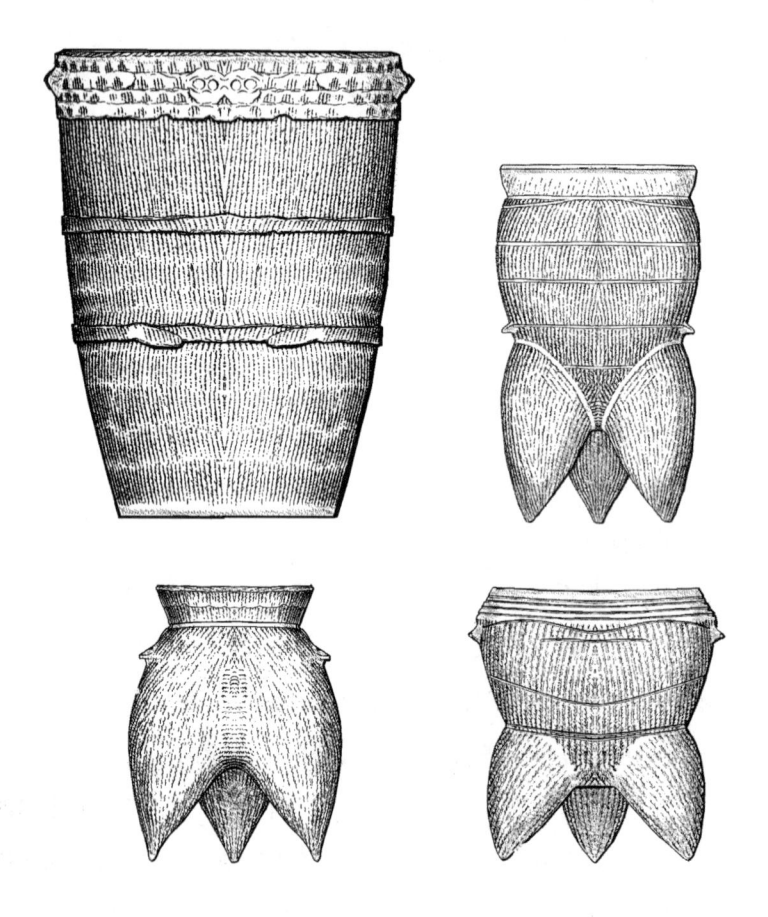

四件由出土碎片复原的陶器。大陶罐，高60.8厘米；两件陶甗，分别高37.6厘米、28厘米；陶鬲，高26.8厘米

青铜复制出来。中国北方的陶器为后来的青铜器铸造工匠提供了范式。另外，铸铜工匠也使用黄土制作陶范。

墓葬，尤其是如此深的墓葬，是永恒的居所，而不是厨房。墓葬周边的灰坑中，陶寺古城内的房屋废墟中，都发现了用来做饭或加热食物的大陶罐碎片。墓主们基本上随葬了陶灶，灶上还稳稳地支放着尖底或圆底陶罐。通常也有小型陶谷仓。一日和未来的食物都储存在大陶罐内，有的矮，有的高。这些陶罐保留了陶炊器的一些特征，但颈部有彩绘。色彩斑斓的陶罐、陶餐具，以及后来的青铜器皿，都需要厨师和仆人在来世的厨房里精心准备宴席。《周礼》试图重现早期的礼仪，列出了周天子厨房内所需厨师、助手和监工的数量清单。[38]

宴会既壮观又美妙。绚烂的色彩是首领及其前任彰显影响力的惯用手法。陶寺的艺术形式异乎寻常地生动，陶罐、陶杯、陶碗、陶盘上的多重抽象图案，以其刻意变化的比例和轮廓，带来了一场视觉交响乐，包含或交替或反转的形状、涡纹和流线。在上不同的菜肴时，各种高足盘和宽腹盆就会被举起来，由仆人递给主人，形成令人目不暇接的动态场景。有不少彩绘陶逃过了毁墓者的破坏，其中一件有曲线优美的高圈足，以及两个小錾（彩版2）。其褪色的红色底色上仍可见黑白线条勾勒的清晰横条纹饰。发掘者认为最上面一圈纹饰是羽毛，但也可能是黑色的成对兽角。黑白线条对比强烈且构成棱角分明的图案，与后来中原青铜器上的一些纹饰惊人地相似。类似的装饰带也出现在一些小型长颈陶瓶的肩部，其腹部往往没有装饰。这些陶器上的抽象构图看起来几乎是现代艺术。其他墓葬也曾出土彩绘陶盘，中央装饰着黑色和红色的蟠蛇纹，是这些

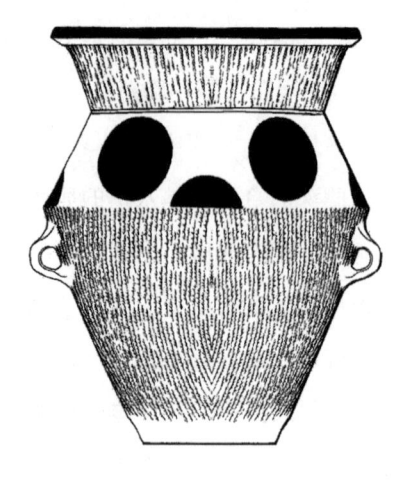

可能用于盛放谷物和蔬菜的随葬陶罐，高34.6厘米。下部粗糙的沟槽纹表明这是一件储物罐，但肩颈部鲜亮的红色斑块让它也适用于宴饮

陶寺出土的一组陶器，彩色纹饰颇具创意。左上高23.6厘米，右上高24厘米，左下高28.1厘米，右下高25.4厘米

044　　　　　　　　　　　　　　　　　　　　　　　　　　　　厚土无疆

充满活力的设计中最引人注目的。

陶寺的人们也喝酒，可能类似于啤酒。[39] 长颈陶瓶可能是用来饮酒的，袋足陶鬲则可能是用来加热酒的。这些是《诗经》中记载的祭祀祖先的仪式的基础。这些诗歌于公元前 600 年左右编订成文，但此前已口头流传了数百年。

> 丰年多黍多稌，
> 亦有高廪，
> 万亿及秭。
> 为酒为醴，
> 烝畀祖妣，
> 以洽百礼，
> 降福孔皆。[40]

因为拥有世界上最有营养的谷物，大河流域可以养活大量人口，支持农业和手工业。古代中国掌握了很多种不同技能，同时也有很多劳动力可以制作陶器、编织物、木器等，在陶寺流行的还有彩绘漆器。考古工作者可以熟练地从脆弱的土壤中提取出木器的遗存。多年的发掘经验让考古工作者能够识别黄土中的朽木，漆器则通常以黑色和红色残片的形式存在，当他们挖掘泥土时，这些残片会吸引他们的注意。

虽然酒和食物显然是必不可少的，然而对展示的重视更引人注目。保持繁荣的愿望可能刺激了这种展示。陶寺古城中陶杯、陶盆和陶盘的华丽组合，装满不同的食物，至今仍保存完好。很多文化中都有宴请的习惯，然而很少有其他文化的人会把整套宴饮用具都

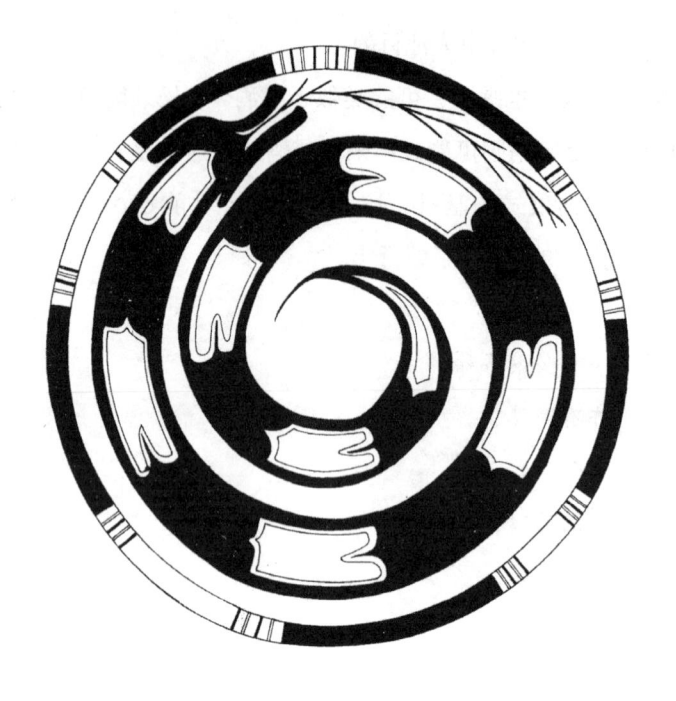

陶寺出土的彩绘陶盘，绘有蟠蛇纹或蟠龙纹，盘口直径40.9厘米

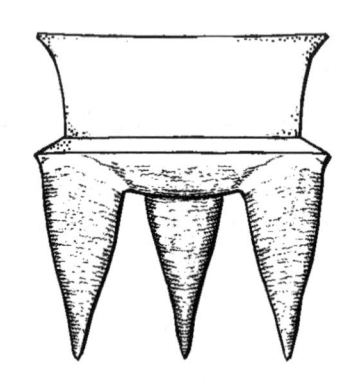

陶寺出土的陶斝，高19厘米。制作方法与陶鬲类似：在器腹开三个孔，并接入三个锥足

埋葬了。在中国，并非只有陶寺的贵族才会带着成套的餐具和酒器进入来世。这种做法早已有之，并且在公元前3千纪到公元前2千纪早期的定居点和城市墓葬中很常见。[41] 在不同地区，人们也掌握了不同的用陶土制作陶器的技艺。如今最有名的是山东龙山文化的黑陶高柄杯，它们薄如蛋壳，表面光亮，通常有镂空装饰带。这些易碎的杯子和黄褐色或白色陶土制成的陶器搭配使用，可以呈现出完全不同的美学效果。[42]

良渚玉礼器属于中国东部沿海玉石之路的一部分，与此类似，陶寺也是一系列更广泛文化的一部分。在这些文化中，陶器对仪式化的宴会来说极其重要。上菜用的碗盘等餐具在生活中令人印象深刻，而且是身份认同的表达，因为宴请可以加强相关宗族成员之间的关系。[43] 首领的先祖也会从这些激动人心的设计中认识到他的财富。陶寺（和其他地方）的精美陶器并非昙花一现。它们开创了中国陶瓷传统日益精湛的技艺，并发展了宴会在今生和来世的作用。这些陶器也是宴饮用青铜器皿的先驱，我们从下一章将要讨论的墓葬中可以看到这一点。

中国发明了世界上最早的陶质炊器和食物储藏罐。1.8万年前，中国中部穴居的猎人留下了他们用来煮猎物的陶器碎片，以及用来炖猎物、鱼类和蔬菜的陶盆。[44] 公元前6000年左右，南方人和北方人分别发现我们现在称为大米和小米的谷物的潜力，由于谷物必须煮熟后食用，大规模的陶器生产随之兴起。河流养育了富饶的聚落，聚落里的人们不仅可以共享展示多种菜肴的乐趣，也热衷于创造性地使用多种不同的陶土。陶器是这些社会文化和经济生活的一部分。黄土高原的不同地区出产各有特点的陶土，这些地区也因制作精美的彩绘陶而远近闻名。[45] 陶寺富有视觉吸引力的陶器需要劳动力来寻找和准备材料，也需要专业知识以完成造型和装饰。陶工继承了手工艺传统，并将其经验传承数百年。陶寺的陶工在陶器上彩绘的时候，已经积累了丰富的技艺。陶器总是有明确的实用功能，但陶寺也有很多陶器被刻意制作得很引人注目（彩版3）。这种独特的创新表明，制陶既是一种实用艺术，也是一种创造性艺术。有赖于此，它在一个社会中可以形成跨群体的纽带。

植物、谷物和肉类的新组合，以及烹饪技巧的发展，启发了越来越广泛的陶杯、陶壶和陶盘的造型和装饰：烹饪艺术和制陶艺术相辅相成。复杂的陶罐、陶盆和陶盘的组合是强调其所装物品的多样性和丰富性的有效方式。许多菜色的组合是中国菜系的首要特征。在评价中国文化史时，我们必须记住，食物和宴饮是其核心。例如，在研究8世纪初的唐朝为庆祝升迁而举办的宴会时，我们可以注意到有58道不同的菜肴，并由此意识到展示食物是此活动成功的内在因素，也是对该男子升迁的认可。[46] 人们很容易质疑中国菜系的连续性。饮食习惯真的能延续这么久吗？然而，

陶寺出土的深陶盆，高约20厘米，表面绘有炫目的纹饰

从陶寺遗址现存陶器的基本功能可以看出，加热食物、蒸煮谷物并将其盛入装饰精美的陶碗和陶盘中，这种做法早在石器时代就已开始了。[47] 它们可以说是后来形成的陶瓷和釉料这一悠久传统的开端。

在全世界范围内的许多社会中，地位和财富的视觉展示都是其结构的一部分。所有的社会也许往往无意地做出一些选择，而各种联想也开始依附于这些选择之上，并创造出一套只有该社会成员才能理解的视觉语言。陶瓷的精妙之处很容易被忽视。它们在展示中的作用常被轻描淡写。事实上，中国陶瓷是世界上最伟大的艺术传统之一。如此精美的陶器、食物和墓葬，在陶寺以外更偏远的小村落中尚未发现。这些复杂的事物需要人们聚集在工作坊，这反映出更接近于城市环境的社会活动。[48] 在生活中，陶寺的首领会举办奢华的宴会来打动他的追随者并赢得盟友。满足来世的需求则是另一种推动力，让人们创造具有最高审美吸引力的陶器。从谷物的种植到食物的准备和展示，一切都是必不可少的。宴会在各个历史时期的精英社交生活和政治斡旋中都具有重要意义。这位埋葬在大墓中的首领很可能不仅在和他的同辈竞争，还在和他的先祖竞争。

音乐也是一种与神灵交流的手段。陶寺的几座墓葬中都发现了陶鼓，形似长颈葫芦，筒状高颈，圆鼓腹，可以发出雷鸣般的声音。[49] 另外，还有石制特磬，有的长度接近 1 米，可以用木槌敲响，增添了音效。木制鼍鼓的鼓皮应该是用小钉子固定在鼓口上的。鼓腔内发现了鳄鱼骨板碎片，可知鼓皮是鳄鱼皮。鳄鱼不一定是当地的。在东部沿海尤其是山东的水域中曾发现了鳄鱼骨板的残留，当然鳄鱼也有可能向黄河上游迁徙。和玉器一样，鳄鱼皮无疑是一种奢侈品。震耳欲聋的鼍鼓声和叮当作响的特磬声也

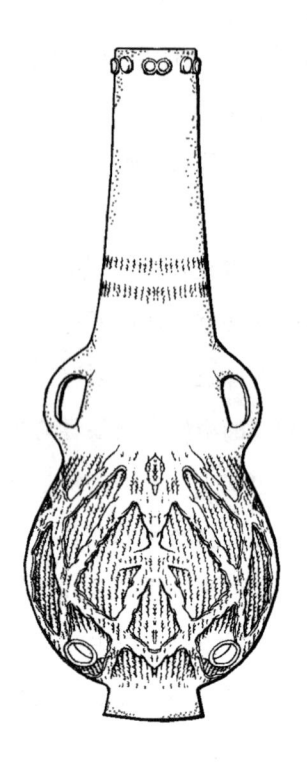

陶鼓，高81.4厘米，底部的小孔用于释放圆鼓腹内产生的声音

许不仅仅是用餐时悦耳的伴奏，也暗示着某种形式的宣告，可能是召唤灵魂在墓主人旁就座。

  我们并不知道墓葬在封闭多久之后遭到掘毁。食物被糟蹋，陶罐和陶盘被打碎，残留的木头也腐朽了，这样墓主人在来世延续完整生命的可能也被消除了。毁墓者剥夺了他的生存手段，从而赶走了庇佑的神灵，并削弱了其干预竞争对手生活的潜力。在陶寺古城的第三阶段，一个新政权夺取了陶寺，破坏行为可能已经明确为政治革命的一部分。

整个陶寺被严重破坏，几乎所有的主要建筑都被摧毁。从公元前 2000 年开始，陶寺古城第二阶段的大部分区域被平民住所覆盖，直到公元前 1900 年左右，该城市被彻底废弃。陶寺等级森严的社会似乎已经不堪重负。在这个过程中，首领的墓葬被掘开。甚至这座墓及其附近的观象台，可能就是这次突然袭击的目标。城墙也被拆毁了，城内的区域也变得杂乱无章。宫殿和祭祀场所都被摧毁或废弃。一位成年女性的身体被插入牛角，尸体被扔进壕沟里。[50] 观象台被拆毁，在台基中心挖了一个蓄水的坑。一具惨死的人的尸体被埋在这里。此外，还发现了角、动物和人类骨骼的痕迹。

放牧动物的骨头和牛角都是新事物。在当时的中原，羊和牛都还没有被驯化。因此，我们需要将目光转向黄土高原北部的另一个地方，即 500 公里之外的神木市石峁古城。石峁遗址直到 2012 年才被重点发掘，但它是陶寺故事的重要组成部分。[51] 它可能处于公元前 2300—前 1800 年，几乎和陶寺同时期，持续的时间也可能更长，直到公元前 1600 年。那里的人熟悉牛羊。牧民从西向东跨越大草原，然后在黄土高原北部的草场上定居，并逐渐占据主导地位。没有这一股迁徙的潮流，牛羊就不太可能到达更西的河西走廊。这些放牧动物最早是于公元前 8000 年左右在西亚被驯化的。乌拉尔山以西的游牧民族开始迁徙，带着他们的帐篷、马车、葬仪，并建造被称为库尔干（kurgan）的坟冢，其以石结构和封土堆而闻名。这时，石峁、陶寺和其他早期城市的变革时刻到来了。这是人类和动物向阿尔泰山脉的一次大规模迁徙，跨越惊人的 2000 公里距离。[52] 从那里起，放牧文化不仅覆盖蒙古和内蒙古，还沿着三条路线传入黄河流域，其一沿着河西走廊，其二经由石峁一带，其三向东北方向传播。[53]

牧民的到来可能是石峁及其周边聚落取得成功的条件之一。[54] 与其他中国古代城市（包括陶寺）的夯土建筑不同，石峁古城环绕着石砌城墙。尽管那里的人们过去通常住在黄土中开挖的窑洞里，但他们已经不再将其作为主要的礼制建筑材料，而是改用当地的石头。石结构这一特征将石峁与附近北方地区和欧亚草原联系起来。[55] 早年考古工作者曾将石墙遗迹误认为是长城的一部分。原来这些石墙围起了4平方公里的区域。更令人印象深刻的是，在城内西北方向的悬崖边缘有一处巨大的石结构，包括一系列上升的石阶，如今被称作皇城台。建筑用石均经过加工，沿着一座小黄土丘四面砌筑。为了使石墙紧贴黄土，石墙内设排列有序的孔洞，其中插入了由整根树干加工成的圆木。[56] 奇特的人面浮雕刻石不规则地镶砌于墙体之上。石峁遗址另一处前所未有的发现是外城东门一组复杂通道，包括内外瓮城、连接城墙的南北墩台以及马面，附近还有埋有人类头骨的土坑。

由于没有文字记载，陶寺土台基和石峁皇城台的用途很难确定。它们可能是统治者、宗教领袖和其他贵族使用的建筑物的地基。但我们无法知道这些建筑是如何被使用的，也不知道是谁建造和使用的，因此我们无法给它们起合适的名称。使用美索不达米亚和地中海文明常用的"宫殿"或"办公场所"等词汇，容易造成误导。当我们转向宗教或仪式行为时，这就更加困难了。"庙宇"或"神殿"等名称不合适，因为它们让人联想到古希腊和基督教欧洲的世界。但是，凭借精心制作的石雕和石峁外城东门的头骨祭祀坑，我们可以确定，当时在从石峁到内蒙古的广大地区，人们对超自然现象有着强烈的信仰。[57] 我们并不知道北方的石峁与陶寺之间的接触是如何和何时发生的，也不知道谁是领导者，谁是追随者。

然而，我们可以看到，尽管距离遥远，但石峁先民与陶寺先民有许多共同的文化特征：彩绘泥墙、陶鼓、石磬、小陶铃、骨制乐器（我们称之为口簧）以及头骨坑。[58] 在前述首领的有生之年，陶寺先民与石峁先民之间更明确的联系表现在烹饪和宴请所用的陶器的相似性上：袋足鬲和觚形杯。[59]

动物骨骼和插入身体的牛角明确标志着陶寺历史的毁灭性裂痕。虽然这两座气势恢宏的城市在文化上有一些共同点，但它们处于两种截然不同的环境中。石峁坐落在起伏的山丘和草原上，是畜牧业的理想之地。我们将看到，陶寺相对较低的海拔和农业盆地不适合牧民放牧动物。牛角是牧民带着牲畜到达陶寺的标志，这可能破坏了陶寺的经济稳定。也许是首领的权力引起了动荡。何驽认为，这场剧变是内部叛乱造成的，从而开启了陶寺的第三阶段。[60] 这是一种可能。另一种可能是，从石峁或西北其他定居点涌来的人带来了动荡。在剧变之后修建的一些新墓葬包括一座男女合葬墓，男性平躺，女性侧躺，面向男性。这种葬制在石峁周边以及内蒙古时有发现。[61] 由于墓葬是身份认同的重要标志，所以当陶寺突然出现这种双人合葬时，几乎可以肯定人们来自更北地区。

除了牛羊之外，在陶寺发现的小件金属制品也完全是新事物。金属矿石通常出产于山地，在覆盖着厚厚黄土的地区几乎找不到。[62] 与放牧动物的驯化一样，红铜和青铜冶金起源于西亚，并传播到巴尔干半岛和黑海沿岸，然后越过欧亚草原和崇山峻岭继续传播。[63] 冶金知识只能随着牧民一起传播。没有牧群，人们不可能走得很远，也不可能越过高山和草原之后定居下来。牧民会佩戴青铜饰物，也携带青铜小刀等实用工具，可用于处理动物。[64] 直到考古学家认识到跨越欧亚草原的长距离迁徙，关于放牧动物和青铜冶

第 2 章　狼藉盛宴

炼技术如何传入中国这一问题才有了答案。良渚、陶寺等古城的非凡创造力与此并无直接关系。玉石抑制了人们寻找其他绿色宝石的欲望，比如孔雀石，这导致西亚的人发现了铜，并在适当的时候学会冶炼我们称为青铜的合金。

在劳心劳力的考古发掘中，金属制品比骨头碎片更容易引起人们的注意。然而，在重建陶寺历史的过程中，兽骨是至关重要的：[65]这些动物和牧民（传播金属的载体）关系密切。在陶寺发现的文物中有一件铜齿轮形器，石峁也有类似的器物。当它首次被发现时，一些人认为它可能与某种机械装置有关，甚至可能属于所谓的观象台。其实它出土于一座晚期小型墓葬，并可能用树脂与一件玉瑗粘在一起，套在墓主人的手臂上——显然是古代装饰品的改进形式。在出土的其他小型铜器中，最有趣的是一件铜铃。[66]铜铃是中空的，因此需要一个陶芯，以及一个陶制的外范，以完成铜水的浇铸。尽管铸造方法在当时很先进，这件铜铃却出土于一座仅能容身的小墓，入葬时可能挂在墓主人腰间。铜齿轮形器也不过是出土于一座中等墓葬。石峁附近的几座墓葬中也发现了这种铜铃的前身，即顶部有钮且可以悬挂的陶铃。陶铃主人的身份尚未确定。目前也无法确定石峁和陶寺出土的青铜器的铸造地点，但它们清楚地表明了与黄土高原以西的联系。

动物的骨头和角以及小件金属制品是几条通往中国西北地区的主要路线正经历重大转变的标志。[67]虽然石峁和陶寺都参与了草原上放牧动物和金属的流动，但黄土高原的其他地区也见证了这些发展。外来的习俗、材料和技术（流动的畜牧者对牛羊的放牧），与陶寺盛行以宴飨祭祀死者的大型富裕定居社会相遇。这种交融也影响了北方许多地区，在此过程中，相关创新几乎被无缝接纳并适应

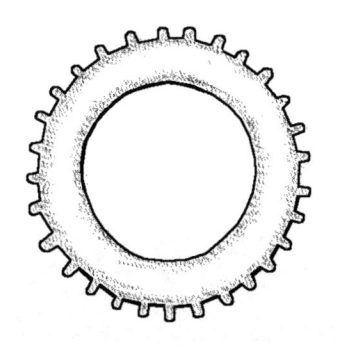

铜齿轮形器，直径12.4厘米，是中国古代最早的青铜器之一

了新的环境。[68] 事实证明，丰饶的农业和组织有序的人口更胜一筹。黄河下游既没有接纳畜牧业，也没有将金属用于小刀和饰品的制作。相反，牛、羊等放牧动物让动物祭品种类更丰富，并且肩胛骨让占卜活动越来越多。[69] 金属制品最终战胜了陶器，因为作为地位象征的它被证明更值得拥有。

陶寺是草原地带、黄土高原和中原之间的枢纽之一。[70] 尽管墓葬被侵扰，城市被摧毁，整个地区被废弃，但陶寺及其首领建立了关于来世仪式的新形式，这些仪式会延续下去。被破坏的墓葬看起来像是结束，实际上是一个开始。一座很深的墓已经被毁，但更大的墓将随之而来。一场宴会被扰乱了，但来世的盛宴仍在继续。

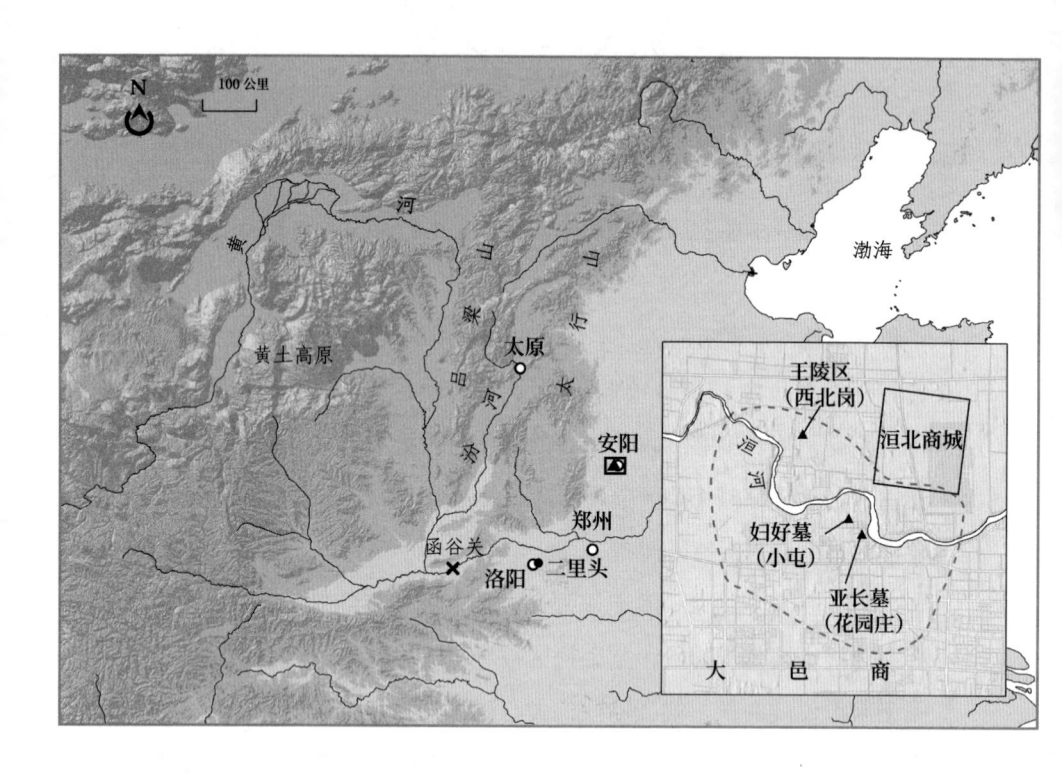

安阳殷墟遗址与中原地区西部边缘

第 3 章　铜臂武将

河南安阳殷墟亚长墓

约公元前 1290 年至前 1046 年，晚商时期的先民将都城设在了今河南省安阳市。这里的考古发掘的历史可以追溯到将近 100 年以前，[1] 而这里自古以来是传承中华文明的核心地区。与西方传统上的古代纪念碑式的历史建筑（如巨石阵、底比斯和罗马古城的建筑等）不同，这里的地面遗存似乎很难指引考古学家找到这座古代城市的具体位置。考古学家所面对的往往是华北平原上的那些现代化都市的高楼大厦和发达的交通路网。从黄土高原倾泻而下的黄河干流在与其支流渭河交汇时延伸出广袤而平坦的耕地，之后转而向东，经过较低的丘陵地带后到达洛阳。一望无际的耕地和村庄使任何隐藏其中的古代遗存都很难被发现。随着沿线耕地的扩张，黄河干流也一路向东，继而折向东北，直到最后注入渤海。河流的两侧经常可以见到 4 米或 5 米高的堤坝，有时甚至可以高达 8 米，高悬于周围的耕地和村落之上。历史上的黄河干流曾多次大幅改道，其富含的黄泥沙使整个华北平原长期拥有肥沃且适于耕种的土地，但同时生活在这里的人时常受洪水的威胁。如 1938 年日军侵华期间，黄河堤坝曾被有意破坏，数十万人因此殒命。尽管如此，从公元前 1600 年商王朝崛起到 1911 年清王朝灭亡，中国历代王朝的繁荣几

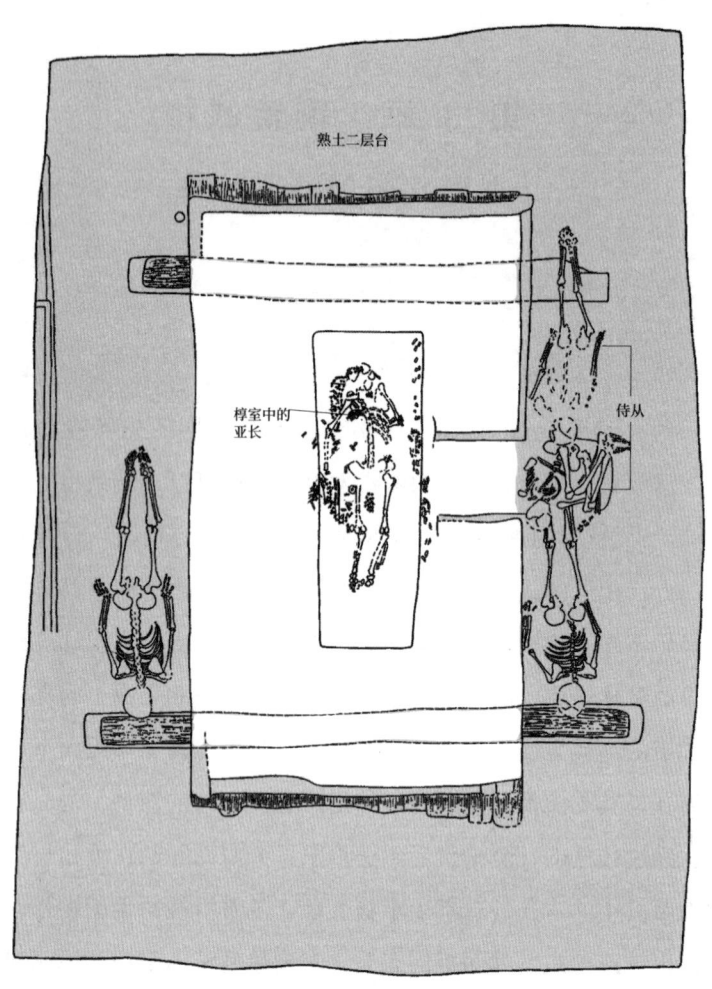

亚长墓，长6.03米，宽4.4米，深5~6米

乎都依赖于这一地区。

太行山脉似乎成为黄土高原与安阳之间的一道不可逾越的屏障，但3000年前的安阳先民知道山中潜伏着威胁。外来者会突然出现，袭击他们的村庄，掠夺他们的粮食。但他们不曾了解的是，外来者很可能来自更加遥远的欧亚草原。同样遥远的还有南方的矿产资源。隐藏在长江中下游复杂水网和陆地之间的铜矿资源对安阳青铜铸造业的贡献有目共睹。事实上，商王朝处于一个巨大的交流网络中，各方势力、各种物质文化和资源在其间交融互通。这种交流向北可以通过黄土丘陵地区进行，而南北之间则依靠铜矿和锡矿的长距离运输。当然，这些交流路径并不是现代地理学意义上的沟通路径，[2]当时几乎所有的运输均依靠人力，人们沿着道路和河流运输以获取上述资源或其他的稀有材料，比如龟甲。面对黄河下游数十万平方公里的耕地，商朝的统治者很难将其作为一个整体进行控制。从公元前1600年到前1046年的几百年里，商几度迁都，大量的人口也随之迁徙。商最后的都城占地大约30平方公里，现今已成一座考古遗址公园。这里在商代被称为大邑商，之后又叫作殷墟，但多被称为安阳，本书也将如此称呼。

安阳的商代遗址被洹河自西向东穿过，大体可分为南北两部分。洹河南岸的小屯地区主要是宫殿宗庙遗址，而略高于南岸的北岸西北岗则是王陵区的所在地。二者便形成了中国历史上一个最著名、最强大的王朝——商朝的核心区域。在这里，持续的考古发掘揭示了主要宗族（具有明确的父系血统传承的群体）的墓地。[3]近20年来，考古学家在王陵区东侧的洹北地区又确认了一处更早的被城墙包围的大型聚落。令人惊讶的是，小屯的宫殿宗庙遗址周围并未发现这样的防御工事。这里只有夯土基址，夯土台基上曾立有整齐排列的木柱支撑的建筑群，其中等级最高的一座建筑面宽为85米。这里的宫殿宗庙主要是为活人准备的，它们的使用者包括商王室、负责占卜的贞人以及负责征战的将军等，建筑物附近或下方有祭祀坑，这表明商人的日常生活中还包含大量的祭祀活动。小屯南侧紧邻花园庄，我们本章将要重点讨论的武将便长眠于此，尽管这里并非洹河北岸王陵区。[4]

这是一座典型的商代竖穴土坑墓：南北向，长方形墓廓，在墓口不同位置测量的深度为五六米。尽管这类深埋的墓葬在安阳较为常见，但下挖6米是一项极具挑战性的任务。由于墓壁的土石及地下水等因素可能导致塌方，如此深的墓葬在欧洲几乎是不可能实现的。这座墓的墓底面积约有24平方米，虽然体现出较高的等级，但远不及王陵区那些大型墓葬的规模。那些墓葬往往拥有巨大的长方形墓坑：深度超过10米，有些甚至深达14米，墓底的边长超过15米，有四条俯瞰呈"亞"字形的大型斜坡墓道，长度可超过50米，其墓葬规模和修建难度可见一斑。[5] 这些数据非常令人震惊，试想一下，如果置身当时的情境，单是陡峭的墓壁（彩版10）就会使所有见过它的人——无论是修建墓葬的工匠还是参加祭祀活动的王室成员——都产生敬畏感。这种近乎炫耀的祭祀方式得以在安阳实现，多亏太行山麓以东绵延至此的稳定土壤。从功能上讲，要把墓坑内的大量泥土运出，一条墓道便足以实现。商人之所以设四条如此大型的墓道，很有可能与葬礼中复杂的祭祀仪式和信仰有关。相比王陵区的墓葬，这座武将墓并没有设任何墓道。在其墓坑内部，已朽的棺椁上沿与熟土二层台齐平。二层台为大部分商周墓葬的标准配置。现场只残留一些装饰着龙或蛇图案的漆片。椁盖南北两端的两块木板较长，木板的两头已伸到二层台之上。由于上层填土的压力,这两块木板也早已被压垮。该墓的埋葬年代是在祖庚或祖甲统治时期,公元前1200年左右。这位武将可以确定为男性,去世时身负重伤,很可能是征战所致。他的左股骨有一处矛或钺造成的损伤,左肋骨亦有明显伤痕。这些骨头没有愈合的迹象,从中可以判断他是在受伤不久后便离开了人世。至于他的致命伤,可能是右髂骨附近的一处伤,这里是主动脉的位置,同时他的右手完全不见。有趣的是,在这位武将的随葬品中,考古学家发现了一个替代品——一只约13厘米长的青铜右手(彩版11),其手臂部分是空心的,或可插接木柄。尽管这只右手十分小巧,尺寸接近儿童的,但它似乎可以充当假肢,在地下世界保持墓主人身体的完整性。这样细致入微的安葬过程,对于一个很可能死在战场上的人来讲极不寻常;同样,这样一只青铜右手在中国考古史上也是独一无二的。从公元前4世纪和前3世纪的一些文献中可以得知,战死沙场的人往往令人畏惧,因此他们很少能够得到妥善的安葬。[6] 显然,这个人是个例外。

虽然得到了精心安葬,这位武将的葬式却极不寻常。他面朝下被安置在棺椁中,这是俯身葬的一种。在晚商及之前和之后的很长一段时间,最主流的葬式是仰身葬。[7] 俯身葬虽然也出现在安阳的一众葬式当中,但俯身往往意味着墓主人的身份较低,甚至可能是殉人。这位武将死于商人与敌对氏族的战争。在同一墓地较早的墓葬中,有一座东西向的合葬墓,这一朝向在俯身葬中较为典型,[8] 其中的男性为俯身葬,而女性为仰身葬。合葬是生活在黄土高原以北边地的族群的特色。[9] 从这位武将的安葬中,我们似乎看到了黄河流域的定居族群和北方的游牧民族之间的交流,尽管只是较浅层次的交流。战争所迫,定居族群(在这里特指晚商的统治者)不得不接触北方族群,并想方设法把他们纳入自己的农耕社会。无论是在数量上还是在质量上，这位武将的随葬品都彰显出他在商朝统治者心中的崇高地位。

俯视墓室，我们可以看到38件青铜器皿集中摆放在墓主人的头顶和脚下，周围还散落着多种兵器，包括矛、箭镞、钺、戈，还有形制奇特的卷首刀。这些青铜兵器并非独立存在，它们随葬时大概率是被安装在柲上的，在柲腐朽后便成了现在的样子。两件弓形器分布在一件巨大的三角形石磬北侧。许多青铜器表面铸有铭文，包括"亚"和"长"这两个字。除了亚长墓，葬在同一墓地偏南的亚址墓中也出土了大量兵器，这一现象表明，"亚"或许是一个军事头衔。[10]这些早期的称谓有多种形式，它们首次较为完整地呈现在我们面前便是通过这些晚商时期的遗存。

这位武将在墓中并不孤单，随葬的还有他的15名侍从。从葬式看，他们更可能是陪葬而非殉葬。这一数字已经超过了安阳一般贵族的随葬人数。其中可能是侍卫的6人被安置在了椁室的底部，而其余的人则被埋在二层台的内部或二层台与椁室之间的底部。随葬者的骨骼大都保存完好，我们由此得知他们和这位武将一样是俯身葬。[11]在武将木棺的下方有一腰坑，内有一犬，也许是作为墓主人的警卫犬或陪伴犬随葬的。此外，还有13只犬被安置在棺椁周围，用来陪伴侍从。由此可见，这些侍从和犬可能都是亚长生前的重要伙伴或战友。[12]在晚商时期的贵族墓葬中，犬的随葬从未得到深入解读。在大多数社会中，犬的作用是狩猎和放牧。安阳发现的卜辞中，有描述王室狩猎的场景：

乙未卜：今日王狩光，擒。允获虎二，兕一，鹿二十一，豕二，麑百二十七，虎二，兔二十三，雉二十七。十一月。[13]

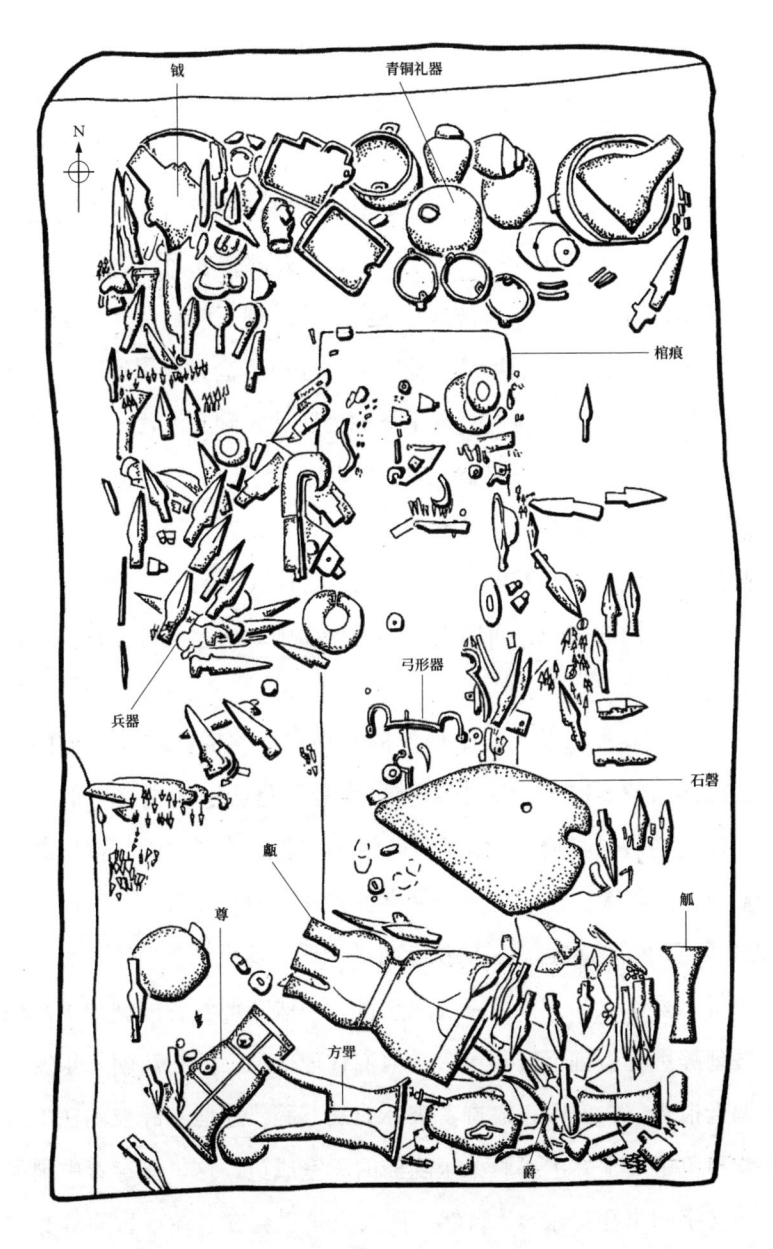

亚长墓的随葬青铜器散落在整个墓室。墓主人头顶和脚下以礼器为主，以矛头为代表的兵器排列在墓室两侧。在棺的正中间有一弓形器，或为御者悬挂缰绳之用，其右下侧放置有一件大型石磬

第 3 章　铜臂武将

在亚长生前和死后都陪伴左右的这些侍从和犬，让我们有机会窥见晚商时期上层社会的一些葬俗。同时，亚长的随葬品也彰显出他本人复杂的社会背景和广泛的人脉。

20世纪20年代末，当考古学家初次造访安阳时，这座古城还隐匿于世。公元前1046年，当周人成功灭商并取而代之时，这里的宫殿、居址和墓葬全部被刻意摧毁，[14]而剩下的断壁残垣也逐渐归于尘土。之后的几千年里，地上世界经历了沧海桑田的变化，而地下世界古今一辙。周代时这里被称为殷墟，到了汉代，这里又被司马迁录入正史。他在编纂《史记》时参考了汉朝宫廷的档案。尽管《史记》的内容并不总是准确的，但司马迁对传说、掌故和各类说辞的考据令后人受益匪浅。[15]但是，自汉代以后，商和殷墟就逐渐淡出了人们的视野，而周人的丰功伟绩则像指路明灯一样被后世的君主们传颂。

直到100多年前，一个偶然的发现再次将商代带入人们的视野。1899年冬，一个仆从将一些"龙骨"呈给了病榻之上的王懿荣，他是清最高学府——国子监的祭酒。在这些"龙骨"被研磨成粉之前，王懿荣认出了上面的文字，并立刻命令仆从将余下的所有"龙骨"买下。[16]尽管王懿荣次年自杀殉国，这批刻辞甲骨仍然在战乱中得以妥善保存，并最终公之于世。一些其他学者根据线索发现这些刻辞甲骨盗掘于安阳一带，他们整理信息，并在清朝末年发布了调查报告。在安阳，盗掘者破坏的是卜辞，这些卜辞被刻在牛肩胛骨和龟甲之上，主要服务于晚商的王室成员。这里保存着中国最早的文字和书写记录。[17]当然，商人应该也会在丝绸或竹简等其他载体上书写，但往往很难保存下来。事实上，中国文字的源头可能要远早于晚商，很多遗址出土的可追溯至公元前3千纪或前2千纪的陶器碎片上就出现了文字性质的图案。[18] 但是，我们很难指望这些陶器碎片上发现的只言片语可以反映出它们主人的日常生活和礼仪场景。

这些甲骨上的文字是汉字的前身。汉字不仅在中国使用，也逐渐传入了韩国和日本。有趣的是，汉字本身的表音功能十分有限，因此在之后的几千年里，汉字逐渐适应了不同的语言形式和方言。[19] 但是任何使用这些文字的人都会觉得汉字本身的结构似曾相识，因此只要经过一定的训练，这些过去的文字大都可以被现在的人理解。作为商的继承者，周人也需要继承这一书写系统，这种继承有可能在周灭商之前便已完成。在周灭商之后的500年或更长时间里，周朝的宗族和各方势力一方面融入了由商人建立的政治和礼制体系，另一方面也逐渐接受了商人的书写系统。通过这些文字，整个中原地区被连为一体。与良渚的玉器和陶寺的礼器组合一样，安阳的这些文字成了中国古代文化基本框架的一部分。

在中国北方，通过灼烧鹿、猪、羊等动物的肩胛骨来占卜的历史超过1000年。其中已知的最早案例之一来自北部，今天的内蒙古地区。在这个远离之后的农耕文明核心区的地方有一种独特工艺，人们喜好在骨头上开槽，用加热后的工具或烧红的木头接触凹陷部分，从而使骨头表面开裂。[20] 在陶寺或黄土高原的其他地区，放牧动物带来了更大也更多的骨头，比如牛肩胛骨。安阳发现的骨头上有钻凿的凹陷痕迹，还有灼烧后形成的裂纹。在商代，这些裂纹被视为重要的信息，商王亲自执行或委托专职的贞人进行卜问，而卜问的结果有时会被刻在卜骨之上。[21]

事实上，甲骨文中的"卜"字本身就是一个独体的象形字：一竖为第一笔，而右侧的第二笔则代表着甲骨的裂纹。其本义便是借助甲骨进行占卜，预测吉凶。王懿荣观察到的文字多数表达的是一些问题或陈述和回答。迄今为止，安阳数十年的发掘共发现刻辞甲骨和碎片超过 10 万件。这些卜骨提供了大量信息，其价值不亚于美索不达米亚平原出土泥版上的楔形文字。[22] 这些泥版往往会记录一些经济往来，相比之下，中国的卜骨会以天、周、年为单位记录周期性的仪式，或者完全不同的事务性活动。这些文字揭示了商王在祭拜先祖时所表现出的个人欲望、焦虑情绪或对好运的祈求。相比楔形文字，尽管创造甲骨文的目的有所不同，但这些卜骨上的卜辞同样说明，它们也是来自一个被高度记录的社会。仅从卜骨的数量上就能够看出，安阳在这一时期存在重要的行政机制，这里的统治者时刻监管着那些他们认为会影响到国家命脉的因素，比如农耕、气候、灾难和战争。从卜骨上记录的问题，我们可以发现很多细节：从商朝军队中应征入伍的人数到战后的伤亡情况，从他们献祭或狩猎中捕获的各种动物到历法和节气的周期，等等。[23]

早在晚商之前，人们面对死亡时就已经形成了"事死如事生"的观念。[24] 陶寺古城废弃于公元前 1900 年左右，在之后的几百年里，中原地区的城市不断发展壮大，其中之一是洛阳的二里头，可追溯到约公元前 1700 年。因二里头可能是夏朝都城的遗址，这里一直被高度重视。[25] 在带有城墙的遗址中，最重要的一处在今郑州附近，是商早期的都城，年代为公元前 1600—前 1300 年。[26] 商将都城迁至安阳地区，最初到了相对较小的洹北商城，武丁时期又迁至洹河南岸的大邑商，更加正式的礼仪制度也在此过程中逐渐成形。卜辞中记录了历代商王的名字和世系，其中很多都生活在迁都安阳之前，因此埋葬在了其他地方。卜辞中还提到了王室血脉的先祖以及对特定商王的祭祀：

[丁巳贞：其]大御自上甲其告于祖乙。在父丁宗卜。[27]

为了获得成功，商王们常常寻求神明的帮助，以及自然界中的一些力量，比如风、土地、山川和河流。但是最重要的支持还是来自王朝的缔造者——王室血脉的先祖。甲骨文中，占卜性质的文字往往有固定的格式：占卜的日期要具体到商历中的某一天，占卜的内容要有明确的目的，即希望通过占卜解决的事项，以及所涉及的具体力量来源。总之，这些卜辞的背后有一个严格计算的祭祀体系，周而复始，60天一个循环，干支纪日。其中的周祭以10日为一旬，根据具体商王庙号的天干顺序进行祭祀。[28] 通过周期性的祭祀活动，商王们希望得到先祖的庇护，保佑他们和家人幸福生活，降低患病和生育方面的风险，以及确保土地丰收。事实上，每个商代贵族，包括所有的王室成员、贞人团体、行政管理者、军队管理者等，其日常生活均被这些周期性的祭祀活动制约。就像一出宏大而激烈的戏剧，虽然早已消逝于历史长河中，但是今天的人仍然能够从安阳那些宏伟的王陵中看到它们的影子。[29]

王陵区的东部有一座配有四条墓道的大墓，它的周围整齐排列着大约2000个祭祀坑，里面充满了被当作祭品的人和牲畜的尸体。这些坑内埋葬着数量不等的个体，一般10至40个，通常是被斩首后埋入的。据估计，在晚商统治的两个半世纪中，这里有3万人被杀，大都作为祭祀商王室先祖的祭品，以得到他们的庇佑。[30] 羌人，一个远离商中心的族群，经常作为俘虏被记录在商王室的这类活动当中。[31] 来自先祖的支持至关重要，特别是当统治者希望通过攻克敌人来巩固自身统治合法性时。一段典型的卜辞给出了三位已故先王的谥号，并列举了献给他们的祭品：

御自大丁、大甲、祖乙，百鬯、百羌、卯三百牢。[32]

统治者用这样的祭品获得了先祖的庇佑。宫廷礼仪和纪念历代先王的周期性的祭祀活动在历朝历代一直扮演着重要角色，不断规范着帝王的生活。

这个地方如今看起来十分宁静。在王陵区的地表，大片草地上的整齐树篱勾勒出大墓的轮廓。但是在晚商，安阳有超过200年的时间是祭祀活动的中心：深挖墓穴，举行庄严肃穆的葬礼，安置堆积如山的随葬品，随后回填墓穴。墓坑和墓道的精心设计有助于提升下葬过程的仪式感，旨在取悦那些即将"远行"的家族先祖。事实上，整个社会秩序的构建都是为了能够让统治者及其家族在先祖的庇佑下取得他们想要的结果。在中国历史上，商代是用占卜吉凶来决定日子好坏的时期之一。[33]

在亚长墓的不远处，宫殿宗庙的东面，坐落着另一座极度奢华的墓。它的主人名叫妇好，是商王武丁的王后。卜辞中就有关于妇好的记载，她也是一位军事将领——对于女性来说，这绝对不是一个寻常的职位。[34]"妇"被指定为商王配偶的专用称呼，而"好"则代表着她的出身（地方势力）。根据卜辞的记载，在祖先崇拜的体系下，女子只能和配偶一起才能受到崇拜。[35]但是没有已知的"好"可以与妇好建立联系。通常认为，武丁一生有超过60位妻子，妇好绝对是其中极为重要的一位。

为什么这些对商王室极为重要的人物没有被安葬在王陵区？亚长墓附近的墓葬是否与亚长出自同一个家族，而妇好也是？从表面上看可能未必，但这些墓的选址确实经过深思熟虑。毕竟对于任何一座大墓，其位置、深度、随葬品等都要由王室任命的专人决定。在安阳发现的所有未被扰动的墓葬中，亚长墓和妇好墓是最大、随葬品最丰富的。但显然，它们的规模远不及商王的陵墓。可以看出，他们在当时的都城中扮演着不同的角色。[36]

亚长的来世由他的青铜酒器和食器来提供保障。来自西北方向的青铜冶铸技术最初只是为了制作小型的装饰品和工具，此时已几乎无缝地融入了中原地区以陶礼器为核心的信仰体系。尽管甲骨文中提到了种类繁多的仪式，但我们并不知道其中的哪些会涉及以宴飨为形式的祭祀活动。我们也不知道活人的用器制度是否也同样适用于死去的人，或者说是否存在先祖和后代同餐共饮的情形。然而，我们可以确认的是，这些青铜礼器并非主要为陪葬而制。从周代的一些窖藏青铜器——无论是危难之际为了保存，还是为了祭祀神灵而埋藏——可以看出，这些极具价值的礼器一直被活着的人视为珍宝。

一件名为方斝的四足酒器揭示了从陶礼器向青铜礼器转变的过程。这件方斝的四只三棱锥状的外撇足（三角形截面）取代了陶酒器上常见的圆锥形三足（如陶寺出土的斝），使多棱角成了这一时期极具代表性的器型风格之一。[37] 同时，通体的长条状扉棱使器身在垂直方向上泾渭分明，弓形的鋬上高悬着一个兽首，口沿上方立有两柱，并配有变体伞状柱头。这些特点彰显了青铜在塑造器物时的优势。在精湛的铸造技艺加持下，器身的四面还铸有四个极其精致的兽面。这种兽面形象在今天常被称为"饕餮"，但它是如何融入商代的信仰体系和仪式的，仍然是一个谜。[38] 以青铜为载体设计的此类图案必定有祥瑞和繁荣的美好期许，这一点也被之后几百年中的一些铭文印证。[39] 这件器物上还装饰有三角形和一些较为抽象的图案。兽面的上端还有一条狭窄的装饰带，饰以两两相对的龙形图案。所有图案的间隙被繁复而细密的云雷纹填充，这些纹饰的细密程度简直与指纹无异。[40]

这些青铜器是源于中原地区的复杂铸铜技术的产物。这项技术对于我们来讲，就像是在商朝人眼中从黄土中发现的玉器一样令人

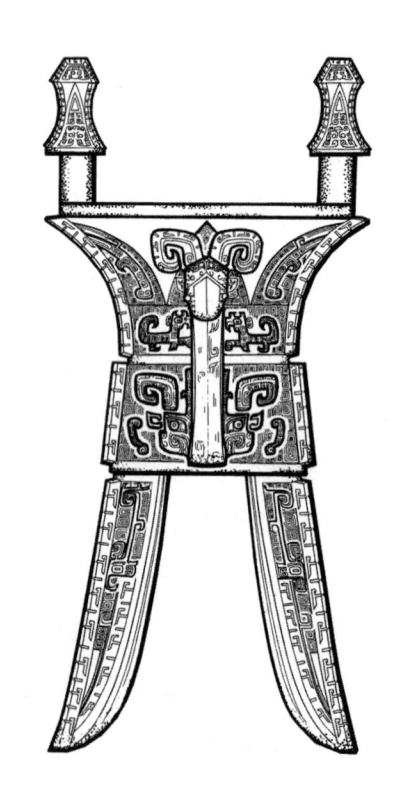

方斝，通高66.6厘米，重达22.15公斤

困惑。在这里，铸铜技术的发展不是为了铸造武器和工具，而是为了满足贵族对礼器的长期需求。显然，这和西方青铜时代以兵器为导向的传统不太一样，工匠和器主的优先事项完全不同。从公元前1600年开始，当石峁和陶寺的冶金术出现在二里头时，原先的陶礼器器型被彻底改造，并以青铜器的形式再次出现。

另一件更具地位的酒器——尊（通高约52厘米），稍矮于方斝，但重量上有所增加（重约27公斤）。这种器类属于陶寺时期壶类器物的变体，继承了后者外撇的口沿和明显的肩部。这件尊的器身和圈足上分布着两种不同的兽面纹饰，周围分布着细密的云雷纹。在喇叭口形的口沿内壁上，铸有两组上下分离的"亚长"铭文，这种在同一器物上重复铸造铭文的现象非常少见。同时，铭文出现的位置也不寻常，这类器物的铭文一般会出现在圈足的内部，而非颈部的内壁。这种突兀的选择是否与亚长的突然死亡有关？

青铜艺术源于在制陶术上的精益求精和对审美完美的追求。陶器中的壶、杯、盘等众多器物被青铜礼器取代，同时演变出的还有锋锐的轮廓、四方的截面、华丽的鋬和兽头、繁复的器足，这些特点使其更具吸引力，几乎超凡脱俗。在造物史上，安阳的礼器绝对是浓墨重彩的一笔。在商代，礼制、等级制度和艺术造诣的共同作用使得那些近乎苛求的完美器物成为可能，其中最精致、体量最大的往往被商王室垄断。毕竟，这些礼器被视为与先祖和神明交流的媒介。对于家族的后代，它们既可以是伤人的手段，也可以是寻求庇佑的良方。而对于整个商代社会，这些器物也是各个阶层关注的焦点。在周人克商后，王陵区的墓葬中仅有少部分礼器得以幸存，其中有两件方鼎——牛鼎和鹿鼎（彩版13），器身上醒目的牛头或鹿头形象似乎揭示出商人与北方游牧

第 3 章　铜臂武将

尊，通高51.9厘米

民族接触后发生的一些变化。

  与大多数其他古代青铜社会不同的是，中原地区的先民在技术上没有选择加热锻造——加热金属，直到其变得可塑，并加工成所需的形状——和失蜡铸造，而是发展出一套以陶土为基础的模范铸造工艺。[41] 工匠需要先制作一个陶模，要求与将要铸造的器物外形一致。尽管"陶土"这个词经常被用来描述范铸过程中的模和范，但是研究表明，在陶范原料处理过程中，大部分黏土成分已被从黄土中漂洗掉，留下的是一些粒度较小的像细沙一样的物质，而那些细致入微的纹饰恰恰来自这些细腻的物质。[42] 制作陶范的过程较为复杂，需要将半干的陶土贴附在陶模表面，用以复制陶模的外形。一部分表面纹饰首先会在陶模的外表面完成，然后经过贴附以镜像的形式出现在这些陶土的内表面。贴附全部完成后，它们将被分区域切下，过程类似于给橘子去皮，嵌入一个更结实的外层结构之中，从而形成独立的陶范。在与芯范组合形成浇铸系统之前，陶范上的纹饰还可以进一步完善，甚至大改。浇铸过程中，将青铜熔液注入芯范和外范形成的空腔，最终形成完整的青铜铸件。青铜熔液以铜锡合金为主，通常还会加入铅。不可思议的是，发明和传习这项复杂的铸造技术似乎并没有遇到什么阻力，要知道陶范本身极为脆弱，制作陶范又需要高超的技艺，这里包括如何选择合适的地方分范，如何保证每块外范上都带正确的纹饰结构等问题。相关学者直到今天都还不能完全确定这些复杂的青铜纹饰中，有哪些是在陶模上完成后翻制到陶范上，有哪些是直接在陶范上完成的。考古发现中出现过不少陶范，但至今没有发现完整的陶模。如果没有黄土高原奇特的地质，也许商代青铜器上细致入微的纹饰就无法实现。[43]

由于在黄土覆盖的广袤地区很难开采金属矿石，人们往往需要付出极大的努力，去到很远的地方才能获取金属，远达长江下游地区。冶炼、合金配比和铸造这些工作需要大量的工匠协作。[44]他们通常以作坊的形式组织起来，由一个或多个监工监督和指导。相应地，这些监工也需要遵循上面下达的指示，比如要求铸造特定的器类。在礼器转变为青铜材质后，食物和容器之间的配合逐渐标准化。每一项指示都要有明确的要求，这样工匠才能完成相应的工作。就像所有其他伟大的艺术一样，商代青铜器的铸造也具有不确定性，每个环节都有风险，如组装浇铸系统时如何保护脆弱的陶范，浇铸时如何确保陶范不产生位移，修整时如何去掉陶范的所有痕迹。这就是中国古人创造艺术品的方式。纵观古代世界,没有哪个地方以陶土为基础的青铜器铸造技术拥有这样的规模、分工、技术和艺术性。[45]

商代最常见的礼器是觚（口沿呈喇叭状的纤细容器）和爵（三足小口的杯状容器）。亚长墓中的这两种铜器各有九件,它们的用途与饮酒有关。除此之外,亚长还有三件不寻常的酒器:一件写实风格的牛牺尊;一件带盖的觥,器盖是一种想象动物;一件方彝,配有斜坡屋顶状的器盖。尽管酒和酒器是宴飨中的重头戏,但食物和食器也占有一定比例,亚长墓亦是如此。亚长的食器组合包含六件三足鼎和两件四足鼎,还有一件甗和四件盘。食器和酒器全部是标准的成套器物。如果从这个角度看,而不是把它们看作单独的青铜器,我们可以把它们放在不同的背景下讨论,从而对比出哪些器物是常规的,哪些器物是罕见的。[46]就像西餐中常见的刀、叉、勺等餐具,每一件器物都有自己特定的功能和在组合中的位置,同时,组合本身也可以根据应用场合的不同进行增减。面对英式下午茶中瓷器和金属器皿的组合,即便不熟悉面包、果酱或奶茶的味道,我们也可以通过观察区分出盛装液体和固体的器皿,并且在特定时刻使用。

大多数传统的礼器是对称的,但刚才提到的牛牺尊和青铜觥有不同的对称方式:如果以头为中线将身体展开,可形成左右完全对称的结构。[47]牛牺尊的面部刻画较为生硬,配有宽而平的牛角和凸起的眼睛,四条短而粗的足支撑着强壮的身躯。器身上布满纹饰,其中最显眼的是腹部两侧的两只老虎,配有骇人的利爪。类似的图案还出现在王陵区发现的车马器上,很容易联想到狩猎的场景。在圈养牛和羊的环境中,老虎显然是一种威胁。老虎图案出现在牛形

亚长牛牺尊，长40厘米；盛酒器，觥，通高18.7厘米，有吉祥的寓意

器物腹部，这个组合很难用单纯的装饰来解释，但是它原本的含义已经随时间消逝。另有略小的老虎图案被安排在牛眼的下方，牛的下颌处饰有一条鱼，耳下饰有一只鸟。两角之间是一个完整的兽面，被龙纹环绕。青铜觥配有四个尖足，器身上也有两组完整的兽面，包括眼、耳、角等，在细密的云雷纹背景下自成一体。器盖是龙的造型，器身上还辅有象和鸟的图案。[48]

在安阳青铜器中，以现实或想象动物为形的器物独树一帜，它们或许是通过长距离的交流网络从中国的南方传来，在那里，象、野猪等野生动物更为常见。妇好本人很可能了解这一风格，她的那对鸮尊和两件兽形青铜觥（彩版12）比起亚长的青铜器有过之而无不及。事实上，亚长的青铜器很难与妇好的相比。仅从数量上讲：妇好总共有200件青铜器，而亚长只有38件；妇好有53件觚和40件爵，而亚长只各有9件。[49] 妇好所拥有的青铜器数量远超仪式所需。更有趣的是，从铭文上看，妇好墓中很多青铜器的作器者本不是妇好，之所以如此，很可能是为了凸显她当时拥有的权力和地位，或者说获取他人青铜器的能力。通常情况下，妇好的财产与她作为王后的身份有关，但她并不是一位普通的王后，妇好很可能来自一个北方的氏族，或属于商人战略上的盟友。她墓中出现了4件北方的铜镜，这些铜镜在公元前1250年前后从未在中原地区出产或使用。[50] 妇好所拥有的青铜器也许是一种外交手段，是来自商王室的礼物，用来交换她和她背后氏族的忠诚。亚长与妇好的青铜器的对比，可以大致反映出亚长死时所拥有的资历。

  这些青铜器可以看作个人的功勋或战争胜利的纪念品，但其意义远不止于此。它们在商代社会和祖先崇拜中起着决定性的作用，是人们获得成功和真正的"幸福"的必要条件。青铜器与高层人士一同下葬，不仅彰显了青铜器本身的价值，也体现了其蕴含的"子孙永保"的意义。地下世界之所以对青铜器有需求，是因为其象征活人世界的权力和地位，通过物质联通生死的局面再一次得到了印证。在安阳以外的很多地方，我们仍然可以看到祖先崇拜的力量被用来巩固商王室的统治。黄河下游的很多大型聚落的统治者也会随葬青铜礼器的组合。在团结各地势力的过程中，共通的礼制补充甚至取代军事威慑。[51] 另外，青铜礼器还可以作为多元群体之间的纽带。作为承载政治和礼制的工具，其极大影响了周王朝的文化，使周人也继承了类似的管理宗族和领土的手段。

一件上角处带有圆孔的大型石磬压在亚长的双足之上，主体呈三角形，左右两角已失，原先可能悬于木制磬架之上。这类器物被木槌敲击时，会发出低沉的声音。石磬旁有三件大小不一的铙，与钟不同，铙使用时处于柄朝下、开口朝上的状态，敲击其外侧可产生不同的音阶。这类合瓦形的器物或源自二里头时期的铜铃，[52]已知最早的铸造案例来自陶寺时期，只是那时的铜铃有舌，而晚商时期的这类器物则需要从外部敲击。还有一类大型铙来自长江流域，其中的一些通高可超过50厘米。但是这些来自南方的铙与晚商时期北方同类器物的关系很难追溯。我们不知道像敲锣一样从外部敲击它们的演奏方式是如何产生的，也许乐师是从磬那里借鉴的。在之后的1000年里，铜铃和钟成了仪式性表演的核心。早在亚长的年代，音乐和青铜器就已经加入了日渐奢华的祭祀活动，陶器虽仍然会出现在灶旁和堆房之内，但逐渐退出了礼器的行列，取而代之的是成列的青铜器，通常伴有漆器。[53]

　　作为一名武将，亚长需要兵器来对抗地下世界的敌人。和我们想象的不同，他并没有佩剑，在商代剑还没有出现。在亚长墓椁室的上角，亚长的左肩之上，有一大型青铜钺。该器物相对较薄，刃部弯曲，内尾为方形，可从木柲穿出以使二者固定为一体。亚长铭文出现在内尾，两侧各伴有一只头朝下的夔龙。不晚于良渚首领的年代，钺便成为统治者最重要的兵器，流行数千年。就像西方世界中佩剑与传承或合法性相关一样，在古代中国的语境下，钺似乎也有类似的作用。商人将原本的玉钺变为青铜材质。亚长钺重量接近6公斤。[54]正如安阳发现的一些青铜器的族徽文字所示，钺与被斩首的人同时出现，因此这种武器可以斩掉受害者的首级。[55]在安阳的卜辞中，有关于战后计算受害者首级数量的记载，由此可知斩

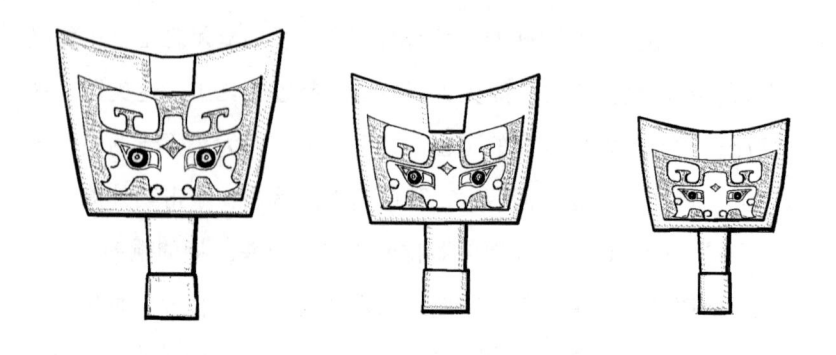

晚商时期铙或钟成组出现，为宴飨过程提供音乐，
通高分别为17.6厘米、14.4厘米、9.6厘米

首的行为并非只出现在王陵区的祭祀活动中。青铜钺是统治者的兵器，尽管对于这种几乎是满纹饰的青铜器来说，其在军权上的象征意义要远大于其作为兵器本身的实际意义。

几乎所有已知的重要的商代青铜钺（仅妇好墓就出土了三把）均有自己独特的装饰。亚长钺最瞩目的是一对鸟纹，其回钩的喙部高高探出钺的边缘，似乎是为了更好地划开或撕裂受害者的皮肉。鸟的下方有多条夔龙，它们张开的巨口似乎准备吞噬猎物；另一只较小的龙则蜷缩在钺的正中，如同被钺的巨口吞噬。这里我们再次看到了类似巨口和獠牙的组合。亚长的两把青铜钺均在中心处设有高出器表的圆孔，这种结构让人联想到早期玉璧开孔的设计。事实上，商代的玉工对许多玉璧进行了二次加工，比如将它们的边缘切磨出牙状凸起，以使整个器物的外表更加狞厉。[56]

与青铜兵器不同，玉制兵器有自己的特性。它们中很多是搜集品或者战利品，其价值与统治者的个人兴趣有关。还有一个推测是，玉器本身也可以在地下世界威慑敌人。尽管没有留下任何文字

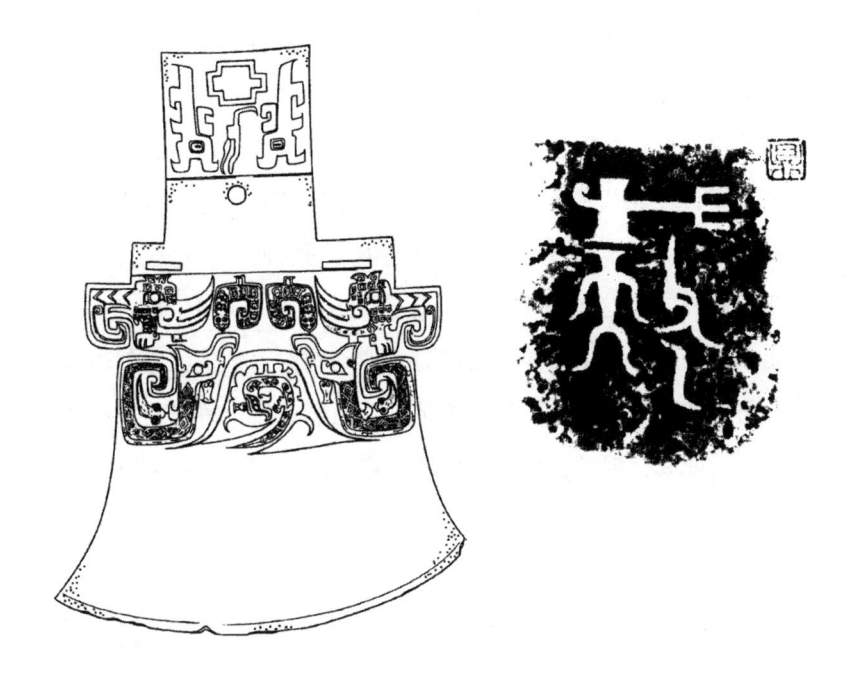

亚长钺，通高40.5厘米，铸有亚长铭文（与亚长牛牺尊的铭文书写方式相同）。右侧的铭文拓片显示了钺的用法，拓印于10世纪的宋代，在19世纪末20世纪初由罗振玉（1866—1940年）搜集并出版，其内容显示一把钺正在将人斩首，旁边二字为"父"和干支名"乙"

证据为我们说明玉器的具体功用，但大量葬玉的发现足以表明它们在墓主人心中的重要地位。在亚长墓中，共有7件青铜钺在地上世界为他所用，还有6件玉石材质的钺在地下世界保护着他。同时，他还拥有一些玉制矛头与铜制矛柄的组合，即铜骹玉援矛。亚长墓和妇好墓出土的玉器总量分别为222件和755件，相比之下，另一位武将亚址的墓中仅有33件玉器。[57]要知道商代的玉矿资源很可能处于短缺状态，因此才会有大量古玉再利用的情况。如果将这种情况算在内的话，这几座墓中玉器的数量差异似乎更加令人吃惊。

第 3 章　铜臂武将

亚长墓还出土有 78 件常规青铜矛和 73 件青铜戈，它们一起构成了亚长兵器库的主要部分。这两种器物均属于长兵器，需要配合长柄使用以打击距离较远的敌人。常规青铜戈需要将援部与木柲呈一定角度，才能从木柲中穿出。而亚长墓中还有一种带竖銎的新型青铜戈，安装时木柲可以直接从竖銎中穿过，而只有这类青铜戈带有亚长的铭文。这种新型青铜戈还出现在亚长墓周围的祭祀坑中，而配套的安装方法很可能来自拥有类似结构的青铜钺，它们流行于黄土高原地区和邻近的欧亚草原地区。虽然亚长生前率领着商人的军队四处征战，但是我们如果仔细观察他的随葬品，便可以发现其中很多都带有北方民族的特征。

这些兵器让我们不禁猜想商王朝的敌人究竟是谁。卜辞中有关于征兵的记载：

丁酉贞：王作三师，右、中、左。[58]

通过另一些卜辞，我们知道了商王朝可以组建 3000 至 5000 人的军队，有时甚至可以超过 1 万人。[59] 一些有关征战的记载显示了一些军队将领的名字，妇好便是其中之一：

辛巳卜，争贞：今者王共人，呼妇好伐土方，受有又。五月。[60]

但是已知的卜辞中从未出现过亚长的名字。人们之所以知道他的功绩，是因为亚长木棺之上一件造型质朴的弓形器。如果我们将它拿起，两个钩状末端的球形铃就会发出金属碰撞的声音。比起兵器，它更像是一件工具。亚长有6件这样的器物，其中4件的末端配有球形铃，而另两件则由兽头代替。在驾车时御者将弓形器挂在腰间，当需要解放双手时，如遇到必须使用武器的情况，或需要摆脱受伤的马匹时，缰绳可以悬挂于此。[61]这些弓形器的表面饰有绿松石细片镶嵌的兽面纹或蝉纹，其中一件还用同样方法镶嵌了亚长二字的铭文，这也表明弓形器是亚长和他的侍从的专用工具。亚长的一件青铜钺上也有绿松石镶嵌的铭文，为战争所用。事实上，绿松石镶嵌是一种非常奢侈且少见的装饰。[62]在晚商以前，绿松石主要是装饰御者所使用的车马器、工具和兵器等，而不是青铜礼器。这种镶嵌非常脆弱，很容易在使用中脱落，因此很多墓葬中出现的绿松石镶嵌的器物可能只是为了地下世界制作的。虽然这些弓形器大概率是安阳制造的，但它们两端的球形铃和兽头可能源于北方传统。几乎可以肯定的是，铸铜作坊中的工匠是接到了明确指示之后，才为亚长定制这些器物的。妇好同样也与战车有密切关系。她的弓形器末端也饰有球形铃和兽头，其中一些还饰有夔龙纹。就像之前提到的王陵区出土的鹿鼎一样，工具、护甲、装饰图案等各式各样的北方元素早已渗透了安阳贵族的青铜器，一方面可以反映出工匠卓越的铸造水平，另一方面也证明了商人的影响力已经到达了很远的地方。

如果想要了解亚长当年所驾的战车，我们需要了解宫殿宗庙区南部的一片区域，这里有5个带有战车的陪葬坑。[63]其中一座墓葬中安置了两辆，其椭圆形的车舆大概率是由纵向木杆与皮革等有机物编织而成的，可以承载一名御者，可能还有一名武士。稍晚的战车对这部分进行了改进，其变成更大的方形车舆，但制作方式仍然以编织为主。两种类型的车舆均直接安装在车轴之上，车轴的两端

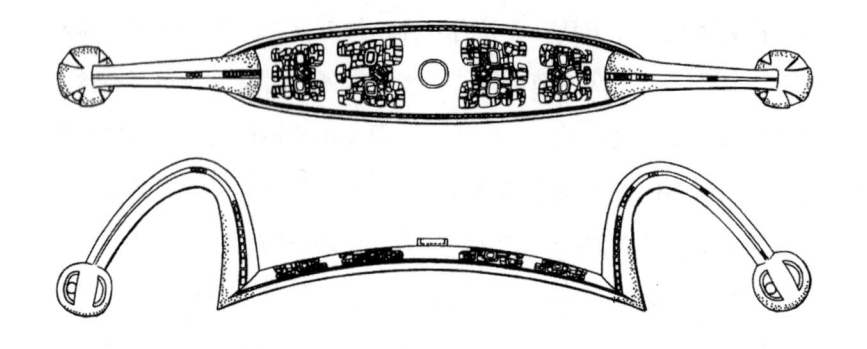

亚长的弓形器（悬挂缰绳之用），通长36.6厘米

连接两个木制车轮，直径超过2米，辐条数量在18到26根之间。这些先进的战车之于当时的人，好比坦克之于我们。一根弯曲成一定角度的车辕，头部设有青铜兽首，将车舆和车衡相连，车衡的两侧各配有一个V形车轭用来牵引战车的两匹马。此坑中共埋有四匹马，它们的马头整齐地排在坑的一端，[64]还有战车的两位御者。二人均呈东西向，俯身直肢葬于坑的另一端。此外，坑内还有一具不完整的骨骸。这些御者装备有当地制造的弓形器、兽首刀，以及大量矛、戈等其他兵器。很显然，他们的职责不只是运输，还要参与地上和地下世界的战争。这里的车马器饰有镶嵌绿松石的青铜配件，常见为星形，但是我们更应关注的是这些器物背后的东西。安阳的战车既不是当地的发明，也不是来自之前任何一个时期。对于古代中国来说，马和车均是舶来品，而它们的到来改变了中国的历史。

商王朝周围有许多敌对势力，特别是文献中那些以"方"为后缀的人群。[65]卜辞反复记载来自"方"的威胁，使人产生强烈的焦虑情绪。从武丁时期开始，黄土高原的北方族群经常南下侵扰商

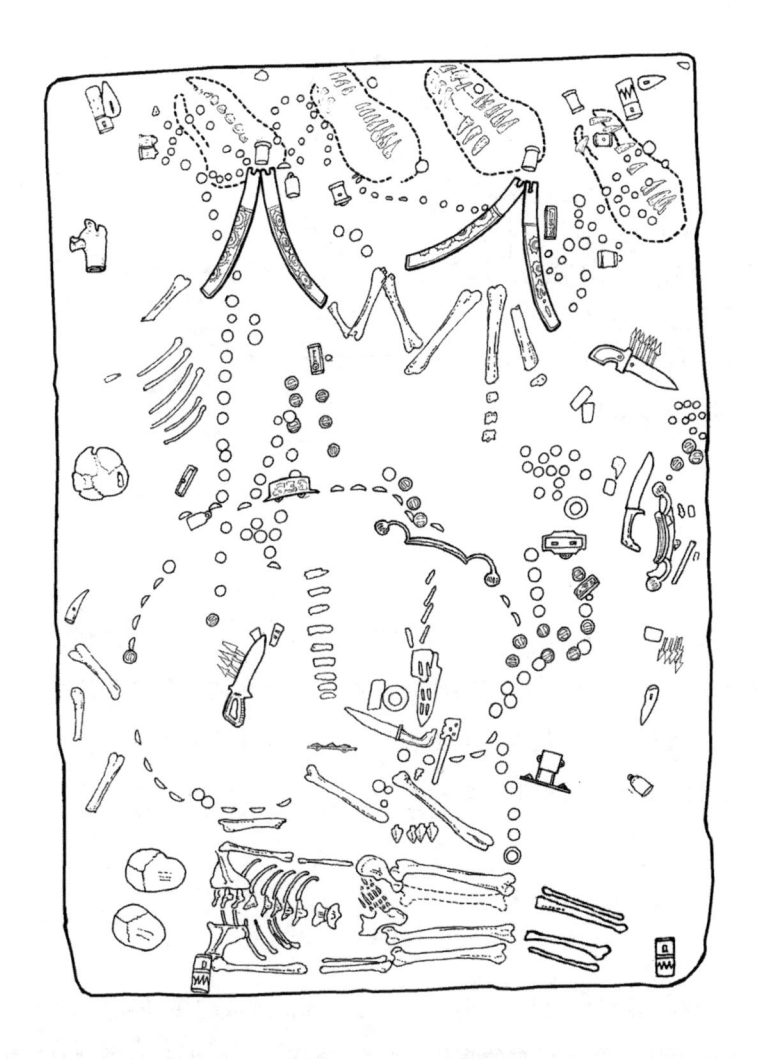

亚长墓和妇好墓附近的车坑，可能具有防御功能

王朝的领土。为了以其人之道，还治其人之身，商王朝不得不将战车、马匹以及御者纳入自己的军队，同时也纳入商人的礼制体系。到了公元前13世纪末，它们成为随葬品，在地下世界继续保护它们的主人。显然，战车已经成为商王朝的一部分，尽管这一变化并

商代战车

未在甲骨文中提及，只能通过墓葬中的线索推理。但是，战车本身确有零星的记载：族徽文字中出现过一个像是战车俯视图的文字，仅偶尔使用。[66] 同时出现的还有"多马"的称谓，有学者认为其与战车部队有关。这是因为马匹在这一时期并非为骑乘准备，"多马"更有可能是战车的车正或御者：

丙申卜贞：肇马左右中人三百。六月。[67]

"亚"有时也会与"多马"一同出现，形成"多马亚"的组合，或可理解为"统率兵车的高级官员"。[68] 还有一些卜辞会把"马"和"方"放到一起，用来形容驾驭战车的敌对势力。

这种可以形容敌我双方的字眼很能说明问题。战车的指挥官既存在于商朝军队中，也存在于敌对势力中。或许正是与"马方"等外部势力的冲突，才使商王室意识到这些前所未见的装备、牲畜以及技能的可贵，从而引入战车、马匹以及它们的驾驭者。亚长无疑是其中的一员。与此同时，这些新鲜血液的注入使得商朝军队的日常管理面临极大的挑战，太多地方只有专门人才才能维持运转：作为战车的动力来源，马匹需要不断地获取和驯养，驾驭者需要长期招募和训练，而战车也需要持续地建造和维护。加上其经常作为随葬品被埋入地下，这些方面的持续投入和损耗是商王朝各种资源的一大负担。

亚长墓靠近宫殿宗庙区，周围分布有一众侍从、兵器、车马器，再加上妇好墓和多处车马坑，这样的安排足见亚长在保护商王方面起到的重要作用。但他的身份还不止于此，他很可能还承担着获取和管理马匹的重要职责。我们知道，与马的关系通常要从小建立，并维持一生。亚长生活的年代刚好是马匹逐渐成为重要军事资源的时期，这一转变不只出现在商王朝和之后的周王朝的军队中，还出现在欧亚草原的其他地方。商人的军队击退了来自北方的入侵者，在同一时期欧亚草原的另一端，古埃及国王拉美西斯二世正在与来自小亚细亚的赫梯人展开车战。而几百年后，在亚述王宫墙壁上，巨幅的浮雕仍然展示着他们的国王驾驭马车、狩猎狮子的画面。[69]

商代战车使用的马匹并不是蒙古草原至今仍能零星见到的本地普氏野马，而是我们今天仍然在骑乘的家马之祖先。[70] 在东传之前，这种马可能已经在西方世界被广泛驯养。和冶金术、牛、羊的传入一样，马似乎也沿着同样的路线传入中国。[71] 除此之外，早期的战车配有轻型木制车厢和带辐条的车轮，发明于乌拉尔地区东部，也从同样的路线传入，将草原上那些带有岩画的石刻串联起来大致可以绘出这条路径。[72] 广袤的草原和山脉之间有数百个这样的石刻，四面平坦，通常被称为鹿石。其中最早的例子可追溯到公元前

1400年左右,并在之后的数百年间不断出现。[73] 这些高大的石刻可能是用来致敬重要人物,其中的一些确实在顶部雕刻有人脸(彩版8),但更多的则是通过刻画一些圆圈纹作为耳朵或太阳穴附近的装饰来指代人的头部。之所以称之为鹿石,主要是因为它们往往带有多层的雄鹿图案,鹿角垂于头后,鹿身呈上跃状贯穿石刻的四面。这些图像可能是在模仿文身或衣服上的暗纹贴花。石刻的中下部刻有一条腰带,其上悬挂着兵器、工具和弓形器,后者的风格与功能均与亚长拥有的弓形器相同。亚长也拥有一把青铜刀,其柄端呈眼部凸起的鹿首形,这甚至可能来自蒙古地区。[74] 这些鹿石开启了草

欧亚草原上一块鹿石四个侧面的拓片,
位于蒙古国库苏古尔省乌什金乌布尔(约公元前1400—前700年)

原地区与中原地区互动的新篇章。除了石刻以外,新型的兵器、盔甲,包括王陵中的青铜头盔,也同样暗示着这些接触和交流的真实存在。

在鹿石出现的同一时期,草原地区的马匹也在祭祀仪式中出现。在以石围和石堆(khirigsuur)为中心的祭祀遗址中,埋有马头、马蹄和马骨等,这些遗址会被年复一年地使用和修缮。[75] 可以看出,这些物质遗存和对生命的态度来自一个完全不同的宇宙观,而马匹是其中尤为重要的一环。[76] 在这样严酷的环境中,马匹被珍视,因此繁衍出庞大的种群。在冬天,马踏雪融,其他放牧动物得以觅食,但如果冻雨将草原冻结,马匹也无能为力时,它们的主人被迫南下。在安阳地区,当第一辆马车出现时,当地人并没有使用类似事物的经验。最初,它们只能由经验丰富的木匠直接制作,因为这些木匠熟知各种木材的特性。比如车轮,他们知道应选用哪种木料制作圆形轮辋,并通晓加热的技巧,使木料弯曲却不会折断。[77] 安阳当地制造的第一辆马车很可能出自北方战俘之手,而战俘之后则逐渐被当地工匠取代。虽然这些马车的木作手艺可以被当地人学习和传承,马车最重要的驱动力——大型牲畜的本地化,则完全是另一番景象。晚商以前,马从未在中原地区繁育,更不用说训练成拉战车的成对马了。[78] 商王朝需要打入北方腹地,或者至少与之建立密切的联系。他们还需要从今天的蒙古地区或内蒙古地区获得持续性的马匹供应。不难想象,在这样的供求关系之下,北方的入侵者很快便成了商王朝的一分子,带来了他们自己的传统。比如俯身葬,这一传统与马匹的来源完全相同。[79] 亚长本人和其他俯身葬的使用者是否真的直接来自"马方"这样的外部势力,我们不得而知。[80] 也许南下的是他们的先祖,亚长只是自然而然地成了商

第 3 章 铜臂武将

王朝的一员,为商人的军队统领战车、训练马匹。[81]

事实上,这并非一蹴而就的。即便马匹已经被成功引入了中原地区,它们的繁殖也很难得到保障。在驯化的马群到达这里之前,黄河流域的耕地就已经养育了足量的人口,他们的存在使这片土地很难从耕地变为牧场。马匹的驯养挤压了农耕人口的生存空间,对饲料也有大量需求。[82]而周边多沼泽,在夏季季风的影响下,这里的温度和湿度也不适合养马。[83]更加艰难的是,农耕地区的土壤似乎缺乏某些矿物质,尤其是硒,这是牛和马等牲畜的骨骼和肌肉发育所必需的。这种缺乏对人类的骨骼发育也有严重影响,导致大骨关节病。中原地区外围的半月形地带就普遍存在这一缺陷,这一地区从西南的青藏高原南部开始,穿过黄河,北至东西伯利亚和朝鲜半岛北部。商周时期中原地区的族群同样面临这些问题,尽管他们自己并未发觉。[84]由于黄河下游地区饲养的马被证明无法与北方草原的同类匹敌,商王朝不得不一次又一次地向周边部族求助(交换马匹),而代价可能是他们精美的青铜器。事实上,很多商人的青铜器在黄土高原腹地被发现。这里得天独厚,土壤富含被风吹来的营养,邻近地区还有大片的草原。相比中原地区,这里为马匹提供了更好的地质和气候条件,这使商王朝不得不依赖这里的畜牧者。[85]

战车和马匹无疑是商王朝军事将领的地位象征,也是丧葬仪式中的重要组成部分。铭文记载了300辆战车,由此可知至少需要600匹马,可见当时从黄土高原向黄河下游地区输送战马的任务有多么繁重。同时,那些来自北方的畜牧者也会小规模地随着战马一同迁入。在接下来的3000年里,持续的相互依赖存在于中原地区的统治者与黄土高原以及更远的北方族群之间。[86]尽管生活在这些地区的族群保持着各自的特色，亚长和妇好的墓葬是早期同化的迹象。

晚商时期的中央王朝可以接纳来自不同背景的人群。为了更好地统治，他们迅速引入了邻近地区的战车和驭手。作为回报，这个富足且有序的农耕社会也敞开怀抱，让外来者有机会仿效他们的礼制和书写传统。互利互惠的行为对双方都具有深远的意义，这种长久的关系建立在定居人群对宝马良驹的需求之上。即使到了公元3世纪汉代灭亡之后，草原民族在中原地区壮大，他们开始务实地践行中原地区的祖先崇拜。[87]

亚长的青铜器看起来有些与众不同。它们的铸造技术精良，很可能出自安阳顶级的铸铜作坊，这从侧面反映了亚长的社会地位。但是，在宴飨用具方面，他的青铜器似乎并不完整。亚长的器物组合中没有水器，连最基本的盆也没有。在下葬时，主持者似乎非常重视亚长的私人器物——带有亚长铭文的青铜器。以有铭文的四对觚和爵为基础，主持者又加入了五对没有铭文的觚和爵，使二者的总量分别达到九个。[88]酒器中，斝和尊通常成对出现，但亚长墓中只出现了单件的尊，并且其上还罕见地铸了两组完全一样的铭文。难道墓中所有器物都是在亚长战死之后才被授予的吗？还是说一开始他手中的器群就不完整？后者似乎不太可能。更加合理的解释是，仓促之下，主持者只能设法使这位与北方关系密切的军事将领死后仍然可以享用精美的青铜器。为了亚长的葬礼，主持者已经尽可能地把相应的青铜器凑成一套，以表彰他所表现出的忠诚和勇气，以及他带给商王朝军队的知识和技能。

亚长的头和身体上散落着157枚玉珠，还有1472枚海贝，它们大概率来自墓主下葬时盖在身上的织物或衣服。同样，妇好墓有

100枚玉珠和超过7000枚海贝。[89]它们应是商王室的馈赠，同时它们也迎合了北方族群的审美。纵观欧亚草原地区，有光泽的材料，从最开始的动物牙齿、贝壳、小石头，到后来的金饰等，一直受到游牧族群的欢迎。亚长的玉珠与海贝揭示了他的双重身份：一是作为商王朝的贵族，二是作为北方族群的后裔。亚长身上发现的小块金制器物同样说明他与北方族群有关。由于与旁边的青铜器长期接触，这些小金块被侵蚀得难以辨认。

我们越是近距离观察，发现的东西就越多。亚长无疑是商代社会中的高等级贵族，死后拥有一座深埋的墓。从他随葬的成套青铜礼器和有铭文的青铜兵器可以看出，至少在主办仪式的专家眼中，亚长与他们是平起平坐甚至略胜一筹的。作为武将的亚长、妇好和那些战车的御者随时准备在地下世界保卫商王室的宫殿宗庙。通过俯身葬的葬式，亚长的特殊地位得以彰显，他的北方血统和马匹方面的专长也得到了承认。仪式的主持者为了纪念亚长生前的功绩，将他的墓葬设计为混合的形式：在标准的商代墓葬中，根据亚长原本族群的葬式安葬。铸铜作坊的监工也是如此：在为亚长铸造弓形器和青铜刀时，选用了带有北方特色的球形铃和兽首。在从公元前1300年到前1046年的几百年间，商王朝不仅接受了新的军事技术，还接受了管理和驾驭马匹的习俗。像亚长这样杰出的军事将领受到商王室的极大尊崇，死后得以紧邻商朝权力中心下葬。在地下世界，他的青铜手臂让他能够再次执起缰绳，号令王师。

第二部分

物的语言

（公元前 1200—前 700 年）

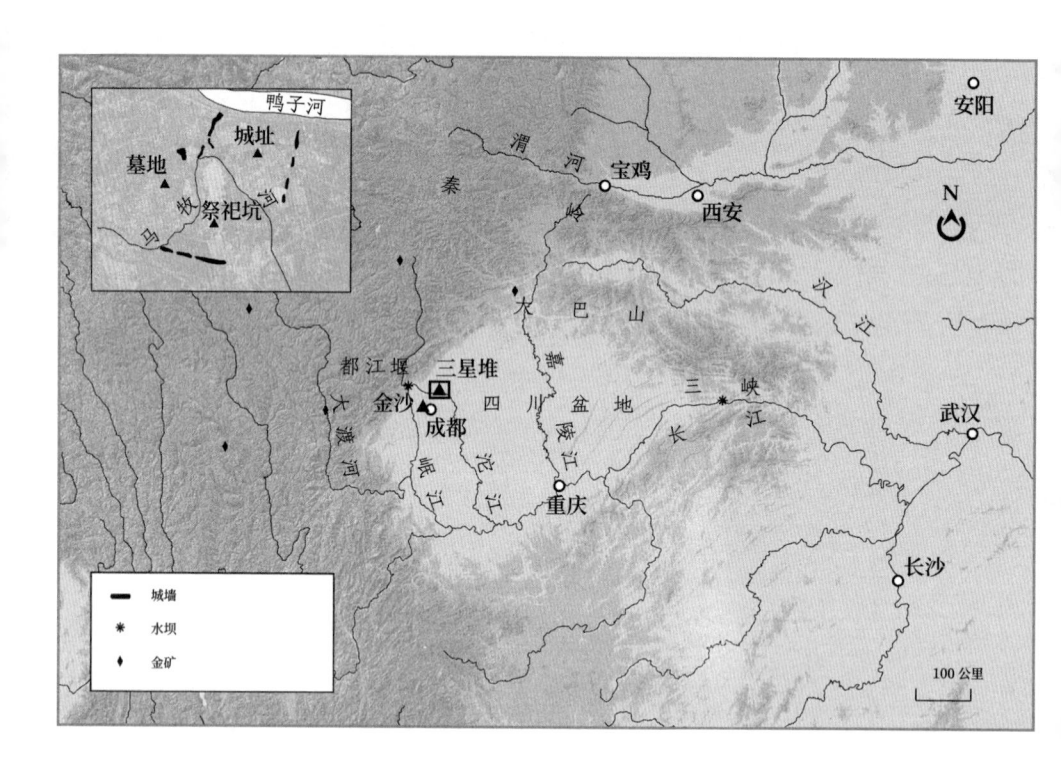

三星堆遗址与四川盆地

第 4 章　秘境献祭

四川广汉三星堆遗址

> 蜀道之难，难于上青天！
>
> ——《蜀道难》，唐，李白[1]

四川盆地被高耸的山脉环抱。青藏高原东部的平均海拔超过4000米，绵延的险峻山脊形成了一道无法逾越的屏障，这里和四川省会成都市的距离仅有三四百公里。发源于青藏高原的长江奔流南下，受到四川盆地南部高山的阻隔，没有流向东南亚，而是转而向东，在盆地东部开辟了一条深深的峡谷，即今天的三峡。经过这里后，长江干流在武汉地区与汉水交汇，并继续向东，最终汇入大海。夏季的东南季风可以源源不断地将来自太平洋的水汽输送到四川盆地。在这里，长江的三条主要支流——岷江、沱江和嘉陵江分别从北汇入，其中嘉陵江尤为重要。如果我们逆流而上，一路向北可以直达秦岭，翻山而过便是渭河流域广袤的耕地，这也为我们离开蜀地提供了一条不那么艰难的路线。或者，我们也可以沿嘉陵江东部的山脉向东走，从汉水的源头离开蜀地。以秦岭为首的这些山脉形成了一道东西走向的巨大屏障，将其两侧的长江和黄河以及它们千百年来灌溉的土地永久地分成了南北两个部分。在北边，以黄

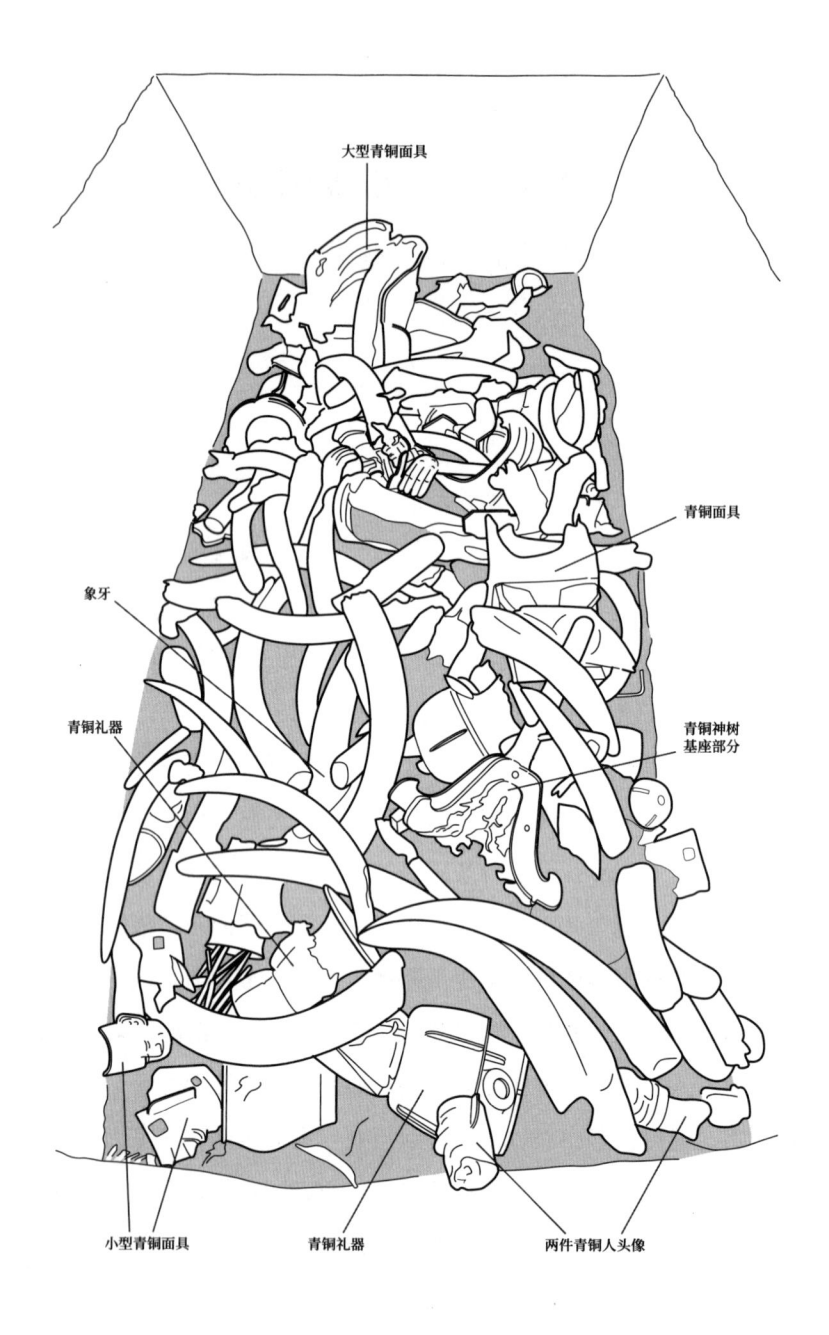

祭祀坑，长5米，宽2米

土高原为主的地貌和相近的生活习惯使黄河流域看起来更像是一个整体。而南边恰恰相反，长江流域的每个区域都有所不同，阻隔它们的或是山川，或是湖泊，或是大泽。长江三角洲和四川盆地虽然都属于长江流域，但相隔近2000公里的距离使两者拥有截然不同的地貌特征和相对独立的早期历史。

如今四川省的人口已经超过了8000万，农业和工业久负盛名，是中国最繁荣的地区之一。这里可以通过四通八达的高速铁路和航空运输与国内的其他地方保持互联，但是在中国历史上很长的一段时间里，这里与外界的沟通极为有限，秦人在公元前316年灭巴蜀之前都是如此。秦始皇的先祖以及后来汉代的继承者均定都于秦岭以北，他们也是中国第一条"栈道"的建造者和维护者。栈道一般修建在河谷的悬崖之上，铺设的木板由插入岩壁的木梁支撑，历尽千难万险，最终形成了成都与西安之间的通路。与良渚先民修筑城墙一样，栈道的修建同样是一项艰巨的工程，需要极长的工期和大量的劳动力。[2]这一想法起初缘于秦人对四川盆地的野心，也是为了预防岷江在成都附近的平原地区泛滥。[3]公元前256年，在李冰的指导下，潜在的水患被三条新挖掘的河道疏解。这一工程被称作都江堰，反映出了当地官员对水患的畏惧之心。经过多次修缮，都江堰如今已经成了一个重要的旅游景点。在19世纪，人们从河床上打捞出了铁龟、铁牛，最初系沉在江底镇水之用。[4]这类防洪的方法或源于公元前4世纪广为流传的一种说法，认为铁可用来治水。[5]

在《蜀道难》中，李白（701—762年）描述了入蜀之难以及穿越栈道的危险：

地崩山摧壮士死,然后天梯石栈相钩连。
上有六龙回日之高标,下有冲波逆折之回川。
黄鹤之飞尚不得过,猿猱欲度愁攀援。[6]

蜀道之难在描述唐玄宗(685—762年)入蜀的诗画作品中也有所体现。面对755年爆发的安史之乱,玄宗被迫退位,放弃了长安,并通过栈道逃往蜀地(彩版14)。[7]往返蜀地其实还有一条沿长江的水路,但旅行者要有勇气才能穿越三峡,那里有将近200公里的湍急水流。在春夏季节,这里的水流尤为汹涌,冬天可能是唯一可以逆流而上的时节。人们需要以拉纤的方式,在山间狭窄的小道上拖拽着船前行。漩涡下的巨石和潜伏的急流摧毁了许多船和上面的乘客。关于三峡,北魏的郦道元(卒于527年)在《水经注》中有这样的描述:

……两岸连山,略无阙处。重岩叠嶂,隐天蔽日,自非亭午夜分,不见曦月。至于夏水襄陵,沿溯阻绝……

春冬之时,则素湍绿潭,回清倒影,绝巘多生怪柏,悬泉瀑布,飞漱其间,清荣峻茂,良多趣味。

每至晴初霜旦,林寒涧肃,常有高猿长啸,属引凄异,空谷传响,哀转久绝。故渔者歌曰:"巴东三峡巫峡长,猿鸣三声泪沾裳。"[8]

19世纪,随着欧洲蒸汽船的引入,长江的水上交通日趋繁忙,但在这里航行仍然不能完全令人心安。英国探险家伊莎贝拉·伯德在 1898 年登上过一艘传统的中式帆船，她在书中写道：

> 河床比夏季水位低 40 英尺，河床上堆满了边缘锋利的岩石碎片，极易形成漩涡或乱流，有时还不止一道。即便枯水时节，这里的水量也是巨大的。[9]

进入 20 世纪，为了给帆船和煤炭运输船开辟新航路，那里的岩石和浅滩被炸药摧毁。2008 年，高度达 185 米的三峡大坝建造完成，坝轴线长约 2309 米，其后形成了一个绵延数百公里的水库。[10] 但是，即便在基础设施已极尽现代化的今天，长江中下游地区的城市和农田，每年仍然要面临洪灾的威胁。

公元前 2 千纪，在亚长驾战车为安阳奋战的同时，偏居西南一隅的三星堆正在蓬勃发展。这里发现的玉器和青铜铸造技术表明，尽管相隔万水千山，距离并未阻断两地先民的交流。但需要指出的是，三星堆的物质遗存与晚商中心区域盛行的葬俗或祖先崇拜并没有关系。同时，三星堆的发现还说明，定居在黄河沿岸的先民并非古代中国唯一的文化力量。位于成都以北 40 公里外的三星堆，完全证明了由环境多样性所催生的文化多样性。相对独立的地理环境造就了这里的文化个性，三星堆先民对他们的日常生活和精神世界有着截然不同的理解。

公元前 3 千纪末到前 2 千纪，三星堆西南方向出现了以稻作农业为基础的宝墩文化，那里的先民修建了川西地区最早也最大的古城。[11] 三星堆的名称源于这里的三个呈三角形排列的土堆。然而，尽管自 1927 年起这里便发现了大量的陶器和玉器遗存,考古学家还是直到 1985 年才确认了这些土堆的性质是城墙遗迹。[12] 城墙的立面被修筑成长斜面,可能与预防洪水和土壤侵蚀有关。类似的设计在长江两岸的一些古城墙上也有发现,暗示着三星堆先民或许来自东方。[13] 在沱江支流鸭子河的南岸阶地之上,东、西、南三面城墙环绕着房址和作坊遗址。这些城墙的厚度惊人:底部约 40 米宽,残留的最高处也有 20 米宽。当地砖厂取土制砖时发现了两个长方形的祭祀坑。[14] 坑的四角指向东、南、西、北四个方向,坑角整齐地切入生土,后被夯土填封。一号坑被认为比二号坑的年代早几十年,但二者均处于中原地区的晚商时期。一号坑的开口长约 4.5 米,宽约 3.5 米,口大底小,埋藏物极其丰富:178 件青铜器,包括 5 件容器(含一件器盖)、16 件人像、6 件饰件、74 件瑗、33 件方孔璧和 44 件戈;199 件玉石器,包括 100 件工具、48 件兵器等;4 件金器,包括一件由金皮包卷而成的金杖。接近坑顶处有 13 根象牙,其下叠压着成堆的海贝。坑内还有 3 立方米的烧骨碎渣。[15] 相比以上描述,二号坑的埋藏物更加惊人。两坑相距约 30 米,深度相近,二号坑的轮廓更加细长,其中的遗存分为上、中、下三层,种类包括玉器、青铜器、石器和金器。青铜器中有 20 件 U 形人面具和 44 件人头像,其中至少 4 件表面附有金面罩。还有超过 4600 枚海贝、61 件金器、67 根象牙和 3 件青铜兽面等,其中最出人意料的是一座全尺寸的青铜人像。

这些祭祀坑并非墓葬,而是属于某个宗族、某种仪式语言下的祭祀场所。一号坑内烧骨碎渣的深度足以表明,在大批珍贵物品被毁坏和埋葬之前,这里曾经进行过动物献祭相关的活动,燃烧物可能是木头或者竹子。二号坑的祭祀仪式似乎更加正式,因为其中埋葬的物品排列有序——玉器、青铜器、金器和象牙可能是按一定的顺序埋入坑中的。自那时起，它们便被束缚在地下，永不见天日。就像那些经过复杂仪式的墓葬一样，自埋入地下的那一刻，这些祭祀坑和它们内部的一切就进入了另一个世界。随着2021年开展的发掘工作，又有6座祭祀坑相继被发现，它们也为我们提供了更多了解三星堆祭祀活动的机会。[16]

这些祭祀坑的创造者通过青铜、黄金和玉石等珍贵材料，将他们独特的世界观展现得淋漓尽致。因为没有留下任何文字记录，这些坑内的遗存和安阳的物质遗存大相径庭，研究者很难解读这些实物承载的语言。以大量珍贵材料打造的青铜大立人，无疑是当时社会的重要人物，一经发现便震惊了整个中国。在慕尼黑、伦敦、西雅图、纽约等地接连的巡回展览中，他更是震惊了整个世界。连同底座一起，大立人像通高约2.6米，重量超过180公斤。人们尚不清楚他的名号和身上的故事，也不知道他为何被如此对待，只知道被发现时，大立人像从腰部断成两截，身体残片散落一地。[17] 他的一切似乎是被故意破坏的。但是可以肯定的是，这座人像绝不是单纯的装饰品，而是代表了三星堆社会中一位重要的成员。这个人身材纤长而挺拔，着三层衣，修身长衣一直垂到脚踝。消瘦的面颊呈方形，粗眉上方的发带固定着残破的发冠。和同地点出土的其他人头像一样，大立人像双眼突出，鼻直口阔。巨大的双耳有耳洞，应为佩戴耳环之用。脖子呈柱状，下接水平展开的大臂，肘部内弯呈抱握状，小臂及双手粗大，手中环握的物品已失。双手过大，即便握住象牙也显得绰绰有余。不论大立人的手中持有何物，他在当时必定是一个令人敬畏的存在。即使在今天，他的形象依然引人注目，他那严厉且无形的凝视仍然充满神秘感（彩版16）。

不同于粗壮甚至有点笨拙的握成环状的双手，大立人像的三

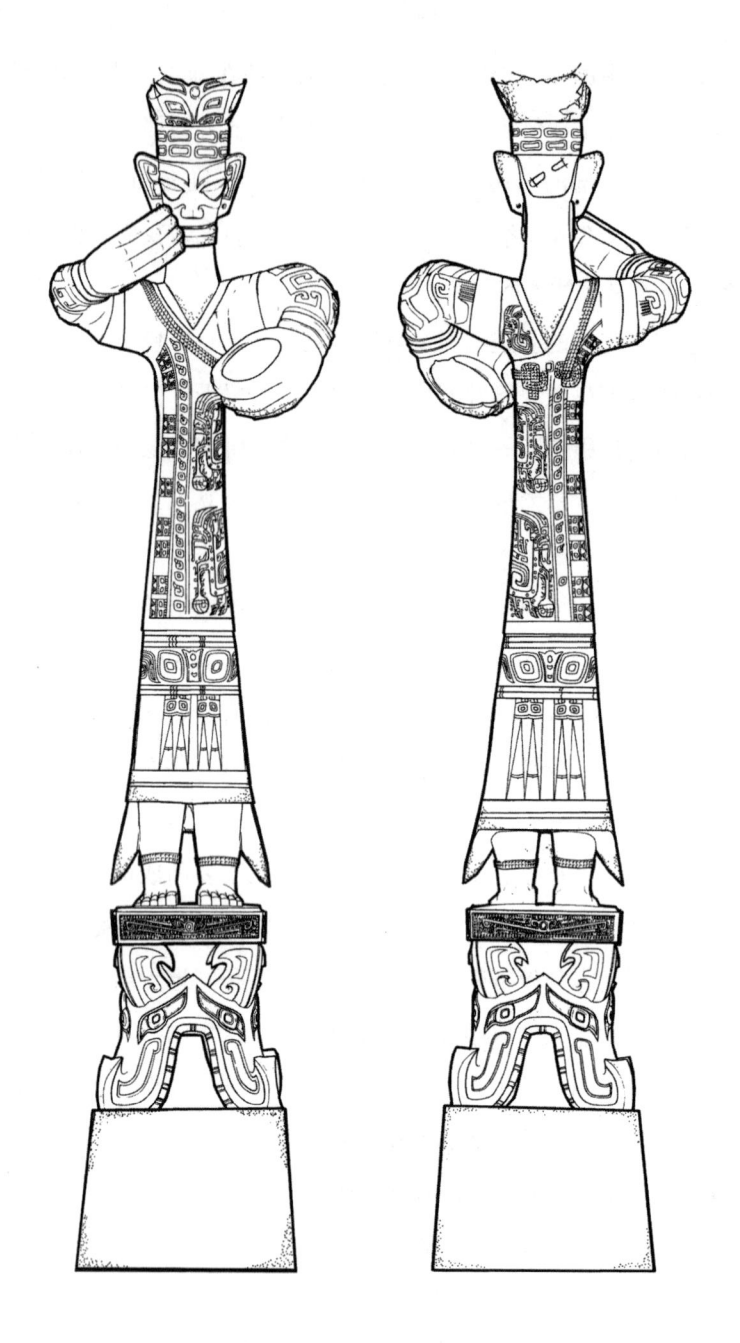

青铜大立人像高1.72米,通高约2.6米(含底座)

层衣上有极为华丽的装饰，其中两层都带有复杂的龙纹。中层短衣和内层长衣之间被一条水平线划分出界限，长衣下摆呈燕尾，在身体两侧垂至脚踝。中层短衣装饰较少，仅在袖口处可见。整个人像立于一个方形底座之上，四角各由一个象头支撑，象鼻在最低处向外卷起，下接一个平顶的立方体座基，这部分在使用时可能被埋入地下。整个人像至少由 8 个单独铸造的部分组成，其中大立人像的主体只经过了一次浇铸。从中可以看出，三星堆的铸铜工匠有能力通过浑铸法铸造结构简单的青铜器。同时，他们对复杂器物的追求也促使他们将器物部件分开铸造并拼接起来。[18] 在安阳，当铸铜工匠需要将分铸的部件与主体相连时，比如将青铜盆的双鋬与口沿相连，他们通常会采用两种方法：其一是先铸双鋬，然后将其置入盆的外范当中，当铜液注入空腔时，鋬的对应部分将与铜液凝固成型；其二是先铸盆身，然后通过不同方式将双鋬铸接到盆身之上，同时会在对应位置留下相应的金属残留。但是，三星堆的铸铜工匠似乎有所不同，他们很可能采用了分铸焊接的方法将器物部件与主体相连。

面对这尊大立人像，我们看到的是人王、巫觋、神祇，还是其他一些超乎我们想象的存在？他是一个无畏邪祟的守护者，还是一个令人尊敬的神话人物？深入这些祭祀坑也许是进入他们的世界的唯一途径。通过青铜这种永恒的形式，三星堆的工匠将幻象化为现实，而随着幻象的破灭，他们所在的社会也土崩瓦解。尽管新近的考古发掘可能带来新的惊喜，但就目前而言，这尊大立人像仍然是中国整个考古史上独一无二的存在。他是公元前 2 千纪的最后几百年中，中国全尺寸青铜立人像的孤例。在中原地区和更远的地方，一直没有制作大型雕塑的传统。[19] 往北，当穿越太平洋季风控制的范围，即今天的蒙古和欧亚大陆草原地区，我们就会遇到刻在巨大鹿石（彩版8）上的武士形象。当然，这些形象和我们在三星堆所看到的并没有相似之处。

　　时至今日，面对这样一尊人像仍然会心潮澎湃。他好像是突然出现在眼前，尽管我们无从得知他的名字、他所处的社会背景，也不能确定他的信仰，但他只要出现在那里，便足以挑战并丰富我们对古代中国的认知。与良渚和陶寺发现的墓葬一样，三星堆祭祀坑的遗存也能够把我们带离那个以商朝文物为核心的叙事体系。从甲骨文和金文开始，这一体系便世世代代为人所尊崇，被历史文献记载和演绎。青铜礼器一向被视为商朝成就的象征，然而，在遥远的四川盆地却有一种如此不同的存在。大立人像衣上阴刻的龙形以线条表现，背生羽翅，爪作双球，彰显着他的威望。可以看出，这里是一个独立且富饶的世界，正是当地丰富的资源孕育了独特的信仰体系。

　　两个祭祀坑中一共出土了超过50尊青铜人头像，通高大都在30至50厘米之间，也有一些较小，通高只有15厘米。这些头像的面部特征高度一致，表明它们似乎并不是某个特定人物的肖像，尽管整体上它们可能代表了某个特定的群体。[20] 这些头像还佩戴着多种装饰，比如礼帽、头饰、发型等，可能依据当时工匠所知的仪式服饰所作。顶部平坦的头像通常在颈后梳起一根长辫，圆形的头像一般在脑后绑上丝带，其他头像则是与大立人像一样在头顶缠一圈发带。其中的一些头饰过于简单，有可能原先配有织物制成的帽冠，已被分解。可以看出，这些头像代表着一个庞大且多样的群体，原型可能是历史人物甚至是神话人物，身穿各种真实的衣物。至少有4尊头像的面部覆盖着一层金箔，这赋予了其额外的气质，或许还象征着宗教地位。类似的黄金制品在稍晚的金沙遗址也有出土（彩版15），而三星堆新近的发掘又发现了整副的金面罩和大块的残片。在古代中国的其他地方，闪亮的黄金从未受到过重视，特别是在商朝统治的区域，青铜那柔和的金属光泽从未被黄金掩盖。由于三星堆独有的文化传统，他们选择使用黄金也在情理之中，尤其是在附近山区就有金矿存在的情况下。[21]

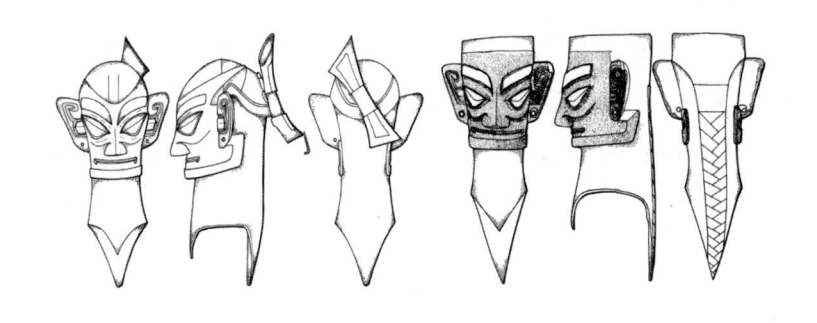

左：戴簪笄发青铜人头像，通高51.6厘米；
右：戴金面罩青铜人头像，通高42.5厘米，头顶平坦，表明这类头像原本可能由树木的枝干制成

　　这些轮廓分明且造型重复的面孔之前可能是以木雕的形式存在的。与黄河流域制陶术和黄土孕育的铸造技术不同，在四川盆地，木材才是人们的首选。在木头上切割和雕刻曲线的经验有可能促使工匠选择了较为倾斜的眉毛，使整个头部看起来更具力量感与张力。[22]通过"减地"的手法塑造眼部的凸脊，同样可以利用锋利的工具在木头上实现。由于没有瞳孔，这类眼睛的凝视也可以被理解为"内观"。同时，一些头像的眉毛处有黑色残留，暗示着或许这些立体的眼睛表面曾经绘有瞳孔。[23]脸颊下面的线条同样像刀削般平直，仿佛是仿照木质原型。水平的嘴巴配有两片紧闭的嘴唇，嘴角处设有小孔，可从侧脸观察（彩版16），或为木匠横向切割嘴唇时所留下，同样平坦的下颌和头顶好像是从树干的两端被笔直切

第 4 章　秘境献祭

下。[24] 但是，头像颈部的塑造并不是每件都很完美，或许是因为这个部位以后会被其他材料覆盖。[25] 由此可以推断，这些青铜人头像的制作者熟悉木雕工艺，而这一传统在青铜到来之前便已经流行。若是如此，那么切割和雕刻的工序一定是由石制工具完成的，所需的技术也十分复杂。[26]

我们完全可以想象三星堆先民在某段时间内，将他们世界观的表现形式由木头转变为金属，[27] 短则 10 年，但也可能需要更长的时间。作为复杂信仰的载体，这些青铜器或许不是他们的首选，可能还有竹制品、纺织品等，但青铜器却成了那个时代最伟大的成就。三星堆的青铜铸造技术并非直接来自黄河流域，而是经南方的其他地区传入。在到达四川盆地时，当地先民对造型设计和其承载的信仰体系或许已经有了自己的认识。如果回到青铜到来之前，在木材还是主要的装饰和祭祀材料的时候，木雕可能早已遍布丛林，人们也早就习惯于生活在林间的空地之上。在观察那些完整的人头像时，可以发现脖子以下逐渐收拢成前后两个尖端，似乎很容易安装到长条状的、可能由树干制成的身体之上，而青铜大立人像似乎是一个非常特别的版本，只有他拥有完整的身体。试想一下，青铜头像加上木制身体，如果这样的雕像超过 50 尊，无论它们代表着先祖、英雄、神祇还是灵魂，它们都能向我们展现一个群体应有的样子。自此，古时的四川盆地再一次推翻了我们对青铜时代的固有认知。在这里，尽管曾发现兵器遗存，但青铜兵器似乎不那么重要；也没有发现成套的青铜礼器，但曾发现与之类似的陶器组合。青铜的到来是意外收获，人们利用青铜对周围环境和丛林景观做出新颖的改造。

如果这里所有的青铜人头像都能拥有高大的木制身体，配上精雕细琢的底座和华丽的织物，那将是一幅多么令人赞叹的画面。

如果只看人像的头部，这种类似于博物馆策展的方法，就会忽视当时人们所生活的世界，那里的一切由仪式周期控制，并通过文字、吟唱、舞蹈和颂歌来解释。和大立人像一样，其余的人像也大都配有造型夸张的双臂。同坑出土的一件略小的兽首冠人像支持了这一观点。这件人像略残，头上戴有奇怪的头饰，而手臂的姿势则与大立人像相同，似抓握状。[28] 还有一些U形青铜面具拥有相似的面部特征，它们同样出现在这片想象中的丛林里。其中一些面具脸部宽大，带有灿烂甚至是有些狡黠的微笑，纵目显得异常突出，夸张的双耳向下弯折。二号坑中最宏伟的面具宽138厘米，通高66厘米，[29] 前额和两侧留有方孔，可能用来将其固定在木结构之上。还有两件面具的鼻梁处高高耸起一片羽毛状的扉棱，略向前探出。[30] 试想一下，在某个建筑的柱子上或者某棵树的枝干上突然看到这样一张脸，可能会产生紧张和不安的情绪。这些U形面具的铸造工艺同样采用了分铸焊接技术，但是这样的连接并不牢靠。祭祀坑中散落的眼睛和瞳孔的残片表明，原先它们可能分属于其他现已不存在的面具和人头像。还有一件富有神秘色彩的青铜器同样需要附着在其他物体之上，它看起来像是一个轮状的机器零件，有可能象征着太阳，或是在模仿遥远的北方出现的车轮。[31] 这些安装在建筑物上或者附着在树干上的青铜器留给了我们无限的遐想。不可否认的是，这些受人尊敬的存在一定属于一个奇异的世界。

除了和自然界中的树木打交道，三星堆先民还创造出了高大且错综复杂的青铜神树。其中最大的一件遭到破坏，出土于二号祭祀坑。三足形的底座承载着笔直的树干，其上套铸有三层弓状树枝。每条树枝上均生有花朵，其中向上的花朵上均立有神鸟，而树枝末

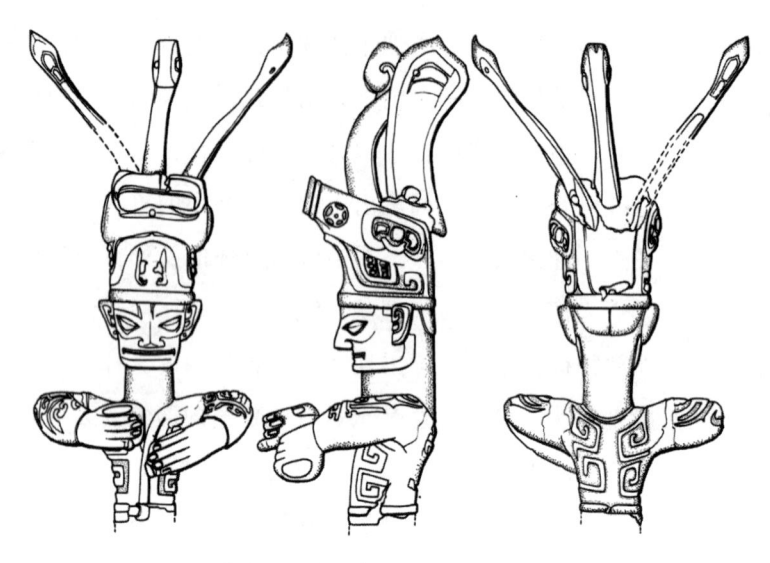

兽首冠人像，残高40.2厘米

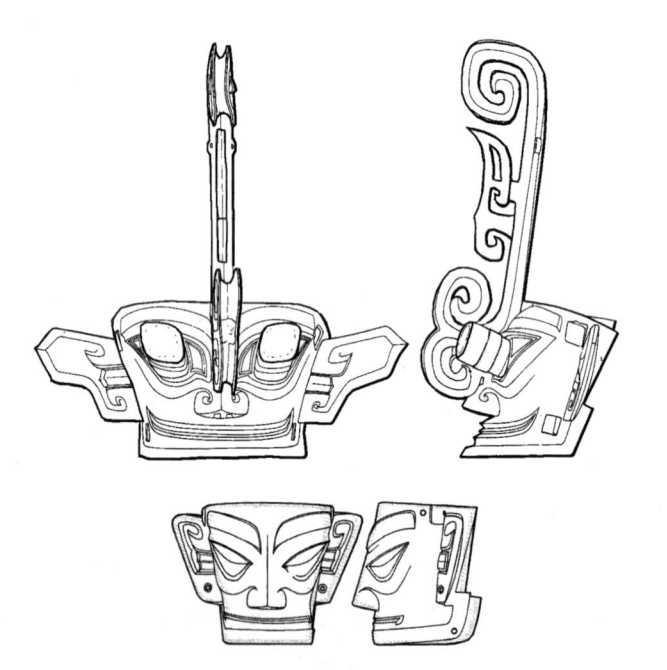

上：U形青铜面具，通高84.3厘米，正面配有纵目及象鼻
下：青铜面具，通高15厘米，可置于圆柱或树干之上

端的花朵大多数朝向下方。树干底部嵌铸一龙，龙身蜿蜒向上，依附在树干一侧。树上的其他装饰还包括悬于树枝下方的铜铃，其中一些带有扉棱，形似中原地区的早期铜铃；另一些铜铃的下部呈燕尾状向两侧分开，类似形制的工具曾出现在黄土高原。这棵青铜神树充满生机，无疑会作为重要角色出现在仪式当中。约4米的高度决定了它只能立于建筑物的门口，或者较高的建筑物或开放空间的中心区域。如此巨大的体量如果辅以其他材料，比如木材、竹子或者织物，人们甚至可以穿行其间。另一棵体量较小的青铜神树同样残损，底座三面各有一个向外的跪坐人像。他们可能是祭祀仪式的参与者，或者是与树下巨龙同属一个世界的原住民，同时是这片丛林的缔造者之一。由于祭祀坑中的器物遭到了严重破坏，我们很难还原青铜神树的每一处细节。更多与青铜神树有关的挂饰被发现（其中一些出土于新近发掘的祭祀坑），比如有孔雀翎的鸟（其中一只更像是公鸡）、拟人化的动物形象、类似于蛇的生物等。它们的出现点缀了青铜神树本身，也为整个丛林景观润色。我们并不知道这些青铜神树和人像具体被放置在何处，但它们一定是配合使用的。可以看出，在古代中国，生活在各地的人都在想方设法贡献出自己精心制作的物品，从而得到与现实世界之外的世界沟通的能力。但是，就三星堆先民而言，他们的处理方式与众不同。这里的人有自己独特的世界观，不同于世界上其他任何一个地方。这种奇特性非常重要，也极具启发性。三星堆的材料让我们知道，要想了解一个如此陌生的世界有多么困难，同时也使我们意识到，我们之所以能够理解身边的事物（至少是其中的一部分）并进行语言上的表达，完全依赖于周围环境对我们潜移默化的影响，无论是在物质、意识形态上，还是在信仰上。与此同时，我们也有幸站在自己的立

青铜神树，残高超过4米，每条下垂的树枝上均立有神鸟

场上将生活中各种不同的部分肆意地拼接，只是为了我们自己。

  这件有多层结构的青铜器上的微缩形象提供了一个更加清晰的视角，让我们能够近距离观察和讨论三星堆的物质文化。经过复原，可以看出这件器物上铸有众多缩小的拟人化形象，似乎在讲述一个全新的故事。器物的底座有一只带翅膀的神奇生物，上方的人物形象与我们之前介绍过的青铜人像完全相同：头顶宽大的帽子，身穿带有图案的织物，下半身是看起来相当粗短的双腿。帽子上装饰了一圈四叶草状的纹饰。每个人像都伸长脖子，为上层的山形座提供额外支撑。[32] 立于四山相连的结构之上的，是一个方形的盝顶建筑，里面整齐地排列着跪坐人像，坡顶四角则各立一鸟。在立鸟与人像之间的上额处，饰有人首鸟身神像，双腿下方铸有清晰的蹄或脚趾，似乎正提拉着下方的建筑和人。它的身体两侧各饰有一个螺旋结构，头上有一对招风耳，宽大的鼻翼处饰有微小的圆形花瓣结构。头顶有角伸出，或是弯曲的树干，身后则有一条长尾和一对羽翼。[33]这些动物与人像应是某种已失传的神话故事的参与者或者化身。如此复杂的结构表明，当时的人参加仪式时会重现类似的场景。未知的生物与微缩人像结合，头顶依附树干，双耳则像头饰一样向两侧延伸。[34]鼻翼处微小的装饰或许在表现象牙的形状，因此，大象也可能被包含在这个有趣的组合之中。鉴于祭祀坑中出土了大量象牙，我们可以推断，公元前12世纪，大象在三星堆的祭祀活动中发挥了关键作用。即使在今天，大象仍然生活在云南的丛林之中，在四川西南方向。由此可见，三星堆面具上的耳朵和树干等元素或许是大象和人类特征的结合。

无论是以大象为中心的装饰，还是立人像，抑或其他类型的青铜人像，在晚商的中央王朝均未出现。亚长和他的侍从通过宴飨仪式来沟通地下世界，而不是通过塑造先祖或者未知的生物。在宴飨仪式上，或许会有亲属扮演死去的先祖，或者代替先祖的位置。但是，我们并不能利用在安阳获得的经验来理解三星堆。这里的青铜人头像、人物形象、巨大的面具和无处不在的树干，如果全部放在一起，将会为祭祀活动提供一个巨大的舞台。大立人脚下的座基被设计为置于土中，暗示着它在使用时是无法移动的，而青铜神树及那些附着在树干和建筑物上的面具也无法随着仪式的进行而变换位置。但是，并非虚无缥缈的存在，这些人物和树木的形象对于三星堆先民来说是真实可见的。通过将它们刻画在树干之上，或是铸成青铜制品，它们的创造者可以更真实地感受到它们的存在，更全面地将它们融入

青铜神坛，通高53.3厘米，
一个象形座载着人或灵魂前往未知的目的地

祭祀仪式，也更彻底地将它们融入他们的日常生活。

　　没有青铜铸造技术的传入，三星堆就不会出现青铜人像。青铜的冶炼和铸造是复杂的过程，从铜矿的开采到矿石的选取，从熔炼金属到配比铜锡铅合金，这些过程绝不是一两个工匠能够突然发明并熟练掌握的。冶金术在西亚首次被发现后，经过几百年的发展和东传，才达到三星堆青铜器上所展现出的先进水平。即便是在铸铜技术高度发达的中国北方，也至少经历了400年才达到我们在这里看到的铸造水平。在三星堆青铜器上，我们见到了成熟的合金配比，还有中原地区普遍使用的范铸工艺。这些证据足以证明,这座偏僻的古城已经掌握了成熟的铸铜技术。这些先进的技术是不是商朝的使者在西南地区寻找铜矿时留下的?如果它们真的来自安阳,那么我们应该会在这里见到更多容器。然而,事与愿违,这里的青铜器更像是在复制木雕,甚至偶尔还会见到榫卯结构,用来将人像与底座相连。尽管四川盆地几乎与世隔绝,范铸工艺的到来并非无迹可寻。在二号祭祀坑,我们发现了一件青铜酒器——尊,它通高接近 60 厘米,口沿处的直径约 50 厘米。乍一看,这件尊似乎完美呼应了亚长墓中出土的青铜尊,一件来源于北方黄河流域的青铜制品。[35] 然而,如果我们足够仔细,我们就会发现很多细节都表明它并非出自安阳,比如:器身、圈足和器口的比例,用以分割纹饰单元的钩状扉棱,肩部的鸟形饰片,以及圈足的方孔,等等。器身与圈足上饰有兽面纹,但下方的兽面配有长而细的下颌以及较窄的獠牙,造型上或类似于鳄鱼。经过修复,二号坑中一共复原出 6 件圆尊,还有 3 件同属大型酒器的青铜罍,它们都与中原地区的产品有所不同。[36] 同时出现的青铜礼器和人像,使我们意识到三星堆可能处于一个跨越广阔区域的交流网络之中。这个概念在今天或许可以叫作"全球化"。而这些网络背后的驱动力就是青铜铸造技术这一实用技术的传播——它为多种独立需求而改良适配。[37]

在三星堆和长江流域的其他很多地方,容器被用来收藏海贝、玉器和石制工具,特别是在三峡以东——今天的湖南地区。[38] 在这里,我们可以看到交流网络的痕迹,不只有安阳的线索,还可以联系到更早的郑州商城。[39] 此外,南方的工匠在发展自身铸铜工艺的同时,也在开发利用长江下游的铜矿。[40] 跨区域的贸易与交换,或者来自中央王朝的索取与边地的供给,促使了青铜器技术的南下与

第 4 章 秘境献祭

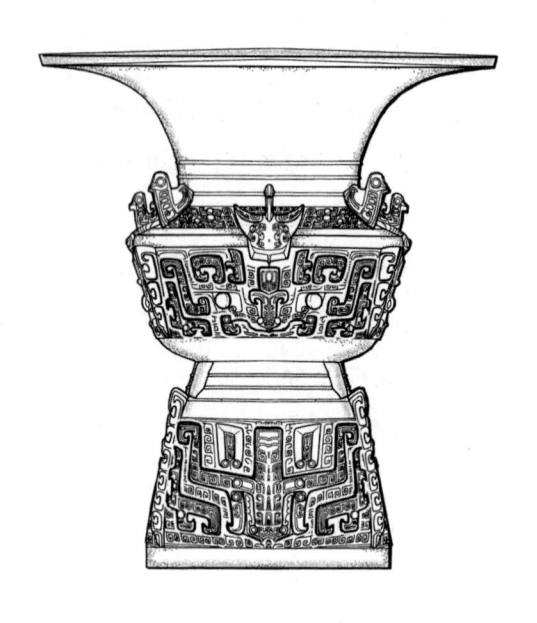

南方风格的青铜尊,通高 56.5 厘米

铜矿资源的北上。虽然商王朝的青铜器形制仍然是主流,但它们已经被南方工匠逐渐改造,以适应当地的品位、风俗以及信仰体系。

三星堆的繁荣离不开这个交流网络。这里丰富的物质文化不只表现在铸造方面,还有大量的玉器。要想进入蜀地,其中一条较为危险的路线是沿长江逆流而上,另一条则是通过汉水,但还需要翻过北方的崇山峻岭,[41] 祭祀坑中的玉器可能就是通过后一条路线运来的。三星堆先民似乎极为崇尚玉器,并将它们融入了青铜大立人像所在的丛林景观之中。[42] 通过一个青铜小人像,我们可以大致判断玉器在这里所扮演的角色。该人像头部已残,呈跪姿,双手持有一件顶部分叉的礼器,这种形制一般都是玉制,很好地向我们展示了它们是如何为人所用的。这些玉礼器也必定参与了以青铜器为主的仪式场景当中。人们可能会随身携带类似器物,或将它们摆放在青铜面具或者人像的面前。这种玉礼器有一个响亮的名字——牙璋，曾在石峁遗址集中发现。[43] 当然，与石峁和之后的二里头发现的那些精雕细琢的牙璋不同，三星堆的牙璋相对粗糙，选材也多取自当地产的类玉材料。[44] 祭祀坑中也同时发现了其他种类的玉制或铜制兵器。比如一种极具攻击力的青铜戈，援部的正中有脊，两侧对称分布锯齿状的刃，可以轻松划开敌人的皮肉。当然，与商王朝不同的是，这里的人似乎并不会为战争和死亡举行仪式。尽管璋形器的分布很广，却从未出现在安阳——这也再次说明三星堆并非处在商王朝的控制范围之内。三星堆先民对牙璋也有自己的诠释。这里的牙璋在顶部分叉时，中心处会更深，而两侧则向中间收敛，形成鱼头的形状。另一端的齿状扉棱则变成鱼鳍或鱼尾的一部分。一号坑中的一件玉璋在顶部有一立鸟，就像青铜神树上的立鸟一样，只是这只鸟似乎落入鱼嘴之中。[45] 这些牙璋再次把我们带到汉水流域，在那里发现了小型青铜牙璋，顶部的分叉同样较深，这一点与分布于北方的那些早期牙璋有所不同。

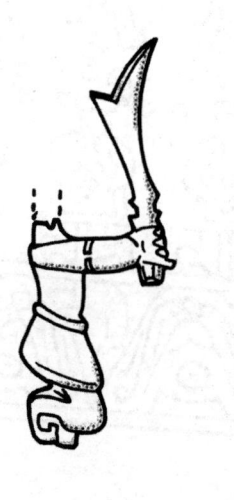

青铜小人像，手持玉璋，残高4.7厘米

第 4 章　秘境献祭

三星堆祭祀坑中还出土了一件特别的牙璋，表面在水平方向饰有四排人物图像。人像的面部与大立人像一致，脚下平坦，下接两个相连的山形图案。两山的外侧各插有一件牙璋，可以分辨出顶部的分叉和两侧的扉棱。可以看出，这里描绘的是隆重的祭祀场面，玉器参与其中。早期的牙璋与玉琮的分布很像，向东出现在长江下游，向北则出现在石峁地区。追寻它们的轨迹，我们可以发现多条跨越大半个中国的路径。我们也许永远不会知道，究竟是哪些人有权将玉器从一个地方带走，并带到一个新的地方。然而，作为单一器物，牙璋在数量上的激增足以表明，玉器制作技术的传播以及对玉器的喜好，早已超出了晚商的控制范围。

玉制牙璋的细部花纹

虽然三星堆的玉璋多为暗色，但祭祀坑中也偶尔会见到更浅甚至是白色的玉器，以玉戈为主，这也是商王朝最主要的兵器。[46]然而，就像那些远离商王朝时空范围的墓葬出土的玉器一样，这些玉器的主人可能通过劫掠、受赠等形式获得它们，玉器也赋予了他们与其自身礼仪和宇宙观密切相关的力量。虽然三星堆的玉器保留着与外界接触的痕迹，但这里大多数的青铜器仍然是当地人的创造。无论是青铜神树、有象鼻的面具，还是大立人像和其他人像，它们都是独一无二的存在。如果它们当年没有被铸造出来，或者不是被埋葬在这些祭祀坑中，而是被熔化后再利用，那么这里的人和他们的信仰将永远消失在历史中。当我们将所有的青铜器汇聚一处，与周围的景观结合，那么展现在我们眼前的就是当年三星堆先民亲眼看到的世界。

青铜器上那些微缩形象和场景为我们展示了一套完整的仪式过程，通常由专人负责执行，由所有人见证。[47]这样严谨的过程并非一朝一夕就能实现，而是需要长期的积累，尽管铸铜技术在公元前12世纪传入这里后，只存在了一段不长的时间。祭祀坑被破坏可能缘于人们对某些幻象的抹除行为，或是人们希望人为的破坏能够使其重生。坑中的祭品看起来像是在安抚灵魂，抑或是人们背井离乡后留下的破败景象。如今，我们已经无从得知他们使用的语言，也不知道他们的社会究竟是如何构建的。各种设想和说法困扰着我们，我们仍然无法解释为什么三星堆先民要将这些辛苦制作的景观彻底摧毁。

我们能够确定的是，在三星堆废弃后不久（约公元前1100年），一些人继续生活在附近的金沙古城，将那里打造成了一个大型聚落，并延续了数百年之久。尽管似乎没有城墙，金沙遗址确认有房屋、公共建筑、作坊和窑址，同时还发现了祭祀区域，其中出土了大量玉器、金器和青铜器。可以看出，金沙延续了三星堆的物质文化，[48] 并且也出现了针对祭品的破坏行为。但是，尽管有大量玉器（包括一些半成品）和精美的黄金制品，金沙出土的青铜器却完全无法与三星堆媲美。取而代之的是，一些双手被绳索反绑于身后的石跪坐人像，在这里，木雕的阴刻手法被转移到了石头之上。人像方正瘦削的脸颊让人很容易联想到三星堆的青铜人头像，而背后的辫子亦是如此。这些囚犯是不是祭品，用来避祸免灾，抑或是为了避免战争和入侵行为？

献祭承载着恐惧。新近的考古发掘表明，三星堆的两个祭祀坑可能属于一个大型祭祀体系的一部分：青铜大立人像周围有大量引人入胜却令人不安的组合物。[49] 这尊人像是被不以他为权威的群体

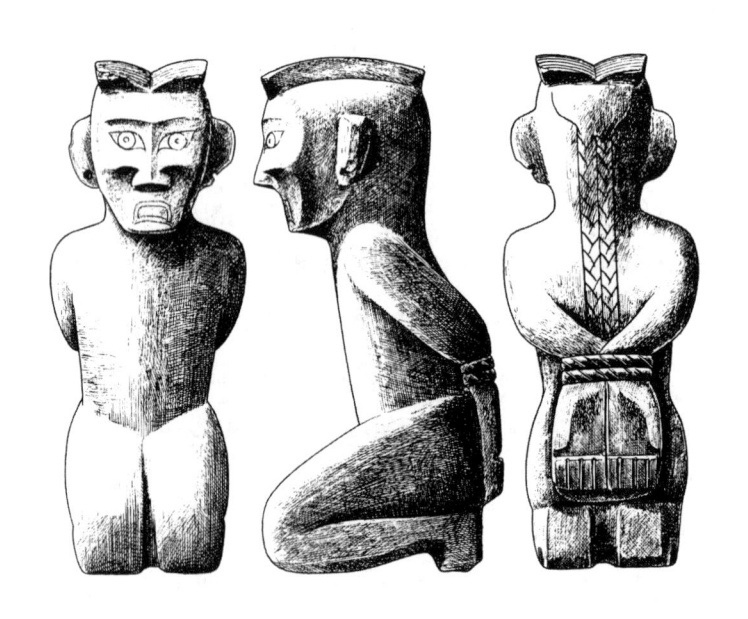

金沙出土的石跪坐人像，通高21.7厘米

毁坏的吗？三星堆的消亡或许与洪水有关，一开始城市只是受到洪水威胁，随后至少部分被洪水淹没。人口的增长，以及祭祀仪式中大规模伐木是否加剧了洪水的泛滥？雨季时，对树木的采伐确实可能加剧洪水威胁。祭祀仪式的目的是阻止水位上涨吗？目前为止，我们并没有发现沉积物的痕迹和其他与洪水有关的证据，也没有发现任何人骨可以分析出疾病或袭击等死因。简单来讲，我们还是知道的不够多。

如果说商末周初的青铜礼器和祭祀仪式对四川地区影响甚微，那么三星堆的大立人像及其所在的丛林景观也没有向北和向东传播。在中央王朝的控制范围内，宴飨仪式联通了地上和地下世界。这些仪式通常由死者的家族成员主导，因此似乎没有必要在仪式中为他们创造新的形象。真实尺寸的人像和丛林景观在之后的王朝中也没有出现过，因此我们推测，三星堆和安阳可能对彼此知之甚少。但是，二者却不约而同地以各自的经验为基础，发展出一套自洽的体系用来解释他们生活的世界。

这些祭祀坑内的器物是三星堆先民世界观的具象化表现。因此，对它们的有意破坏似乎是在寻求相反的效果。坑中的青铜器碎片、玉器和金器将他们的世界和其中的灵魂一同带入地下。出于某种压倒性的原因，大立人像的原型和他周围的一切必须被根除。要知道自古以来外来者对这片有着丛林和大象的区域虎视眈眈。大立人的身世仍然成谜，这倒与地理条件相符，毕竟在秦蜀栈道修建之前，四川盆地一直与世隔绝。

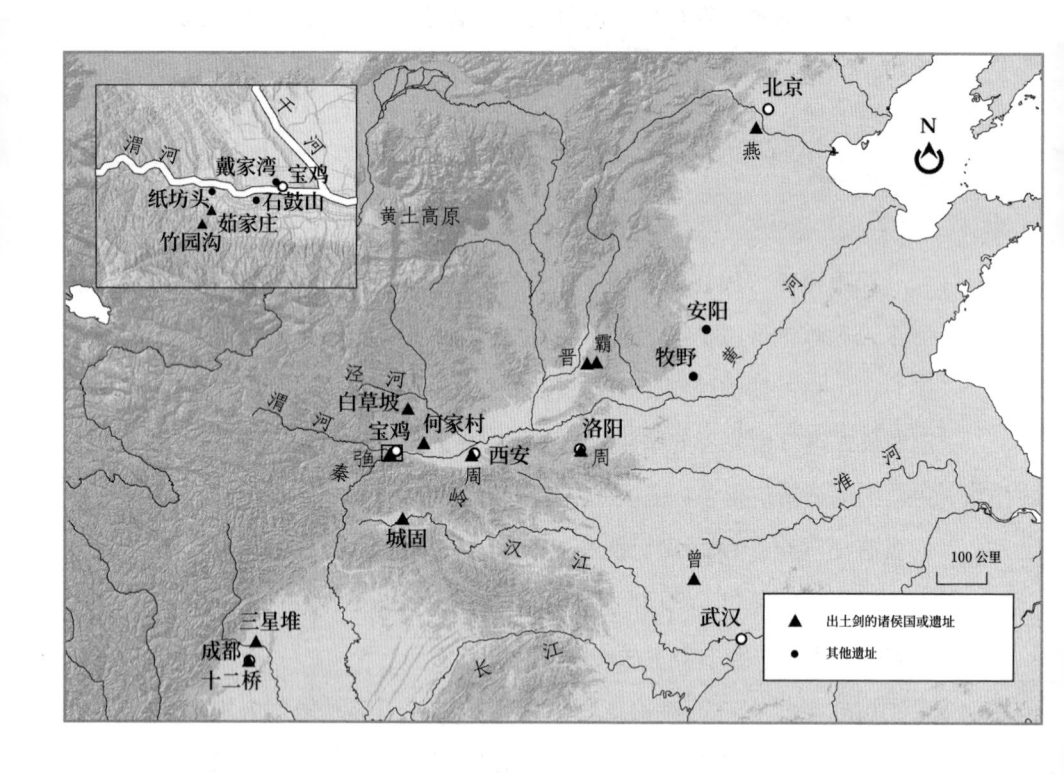

宝鸡与渭河平原西部

第 5 章　礼物经济

陕西宝鸡弓鱼国墓

我们将视线转向安阳以西 800 公里外的宝鸡，这里生活着许多周王室的早期盟友。此处如今高楼林立，现代化的城市景观掩盖了这里历史上一个更为重要的特征，即长距离的交流。在横跨亚洲的主要交通线路之中，宝鸡是一个重要节点，也是今天"一带一路"的入口之一。在过去，它是西部、北部和南部众多通路的交会点，可以将远道而来的人直接引入渭河流域，进而向东进入中原地区。这里过去是，现在仍然是一个重要的十字路口。西有宝鸡，东有西安，二者连线上的现代化铁路和高速公路网络与中原腹地直接相连。

宝鸡位于中国中部边缘，地处通往中亚的主干道沿线。沿着这条通路一路向西，地势逐渐隆起，在甘肃省会兰州，海拔已经超过了 1500 米。再往外走便是著名的河西走廊，它位于青藏高原、戈壁沙漠和内蒙古高原之间，历史上一直被视为交通要道。相比之下，东边的渭河流域因为受到了南部山脉和北部丘陵的保护，经常被看作更东边那广袤农耕地区的一部分。久而久之，环绕狭长河谷的高地经常被人们忽视。20 世纪 20 年代，一位来到这里的旅行者对渭河流域南部的地貌有这样的描述：

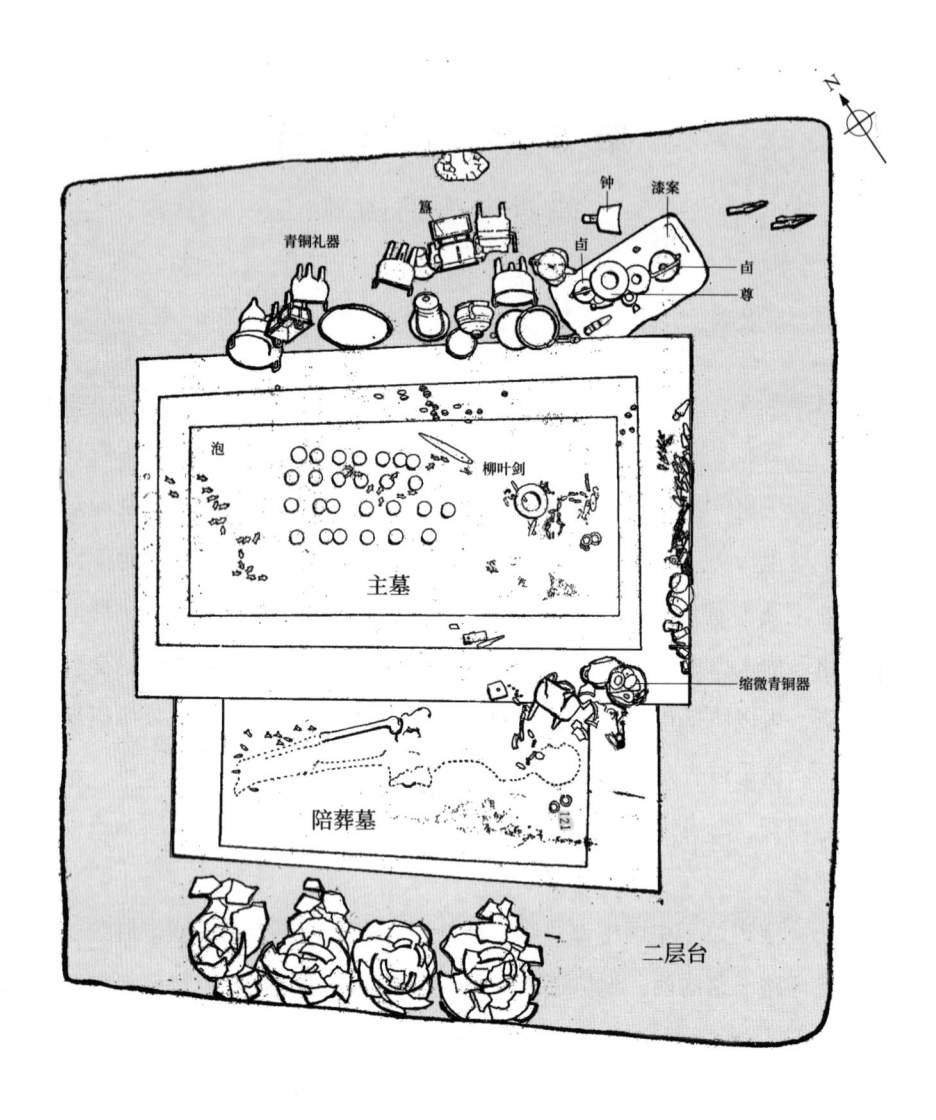

弜伯及其配偶的墓葬，长3.75米，口宽4.4米，深2.8米（距如今的地表）

整个上午，五岳中排名仅次于泰山的华山，在南方的地平线上形成了连绵起伏的山脉，其形状酷似一头沉睡的大象。不见阳光的北坡则像是一堵巍峨的巨墙，呈现出美丽的蓝灰色，顶端则是奇妙而梦幻的天际线。[1]

河谷南侧的道路似乎少有人使用，但这条路线却保留了渭河流域与南方交流的可能，其中便包括与四川广汉三星堆的交流。[2] 事实上，秦岭山脉，包括华山所在的支脉，横亘其间，阻挡了大部分的陆路交通。如今通往四川的铁路，需要穿过超过300个隧道和约1000座桥梁才能蜿蜒前行。河谷向北的道路则可以直接通往黄土高原，但现代旅行者却很少通过这里北上。黄土高原就像是一个中间带，夹在草原的游牧人群和河谷的农耕人群之间。就像我们预料的那样，渭河流域的肥沃土地给当地人提供了更加舒适的生活，而对美好生活的向往也促使了人群的反复迁徙，并在千百年来多次推动了中国政治蓝图的改变。由于北方漫长的严冬和较少的降水，生活在这里的人群往往更愿意迁往东南方向地势更低的区域，通过河西走廊、千河和渭河的上游到达宝鸡。这样的南迁并不是孤立事件，在公元前2千纪的最后几百年间，北方的农耕活动似乎遇到过极大的困难，许多人在这段时间迁往了南方。[3]

在公元前11世纪早期，一些地方势力抓住机会来到了宝鸡一带，其中便包括周人的势力，他们后来在公元前1046年完成了对殷商的翦伐。他们首先在岐山脚下——今周原的地方建立了一处重要定居点，这里后来成了周人的祭祀中心。之后他们又在今西安附近建立了另一处定居点，这也正式开启了西安这座城市作为王朝首都的漫长历史。我们可以从中国最早的一批诗歌中窥见这段从游牧生活、有组织的农耕生活转变成定居点和城市生活的历程。《诗经》这部成书于春秋时期、口传心授的文献，记载了周人第一次农耕活动，由他们的先祖后稷所领导：

> 诞后稷之穑，有相之道。茀厥丰草，种之黄茂。
> 实方实苞，实种实襃，实发实秀，实坚实好，实颖实栗。
> 即有邰家室。[4]

另一首诗中记录了周人随后的定居点建设，由古公亶父领导。亶父是周王室第一位统治者——文王的祖父，是后来灭商的武王的曾祖父：

> 乃慰乃止，乃左乃右，乃疆乃理，乃宣乃亩。
> 自西徂东，周爰执事。[5]

事实上，涉及周人起源的文字记载可谓凤毛麟角。虽然这些诗歌提供了一些朴素的信息，但实际发生的事情要远超于此。这些记载是周人从农耕地区以外迁至此地并最终击败商朝的关键证据。

放眼全球，周人是古代世界最具影响力的统治者之一。近800年的周王朝对中国核心特质的影响，就像是古希腊和古罗马对西方世界的影响一样。尽管具体的表达方式已有所不同，但今天我们仍然可以看到周人治国的那些核心原则带来的影响，如成功的征服、统一的领土、贤明的统治者，以及对民生的重视和对统治合法性的宣扬。周人的青铜礼器常被后世仿制，如中、日、韩等国家的寺庙中的香炉，以及许多权力机关办公场所前摆放的大型仿古铜器。2015年，一件"和平尊"作为联合国成立70周年的纪念品被中国政府赠予联合国。从公元前1046年到公元前770年，周王室一直定居在西安附近，后来则迁到了东都洛邑，也就是今天的洛阳。周朝的前半部分被称为西周，后半部分则是东周。东周一直延续到公元前256年周王室覆灭，公元前221年秦朝建立。

在周人的周围聚集了许多失载于历史文献中的氏族，只有在宝鸡附近的周代墓地中我们才能够瞥见其身影。其中的弶国氏族与周人关系密切。从他们的三处墓地可以看出，这些人似乎紧跟周人的步伐，在宝鸡建立了自己的家园。作为周人的一众军事盟友之一，这个群体在周人占据渭河流域之初便已伴随至此。在纸坊头的一处墓地中，弶国贵族谱系中最早成员的墓葬已被摧毁，只有少量青铜器存世；另一处位于竹园沟的墓地则比较幸运，这里的22座墓大都保存完整，并且已经被全面发掘；第三处墓地名为茹家庄，那里为我们提供了已知最晚一代弶国首领的线索。[6]

在竹园沟墓地，最早一座墓（BZM13）的主人是我们称之为弶伯的人，他也是这个氏族的一位首领。他的墓葬规模宏大，布局严谨。墓廓几乎呈正方形，脚端略窄。中心位置的木制椁室内部摆放着两重木棺。约3米深的土坑竖穴墓可以与我们在安阳见到的商王室墓葬相呼应，但是这里的墓坑较浅，因为墓主人并非周王室成员。同时，这座墓还有一点与众不同。在弶伯身旁略高的位置还埋葬着一位女性，或许是他的配偶或妾。不论是在中原地区，还是在渭河流域，将陪葬墓设置在略高水平面上的习俗均不常见。墓中二人大致呈东西向，与周人墓葬中常见的南北向埋葬习惯有所不同，但将贵重物品置于二层台上的做法却是在有意效仿中原，这暗示了強伯似乎在向他的先祖表明，他已经在周人的社会中崛起。当然，他同时保留了一些自己独有的传统。

強伯和他的直系先祖可能来到宝鸡不久，或者至少他们才开始以这种方式举行祖先崇拜的仪式。由于渭河流域以东的区域很少出现合葬，我们不得不把目光转向北方，在黄土高原腹地寻找強国氏族的起源，特别是曾经出现过类似习俗的西北地区。[7] 相比之下，周人在渭河流域建立统治并一路扩张到中原地区的过程中，借鉴了商人的习惯，采用南北向的单人墓葬，并使用仰身直肢的葬式。強伯的这种合葬习惯也被同一墓地的后来者采纳，并延续了好几代人。在強伯的这座合葬墓中，男墓主周围共出土了21件青铜容器，用于盛放食物和酒，还有一件青铜斗和一件青铜铙，所有青铜器集中摆放在墓室北侧的二层台上。而女墓主则拥有三件青铜礼器，全部摆放在头部位置，用于彰显其地位。在強伯下半身的位置还发现有成排的蛇形铜泡，可能源于他的靴子或盾牌上的装饰。同时，他的腰间还佩有一把短剑。

相比竹园沟墓地其他的21座墓，強伯墓的规模可以直接彰显他作为氏族首领的权威。[8] 公元前10世纪末，茹家庄墓地埋葬了一位強国氏族的末代首领。他的墓葬也是一座合葬墓，墓葬的原始结构已被破坏，但我们发现了葬于附近的第一位已知的強国氏族首领的部分礼器。纸坊头、竹园沟、茹家庄三处墓地的存在，以及首领明确的世袭关系，标志着这是一个强大且富有的氏族。強伯和他的继承者的墓葬被氏族的其他成员包围，还有氏族的一些支持者，他们或是军人，或是田间的劳动者。強伯一生的成就不仅体现在他的墓葬规模和随葬品上，加上氏族后代的支持，使他能够在仪式中使用自己独有的成套礼器，而之后的每一代人也都向他们的先祖保证这样的成功能够延续。从不晚于商代，一直到20世纪初，中国的家庭一直受到祖先崇拜的约束，家族的世系顺序决定了先祖及其后代在社会中的等级，而财富和地位则是等级制度的基本标志。因此，追求财富、确保家族成功成了必然，这使得中国人更加重视广义上的家庭，期望家族所有成员都能够为这个大家庭做出贡献。

关于强国氏族名称的确定，关键信息并非来自竹园沟墓地中的强伯随葬的青铜器，而是附近年代更早的纸坊头墓地中出土的器物。纸坊头M1墓中出土了一件令人印象深刻的青铜食器——方座簋，器物内壁铭文中出现了强伯二字。夸张而华丽的满纹饰设计或许受到了北方游牧民族生活的启发，这件簋的装饰采用了真实生活中的动物，而不是常见的饕餮/兽面纹，比如方座四角的牛头以及突出于器表的牛角，还有双耳上方的老虎，呼应了后来出现在草原风格的武器和腰带上的掠食者场景。[9] 尽管可以通过构字法创造出强，但现代汉语中并没有使用这个字的先例。强由左右两部分图形组成，左边代表一张弓，右边代表一条鱼，我们根据形声字的原则推断此字的读音为yú，[10] 当然，在公元前11世纪，它的发音可能会有所不同。"伯"在这里并不是一个名字，而是一个家族世系中高级成员的称号。它是一个单一父系氏族的直系后裔，因此有别于其他更广泛的氏族成员和更远的世系分支。[11] 虽然没有任何一件铜器带有强伯的私名，但我们可以假设他和他的先辈拥有相同的称号，因为他们的墓葬规格表明他们是当时氏族中最为杰出的人物。强伯之名并没有出现在其他青铜器的长篇铭文中，也没有出现在后世流传的大量文献之中，可见强国氏族的名声并没有为人传颂。由于地处宝鸡，强国氏族显然是在周人征战四方伊始便予以支持的几个地方势力之一。这些早期站在周人一方的氏族可能被周人赋予了独有

第 5 章 礼物经济

方座簋，通高31厘米，弳伯为其先祖所作，
上有六字铭文：弳伯作宝尊彝

的名号，但弳国氏族显然没有像其他家族那样，在周迁至镐京（今西安）后仍然得到持续关注。失载于史书暗示着弳国氏族仅仅是周人早期发展时的盟友，他们的关系仅仅局限在宝鸡一带的西部地区。[12]

事实上，我们或许可以从"历史的失载"中了解到更多关于宝鸡的情况。弳国氏族和许多其他氏族的墓地分布在宝鸡的石鼓山和戴家湾一带，以及东部的何家村、黄土高原的白草坡两地。这些墓葬中出土了大量北方风格的青铜武器和工具，以及西周风格的青铜礼器。[13] 这些具有地方风格的武器与商人和之后周人的武器完全不同，有时我们会把它们与欧亚草原出土的武器——戈、管銎钺、权杖头等进行对比。但是它们并非直接来自草原，而是黄土高原风格本地化后的体现。[14] 这或许暗示着北方的军队已经南下，并对当地的物质文化产生了影响。尽管我们无从得知此时的周人是否已经在此定居（哪怕只是暂时定居），但可以看出，这里的许多氏族都是他们的盟友。[15]

强伯的头部上方摆放了一些成套的小件青铜器，属于女墓主的部分则集中放置于容器内，这些习惯表明墓主来自外地。其中一些有趣的器物组合属于完全不同的礼制传统，例如铜尖底罐、曲柄斗形器，还有仿木器的铜浅盘器等，与中原地区的铜器和陶器组合大相径庭。缩微器物本身具有重要意义，它们经常被用于回忆很久以前的器物和事件，甚至是曾经想象的场景。我们或许可以类比西方圣诞节的一个场景：为了迎接圣诞而制作一个耶稣诞生场景中的袖珍马槽，或是一整个袖珍玩偶屋。回到这座墓，这些缩微器物的周围还发现了一些铜笄和铜梳，这使得一些人开始怀疑这些成套的器物或许与个人的梳妆或放松有关，但完全有可能另有他用。这些缩微青铜器在宝鸡地区的许多大型墓葬中均有出现，因此它们在强国氏族的发展轨迹中一定起到了推动作用。此外，这些缩微器物的合金成分也与全尺寸的青铜礼器不同：它们应是当地生产的，并且铸造工艺也不够完善。可以想见，这些小件青铜器或许是强伯过去记忆的复制品，是为了他的来世而特意制作的。[16]与过去的人或物保持联系是很多人经常做的事情：我们会收集家庭成员和其他亲属的照片，或者在度假时收集海边的贝壳。

在墓葬填埋之前，女墓主一侧放置了一排缩微青铜器，它们可能是陶制容器的复制品。在渭河流域东部，这样的器物一般是用来烹饪或储存食物的，但这里似乎并非如此。人们更愿意用它们和秦岭以南四川盆地出土的陶器进行笼统的比较。[17]除此之外，强伯的棺内还发现有大量的玉器、玛瑙珠和青铜牌饰，可能来自颈部和长袍上的装饰。自商代以来，玉器一直受贵族青睐，而强伯显然对这

第 5 章 礼物经济　　　　　　　　　　　　　　　　　　　127

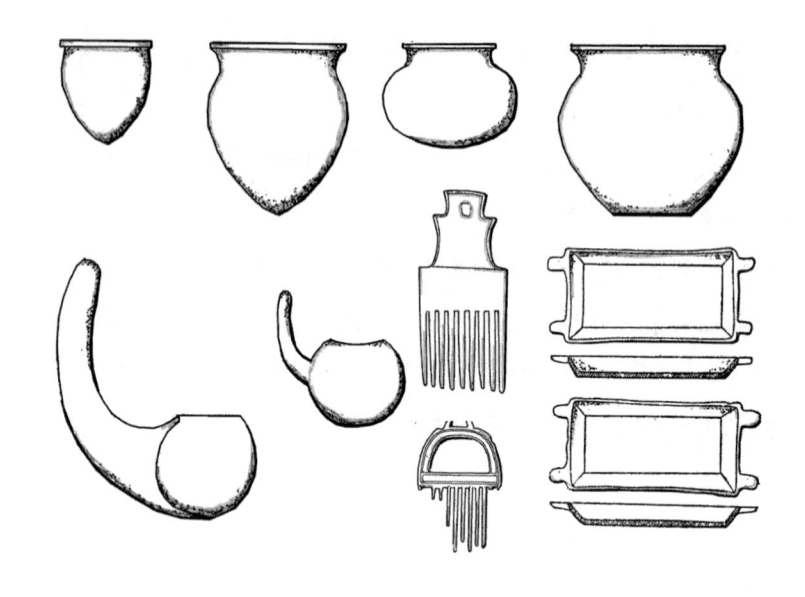

缩微青铜器，不属于渭河流域的典型器物，最小的罐子通高小于5厘米

样的装饰品有所偏好：那些较小的珠子可能来自草原地区，因为那里有将珠子、金和青铜制品缝在衣服上的传统，而亮红色的玛瑙制品则可能来自戈壁地区。[18] 強伯及其氏族成员所佩戴的串饰还只是较为初级的形式，它们在随后的几百年间逐渐发展成了坠至腰间、长而繁复的装饰物，在黄河尤其是其支流汾河流域一些政权的女性贵族中广为流传。这一地区的古道四通八达，因此这里的人群可能与今天的四川乃至三星堆保持着良好的联系，但与他们关系最紧密的显然是黄土高原地区。虽然随着新王朝的建立，強伯和他的同伴得到了权力和声望，但他们对自身的历史和传统仍然念念不忘。

公元前1046年，周人联军在武王的率领下，于今安阳以南的牧野与商王朝的军队进行了一场大战，史称牧野之战，又称武王伐纣。[19] 他们随后推翻了这个王朝，并占领了他们的领土。我们知道很多关于这次征服的史料，但显然并不是所有的历史都被记载了下来。周人对战争时机的选择似乎还参照了一些自然天体的运行轨迹，它们在特定的时间可以照亮夜空。这种来自上天的"吉兆"与从商人那里继承的世界观是一致的。但是，有关这一事件的记载大都在征服后很久才完成，所以这些记载或多或少掺入了后来者的视角。[20] 从"后见之明"的角度讲，这场战争的结果是一次富有戏剧性的快速胜利。

> 惟一月丙午，旁生魄，若翼日丁未，王乃步自于周，征伐商王纣。
> 越若来二月既死魄，越五日甲子朝至，接于商。
> 则咸刘商王纣，执矢恶臣百人。[21]

上述引文出自《逸周书》，后面的内容还简要记述了一场宗教仪式、一场巡游活动以及一场为武王之父——周文王举行的祭祀活动。在记述下一场仪式前，书中还描述了俘获敌人和从被杀死的敌人身上割下耳朵等行为：

> 辛亥，荐俘殷王鼎。武王乃翼，矢圭矢宪，告天宗上帝。[22]

这就是周人希望展现在后人眼中的形象：他们拥有强大的军事力量和完善的礼仪制度；他们尊敬先祖，确保先祖的事迹能够在地上和地下世界世代相传；他们极力强调商人的邪恶和自身的正义。在此基础上，周人还通过"天命"之说来宣扬自身统治的正当性。

正如我们从一些青铜器铭文中了解到的，早在公元前 10 世纪末，周王便被冠以"天子"之名，尽管我们并不知道这一称呼究竟是如何被快速决定并施用的。更多有关周人功绩的描述记载于《尚书》，而《逸周书》仅仅是前者的补充。[23] 要知道，这些书中有关灭商的内容，绝大部分成文于牧野之战的 100 年后，有的甚至更久，并且这些内容随后还会经过编辑。在接下来的几百年间，人们很少会把注意力放在宝鸡所在的西部地区。因为继承了商人的衣钵，周人将大部分注意力转移到了东部，特别是有肥沃耕地的地区。在周人强调其统治正统性的过程中，虽然那些英雄般的历史故事总是令人心驰神往，甚至有故意引导之嫌，但我们仍然需要抽丝剥茧，对征商时真实发生的事情进行进一步研究。

宝鸡不是闭塞之地，彊国也不是黄土高原和中原之间一个微不足道的地方势力。对于彊国和周朝来讲，宝鸡的一众地方势力可能并非处于边缘地带。正相反，他们所在之处应是周人的核心地带。公元前 11 世纪，来自不同氏族的军队聚集在这里，并准备从渭河流域入侵中原。公元前 11 世纪和前 10 世纪早期的成套青铜礼器表明，这些氏族在周人胜利的道路上起到了至关重要的作用。因此，他们得到了周王室的直接赏赐，或是被允许从商人墓葬中取得战利品。而彊伯的这座墓，随葬的 26 件青铜礼器或许就出自同样的背景。在长期的以祖先崇拜为中心的礼制传统中，它们就是一个个备受瞩目的丰碑。从中原地区的人的角度看，如果我们将彊伯和他的氏族视为新来者，他们可能很容易就被说服并采纳中原墓葬深埋的习惯，以及这套以青铜礼器为核心的祭祀和宴飨传统。[24] 此时此刻，他们暂时借用了商周的祭祀语言体系。事实上，如此小体量的地方势力几乎没有可能铸造如此精美的青铜礼器；他们之所以能够参与祭祀祖先的活动，完全归功于周人的助力。令强国全盘接受周人的礼制规范是政治上的姿态，同时也是仪式和信仰上的姿态，而这些高高在上的姿态反过来让周人自身的统治合法化。

在强伯的成套青铜器中，食器占据主导地位，而这也意味着之前商人那套以酒器为核心的礼制正在慢慢消亡。但是这座墓的铜器群中出现了一个不匹配的问题——它们可能并非来自标准的器物组合。食器方面，强伯拥有七件鼎，其中五件为三足鼎，两件为四足方鼎，但他的簋只有三件，通常情况下，簋与鼎会在数量上有一定程度的匹配。其中的一件方座簋似乎是前文中强伯先祖的那件方座簋的"低配版"，方座上的牛角部分没有探出器表，双耳上衔住鸟冠的虎头也做得不是很逼真。方座内部的器底悬了一个小铃铛，在器物被移动时小铃铛会发出金属碰撞的声响。这些特点并不是商人铸器的传统，但是在公元前11世纪和前10世纪初却流行于其他一些氏族，而这些氏族可能是周人的盟友。[25] 强伯的主要酒器组合放在了他头部一侧的二层台上，包括一件尊和两件卣，它们周身饰有水平的纹饰带，似乎像是在刻画竹节的形状。这些器物被放置在一个单独的案上，案或许是漆木器，但主体已经腐朽。在中原地区晚商的一些墓葬中，也发现了非常接近的例子，或许强伯的案也来自那些地方。这座墓中还出土有一件铜铙，同样的器类还见于亚长墓中，显然在这座墓中若想构成完整的乐器组合至少还需要两件铙。相比之下，女墓主的随葬器物相对普通，食器、酒器、水器这三个器类下各只有一件，也没有形成任何的器物组合。这种不平衡的现象表明，这些青铜器在到强伯的手中之前可能有多种来源。

第 5 章 礼物经济　　　　　　　　　　　　　　　　131

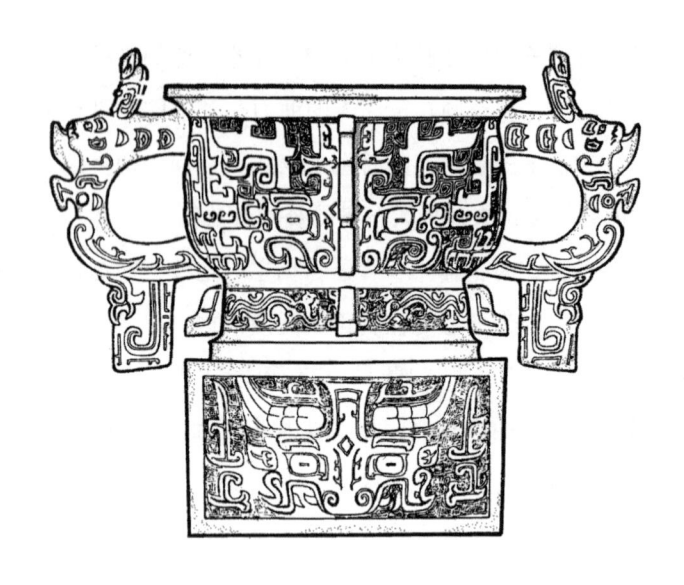

弓魚伯的三件簋中的一件，高25.9厘米

在渭河以南同一块台地之上的石鼓山，也发现了数量惊人的青铜器群。这些器物的年代可能早至公元前11世纪，但也同样有多种来源，是被人搜集并埋葬在此处的。与弓魚国墓葬不同的是，石鼓山墓葬的青铜器多置于壁龛之中，这种习惯说明这里的墓主一定来自其他地方，几乎可以肯定的是来自北方地区。[26] 这些青铜器拥有非常华丽的外观，侧面有钩状扉棱和探出的兽头，还有长有尖刺状羽翼的鸟纹（彩版18）。它们的年代要早于弓魚伯，但铜禁上一件方彝和两件卣的酒器组合属于同一传统。这些青铜器上的铭文显示它们有过更早的所有者。令人惊讶的是，其中一些器物可能是在安阳铸造的。[27] 与石鼓山青铜器群高度相似的器物，在20世纪早期曾经出现在邻近的戴家湾地区，表明商末周初时这里可能是一个有权势者的聚集地。所有这些高质量的青铜器，要么是商人赠予周人的礼物，要么是在周王室的主持下铸造，并作为封赏赐予他们在宝鸡地区的附庸。[28] 在更北的泾河及其支流流域也有其他发现。以白草坡为例，这里的贵族也在使用的成套青铜礼器，可能是来自商人和周人的赠予。大量的氏族聚集在宝鸡地区，在与周人的合作中获益。[29] 強国之所以能够从这些氏族中脱颖而出，是因为氏族的几代人表现出了卓越的领土控制能力和支配性的影响力。

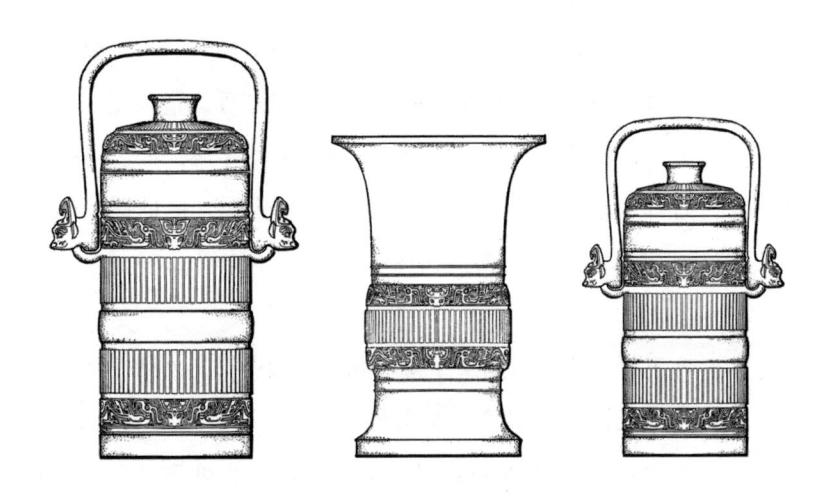

一套尊卣组合。中：尊，通高25.4厘米；
左：卣，通高33.3厘米；右：卣，通高27厘米

強伯的青铜器上那些精美的铭文说明，它们很可能出自当时中央王朝控制的高等级铸铜作坊。比起宝鸡当地，商代和西周早期的中心城市往往会拥有更加完备的书写系统。我们并不指望強伯能够完全读懂这些铭文。从西亚楔形文字泥版中，我们了解到文字的书写者需要经过严格的系统训练。同样，在古代中国，拥有官职的文士也理应是一个经过严格筛选的高素质群体。鉴于两周时期许多青铜器上带有大量铭文，那些显赫的氏族或许会拥有他们自己的仪式

专家。在祭祀仪式中，他们可以解读有关祖先崇拜的文字。尽管如此，读写能力永远是有限的，因此总是被人们高度重视。即便是在当今的时代，熟练掌握大量文字的书写和用法也是一项令人望而生畏的任务。然而，今天的中国却表现出了超过许多西方国家的识字率，并覆盖了庞大的人口。

作为周人军事盟友的犒赏，商末周初的青铜礼器在宝鸡地区突然出现，表明当时的政治和军事力量出现了重大转移。这一分水岭对于亚洲的重要性，就像是罗马帝国陷落或者查理大帝加冕之于西方世界。但是，由于这一变化发生在大约2000年前，许多书面记录在写作时都属于"事后回顾"。这些分布在宝鸡地区的氏族的重要性，在一篇据说是周武王的战前讲话中得到了体现：

> 时甲子昧爽，王朝至于商郊牧野，乃誓。王左杖黄钺，右秉白旄以麾，曰："逖矣，西土之人！"
> 王曰："嗟！我友邦冢君，御事：司徒、司马、司空，亚旅、师氏，千夫长、百夫长，及庸、蜀、羌、髳、微、卢、彭、濮人。称尔戈，比尔干，立尔矛，予其誓。"[30]

这些富有表现力的词语后来被人们记载下来，可能是在公元前7世纪之后，用来描述那些在公元前11世纪中叶尚不存在的官僚体系。与此同时，这些可能涉及周人遥远记忆的文字，向我们表明了周人最初的军事力量来自"西土"。[31]那时西方的概念可能还只是中原以外地区的一个泛称。

在安阳，对商王室墓葬的掠夺加速了商朝的覆灭，而两年后原商地的叛乱也很快被镇压。随着第一批诸侯的分封，周人的势力迅速东扩，横贯整个中原地区的耕地。其中最重要的几个诸侯国均由周王室成员——姬姓贵族所统治。[32] 然而，这些地方势力并没有形成一个连续的政治版图。通过青铜器铭文上的线索，我们可以锁定一些地方势力的核心区域，但同时我们也意识到，他们同样是被周人高等级铸铜作坊中出产的"礼物"笼络，从而归入了周人的势力范围。周人几乎瞬间继承了商人的做法和习惯，他们不仅是祖先崇拜的明确追随者，在墓葬形制上也完全采用了商制。而最重要的是，周人继承了商人的文字系统。为此，他们必须在灭商之前很长一段时间便开始培养精通这些文字和语言的文士。商人的刻辞甲骨显示，他们知道周族的存在。[33] 在公元前11世纪早期，生活在渭河流域（如《诗经》中所提到）的周人一定已经意识到了耕地所带来的财富，同时他们也意识到祖先崇拜和文字都是商人统治的重要工具。周人只是一直在等待时机。

　　青铜铸造术是一项非常复杂的技能，依赖许多约定俗成的工序和反复的训练。在灭商前，周人所使用的青铜器只能用普通甚至是有些粗糙来形容。存在于青铜铸造中的技术壁垒和铭文书写中的文化壁垒均表明，彊伯和他的同伴墓葬中的大部分青铜礼器必定是在周原和西安这样的中心城市铸造的，甚至是商末周初的安阳，在商人或周人的直接授意下完成。在周人继承大统的最初几十年里，文士也必须经过专门训练，并在周人的铸铜作坊中为他们设计和书写那些更长、内容更丰富的铭文。在新王朝建立之初，有铭青铜器的分布向我们展示了哪些地区更加重要。从这些铭文中，我们可以看到周人在展示他们的贵族生活。在上百篇长篇铭文中，只有大概8篇提到了这次征服，而且大都只是顺便提及。其中的一篇来自一件青铜食器——利簋：

> 武征商，唯甲子朝，岁鼎，克昏，夙有商。辛未，王在阑次，赐右史利金，用作檀公宝尊彝。[34]

利簋出土于今西安东面的一处窖藏之中，很可能是从其他地方被带入此地。作器者利很可能参与了武王征商的战争，这也让我们有机会将这件器物的年代推定为武王统治时期，或是稍晚一点，即公元前11世纪。利选择为他的先祖铸造铜器，表明这类礼器在周人和他们的追随者中已十分盛行。利簋的器身和方座处分别饰有典型的兽面纹。[35] 从目的上看，这件器物实际上是通过供奉食物的方式与利的先祖沟通，并向地下世界宣扬征商的胜利。同时，它的铭文还将利的家族首领与周王室以及周人的礼制联系起来。如前述，强伯拥有一件方座簋，而这样的联系同样存在。

在宝鸡以及周边很少发现带有叙事性铭文的青铜礼器，部分原因在于相关墓葬的下葬年代大都早于周人全面推广长篇铭文的时间。但有一件器物是个例外。这是一件青铜尊，作器者何，铭文以点出两位早期周王而闻名：

> 在四月丙戌，王诰宗小子于京室曰："昔在尔考公氏，克弼文王，肆文王受兹大命。惟武王既克大邑商，则廷告于天，曰：'余其宅兹中或（国），自之义民。'呜呼，尔有唯（虽）小子亡（无）识，眂于公氏，有爵（恪）于天，彻命苟（敬）享哉！[36]

何尊上的铭文拓片。器物内底有一处破损,被破坏的文字通常被隶定为"天命"。此篇铭文包含多个重要名词:成周(周人的东都,位于今洛阳)、文王、武王,以及最早的"中国"二字

铭文中的"中国"二字一般被认为是今天中国国名最早的版本。何尊通高 38.8 厘米,重量近 15 公斤。从装饰、风格和铭文判断,它的作器年代应在康王(公元前 1005—前 978 年,康王为成王之子,武王之孙)或其继任者昭王(公元前 977—前 957 年)统治时期,即公元前 10 世纪早期。[37] 器身上的主纹饰为兽面纹,其上的山羊角造型在宝鸡地区很受欢迎,比如公元前 10 世纪早中期,強伯的直系继承者——各,便拥有一套类似装饰的一尊二卣组合,并用来供奉他的先祖強伯。此时的周人已经开始宣扬自身与"天"的直接关系,他们通过祖先的功绩来强调"天命"的重要性。周人的这些做法不但巩固了自身地位,也顺势提升了包括強在内的所有

第 5 章 礼物经济

氏族先祖的地位。因此，通过祖先崇拜，一个以氏族辈分为基础的等级制度在宝鸡地区逐渐发展起来。此外，作为一个氏族乃至一个国家的基础，得到正式认可的血脉关系被周人赋予了无比重要的地位。正如许多青铜器铭文记载的那样，这些铭文将特定的血统与周王室相联系，强调了他们军事支持的重要性，并赞扬了他们的忠诚。[38]

通过将历史合法化，周人把过往的成就带入了现世。值得注意的是，在短短的几十年内，即便是那些周王室以外的高等贵族，比如我们提到的何，也在他的青铜尊上宣扬了周人的理念：敬生者，

伯各尊，作器者強伯各，
通高25.8厘米，与两件青铜卣配套使用

敬后代，也敬先祖。同何一样，彊伯显然也支持了这种做法。这是一个非常强大的政治体系，通过礼制复制和传播。在周人的整个疆域内，周而复始的仪式使这个体系不断被强化，并通过青铜器铭文反复被强调。通过礼制而不是军事手段，周人成功地建立了一个只忠于自己的管理网络。此外，由于仪式是以特定周期如月、季、年为单位举行，对于所有仪式参与者来讲，这种意识形态的纽带是潜移默化的。[39] 即便是在周王室衰微以后，祖先崇拜和政治合法性的结合仍然是不同群体间的重要凝聚力。

从公元前8世纪到前3世纪的动荡时期——春秋战国时期，祖先崇拜以新的形式被继承。这一变化后来被收录进了《尚书》之中，而《尚书》则是儒家学派的五经之一，为西方人所知。在中国，五经是经典国学的基础。至少从宋代（960—1279年）开始，这些文献成为那些希望通过科举担任朝廷官员的读书人必背诵的内容。[40] 周人的治国理念已经深深植根于中国文化之中，并在此后数千年里始终如一，即有关过去的伟大历史和先祖美德的记忆，是大一统的基础。[41] 这就是人们如此关注周王朝的原因。然而，如果没有彊伯、他的后代彊伯各，以及许许多多同时代的其他氏族的默默努力，武王克商的伟大创举可能永远不会发生，周人的理念也不会如此彻底地植根于中国文化之中。

我们都喜欢记录自己的成就，周人也是。但是地面之上的现实情况并不总是如周人所愿，比如复杂的地貌变化以及渭河流域与大邑商之间遥远的距离。在周人宣称统治的合法性之前，他们必须在一些重大战役中取得胜利。彊伯在周人军事历史上的作用体现在了他的柳叶形短剑之上。这件武器放置在墓主的右侧，仅有26.8厘米

第5章 礼物经济

长。它有两个值得注意的特征：其一，剑的两侧都有开刃；其二，剑的尾端需要固定在木制或者皮制的把手上，并将尾端的两个孔覆盖。这样的短剑似乎是此地几个地方势力共同的身份象征，而周人正是获益于他们的军事支持。在宝鸡，几乎所有已知的彊国氏族男性都有这样的短剑，这是他们参与战斗的体现，也是他们拥有共同起源的标志。剑类的青铜武器从未传到商地，商人并没有发明类似的武器，尽管他们借鉴了北方的青铜武器中一些单刃的铜刀以及双刃的匕首。柳叶形铜剑一定来自中原以外的地区。剑，无论长短，都可以作为面对敌人时的主要武器，适用于短兵相接的场合，或是杀戮、剥动物皮时使用。它们是游牧民族的必需品，特别是在欧亚草原地区。彊伯的剑是这些草原武器的同类事物。在古代中国，剑的使用直到公元前 6 世纪才逐渐被各地接受，离商末周初这个时间点仍有四五百年的间隔。[42] 商末周初贵族的武器标配是钺，而他们的军队则是携带配有长杆的青铜戈或青铜矛。因此，彊国有青铜剑的贵族在那个时代的军事背景下显得格格不入，甚至可能被视为异类。

与柳叶剑相关的发现最早可以追溯到阿尔泰山脉和更加遥远的西北草原地带。[43] 这种武器在渭河流域西部的流行令人惊讶，但它并非这里唯一与草原有明确联系的武器。彊伯还有一件青铜人首管銎钺，钺的顶端饰有一个扎辫子的人头形象，暗示着它可能与四川地区存在某种联系。同墓葬还出土了一件权杖头和一件銎式直内戈，均为黄土高原常见的器物类型。[44] 在盔甲上穿入骨片同样是来自西北地区的做法，彊伯的墓葬中也有出土。还有一件仪仗用器——铜旄，显得极不寻常。它的顶部配有一个突出的青铜鸟喙，鸟首上方饰有一个兽面，尾端则是一个马蹄状的鐏。彊国氏族所有

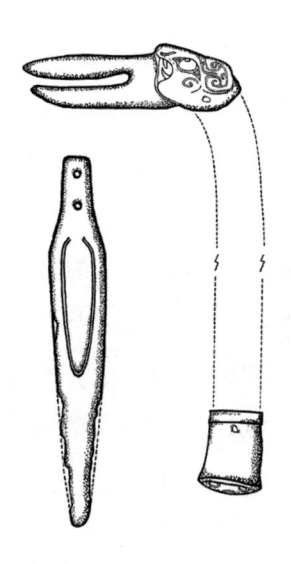

短剑，长26.8厘米，
鸟首状铜栀，顶部13厘米长，为強国氏族的基本特征

重要领导者均随葬有类似的器物。

  这些青铜兵器表明，強国氏族与周人联盟的其他群体有军事上的往来。对于我们来说，这或许是一个启示，或者说是一个似有若无的迹象，暗示着周人所取得的军事胜利至少部分借助了这些氏族的力量。从迥异的墓葬结构、北方式青铜兵器和玛瑙珠组成的串饰可以看出，在那些铜剑的主人中，有许多与強伯和他的同族人一样参与了周人的战争。与此同时，我们还在四川和汉水西部的一些地方发现了同样使用剑的群体，结合以前的发现可以看出，宝鸡以西、秦岭以南的这片区域似乎暗藏着一个庞大的链条。[45] 在四川以东，最令人震惊的发现来自湖北省的曾国遗存。在曾国的早期墓中，一座出土了两把柳叶剑，另一座则出土了一件鸟首状铜栀。这些随葬品绝不是偶然出现的，而是曾国与宝鸡地区共有的特征。和

第 5 章 礼物经济

彊国氏族一样，曾国也是周人强大的盟友，并得到了大量来自中央王朝控制的高等级铸铜作坊中出产的青铜器。同时，曾国的宝鸡因素要么来自直接引入的有生力量，要么来自通婚或其他类似的手段。

在黄河的另一条支流——汾河流域的一处丰富的墓地中，也发现了一些与彊国有关的遗存。这里的领导者是霸国氏族，他们的奢华墓葬选择深埋，并建有壁龛，属于北方传统。在这处墓地的几座早期墓中，出土有几把柳叶剑，有些甚至配有装饰精美的剑鞘，还有一件鸟首状铜器。霸国贵族也拥有大量设计精美并带有铭文的青铜礼器，表明霸国同样处于周人的羽翼之下。同时，霸国的青铜器群中的几件媵器，来自周人疆域最北端的燕国，在今天的北京附近，而那里也同样发现有柳叶形铜剑。[46]从表面上看，南方的曾国和汾河流域的霸国看起来都比彊国重要，但是我们其实低估了彊伯和他的氏族：在彊国氏族的鼎盛时期，可能正是彊伯为了共同的事业，将来自不同地方的氏族凝聚于宝鸡地区。柳叶剑和鸟首状铜旄的组合可能正是源于这些氏族，而这些相互关联的地方势力正是翦商的主要力量。[47]

不只是铜剑和铜旄，彊伯还为来世准备了他最主要的武器——战车。在他的墓中，我们发现了许多战车上的青铜饰品，比如带有圆柱状角的兽首轭饰、鸭形饰和带有鸟形角的牛首泡。这些铜器同样制作精良，因此很可能来自周人的馈赠。无论是在牧野之战还是之后的战争中，战车部队都至关重要。如果彊国氏族在灭商之前便拥有车战的能力，他们的战车也不会用青铜装饰。但今时不同往日，彊伯的战车不但配有大量青铜饰品，还有一件典型商末周初风格的圆柱形车軎，以及三对兽首车辖。车軎和车辖可将车轮固定于

142　　　　　　　　　　　　　　　　　　　　　　　　　　　厚土无疆

车轴的两端,这表明强伯可能同时拥有三辆战车,而六件銮铃的发现也同样支持了这一说法。同时,强伯和一些其他的领导者还配备了斧、锛、凿等铜制工具,可用于木制战车的维修工作。在同一墓地较早的一座墓中,我们还发现了一件商代的弓形器,或可作为悬挂缰绳之用。而战车的实物或许被埋在邻近的墓坑之中,或者因为太珍贵而没有被一同埋葬。

作为令人闻风丧胆的对手,周人或其盟友为中原地区带来了一种新型的四驾战车。[48] 与商人的两驾战车一样,这种新型战车也源自草原地区,我们可以在阿尔泰山的岩画上见到。[49] 周人显然无法驾着它们跨越如此遥远的距离,应该是它们在南下的过程中逐渐被周人获得。需要注意的是,在战车上加入两匹没有拴在车辀上的马,需要极高的驾驭技巧:

　　驾彼四牡,四牡骙骙。
　　君子所依,小人所腓。
　　四牡翼翼,象弭鱼服。
　　岂不日戒,玁狁孔棘。[50]

田野考古中,考古学家极为重视对战车的发掘和研究,这确实也是一项极具挑战性的工作,但与之相配的马匹似乎并没有得到足够的重视。宝鸡出土的矩形马镳通体实心,正中有一孔,两侧贯通处可用于固定马具。这一发现表明,宝鸡地区驾驭战车之人已熟悉并掌握了驭马和驾车的基本方法。[51] 在安阳,这些也是商人的惯用手法,并在周灭商后被那些埋葬在石鼓山的氏族传承。另一种月牙状马镳也告诉我们,强伯和他的同伴将马匹带到了南方。这种看

第 5 章　礼物经济

似不起眼的马镳不仅取代了之前的矩形马镳，而且成了强国氏族和北方养马的族群之间的重要纽带。这件器物表面平整，顶部卷曲向前，狭长的器物上有三个穿孔：其中一个用于马衔，另两个垂直穿孔则用于固定马具。[52] 在公元前10世纪初，类似形制的新型马镳在强伯各的墓葬中共出土八例。这些青铜制作的版本无疑是在渭河流域或附近生产的，而它们的原型则是流行于整个欧亚草原地区的鹿角三孔马镳。强国氏族一定与北方人保持着紧密联系，并通过他们了解到了驭马和驾车的最新发展。[53] 强国、霸国和其他周人的同盟的墓葬中经常会出现这种鹿角形制的马镳，而这些马具的发现也说明他们在持续地使用来自北方的马匹。在黄土高原和渭河流域的族群与北方牧民之间，只有长期保持着密切关系才能让他们习惯于使用这种形制的马镳，并有能力驾驭四驾马车。这种对马的掌控增强了宝鸡地区的军事实力，更重要的是增强了周人的军事实力，这也是在周人征商的故事中经常被忽视的一个细节。在强国、霸国和其他一些拥有马匹和车战能力的地方势力之中，许多特征可以体现出他们的北方起源，比如特殊形制的墓葬、缩微青铜器、随葬的武器等。那些作为赠礼的精美青铜礼器也许会令这些小得多的青铜器黯然失色，但它们时刻在提醒我们，它们的主人像亚长一样，有着双重身份。

人们对北方马匹的搜寻始于早商，进入西周以后逐渐扩大，并在之后的所有王朝中一直保持重要地位。许多后世文献（包括《左传》）表明，这种与北方的联系在之后的几百年间一直是被认可的：

冀之北土，马之所生，无兴国焉。

恃险与马，不可以为固也，从古以然。

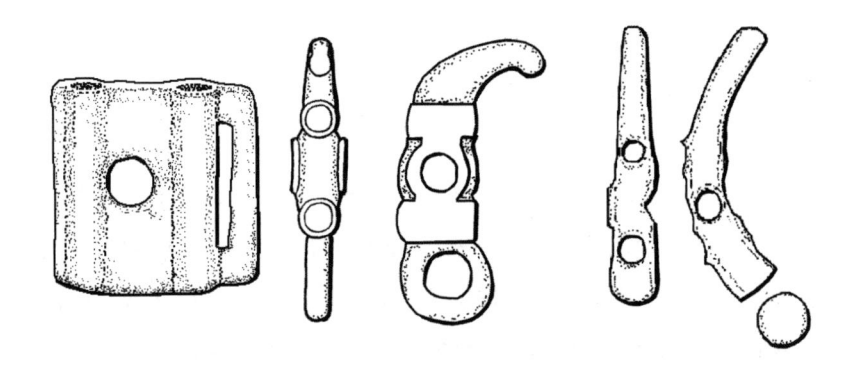

左：石鼓山出土的方形马镳，通高7.5厘米
中：強伯各墓出土的弧形马镳，长10.1厘米
右：最后一位強伯墓出土的弧形马镳，长约10厘米

是以先王务修德音以亨神人，不闻其务险与马也。[54]

即便如此，马匹的作用也被有意识地淡化，它们的供应往往被置于由礼制和品德所框定的规则之下。生活在中原地区的人很难理解为何他们所处的环境和农耕条件无法饲养出强壮的马匹，但他们可以依赖联盟或者交易的方式获取马匹，同时宣扬他们自己的统治权力。鉴于渭河流域东部的这些限制，宝鸡战车御者的角色和強伯获赠的礼物就显得更有意义了。今宝鸡西北部有丰沛的牧场、适宜的气候，还可以提供养马所需的必要营养物质（比如硒）。[55] 或许正是这些客观条件解释了为何強伯和他的氏族会定居于此，周人可能正是看中了他们获取强壮马匹的渠道和驾驭战车的专业能力。他们甚至可能直接引入牧群，并在附近的山岗上建立牧场。同时，这些当地独有的经验和特色还体现在石鼓山出土的众多的马镳和白草坡随葬的马首之上。而那些由中原葬制改进而来的当地墓葬也在向我们暗示，強国不仅仅响应了周人对商人的蓟伐，还向往周人赠予的

第 5 章 礼物经济

青铜礼器,从而在宝鸡和邻近的地区定居,为周人牧马、驾车,并镇守渭河流域,抵御来自北方的入侵者。

随着周人不断扩张领土,他们对马匹的需求也日益增长,同时增长的还有来自北方入侵者的压力。这些被周人称为"戎"的入侵者不断侵扰着他们的土地。一些青铜器上的铭文描述了这种间歇性的战争,[56]另一些则记录了周王将青铜礼器、玉器、车马器(包括轭及鞅上的饰品)、防具、旗帜等礼物赠予氏族领导者,从而在公元前10世纪至前8世纪的领土扩张中得到他们的军事援助。[57]许多长篇铭文出现在巨大的三足鼎之上。在周代青铜器中,鼎往往是最大也最有名望的器物。在西周晚期的长篇铭文中,毛公鼎记录了来自周王的馈赠:

> ……易(锡)汝𩫏鬯(鬯)一卣,裸圭瓒宝,朱市,怱(忽)黄,玉环,玉𤦲,金车,桼䩹较,朱虢弘靳,虎𧆑(幂)熏里,右厄(轭),画鞞,画𨌢,金甬,造(错)衡……鱼葡(服),马四匹,攸勒,金𪒠,金雁(膺),朱旂(旗)二铃,易(锡)女(汝)兹关(剩),用岁用政(征)……[58]

虽然这些青铜礼器及其铭文展现了周人通过祖先崇拜所表达的权力,但是那些四驾战车、装饰华丽的车马器同时也在暗示,周人迫切需要拉拢那些显赫的氏族,与他们一同对抗戎人。这些礼物一直在提醒我们周人所面临的挑战。在关注周人如何创造历史并治理国家之时,人们有时很容易忽视他们礼物经济中的军事成分,并低估强伯和他的同伴在抵御戎人(特别是渭河流域以西的戎人)方面做出的贡献。

強国氏族在公元前 11 世纪至前 10 世纪时非常繁荣，最后一位领导者很可能生活在周穆王统治时期，即公元前 956—前 918 年，但在他去世后，这个氏族似乎在公元前 9 世纪初突然消失了。[59] 此时的宝鸡地区可能已不再引起周人的兴趣，他们正专注于向东扩张。对于強伯以及他在竹园沟和茹家庄两处墓地中的继任者来说，这是一场悲剧。通过带着大量的珍贵礼器进入地下世界，这些人希望能够在后代举行的祭祀和宴飨仪式中得到支持，然而，事实上，氏族的先祖已被抛弃，他们无法再为后代提供庇佑。在周人的价值观和信仰体系中，这一点是灾难性的。

我们知道，在公元前 9 世纪，宝鸡地区不再出现成套的青铜礼器，周王朝在这里的活动很可能已经停止，[60] 而我们只能假设是来自黄土高原的族群将周人及其盟友赶离了这里。最后一位強伯随葬的车坑中，有这样一件车饰，预示着即将到来的困境。这是一件战车前端的軓饰，一面饰有一个虎头，另一面是一个抓抱虎头的人像。从后面看，这个人蹲在虎头之上，发辫垂至背后，与強伯的那件人首管銎钺上的发辫接近。这个人的腰间系有腰带，腿上也有绑腿的装饰物。中原地区的服饰传统中没有这样的紧身腰带，因此这更像是北方服饰的一种形式。这是驭马或驾车之人的服饰，就像我们在鹿石上看到的那样。这个人的背上还有一对顾首对望的雄鹿，它们也许是皮肤上的文身，或是服饰背后的贴花。虽然这件軓饰的虎头和人像无疑是铸造的，但雄鹿的轮廓略呈锯齿状，有可能是铸造完成后在表面进行的刻画。最后一位強伯还随葬有精美的玉鹿（彩版 6），他的配偶也是如此。这些雄鹿图案属于一个共有的北方话语体系，特别是在草原地区十分流行，它们的出现也使我们之前提到的缩微青铜器和武器的组合变得更加完整。我们从強伯墓葬的

第 5 章　礼物经济

形制、结构和随葬品可以得知，他和他的氏族是周人的盟友，定居在宝鸡附近。柳叶剑和鸟首状铜斝的分布主要集中在周人的核心区域以外，暗示着弓鱼伯是那些善于作战的地方势力的一分子，具有驭马和驾车的本领，而弓鱼国氏族与北方的联系则是被家族最后一位领导者墓中的精美玉鹿证实。宝鸡及其周边地区的发现让我们对周王朝的基础有了更多了解，同时也让我们进一步认识了周人所构建的图景，以及"子孙永宝"的愿望。弓鱼伯和他的氏族向我们强调了战车、马匹以及御者在宝鸡地区的重要地位，同时，他们也通过随葬品向我们展现了他们的双重效忠——既忠诚于周王朝，又忠诚于他们的起源之地。

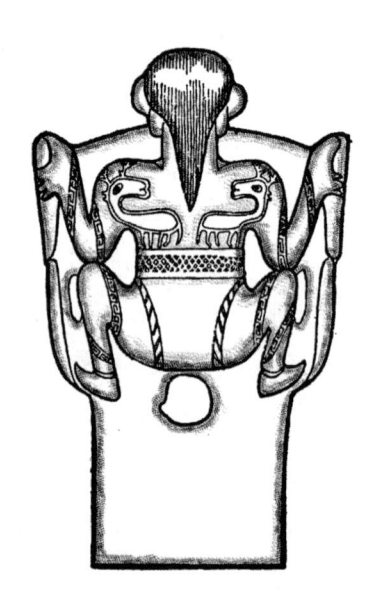

战车前端的轭饰，出自最后一位弓鱼伯墓，通高13厘米

尽管周王朝起初有过无数豪言壮语，宝鸡周围的土地仍然没能摆脱沦陷的命运，弜国氏族和周王室所做的努力都是徒劳的。从传世文献甚至一些青铜器上的铭文可以看出，周人曾经陷入巨大的困境，通常归因于竞争或王室内部的派系斗争。[61] 当然，这些不稳定因素更有可能来自外部，特别是黄土高原的戎人对周地的不断侵扰。这些棘手的问题从另一个角度衬托出弜伯和他的氏族在鼎盛时期成功抵御河西走廊南端的入侵有多么不容易。周人有充分理由优待宝鸡地区的弜国氏族和其他氏族，因为他们瓦解了戎人通过此地威胁中原地区的图谋。当周人在公元前 10 世纪尝试加固这一薄弱环节时，弜国氏族等氏族的战略地位进一步突显。我们从司马迁的《史记·秦本纪》中了解到，当周人在公元前 8 世纪被迫东迁之时，秦人因为养马有方被周王室封于西陲之地，正是现在的渭河流域。[62] 可以想见，当年的弜国氏族及其盟友或许也做了同样的事情，而那些替代弜国的后来者，同样需要为周人镇守周土的西大门。阻止来自北方和西方游牧民族的入侵成为一项长期任务，对于未来的王朝也是如此。

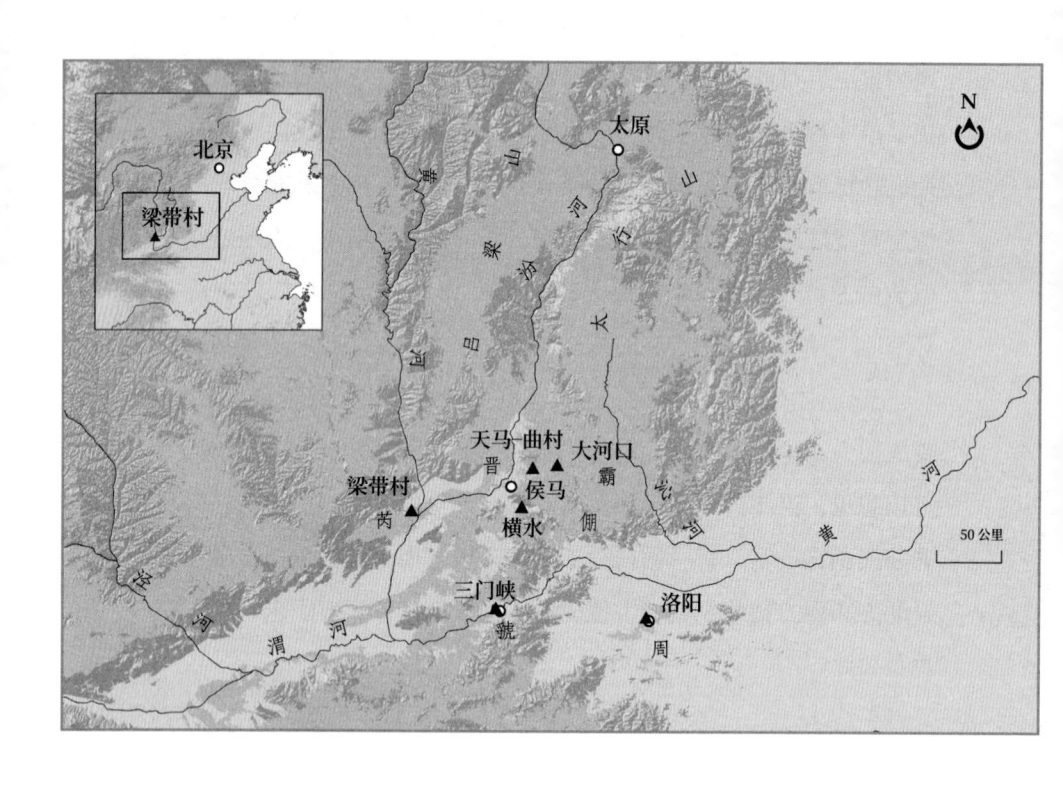

梁带村与黄河、汾河和渭河交汇处

第 6 章　逢新感旧

陕西韩城梁带村芮国墓

在公元前8世纪中叶动荡的政治环境影响下，芮国的国君开始为他的来世做准备。他的墓地选在了宝鸡以东大约400公里的梁带村。公元前10世纪后期，周人失去了对渭河流域西部的控制；在接下来的100年间，来自黄土高原、以游牧为生的戎人不断入侵，引发了周王朝内部的政治纷争，致使周王室东迁至位于梁带村东南方向的东都洛邑。我们可以从一些文字记载中找到这一动荡局面的线索，比如周懿王去世后，他的叔叔姬辟方（周孝王）继承了王位。[1] 这些在正史中的记载极少，很多时候我们不得不依据《竹书纪年》等文献来了解这段政局不稳的历史。但这些文献的可靠性有待商榷。特别是在西周中期，周人的书写系统已然成熟，这些政治和军事上的困难很难在官方文字中得到解释，因为人们相信过多强调不幸会带来更多的不良影响。不论是口述历史、文字记载还是图像，这些记录之间的紧密联系可能会影响未来，这一点似乎已经被广泛接受。虽然戎人的入侵和周王室的分裂都见于一些文书，但这些很可能只是只言片语，事件的因果并没有被充分探究。因此，关于这场公元前8世纪动乱的很多细节，我们都难以阐明。[2]

今天的梁带村是黄土高原南缘的一个小村庄，矗立在黄河西

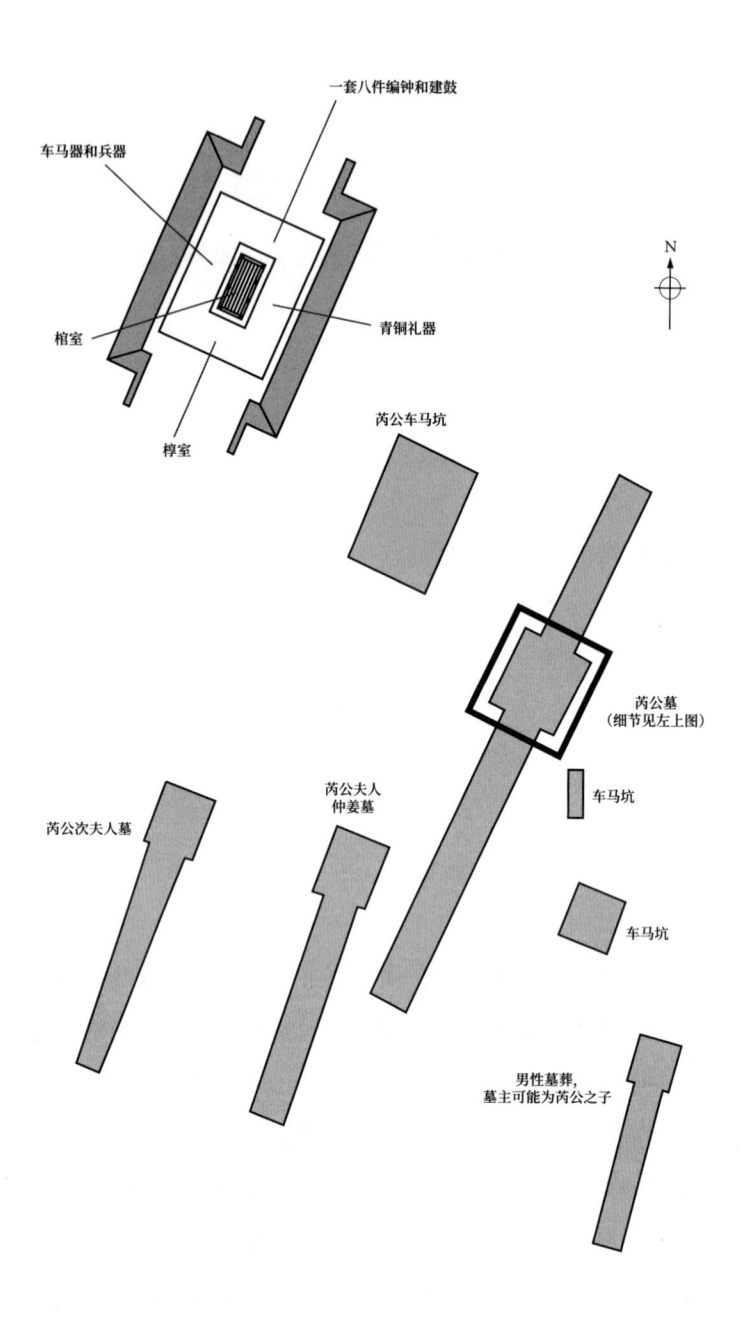

梁带村芮国墓地中芮公墓葬的平面图

岸的峡谷之上。如果芮国氏族从他们的家乡——渭河流域的西部沿着河谷地带一路向东，在渭河与黄河干流交汇处转而向北前行，在到达梁带村前他们的行进路线一直处于地势较低的地带。他们将墓地和可能的居址选在今天陕西的韩城附近，位于农耕用地狭窄，黄土丘陵向北延伸之处。此地的耕种者对居住在北方500公里或者更远的游牧民族一无所知。黄河对岸，刚好是汾河与黄河干流的交汇处，地理位置同样十分重要。这里的贵族可以在占领大面积土地的同时，保护他们的氏族不受南下的游牧民族的侵犯。

周人很快便注意到了此地潜藏的风险。唐叔虞是武王之子，姬氏家族的成员。他在征商后不久被封于汾河流域的唐地，并成为唐国国君（其子即位后改国号为"晋"），负责保卫该地区。[3]从公元前8世纪开始，晋国逐渐发展壮大，成为主要的霸权争夺者之一。有关晋国的活动有详尽的历史记载，也正因为此，目前发现的两个大型晋国墓地都经历了彻底的考古发掘，其中一个被称为晋侯墓地，埋葬着晋国的主要掌权者及其配偶。[4]晋国墓葬遵循标准的周人葬制，墓葬为南北向，墓主采用仰身直肢葬式。然而，维护该地区的安全面临着重重困难，周人因此从更北的黄土高原地区调派了其他的地方势力，并在此建立了更多的诸侯国，如大河口的霸国位于晋国东部；横水的倗国位于汾河以南，与晋国只有一山之隔。[5]在他们的墓葬中，一些墓主采用了俯身葬的形式，墓向也是以和宝鸡强国墓地类似的东西向为主。其中一些墓葬配有墓道。很多墓葬都有深埋的习惯，纵深可超过10米。还有一些墓坑的内部配有北方风格的壁龛。尽管墓葬的建造一般是一项极其私密和个性化的工程，但在古代中国，显然葬制和葬式的交流是一个显著特点。这里大量的青铜礼器和贝类随葬品告诉我们，这些非姬姓的氏族也是周人的盟友,并且接受了大量来自周王朝的封赏。

从公元前1046年开始的100多年间,周人成功地在农耕土地和黄土高原之间建立了一道坚固的防线。但是,这道防线的根基在公元前8世纪出现了动摇。此时此刻,同样来自姬氏家族的芮国国君——芮桓公,在梁带村建造了自己的墓穴。他的名字出现在了配偶的青铜礼器上,其中"桓"是他的谥号,而"公"是他的头衔。"公"在过去曾被英译为"Duke"(公爵),相当于周王朝等级制度中最高的爵位。最初的翻译者希望将古代中国的等级制度和头衔与后来西方的概念挂钩,但这其实是一种误导。实际上,我们只要将芮公视为芮国的国君即可。他的墓葬令人印象深刻,深度超过13米,似乎在与邻近的霸国、倗国和晋国的墓葬攀比一般。这座墓葬的规格显然比前一章中彊伯的墓葬要高很多,最显著的便是两条壮观的斜坡墓道,南墓道长约34米,北墓道长约18米。[6] 即使我们以21世纪的视角来审视,这一规模的墓道和墓室结构也几乎是非人力所能为的。双墓道的设立可以肉眼可见地提升墓葬的影响力,在葬礼期间宣扬墓主的财富和高贵的社会地位。相较于宝鸡那些没有墓道的墓葬,[7] 芮国墓地的规格显然更高,墓主人毕竟是周王室中一个有权势的成员。在地下世界中,这位芮公的奢华墓葬也可以确立他在氏族先祖当中的地位。在我们见过的其他例子中,唯一配有两条及以上斜坡墓道的墓葬集中发现在安阳殷墟的王陵区,几乎每位商王的墓葬都配有四条墓道,分别设置在墓葬的四边,代表着地理上的四个主要方向。显然,古代中国一直密切监测着各类自然事件,比如太阳、行星等天体的运行轨迹,以及地震等。它们都被纳入了当时的人们对宇宙的认识当中,但是这些相对较早的认识并没有被正式记录下来。[8]

在芮桓公的墓葬周围，分布着他的两个夫人和另一位男性，这位男性很可能是他的直系后代。由于其他三位的地位略低，他们的墓葬只配有一条斜坡墓道，墓室面积也略小。双墓道的大墓附近还配有一个长方形的车马坑，另有稍小的车马坑在单墓道的男性墓葬旁边。从青铜器的铭文当中，我们得知了芮桓公正配的名字——仲姜。芮桓公的墓葬为一椁两棺的三层设置，椁室的顶板、侧板和底板均保存较好，重棺置于其内。外棺的外侧和盖板下方用绳子结成方格状的棺束，被绳子捆绑的还有外棺上沿周围对称分布的一系列铜环，这些铜环依旧保持着下葬时的位置。棺罩（荒帷）形成的织物痕迹在墓地的几座主要墓葬中均有发现。在附近另一座大墓中，我们还发现棺外存在木制框架的痕迹，组成框架的木条走向与棺饰的分布一致，上方存在至少两层织物痕迹。由此推断，芮桓公的棺椁可能也有类似的框架结构。[9] 小型的串饰（以料珠和贝类为主）也被悬挂于木架之上，[10] 其顶部还放置若干件"山"字形青铜翣。这些器物的顶部往往是鸟形的轮廓，可能在葬礼过程中充当旗帜或横幅一类的装饰。

在芮桓公的墓葬中，墓室一侧放置青铜礼器，另一侧则是兵器、车马器和甲胄等。当深入内棺时，我们为大量的玉器和金器所震惊（彩版20）。由于墓主的人骨已朽为粉状，在朱砂形成的红色背景的映衬下，这些器物显得格外突出。这是我们第一次发现金器和玉器作为随葬品共存的情况。墓主的腰饰位置有一排闪闪发光的龙纹金环：其中6件为曲身双龙的形象，身体中部镂空，龙头长牙，张口相互吞噬身尾；另外6件造型类似，但龙身素面无镂空。与这些金环相配的是两件具有精美镂空的三角盾形金饰，它们一起组成一条或两条腰带。这是一个具有突破性的发现，因为腰带特别是黄金腰带,属于一种完全不同的文化,来自草原的文化。在商周时期,中原地区的生活中如果出现了华丽的腰带,那么这一定是一种对本土文化的创新。同样,对那些之前在当地并不流行的贵重金属的大量使用也是如此。[11]

几乎所有在草原上生活的族群都渴望得到黄金。可以想见,芮国的国君需要通过怎样的关系才能通过当地的盟友获得稀有金属。如我们所知,在北方,腰带是驭马和驾车之人服饰的一部分,主要用来悬挂武器,但贵族的腰带则有所不同。在俄罗斯联邦图瓦共和国,有一处世界著名的阿尔赞(Arzhan)遗址,这里巨大的库尔干坟冢之下埋葬着多位生活在草原地区的贵族,他们身旁常常有由黄金牌饰组成的腰带。[12] 除了黄金腰带,同样流行的还有黄金装饰的箭囊、匕首,以及马、鹿等动物的黄金形象。在西方,这些装饰品更为后来的草原民族所熟知,比如生活在黑海附近的斯基泰人(Scythians,亦译西徐亚人)。然而,这样横跨欧亚大陆的传统,最初形成的地方很可能是东部的草原地区,人们在阿尔泰山脉发现了黄金资源。

阿尔赞遗址最早的一座坟冢建造于芮桓公下葬前约 100 年。黄金腰带是草原贵族展示其领袖权力时不可或缺的一环,而周朝贵族中并没有类似的象征物。因此,关于芮国墓地中这些黄金腰带的主人,他们除了享受"拥有贵重金属"的快乐,对"变更权力的表现形式",他们也一定乐在其中。我们可以看到,在戎人不断侵袭的动荡时期,芮国与黄土高原的游牧民族或草原上的贵族之间的亲密接触情况。芮国国君的黄金刀鞘,同样源于阿尔赞遗址的传统。(黄金在中国文化中一直处于较低的地位。在今天的考古报告中,金器总是被列在铜器和玉器之后。)在公元前 8 世纪以前,黄金从未得到周人及其追随者的喜爱；客观上讲，不论是刻意寻找还是无意间发现，黄土之下确实很难见到黄金。[13] 商人是接触过黄金的，但黄金几乎总是与北方的马具相关。但显然，芮桓公对黄金的看法与这些人有所不同，他拥有黄金完全是出于自身的意愿。就像草原上的贵族那样，芮桓公的衣饰配件中包含金泡、牛首金扣环、兽面金饰等大量装饰品。他的手腕上有一件用螺旋形的金丝制成的手镯，手指上还戴有两件鹰首玉韘，其中一件的鹰首为纯金打造。[14]

芮桓公这种奢华的随葬品组合，在他同时代以农耕为生的人群中是极其罕见的。来自北方的势力显然在向南渗透。这一发展的背后隐藏着草原上的贵族日益壮大的力量，他们统领了大量的畜牧者，这些人可能是他们的盟友，抑或生意伙伴。在不断的袭扰和战争中，这些人习惯了马背上的生活。[15] 这种新的威胁可能迫使一些较弱的地方势力向南迁移，其中一些人入侵了黄土高原地区，并开始与芮国等一些周人的势力频繁互动。像霸国一样，一些周人的盟友将一些传统的玉器形制改做成金器，并随葬在他们的墓葬之中。[16] 正是通过与这些有权势的人的接触，芮国学到了如何利用这种外来的金属。

芮桓公的个人武器——一把匕首，仍然是玉制而非铁制。这向我们表明，这位芮国国君内心深处仍然受制于有关来世的古老习俗，认为只有玉器能够在地下世界保其周全。但同时，他确实也拥有几件铁刃铜削，它们几乎是中原地区最早的一批铁制武器。就像青铜和黄金一样，冶铁技术也并不是在中原地区发展起来的。[17] 至少从公元前 14 世纪开始，小亚细亚的赫梯人就已经使用铁器。但在中国的农耕地区，人们在很长一段时间内都没有发现铁器的特性和潜力。铁器可能随着游牧民族从西亚一路穿越了整个草原地区，

第 6 章　逢新感旧

或者是通过中亚地区的绿洲和沙漠，最终到芮桓公的手中。这些铁刃铜削表明，芮国掌握了当时最新的制作技术。[18]事实上，他们也确实有义务紧跟时代，此时的黄土高原面临巨大变革，周王室也正在迁往东都洛邑。为了保全芮国的土地和氏族血统的传承，芮桓公不得不与周围那些初来乍到者平起平坐。通过墓葬可以看出，这些新来者非常强大，是周人有力的竞争者。[19]

芮桓公显然是一个高明的谈判者。面对文化和军事上的挑战，他能够合理利用其他策略从容应对。在其正配仲姜的青铜器群中，我们看到了他的这些品质。一件青铜镂空方盒下接四个虎形足，每只虎的四足之间夹有一个圆轮。虽然现已无法转动，但设计之初这些轮子显然是可以滚动的。同时，另一件器物显得更加传统，它是一个小型的长方形食器——双层方鼎。鼎是我们非常熟悉的器物，但这件鼎有所不同。它分内外两层，呈嵌套结构，在外层鼎长边的下方，左右两端各有一个呈跪姿的人形足。这种将器足立起的做法，在后来的几百年间一直流行于草原的游牧民族当中。另几件缩微青铜器同样不甚常见，其中一件圈足匜的器盖中央设有一个人面兽身钮。这些器物都比彊伯那些微缩青铜器要精美得多，但显然不符合常规青铜礼器组合的设计传统。[20]

在汾河流域的一些女性墓葬中（这里包括晋侯墓地的女性墓葬），我们也发现了同样的缩微青铜器，[21]它们的主人可能大部分是作为配偶从更北的地区迁徙过来的。当地氏族的领导者希望通过联姻的方式保护他们赖以为生的农耕土地。事实上，联姻是加强政治和军事关系的一种十分常见的手段，不论是这些女性的父辈还是她们未来的伴侣都很清楚这一点。当然，在传世文献中，我们并没有见到有关联姻的细节描述，但是从一些青铜器的铭文可以看出，

仲姜墓中发现的6件青铜礼器，左上方的镂空容器通高10.6厘米

这些贵重的礼器确实是女性的家人或者伴侣赠送的礼物。在极少数情况下，我们可以见到周王室的姬姓女子下嫁给来自黄土高原的贵族，比如在倗国墓地中出现的例子。从黄土高原远道而来的女性将一些北方特有的器物（如大型的三足瓮，以及大口尊等）带到了那里。[22] 这些器物可能源于黄河向北延伸出的河套地区，正如我们在石峁和陶寺所看到的那样。[23] 跨区域、跨文化的联姻为周人及其盟友实现野心带来了诸多助力，比如在移民、战争谈判、物质交换、经济交易等方面。[24] 但归根结底，新来者也带来了新的文化。

我们从更多的证据中发现，芮桓公似乎非常依赖他在北方的交流网络。这一点从他那件由玛瑙珠和玉璜组成的七连璜串饰上便可见一斑。这件精美的串饰从芮桓公的脖子几乎覆盖至膝盖，与仲姜墓中那件具有异域风情的梯形牌串饰相呼应。仲姜的这件串饰以梯形玉牌为基础，纵向钻孔，上下分别连接了若干条由各式玻璃管

第 6 章　逢新感旧

珠、玛瑙管等穿系而成的串饰（彩版 23）。其中，玛瑙管与双圆锥状料珠交替排列，而球形和棱柱形的料珠则在水平方向上形成装饰带。这些特点与草原女性常见的头饰类似，但设计上更加华丽和夸张。[25] 芮桓公显然希望与他的配偶和谐相处。他自己的七连璜串饰似乎是一种自我炫耀的手段，一方面证明他有足够的实力超越那些衣着华丽的邻近势力，另一方面也显示出他拥有四通八达的关系网。使用如此鲜红的颜色，这种想法源自西亚。[26] 芮桓公和仲姜佩戴的如此华丽的串饰，就像前述的黄金腰带一样，或许是对草原习俗的二次创作。很难想象，在日常生活中如果真的戴上这样的大型串饰，这两个人还能否正常走路。当然，在出席祭祀仪式的过程中，他们可以和其他参与者一起就座，并有仆从相伴左右。

然而，这些金器、玉器和玛瑙串饰的首要任务可能是在地下世界打动芮公的先祖。强烈的视觉冲击传达了一个重要信息：芮国和北方族群建立了新的联盟。如果我们回过头去看石峁和陶寺那些被破坏的墓葬，我们会看到中原与北方接触的第一个阶段，即牲畜和冶金术的引入。在商末周初的亚长墓和彊伯墓葬中，马匹、战车和那些串饰上的料珠被游牧民族带入了定居的农业社会。这些新的材料和技术似乎是在无形之间就被吸收到了现有的文化框架之中，就像青铜被纳入祖先崇拜的体系中一样。对外来事物的整合是基本趋势。为满足自身要求，中原地区的社会一次又一次地吸纳新的技术——青铜用于祭祀，铁则用于武器，甚至饲养牛群为祭祀和占卜提供材料。芮桓公是周王室的一员，即便如此，他似乎有意选择了使用源自草原的物品来彰显自己与这些人的平等地位。他随葬有黄金和玛瑙，彰显地位的同时也宣扬了他与黄土高原人群的紧密联系，因为这些人有能力从北方带来黄金、铁和玛瑙。[27] 芮桓公一定认为周人与戎人之间的战争会一直延续到地下世界，因此他随身携带了那些可以彰显其地位和影响力的标志。

这座墓葬中还有一把藏在黄金剑鞘中的玉剑，它传递了更加微妙的信息。如果我们把黄金腰带理解成对草原语言的翻译，那么这把玉剑则是中原传统器物的复原。然而，它的形制取材于北方风格。与之完全不同的大型玉戈出现在墓主人的身上，它们是商代青铜戈的玉制版本。在过去的400年间，这种形制简单的青铜戈被横向安装在长木柲之上，是商代主流的步兵武器。到公元前8世纪中叶，这种造型的武器已不再流行，取而代之的是一种更短、更锋利的青铜戈。同样配有长柄，这种新型的戈在与柲相接触的下端延伸出一个竖直的部分——胡，从而使它能在短兵相接时更具杀伤力，也更加稳定，芮国便配有这样的武器。芮公和负责准备葬礼的人员一定明白，玉制武器与实用的金属武器毫无可比性。但是，它们来自远古的习俗，在面对地下世界的敌人时，这些玉器可以保护它们的主人。

芮桓公和仲姜携带了大量的玉器前往地下世界，这些玉器的获取并不容易。我们在芮桓公的身体下方发现了四件小型玉琮（彩版20），通过它们，我们可以看到一些超越玉器本身价值的东西。它们一定是来自某人或某地，因为当时的黄河中游地区并没有可以制作类似玉器的作坊。芮国墓葬的许多玉器要么模仿了古代的形制，比如上述玉琮和玉戈，要么它们本身就来自古代，只是公元前10世纪在器身上添加了装饰。这些玉器也许由于自然侵蚀，偶然被发现于黄土之中，但更可能是200多年前周人的军队从商王朝掠夺的战利品，那些大型玉戈便是如此（当然其中一些后来被复制和装饰）。对我们来说，这些玉器属于遍布于中华大地的那些未知的古代文物的一部分。周王室也许将它们赏给了芮公和他的直系亲属，以换取他们的支持，因为戎人的侵袭还在不断发生。晋侯及其配偶显然也收到了类似的馈赠。[28] 来自远古的牌饰、玉璜、玉璧位列其中，就像我们在芮国那些大型串饰中见到的玉器一样。其中还有一件最不寻常的古代器物，是一个蜷曲的玉猪龙，它可能来自约公元前3500年遥远的东北地区，是红山文化的代表器物之一，也可能是一件复制品（彩版21）。它被放置在仲姜的头部附近。[29] 它们之所以作为芮公及其配偶的随葬品出现，并不是因为它们年代久远或者来自遥远的地方，而是因为它们作为信物见证了芮国与他人缔结盟约，或者是因为它们本身的吉祥寓意。事实上，那些偶然被发现的古代玉器和铜器经常被视作吉物。我们并没有发现任何有关这些想法的书面表述，它们只能被看作我们已经讨论过的不言自明的信仰的一部分。从公元前4世纪开始，随着相关记载逐渐增多，我们可以看到一些类似的形象一直贯穿于整个中国文化历史当中，比如龙凤形状的祥云、守护门户的神灵等，它们被认为有助于减轻甚至避免恶劣天气、疾病或妖魔邪祟可能带来的灾难。[30]

从一件器物上，我们可以领略这些玉器中蕴含的威严，即使周人自己也不完全清楚它们的确切年代。这是一件顶部有半孔的神人龙凤纹玉柄形器，由一件新石器时期的玉器改制而来，大小约是原器的四分之一。原器应是一件玉钺，从正面被纵向切割成对等的两个部分。从两侧看，这件器物非常薄，可以推测原器也曾在这个方向上被一分为二，可能是为了得到更多玉器。一件古代的玉钺被改制成了四件玉器，从这个行为上我们可以看出玉本身的高价值和稀缺性。芮桓公的这件柄形器经过精心加工，它的正反两面上所雕刻的图案可以拼接成一个完整的纹饰主题。顶部是对望并立的长尾凤鸟，下面是一个半人半兽的侧影形象，屈身蹲立。这个人的细发贴在头顶，肘部弯曲的手臂配有鸟爪，粗壮的下肢亦是如此。一条龙盘在他的腰间，填满了手臂下方的空间，尾部则自腿爪间伸出并上翘。原器的边缘被切割出一些扉棱状的凸起，掩盖了器物原有的轮廓。这并非公元前8世纪的器物，而是公元前10世纪改制的古代玉器，就像芮国和晋国墓地中出土的很多玉器一样，属于古董的范畴。

芮国墓地出土的玉器以其悠久的历史、质量和数量而闻名。但更加不可思议的是，芮公和夫人有条件享有这些玉器。我们知道，历史上只有极少数人有幸能够随葬如此数量的珍贵玉器。在商代，

神人龙凤纹玉柄形器，正反两个纹饰面的拓片，长18厘米

只有最高等级的贵族，比如妇好和亚长，才能有这样的玉器散落在身旁。在他们之前，良渚的贵族是最早采用这一葬俗的群体之一。相应的实例还有西汉时期诸侯王下葬时身上穿的玉衣。[31] 人们认为玉器能够在地下世界守护亡者、帮助他们与先祖和神灵交流，不然没有人会随葬玉器。

如果我们把社会活动和仪式看作资本，那么玉器和铜器就是这些资本的物质储备。在公元前 8 世纪中叶的动荡时期，周王室似乎意识到要将玉器纳入他们的礼物经济范畴。然而，芮国氏族所展现的财富表明，周人面临的政治局势似乎并没有往好的方向发展，反而越发令人担忧。但是，随着时间的推移，贵族的地位也在潜移默化地改变，一起改变的还有他们同更高等级者以及邻国之间的关系。作为氏族的核心成员，芮公和晋侯都被期待着作为周王室的左膀右臂来保卫渭河流域。[32] 然而，芮桓公在两面都下了注。他意识到自己需要通过宣扬与北方邻居的关系来取悦他们，即便他早已承诺效忠周王室。

我们从考古记录、青铜器铭文以及一些诗歌体裁的文献中得知，被称作"戎"和"猃狁"的族群并非周人的盟友。这种较为含糊的命名方式并没有具体说明这些名称包含了多少不同的群体，但是至少我们可以将他们统称为"新来者"，同时也可以明确他们的牧民身份，因为与强国氏族不同，这些外来者从未在周人的政治体系中受到尊重。[33] 这些人的到来使那些为战争做的准备（无论是在地上世界还是在地下世界）变得有的放矢。一些青铜器上的铭文明确告诉我们，从公元前 9 世纪后期开始，周人便一直战争不断。一件西周晚期的多友鼎上的铭文描述了一场战车参与的战役：

> 癸未，戎伐筍（郇），衣以孚（俘）。多友西追，甲申之屑（晨），搏于郲，多友右（有）折首……执讯廿又三人，孚（俘）戎车百乘一十又七乘，衣（以）复筍（郇）人孚（俘）。[34]

这场发生于公元前9世纪末或前8世纪的车战是一场更大规模冲突的一部分，战斗过程中俘获了大量马匹。人们总是习惯性地强调胜利，但同时我们也发现，周人在北方地区的盟友真刀真枪地经受了草原骑兵和车兵的考验。这种全新的有车马参与的战争创造了一个不寻常的边境地带，中原地区的周人传统与北方地区的地方势力传统在这里碰撞。

在那座较晚的芮公墓葬中，我们发现了各种形状的青铜甲冑残片，主要分布于墓葬的西部和南部，可确认的是皆为士兵和马匹所用。[35] 此墓葬出土了成套的马匹甲冑，用于保护驾马或乘马的头部和颈部。对于士兵的铠甲，主体部分由铜制的鳞状甲片编列而成，其间由短绳穿连。甲冑的使用，尤其是在马匹身上的使用，一定来自农耕平原以外的地区。在此时的草原地区，骨头和鹿角制成的铠甲已经使用了几百年，而马匹身上则以皮甲为主。[36] 中原地区最早的青铜甲冑是随着马车从草原传入安阳的青铜冑。[37] 青铜甲冑的源头也可能是西亚，但是只有到了铜矿资源丰富的黄河流域，在此处成熟且富足的社会中，全套的甲冑才有可能被铸造出来。棺盖上放置的青铜翣可能也是在同一时间开始流行的。相对简单的马具——马衔和马镳，也同样随葬于芮桓公的墓葬之中。但最令人印象深刻的是，他的袝葬车坑，即他军队的核心。这个陪葬坑的资料尚未完全调查和发表，但我们可以对比黄河对岸的北赵晋侯墓地，那里巨大的车马坑中发现了近50辆车和大量马匹。[38]

第 6 章　逢新感旧

青铜马甲胄（马头位置），马眼处设有小方孔，口端为圆形，长43.8厘米

当周王室在战争中需要盟友提供实际支持时，他们附加了一个要求：所有的氏族首领必须绝对拥护以祖先崇拜为核心的礼制，从而巩固周人统治的合法性。芮公、他同时代的首领，以及之后诸多继承者都接受了这一变革，将现有青铜礼器的数量增加，同时限制器型的种类。虽然这一改变没有留下文字材料，但这些青铜器本身的变化暗示了这一重大变革。芮桓公拥有一套7件列鼎，形制和纹饰相同，但通高逐个递减，从32.3厘米到22.4厘米；他还有6件形制、纹饰、尺寸均相同的列簋，通高在23.5厘米上下。列鼎的器身几乎呈半球形，圜底，器足外扩，呈马蹄状。表面装饰简单，仅有一条纹饰带，用简化的窃曲纹和弦纹取代了早期复杂的饕餮纹/兽面纹和龙纹。列簋带盖，横截面为圆形，纹饰中有从陶器中借鉴来的瓦棱纹。早期较为流行的鸟纹被保留在了一对壶的外表面，鸟纹的边界被宽带状的栏线划分，其来源可能是捆绑壶身用的皮革或

绳索。这套器物组合中还有一件蒸煮器——甗，造型较有新意，同时还增加了水器——盉。值得注意的是，此时的酒器——爵和觚，均已消失不见。

青铜器的设计和使用发生了巨大变化。强伯所拥有的各式各样的礼器已经被那些有规律的列器取代。在梁带村，人们更加喜好完全相同的成套器物。芮桓公的次夫人和直系后代也拥有类似的器物，但在数量和尺寸上均有所缩减，从而表明他们在周人的等级制度中处于略低的地位。有趣的是，和芮公相比，仲姜的青铜器中有些反而更大更重，或许可以说明通过联姻，她为芮国带来了更大的价值。晋国和汾河流域的其他地方势力同样见证了这一变化。在后世的文献当中，将鼎、簋的数量与周人的等级做了精准对应，但主要是以一种解释说明的形式。此时，无论是在数量上还是在体量上，鼎已经成为青铜器组合当中的绝对核心。七鼎的配置足以彰显出贵族的崇高地位，而九鼎在理论上可以直接对应周王。还有一些文献认为，周王室的用鼎规格可能达到十二鼎。当然，这种规律性的等级和数量的对应关系也许只是后世对遥远过去的追忆，在实际应用中可能并没有始终如一地执行。但是，这种通过青铜礼器的数量和视觉冲击来彰显地位的尝试，是此时新出现的礼制的一部分。当周人从商人手中接管这片土地时，他们保留了前朝大部分的礼仪制度，对食器进行了少许改动以强调其重要性。而在这个军事和政治均不稳定的时期，周人推出了这套经过修改的新规。[39]

相同或相近的青铜礼器成套地摆在一起确实引人注目，而要想将这种做法推而广之，则必须依赖中央王朝自上而下的决策。列器的推广标志着从青铜器的设计到金属成本的把控，再到仪式的具体操作等一系列的变化。此时青铜器的规模和使用场景均已远超强伯

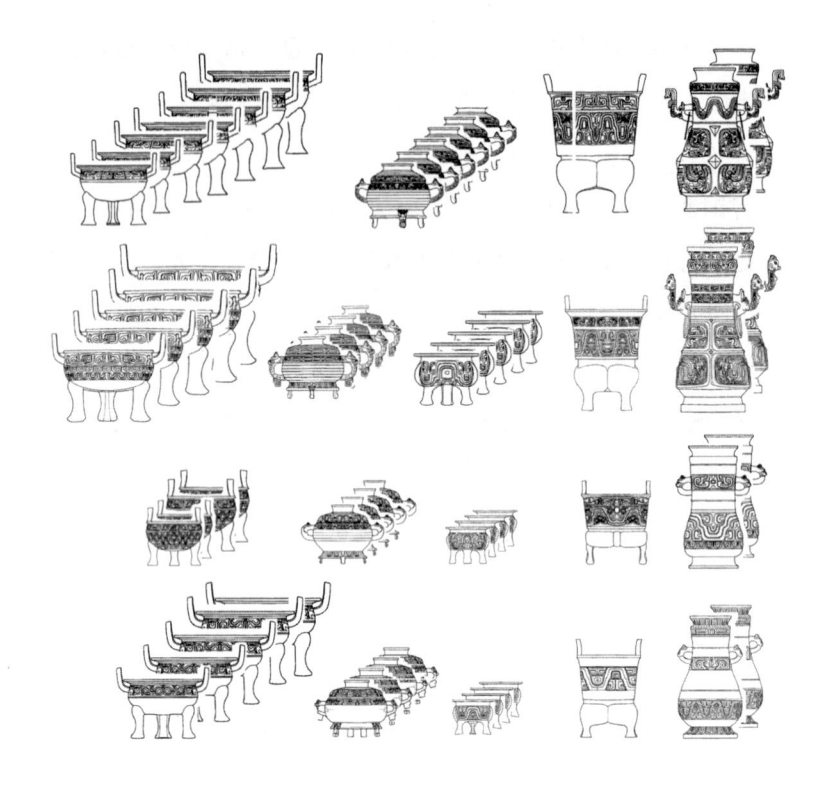

家族四个成员的标准礼器组合（局部）
第一排：芮桓公的青铜器组合，壶（右一），通高49.1厘米，重14.1公斤
第二排：仲姜/正配的青铜器组合，壶（右一），通高53.3厘米，重14.9公斤
第三排：次夫人的青铜器组合，壶（右一），通高38.6厘米
第四排：另一位芮公/直系后代的青铜器组合，壶（右一），通高40厘米

的时期。在周王朝，每一代的贵族都会把自己的青铜礼器作为陪葬品带入地下世界。因此，那位埋在芮桓公旁的直系后代，所拥有的礼器组合应是他生前为自己单独制作的器物。由此可见，周人拥有一套独特的方法，用于规范父系氏族中各代人之间的关系，并以此为基础组织氏族的重要日常生活。[40]梁带村发现的青铜礼器较之于亚长或者彊伯的铜器并没有那么复杂。那些辨识度高的器型更容易

在大型仪式场合中打动别人，让站得比较远的氏族成员也能参与其中。随着青铜铸造水平的降低和原材料成本的上升，在高等级墓葬的礼器组合中，我们很难再见到之前那种被随意添加的器物。新的制度适用于周王朝全域，姬姓、非姬姓的人全部纳入其中。但是，完整的成套器物从未赠予过戎人，也从未被戎人获得。因此，我们猜测，此时，在那些没有出现过新型成套礼器的地方（如宝鸡），周人的权威甚至影响力已然不在。公元前9世纪和前8世纪，青铜礼器主要掌握在周王室认可的重要成员手中。然而，这种情况很快就发生了变化，因为许多地方势力需要通过展示青铜礼器来寻求政治上的认可。

我们还需要考虑宴飨仪式的实际操作过程和具体表现。如果我们把宴飨仪式看作一场富有戏剧性的展示，那么青铜礼器则是这场展示中不可或缺的一部分，而参与者则包括氏族的成员和他们的先祖。当礼器变得更重，种类变得更少，向参与者提供食物和酒的顺序一定会发生变化。我在大英博物馆工作时，开始对仪式中这种无法避免的变化产生兴趣。有些时候，大英博物馆需要将特定的青铜礼器转移到新的展柜，亲手搬运的过程使我意识到芮公那些列器的重量究竟几何。在芮公时期已经逐渐标准化的大型青铜壶，比起早期的壶更难移动；如果是装满液体的壶，移动它们将变得更加危险。芮桓公墓葬中出土的两件青铜壶总重量超过28公斤，而他的正配墓葬的一对青铜壶则在30公斤左右。强伯墓葬中出土的三件成套器物，加起来不到8公斤。[41] 相比之下，新出现的列器增加了整个过程的庄重感和仪式感，因为在举行仪式的过程中，必须有仆人、侍从或家族中地位较低的成员在场，并按正确的顺序移动和供奉这些器物。[42] 像之前一样，这些礼仪性宴会按一定的周期举行，从而使氏族结构和政治组织形式在人们面前展现出来。[43]

芮桓公应该非常熟悉新的仪式过程。这种严格执行的统一举措不仅影响了仪式的所有参与者，氏族的先祖也同样可以感同身受（他们当然能够意识到这些变化）。这向我们表明，周王室和地方势力的首领均已全盘接受了这种重大且昂贵的礼制革命。面对全新的祭祀方式，他们可以做到一致且自觉理解。人与人之间血脉上的差异不再体现在器物的设计上，而取决于器物的大小和数量上。如果回顾强伯的统治时期，我们会发现，即便是同一血脉的家族成员之间，不同的器物也会导致不同的祭祀过程和方式。梁带村的标准化器物能够确保整个仪式过程能够在指定的体系内完成。周人统治的合法性源于他们的先祖，特别是文、武二位先王，因此以祖先崇拜之名规定器物的形制和数量并不会令人惊讶。

青铜礼器的变化并非一蹴而就。像盖簋等一些造型简单的容器在公元前10世纪末前9世纪初便已出现。它们与一些更早便开始流行的青铜容器一起使用，此后后者也一直被铸造。这些器物的外表有时会给人一种陶器的感觉，或许可以算作一种返璞归真的作风。之后更多类似的风格在公元前9世纪中后期开始流行，也许是通过强制或以法令的形式，抑或是通过一些我们无法重建的手段。我们知道，早在周人离开渭河流域之前，这种变化就已经发生了。随着周人离开他们位于渭河流域的文化中心，成套的新型青铜礼器被就地掩埋，成为后人眼中的窖藏。[44]一般情况下，公元前9世纪的器物不可能突然演变成现在的样子，这些成套器物的外形与早期的器物相去甚远。这种变化一定是先前便制定好的，虽然它没有出现在任何传世文献之中。随着新的青铜礼器在公元前9世纪出现，一些学者基于对文献的分析提出了另外的观点。李峰认为，礼仪的变化发生在公元前10世纪，在其以物质的形式表现出来之前便已出现。对于如此重大的变革，其年代测定上的差异是一个有用的指标，表明考古学和历史学提供了相当不同的视角。[45]

从芮公墓葬的随葬品中可以看出，他和他的追随者顺应了这一礼制革命。与此同时，对早期礼器类型的认知得以保留，体现了他们对先祖辉煌成就一如既往的尊崇。我们从西安西边的那些铜器窖藏中了解到，一些早期礼器得以保存，通常是因为它们带有重要的铭文。[46]随着东迁，这些早期器型往往会被摒弃，取而代之的是那些粗糙的缩微仿制品。[47]然而，芮桓公显然处于与众不同的地位。他的氏族保留并带来了一些早期的礼器。他的墓葬中出土了一件提梁卣，这件器物模仿了公元前11世纪宝鸡地区青铜器的器型和装饰风格。主纹饰为花冠凤鸟纹，提梁末端饰有两个带角的兽头，这与石鼓山发现的一些高等级青铜器（彩版18）极为相似。尽管当时这件提梁卣很可能是传世品，但它并非原创。主纹饰部分模糊不清，提梁的处理较为原始，且主纹饰的周围也没有云雷纹作地，这和石鼓山青铜器的华丽装饰截然不同。因此，这很可能是一个细节丰富却技艺逊色的仿制品。它可能是在公元前10世纪或前9世纪的时候被委托制作的，也许是为了代替一件遗失的器物。铸造它的工匠必须拥有必要的知识和技能，才有可能在现实中还原出过去的青铜器。事实上，芮国氏族有意愿复制这样的器型和纹饰，并且仍然在宝鸡地区使用，这告诉我们他们是多么重视氏族的传统和身份。与这件提梁卣配合使用的一件青铜尊，同样被放入芮桓公的器物组合之中，而它也可能是一件晚期的仿制品，却没有提梁卣那么明显。此外，一同被芮国氏族带入梁带村的还有几种器型，并且也有仿制的特征。这些器物的原型包括西周早期的觚、商代的角（爵

芮桓公墓葬中出土的青铜提梁卣，通高25.4厘米，
与石鼓山出土的造型奢华的提梁卣（彩版18）拥有类似的设计

的变体）和西周中期的簋。[48] 它们并没有再现早期成套的器物组合，作为单独的器物，它们也很难与新出现的成套青铜器组合。

作为周代贵族，他们应该意识到了这种出现在礼器形制、数量和尺寸上的根本变化。这些特点现在被认为是举行祖先崇拜的仪式中必不可少的元素。虽然芮桓公也顺应了这一变化，但他仍然保留了氏族历史上的古老器物。他和他的追随者甚至可能见证了这些青铜器作为祭祀祖先的供奉。在同一墓地较早的一座芮公墓葬中（该墓葬被测定为西周晚期），芮桓公的先祖拥有一套早期器型的缩微版本和一件当时具有代表性的青铜鼎。[49] 这些贵族需要迅速用标准化的成套器物取代那些他们继承的、多种多样的个性化青铜器。虽然如今已无法追溯相关政令，但贵族对这些新要求的了解和仿制早期器物的行为可以表明，这种自上而下的政令一定已经被妥善地传达到了这里。

由于世袭，芮公拥有许多传世品，这也是芮国氏族的遗产。从武王到康王统治时期（公元前11世纪到前10世纪），芮国氏族成员在周人的统治体系中担任要职。目前存世的芮国有铭青铜器中有两件方座簋，其中一件的方座中设有悬铃，与我们在弓国墓地中见到的情况相仿。[50] 虽然我们并不清楚它们来自何方，但是方座的设计表明，或许芮国氏族曾经也生活在宝鸡地区，而这些青铜器那时便已成了他们的重要礼器。在宝鸡，这样的地方势力通常由一系列的居所和周围的土地组成，这些土地由宣誓效忠统治者的人群耕

芮伯簋器身铭文拓片，显示这件器物的作器者为芮伯

种。这些周人的地方政权，以及之后统治一方的诸侯国，常常会根据政治需要迁移。毫无疑问，芮国氏族在公元前 9 世纪与戎人战斗的关键时刻离开了宝鸡，迁至晋国的西北部。

礼制革命的背后一定是政治和军事上的动荡。这种简约的新风格的背后隐含着一整套关于青铜生产管理的决策和限制。一定有人直接对铸铜作坊、作器者和氏族首领下达命令。更多的青铜器需求意味着需要更多的铜矿资源，同时更多的铸铜工匠需要培训，更多的成品青铜器需要运输。没有任何历史文献向我们展示这个庞大的系统是如何运作的。在宴飨仪式中，礼器的设计、制作、铭刻和分配上的彻底变革绝非小的进步。由于这一变革的发生恰逢周人面临政权摇摇欲坠的时期，周人自己不太可能将其完整记录下来，他们不喜欢记录坏消息。这大概就是为什么我们对许多事件的印象，往往被框定在周人希望被记住的范围内，以一种积极的倾向呈现。其中最著名的、最具误导性的记载之一，来自一件青铜盘——史墙盘，它来自周人东迁时在渭水流域留下的一个窖藏。史墙盘的铭文指出：

宖鲁邵王，廣楚荊。隹南行。[51]

撰写这篇铭文的人没有提及的是，昭王在这场战役中败北，并很可能在渡汉水的过程中溺亡。我们在公元前 3 世纪的一个遗址中发现了一批竹简，其上的周朝编年史向我们讲述了这个事件的另一个版本：昭王南征的失败标志着周朝长期动乱的开始，周王室内讧不断，并同时受到了来自北方和南方的侵扰。这些动乱或许促使芮国氏族向黄河流域迁移。通过礼仪制度的变革，周人一定希望先王的辉煌成就能够一直延续下去，先前稳定的局势也不要出现任何形式的改变。他们相信祖先可以庇佑后世子孙，这一信仰始终不变。但是祭祀和宴飨仪式的安排以及礼器的埋葬方式确实已经发生了变化。

我们也可以参考基督教仪式的演变。在过去的几千年里，基督教的仪式和信仰体系也经历了诸多变化。这些变革往往是以教皇诏书的形式颁布，或是通过大公议会讨论和决定。可以看出，这种程度的变革必然涉及中央协调。因此，如果没有周王及其谋士的参与，这样的变革在周代几乎不可能实现。我们可以把梁带村这些礼制革命后的铜器组合看作一个标志，它们既标志着芮国接受了这一变革，也标志着芮国希望能够在混乱的局面下，向其他人传递出寻求团结的政治信号。[52] 芮公的兵器、战车和甲胄表明了他背后势力的军事属性，而他的黄金、铁器以及玛瑙则表明了他主动与北方势力建立联系，以保卫他的领土，并通过获取马匹和相关的专业团队来增强自身的力量。

在柯马丁的著作中，他对周朝主要编年史和早期诗歌进行了重新解读，并为有关这个朝代从公元前 10 世纪开始衰落的论断提供了重要背景资料。他认为，有关周人早期历史和政治主张的传世文献，比如《尚书》《逸周书》《诗经》，它们的主要材料来自公元前 9 世纪末至前 7 世纪，是在西周晚期或东周早期的材料基础上搜集而来的。[53] 他称这些文献为"理想化的人工制品"，将其视为宣传而非对事实的记录。与礼器的标准化过程类似，汇集这些材料不仅仅是为了记录早先周人征商的历史，更是为了在历史之上呈现出一个经过精心雕琢的外壳。周人的转变期有四个主要特点：军事压力的骤增；新文化形态的出现；周王室的东迁；新型礼器的传播。周人对天命和先王之德的宣扬本应在这些转变中被逐步扩散。我们从青铜器铭文中得知，这些宏伟且庄严的概念已经存在了很长时间。然而，芮桓公生活的年代被新秩序的阴影笼罩，艰难的时局迫使周王室要求一众地方势力再次效忠。周人的文献中并没有提及来自北方的压力，但芮桓公的黄金腰带却生动地诠释了来自北方的影响。这样的文化交流甚至可能激发了对周人身份的渴望。

《诗经》中有许多诗歌均将周人的先王视为榜样，并强调了先祖给予后代的祝福：

> 维天之命，於穆不已。
> 於乎不显，文王之德之纯。
> 假以溢我，我其收之。
> 骏惠我文王，曾孙笃之。[54]

在这种以纪念过去为核心的礼制中，公元前8世纪的贵族起到了承上启下的作用，通过不断地重复过去来强调这种理念的持久性。还有些诗歌则在赞美地方势力的首领，他们得到了来自周王的封地和军费。周人的先祖被告知，一代代周王不断延续着文王和武王所树立的榜样，而周人的地方势力及其后代也被不断告诫要遵循这一传统。[55] 由于这些文字被铸刻在了青铜礼器之上，这种被周王室所珍视的政治和军事关系在宴飨仪式中被不断重申。这样的重复既有视觉上的，也有口头上的，并且可以在有节奏的韵律中回荡。

在今天看来，周人的诗歌意在维持国家的稳定。在这一背景下，我们可以重新审视《尚书》中一个经常被讨论的话题，即商人奢靡的享乐主义，他们具体表现在对酒的过度消费。[56] 对酗酒的告诫出现在前几代周王的重要讲话之中。在公元前 9 世纪或稍晚的时间，周人对他们的历史做出了更加官方的描述。因此，我们毫不意外地发现，在礼制革命后，商末周初的青铜酒器（如我们在宝鸡看到的那些）被淘汰了。与此同时，供奉祖先的价值和作用在诗歌中得以保留。宴飨仪式中的吟诵可能是多种传统的融合，并形成了一个共有的规范标准。这一过程就像是一致的青铜铸造习惯促成了共有的身份认同：

> 执爨踖踖，为俎孔硕，或燔或炙。
> 君妇莫莫，为豆孔庶，为宾为客。
> 献酬交错，礼仪卒度，笑语卒获。
> 神保是格，报以介福，万寿攸酢。[57]

在礼制革命的过程中，礼器标准化的同时也伴随着乐器的变化。芮桓公有一套八件编钟，相较于亚长的一套三件和强伯的单件，这显然是一个更加高级的组合形式。这种乐器在早期被称为铙，开口朝上使用；到了芮公时期则已演变为钟，开口向下使用，通过甬上的一个圆环（斡）悬挂起来。钟拥有更大的长宽比，表面装饰有成排成列的小凸起（枚），有人认为它们能影响钟体发出的声音。这一变化可能首先出现在南方的长江流域，并在公元前 10 世纪传到了北方。[58] 但是和早期的形式一样，这些乐器的横截面都呈合瓦形；发声方式也如出一辙，用木槌或木棒击打钟体外侧的正鼓和侧鼓两个位置，可发出双音。古代的编磬在此时同样得到了数量上的扩增。原来器型的顶面较平，在平面汇聚的最高点处钻孔；

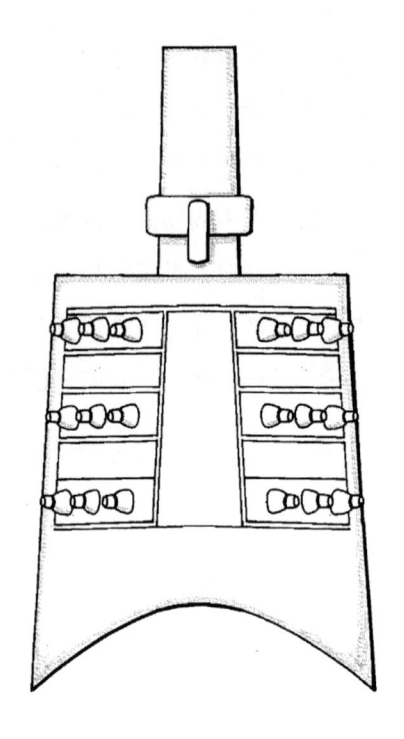

一套八件编钟中的一件，其中最大的一件的通高为39.9厘米

现在器型的顶部被改造成不规则的多边形，底部较为平整或略有弧度。编磬中的个体尺寸逐渐减小，就像编钟一样，以提供逐渐上升的音阶。正如下面这首诗所描述的，编钟和编磬都需要支架，支架很可能由漆木制作而成。芮桓公还拥有一面漆鼓，由兽皮制作鼓面，陶、木或铜制作鼓身。其他乐器可能还包括由竹子制作的长笛或其他管类乐器。《诗经》中也有类似的记载：

有瞽有瞽，在周之庭。
设业设虡，崇牙树羽。
应田县鼓，鞉磬柷圉。

> 既备乃奏,箫管备举。
> 喤喤厥声,肃雍和鸣,先祖是听。
> 我客戾止,永观厥成。[59]

周人的礼制革命全面推广之时芮桓公还没有去世(公元前750年左右),周人也还没有被迫东迁到洛邑。作为芮国的姬姓邻居,晋国同样实践了这样的大规模变革。与祖先崇拜相关的祭祀活动是周人在政治舞台上不可或缺的工具,他们以此来尝试稳固长江以北的大片土地。芮公不得不调整自身,以适应黄土高原南部的环境,以及周围那些周朝势力的潜在敌人。通过修筑巨大的带有斜坡墓道的墓葬,并随葬大量的财富,他的显赫地位可以立即被其先祖认知。而作为新晋的家族先祖,他也会出现在自己儿子和家族其他成员所举办的宴飨仪式之中,以保佑他的血脉以及整个周朝的延续。站在这个全新的角度,芮桓公会见证他的家族乃至整个政治环境面临严峻挑战。在戎人和其他族群不断增强的影响力的促进下,一种文化共生关系应运而生。在这种关系之中,他们自身的材料和技术会不断与中原地区的惯例相适应。黄金腰带是一个里程碑式的存在,但腰带最终融入中原地区的核心文化生活要等到很久以后的唐代(618—907年)。[60]唐朝皇帝和他的大臣均佩有玉牌饰的腰带,并以佩玉带为荣。按照中国一贯的价值观,金饰往往会留给品级略低的官员。从个人物品上判断,在芮公身上至少有两股力量起了作用:在他为地下世界准备的服饰上,我们看到了来自北方的压力;而在他那些标准化青铜礼器和从家族先祖处继承的传世品上,我们看到了来自周王室的那种根深蒂固的统治权威。

第三部分

文化交融

（公元前 700—前 300 年）

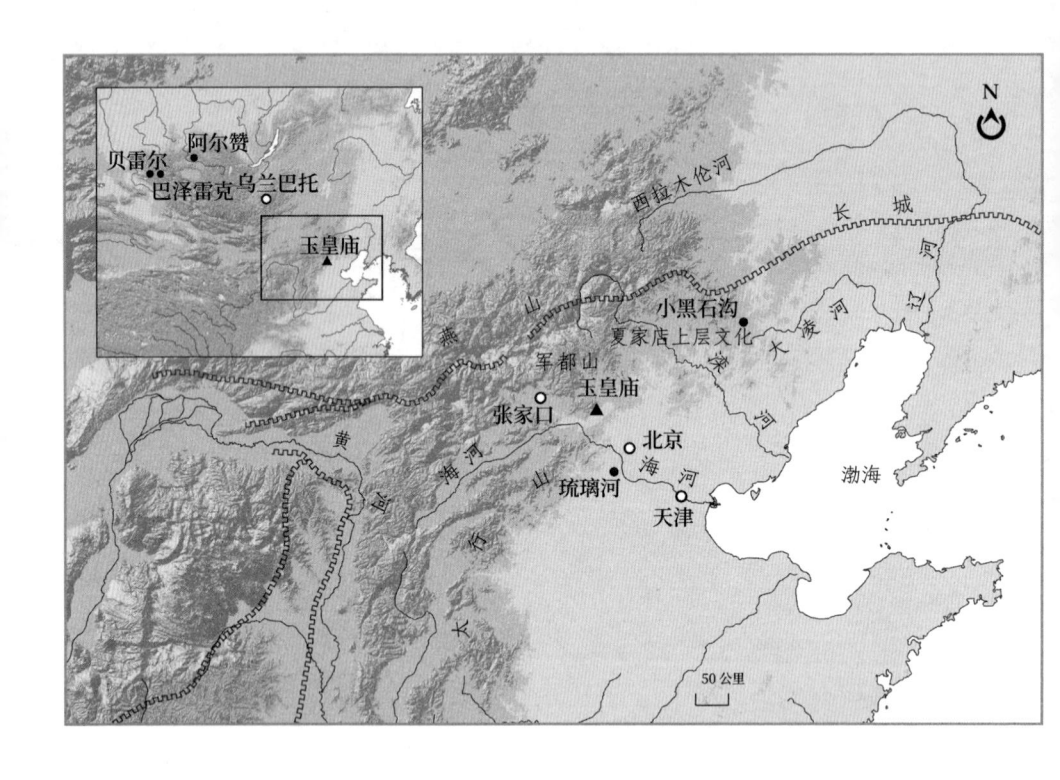

玉皇庙遗址与燕山山脉

第 7 章　草原边陲

北京延庆玉皇庙山戎墓

　　为了找寻新的牧场，草原上的牧群必须不断迁徙，离开那些被过度放牧的区域。马匹是繁荣的畜牧者的重要伙伴，在公元前7世纪早期，游牧人群和马匹来到了燕山山脉的南坡。这里的地貌与渭河流域、汾河流域大不相同。那些地区有广袤的黄土高原作为屏障，削弱了来自北边的寒风的影响，阻碍了北方人群的南下。而在这里，北部的平原地区完全暴露在欧亚大陆北部的季节性气候之下。盛夏时节颇为富足，丰美的草原带来的是肉类、奶类和羊毛产品的生计。但在燕山山脉之外，草原上的游牧人群不得不承受冬季凛冽的寒风。这股冷空气通常会随着亚热带季风的逐渐退去而被带到南方。不同的地形——平原、河谷、沙漠、草原，汇集在燕山山脉南北，这样的地貌促使着两侧人群的迁徙，这也是黄河流域统治者需要不断面对的挑战。这些挑战与其他具有标志性的特征一起勾勒出了古代中国的轮廓。

　　低矮而辽阔的平原向东延伸，一直可以到达天津附近的海岸，燕山山脉向东的余脉亦可到达这里。这条横亘东西的山脉中间留有南北方向的路径，其中一条沿着辽河流域的肥沃盆地一路向北，越过内蒙古的西拉木伦河，可以通向一片广袤的土地。这里与俄罗斯

马头骨

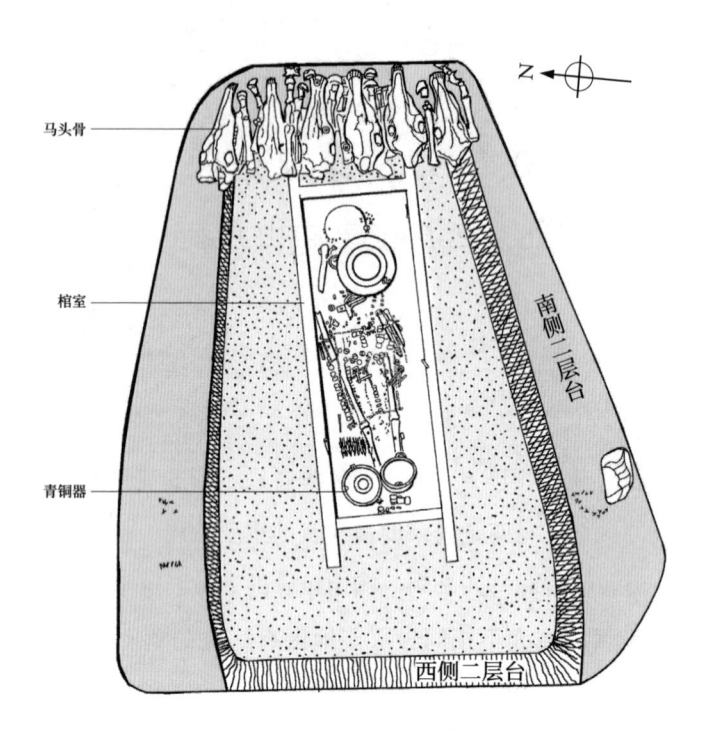

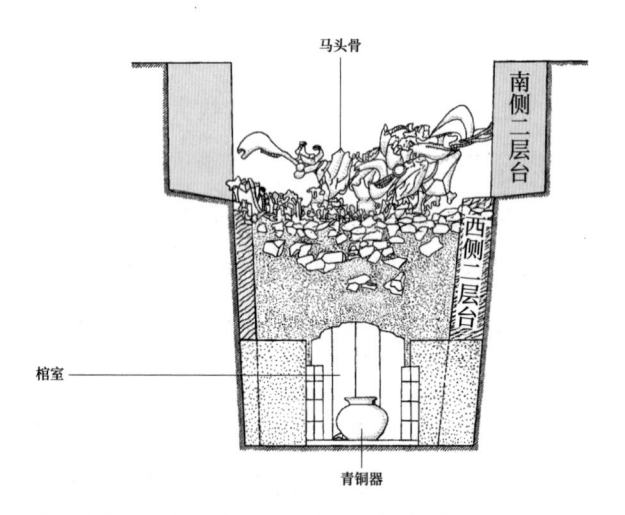

棺室

青铜器

南侧二层台

西侧二层台

马头骨

南侧二层台

西侧二层台

棺室

青铜器

这座山戎首领的墓葬呈东西向，墓坑长超过3米，深2.66米，西宽东窄，
西侧宽3.6米，东侧最窄处宽1.6米；
墓坑的俯视图与战车形状有相似之处，或是在模仿车或船的外廓

的东部省份接壤，最初被茂密的森林覆盖。另一条路径在略西的位置，从今天的张家口翻越燕山山脉。它们便是联结燕山南北两个世界的主要通路，而这两个世界仅仅被燕山的主脉隔开，当然还有后来的长城。我们今天看到的砖石墙和敌楼大多数是在明朝将元朝驱逐之后所建造或修复的，而之前的北方边界则被更早的夯土墙串联。在这里，南北之间的缓冲区域比黄土高原要窄得多，从游牧为主的世界穿越到农耕为主的世界非常容易。这一点从这里的一些墓葬可见一斑，墓主人可以在两种不同的生活方式和环境之间转换。

短则几十年，长则几百年，周王朝的统治者一直在利用中原地区的财富吸引他们潜在的敌人，并伺机将他们转化为盟友。这种情形一直延续到公元前 8 世纪和前 7 世纪的转折点，随着周人在黄河流域的力量逐渐削弱，他们不得不放弃宝鸡周边西部的部分土地。与此同时，来自草原地区的人群正在崛起，随着人口的增加，他们变得更加强大和繁荣，并且开始使用骑兵作战。[1] 我们经常会被一些宣传误导：那些和平、文明的定居点被未开化的游牧民族入侵的说法实际上并不准确。新来者有自己的复杂生业方式。正如中原地区的人群利用黄河流域的河谷和土地培育出共同的文化一样，一种共同的、与中原地区截然不同的文化也在草原地区传播。以黄土高原为媒介，接触、交融甚至包容总是有可能的。来自北方的人群逐渐接受了周人馈赠的青铜礼器，采用了祖先崇拜等一系列的葬俗，并为周人的政治和军事目标做出了贡献。

周人计划控制的那些领土的北部边缘潜藏着巨大的威胁，他们很快便意识到了这一点。周人迅速勘察了今天北京以南的区域，并决定向这里派驻家族中最忠诚的成员，以平定和管理这一重要地区。作为武王的兄弟之一的召公及其家族成员被委派于此，建立燕国。[2] 在今天北京近郊的琉璃河地区，我们发现了一处公元前10世纪的墓地，并推断附近应为一片被农耕土地环绕的大型居址。[3] 我们可以把它看作周人的一个前哨，它与其他一系列据点一起形成了他们在北部边界的军事布局，旨在保护通往更北方的三条主要通路的安全。第一条通路在宝鸡地区，𢎛伯和其他非姬姓氏族是主要成员。第二条通路在汾河流域，由晋国和芮国等姬姓宗族成员镇守。第三条通路便是燕山山脉之中的通路。但西周对这条通路的控制结束于西周晚期，证据是我们发现这里在公元前7世纪初已被北方的游牧人群占据，而此时兴建琉璃河墓地的人群要么已经去世，要么迁到了其他地方。我们在北京北部军都山地区那些地势较低的山坡之上，发现了三处有高等级墓葬的墓地。这里的墓葬总量大约在600座，其中的400座位于最大的玉皇庙墓地。[4]

玉皇庙墓地中有三座令人印象深刻的墓葬，它们一定属于氏族的首领。这些主要墓葬的墓廓都呈不规则的形状，并不符合周人及其盟友的埋葬习惯。这本身就足以说明，埋葬在玉皇庙的人群并非周人，也没有加入周王朝的想法。这里的墓葬全部为东西向，在墓坑的东、南、北三个方向不到1米深的位置留有较宽的生土二层台，而再向下发掘一点儿，便可看到墓主人主棺的周围还有一圈较窄的活土二层台结构。在这些墓葬中，墓主人的头朝东，椁室的底板上可以看到内壁嵌入留下的痕迹。所有的随葬品，包括武器、马具，以及耳朵和脖子上佩戴的金饰，都置于主棺内部墓主人的身躯之上。它们足以证明墓主人生前是一位富有的畜牧者，并且他也希望在地下世界维持这一身份。周人的墓葬中习惯将随葬品置于二层台之上，但在玉皇庙墓葬中，没有一件随葬品是在墓室的二层台上被发现的。由于随葬了武器，墓葬的主人应该是一位男性，因为同一墓地的女性墓葬中并未发现任何武器。

我们并不确定汉代史学家司马迁是否了解这批埋葬在军都山的人，但在他的著作中，活动于这一带的新来者被称为"山戎"，而这个名称也被研究军都山的史学家和考古学家沿用。因此，虽然这个名称使用起来很方便，但它难免有些专断。"戎"这个名称是周人使用的一个专有名词，一般用来形容那些通过威胁性手段接近中原地区的北方人。我们并不知道这些人是如何称呼自己的。同时我们也不知道，在向南持续推进的过程中，究竟有多少不同的北方氏族或群体被周人统一归入了这一大类之中。"戎"这个名称只是对"他者"的一种笼统的称呼，带有一定的暴力色彩。实际上，这些人显然并非出自同一群体，而这个术语则让他们之间的差异变得模糊，甚至不复存在。这个名称同时也让他们的存在显得微不足道，在周人眼中，这些新来者并没有像强国或者同时代的霸国、佣国那样被赋予一个单独的氏族名称。然而，戎人的众多成员对周王朝的影响却是巨大的。在公元前8世纪，他们中的一些人不仅迁入了黄土高原的许多地区，还积极且有效地参与周王朝的政治等相关活动之中。他们或许被分配到了一些农业聚落之间的、土地较为贫瘠的地区。戎人的一些分支已经渗透了定居人群的日常政治生活，这些人群日后逐渐成长为相互竞争的地方政权，有些甚至成了更大、更有权势的诸侯国。从包括《竹书纪年》和《春秋》在内的一些史书，以及包括《左传》在内的一些评注中，我们可以看到，公元前9世纪末至前6世纪中叶的这段时间之中，几乎每一年都有袭击或者小规模的冲突被记录在案。[5]

游牧者对定居者的侵扰是持续性的。《左传·闵公元年》记载了公元前661年时，管仲在齐侯面前那句著名的进言，他说"戎狄豺狼，不可厌也"。[6] 这是一个经常被人们提及的观点，却有些言过其实。这句话旨在贬低或者说模糊戎狄的实力。类似的例子在司马迁的《史记》也可以看到，他描述威胁秦汉的匈奴时写道："（匈奴）急则人习战攻以侵伐，其天性也。"[7] 然而，不断的战争并不是这些入侵者唯一的，甚至不能算是他们的主要"贡献"。[8] 随着对中原地区的入侵，戎人带来了他们的马匹、金器、铁制工具，以及那些形制独特的武器。正如我们在芮桓公墓葬中所看到的那样，所有这些外来的特征都在凸显新的文化发展。尽管这些在历史文献中从未被提及，但这种双向的文化交流对双方都有巨大的价值，特别是对黄河流域的定居人群，他们也许获益最大。随着北方各诸侯国的人口逐渐扩大，他们可以利用铁器开垦更多的土地。游牧人群向南挺进，农耕人群向北扩张，在双方的共同作用下，中国北方出现了最早的长城，主要由处于北方地区的燕国和赵国在公元前4世纪和前3世纪修建。[9]

值得注意的是，与彊伯或芮公不同，我们可以确认军都山上这些墓地的墓主人与草原有直接的联系。他们可能只是季节性地从草原地区来到这里，开发利用这片土地，修建了居址和墓葬。从玉皇庙墓地少见的墓葬结构可以看出，这个群体来自更北的地区。东西向的墓葬在黄土高原北部甚至草原地区属于典型特征，但宽阔的墓口和那种车或船形的墓廓则从未出现在其他地方。这种形状的墓葬可能在当时极为罕见，或许是为了在更多人面前突出这些首领的地位。墓地中的其他墓坑多为矩形，墓主人被置于一个椭圆形的坑中，同样为东西向。在那些相对简单的墓葬中，我们并没有发现弧形的外廓以及多个二层台的结构。这里的墓主人及其陪葬者似乎融合了几种不同的传统：草原的墓葬朝向、未知来源的多平台墓葬结构，以及木制的棺椁系统。显然，这种混合的做法是对周人葬俗的一种曲解。

椁室东侧的生土二层台上集中摆放着殉牲，包括马、牛、羊、狗四种家畜。在上下高差将近1米的范围内发现大量层叠摆放的动物骨头，我们以前从未遇到过这样的情况。动物头骨的吻部一律朝东，仿佛在将墓中的场景引向初升的太阳。这里有马头骨16个、马腿骨16根（包括肱骨和连蹄胫骨）。在下方的活土二层台上还有6个马头骨和12根马腿骨，以及相应数量的马蹄。这些动物的骨头，以及一旁放置的几套青铜马具环，让我们立刻想到了位于蒙古国境内石堆墓中的类似祭祀遗存。在那6个马头骨之上，又叠压了10个马头骨，还有各种其他动物的骨头，来自至少3头牛、4只绵羊、3只山羊以及4条狗。这些动物骨头不仅仅是祭品，它们同时还记录了牧民有动物相伴的生活。[10]墓主人躺在一张宽大的动物毛皮之上，下面还铺着一层厚2.5厘米左右的羊毛毡子。这些毛皮是游牧人群随季节迁徙时制作衣物和帐篷的必需品。军都山上这些墓地的约600座墓葬表明，这里曾经定期居住着一个或多个由男人、女人、儿童和马匹等牲畜组成的大型游牧群体。

草原地区的广袤程度以及游牧人群的活动范围是那些生活在欧亚大陆的定居人群无法想象的。超出理解范畴的未知事物总是令人不安的，因此不论是对于外来者还是对于畜牧者，他们都会被冠以贬损的称呼。"野蛮人"这一称呼（以及其他语言中的类似称呼）含糊且无用地掩盖了游牧人群的强大力量——他们通过不断迁徙和征伐占据了广袤的土地，后来也逐渐成了定居人群所面临的重大军事威胁之一。如果我们进一步思考，"游牧"一词实际上也是不准

第7章 草原边陲

确的。如果我们用"游牧者"来称呼某个群体，通常意味着其成员会在没有任何社会组织的情况下无序地流动。如今，我们通过人类学和考古学的研究了解到，我们所见的畜牧者并非这样管理他们的生活。[11] 牧场至关重要，但是并非对所有人开放。一个部落要想生存下去，必须与周围的放牧群体达成某种协议。讨价还价、让步或者纠纷随时可能发生，对一些事物的长期占据往往是谈判的关键策略。定期举办的节日聚会可能将多个族群聚集，其间会促成族群间的联姻、牲畜的交换以及贵重物资的交易。以可持续发展为前提的迁徙对充分利用环境至关重要。在夏季，牧民将牲畜赶到山上，以寻求新鲜的牧草。到了秋季，他们则返回山谷和盆地中的营地，以避开凛冽的北风。方便起见，我们在下文中将这座墓葬的主人称为"山戎首领"，他当年想必也遵循这种生活方式。

经过时间的印证，畜牧业那根深蒂固的流动性始终无法融入中原地区以定居和农耕为基础的生业方式。据说，成吉思汗曾经想要把河谷的农耕土地全都变成草地，用来放养他的牧群。但是，无论是他本人、他的追随者，抑或是定居此地的农民，都无从得知畜牧业并不适合雨养农业区。这里的人口过剩，还有大量的雨水和过多的湿地。更重要的是，这片土地中的营养物质匮乏——土壤中硒元素的缺乏意味着在平原地区饲养的马匹缺乏力量。在中央王朝的发展历史中，虽然游牧人群很少永久性地占领这里的土地，但通过交换、易货以及掠夺这里的粮食和金属资源，他们往往能够获得很多好处。只有新来者与定居者完全处于平等地位时，可被承认的政治或经济团体才会形成。随着时间的推移，邻近周人的封国和盟友逐渐发现，戎人带来了很多有价值的物品，比如马匹、黄金、带钩、刀、剑、铜镜和石构墓葬等。这些交流也许会导致文化的趋同，但并不总是这样。[12]

　　山戎的墓葬中，在与动物头骨齐平的位置设置一层积石，这样的安排属于草原传统。事实上，直到今天，石材一直是蒙古国与西伯利亚地区构筑墓葬和其他纪念物的首选材料，比如用石材作为护栏堆放在墓葬周围和内部，或是将石材覆盖于墓葬之上。其中最为显著的墓葬形式是石堆墓和库尔干坟冢。[13] 埋葬在玉皇庙的山戎首领必定来自这些散布在遥远草原上的某个游牧群体，而这个群体中的其他人可能仍然留在北方。南迁后，这位山戎首领及其追随者没有采用任何周人的墓葬形式（哪怕是改良的做法也从未尝试），没有接受周人成套的青铜礼器和宴飨仪式，也没有拥有或珍视周人的玉器，更没有在周王朝谋求任何贵族身份。他们的墓中没有任何带有铭文的随葬品。生活在玉皇庙的人群从未采用过我们在宝鸡或汾河流域看到的任何策略或者规划。山戎是对周代的王权漠不关心，还是他们压根儿就不知道周人的存在？显然，他们是在坚守自己的传统。军都山墓地是山戎的草原生活和族群身份的一个缩影。如果不是这里的发现，他们的物质文化可能很难在其他地方得到重现。

　　除了墓葬中的积石层，那些马头骨和马具同样传递着重要信息。它们被直接放置在墓主人的身上，这样的安排暗示着马匹在他生前和来世有着极为重要的地位。在墓主人的腹部和骨盆之间，分布着两组青铜马具，以铜镳和铜泡为主，其间尚遗有腐朽的皮革痕迹，表明它们很可能是作缰绳之用，与马背上的环扣相连。那些圆形的铜泡则是沿着缰绳添加上去，构成一种奢华的展示效果。在欧亚草原的许多地区，木材和动物骨头被广泛应用于装饰品和工具的制作。这些有机物很难保存至今，仅有一些位于俄罗斯阿尔泰地区和哈萨克斯坦境内的晚期墓葬能够为我们提供为数不多的实例。[14]这也从侧面说明为何青铜饰品会得到大家的重视。它们完整地保留至今,为我们提供了一个难得的机会去窥探这个极易湮灭在自然环境中的社会。青铜器还是一种新近获得财富的象征。这里出土了两种形制的马衔各一件,两端的形状分别为圆形和马镫形;同时还出土有8件马镳,其中的一部分与马衔相配。它们合在一起,向我们强调了墓主人与马匹之间的密切关系。我们注意到马衔和马镳的数量并不匹配,是否意味着其中的一些马镳被绳索或皮革代替?与梁带村的马具不同,玉皇庙的每件青铜马镳上均设有三个穿孔,这表明它们可能是直接用皮革系在马衔之上。这是一种新潮且流行的特征,源于草原马具的形式。[15]可以看出,这座墓葬的主人与草原上发生的变化完全保持着同步。在草原地区,青铜或铁制的马镳在公元前9世纪取代了鹿角。这座墓葬中还发现了另外两套马具,包括青铜马衔,暗示着马匹可能成对出现,用于拉战车或普通马车,尽管我们在玉皇庙没有发现任何青铜车器或车辆遗存。对于草原上的驾车之人,他们既没有足够的财力支持,也没有任何用青铜装饰他们的车辆的意愿。墓坑外廊的形状以及集中摆放在一端的马头骨可能表明,这座墓葬本身便是一辆驶向地下世界的马车。[16]墓葬中随葬了多个马头骨和马镳,因此我们也不能排除墓主人和他的追随者同时也骑马的可能。欧亚草原东部的游牧人群早已习惯了在放牧、劫掠和战争等过程中骑马,这也使得他们对周人产生了更大的威胁。[17]马匹是草原生活中的决定性因素之一,而对于所有南侵的游牧人群来讲,马匹同样重要。随着它们的南下,马匹也逐渐融入了中原地区的景观之中。然而,中国的历史学家和考古学家对它们的关注并不多。这可能仅仅是因为在中国历史上的大多数时期,那些

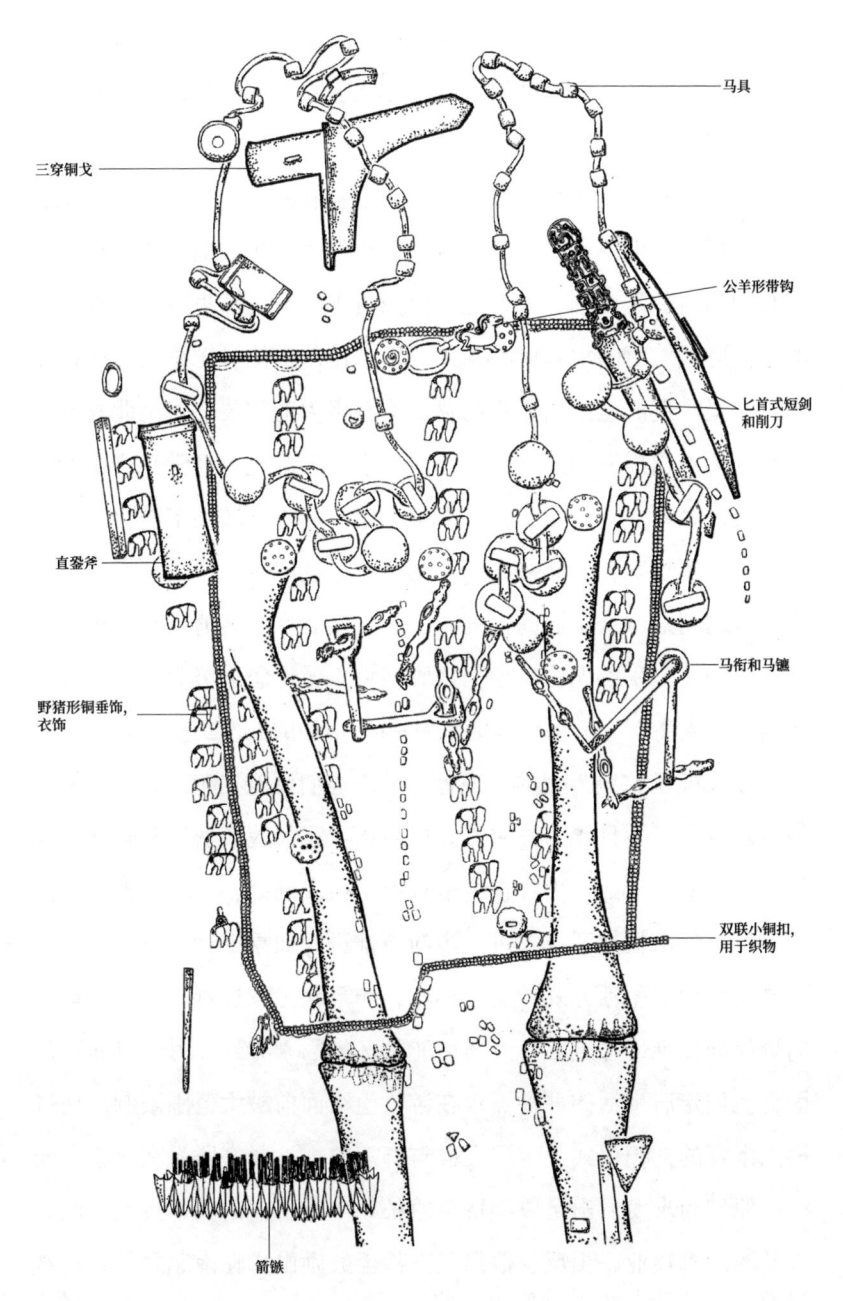

主棺内部的武器、马具和装饰品

第 7 章 草原边陲　　　193

受过良好教育的、有能力编纂现代学术所依赖的记录的学者和官员并不善于骑马。他们出行时大都乘车或坐轿，有大批的仆从驭马并照料马匹。

关于草原地区与农耕地区之间可能存在的差异，我们已经见过大量的讨论。但事实上，这些讨论往往经过了极大的简化，特别是当我们面对的是中国北方地区，比如黄土高原，那里有农牧业混合的生活方式。更为根本的差异来自军都山的两侧，无论南方还是北方，这里广袤的土地和丰富的物产均有极大的重要性。南北双方可能都认为燕山周围的土地是自己的领土，因此这里经常会产生摩擦和冲突。尽管双方在文化和军事实力上是可以一较高下的，但双方的力量并不均衡，因此双方不得不在遭遇战中寻求适当的方法以保全自身的利益。从中原的角度看，每一次北方人群的到来、每一次这样的冲突似乎都无法让他们摆脱困境。无论怎么努力，总是有更多的北方人南下，也总是有更多的军队和城市要正面迎击入侵者。

山戎便是这些入侵的新来者之一。他们可能在燕山地区已经居住了几百年，并且逐渐被主流人口同化。正如我们从这些随葬的青铜饰品上所看到的，山戎在这里获得了很多好处，但同时他们也无法将自己的畜牧生活方式进一步向南推进。如果继续南下，势必需要改变他们的生活方式。反之亦然，一旦北上越过燕山，中原地区的贵族同样难以寸进。一方面可能是环境因素导致，另一方面则是因为他们定居生活的种种需求在游牧生活面前被大范围限制。通过祖先崇拜的祭祀仪式，定居人群与脚下的土地紧密联系在一起。同时，他们尚未发展出足以维持草原长期生存所需的基本技能，比如最基本的畜牧业。相反，他们允许甚至鼓励山戎在南北之间相对贫瘠的土地上定居，并与之结成联盟。这恰恰是一种策略，为了减轻北方人群带来的影响。[18] 将新来者吸纳进自己的文化乃至自身的政治框架之中，这正是周王室和诸侯的终极力量所在。

在这一背景下，我们不应该被这位山戎首领墓葬中的四件青铜容器误导。虽然这些器物的出现看似暗示了他已经接受了中原礼制的同化，但事实上这里有限的几件器物与宴飨仪式上的成套礼器还相去甚远，它们也无法成为与家族先祖沟通的载体。其中有一件略显粗糙的青铜镬，口沿处有一对模仿绳索的立耳，器底和腹部表面遗留有厚重的烟炱痕迹，表明它曾经是一件实用器。这件镬的器型与草原地区的烹煮器相似，例如俄罗斯图瓦共和国"国王谷"中一座主要的坟冢内曾出土过一件形制相似的器物，但那件器物将近半米高，一同出土的还有通高大约 30 厘米的小型烹煮器。[19] 我们并不知道这种器物究竟是先出现在草原，还是源自黄土高原的本地传统，之后才传到北方。这种不确定性提醒我们，我们对这里的情况了解尚浅，尤其是北方游牧人群与黄土高原的居民之间的那些延续时间很久但几乎难以察觉的互动。北方游牧人群留下的遗迹非常有限，而黄土高原的居民似乎在极力摆脱他们的起源，转而融入更加富足的农耕生活。一些学者指出，那些持有大量青铜资源的人生产了器皿以及后来的腰带、马具装饰品等，并以此与更北方的草原人群进行交换。[20] 这位山戎首领墓葬中的小型青铜铷可能就是由周的工匠专门为北方人群铸造的。[21]

这件器物外观上可以看作一个小而光滑的椭球形容器，一侧配有一个环形鋬，外壁装饰有阴线三角云纹。类似于这里的青铜镬和铷的缩微器物也同样出现在芮公夫人的墓葬中。[22] 虽然这两种器物都可算作周人铸造传统下的产物，但它们在黄土高原地区变得特别流行。青铜铷尤其值得进一步思考，这种器型在玉皇庙的 400 座墓葬中共出土了22件,其中大多数均配有一个或两个这样的环形錾。[23] 或许山戎将其作为木制杯子的替代品。在山东省东南部的一些墓葬中也发现有铏类的器型,但它们并没有和食器、酒器放在一起,而是出现在武器和车辆配件之中。我们因此可以断定这种器型并没有被纳入标准的成套礼器之中。[24]

左:青铜铏,配有环形錾,通高6.9厘米
右:青铜鍑,制作粗糙,通高20.9厘米

这位山戎首领的另两件青铜容器是带盖的青铜敦(该器型在梁带村有出土)和更为圆润的酒器——罍(该器型在更南的地区也有发现)。带盖的敦是一种北方出现的新型器物,更流行于黄土高原和山东地区,在南方很难看到。较大的青铜罍铸造得十分精致,纹饰带上有多种抽象的几何图案,可以与中原地区贵族墓葬中的器物相媲美。[25] 我们并不知道这两件器物是如何北上来到这个地方,但它们并非孤例。我们在玉皇庙的另一座墓葬中发现了两件配套的青铜水器——盘和匜，它们与军都山的生活显得格格不入。[26] 这些器物在此出现，显示出北方人群搜集其他地区精美青铜器的倾向，同时也揭示了金属制品是新来者最为珍视的主要资源之一。

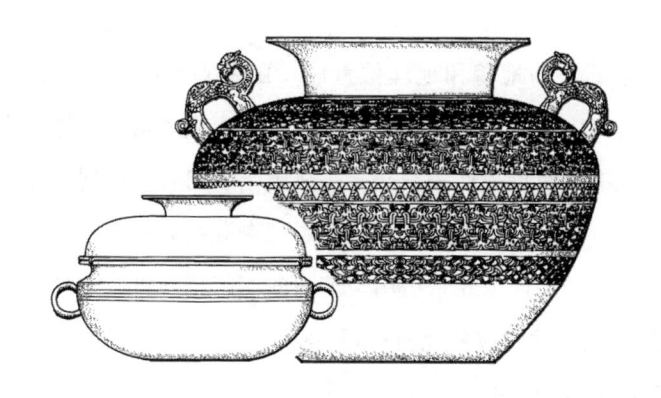

左：带盖的青铜敦，通高14.2厘米
右：带有装饰的青铜罍，通高26.6厘米

这种现象体现了生活在北方与中原地区的不同人群之间的差异。在北方，马匹是财富的源泉和象征；而在中原，财富主要体现在青铜礼器以及为祖先准备的宴飨仪式之上。[27] 马匹可以在广袤、干冷的草原环境中繁衍生息，而青铜礼器似乎是更加湿热的农耕环境的产物。青铜器时常会流通到各地，比如周人将其作为礼物赠予宝鸡地区的盟友，或者用它们来巩固汾河沿岸各个诸侯国之间的关系。然而，玉皇庙的山戎并不像強国氏族那样向往成套的礼器，他们的器物并非来自赠予。可以看出，山戎并没有通过为祖先提供祭品来寻求美好生活的保障，他们所做的是纯粹地展示财富。我们所见到的青铜器可能会在适当的时候被重新熔铸，变成在他们看来更重要的器物，比如马具。游牧人群眼中的青铜器，即便是最复杂的容器，有着不同的作用，它们是为将来储备的财富。我们知道，几百年后的燕山脚下，草原上的人群用自己的特产换取金属制品和粮食。[28]

北京周边的地貌和地理位置以及山戎到来前的历史，向我们解释了为何山戎首领的墓葬中会出现这些青铜容器。草原、山脉和农耕土地的具有挑战性的交会，是燕国国君将青铜礼器带往北方的驱动力。燕国建立在这里，既是为了抵御游牧人群的入侵，也是为了获取北方的马匹。北京房山琉璃河的燕国墓地可以追溯到公元前10世纪早期，通过该墓地的布局，我们了解到这里曾经居住着多样化的人群。其中一些来自中原地区，另一些则来自草原边陲。草原人群的墓葬形式与众不同，往往不遵循周人的传统。他们与北方的紧密联系体现在随葬的战车与马匹之上。这些墓葬中还出土有柳叶剑、马具和一些马头形状的配件。[29]当周王室决定离开渭河流域的偏远地区，在东方建立新的王朝中心时，他们不可避免地吸纳了来自不同文化和族群背景的人群。其中那些效忠周王室的人也会得到青铜礼器，死后随葬这些器物。他们的部分青铜器上带有铭文，这让我们有机会了解到那些因军功而被赐予土地和劳动力的贵族生前的事迹。然而，燕国在公元前10世纪之后并没有蓬勃发展。他们存在过的所有痕迹似乎一瞬间消失了，究竟发生了什么？为什么这里的生活被突然打乱？我们并不确定这些问题的答案，但可以肯定的是，这一动荡局面的时间点与远在西部的强国消失的时间点完全吻合。或许在同一时间，有大量来自琉璃河的燕国青铜器被埋藏在了燕山脚下的墓葬或窖藏之中。[30]这些是由周人的势力埋藏的，还是说这些青铜器被其他的新来者获取并埋藏，从而达到贮藏财富的目的，以备将来之需？

对于偶然发现它们的人来讲，这些器物显得更有价值。发现它们的人包括来自草原地区的新来者——那些属于今天被称为夏家店上层文化的人。据说他们可能早在公元前10世纪便开始活跃于此，并一直占据此地到公元前8世纪甚至更晚。他们的墓地位于燕山山脉的东北部，墓葬中大量使用了石材。从人工制品的角度看，他们或许是埋葬在玉皇庙的山戎的先辈，因为这里的青铜剑和马衔、马镳等马具或装饰比玉皇庙的器物更具有实验性。这些器物的出现表明他们是来自北方的入侵者。夏家店上层文化的人群会佩戴螺旋形金丝饰件，同时他们还会将一些器物进行再利用并随主人一起埋葬。他们会将其他器物熔化，并制作成自己惯用的容器和武器。充足的青铜供应让他们可以铸造青铜盔，从而取代原本防护能力较弱的皮制帽子。[31]"高耸的燕山山脉可以提供天然牧场和庇护所"，"燕山脚下容易获取金属资源"，或许此时类似的消息已经不胫而走。从考古发现上看，这些不寻常的金属制品似乎是凭空出现的。在今天的蒙古地区，一定存在着更早的武器和青铜配件，只是它们可能已经被一代代生活在这里的人重熔并再利用。随着那些深埋地下的青铜珍宝在燕山脚下重见天日，新来者似乎也意识到了可以将它们带入地下世界的生活之中。拥有四件青铜容器的山戎首领显然就有这样的想法。

关于夏家店上层文化和玉皇庙的人群将青铜器作为金属来源，并以此铸造武器、马具和装饰品，我们还有进一步的证据。在这些青铜器中，我们检测到了一种高铅青铜合金。[32]在黄土高原发现的其他一些北方青铜武器也含有这种合金。[33]这一现象表明，夏家店上层文化和玉皇庙发现的青铜器很可能使用了来自中原地区的合金材料。我们知道，中原地区的青铜合金通常会含有铜、锡、铅三种主量元素，而草原地区发现的青铜合金则很少含有铅元素，取而代之的是含砷的青铜合金。燕山山脉的新来者很可能发现了周人留下的青铜器，并将其中的一些熔化后，制作出了他们自己的容器、马具和武器。[34] 青铜的冶炼和铸造是极为复杂的过程，其中的采矿、冶炼、合金配比等环节需要丰富的知识和经验、大量的人力和物力，甚至还需要一些机会和运气。然而，那些新近来到燕山南北的人，只在一夜之间便获取了这样的财富。他们不用费力去采矿和冶炼，只需要从墓葬或窖藏中寻找，便可不劳而获。

山戎首领的墓葬中还有 5 件青铜武器，它们的位置显然是经过细心安排。一件三穿铜戈摆放在他的胸前位置，这件器物并非草原风格的青铜武器。戈的援部较宽，下刃呈弧形，延伸至下阑的位置，内呈长方形，可与穿配合将戈的整体固定在木柄之上。类似的武器在公元前 8 世纪末和前 7 世纪中原地区的墓葬中随处可见。它可能是墓主人在战斗或劫掠的过程中获得的。这种武器具有劈砍的效果，类似于商和西周早期的青铜钺。他身体的右侧放置有一把直銎斧，下方靠近小腿的位置还有一把铜凿。这些都是草原生活中常见的工具，后来在商周时期作为修理战车的工具被一同引入中原。直銎斧的旁边还有一件有趣的器物——一件细长、中空的方柱状锥（针）管具，它可能被用于存放青铜针或铜锥。青铜针或锥类器物一般用于穿刺皮革，或者清除动物蹄子上的石子。事实上，玉皇庙墓地的其他墓葬中也出土了不少这类细长的方柱状铜器，而且每件铜器的装饰都略有不同，可以看出它们属于个性化选择，并且当地的青铜资源十分丰富。诚然，草原人群一般不会如此使用稀缺的金属资源，而是把针或锥一类的尖锐工具放入皮鞘之中。

墓主人腰部左侧的一把直刃匕首式短剑和一把削刀是最具杀伤力的武器，它们是用于近身战斗、猎杀和剥皮等的劈刺类武器。我们可以看到，短剑的剑柄处有精致的浮雕，可能曾镶嵌有小块的绿松石，而削刀略弯曲，顶部有一个椭圆形的环，可以用皮带将其系住。玉皇庙墓地的大多数墓葬出土有短剑和削刀的组合，但它们的风格往往不尽相同。[35]在南西伯利亚地区那些草原上的墓葬中，也发现了完全相同的组合——带有装饰的匕首式短剑和单刃的削刀，其中最令人印象深刻的例子出自阿尔赞墓地年代较晚的二号冢之中。[36]在这座山戎首领的墓葬中，虽然没有发现弓的痕迹，但我们

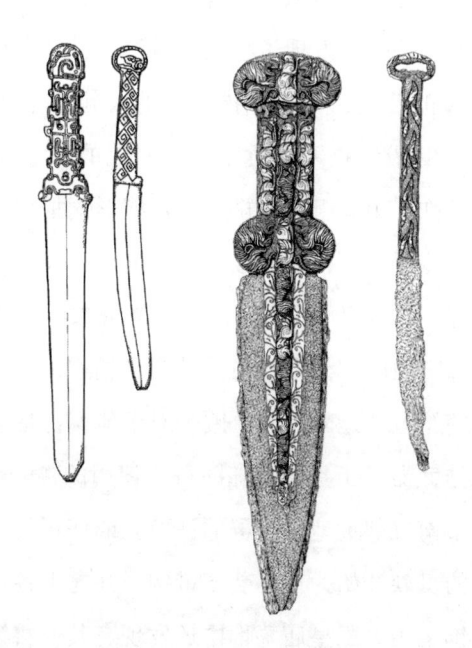

左：山戎首领墓葬中出土的直刃匕首式短剑（长28.6厘米）和削刀（长23.1厘米）
右：阿尔赞二号冢出土的金饰铁匕首（长38.8厘米）和金饰铁削刀（长28.8厘米）

第 7 章　草原边陲

在墓主人右腿附近发现了60枚带残留箭杆的箭镞，还有箭箙的痕迹。草原战争和中原战争之间的区别便体现在箭镞之上，它们广泛分布于欧亚大陆的北部。这个微小但至关重要的特征给了我们明确的信号，说明墓主人一定有草原文化的背景。

这座墓葬中还有令人困惑之处，墓主人胸前遗物中的一层是由416枚精美的双联小铜扣彼此相连、排列成了一个接近于矩形的结构，它们应是附着在一块展开的织物之上。我们此前没有见到过类似的人工制品，但是可以推测：它们可能构成了一件类似于束腰外衣的服饰，一直从腰部延伸到靴子上方，或者是构成一件直接缠绕在身体上的衣物。这些装饰有S形螺旋纹的双联小铜扣，单独看任何一个都微不足道，但如果将如此多的铜扣装饰同时附着在衣物之上，呈现出的效果势必会增强穿着者的威严。而且这并非孤例，玉皇庙墓地的其他墓葬中也发现了相同的做法。虽然山戎首领的墓葬中没有发现裤装的痕迹，但可以推测他的大腿和小腿可能裹有某种形式的绑腿，并最终被塞入靴子之中。他的膝盖处亦有小型青铜饰物组成的装饰，由6组垂直排列的野猪形铜垂饰组成。几乎可以肯定的是，这些垂饰的上端直接与腰带连接，或者是固定在衣物之上。每组的排列也很讲究，各有10多个垂饰。一件公羊造型的浮雕带钩，尾部弯曲的部分可能与某种圆环相连，用于固定男子的腰带。不论是骑马者还是驾车者，腰带对于他们都是至关重要的装备，可用来悬挂武器、工具以及随时可能使用的鞭子。[37] 带钩也在这时逐渐引起了南方邻近地区人群的注意。或许正是从他们那里开始，中原地区的贵族开始为自己装备带钩，并配上各种不同的图案和细节以供装饰之用。玉皇庙墓地中还发现有其他腰饰，正面有交织的卷曲花纹，背面则是一个宽大的环，可用于穿系皮带或麻绳。

一个公羊造型的带钩，长约5厘米

就像墓主人上衣处的矩形装饰一样，这里的许多小饰件都是被穿在一起，形成反光金属的视觉效果以及叮当作响的声音效果，这些是中原地区的人群中未见应用的。腰带在南西伯利亚和哈萨克斯坦东部等地也有使用，最精美的例子来自阿尔赞墓地的二号冢之中。[38]

在整个草原上，黄金是炫耀地位和财富最有效的方式。这位山戎首领的脖子下方挂有一个黄金虎牌饰，牌饰背面有两个环形结构，皮带或皮绳可以从中穿过。这只老虎是一个很好的标志，表明

左：黄金腰带装饰，长3~4厘米，阿尔赞二号冢出土
右：双联小铜扣，玉皇庙墓地出土

第 7 章 草原边陲

了中原地区一些新品位的引入，后来我们在钟离君柏的墓葬中也见到了类似的造型。在玉皇庙的其他墓葬中，有些人的脖子上也挂有动物的侧面形象，通常是马或老虎，但它们都是青铜制作的。这些颈饰似乎在以一种被高度重视但又很私密的方式提升着这批山戎的自我认同感。这位山戎首领的耳朵上戴着用金线缠绕成环状的精美耳环，旁边还有一颗绿松石珠。这种金制耳环以及那些较低等级墓葬中出土的青铜耳环，在各个时期都是北方人群的典型标志。此外，我们还在墓主人颈部和胸前的位置发现了绿松石项链和坠珠等配饰，二者相加共有 175 颗绿松石珠。玉皇庙墓地其他一些男性墓主人的胸前、脖颈处还发现有金制的璜形饰。我们知道，山戎群体并不是原始社会，而是拥有自己独特服饰习俗的复杂社会。衣物的穿戴方式、装饰品的佩戴方式以及特定个体对黄金的专属使用，都可以反映出当时草原地区高等级贵族的生活方式。玉皇庙墓地三座最大的墓葬，无论是其墓室规模，还是墓主人的装饰品分布，抑或是腰带、动物图案、螺旋形耳环等随葬品的细节，均能够向我们表明这是一个繁荣且等级分明的社会，并且其中的社会成员与更加富有的游牧人群保持着长久且紧密的联系。

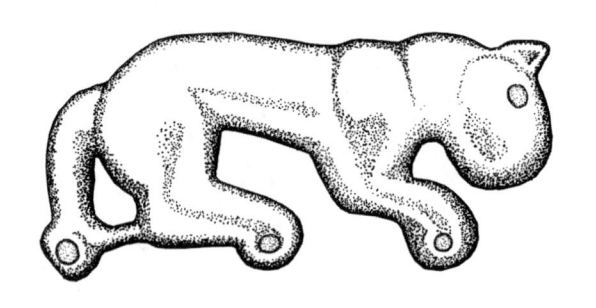

黄金虎牌饰，用于颈部装饰，长约4厘米

马形青铜牌饰，用于颈部装饰，长约5厘米

　　以黄金饰品为标志，一群强大的草原游牧人群设法来到了军都山以南的地区。这群生活在中国以北广大地区的人，无论是活动在今天的蒙古国，还是远在俄罗斯图瓦共和国，抑或是这批山戎，都表现出了一种共同的文化。我们看到了相同的匕首、刀剑、马具和动物形状饰品，这些人工制品的痕迹在公元前9世纪到前4世纪或前3世纪的墓葬中一再出现，从欧亚草原东部一直延伸到黑海地区，甚至到达了克里米亚和今天的乌克兰地区。[39]最早的一批墓葬发现于欧亚草原的西端，通常被归于斯基泰人。有关这一人群的描述可参见古希腊历史学家希罗多德的《历史》一书。[40]这些早期的发现主要集中于西方。但到了18世纪，人们在西伯利亚地区发现了精美的金制腰带和配件，同样以动物的侧面形象为主。这些精美的文物在俄国征服此地之后很快便被献给了彼得大帝。有趣的是，欧亚草原东侧和俄国境内的这些坟冢，最终被证明是这一传统的核心区域，它们的西进从这里开始，它们后来才传到了斯基泰人手中。最早的库尔干坟冢建于公元前9世纪，唯一一座完整发掘的坟冢年代为公元前7世纪中叶，也就是我们几次提起的阿尔赞二号

第 7 章　草原边陲　　　　　　　　　　　　　　　　　　205

冢。它的存在揭示了草原文化的复杂性,以及草原地区与中原地区早已建立的联系。[41]

诚然,当我们站在军都山上向北方远眺时,我们无法看到远在草原深处的人群和他们所在的社会,但是他们的存在就像我们身后的周王朝的农耕定居点一样,是可以真切地被感知到的。如果我们承认,遥远的周王室有能力引领甚至决定彊伯和芮公的个人生活,那么我们也必须在山戎首领的故事中承认阿尔赞地区贵族的存在,这些贵族同样是骑马者,身边有配偶和卫兵。对于后来的斯基泰人,希罗多德列出了他们的首领的一份陪葬名单,其中包括"国王的妾侍、酒侍、厨师、马夫、管家、信差、马匹、一些经过挑选的财产以及一些黄金酒杯"。[42]这一描述反映了作者对地中海地区那些王室宫廷的熟悉,但显然这些并不能代表草原上的人群。尽管如此,希罗多德正确地认识到了墓主人和侍从一同下葬的习俗,同时还陪葬有马匹和黄金。在阿尔赞墓地,墓主人衣物上由黄金铸造的豹形装饰超过2300件,另有许多更小的黄金野猪被附在他的箭箙和木弓之上,他的帽子上还配有马造型的装饰(彩版7)。可以看出,玉皇庙这位山戎首领的实力和财富可与阿尔赞二号冢的主人的随葬配置相呼应。

对于草原上的驭马者来讲,动物是他们文化和信仰的决定性元素。这一特点常被简称为"动物风格"。[43]然而,这些用黄金或青铜铸造,用木材、骨头甚至象牙雕刻,或者绣在纺织品上的生物,并不仅仅是艺术风格。它们与那些制作和佩戴它们的人紧密相关,是他们宇宙观或者说世界观的基本组成部分。山戎首领的衣物和靴子上的野猪,与草原上经常见到的鹿石表面刻画的雄鹿属于同一个世界。我们可以看出,军都山的人群和他们使用的物品参与了一个由

"物的语言"形成的特殊语境之中,这种语言以多种形式广泛存在于整个亚洲内陆地区。它们的主人没有留下任何文字证据,因此我们既不知道他们是如何描述自己的,也不知道这些动物对他们究竟意味着什么。这些动物形象可能代表着单一物种,或是由几种生物拼凑出的组合形象,通常以侧面轮廓示人。这里的大多数生物来自人们熟知的自然世界,但也有少数是虚构的。我们经常可以见到一个捕猎的主题——老虎、鹰甚至狮鹫作为掠食者,正在攻击和捕捉食草动物,比如鹿、马或公羊。

虽然人们都爱对这些动物的意义做出自己的猜测,但是事实上,这些图案更有可能承载着多重意义,随着时间和地点的不同,这些意义也会关联到不同的事物之上。它们并非起源于同一个地方,图案之间的相同点和不同点均大量存在。[44] 因此,把这些动物看作象征性的图案同样具有误导性。它们更可能存在于现实层面,我们应该将它们视为祥瑞或避邪之物。如果我们远观,可以把它们看作一种被广泛共享的生活方式或者对来世的期盼;如果近距离观察,我们会发现它们具有明显的地域偏好和独特性。然而,在山戎首领这里,腰带上的公羊图案和衣物上的野猪图案,清晰地告诉我们这是一种来自草原的语境。我们在农耕社会中看到的器物上的图案和承载的信仰,与这些动物图案格格不入。值得注意的是,在几百年的时间里,这种文化上的分界一直存在。草原上的公羊、雄鹿、老虎和鹰构成了充满活力的传统,它们与中原地区的兽面纹、龙纹、长羽鸟纹的组合紧邻彼此,但又界限分明。两种独特的视觉语言均跨越了广袤的地区,并各自在人群凝聚力、归属感方面产生了深远影响。

从后世的角度,我们很难观察到千变万化的动物意象在这片广

第 7 章 草原边陲　　　　　　　　　　　　　　　　207

袤地区的连续走向，无论从时间上还是空间上。这种"割裂感"体现在这位山戎首领和他的追随者在军都山地区的突然出现。在草原地区，游牧人群的高等级墓葬本身的分布就不均匀，多为偶然发现的，而且许多库尔干坟冢早已被人盗掘，缺乏物质遗存。当然，主要原因还是草原本身无法提供太多财富，物质证据只是零散出现。[45]在干燥的草原之上，那里生活的人群几乎没有什么可以随葬的物品，像那些青铜铸造的贵重物品往往会被一再利用，重熔后铸成新的器物从而循环使用。来自中原地区的青铜器，以及来自萨彦岭和阿尔泰山脉的黄金和铁矿资源，与这里大量的野生林木并存，木材可用于冶金过程中的燃料或冬季庇护所的搭建和取暖。黄土高原和燕山地区的畜牧者因此能够与南西伯利亚的游牧人群一样，过上更加充实和富足的物质生活。居住在图瓦共和国的游牧人群甚至富裕到可以随葬他们的贵重物品，但是在两地之间，特别是戈壁沙漠地区，以及以蒙古高原为首、有时海拔高达 2000 米的广阔高原地区，我们所掌握的信息非常有限。虽然可以发现大量的动物形象以岩画的形式存在，但是整个冬季的凛冽寒风却不断摧毁着这片广袤区域中人类居住的痕迹。尽管未来的考古学家不太可能在这里发现更多的高等级墓葬，但不可否认的是，在这片高原地区生活的游牧人群仍然属于相互关联的草原文化体系。他们比中原的人群更加强大，更加见多识广，拥有更多的资源。他们之间通过竞争、战斗、交换、合作等手段保持着长期的联系。

就像当年生活在平原上的农耕人群一样，今天的我们也只有当游牧人群真正到达中国北部边界时，才会意识到他们的存在。[46] 那些有能力发展农业、制造珍贵礼器和武器的地方势力，始终是生活在资源贫瘠地区人群的攻击对象。山戎可能并不是第一个被燕山山脉吸引的马上民族。我们很幸运，军都山墓地向我们展示了农耕人群和草原人群之间关系的一个新阶段。许多先辈早已迁离此地，包括那些将战车带到安阳的先民。同时，地理和气候条件也时常引发人群的迁徙。[47] 一些罕见的天时地利条件，比如更多的降水导致穿越戈壁变得容易，或许能够解释北方人群的一些入侵事件。燕山山脉的山麓成了一个理想的目标，附近虽然也有沙漠分布，但与广袤的戈壁地区相比还是小巫见大巫。况且，比起渭河和汾河流域的肥沃谷地，北京周边的农业和金属资源显然更接近于今天的内蒙古草原地区。穿越燕山山脉的迁徙活动将继续进行，事实上，我们应该把这种南下的迁徙看作游牧人群和定居人群生活中的一种常见现象。[48]

山戎不仅带来了他们的财产，随之而来的还有他们的习俗和信仰。我们认识到，这位山戎首领及其追随者对地下世界有着清晰的观念，认为在这里他们可以与野生和圈养的动物一起生活。玉皇庙墓地的主人与中原地区的互动和西周早期周人联盟之间的互动大相径庭。这位山戎首领是新一代人的代表，他象征着一种新的文化互动方式，以及一种新的互利模式。随着人们开始习惯于马背上的生活，欧亚草原东部的竞争越发激烈，随之而来的是新的挑战。对阿尔赞墓地的短暂观察清楚地提醒我们，哪里才是真正的权力所在之处。蒙古高原上相对贫穷的游牧人群显然意识到了自己的北面有一股不断壮大的力量。随着新的权力中心在阿尔泰-萨彦地区崛起，其他畜牧者，包括山戎在内，很自然地考虑避开这股势力，去寻找更为丰饶的草场。因此，他们最终出现在了黄土高原和燕山山脉的交界处。[49] 玉皇庙墓地代表了草原贵族日益强大的财富和权威。面对公元前 8 世纪末到前 7 世纪的中国，我们很容易将这里的政治格局想象成一个从群雄割据迈向大一统的纷乱局面。然而，此时此刻，佩戴黄金装饰的草原贵族却可能比他们在中原地区的竞争者更为强大。

与此同时，周人的各地方势力占据了更多的农耕土地，随之而来的是他们内部逐渐升级的紧张局势。这个时期被称为东周时期，其中前半段被称为春秋时期。从这一时期开始，定居人群不再将北方人群视为和平的邻居，从传世文献中我们能明确地追溯双方会面时所引发的敌意和冲突。《左传》中反复提及戎人并将其丑化：

戎轻而不整，贪而无亲，胜不相让，败不相救。[50]

当我们翻阅希罗多德有关斯基泰人的历史或司马迁有关匈奴的记载时，我们往往可以感受到相似的恐惧、蔑视以及排外的情绪，甚至还带有一种刻意为之的不理解。[51] 在今天，这种对"他者"的贬低性描述仍然充斥在世界的各个角落。当信仰和习俗存在巨大差异时，正如来自北方的草原骑手和御者与中原定居的周人之间的差异那样，冲突总是会不期而至。传世文献中的刻板印象不可避免地成为一种主题，并在几百年间不断重演。作为结果，这些公元前8世纪和前7世纪的诸侯以及后世的历史学家，并没有意识到草原人群和中原定居人群的接触可能预示着什么。从某种程度上看，我们可以将这些敌对的言辞看作一种刻意的掩饰，当权者用来隐藏新来者在某些情况下的成功。

各个诸侯国的国君不可避免地要与来自草原的人群打交道，他们更为熟悉的山戎显然也在其列。尽管偶尔会产生一些不愉快，但一些更为积极或者说更富有成效的关系依然存续，因为对马匹的需

1. 玉琮王，饰有良渚玉器上常见的神人兽面纹。公元前3300—前2300年，良渚文化统治着长江三角洲

2. 陶寺残墓所出为数不多的彩绘陶杯之一，年代约为公元前2000年

3. 陶寺M3073中出土的彩绘陶盆，年代约为公元前2000年。其棱角分明的轮廓看起来像是当代艺术，其纹饰也是后来青铜器上类似几何纹样的前身

4. 青藏高原的高海拔与大体量阻碍了人们与伊朗高原及更西地区的交流，这促进了丝绸之路的发展，丝绸之路联结了青藏高原北侧直至中亚的沙漠和草原地带

5. 山西南部黄土高原之上的梯田

6. 陕西出土玉鹿，类似于草原文化的动物形象，年代为公元前10世纪

7. 俄罗斯南西伯利亚"国王谷"阿尔赞二号冢主墓出土四件金马中的两件，饰于墓主人夫妇的冠上，年代为公元前7世纪

8. 蒙古草原上的鹿石（约公元前1400—前700年），其所纪念的人物面部形象刻于顶部，下刻有悬挂着工具和兵器的腰带。其上还刻有鹿的形象，这类石刻因此得名

9. 陕西神木出土的金鹿，带有格里芬的喙和角，边缘饰有猛禽头，年代为公元前4世纪至前3世纪。西伯利亚巴泽雷克墓地出土的木制马笼头饰有同样的角，这表明了跨越草原地带的广泛交流

10. 安阳晚商王陵区M1400的墓穴，其陡峭的黄土墓壁深度超过三层楼，年代约为公元前1200年

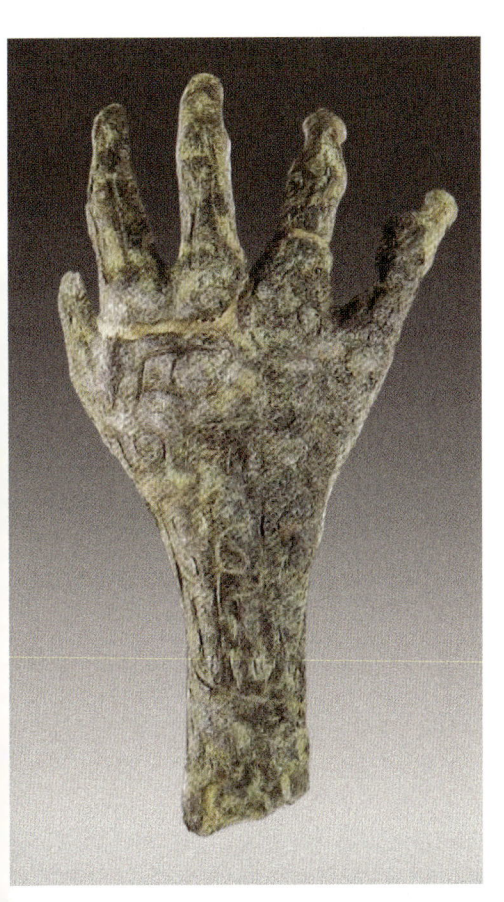

11. 亚长的青铜手，和他一起葬于其位于安阳殷墟宫殿宗庙区附近的墓葬，这使他在死后仍能守卫这座晚商时期的都城

12. 妇好的青铜觥，其造型为想象动物，头部有一对卷角，后端有收拢的双翅，年代为公元前13世纪后半叶

13. 安阳殷墟王陵区M1004底部出土的青铜方鼎，其上的鹿纹在商朝的北邻中也很流行

14.《明皇幸蜀图》,表现了唐玄宗因安史之乱逃往四川盆地的艰险旅途,绢本设色,年代和作者有争议

15. 四川省金沙古城出土的大金面具,年代为公元前12世纪至前11世纪

16. 四川省三星堆遗址出土青铜大立人像,年代为公元前13世纪至前12世纪。这一神秘人像躯干部分的形状可能借鉴了圆柱形的树干

17. 陕西和山西交界的黄土景观，浑浊的黄河向南蜿蜒流淌

18. 陕西宝鸡石鼓山M3出土的一套青铜酒器，器盖均有尖钮，器身有夸张的扉棱。它们均被置于一件配套的铜禁上（高20.5厘米，长94.5厘米）

19. 黄土高原东缘，太行山脉的悬崖峭壁

20. 芮公内棺及随葬品，年代为公元前8世纪。他的金腰饰横跨在中间，图的右边有一件玉璜和数排珠饰，左边有一把玉戈。最左边是四件小型玉琮，这证明了人们对玉器的热情，因为数千年来人们大量制作、欣赏这样的玉器，并将其用于随葬

21. 芮公配偶仲姜墓出土的一件较重的玉猪龙，它可能来自遥远东北的红山文化，也可能是红山玉器的复制品

22. 浅绿色半透明的玉猪龙，出土于牛河梁遗址，年代约为公元前3500年

23. 仲姜墓出土串饰，玛瑙管、绿松石珠、石珠等和一件梯形玉牌穿在一起，总长约97厘米

24. 安徽省蚌埠市钟离君柏墓出土彩绘陶罐，年代约为公元前600年

25. 规模宏大的曾侯乙编钟，全套编钟共65件，下层中间有楚惠王赠送的镈钟一件，年代约为公元前433年

26. 曾侯乙漆木内棺。其表面装饰着大量互相缠绕的蛇类生物，两扇门有长角的奇怪人形守卫，窗户两侧饰有鸟类形象

27. 饰有精细繁缛镂空纹饰的曾侯乙尊盘,可谓中国古代最罕见、最特别的青铜礼器之一

28. 中山王䁊墓出土错金银虎噬鹿屏风座,年代为公元前4世纪

29. 山东临淄齐故城五号墓的殉马坑（图为南面段），大约埋葬着600匹马，年代为公元前6世纪至前5世纪

30. 萨卡使团向波斯国王进献织物、黄金财宝、马匹等礼物的场景,阿帕丹东侧阶梯浮雕细部,年代为公元前6世纪

31. 巴泽雷克出土精美毛毡上饰有一系列草原骑手形象,图为其中之一,年代为公元前4世纪至前3世纪,现藏于圣彼得堡艾尔米塔什博物馆

32. 甘肃马家塬武士墓俯视图，年代为公元前4世纪至前3世纪

33. 阿帕丹的石刻残块，画面中车舆侧板中央为几何纹饰，边缘则是连续的狮子形象，年代为公元前6世纪

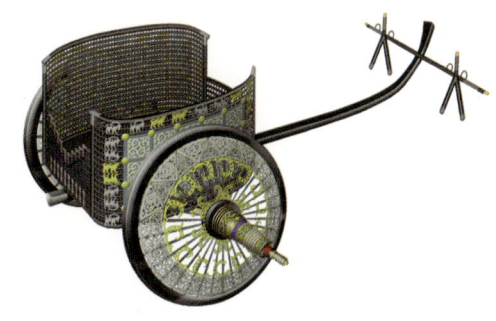

34. 甘肃马家塬武士墓出土马车复原图。车舆的高度，以及侧板中央几何纹饰、周边连续动物形象都表明，马家塬马车的制作者了解波斯马车相关信息

35. 陕西宝鸡益门村秦墓出土金柄铁剑，金剑柄及剑首均镶嵌绿松石，长37.8厘米，年代为公元前6世纪至前5世纪

36. 秦始皇陵兵马俑，共计超过7000件人俑、100辆战车、600匹马。兵俑的面部、衣冠等都细致处理，以组建一支栩栩如生、令人生畏的军队

37. 秦始皇陵兵马俑是世界上最伟大的成就之一。成千上万有组织的工匠共同完成了这一创造，他们显然遵循了一位强大统治者的野心和指示

求始终主导着农耕者与畜牧者之间的联系。这种矛盾一直存在，因为战争中必需的马匹——这种权力的象征，恰恰是由这些敌人所提供的。因此，游牧人群会继续向平原上的农耕土地迁徙，最终他们中的许多人会被吸纳进定居社会，至少在形式上采用周人的习俗。如在宴飨仪式上使用精美的礼器，接受被共享的书写系统强化的社会等级。与此同时，草原上的游牧人群之间也建立了紧密关系。两个世界就这样不断地并行发展下去。

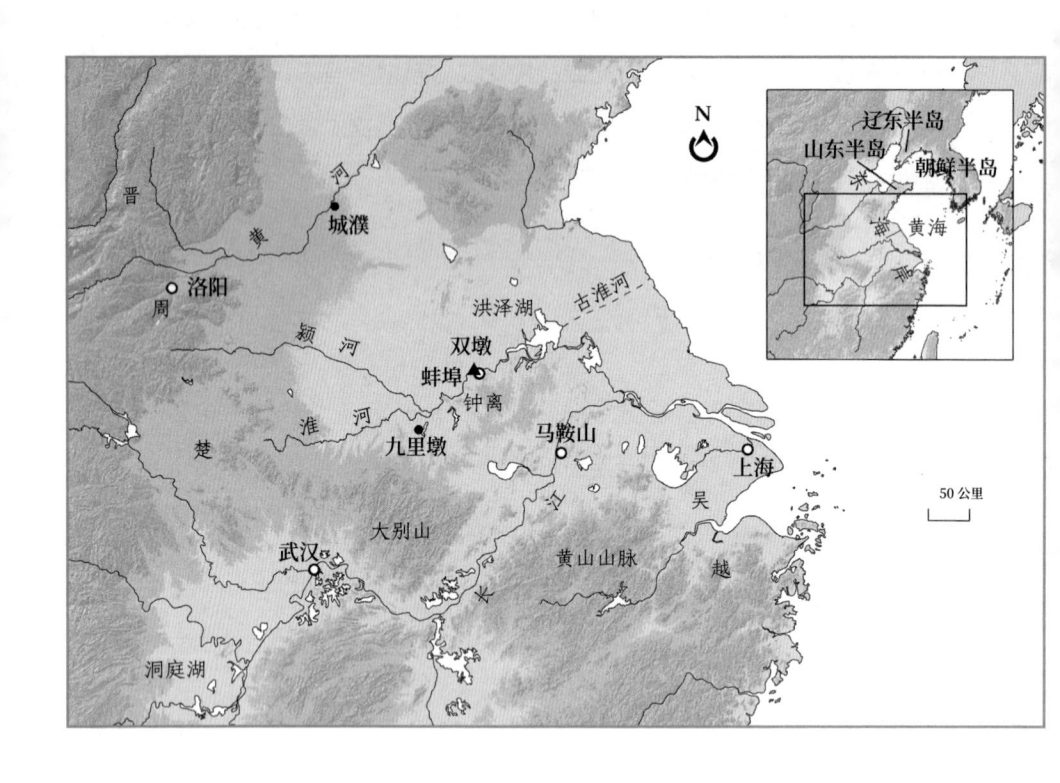

蚌埠——淮河上的明珠

第 8 章　南方之圆

安徽蚌埠双墩钟离国墓

尽管周王朝的军事和政治影响力从公元前 8 世纪开始逐渐减弱，但其文化框架仍然具有说服力，并在南方繁荣的多元政体中以不同程度传播，增添了中国丰富多彩的复杂性。[1] 中国最显著的成就之一就是，在 1000 多年的时间里将南方不同的地域传统融合。因此，随着时间的推移，长江流域与黄河中下游的定居文明相辅相成。在周王朝迁都洛邑后的几百年间，南方经常以意想不到的方式卷入他们的冲突之中。公元前 3 世纪，随着秦统一六国，秦人接管了周朝的大部分土地，并使用来自不同地区的士卒和劳役。[2] 3 世纪汉朝灭亡后，中原势力进一步扩张。在南北朝时期动荡的几百年里，北方统治者不断更迭，许多受过良好教育的官员和学者逃往南方。12 世纪，当宋朝被迫将都城迁往长江以南的临安时，南方已经受到诗人和艺术家的青睐。写出了《蜀道难》的李白，晚年在安徽马鞍山度过，并被葬在那里。再往南是丘陵地带，黄山给清初四僧的水墨画提供了灵感，其中最有名的是弘仁（1610—1663 或 1664 年）。[3] 1644 年明朝灭亡时，弘仁皈依佛教，在这一精神避难所躲避清朝的统治。然而，在公元前 600 年左右，当钟离君柏在今安徽蚌埠附近修建陵墓时，他的小小国家才开始

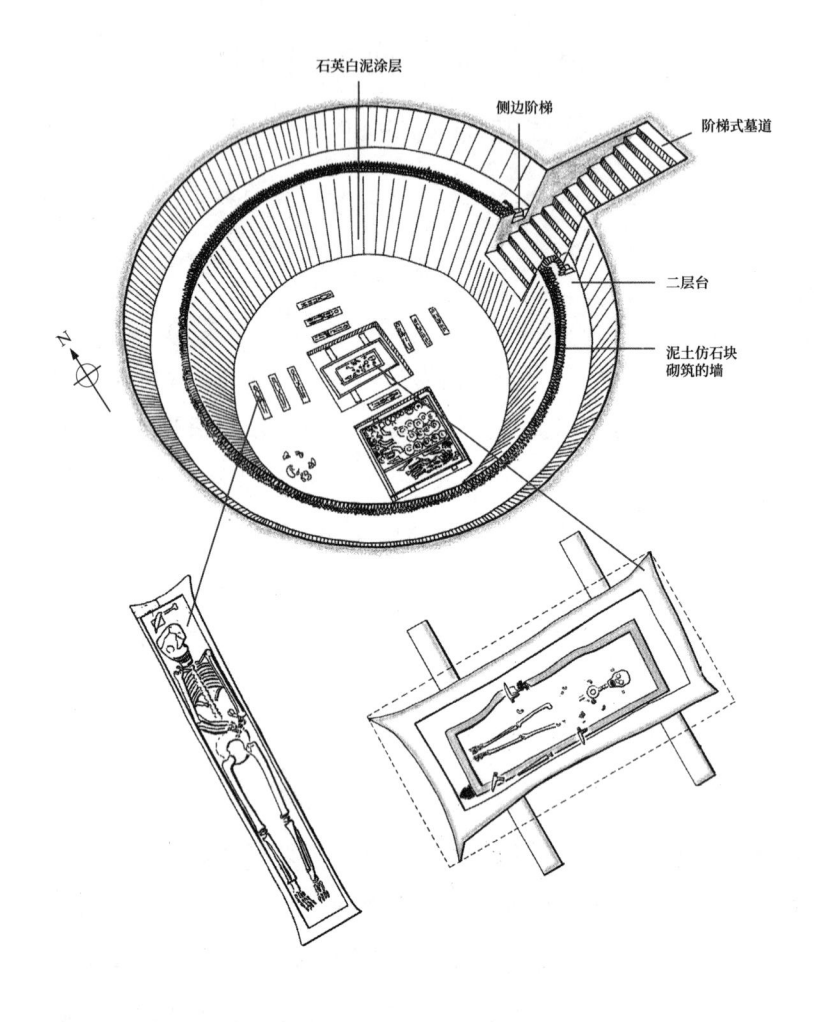

安徽蚌埠双墩钟离君柏墓

参与中原列国的竞争。

考古学家在安徽省蚌埠市双墩村发现了钟离君柏及其配偶的墓葬，两座墓葬的封土堆也是"双墩"这一地名的由来。我们尚不清楚他们是如何到达今蚌埠一带的。蚌埠位于淮河沿岸广袤的平原，远离黄山一带的山脉，离北方的洛阳和军都山也很远。"蚌埠"这个名称，反映了它作为渔业和淡水珍珠中心的历史。如今，这座城市以食品和纺织业闻名，拥有中国现代大都市的所有特征：工厂、摩天大楼、鳞次栉比的公寓楼和宽阔的道路。蚌埠南边修建了一座高铁站以及蚌埠市博物馆新馆，这座博物馆是我们关于这座墓葬的第一个信息来源。

博物馆设有一个方形入口，与附近拥有椭圆形大厅的城乡规划展览馆相匹配。它们共同象征着天圆地方，呼应了公元前4世纪至前3世纪发展起来的隐喻。这种说法在汉代进一步发展，并被用于解释前文提到的玉琮的形状。蚌埠市博物馆高大的外墙立面上有重复的平行线条装饰，看起来像玉琮的水平剖面或地质时期形成的沉积岩层。游客穿过这些混凝土外墙，来到一个玻璃门廊，前往一个几层楼高的宏伟大厅，大厅四面都装有玻璃，为展厅提供了保护。自动扶梯将游客带到主展厅，他们也可以向下走到长长的桥上，桥的底部都漆成红色，使其本身成为一件三维艺术品。

该博物馆收藏了年代很早也很漂亮的陶饮食器，还有一些引人注目的青铜器，因为这一地区后来成为中原商代青铜器作坊和长江下游铜矿之间的重要枢纽。然而，最引人注目的是钟离君柏墓的模型。很明显，这座墓葬独一无二：它是圆形的。在展厅里，墓葬模型被修建在地平面以下。原墓更加令人印象深刻，其墓口直径约为20米，墓坑深7.5米，墓底直径超过14米。[4] 这种墓葬形制是对财

第 8 章　南方之圆　　215

富和权力的史诗般的宣扬。到目前为止，我们探讨过的墓葬中，只有芮国墓勉强具有类似的宏大规模，但它仍属于两周主流的墓葬传统。钟离君柏的圆形陵墓与中原文化相去甚远。[5] 它的大小、形状和在蚌埠的位置都令人惊讶，与芮国、晋国和邻近的楚国的墓葬完全不同。

　　墓坑底部是钟离君柏的东西向棺椁。他并不是独自进入来世，这又和两周传统葬制截然不同。他的东、西、北三侧各被三副精心摆放的棺木围绕着，南侧只有一副，棺中是随葬的侍从（几乎可以肯定是殉葬）。柏的骨骼保存得不好，但一些牙齿告诉我们，他去世时约 40 岁。圆形墓穴和殉人棺表明，墓主人实力强大，并有独特的文化背景。在南侧棺旁边，一个几乎方形的木椁箱内装着随葬品，包括青铜器、陶器、编钟、编磬、武器和车辆配件。这也不是周墓的典型特征，在周墓中，如此丰富的随葬品会被放置在主棺椁周围的二层台上，武器或饰品等个人物品则会被直接放在墓主人身上。钟离君柏的器物箱似乎没有盖子，分为南北两个部分。刚才提到的随葬品在北箱，南箱则放着动物骨骸，这是另一个不同寻常的特征。墓坑的侧面很陡峭，向内倾斜的表面用白色石英做成白泥抹平装饰，这也是独一无二的。在这些侧壁上方、墓口以下 2 米处，又从侧面切出一个约 1.8 米宽的类似二层台结构，环绕着墓坑，这在其他地方也是从未见过的。

　　有一条坡道通往这圈平台，两侧叠有大量泥土仿制的石块，发掘者称之为"土偶"。在环形平台上方的填土上，先平整出了一个平坦的表面，又在周围设置了 10 多个馒头状小土丘。奇怪的是，泥土仿制的小石块又散布在填土中间。为了完成这座墓葬，在堆砌土墩之前，坑里填满了一层白土，并在上面用石英铺设了一层巨大

马具　　石编磬　编钟　　彩绘大陶罐

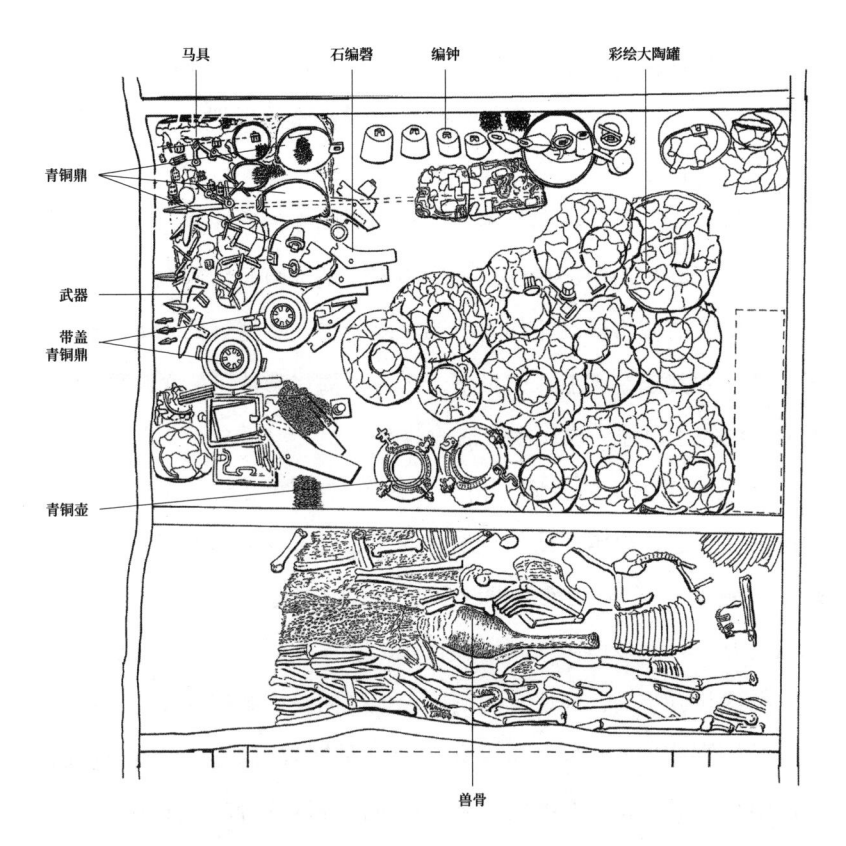

青铜鼎

武器

带盖
青铜鼎

青铜壶

兽骨

器物箱及其中的随葬品，长3.8米，宽3.6米

的玉璧形垫层。对石头的痴迷令人震惊，尤其是陵墓建造者决定用泥土仿制石块。墓道有14级台阶，但并没有通往放置棺椁的墓坑底。迫切的问题是，如何设计这样一条墓道？它的目的是什么？中国核心区域仅存的另两座圆形陵墓属于钟离君柏的直系亲属——配偶和儿子。不幸的是，他儿子的墓葬已被严重盗扰，而他配偶的墓葬尚未被发掘。[6] 营建并居住在这座奇特来世宫殿的人，到底来自哪里？

虽然我们已经看到黄土高原上会出现不寻常的墓葬，但在遍布

第 8 章　南方之圆　　217

湿地和水稻种植区的南方，找到这样的墓葬也是一个挑战。钟离君柏墓可能是一种创新，但它显然也经过了周密的规划，其设计者很可能了解其他地方的风俗和设计经验。他们可能通过多种途径来到蚌埠一带。在东方，钟离君柏可以利用不间断的路线穿过平原，进入今天的江苏和山东。在这里，中国的土地一直延伸到东海，那里现在有繁荣的城市群。正如本书第 1 章所说，从遥远的北方到长江三角洲，尤其是今天浙江的良渚一带，东海岸形成了一个广泛的交通网，涵盖了草原游牧民族生活的地区。

在另一个相反的方向，南方的影响力和重要性正在提升，因为楚国占领了钟离国以西的土地，向北越过了今天的武汉，获取了更多的领土。[7] 在公元前 8 世纪至前 6 世纪的春秋时期，从黄河流域到南方，有许多诸侯国利用周权威的衰落，逐渐确立了自己的地位。在这几百年间，环绕今天洞庭湖地区的是广阔的云梦泽，这阻碍了楚国向南的扩张。因此，楚国及其早期城市群位于长江以北，远离沼泽，威胁着北方各国，尤其是汾河谷地的晋国。楚国的实力在不断攀升，并逐渐吞并周边小国。然而，尽管楚国在这一时期的主要作用有丰富的文献记载，但楚国在政治舞台上的地位仍然模糊不清。[8] 我们知道，楚国有时并没有被完全接纳为中原诸国的一员。有时在《左传》等传世文献的描述中，楚国还与非周族群甚至"蛮军"结盟。[9] 公元前 656 年的另一段评论哀叹楚国给周带来了麻烦：

> 楚有王者则后服，无王者则先叛。夷狄也，而亟病中国。南夷与北狄交，中国不绝若线。桓公救中国，而攘夷狄，卒怗荆。[10]

在这段材料中，我们看到楚国与其他非周族群被放在一起讨论。楚国对中原的内部统治斗争提出了挑战。与此同时，楚国正密切关注其东翼，并与钟离国建立联系。这场斗争可以在一定程度上解释钟离君柏为什么要营建他的陵墓，因为东南方的吴国是另一个挑战。吴国后来因其宝剑闻名，剑上常装饰着成熟的几何图案。[11] 虽然钟离在历史文献中鲜有记载，但这座巨大的陵墓告诉我们，钟离君柏在当时的政治竞争中是一位富有的参与者。

钟离君柏及其谋士一定与楚国以及东北方向其他较小的诸侯国都有联系，因为他墓中的编钟和青铜器是祖先崇拜的重要配备。他的器物箱里有一套九件编钟，上面的铭文说明主人就是钟离君柏。铭文都用优美的汉字刻就，这是中原文字的南方版本，也是周文化渗透的明显标志。然而，这是一个不同的世界。在洛阳以南500多公里的地方，人们熟悉的青铜器是如何出现的？当然，政治和军事的动荡助长了冲突，但也催生了各种和解和效仿。对于钟离君柏来说，编钟应该和编磬搭配。两者都能挂在木架上演奏。这些木架现在已经消失了，只留下了一些漆皮的痕迹。演奏编钟需要敲击钟的外壁：音乐不仅要与活着的人共享，还与出席宴会的祖先和其他灵魂共享。[12] 器物箱里还有另两件乐器。一个是小铃，内部有舌，因此可能具有军事用途，适用于当时的冲突背景。更神秘的是一件青铜环，下连一个青铜钮，四面装饰的是跪着的俘虏头像，这些俘虏跪在下方八九厘米见方的青铜板上。[13] 这个板的下侧有四个凹槽，它一定是用来支撑一些实质性的东西的，也许是一个鼓。鼓是南方祖先宴会上的主要乐器。安徽舒城的一座春秋墓中出土了一件复杂的鼓座，墓主人为钟离君柏后人。[14]

与陵墓的壮观规模相比，器物箱中的青铜器显得格外朴素。它

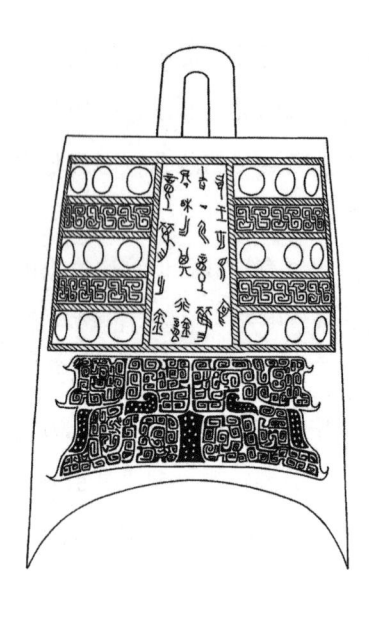

一套九件编钟中的第三件,高24.8厘米;
铭文并非铸造,而是錾刻,这表明钟离君柏获得了编钟后刻铭

小青铜鼓座,8厘米×9厘米,四面人头像之下为简略的跪坐着的腿

厚土无疆

们是从不同的来源搜集的：五件鼎，包含两种新器型，四件簠取代了早期的食器簋，以及两件令人印象深刻的酒器——罍。这两件罍通体装饰细腻的圆形纹饰，肩部有四个龙形附耳，足部则是镂空球状龙形，龙耳造型非同寻常。遍布器表的镂空装饰带增强了罍的视觉效果，这表明人们清楚地了解了礼仪性宴会所需的基本形式，可能是与南北方其他王侯接触的结果。钟离君柏有理由遵循共同的丧葬礼仪，但这看起来并不是他的首要任务。他更专注于发出信号以便与强大邻国结盟。青铜器包括编钟上的所有铭文都与钟离国周边各国的书法风格相似。有些作品甚至可能来自楚国铸造作坊，或者出自在钟离国工作的楚国工匠之手。[15]

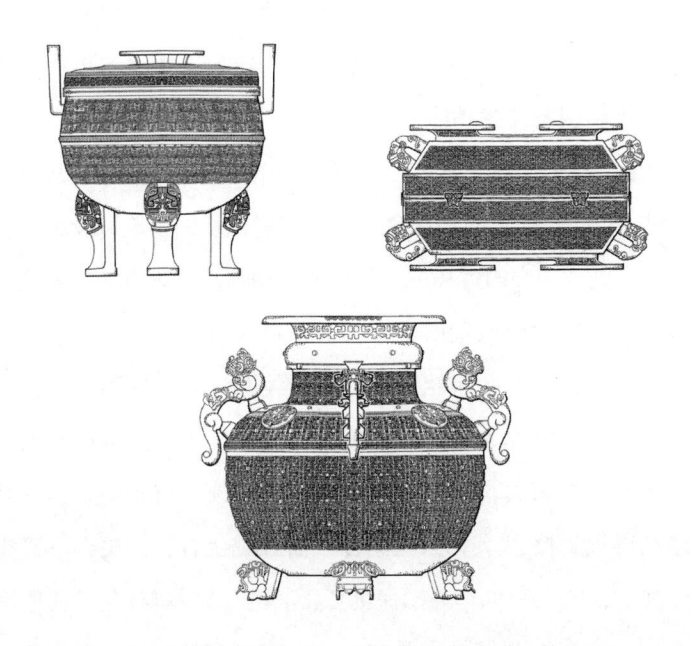

钟离君柏拥有一套五件青铜鼎，其中两件带盖，高 37.1 厘米；
四件簠，高 20.8 厘米，宽36.8 厘米；
一对罍，高 45.9 厘米

钟离国以蚌埠为中心，位于吴和楚两个强大的诸侯国之间。《春秋》和《左传》中有不少关于吴国和楚国的政治信息，但很少提及钟离国的文化环境。钟离国的存在如同昙花一现。《左传》记载了公元前576年在钟离国举行的一次诸侯盟会，这是中原诸国与东南方吴国关系的开始。[16]当时吴（位于今浙江）被视为遥远的南方势力。黄河流域的中原诸国试图通过吸引吴参与斗争来制衡楚国在南方日益强大的势力。直到公元前6世纪，钟离国可能还被视为局外人。《左传》记载，公元前538年，楚国的箴尹宜咎加强了钟离国的防御，以防范吴国。[17]但文中也透露，这一切都是徒劳的，因为20年后，即公元前518年，钟离国为吴王僚所灭。[18]也许钟离国只存在了100多年，因为它只是政治博弈中的一枚棋子。钟离国的短命无疑是当时激烈竞争的一个例证。它的迅速衰落也可能标志着钟离国承担国家仪式功能的时间较短。

《左传》对早期的《春秋》进行了补充，生动地描述了从公元前9世纪开始，国与国之间的战争、说客们无休止的争论以及朝秦暮楚的协定。在处理冲突的过程中，礼仪的作用与战争本身一样重要，这仍然是当时中国地缘政治的一个特征，也是所有国家政治包括地缘政治的一个特征。这些有铭青铜器包括编钟证明，钟离君柏也认识到，加入祖先崇拜体系极具政治价值，至少在表面上是这样的。它对整个中国的约束力，特别是在君柏时期的战争与和平中，后来被孔子总结得很到位："其为人也孝悌，而好犯上者，鲜矣；不好犯上而好作乱者，未之有也……孝悌也者，其为仁之本与！"[19]在所有社会关系中，论资排辈是最重要的一种。在《左传》中，公元前713年，郑庄公（郑伯）在接管离钟离国不远的南方小国时，作者发表了一通评论，阐述了祖先崇拜与国家间关系组织之间的相互作用：

礼，经国家，定社稷，序民人，利后嗣者也。[20]

郑伯的征服被视为国家礼制的正当结果。尽管到公元前 8 世纪，周王的直接管辖权和军事实力大为削弱，但他们仍然享有崇高的礼制尊重，并决定了国家的等级制度。[21] 为了在中原正统中获得承认，楚国和钟离国一样，在名义上接受了周礼文化的体系。公元前 632 年城濮之战后，这一点得到了正式体现。胜利者，即晋国，公开展示了战败一方楚国的俘虏。[22] 通过援引周平王时期的礼仪，这场胜利得到了强调。晋王的先祖在公元前 8 世纪因协助周平王迁都洛邑而获得封赏。周襄王（公元前 651—前 619 年）则表明了当下的晋王一样取得了伟大的成就。然后，以西周时期典型的方式赠送礼物，再次强调了他们先辈的成就和彼此的联盟。和以前一样，在彊伯时期，尽管有论资排辈的礼制，但礼物也有军事目的：

丁未，献楚俘于王：驷介百乘，徒兵千。郑伯傅王，用平礼也。巳酉，王享醴，命晋侯宥。王命尹氏及王子虎、内史叔兴父策命晋侯为侯伯，赐之大辂之服、戎辂之服，彤弓一，彤矢百，玈弓矢千，秬鬯一卣，虎贲三百人。曰："王谓叔父：'敬服王命，以绥四国，纠逖王慝。'"[23]

人们或许会认为一场重大胜利就足够了。然而，我们在这里看到，仪式也是巩固权威的重要工具。随着晋国君主的权威得到确认，周天子的权威也得到了重申。城濮之战的战报会在周天子名义上的领土范围内广为传播，而献俘仪式更会引起广泛关注。尽管楚国、钟离国和郑国的势力日益壮大，但"士无二王"这种单一统治者的观念仍然占据主导地位。[24] 周的礼制结构也影响了当时的宇宙观。日食和地震等自然现象需要通过礼制和政治手段来应对：

> 夏，六月甲戌朔，日有食之。祝史请所用币。昭子曰："日有食之，天子不举，伐鼓于社。诸侯用币于社，伐鼓于朝。礼也。"[25]

将天的力量纳入这一仪式体系，标志着统治者作为天子的地位，与天体和自然力量并列，所有这些力量共同构成了一个复杂的关联体系。[26]

尽管如此，生活在这种礼制阴影下的诸侯国仍在不断挑战周王室的权威。楚国的统治者藐视对周应有的尊重，甚至在向北扩张到黄河流域时挑起争端。这种矛盾性也体现在墓葬中的器物上，因为礼器在形制、摆放位置和兵器组合等方面与当地习俗相结合。[27] 实际上，两种信仰交织，使墓主人拥有双重身份。周的礼仪和文字系统与当地风俗和语言共存，甚至蓬勃发展。因此，只有通过广泛的考古工作才能揭示的文化多样性，是这一政治动荡时期的决定性特征之一。但很多人可能理所当然地认为，一些当地习俗会伴随着周的政治与礼仪言论。但对文字记录的过度依赖已经抹去了方言、歌谣和仪式，如今我们对此所知不多。当文字无法告诉我们完整故事时，钟离君柏的墓葬揭示了他的背景，以及公元前7世纪至前6世纪钟离国被卷入诸侯争霸的序幕。

剑和单刃刀是当时广泛传播的地方习俗的很好例证。它们是北方牧民如阿尔赞草原贵族使用的典型武器。[28] 钟离君柏的青铜剑放在他的内棺边缘。其横截面显示，这是一种由经验丰富的工匠设计的复杂武器。在剑中央两侧，狭窄的刀刃之间有一根加厚的脊。[29]

像草原上的贵族一样，钟离君柏也有两把刀柄上带环的弯刀，这是公元前8世纪中原地区很常见的实用工具，在芮国和玉皇庙也有发现。刀柄上带圆环或方环的刀是欧亚草原的特色。对这些器物的偏好表明，草原上的习俗已经传播到整个中原和南方地区。当地也开发了一种小得多的刀，刀刃与刀柄的夹角更尖锐，钟离君柏10名殉人中的8名有这种刀。其中四副殉人棺中都有一件不寻常的椭圆形小容器，可能是磨刀器，上面有模印的图案。这种由高温陶切割而成的作品也出现在山东省的一座墓葬中，这揭示了一条从安徽经山东通往辽东的传播路线。[30] 由于这些刀很小，它们可能是象征性的，有些是在男性贵族的女性配偶的墓中发现的。[31] 钟离君柏的殉人中可能也有女性。[32]

钟离君柏的大部分青铜镞和礼器都放在器物箱中，但也有一些放在他的棺内。和他距离最近的带鞘剑都是草原风格的。钟离国

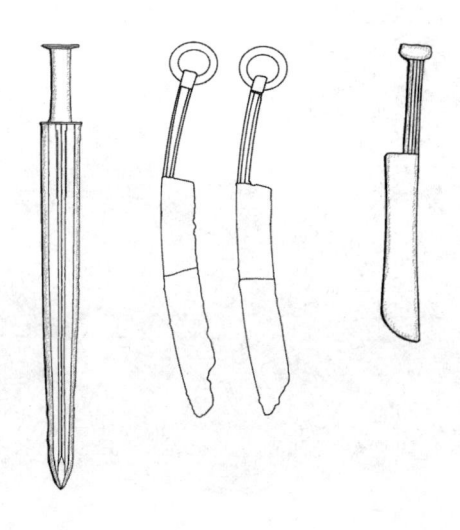

钟离君柏的一把青铜剑，长47厘米；两把草原风格的青铜刀，长28.8厘米；8名殉人各有一把较小的青铜刀，图中的这把长13.5厘米

第 8 章 南方之圆

的军队不仅使用了草原风格的刀、剑、镞,也可能吸引了来自北方的战士。钟离君柏的棺内还有一件玉韘,这是弯弓射箭时使用的扳指。玉这种材质表明,这是为了来世与恶灵斗争。与邻近的诸侯国一样,钟离君柏的随葬器物箱内也有马车的迹象:多件车軎、马衔等。但这里应该没有车马殉葬。这个河流密集、湖泊星罗棋布的地区当然不适合养马,所以车马器可能只是用作真车马的象征,也是军事地位的象征。

  钟离君柏的铠甲只残留几块用金箔装饰的薄青铜碎片。这些碎片看起来不够坚固,无法抵御青铜武器的攻击。它们更多是一种力量的展示或对恶灵的防御。一块饰牌上有扭曲的龙或蛇、猛禽头等形象,这是楚国风格的一个例子,同时它也是从草原风格的带扣衍生而来的,在这里,动物的水上决斗取代了草原典型器物上常见的

包金青铜甲饰牌残片,长15.5厘米

猛兽捕食鹿或羊的场景。这种装饰被认为是吉祥的。最初从草原传入的铠甲是北方习俗的另一个明显标志，不仅被钟离国，也被楚国的其他盟友使用。[33] 如果钟离君柏甚至穿了一套金甲——众所周知，这是最稀有的材料——那景象一定非常惊人。

他的铠甲上还有虎形装饰，表面闪闪发光。这是对玉皇庙金虎的有力诠释。还有其他当地生产的小型金虎发现于楚国影响范围内的其他墓葬。[34] 老虎以凶猛地捕捉和吞噬猎物闻名，肯定也被视为祥瑞之物，因此其图案在青铜甲上使用，以确保给主人带来好运。虎似乎是一种异域时尚的引入，但它没有持续多久。由于黄金对中原贵族的吸引力不如玉石，虎随后在玉器中获得了全新的生命，由于它通常由玉璧上切下来的玉料制成，这在今天分散了人们对其北方来源的注意力。其受欢迎程度如此之高，以至于玉琥被《周礼》列为六器之一。草原上的金虎变成了玉琥，这是北方族群从黄土高原迁徙到定居状态时展现出的共生关系的明显例证。[35] 草原的基本文化元素被农耕文明吸收。在我们试图解读钟离君柏圆形墓葬的背景

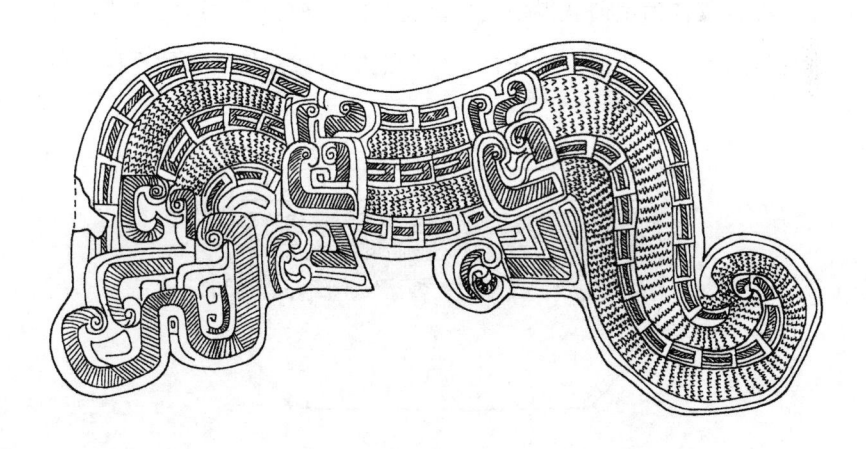

虎形包金青铜甲饰牌残片，长15厘米

时，虎的形象是关键。

一个带有平盖的双腹联体青铜盒与玉皇庙山戎墓中的单环柄杯非常相似。钟离君柏器物箱中的兽骨也清楚地表明了他与北方的联系。玉皇庙山戎墓的兽首葬是草原来世的重要组成部分。晚商和周早期的贵族对动物的态度与草原人群完全不同，他们很务实。动物都是要立即使用的，用于祭祀，用作食材，而不是用于畜牧，也不是来世的伙伴（狗除外）。有时动物腿会被分配给不同的墓葬，但这些是为了在来世食用的。但在钟离国，不仅随葬猪骨，而且随葬那些典型的北方畜群——牛羊，这几乎可以肯定是从其他地方带来的习俗。这座墓葬还配备了当时中国其他任何地方都找不到的彩绘陶罐（彩版24）。它们也是东北地区显眼的彩绘陶悠久传统的一部分。[36]据推测，这些罐子里装着来世的食物。

因此，钟离君柏有双重忠诚：一方面是他的周式礼器，另一方面是北方草原式的武器和铠甲。他采取了祖先崇拜的宴会仪式的策略，并将其作为生前获得楚国军事支持的一种手段。这些仪式也将在他进入来世、成为一位先祖时，为他的后代提供同样的支持。与

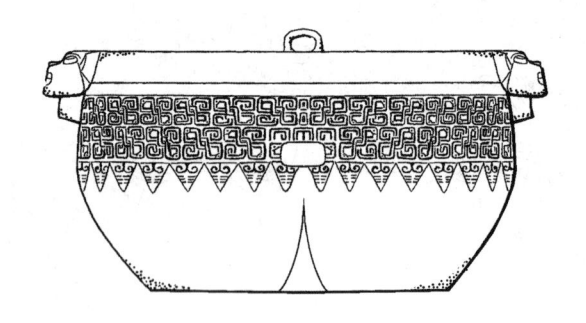

双腹联体青铜盒，高8.3厘米，宽15.8厘米

228　　厚土无疆

此同时，他器物箱中的武器在来世对抵御恶灵至关重要。北方族群可以并且确实向中原诸国的东南方向迁移，所以在征战和死后，钟离君柏都保留了这些北方习俗和物质文化。他的随葬品不仅仅是功能性的，器物箱中排列的随葬品也便于我们辨认其双重身份。这也有助于我们摆脱传世文献中描述的楚国刻板印象，如"夷狄"等相关评论。

钟离君柏墓是一个典型案例，说明他有意识地借鉴邻国的礼仪。墓葬的规模和墓穴的深度让他显得很有竞争力。然而，墓葬奇怪的圆形布局反映了不同的个人风格。他是谁？他来自哪里？圆形墓穴是钟离君柏的重要表达，与周、晋和楚的墓葬迥然不同，那里的墓葬均呈方形，侧壁垂直或呈阶梯状，有二层台、木椁和若干内棺。据我们所知，周墓在这个时候并没有陪葬人员和地上纪念性建筑，他们也不使用封土。[37]"双墩"这个名称告诉我们，这里有两座墓葬，一座是钟离君柏的，另一座属于他的配偶，上面都有封土堆。钟离君柏墓的残存封土堆高约 9 米，底径约 60 米，地下墓坑的直径约为 20 米。对于一个几乎不为人知的小国以及楚国的附庸来说，其国君陵墓有这样的规模尤其令人印象深刻。英国的巨石阵，外圈直径 110 米，著名的砂岩漂砾内圈（Sarsen Stone Circle）直径 33 米。双墩墓封土堆设置也是经过周密设计的，陵墓建造者并不仅仅将墓坑中挖出的泥土用于回填。封土和墓坑内的填土均由黄、灰、黑、红和白五色的颗粒土组成。虽然红色、黄色和灰色的土就地取材，但黑色和白色的土来自其他地方，这是有计划和有组织的劳动的结果。[38]

这座陵墓是分阶段建造的，其宏大的规模意味着它是从一开始就计划好的。我们可以想象，第一步一定是画出圆形轮廓，然后向地面以下挖掘 8 米。从地表看，墓壁侧面向内急剧倾斜。这种坡度的设计可能是为了防止墓坑坍塌。[39] 在中国北方，黄土层较深，因此竖直的侧壁也比较稳固。在南方，淤泥沉积通常严重积水，因此墓壁更容易倒塌。土墩下铺设玉璧形垫层所使用的石英一定来自东南方的山脉，可能是为了密封和稳定侧壁。[40] 这本身就是一项精心策划的工程，因为有人认为明亮的白色涂层是必不可少的，所以必须开采、运输和磨碎石英岩。

墓坑中所有 11 副陪葬棺形制都很特别：四角凸出，因此使四边的侧板略微向内弯曲。这可能是为了让人联想起一种在北方、黄土高原甚至更北的蒙古高原的墓葬类型。[41] 但是，陪葬棺和钟离君柏的器物箱是怎样被安置到如此深的墓坑里的？很可能是，随着陵墓建造者的挖掘，他们保留了用于移除泥土的坡道。一旦他们把钟离君柏的器物箱和殉葬棺放好，大部分坡道就被移除了，只留下一段从顶部切入墓墙的墓道台阶，穿过二层台，但并不通往墓坑底部。这些阶梯看起来像是施工过程中留下的特征。然而，我们需要检查二层台及其内侧周围的奇怪墙壁，以了解为什么需要阶梯式墓道。[42] 二层台很宽敞，相当于略微加宽了墓坑。其内缘有一道墙，这为我们提供了最重要的线索，用于判断这一葬制的起源及其墓主人的身份。这堵墙由尖顶圆体或方体的土坯垒成，土坯上有绳子捆绑的痕迹，当时应该是为了防止它们裂开。土坯的尖端朝向平台，平端朝向墓坑。发掘者称之为"土偶"，即模型或复制品。但这些术语并不能阐明它们的真正含义。这些牙齿状的长条泥块一定是石头的仿制品。从墓穴内部看，这道墙就像是石墙。这标志着墓坑的内部边界，可以防止平台上的人掉进墓坑里。坡道两侧有一些额外的台阶，人们可以由此走向墓坑方向并踏上平台，这里还设有方形转角，以免人滑入下面的空隙。即使墓坑已经被填土填满，这个平台也为参加葬礼的人提供了就近驻足的空间。我们就好像正在见证为这场葬礼所做的精心准备。人们可以走下台阶，来到二层台上，然后沿着平台找到自己的位置。一旦这一阶段的仪式结束，生者就可以离开，墓坑的全部以及二层台的空间就被填土填满。

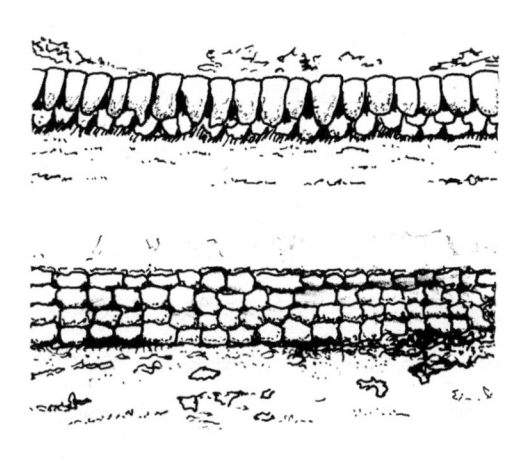

长15~20厘米的土坯垒砌而成的墙，上为二层台视角，下为墓坑内视角

在回填的过程中，另外两层标记代表了葬仪的下一个阶段。第一层看起来像一种景观设置。当二层台也被填平并形成了一个平坦的表面时，馒头状小土丘排列在墓坑的内缘。所有土丘都是由不同颜色的土逐层精心堆筑而成，与主封土堆类似。在发现土丘的这层填土中，还发现了大量用土坯仿制的小石块，非常逼真。像这些小土丘一样，土坯看起来像是在石材丰富的环境下建造石墓而留下的碎石。但安徽的这一地区没有太多的石材，所以用土坯来代替。小土丘和散落的石块都让人联想到一个完全不同却令人难忘的世界。第二层可以说是石英垫层，与墓坑侧面的白泥涂层相匹配，并将墓

坑密封在土墩下方。再上面一层包含了大量磨碎的岩石。沿着墓坑边缘有一圈深色填土带，东侧有一块矩形凸出，仿佛分别对应着墓坑的直径和墓道的方向。填土带围绕着中间的轮辐状遗迹，由深浅不同的五色土构成，虽然略有扰乱，但总体很清晰，看起来有点儿像飞镖靶。这是一种前所未有的、令人费解的标志，它一定传达了一些关于墓葬目的的信息。这些信息是营建者清楚的，而我们不了解。这个圆圈是灵魂可以识别和解释的吗？还是说墓葬的内部是对草原民族所使用的轮辐状图案的再现？俄罗斯图瓦共和国的阿尔赞一号冢、辽东半岛和今天朝鲜半岛的部分地区都有类似的案例。[43]

　　圆形墓葬在中国古代是一种非常奇特的事物。即使是与中原迥异的族群或诸侯国，如前文提到的宝鸡強国，通常也会采用方形墓葬。钟离君柏的圆形墓葬是一个特定行政、礼仪和信仰计划下的产物，它揭示了历史上的非凡时刻，只是现在不为我们所知。当时有人对墓主人的需求有充分的理解。确实，就像以前一样，墓葬的督造者关心葬仪的流程，并有特定的愿景和方法。他们发号施令，让很多劳力在现场工作。这是一项重要的工程规划。由于中国古代地面上保存下来的早期纪念性建筑很少，仅存的一些也多数是夯土，很容易沉积于地表以下，中国古代的建筑技术因此被广泛忽视了。在葬礼结束之后，墓主人的安葬最终完成，但相关的礼仪也没有记录在传世文献中。这座陵墓向我们表明，钟离君柏的先祖最初不太可能来自中原或长江流域。无论钟离君柏和他的族人到底来自哪里，他们都深刻地理解自己的文化。钟离君柏墓不是一时兴起之作，而是精心再现了大型墓葬的石制景观。

　　钟离君柏与阿尔赞、军都山、蒙古国和南西伯利亚等地共享的草原文化有着遥远的联系。阿尔赞一号冢的中心是一个木棺，周围则是整齐排列的陪葬棺。[44]其他的殉人则按照放射状模式分别埋葬在墓中。这不仅为钟离君柏墓，还为辽东半岛、山东的墓葬甚至洛阳附近的戎人墓提供了原型。然而，人们倾向于将殉葬与商朝的做法联系起来。[45]不过，周并没有沿用殉葬的做法。此时的殉葬是一种全新的发展，由外来者引入，然后在公元前6世纪至前5世纪进一步传到中国南方。[46]

阿尔赞一号冢和二号冢及萨彦岭的其他主要库尔干坟冢都是圆形的。[47]这些墓葬的形制传播到阿尔泰山脉和今天的新疆一带。[48]在阿尔赞二号冢，有三道石墙重复了圆形的形式，最内的一道围绕着中心，包括主墓室。在外层边界内还有更多的陪葬墓和一处马坑。[49]我们现在可以认出钟离君柏的殉人棺和器物箱是在模仿阿尔赞的形式。[50]钟离君柏的墓坑二层台内缘的土坯墙模仿了阿尔赞二号冢最内圈的石墙。在钟离君柏墓，这道土坯墙被小心地连接到墓道上，设有方形转角。这一设计可以说是通往阿尔赞二号冢中心便道的一种替代方案。当哀悼者沿着这条泥路穿越外围边界时，他们可以站在两条弧形的泥土带上，看着墓葬中心周围的石墙，参加葬礼。钟离君柏墓的圆形二层台和这两条弧形地带的功能类似。钟离君柏墓上方填土第一层的小土丘也反映了阿尔赞的习俗，在那里，随着时间的推移，随葬品或祭品被放置在外圈石墙之外。同一山谷中的其他一些坟冢上方散落着石英石，这也让我们联想到钟离君柏墓中的石英垫层和土坯仿制的石块。

安徽似乎离阿尔赞很远。但我们应该把这种飞跃视为一种文化感染（cultural contagion），至少从公元前8世纪开始，它就从北方逐渐传播开来。据《左传》记载，公元前721年，山戎寻求与鲁国

第 8 章　南方之圆　　233

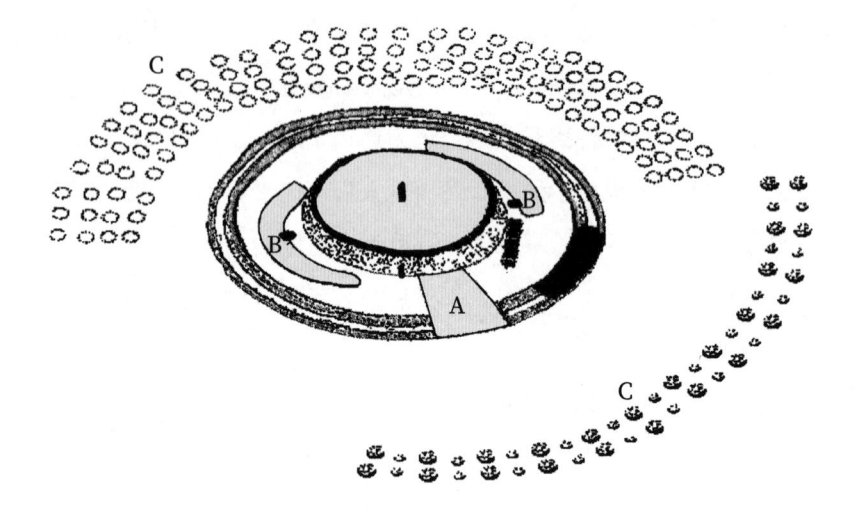

位于西伯利亚的阿尔赞二号冢平面图,展示出葬礼参与者如何进入礼仪空间;A为主墓道,B为供哀悼者站立的泥土带,C表示外围小型陪葬墓和器物坑

缔结正式盟约。公元前666年,晋献公纳了两个戎人女子,这可能带来了与北方习俗的更多接触。[51] 公元前569年,戎与晋(我们知道晋国能接触北方文化)就盟约的内容进行了谈判:

> 无终子嘉父使孟乐如晋,因魏庄子纳虎豹之皮,以请和诸戎。

起初,晋国的统治者不愿意考虑这一方案,但经过长时间的讨论,他们被说服了,得出了以下结论:

> 和戎有五利焉:戎狄荐居,贵货易土,土可贾焉,一也;边鄙不耸,民狎其野,穑人成功,二也;戎狄事晋,四邻振动,诸侯威怀,三也;以德绥戎,师徒不勤,甲兵不顿,四也;鉴于后羿,而用德度,远至迩安,五也。[52]

厚土无疆

其他被编年史家称为"夷"的族群，毫无疑问是由若干不同的群体组成的，并通常与"戎"结盟。今天的历史学家和考古学家认为，东夷占据了东海岸的一部分，而淮夷则被认为位于钟离国所在的淮河流域。在近百年来搜集的大量青铜器铭文条目中，只有约50条描述了周王朝早期的军事活动，其中许多提到了夷、淮夷以及戎。例如，在公元前10世纪后期，淮夷从南方向洛邑发动了一场大规模进攻，并推进到了离周都约150公里的地方。一位名叫伯冬的军事将领在㽙地击退淮戎，并将战争的胜利记录在了为纪念其已故母亲所铸造的青铜簋上：

获馘百，执讯二夫，俘戎兵：盾、矛、戈、弓、箙、矢、裨、冑，凡百又卅又五𢦏。捋戎俘人百又十又四人。[53]

尽管像往常一样，这些文字内容都与周的成功有关，但这并不意味着他们总是胜利的一方。这条铭文信息也值得认真研究。这一事件将兵器和俘虏带入了敌对势力之间的交流中。在钟离国东北方向的今山东境内，我们在一座东夷墓中发现了一把带柄青铜斧，这可以说是草原青铜斧的一个不同版本。[54] 更直接的是，钟离国北方的徐国，有一把戟落入了钟离君柏的手中，并被重新刻字，最终被埋葬在他的墓葬中。公元前541年，在《左传》记载的一次盟会上，徐国仍然存在。[55] 因此，战争既传播了器物也传播了思想，包括武器、青铜容器和丧葬习俗。战争中缴获的武器和捕获的俘虏为钟离国这样强大的国家提供了宝贵的资源和信息。也许，由于不断的冲突，钟离君柏带着他的铜戟和战车向南迁徙。战车是在公元前11世纪从黄土高原传入的，车战已经成为具有周特色的战争形式。

第 8 章　南方之圆

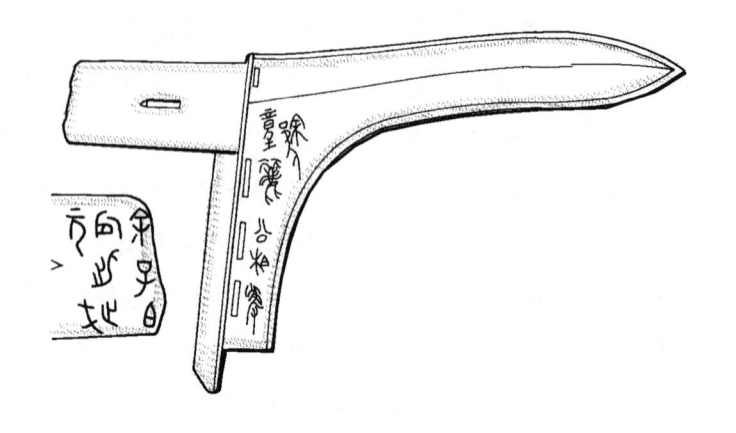

钟离君柏来自徐国的戟，上有两段铭文，长20厘米

军事上的成功似乎巩固了钟离君柏在蚌埠一带的地位，并让他获得了大量的劳动力，最有可能的是刑徒，用来营建墓葬。圆形墓坑表明，他和他同时代的人想要且能够在当时的政治和礼仪范畴内庆祝他们的胜利。宏伟的钟离君柏墓模仿了遥远北方的石墓，那里也是他们的故土。

一些葬在山东省东部的东夷贵族墓同样有巨大的封土堆，墓穴中也有很多殉人棺，他们还通过使用青铜器包括编钟和武器来仿效周的传统。[56] 南方一些其他族群通过在青铜器铭文中写下自己宗族名称的方式，确立了自己的新地位。因此，包括夷在内的东方人利用中央权力的衰弱，建立了一些小政权，暗中挑战周的权威。[57] 看起来钟离君柏很可能属于这个复杂群体中的一员。我们现在可以将他的陵墓视为中原地区和东部沿海广阔历史背景的一个缩影。[58] 虽然古代史家记载了一些小规模冲突，并因生活方式而诋毁游牧族群，但不可否认的是，广泛的交融正在进行中，这是中国古代历史上的一个重要阶段。钟离君柏的圆形陵墓是一种更宏大的历史现象

236　　厚土无疆

的缩影，其根源在于草原地带。频繁的小规模冲突促使更多北方人南下，以寻找财富和牧场。在这些交锋中，当地首领逐渐积累了权力和财富，也能够将北方传统与周朝礼制相结合，并以这样的方式为来世做准备。

我们可能永远不会知道钟离君柏到底来自何方，但我们知道他一定很有影响力。有成百上千劳力被征调来修筑他的墓葬，并在其上设置一个五色土组成的巨大封土堆。由于钟离君柏几乎肯定也下令建造他配偶的墓葬，这就使所需的人力增加了一倍。这些都是经过严格规划和完美执行的重大工程。这些劳力需要大规模的水稻种植来养活。因此，钟离君柏是一位拥有大量追随者的人。这座墓葬设备齐全，但并不奢华。虽然他有一些风格类似于楚国或其他诸侯国的礼器，但钟离君柏并没有照搬他们的信仰和惯例。拥有武器、车辆配件和铠甲，钟离君柏无疑是东方各族群中的军事领袖。楚国决定将钟离国拉入自己的联盟，这进一步表明该诸侯国拥有强大的军队。同时，钟离君柏保留并展示了自己的传统。他在周朝权力的仪式框架内享有很高的地位，但同时也愿意甚至渴望展示自己的出身。

钟离君柏墓在当时非常独特，在历史长河中的地位也是如此。圆形陵墓只被两代钟离国君使用，然后在第三代就被更符合主流要求的方形陵墓取代。在接下来的几百年间，齐国控制了通常被认为是东夷占领的东部地区。齐国国君的墓葬拥有很深的方形墓穴、阶梯式墓壁，上方有巨大的封土堆。墓主人往往被陪葬棺整齐环绕，这种葬制和钟离君柏墓类似，但更精巧复杂。[59] 随后，齐国国君墓又常有石材保护。齐国采用了北方的丧葬习俗，并已成为当时最强大的诸侯国之一。

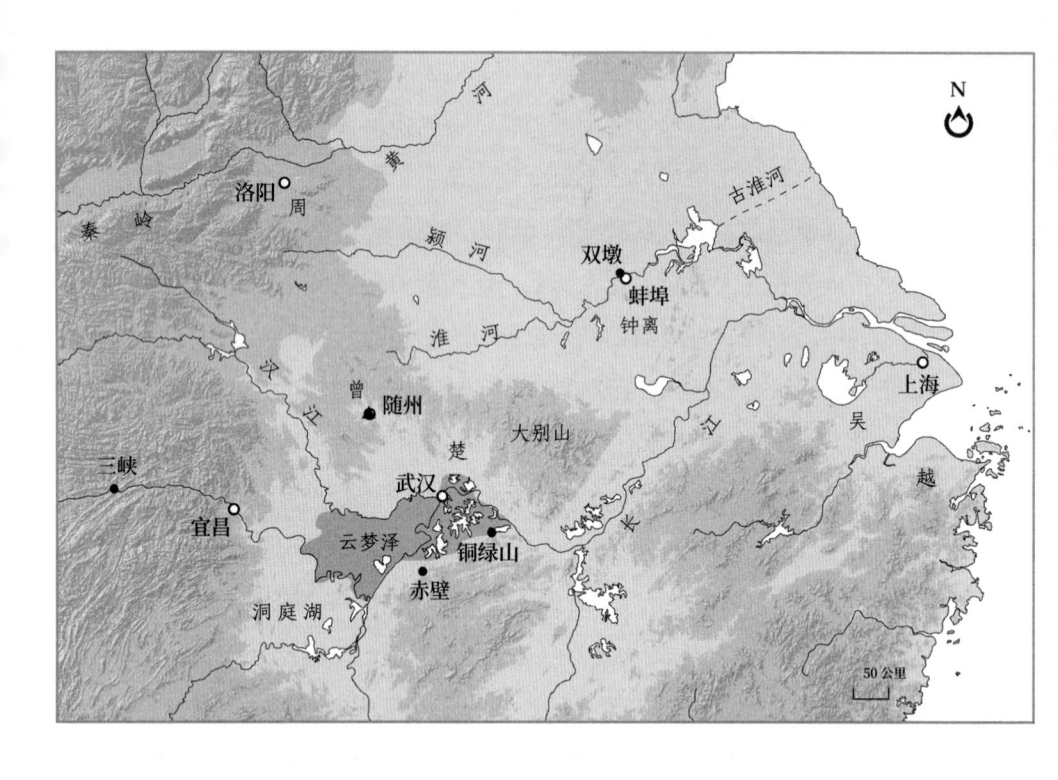

曾国与楚国

第 9 章　曾之礼乐

湖北随州曾侯乙墓

今天湖北省武汉市附近的区域，在秦汉以前被一片宽 150 至 200 公里的大沼泽覆盖，这片区域被称为云梦泽。它与洞庭湖一起形成了长江中游的洪泛区。虽然大部分沼泽现如今已被排干，但每逢春季这里仍然会出现泛滥的洪水。洞庭湖水系在夏季同样面临着流域性洪水，其规模往往是冬季的 10 倍之大。[1] 北方的黄河流域、黄土高原和南方的长江流域之间，存在着显著差异。这里气候湿润、空气柔和，没有北方常见的沙尘和凛冬。

早在公元前 10 世纪，楚国就出现在这片沼泽以北的土地上。在公元前 223 年被征服之前，它一直是秦国一统天下的道路上最具威胁的竞争者之一。公元前 6 世纪至前 3 世纪，楚国人在这里留下了大量豪华的墓葬，其中充满了精美的随葬品，为后人描绘出一幅生动的楚国繁荣图景。比起干燥的北方地区，这里茂密的竹林、蜿蜒的河流和弥漫的雾气有利于保留更多的纺织品、木制家具和漆木器，我们得以窥见南方贵族生活的一角。但是，这些观察和了解通常只是我们的臆测，因为少有关于墓主人思想的详细记载可以流传下来。南方的诗歌有时会取材于河流与天空之间模糊的边界，古灵精怪的生物在精神的宇宙之中穿行。就像我们在一首诗中看到的，

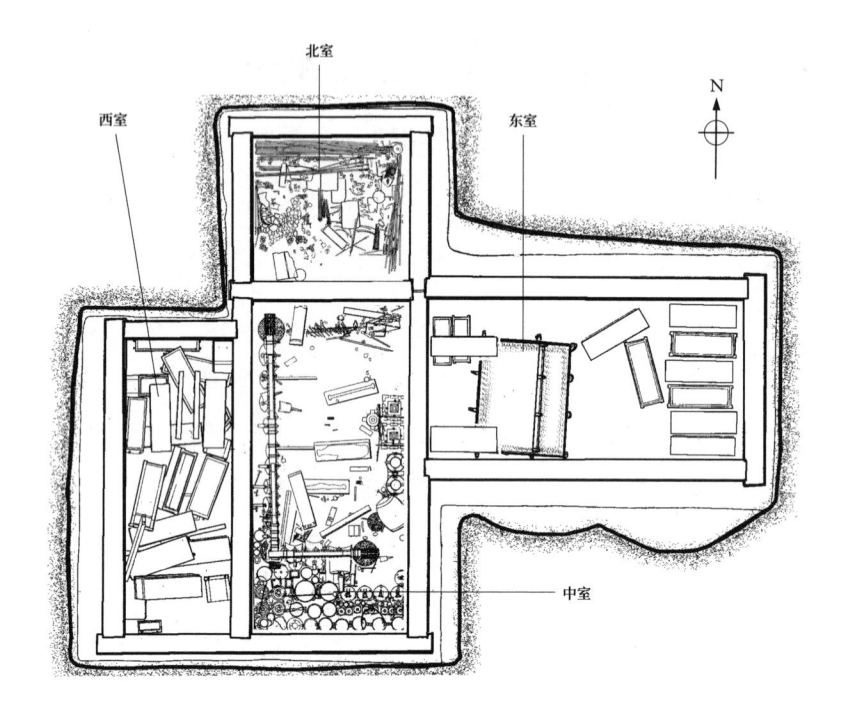

曾侯乙墓：东室相当于墓主人的卧室，长9.5米，内有墓主人的内外棺，另有8具女性陪葬棺和一具殉狗棺；
中室为礼乐场所，长9.75米，主要放置编钟、其他乐器和青铜礼器；
西室长8.65米，内有13具女性陪葬棺；北室为军械库，长4.25米

240　　　　　　　　　　　　　　　　　　　　　　　　　　　厚土无疆

垂死之人的灵魂正在被召唤，接近于我们在陶寺看到的内容。这首诗值得我们在这里全文引用，因为它生动展现了中国广袤土地上多样的自然环境：

> 魂兮归来！东方不可以讬些。
> 长人千仞，惟魂是索些。
> 十日代出，流金铄石些。
> 彼皆习之，魂往必释些。
> 归来兮！不可以讬些。
> 魂兮归来！南方不可以止些。
> 雕题黑齿，得人肉以祀，以其骨为醢些。
> 蝮蛇蓁蓁，封狐千里些。
> 雄虺九首，往来儵忽，吞人以益其心些。
> 归来兮！不可久淫些。
> 魂兮归来！西方之害，流沙千里些。
> 旋入雷渊，靡散而不可止些。
> 幸而得脱，其外旷宇些。
> 赤蚁若象，玄蜂若壶些。
> 五谷不生，丛菅是食些。
> 其土烂人，求水无所得些。
> 彷徉无所倚，广大无所极些。
> 归来兮！恐自遗贼些。
> 魂兮归来！北方不可以止些。
> 增冰峨峨，飞雪千里些。
> 归来兮！不可以久些。

......

酎饮尽欢，乐先故些。

魂兮归来！反故居些。[2]

正如诗歌中描述的那样，一些人们想象中的奇异生物形象被用木材雕刻出来并髹漆，使用的是中国南方一种亚热带漆树上产生的有毒汁液。[3] 在后来的宋、明、清三代，生活在这里的文人墨客描绘了南方的许多生活场景，如骑在水牛背上的男孩、湖泊上抛出拱形渔网的渔民，以及在炎炎夏日的薄雾中显得格外高耸的远山。在长江以南的群山中有一处丘陵与江汉平原的接壤地带，名曰赤壁（今天赤壁市西北）。在东汉末年的 208 年，这里发生了一场著名的水战——赤壁之战，南方的孙刘联军成功阻挡了北方曹军的侵伐。事实上，面对北方侵略者的不断入侵，南方成了许多人的避难所。赤壁这个地方的名声或许来自苏轼在 1082 年创作的名篇《赤壁赋》，字里行间流露出宁静的氛围，而非恐惧：

壬戌之秋，七月既望，苏子与客泛舟游于赤壁之下。清风徐来，水波不兴。举酒属客，诵明月之诗，歌窈窕之章。少焉，月出于东山之上，徘徊于斗牛之间。白露横江，水光接天。纵一苇之所如，凌万顷之茫然。浩浩乎如冯虚御风，而不知其所止；飘飘乎如遗世独立，羽化而登仙。[4]

在公元前 433 年或稍晚，当这片土地上的一个小国——曾国的统治者下葬时，上面的名句尚有 1000 多年才会面世。曾国虽是楚国的附庸，却拥有悠久的历史，最初的曾国可以追溯到公元前 11

世纪的商末周初，他们曾是周人灭商时的重要伙伴。[5]公元前5世纪，他们国都在今天的湖北省随州市，一座和安徽省蚌埠市规模相当的城市。曾国的统治者自称为"侯"。就像我们之前提到的，这里的"侯"和西方传统认知中的"侯"有所区别，但我们仍然遵循习惯的英文翻译（Marquis）。他的名字是"乙"，取自10个天干名之一。这些天干名可代表一周10天，同时可与12个地支名配合使用，形成一个有60个组合的循环机制用于纪年。这位曾侯选择这样一个天干名的原因我们并不知晓。他的墓葬位于随州市西郊擂鼓墩，是一次基础建设的偶然发现。这座墓葬非常深，最深处距地表13米左右，东西长21米。墓葬规模与钟离君柏墓相当，但形制完全不同。这座墓葬由4个长方形墓室组成，或者可以理解为4个房间。它们的相对位置关系并不规则，却可以在地下世界组成一个功能齐全的住所。木椁由171根巨型长方梓木垒成，其中的大部分木材今天仍然被放置在这座墓葬之中，进行原址保护。

　　曾侯乙的死亡年龄被推定为45岁左右。他的遗体位于东室，被安放在一个带有青铜框架的双层漆棺之中。东室的随葬品含供私人表演使用的乐器，以及供私人宴饮用的漆盘、漆杯等。[6]同一室内还有8具较小的漆棺，随葬的是曾侯乙的妾室和仆从，还有一具殉狗棺。中室是一个宽敞的房间，占据大部分空间的是一个沉重的曲尺形木制框架，架上分三层悬挂着一套65件编钟（彩版25）。[7]这座墓葬之所以如此出名，主要是因为这套编钟，以及与之配合使用的其他乐器，它们一起组成一个"交响乐团"。在这套编钟的最下层，其中的一件大型甬钟被替换成了一件镈钟——楚惠王的礼物，专为曾侯乙的葬礼所赠。根据这件镈钟的铭文，人们认为曾侯乙是在公元前433年或稍晚去世，当时曾国与楚国结盟。

这件镈钟的钮部为两个顾首龙形相对而立,龙的脖颈处站立着一只小老虎。编钟为宴飨仪式提供音乐,同时这件镈钟的尺寸和中心位置也是政治关系的一种礼制表达。任何旁观者都不会质疑当时曾国依附于楚国的政治关系。楚王是当时这一地区地位最高的国君,他的资历和地位在地上和地下世界均声名远扬。曾侯乙所拥有的青铜礼器同样十分丰富,这可能因为此地以南大约200公里的铜绿山地区拥有丰富的铜矿资源,[8]但曾国的国君究竟是如何从铜矿中获取财富的?我们知道铜矿石或者铜锭可以一路逆流而上,被送往急需金属资源的北方地区,曾侯乙是否可以从中收取某种费用?问题的答案我们不得而知,但可以确定的是,他的财富至少有一部分来自长江流域的矿产资源,另一部分则可能来自秦岭和大别山以南的水稻种植。这座墓葬的西室中共发现了13名女性陪葬者,她们可能是曾侯乙的乐者和舞者,年龄在13至25岁之间。中室的北面是一个军械库,里面装满了士兵和马匹的皮制甲胄,以及大量的武器和车马器。作为曾侯乙葬礼上的赠赠,这些随葬品被记录在竹简之上。整个墓葬周围填埋了超过6万公斤的木炭,其上还覆盖大量石板。

这座墓葬的辉煌是无与伦比的,不仅在中国独一无二,它与古代世界其他任何地方的墓葬相比也是如此。墓葬的修建和随葬品的设置可谓不惜成本,其中共出土了15400余件器物。如果对比美索不达米亚地区的乌尔王朝,我们会发现两河流域的墓葬用一种完全不同的方式来表现墓主人的权力——金制酒器、锋利的武器、装饰华丽的竖琴,以及一系列与农耕有关的形象,比如公羊、驴、牛等。[9]在曾国的墓葬中,我们则看到了青铜钟、古怪的生物,以及楚地迷雾中的各路神灵。即便是在南方的长江流域,曾侯乙的墓葬

这是楚惠王所赠镈钟钮部一对龙形纹饰之一,其上立着一只老虎,
此造型和纹饰设计是南方工匠奢华风格的典型代表

也因其配置豪华的乐团和舞者而显得独树一帜。放眼世界,有名望之人的墓葬更容易受到人们的关注,而结果往往是被洗劫一空。在中国,发掘这类墓葬还有一个障碍,根据现行的法律法规,古代历史上所有已知的王陵,包括那些几乎已经确定被盗的楚王墓葬,不经过充分论证都是不能被发掘的。

曾国在周初时也曾得到过周王的封赏,被赐予土地和青铜礼器,但他们的势力几经沉浮,已经没有往日的辉煌。曾侯乙可能是这个地方势力最后一个拥有巨大财富的统治者。与此同时,随着楚国不断扩大疆域,楚人的势力在南方逐渐崛起。楚惠王所赠之镈钟可以被看作曾国在楚人统治之下衰落的一个标志。[10] 从考古记录和钟离国相关的历史记载中我们知道,楚国此时卷入了和吴国的战争。[11] 公元前 504 年，恰逢吴楚交战之际，当时还是太子的吴王夫差在今河南信阳一带为勾敔夫人修筑了一座墓葬。尽管大致轮廓还是长方形，这座封土之下的墓葬更多采用了钟离国墓葬的构筑方式，墓主人的葬具置于中央，被陪葬的仆从环绕。[12] 曾侯乙的墓葬显然也采用了这种来自北方的习惯，墓中的女性陪葬者共有 21 人。

曾侯乙外棺用料为梓木，华丽的内外髹漆纹饰着重装饰了方形木柱和其间嵌装的木板，看起来像是一座小型建筑：外棺的长边立面（壁板位置）可以看到 4 根柱子，短边立面（挡板位置）则为 3 根；嵌装木板上饰有 S 形龙形蜷曲勾连纹，外框饰绹纹。这些令人眼花缭乱的纹饰设计实则隐藏了更重要的东西。这座建筑共有 10 根立柱，加上底座和屋顶共有 6 个装饰面。整个外棺的重量惊人，最外层的框架由青铜制成，仅框架重量便超过 3 吨。这是绝无仅有的案例，其他考古发现中从未出现过配有青铜框架的木棺。[13] 从传统上讲，所有地面之上的礼制建筑均为木结构，尽管有时会有一些青铜装饰。[14] 这里选择青铜框架绝非巧合。和所有这个规格的墓葬的构筑过程一样，这里会有专门的礼制专家负责墓葬的选址和结构设计，以及内部的随葬安排，每一步他们都有明确的目标。一定有专人决定使用青铜做外棺的框架。选择如此贵重的金属或许代表着对永恒的追求，在以往的案例中，这样的追求往往可以通过玉器来实现。

创造出这样一个外棺的青铜框架很可能是一项创新。框架的所有立柱均为"工"字形截面，将它们装配在一起需要经过精密的设计和计算，特别是横梁和立柱之间以及立柱与底框之间的衔接部分。4 个立面纵向相交的部分同样非常复杂，壁板和挡板相邻处各有一根立柱，它们面向不同的两个方向，呈直角衔接，并在外侧夹

曾侯乙外棺短边所在的立面（挡板位置），其右下角处安排了一个小门，
整个外棺长3.2米，宽2.1米，高2.19米

角处形成了一个直上直下的方柱状空间。这是一个并不完美的设计，或许带有一定的实验性。此外，青铜框架大幅增加了外棺重量，同时也增大了零件组装过程中的难度。但最令人困扰的还是当这座"小型建筑"作为整体被移动时，特别是在下棺的过程中，要知道曾侯乙墓的底部椁板建在地面以下13米的位置。结果也确实如我们所料，当墓葬被发掘时，人们发现这座"小型建筑"以一个十分尴尬的姿势保持着平衡，底框的一边嵌在椁板之上，另一边则高高翘起。可以看出，在移动主棺的过程中一定出了大问题。

墓中许多随葬品都有移位的现象，很可能是墓葬密封后被水淹的结果，沉积物中发现的大量泥沙也可以佐证这一点。如果在一个相对干燥、氧气充足的环境，木棺往往会因细菌吞噬变成碎片或粉末，仅留下少量漆皮。而在水资源丰富的南方，即便墓葬被白膏泥或木炭一类的隔离材料密封，地下水仍然会慢慢渗入，并将氧气排出。在这种情况下，吞噬有机质的细菌无法生存，也正因如此，木器、竹器、漆器甚至是丝绸都可以保存下来。曾侯乙墓便得益于这样的埋藏条件，才能够出土如此丰富的随葬品。从表面上看，这位曾国国君比那些同时代、地位相近的北方人更加富有，但也许这只是假象，因为北方墓葬中的有机物很少能够保留至今。

地下水的灌入也有可能会影响到主棺的位置。由于东室本身的墓向为东西向（这与草原和黄土高原地区的习惯相同），主棺的方向以及同墓室殉人、殉狗的葬具方向也应是东西向。许多后来的楚国墓葬也采用了这样的墓向。[15] 今河南境内的吴国墓葬同样是东西向，并在椁室内陪葬有仆从，墓室周围也安排有守卫。可以看出，这种来自北方的葬俗已经南传至长江流域，而曾侯乙的墓葬则向我们展现了一种全新的理解（特别是将女性陪葬者分处两室的安排）。曾侯乙内棺同样由木板制成，盖板和两侧壁板外呈圆弧形，就像是借用了树干的弧度直接成型，外表髹漆精致讲究，漆面呈亮橘红色（彩版26）。两侧的壁板上各绘有一扇格板门，足挡外侧则绘有一扇窗户。[16] 根据这样的设计，曾侯乙在死后应该可以离开他的私人卧室，在他的地下宫殿中游走。各个椁室之间的椁板下方亦设有正方形的开口，就像外棺足挡处的开口一样，均为方便墓主人进出之用。东室的8名女性陪葬者与西室的13名舞者和歌者也会利用这些开口进出各个房间，参与宴飨仪式和音乐表演等类似的宫殿生活之中。在这些女性陪葬者的木棺之中，有11具在表面绘有门或窗的图案。由此可见，墓主人对来世的期许也同样延伸到了陪葬者身上，而我们看到的有关如何支配地下世界的类比案例也变得更加丰富。在古代中国的语境之下，我们可能需要调整之前对某些专有名词的理解和用法，比如那些精心制作的仿制品或许是某些原件的复制品。"在棺材的侧面开一扇门"，在监工和他手下的工匠看来，这样的指令既可以真的在木板上切割出一扇实体门，也可以通过彩绘的方式画一扇门。在他们的脑海中，这两种方式具有同等效力。这是因为在那个时代他们理解宇宙的最基本方式便是通过这样的类比，也就是说，他们认为地下世界会用自己的方式为他们提供地上世界所有的点点滴滴。在我们看来，这样的彩绘门只表达出它是一幅画，但在这种来世观念的加持下，它却是曾侯乙死后通往地下世界的实际入口。[17]事实上，在本书涉及的大多数古代墓葬中，我们都能看到这样的情况。早期的玉器和陶器、宴飨仪式中的青铜礼器，在地上和地下世界均有用武之地。因此，如果这些门被画在恰当的位置上，那么它们就可以实现预期的功能和效果。

内棺壁板的彩绘门旁绘有墓葬的守护者，它们挥舞着长戟守卫着大门。这些守护者看起来是有翅膀和爪子的生物，其中两个守护者的双腿似与胯下的祥云融为一体，剩下的则可以看出是人类的双腿，为何这样安排难以解读。它们虽是人首人面，但双耳肥硕，长角长须。四只象征着吉兆的立鸟张开双翅，盘旋在这些守护者的头顶。[18]这便是在来世守护曾侯乙的阵容，守护他周全并确保他的运势。为了防止邪恶的入侵，任何可能带来伤害的东西都不会被放入墓葬，或者出现在任何彩绘之上。这是因为按照同样的逻辑，守护者的形象带来的是安全和好运，而妖魔邪祟的形象则会对墓主人不

曾侯乙内棺守护者

利。这种习惯在今天的中国仍然可以见到——灾难和负面的消息往往不会被大肆宣扬。

主棺上出现的这些生物几乎无法在其他地方见到,但也有例外。我们在华盛顿赛克勒博物馆收藏的一张楚帛书上见到了类似的例子。据传这张帛书来自公元前 3 世纪的一座楚墓。[19] 其中包含了 12 个奇怪的立人形象,头上生角或是触角。它们沿着帛书的四边一字排开,可能代表着月份,而每一边代表一个季节。这些形象的中间有一些文字,描述了创世的过程:

粤古包虚,出自□雺。居于飙□,坒田渔渔。□□□女,梦梦墨墨。亡章弼,□□水□。风雨是於,乃取虚□□子之

250　　厚土无疆

子。曰女呙，是生子四□。是襄天践，是格参化。废逃，为禹为契。以司堵，襄晷天步。途乃上下朕断，山陵不疏。乃命山川四海，□寮气豁气。以为其疏，以涉山陵。泷汩渊蔿，未有日月。四神相隔，乃步以为岁。是隹四时。[20]

帛书还在黄河流域的语境下提到了一些习俗和信仰，以及经久不衰的周文化。然而，有关月份和季节的描述却是南方的创造。

曾侯乙的随葬品中还有两个配有黑色弧顶的衣箱。其中一个的盖子上用红漆勾勒出了类似青龙和白虎的图案，它们在后来的历史中逐渐成为东方和西方的象征。在龙虎图案的内侧，还环绕着二十八宿的名称，代表着月亮在星空中运行的位置，也代表着南方人对时间的理解。另一个同样形状的衣箱盖子上绘有四棵树，同样用红漆勾勒外形。其间绘有类似盛开的向日葵状的图案，树上有立鸟，以及一些难以分辨的人面兽身的生物。显然，这又是一个源于楚文化的故事。箱盖的剩余部分被两排红色的蘑菇状云纹占据，在汉代以后，类似的图案往往与医药材料挂钩，被认为是长生不老之道。[21]

曾侯乙内棺上的其他彩绘将我们带到了南方沼泽地区的更深处，那里是蛇类的地盘。大量奇怪的生物与蛇交织，盘绕在内棺的表面。[22] 在窗户的两侧的醒目位置各有一幅立鸟和龙的组合图案，它们的出现使周围相互盘绕的龙蛇相形见绌，更何况仅凭尺寸它们就应该得到更多的关注。这种造型的立鸟，会以大型木刻的形式（高度接近 1 米）出现在一些较晚的楚墓中，常常伴有鹿角做的翅膀，其利爪也经常抓着被擒获的蛇或其他猛兽。[23] 无论出现在棺饰中，还是以实体的形式出现在墓葬中，立鸟必定是一种重要的守护形式。

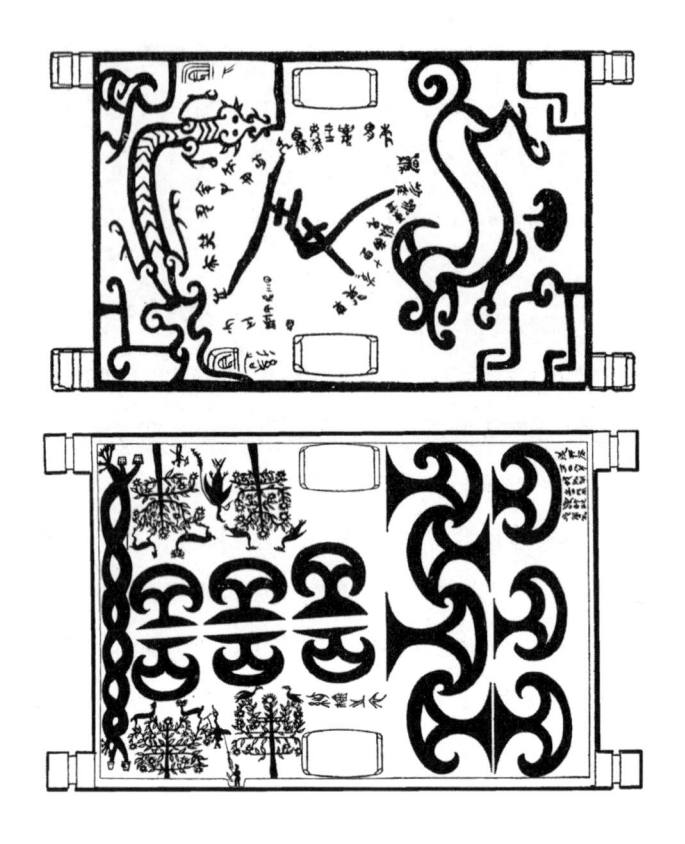

两个漆木衣箱的盖子，长约82厘米

  墓葬上方覆盖的石板能够让人联想到北方的一些葬俗，这些鸟立于蛇、虎之上的形象亦是如此，可能源于北方靠近草原的边界地带。它们或许可以算作经过简化的"动物风格"——一种深受亚洲内陆地区偏爱的视觉语言。鸟和蛇的组合形象同样出现在中原地区，特别是一些青铜壶纹饰的狩猎场景之中。[24] 还有一些来自北方的特征，比如外棺上的绚纹，融入了曾与楚的世界观。尽管它们源于北方，但这些图案已经被曾侯乙及其追随者认定是强大的、具有时代特征的守护形式。

一鸟立于龙上,被四条小蛇包围,出现在内棺足挡的窗户两侧

在曾侯乙墓东室的 8 具陪葬棺之间,有一座力量感十足却不失优雅的鹿角立鹤铜像。长颈仙鹤高昂的头上长着一对鹿角,鹿角的外廓接近圆弧状,鹿角也许可作悬鼓之用。同时,高高翘起的鹤喙同样可以悬鼓。鹿角立鹤有一个相对较小的圆形身体,体表全部覆盖着精细的脊纹、斜宽道的羽纹和勾连三角纹,短小的翅膀正面还有浅浮雕蟠螭纹和小圆圈纹。如果我们对比曾侯乙主棺上那些热火朝天的动物盘绕场景,静立在一旁的鹿角立鹤给人的感觉仿佛冰山般冰冷。它被放置在主棺的东侧,面向南方。也许曾侯乙的灵魂能够驾鹤飞天?那么它能够飞多远?鼓声能将他的灵魂唤回吗?同样令人困惑的还有鹿角立鹤座板上嵌套的圆环,显然这样的设计方便鹿角立鹤从一处搬运到另一处。那么它原本应该被放置在哪里?它是否曾参与仪式,出现在曾侯乙地下宫殿的其他地方?还有一些类

似造型的器物也同样迷雾重重,比如一件漆木制作的卧鹿,同样高昂着头以展示它精美的鹿角。[25] 鹿的漆面整体呈黑红两色,造型比鹿角立鹤更加逼真。墓葬中一共出土了两件这样的卧鹿,分别安置在东室和中室,它们一定能够为墓主人带来好运,并且可以陪他在地下世界游走。这些鹿角代表了来自北方的生物及其背后象征的观念,随着曾侯乙在南方的社会中逐渐实现自己的抱负,这些观念也慢慢地渗透了南方。[26]

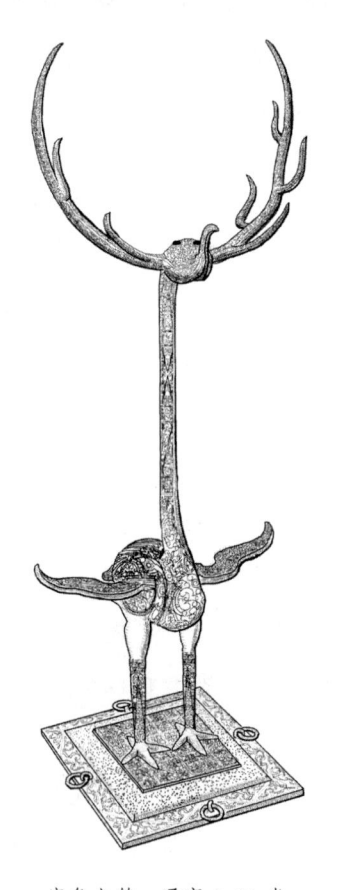

鹿角立鹤,通高 1.43 米

漆木鹿，通高77厘米，长45厘米

还有一件精致的鸭形漆盒，其上彩绘的场景让我们窥探到了曾侯乙时期的一些神话和信仰。鸭身腹部的右侧是一幅彩绘击鼓图，一兽被当作鼓座，上竖建鼓。两边各绘有一位戴着奇怪头饰的人。盒身的另一面则是一幅撞钟图，两件甬钟被长着巨大爪子的鸟兽状生物托起；画面的右侧绘有一人，头戴面具，可能是一位乐师，正在通过乐舞召唤其他世界的生物。这个鸭形漆盒可能来自西室某个女性陪葬者的棺中，它的纹饰却将我们的注意力引到了中室澎湃的音乐当中。

在公元前3世纪的一部哲学著作中，作者对通过音乐维系氏族内部等级制度的做法进行了严肃的描述。这与曾侯乙墓向我们展现

鸭形漆盒，长20.1厘米

的那个喧闹的充溢仙鹤、建鼓、编钟和蒙面舞者的场景形成了强烈对比：

故乐在宗庙之中，君臣上下同听之，则莫不和敬；
闺门之内，父子兄弟同听之，则莫不和亲；
乡里族长之中，长少同听之，则莫不和顺。[27]

黄河流域悠久的青铜铸造传统在这里得到了充分利用、发展和转变，并成就了世界上最伟大的艺术品之一：一套65件青铜编钟被分为三层，悬挂在一座曲尺形的巨大钟架之上（彩版25）。[28] 早在公元前12世纪，这片土地上的先民就发现敲击青铜可以产生浑厚、清晰而有力的声音，并开创性地铸造出截面为合瓦形的铜钟，以供演奏之用。曾侯乙一定视这些钟为珍贵的财产，它们也是他所拥有的财富和地位的象征。同时代的楚王也一定拥有成套的编钟。[29] 从墓葬的随葬品中，我们可以想象出一个宏大的乐舞场面，人们精力充沛地击奏着编钟、编磬和建鼓，同时宴飨仪式也在有条不紊的准备之中，伴随着各式各样来自北方的青铜礼器。青铜钟的钟声会令人肃然起敬。曾侯乙的这套编钟至少需要五名乐师才能演奏：其中二人站立在钟架内侧，双手持撞钟棒击奏下层最大的几个编钟；另外三人立于钟架外侧，双手持木槌击奏中层和上层的编钟。[30] 漆木制作的击奏工具均已找到，那么击奏它们的乐师是否就是西室那13个女性陪葬者中的一员呢？抑或是地下世界被召唤而来的其他人？当然，乐师的工作远不止于此：她们还需要能够击奏立于钟架一侧、圆雕群龙之上的建鼓，长颈怪兽造型磬架之上的两排编磬，以及中室之中的另外一件扁鼓和一件悬鼓。除此之外，乐师们还要负责演奏这里的7件瑟，以及与编钟摆放在一起的笙、排箫、篪等吹奏乐器。这些乐器所奏出的音乐通过舞蹈得以生动展现，正如《楚辞·招魂》中所描述的那样：

肴羞未通，女乐罗些。
陈钟按鼓，造新歌些。
《涉江》《采菱》，发《扬荷》些。
美人既醉，朱颜酡些。
嬉光眇视，目曾波些。
被文服纤，丽而不奇些。
长发曼鬋，艳陆离些。
二八齐容，起郑舞些。
衽若交竿，抚案下些。
竽瑟狂会，搷鸣鼓些。
宫庭震惊，发《激楚》些。[31]

如果存在一个拥有极致的音乐和技术实力的世界，那么这些乐器便是进入这个世界的钥匙。与后来西方圆形截面的钟相比，曾侯乙这套庞大编钟的截面为合瓦形，能够发出更加悦耳的声音。远方教堂回响的钟声没有如此清晰而悠长。

宴飨仪式上乐舞场景，包含编钟、编磬和建鼓等，
来自公元前5世纪一件错金银工艺的青铜壶

中国古代的先民很早便发现他们的青铜钟可以击奏出双音，一个正鼓音和一个侧鼓音。有些钟上会铸造鸟纹来标记出需要敲击的位置。在这种乐器的发展史上，最早出现的是口朝上使用的铙。到了芮桓公时期，钟已经可以把靠甬上的斡部作为挂点来悬挂使用，悬挂时略有一定的倾角，曾侯乙编钟其中的甬钟也是如此。虽然这些形制上的变化和改进一定也在北方的诸侯国之中流传，但编钟上最显著的变化——那些音乐和演奏层面的创新却仍然发生在南方。在那里，编钟的音高和音准在几个世纪里不断发生着变化。[32] 曾侯

乙编钟的每一件，几乎都是按照正确的尺寸、形状和重量铸造的，它们合在一起的音域可以跨越五个八度的音程，中心音域十二个半音齐备，这一创举令人叹为观止。在某些情况下，青铜钟可以通过调整钟壁的厚度来控制其重量和音调，即在钟内壁的适当位置开调音槽来削减一定的厚度。我们无从得知铸铜工匠是如何达到这一技术水平的。有人认为他们是经过了一代代工匠的技术积累，并结合所有已知案例，进行了几个世纪的实践才做到精准调音。这段发展史与欧洲的经验截然不同。在5世纪，第一批钟铸造于意大利的坎帕尼亚，并在8世纪的英国杜伦被尊者比德用于葬礼之上。在欧洲，真正作为乐器的金属钟是17世纪以后才出现的，这时离曾侯乙生活的时代已过去了2000多年。

虽然曾侯乙编钟的整体音域跨越了至少五个八度，但这并不是音乐唯一的演奏方式。同处于中室之内的编磬依靠的是五声音阶，相当于钢琴八度中的五个黑键。这些石磬由三个漆木箱子收纳，至今仍保存完好。[33] 其中的两个箱子内分别装有一套五声音阶的石磬，但由于发音的起始音符不同，它们分属于两个不同的音阶。剩下的箱子内装有额外的石磬，从而构成了完整的半音音阶范围。这也使得原本的音阶中可以拥有更多的起始音符，从而创造出更多的五声音阶。根据当时的乐理，由不同音符起始的五声音阶被赋予了不同的名称。十个音符分布在一个半八度之内，每隔两个半音出现一个音符，分别被命名为穆音、应音、嬴孠等。由此可见，曾侯乙编磬在表演中可以重新排列成不同的组合，而他的编钟却没有那么好的移动性。但是类似的五声音阶和不同的起始音符一定也能够在编钟演奏中得到应用。编钟奏乐的基本逻辑可以从它们的排列和其上的错金铭文中大致了解。这些铭文既是书法艺术的杰作，也是音乐发展史上的里程碑。它们是与钟体一同铸造的,因此在范铸法工艺的制作之初,单个模范系统所对应的钟以及这个钟所能演奏出的特定音符便已经确定,而不是事后添加上去的。

钟架上层的三组素面钮钟上标有三个标准音高的音符名称。演奏时的主力则是中层的三组甬钟,它们由钟架背后的三名乐师击奏。曲尺形钟架短边上的一组甬钟共11个;长边上则分布着两组甬钟,分别为12个和10个。每一件甬钟均用单字标记出了两个击奏位置,音符的名称则出现在钟体中间偏下的正鼓位置,就像上层的钮钟一样。同时,侧鼓部的音符也标出了名称。这些位置的名称逐渐变得复杂,特别是当五声音阶由不同的起始音符开启时,它们需要同时提供两种不同音符的名称。对于每个钟来讲,固定位置的击奏声音并不会改变,改变的是它们在音阶中的位置,这取决于从哪个位置开始。我们可以在西方使用的"哆来咪"系统中同样可以看到类似的变化。序列中的"来"便可以根据弹奏的音阶(或者我们称之为"调")来切换音符。

令人惊讶的是,中层两组甬钟上的铭文显示的是楚国的标准音高名称,其音程与曾国的习惯有所出入。中层只有一组甬钟使用了曾国的音高,同时下层的许多大型甬钟也同样使用了曾国的系统。有趣的是,在标注了曾国音高名称的钟上,铭文同时也给出了楚国音符的名称。那么这些标注了楚国音高的编钟是不是楚地铸造的,而上面有关标注系统的铭文只是为了在曾国使用时更容易被理解?或者这种标注是否代表着一种早期音乐中"移调"的过程?不论这些问题的答案如何,至少有一点我们可以肯定,这些铭文表明了曾与楚的编钟铸造和演奏技艺有着密切的联系,几乎可以肯定发源于楚地的音乐世界,然后由曾国传承并加以发展。

钟架中层的一件甬钟，通高61.3厘米，重22.4公斤

曾侯乙的这套编钟是世界奇迹之一。与之配套的是一个完整的管弦乐队，其中包括14件弹拨乐器（12件瑟、2件琴）和10件吹奏乐器（6件笙、2件排箫、2件篪）分别放置在中室和东室之内。由于曾侯乙墓特殊的环境，这些木制乐器比其他地方保存得更好。[34] 这些古瑟的制作非常出色。它们呈长方形，长度超过1.5米，共鸣面板略拱，两端分布的弦孔就是出音孔，其作用就像是小提琴上"f"形音孔一样可以辅助发音。这些瑟的面板太长，以至于其中的一些不得不由多块木板拼接而成。25根弦横跨在面板之上，以弹拨发声，并通过可移动的瑟柱来产生各种音符。这些安排是为了配合编钟和编磬上不同起始音符所演奏的音阶。古琴作为曾侯乙墓中出土的另一种弹拨乐器，是后来小说和诗歌中出现的琴的前身，在这些文学作品中，琴往往被受过教育的精英阶层青睐，至今仍在演奏。编钟和编磬产生的音乐往往给人很重的仪式感，但弦乐和管乐

第 9 章 曾之礼乐

的加入则增添了舞蹈的成分。毫无疑问，墓中陪葬的 21 名女性当中的一部分一定会参与其中。

在编钟合瓦形开口的上方，经常装饰有相互缠绕的浅浮雕蟠龙纹，这种纹饰或许是从钟离君柏的青铜钟之上发展而来的，如今却变得错综复杂以至于很难将它们区分开。精细的涡纹、梭形纹等纹饰出现在甬和衡的表面，连枚上也被覆盖。编钟的悬挂方式也很特别，其中的一些与钟架连接的套环被设计成了小型猫科动物和龙的结合体，还有双杆、挂钩和插销等形式，它们的存在使这些编钟可以随时被取下和更换。[35] 钟架横梁的两端装有铜套，外侧装饰有透雕龙身，并凹雕有涡纹、龙纹、云纹等复杂纹饰。编钟和建鼓的基座均由相互缠绕的高浮雕或圆雕龙纹构成，给人一种它们争相攀爬向上的错觉，令人隐隐感到不安。同样令人内心挣扎的还有怪兽造型的青铜磬架：凸起的角、似有笑意的大口、扭曲的脖颈、发育不良的翅膀、外撇的足；同时头上双角之后还长出了另一个脖子，其上顶着第二个头，同样拥有大口、尖牙和凶恶的角。这些令人恐惧和焦虑的景象与舒缓的音乐相去甚远，仿佛置身于一个看不见的灵魂世界。而一如既往，这些奇怪生物在此出现是为了驱邪避恶。古瑟上同样如此，古怪的兽面和龙的造型也预示着来自灵魂世界的保护。对于看客来讲，曾与楚的这种令人不安的世界观与周人古板的礼制形成了鲜明的对比，可以说是截然相反。

在一份楚国文献——《楚辞·天问》中，我们得到了一些有关幻想起源的线索：

　　昆仑悬圃，其居安在？
　　增城九重，其高几里？

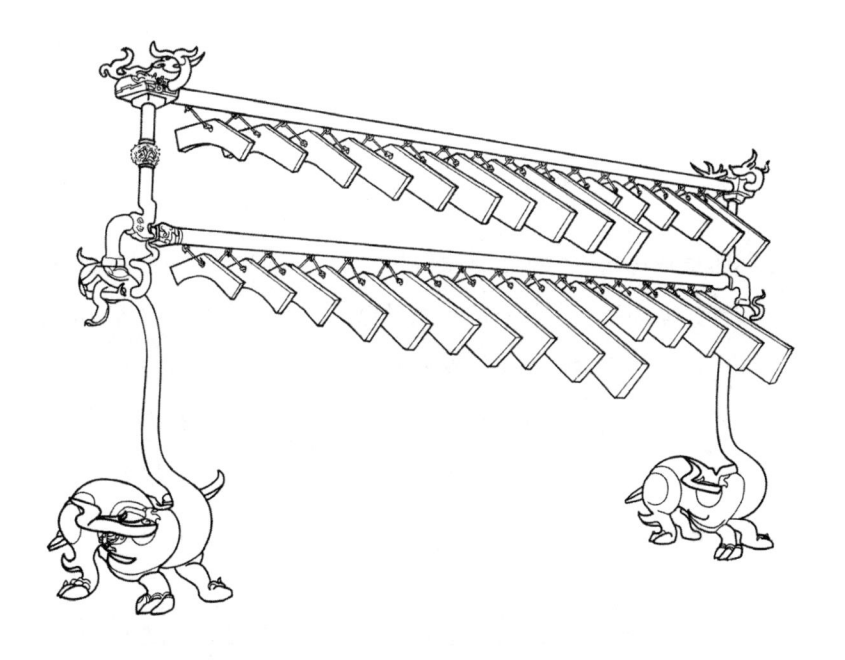

双头怪兽造型的磬架和悬挂的编磬，通高1.09米，宽2.15米

四方之门，其谁从焉？

西北辟启，何气通焉？

日安不到？烛龙何照？

羲和之未扬，若华何光？

何所冬暖？何所夏寒？

焉有石林？何兽能言？

焉有虬龙，负熊以游？

雄虺九首，儵忽焉在？

何所不死？长人何守？

靡萍九衢，枲华安居？

一蛇吞象，厥大何如？

第 9 章 曾之礼乐

> 黑水玄趾，三危安在？
> 延年不死，寿何所止？
> 鲮鱼何所？鬿堆焉处？ [36]

这些问题是在曾侯乙死后才被编纂出来的。然而，以墓中出土的漆木器和青铜器为引，曾侯乙的乐团早已沉浸在了这个充满活力的世界里。比起那些生硬的文字，这些有形的生物及其伴随的音乐，更能够引起人们的共鸣，同时也使人产生焦虑情绪。观看和聆听总是比阅读更直观，更加触动心灵的深处。这些来自南方的故事，对那些更为人熟知的、来自北方黄河流域的传统世界观是戏剧性的冲击和颠覆。

在这些扭动着身体相互缠绕的生物中，我们意外发现了6个表情平静的人形柱身负责支撑整个钟架。两两一组，每组铜人上矮下高，分别出现在曲尺形钟架的两端和中间的弯折处。这些铜人身材苗条，穿着朴素，只在长袍交叉和褶皱处有些许装饰。它们用双手撑起横梁，腰带上悬挂着佩剑。由于肩负沉重的钟架，它们不得不待在原地，这使得整个中室之内形成了一种静态与动态的鲜明对比。我们看到的是人类与非人类的共存、日常与未知的并立。为何会有如此强烈的反差？这个钟架和这些铜人很可能是为曾侯乙的日常宫廷生活制作，然后随着他的死亡被一起带到了地下世界。从那一刻起，它们便与在那里活动的生物一同保卫着它们的主人。当然，这些铜人的形象也被认为带有吉祥的寓意，同时还可以起到护主的作用。在古代中国，逼真的人和动物的形象并不常见。在北方的黄土高原，青铜器的鋬和足上继承并发扬了龙等想象动物的造型传统，但以人形来承重的例子罕见。我们知道的一个案例来自芮国，芮公配偶的墓中出土了一件缩微青铜礼器，它的足使用的是跪坐的人形。但是在曾国这里，这些人形柱身既有实用性又有装饰意义，这样具备双重作用的人物造型我们还是第一次见到。

钟架中部的两个铜人，下层铜人通高1.16米，重323公斤

人形柱身的顶端和钟架横梁的交会处设有一系列的榫槽和子榫结构，它们可以完美地将钟架整体固定，从而使其支撑起整套编钟的重量。面对价值如此之高的金属乐器，没有人会在悬挂的安全性上冒险。为此，钟架消耗的金属也是巨量的。下层的三件铜人连同半球体底座，每一件都超过了300公斤，而上方的三件铜人每件也有将近40公斤。这种构建风格是不是随着与中亚西部地区的新互动而逐渐发展而来？它们表现出的冷静而机警与那些喧闹的、充满幻想色彩的生物格格不入。当然，除了这些铜人，这座奢华的墓葬

第 9 章 曾之礼乐

中还有其他物品也能够体现出曾侯乙广泛的社交关系网。

在曾侯乙的随葬品中，我们还发现了一套青铜尊和盘的组合，上面覆盖着精细繁缛的镂空纹饰，还有令人费解的龙形怪兽附在器物的外壁，顾首向外吐着长舌（彩版27）。青铜盘上的铭文告诉我们，曾侯乙并不是它的第一任拥有者，这套尊盘有可能在曾侯手中传了至少三代。[37] 这套青铜器上的部分极具挑战性而又令人生畏的装饰纹样可能是通过失蜡法铸造的。[38] 失蜡法是西亚和地中海地区流行的一种青铜铸造技术，但是到目前为止，还没有一件古代中国青铜器可以确认全部由失蜡法铸造。这项技术首先需要通过直接或间接的手段塑造一个蜡模，然后用陶土将蜡模包裹并加热，待蜡流出后便形成了一个可供金属浇铸的型腔。曾侯乙尊盘的主体部分可能是由青铜时代早期便已出现的范铸工艺铸造而成的，而那些奇怪的生物，以及尊和盘口沿处的透空附饰可能是分铸成型并焊接到主体之上。因此，这两件器物具有如此强大的视觉冲击力，首先便要归功于分铸成型的透空附饰以及盘绕的龙形生物。即便这些附饰最终被确认并非用失蜡法制作，而是用传统的范铸工艺经过无数次的陶范拼合而成，这样的透空结构也足以表明，铸造尊盘的工匠一定或多或少地接触过具有透空结构的失蜡法铸件，因此才会想通过自己熟悉的手段来模仿这样的效果。[39] 我们同时还得知，一些精雕细琢的骨器或角器也可以达到透空的效果。[40] 在中国青铜器纹饰发展史上，这套曾侯乙尊盘是华丽、夸张和细节至上的巅峰之作。[41]

曾侯乙尊盘和钟架上的6个人形柱身向我们展示了一种全新的跨区域交流，从长江流域出发，或许可以远至中亚地区的绿洲甚至更北的地区。随着战争在中原和南方地区之间不断爆发，武器、马器以及黄金也同时从北方传来。[42] 北方边疆地区的新材料和新技术的来源之一，便是戎人以及其他类似的北方氏族。与钟离君柏的墓葬一样，在曾国和楚国的一些墓葬之中，金箔也被用来装饰甲胄。但曾侯乙在这条路上显然走得更远。他墓葬的东室出土了两个个人使用的黄金容器——一个有盖的盏和一个有盖的杯。二者的器型都采用了传统的青铜器造型，制作技术上也同样采用了铸造，因此不可避免地花费巨大。黄金的供应在任何一个历史阶段都是不充足的。同时，相比锻打，采用铸造的方式也会消耗更多的贵金属。正因如此，这项技术并没有受到广泛关注。然后，这两个优雅的黄金容器让我们看到了某种新的推动力。是什么导致人们突然对金杯产生了需求？在一个相信来世和地下世界的社会，对于那些能够带给主人永生的新材料，相信没有哪个贵族会拒绝。显然，曾侯乙做出了他的选择并成功得到了这些新器物，但并不是通过市场，而是通过他的工匠、侍从甚至手下的武士。即便是在今天，中国的顶级工艺品也是有市无价的。

黄金同时也出现在东室的另一角，这次是以一种令人费解的弹簧状螺旋形，出现在一些纺锤形圆木陀之上。这些木制的纺锤形器共有20个，它们身缠丝线和金制弹簧，按一定规律排列在一张长

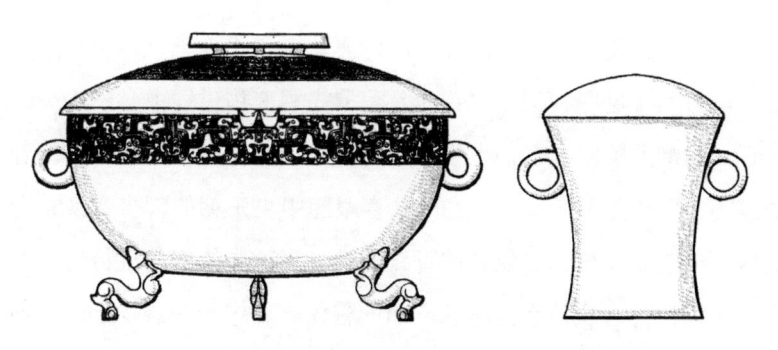

金盏，宽15.1厘米；金杯，通高10.65厘米

方形漆木案上的两个皮垫圈之中。[43] 黄金拉丝技术并非源于中国，我们见过最接近的金制螺旋结构可能是北京军都山玉皇庙遗址出土的金丝耳环，但这些金丝是由薄金片扭曲而成的。相比之下，那些更有名气的类似器物大都来自新疆地区，出土于那些与南西伯利亚和更西的伊朗北部地区联系密切的遗址（南西伯利亚地区的遗址发现过更多类似的黄金制品）。这些由金、锡丝线、珠子和细小的螺旋形组成的物品，不仅在我们看来极具价值，在地下世界也同样被神灵认可。虽然我们能够大致看出制作这些黄金制品的技术和工艺是从西亚地区一路经欧亚草原传入中国，但我们已经无从知晓它们的具体用途。在南西伯利亚的阿尔赞遗址和伊朗的马利克（Marlik）遗址工作的考古学家将它们视为个人装饰品的一部分。[44] 但是如果这样看，曾侯乙的这个桌案上有太多这样的器物，显然，个人装饰一定不是它们的主要用途。这样丝线穿缀的弹簧还出现在丹阳的楚墓之中。[45] 我们依然很难得到令人满意的答案，但是作为那个时代强大的诸侯，曾侯乙能够与时俱进，紧跟一些能够在生前和来世为他彰显地位的新潮流。

　　曾侯乙通过一个数量庞大的青铜器群从他的先祖那里获得庇佑。墓葬的中室内共有117件青铜器，它们被小心翼翼地排列在钟架的南侧，它们是墓主人高等级的标志，也是贵族一直在争相追求之物。当然，这些青铜礼器首先是获取先祖庇佑过程中必不可少的一环，但毫无疑问，它们也被用于为在世的贵族及其宾客举办的奢华盛宴。[46] 几百年来，曾国贵族一直跟随中央王朝的脚步变换着青铜器的形制和风格。曾侯乙的青铜器群，无论是恢宏的气势还是奢华的装饰，都远超他之前所有已知的曾侯。其中一些器物上的纹饰有华丽的绿松石镶嵌。他还拥有两套八个列鼎、一套九个列簋、两件大鼎和两件大壶。后面这两对鼎和壶的形制较为传统，但在尺寸设计和铸造技术上明显有炫耀的成分。这些青铜器上的装饰元素（比如云纹和龙纹），在墓室中的一些漆木家具上也可以看到。这或许是一种持续的交流过程，青铜纹饰不断从木雕和漆画中汲取灵感，从而形成了相对自由的装饰风格。[47]

曾侯乙墓中大部分的青铜礼器与当时黄河流域的典型器物无异，但也有一些新器物：比如一件青铜镂铲，类似于我们用来铲煤的工具；还有一件青铜箕，它的器表及曲栏用青铜模仿了竹篾编织的形状。二者均出自长链炭炉周围，应是与此物配合使用。东室还出土了两件熏炉：一件外形矮胖，配有一个细长的蒜头形熏罩；另一件呈圆筒状，上小下大，周身饰有镂空龙纹交缠。[48]《楚辞》和其他一些竹简上曾记载，这些铜熏炉中漫出的醉人烟气可能有助于贵族探索他们的精神世界，或者说能够帮助他们在地下世界继续交往和互动。[49] 这些浮雕和镶嵌的图案给这座墓葬的随葬品带来了强烈的奢华感，而它们带给我们的则是一个个无法破解的谜团。

中室内还有两套巨大的青铜鉴缶，方鉴中可以盛放冰块或热水以达到冰镇或加热缶中之酒的作用。同时，方鉴的内底有三个直角形凸起，用于穿过缶圈足上的三个榫眼，使二者锁死并连成一体。这套鉴缶的外表面饰有曾侯乙墓中典型的细密蟠螭纹和螺旋形纹饰，顺着优雅的弧形外廓向下，是一周8个拱曲攀伏的龙形耳钮，最下面则是四个龙首兽形足。曾侯乙的铸铜工匠如此专注于那些华丽的外表，但同时他们并没有忽略任何一件器物在实用层面的设计。鉴缶底部的三个固定装置如此，青铜钟架上的6个人形柱身亦是如此，它们实实在在地承担着整套编钟的巨大重量，并且一扛就扛了2000多年。这些例子再次向我们展示了楚地工匠的精湛技艺，

青铜鉴缶，通高61.5厘米，横截面为正方形，缶嵌于鉴的正中，
总重量为168.8公斤，鉴中可盛热水或冰块，以使缶中物质保持在最佳温度

然而这种技术层面的信息并没有被记录下来，或许是因为当时的官员对这些技艺并不感兴趣。

如果不是曾侯乙墓的发掘，我们或许永远也不会了解到楚地有如此非凡的艺术和技术成就。当这座墓葬的5个陪葬坑在1999年被发现时，这些成就以一种更加令人惊讶的形式展现了出来。在其中一个长3.7米、宽2.6米的土坑中，考古学家发现了300多个青铜构件，它们组合起来很可能拼成一个由木杆连接的快速拆装结构。武汉大学的资深考古学家张昌平向我们展示了其中一些较为复杂的构件，包括一些用于屋顶结构的三通和四通构件。还有一些构件带有自锁装置，可以增强整体结构的稳定性。木杆的粗细也有所区分，主要取决于它们所处的位置。此外，还有一些构件和木杆可以形成嵌入式的永久搭配，它们可以在搭建和拆卸的过程中作为一个整体移动。全部被组装在一起时，便形成了一座方形帷帐。这种巧妙的设计极具创意，它的任何部分都可以快速安装和拆卸，并允许并行或者说多组工人同时施工，使曾侯乙可以随时随地快速得到他的私人帷帐。[50] 并行团队的同时作业是中国工业的一大优势，直至今日在计算机制造这样的领域仍是如此。[51] 在中国历史上，这是我们第一次见到帷帐相关的遗存。虽然玉皇庙遗址中发现的人群可能居住在像其他游牧族群那样的帷帐之中，但这已经无从考证，因为他们并未使用金属构件。在曾侯乙墓中，他的帷帐所展现出的并不是一种游牧的、逼仄的甚至颠沛流离的生活方式，而是一种适用于旅行、狩猎和作战的舒适居住环境。帷帐的主人同样打算在地下世界继续自己的旅行，这一点我们通过他盛放酒具和食具的漆木箱便可以轻易看出。酒具箱中有 16 件两侧带有半月形耳的浅腹酒杯，又被称为"耳杯"，还有一些长柄木勺或竹筴，或作取用酒水之用。[52]

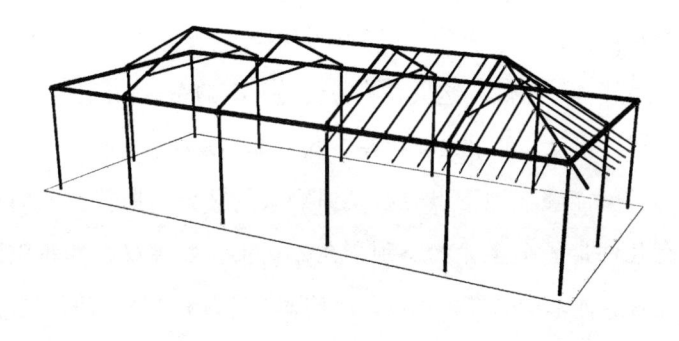

曾侯乙帷帐的局部重建

第 9 章 曾之礼乐

帷帐和各种便携式的箱子是在地下世界旅行的必备之物,更多类型的补给则被放置在与中室一墙之隔、相对较小的北室中。显然,这里首先被当作了一个武器库,内部储存了 59 件形制标准的青铜戈和 30 件不太常见但更具杀伤力的青铜戟。标准的青铜戈在算入下端的木制戈镈的情况下大约 1.3 米长,而青铜戟中的某些类别（如三戈带刺的戟）全长可达 3.25 米,需至少两人方可操作。这里还有 48 件铜矛。从数量上看,这些武器足以装备一支小型的护卫队,但如果作为完整军队的武器库则略显不足。虽然这些武器真真切切地摆在那里,但是它们是否只是一种武力的象征,用来在地下世界制造一支更为强大的军事力量？如果我们把注意力转移到战国时期贵族所用战车上的配置,也可以看到类似的情况。北室中散布着一辆战车的零件,旁边还有一个伞状结构,应是战车上竖立的配伞。这个结构可以保护驭车之人,甚至可能是曾侯乙本人,因为他很可能会为了与同僚会面或出门狩猎而选择乘车出行。考古学家在这里还发现了 76 件车軎,如果全部为实用器,它们将组成一支拥有 38 辆马车的庞大车队。然而,即便是按照双驾马车的最低标准配置马匹,东室内的马衔和马镳在数量上也不足以为 76 匹马提供完整装备。显然,这里并不需要为所有的车辆和马匹提供相应的车马器;相反,似乎只要存在一些具有代表性的车軎、马衔和马镳,它们就能够在地下世界召唤出剩余的装备。在曾侯乙的车軎中,有几件带矛车軎尤为特别。在战场上,如果双方战车距离太近,拥有这种车軎的战车可以轻易将对方车轮的辐条斩断。在战国时期,北方的战士可能会骑马,但在中原和南方地区,战争更多在战车上进行。从公元前 6 世纪开始,步兵的数量也在逐步增加。[53]

为了更加全面地保护自己,曾侯乙还在墓中随葬了一共 55 张弓,

4000多个箭镞（包括一些草原风格的有銎镞）和49面盾牌。

由于曾侯乙墓中的潮湿环境，钟架、漆木家具和大多数日常用品得以保存，所以那些车马器和矛、杖、弓、盾等攻防兵器的部分能够得以幸存也就不足为奇了。与它们同处北室的还有大量的人甲和马甲，堆叠在中部偏西的位置。由于保存得不甚完好，考古学家只取出了相对完整的部分进行清理，其中包含了13件人甲和两件马甲。每件人甲可分为胄、身甲、袖甲、裙甲四部分，而对于马甲来说，最复杂、装饰最华丽的部分在胄的位置，同时它们身上也覆盖有大量的皮革。皮制马胄上的图案经过精心绘制，有龙、鹿连身的设计，龙的前腿之上有一只立鸟，似乎与主棺上的图案呼应，并延续了北方的动物风格。马胄上还以精细的圆珠纹作为表面，看起来甚至有银器的效果。

我们从钟离君柏的墓葬中得知，青铜和金箔的组合受到当时的人们的青睐。甲胄上面点缀金属银或锡的装饰也出现在楚国的其他

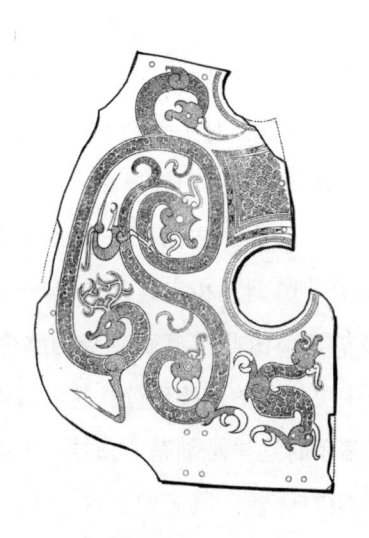

一块大约50厘米长的皮制马胄

地方。[54]事实上，甲胄本身提供了另一个彰显其主人社会地位的舞台，而这样的象征作用在北方人对金箔和银箔的喜爱中得以加强。当时的曾国或许拥有一批戎人背景的圉官，受命引进、驯服、饲养和驾驭马匹，而曾国马具中骨角质的马镳，或许就是他们的选择。这群往来于各个诸侯国的新来者，在传世文献中几乎从未被提及。当时的记录者似乎有意回避了他们的存在，因为这些流动的游牧族群虽然才华出众，但从未被主流社会的成员接受。像其他国家一样，中国的过去也会以"服务于现在"为目的被重新铭记和诠释。今天的中国拥有统一的领土和多样化的人口构成，大多数人将定居社会和城市生活看作理想和目标，因此那些没有被文字记录下来的流动人口，不可避免地被排挤在历史之外，只能从考古材料中寻找他们的踪迹。骨角质的马镳在公元前5世纪至前3世纪的中原诸国的墓葬中均有发现。这似乎暗示着曾国也和其他诸侯国一样，利用了来自北方的人群，将他们作为雇佣兵或马匹的管理者纳入了自己的军事力量之中。[55]

这座墓葬中还出土了一把容易被人忽略或误解的玉剑，它实则非常重要。这把剑由五节相对平整的玉料组成，相邻两节之间设孔，并在垂直方向用金属嵌入孔内来连接。它们组合在一起，勾勒出一把入鞘形态的剑的轮廓。这似乎是在用玉器模仿一把青铜武器。剑首位置有精美的雕刻，和它连接的是一个短小、简洁的剑茎。剑茎的中部被扩宽，由此过渡到剑身的整体轮廓之中。再往下是位于整个剑身中央位置的连接部分，这里可以被看作剑格，水平方向的装饰图案暗示着这里是剑鞘的顶端。末端的剑珌位置呈梯形，可能代表着护鞘的位置。很显然，这柄玉剑并不会被用于战斗，更可能是一件用来驱邪的武器。与之配套的，还有一把青铜削刀，类似于草原地区流行的武器，刀柄顶端配有一个玉制的圆环。在战国早期，刀剑类的武器已非常普遍。钟架下起到支撑作用的6个铜人全部在腰间悬挂佩剑。到了公元前5世纪，南方的吴越地区生产出了装饰华丽的武器，其中一部分流转到了楚地贵族的手中。[56] 这柄玉剑并非铜制武器的仿制品，而是在某种文化下具有特殊力量的武器。在这种文化中，玉器自身的永恒特质和它们半透明的外表经常被认为拥有超自然力量。

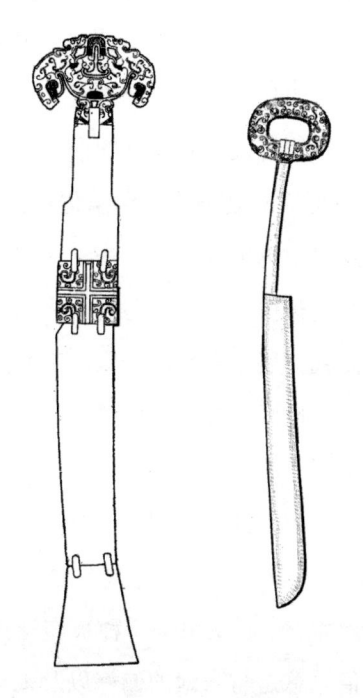

左：一柄玉剑，长33.6厘米；
右：一把玉环首铜削刀，长28.6厘米

尽管曾侯乙的墓葬出现在离中原和玉器的主要传输路线很远的地方，但这里的随葬品中却出现了相当数量的其他种类的玉器，反映出了曾侯乙对当时风格的了解。最引人注目的是他的一条腰带状的16节龙凤玉挂饰，它再次向我们展现了中原和南方人群对草原传统的重新诠释。每节上都透雕、雕刻和阴刻着龙、凤和蛇的图案，是云梦泽地区最本质的典型体现。其他较为传统的玉器一般以玉璧、玉璜和玉琮为形。其中一个玉琮由细腻的青白色玉石（这种材质在它的新石器时代的原型中从未见到）制成，四面各阴刻有一个改良版的古代兽面纹饰。

在这座墓葬中，曾侯乙和他的陪葬者将编钟的音乐性与引人入胜的舞蹈表演相结合，同时还融入了具有异国情调的金器、彩绘的甲胄、鹿角以及驭兽的鸟类等元素。与远方人群接触并受到他们的影响，可能只是在说明曾侯乙对新奇的事物具有偏好。但使这座墓葬变得独一无二的是那些复杂的青铜结构：比如主棺的青铜框架、厚重的钟架，以及快速拆装的私人帷帐。这些工程学上的超前设计也许只是曾侯乙身边某位谋士不经意而为之的贡献。本书中所有讨论过的墓葬无不向我们展示出礼制专家、工程主管和马匹管理者的存在。在考察了多个地区、多个时段的物质文化之后，我们可以清楚地看到，这些地下世界的纪念物是由多种不同习俗、不同信仰和不同技能的谋士和组织者共同实现的。黄河流域各地方势力之间的相似性——例如青铜礼器组合、某些特定类型的武器和战车，甚至墓葬结构的一些特征——展现出了一种被广泛认同的文化景观。这些多地共享的习俗，总是与当地的偏好以及来自北方的外部影响相结合，正如我们在曾国所看到的那样。

曾侯乙墓中的一切都是不同凡响的，无论是他的主棺、他的编钟组合、他复杂的地下宫殿，还是21名女性陪葬者，一切的安排都受到了神灵的护佑。青铜器和漆木器上装饰着各类纹饰，以视觉而非语言的方式向我们展现出了楚国、曾国以及其他偏居南方的地方势力隐藏的宇宙观。西方世界同样也会将精神宇宙进行可视化处理，比如圣索菲亚大教堂中，圣母壁画中用彩色玻璃马赛克描绘的金色天堂、但丁在《神曲》所描绘出的炼狱景象，以及扬·凡·艾克笔下的《最后的审判》。中国南方存在一个充满奇异生物的地下世界，这里的焚香、乐舞唤起了《楚辞》中描绘的神奇旅程。我们不应该将这些生物视为威胁。高超而繁复的艺术技法以及铸造者、雕刻者使用的各种媒介和意象，为我们提供了古代中国一种引人入胜的"物的语言"。然而，这些艺术创作的初衷却远没有看上去那样高远。人们为了这座墓葬投入了巨量的资源，调动了所有可用的力量，唯一的目的是确保墓主人在地下世界能够过上如同地上世界般富足的生活。

尽管楚国早在公元前 223 年便灭于秦国之手，但南方诗人的愿景却得以继续流传，出现在一些汉赋当中。在扬雄的《羽猎赋》中，汉成帝被赋予了几乎神圣的地位：

> 于是天子乃以阳晁始出乎玄宫，
> 撞鸿钟，建九旒，六白虎，
> 载灵舆，蚩尤并毂，蒙公先驱。
> 立历天之旗，曳捎星之旃，
> 霹雳列缺，吐火施鞭。
> 萃傱沇溶，淋离廓落，
> 戏八镇而开关；
> 飞廉、云师，吸嚊潚率，
> 鳞罗布列，攒以龙翰。[57]

第 9 章 曾之礼乐

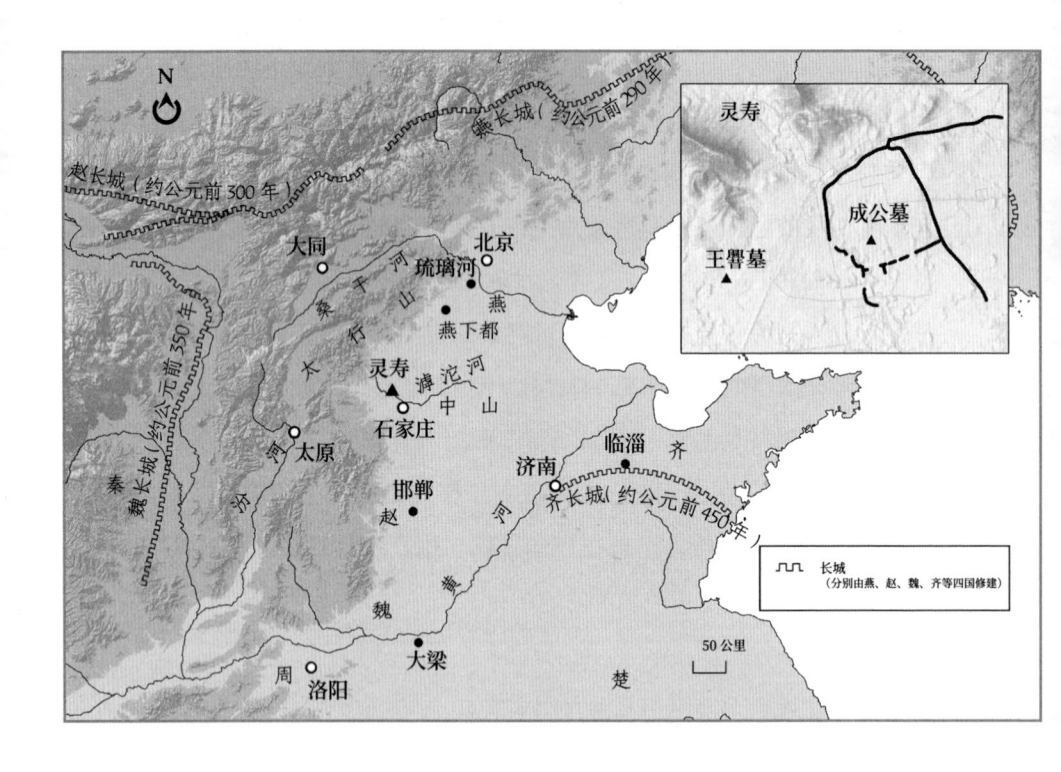

灵寿城与中山国

第 10 章 设计之国

河北平山中山王墓

中山国遗址隐藏在河北灵寿郊外绵延的高速公路和工厂之间。[1] 它位于太行山边缘的一块小飞地。在公元前 4 世纪，中山国的国君们一定曾经放眼东方，并勘测他们面前的富饶土地。在他们背后，长长的道路穿过太行山脉，从北方进入中山国及其都城灵寿。其中就包括通往今山西大同的交通线路。因此，中山国所处的盆地是一个交通枢纽，联结着北方草原、山脉、黄土高原以及中原诸国。

根据历史文献，我们称为"狄"的族群在公元前 5 世纪建立了中山国。他们是牧民，其中一些定居下来从事农业，和戎以及其他族群一起占据了黄土高原北部的大部分地区。他们很少受到早期历史学家的关注，"戎"和"狄"经常被交替使用，令人困惑。而且，和"戎"这个词一样，"狄"也包括了几个不同的族群，他们从公元前 7 世纪开始向南迁徙。我们可以通过他们的墓葬来追踪他们的活动，随葬品中满是典型的北方器物——匕首、马具、兽首以及腰带和衣服上的动物装饰。[2] 随着戎和狄逐渐扩张领土，他们卷入了中原诸国之间持续的纷争之中，尤其是与燕和赵的冲突。燕国和赵国使用改良的铁制农具，并逐渐向北推进至燕山山脉。这场钳形攻势的一个后果是，戎和狄至少接受了中原文化的一部分。这表明

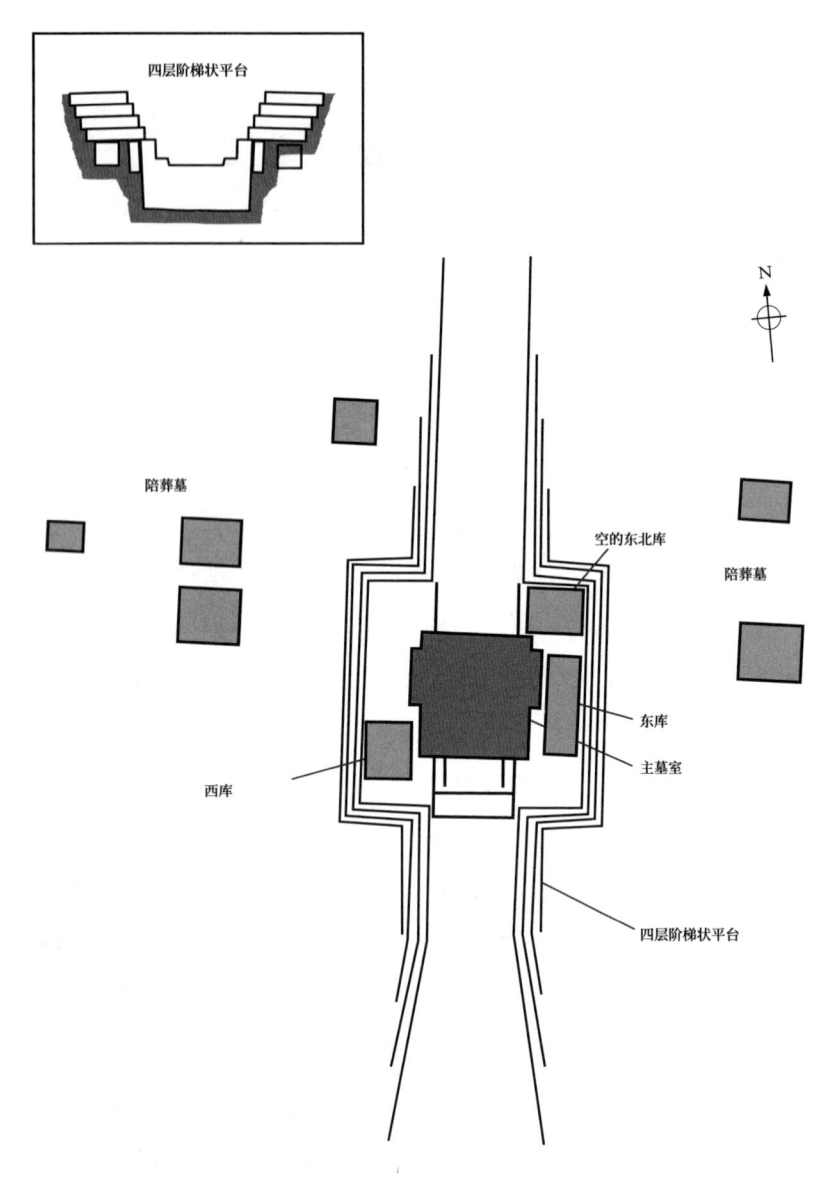

中山王䔮墓。西库随葬礼器，东库随葬动物造型青铜器。
椁室总深8.2米，上部约3米为夯筑，下部凿于岩石层中。
墓坑两侧上方的四层阶梯状平台每层高1.5米。南墓道残长约40米，
北墓道长约45米。现存陵台南北长约100米，东西宽约90米，残高约15米

了周传统的强大中心地位，它还促进了中原诸国与黄土高原居民的直接接触。为了保护新领土免受骑兵侵扰，燕和赵开始建造防御长城。公元前307年，赵武灵王意识到骑兵的必要性，下令军队采用胡服骑射，即摈弃长袍，改穿长裤。[3]齐国也是东部的一支主导力量，在其都城临淄以南有自己的长城。在前文提到的芮国时代，汾河谷地的晋国是一个强大的存在，但它当时已经不是一个大国了。雄心勃勃的列卿将其分裂为韩、赵和魏三个新的国，并从公元前453年开始经历长期的动乱。[4]鲁国和宋国在南方，楚国在更南的地方，秦国在西方。战国，正如这一时期的名称那样，各国不仅受到军事行动的破坏，还受到无休止的政治重组的破坏。中山国则利用了这种时局的变化。

这些变化在今陕西、山西和河北等地也很明显。[5]已发掘的墓葬资料表明，外来者当时是一个顽强且日益繁荣的存在，他们渴望在黄土高原和农业平原的现有政体中获得政治和经济地位。[6]他们的葬制往往令人印象深刻且正式：墓葬被石块覆盖，墓主人用黄金饰品随葬，并有整齐排列的侍从和兽首陪葬。公元前6世纪至前5世纪，狄或其他相关族群定居在灵寿城及周边区域。[7]作为中国最宏伟的陵墓之一，当中山王陵最初被发现时，它们似乎与战国时期的历史记载非常吻合。然而，中山王陵表达了该地区人民生活的变化以及文化的交融。[8]中原王朝重视祖先崇拜和文字记录，外来的丧葬习俗则偏好使用石材、兽首和黄金随葬，随着中山国的建立，两者交织。[9]中山王䰜（cuò，公元前327—前313年在位）的陵墓表明了这两种不同传统的结合，为我们提供了公元前4世纪地缘政治的实物记录，当时大国兼并小国很常见。[10]

中山王陵发现于今石家庄西北约40公里处，灵寿县城以西。[11]

石材只用于埋葬，而非日常建筑，夯土防御城墙界定着这座城市的范围。夯土墙仍然部分存在，18~34米宽。城墙的规划还充分利用了山川河流等自然景观。虽然这座城市拥有广阔的农田腹地，但在遇到威胁时，居民可以撤退至太行山。黄河以东的诸国有更多带城墙的城市。[12]所有人都盘算着如何应对突然袭击。灵寿城规模宏大，南北长约4500米。一道内墙将这座城市分为东西两个部分。在东区发现了几座夯土台，可能是宫殿或官署建筑的地基。西区又被分为南北两个部分。北部有桓公和成公这两位早期君主的陵园，其中也包括其配偶和侍从的陪葬墓。本章的主要讨论对象王䁊是成公的儿子，将父子二人的陵墓进行对比会很有收获。对西区南部进行了考古勘探，发现了平民住宅区、陶窑和铸造遗址。[13]

在这些作坊遗址中，有一个令人惊讶的发现：北方刀形、用于铸造钱币的模具。公元前6世纪中国的硬币是用青铜铸造的，常模仿弯曲的刀和铲造型——尽管这些工具常与农业联系起来，但它们是木工工具，有时被早期的战车驭手用于随葬。在中山国，刀等工具形状的硬币可能是为了吸引北方人如狄和他们的马。由于北部边境的人群缺乏青铜，他们常侵袭定居的农业社群，或与之贸易以获取金属，用来铸造武器。我们不知道以物易物是如何发生的，也不知道是何时发生的，但模具上有赵和燕等强国的名称，它们生产的类似硬币将有助于交易。[14]从公元前4世纪起，齐国开始使用中心带有方孔的圆形硬币，以便将它们穿在一起。在同一时期，秦国也推出了圆形硬币——半两。[15]随着各国被秦征服，半两成为唯一的标准货币。这些硬币都是用青铜铸造的，上面的文字表明了其起源地。这一技术与古希腊世界完全不同，那里的早期钱币为金银材质，其制作工艺为使用模具冲压一小块金属，从而制成一块近似圆形的钱币。

中山王𰯼的陵墓位于灵寿城墙以西约 1500 米处一个巨大的人造土台之上——这是有意避开早期王室墓地的布局。许多地方统治者遵循在城外建造陵墓的新传统，王𰯼是其中之一。他的陵墓有自己的围墙，宛如一座来世的新城，消耗了巨大的投资，分配了大量宝贵资源。他墓上的封土堆高约 15 米，在较宽的台基之上有一个中央凸起的区域，四边长约 100 米。墓上的封土堆并不是源自中原诸国的传统丧葬仪式，它们的起源可以追溯到钟离国和东夷。对于每一位王侯来说，一个高高的封土堆是宣布他对昔日臣民的权威所必需的。同时，这些封土堆也向先祖宣告了后代的成就。封土堆也表明统治者掌控着足够的劳动力。除了周天子之外，当时有七八位诸侯王都可以指挥成千上万的军队。他们还可以动员人力建造城墙、管理城市，并建造令人印象深刻的金字塔状陵墓。

三家分晋之后，赵国占领了中山国以南的土地，并在中山国的西翼向北延伸，接管了狄以前占领的土地。另一个更南的竞争者，魏国，曾在公元前 407 年占领中山国，但在公元前 381 年桓公成功复国。中山国还与燕国竞争，并向齐国和鲁国寻求联盟。中山王𰯼作为齐国的盟友，与燕国交战。[16] 我们可以通过其陵墓的建造顺序来追溯当时的政治状况。首先，要挖一个深深的矩形坑，直达基岩。向东和向西还各有两个小的方形陪葬坑。然后在主坑内建造巨大的木椁。主椁室大约有 3 米高，长约 13 米，宽约 12 米。它已被洗劫一空，内棺和外椁均已被毁。只有一些小件青铜文物残留下来，包括木门的铰链。可以打开的真正的门一定曾安在墓室的墙上，以便国君在来世离开墓葬去别处旅行。在我们看来，这些似乎比曾侯乙漆棺上的彩绘门更真实。但对于中国古人来说，两者同样令人信服。整个墓室都被石块包裹着，这同样遵循了草原习俗：椁室安放在岩石之上，在木椁的外墙和墓穴的土壁之间，四面都填着粗糙的石块。[17] 木椁顶部也覆盖着石块，缝隙里填满了木炭。[18]

在椁室上方，四层阶梯状结构有效地将墓穴开口提升至地面以上。[19] 之所以选择这种做法，可能是因为在此地区基岩之上的黄土层并不厚，因此无法直接向下挖掘出一座足够深的墓。[20] 这些墙壁被涂成白色，形成了一个大约 30 米见方的空间，可以说是在墓穴上方的平台上创造了一个房间，其后来变成墓葬的一部分。[21] 我们可以将这种安排与早期的成公墓进行比较。成公的椁室也位于一个方形空间的中心，周围环绕着石块，但有向外倾斜的墙壁，而不是阶梯状结构。在这两座陵墓中，参加葬礼的哀悼者可以沿着北侧或南侧的坡道行走，进入这些可能露天开放的空间。为祖先举行的礼仪性宴会仅限大家庭成员参与，与此类似，葬礼的参与者很可能是本族、姻亲及王室成员，还有一些单独的尊贵客人。[22] 他们沿着穿过墙壁的坡道进入了特定空间。坡道和平台一样，是葬礼空间的一部分。成公墓的斜坡被粉刷成白色，沿着东墙和西墙，用涂有绿色的泥砖柱隔开。这些柱子甚至有小榫头插在地面上。在日常建筑例如大厅中，在木柱上使用榫卯结构会让结构更稳定。在成公的陵墓中，哀悼者会站在一个粉刷好的大厅里，大厅则被柱子分成几个隔间。

在中山王𰯼的陵墓中，墓道可能被粉刷得如同宫殿的走廊，哀悼者沿着坡道行走，然后聚集在一个分层的空间里，两侧的四层台阶为人或器物留出了空间。成公和王𰯼的陵墓都投入了巨大的人力物力，为葬礼仪式创造了一个非常特殊的环境。事实上，父子俩的陵墓都具有钟离君柏圆形陵墓的几个特征。在钟离君柏墓中，墓坑上方的阶梯状平台上放置着一排排模仿石材的"土偶"。这一结构在中山国则体现为墓穴上方一个类似房间的方形空间，东侧和西侧有四层阶梯状平台。这显然意味着葬礼仪式中有观众或参与者。中山国两座陵墓的墙壁也是钟离君柏墓中石英白泥涂层的翻版。总之，内部空间是通过坡道进入的。与钟离君柏墓一样，在葬礼仪式结束后，这一类似大厅的空间和墓道会被填满，封土堆才会完成。这座建筑及其中举行的仪式显示出对即将开始的来世生活的尊重。

墓穴上的封土堆也是仪式空间的一部分。封土堆两侧有三层结构，并有阶梯通往顶部的瓦顶木构建筑——享堂。每层土台上都有建筑构件的遗存：带装饰的碎陶瓦片、陶瓦当和陶屋脊。[23] 将这些建筑残件与公元前 5 世纪至前 4 世纪青铜器上錾刻或铸造的建筑形象进行比较，就可以对这些建筑的形式进行复原。一个很有说服力的例子是，灵寿地区的一座早期墓葬中发现了一座两层建筑的图

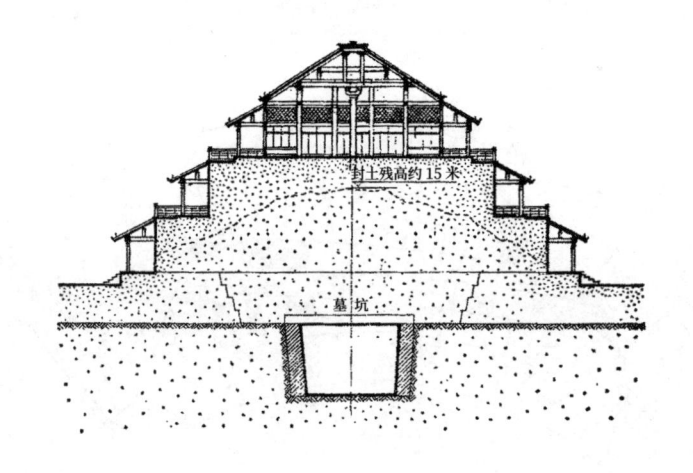

封土堆上方建筑复原图，
墓坑上沿的四层阶梯状平台被埋藏在封土之下

第 10 章 设计之国

像。[24] 青铜器上铸造或錾刻的描绘活动的图像，如宴饮娱乐、演奏编钟等场景，在同时期的漆画上也很常见。[25] 西方对再现的价值抱有偏见。几千年来，西方人一直珍视神灵的形象，并将其作为接触神灵的主要途径。这一传统赋予了再现很高的地位。在中国文化的核心区域，再现并没有用来寻求超越的境界。相反，与祖先接触的重要途径之一是宴饮器皿，其地位相当于西方的圣母玛利亚图像。因此，这些宴饮器皿的艺术品质至关重要。这些器物向祖先呈现了墓主人及其家人的身份和地位。从这个意义上讲，青铜器、玉器和后来的漆器在其所属的时代都是艺术品。

封土堆上较低的两层台地周围有台阶通往山顶的大厅——享堂。为逝去的国君举行的仪式会在这个大厅里定期举办。早期的墓葬上方可能通常造有这样的大厅。安阳殷墟妇好墓上甚至发现了建筑地基痕迹。中山王䲨的享堂位于其棺椁正上方，祭祀仪式就在那里举行。我们不知道这样宴会般的祭祀如何与墓穴中随葬的青铜器相呼应。但这种形式在所有早期高等级墓葬中都存在，这表明它对

灵寿城早期王陵出土的青铜盆上錾刻的类似建筑图像

墓主人的来世生活一直非常重要。[26]

主室或内棺中的随葬品绝大部分被盗,但其他一些礼器幸免于难。盗墓贼并没有发现东西两侧平台下方的坑内还有器物箱。这些箱子和钟离国的葬制类似。在东方,今山东一带的诸侯王也使用类似的器物箱,比如中山国的邻国齐国。[27] 其随葬品不像以前那样放在二层台上,而是存放在单独的木制隔间里。盗墓者大概不知道这种做法。通常只有直系亲属和最亲密的侍从才能接触本族的仪式,顶层贵族的仪式尤其如此。西侧的器物箱(西库)较小,装着中山王的礼器。东侧有两个器物箱。东北库是空的,东库装着更多的青铜器。[28] 这体现了中山国的双重身份认同。它是一个白狄后裔建立起来的国,其国王又热衷于参与中原诸国的竞争以及政治和礼仪活动等。

中椁室有一件青铜版未落入盗墓贼之手,这是一幅中山王礜陵区的建筑规划图,即兆域图。目前尚未发现过其他类似的蓝图。兆域图上有错金银文字,有些语句有告诫的意味,显示了其意图:

王命赒:为逃(兆)乏(窆)阔狭小大之囗,有事者宣图之。律退致窆者,死无若(赦)。不行王命者,殃连子孙。其一从,其一藏府。[29]

兆域图中心的一个正方形标志着高台之上的王堂。东侧是哀后堂,西侧是王后堂。这三座享堂大小相同,王堂的正方形台基每边长约44米。陵墓的具体尺寸规划也包含在兆域图中。哀后堂和王后堂的旁边还各有一个尺寸相对较小的夫人堂。这种高台之上的享堂及对应的墓穴一共规划了五座。在远离台基的北侧,陵园的中宫

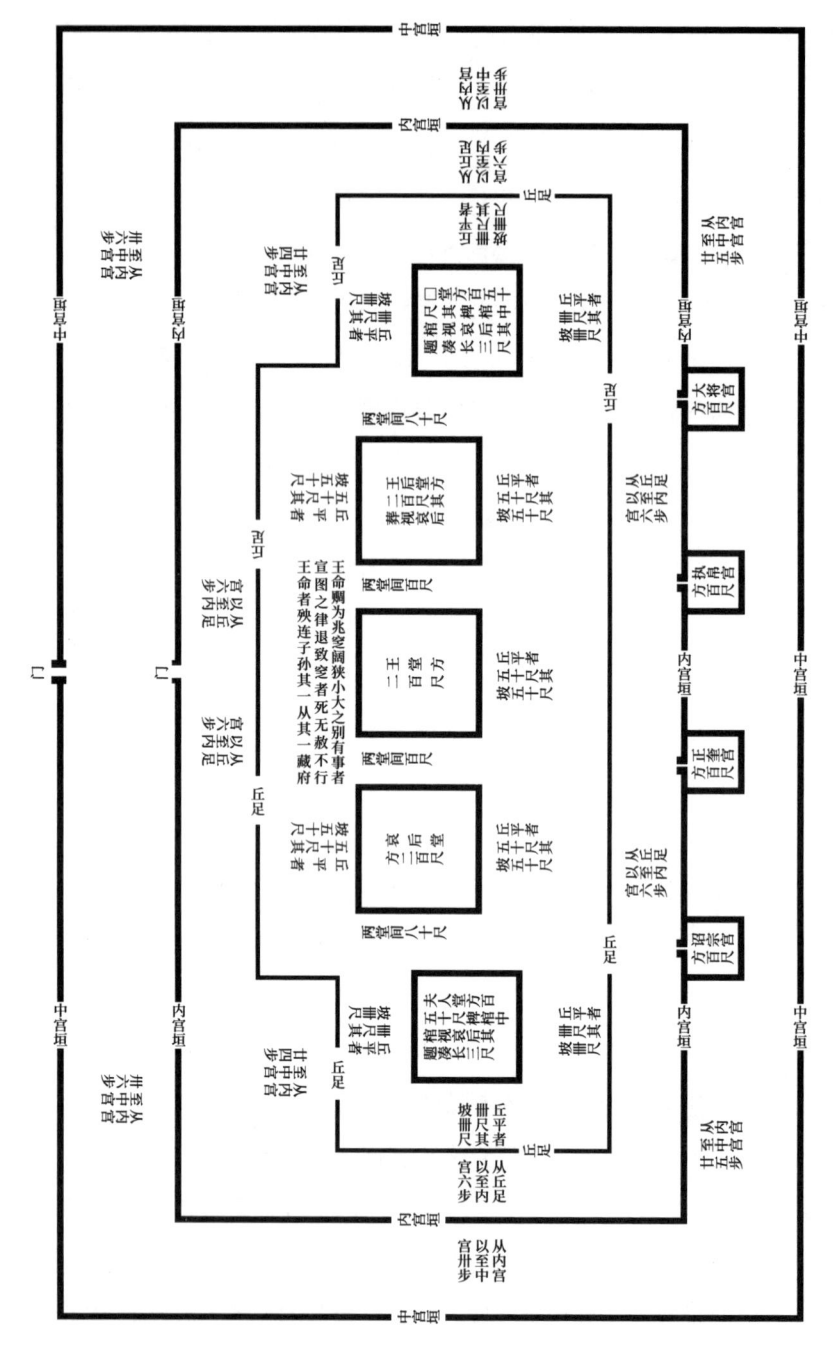

中山王陵兆域图，长87.4厘米

垣和内宫垣之间有四个小"宫",也有通往内宫的门,供国王和王后在来世生活中四处走动。哀后先于中山王䜮去世,因此其葬礼和墓葬可以按计划实施。王后和夫人们可能在中山王䜮之后去世,也可能是在公元前3世纪中山国灭国之后去世。所以中山王䜮的计划从未完全实现。我们可以推测,如今我们看到的陵园遗存可能是晚期的中山国君在原有方案基础上略做调整的设计。

从一件随葬青铜器上的铭文可知,这件铜器由下一任国君𫓯蛮(Zī Cì)制作,而且他并非嫡子,而是庶子。[30] 通常而言,一位统治者去世之后,他所有配偶的地位都面临风险。在其他文化圈也是一样,一个女人如果没有生下子嗣,或者其子并非最受宠爱者,那么她的地位在丈夫去世后就会受到威胁。兆域图用青铜铸造出来,其功能可能是用以保护国君去世后的两位配偶,同时也赋予她们在来世的地位。根据《战国策》的记载,我们了解到一场中山国王妃之间互相竞争的故事,不过我们尚不清楚这些王妃是中山王䜮还是其他国君的王妃。《战国策》成书于西汉,在拥有"策"论的十二国中,中山国是唯一一个规模较小的国,其他大国包括齐、赵、魏、韩、燕、楚和秦等,以及西周和东周本身。[31] 中山国君的两个妃子阴姬与江姬为了争夺王后的位置而争斗,王后的位置将决定她们孩子的未来。司马赒(也称司马喜)闻讯而来,并设法帮助阴姬获得成功。司马赒在中山王䜮时期成了相邦。相邦是所有行政官员中职位最高的。由于司马赒也曾在其他中山国君手下任职,我们无法确定这个故事是否与中山王䜮有关。尽管如此,兆域图及其对司马赒的指示表明,中山王䜮有在未来巩固自己权力的意图。尽管最终未能完成,但他的王后和夫人的享堂的位置是他的核心要求之一。许多统治者可能也有类似的担忧,但中山王䜮的铜版兆域图是目前唯一已知的明确预测其目标的尝试。

在中国古代，女性显然是上层社会的重要成员，有时政治竞争对手之间需要建立联盟，女性主要作为棋子在其中发挥作用。[32] 许多女人也拥有宏伟的陵墓，拥有自己的礼器和其他财产，因为统治者要努力保护他们宠爱的配偶和妃嫔。这些青铜器上的铭文也记录了女性作为祖先与配偶的角色。女性参与其中的最大可能就是，她们需要努力确保其子嗣能继承头衔和职位。几千年来，这种野心的考验和磨难使世界各地许多人的生活变得诡谲。中山王䝬墓和曾侯乙墓中的女性都展示了她们为男性统治者提供的服务和支持。

在讨论国君陵墓的具体内容之前，我们必须考虑埋葬地更广泛的背景，这一背景没有体现在兆域图中，其中隐藏着国君的个人政治野心。首先，一些妃嫔或侍从有可能为国君陪葬。就像曾侯乙一样，中山王䝬可能也把最亲密的随从带到了来世。主墓两侧还设有六个辅助坑，四个在西侧，两个在东侧。也许它们是给妃嫔或侍卫用的。这些墓穴都深深地挖进岩石之中，因此它们看起来像是石室。这向我们表明，墓穴的主人和中山王室一样，是来自西北方的新来者。其中三个坑中发现的牛骨也证实了这一点。由于所有墓穴都被盗扰，我们不知道另三个墓穴是否也有这样的动物骨头。[33]

如果看向稍远一点的南侧，我们会发现两个长长的车马坑，一个坑内葬有帐篷和狩猎装备，还有一个不寻常的船坑。只有第二个车马坑还完好无损。它实际上是一个为来世准备的稳定之所，墙壁由木柱支撑，顶部由横梁支撑。内墙上涂有灰泥和石膏。这个空间长33米，分为两个部分，一部分有4辆马车，另一部分有12匹马。从它们的组合和装饰来看，我们看到的4辆马车有不同的功能，有些是为了战争，有些是为了狩猎或旅行。在灵寿城内的王室墓地中，与成王陵并排的坑中埋葬着同样数量的马匹。一些马的头骨破裂，腿骨折断，表明它们在埋葬前就被杀死了。这些并不是献祭的马匹，而是被视为活马，为国君的来世生活服务。这和一些埋葬在墓主人身旁的马匹一样，有着类似的功能。随着骑兵逼近中原，良马厩的价值日益增长。

草原首领及其追随者已经骑马几百年了，而中原地区的诸侯王则没有骑马，他们的大部分军队也没有骑马。我们甚至不太有证据表明，从公元前4世纪开始，中原的统治者是否已经开始骑马作战，或是骑马娱乐。然而，我们知道，赵国当时正在组建一支骑兵队伍，毫无疑问，中山国也是如此。组建一支有效的骑兵队伍需要几十年的时间，而且必须雇用北方人来管理马匹。通常而言，统治者和高级官员重视教育和文学创作，他们避免体力劳动，避免与动物接触。当然，一些有北方背景的后世皇帝是例外，最著名的有唐太宗（626—649年在位）以及清朝的康熙（1661—1722年在位）和乾隆（1735—1796年在位）等皇帝。

在公元前7世纪至前4世纪，戎狄熟悉马匹的繁殖和饲养，也熟悉骑马和驾车技术，这可能使他们在战争中具有显著的优势，无论是作为敌人还是盟友。[34] 邻近的齐国对马匹的需求急剧增大，这显著地体现于墓葬材料中。最引人注目的是，在公元前6世纪或可能稍晚的墓葬中，考古学家发掘了大约250匹马，并估计有约600匹马被埋葬在墓室周围（彩版29）。[35] 年代略晚的齐国贵族墓葬也随葬马匹，但数量相对较少，因为这种奢侈只能通过与北方骑兵的接触来实现。马拉战车不再那么显眼,大量步兵也在不断扩大规模的战斗中被动员起来。36 骑兵是针对北方侵略者的,但马车也被埋葬以使墓主人获得来世应有的地位。37

中山王礜的马车有华丽的礼仪性青铜配件,例如车舝上都有精美的错金银工艺。他的武器也有权杖般的饰件,先用鸟纹装饰,随后用图案镶嵌其羽毛。北方人对黄金的喜爱与日俱增,这主要体现在马车和马具的镶嵌工艺方面。毕竟,黄金是很稀有的。在更明显的礼仪性器物中,有两件相当令人费解。第一件是武器,一把钺,与商周时期常见的钺类似。上面带有铭文:

天子建邦,中山侯□。作兹军钺,以敬(警)氒(厥)众。38

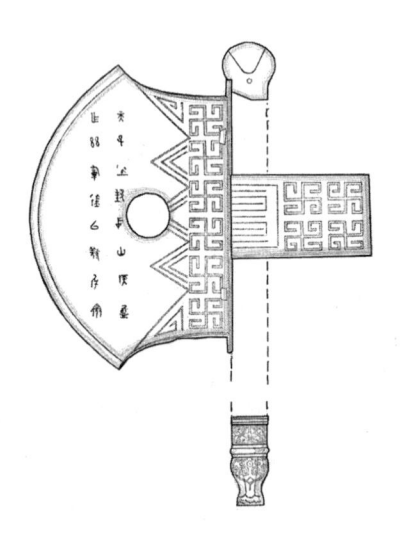

中山侯钺,高29.4厘米

目前尚不清楚这把铜钺是什么时候制作的，但很可能是在中山王䝨时代之前，他只是继承了这把钺。我们并不确定周王是否参与了中山国的建立。铜钺也可能只是埋在这里以宣告中山王䝨在来世的合法性。另一个谜团是一组五件青铜山字形器，每件器物上部有三支锋刃，形状像三件早期的玉戟连接在一起，形成令人印象深刻的轮廓。据估计，它们装在木柱上之后，立地通高约7米。它们曾被认为是旅行装备，也许是立在帐篷旁边。然而，就像中山侯钺一样，它们实际上是一种对过去仪式的呼应。公元前8世纪曾有放置在棺材上的薄青铜翣，这些山字形器可以说是公元前4世纪铜翣的新版本。它们可能立在载着国王灵柩的车上，也可能立在送葬队伍中的另一辆车上。这些特殊的青铜器呼应了古代的仪式力量。它们本来不太可能出现在这座公元前4世纪的陵墓中，这一现象意味着

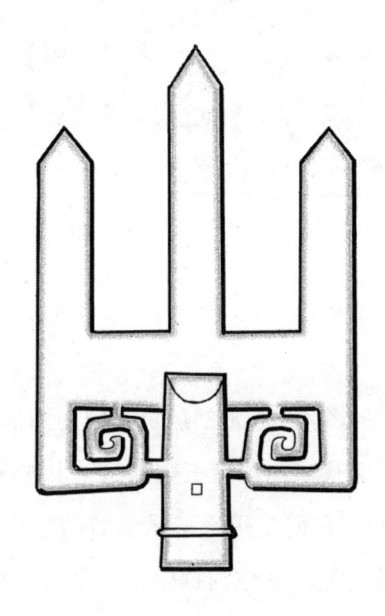

青铜山字形器，高1.19米，下接木柱后高约7米

国王有一些智囊，他们很熟悉早期渭河谷地的政治实践。

我们很难判断第三个坑是如何融入仪式程序的。也许根本就没有。这可能是中山国对来世安排的创新之一。在一个被认为是圆形的帐篷旁，发现了两辆马车和六匹马。这些可能是狩猎装备。[39] 埋在马车旁边的两具骨架可能是猎狗的。我们推测，国王本人非常珍视它们，它们戴着金银装饰的华丽项圈。更不寻常的是，还埋葬了10只完整的山羊。这和西北方牧民的丧葬传统不一致，那里只用羊头和羊蹄随葬。这些羊可能不是葬礼时使用的祭品，而是为来世生活准备的。在来世的狩猎、探险甚至战斗之前，可以献祭这些整羊以祈求好运和胜利。[40]

公元前5世纪青铜鉴外壁的狩猎场景，
马车驭手身穿长袍，猎人着裤

车坑的西面是一个长30米的船坑，分为两部分。我们所知道的王侯都没有这样奢侈。南段有三艘木船，由铁件固定连接。[41] 乐器和华盖残骸表明，它们是用来游乐巡航的。北段有一艘较长的船，可能用于沿着当地的滹沱河探险，甚至用于水军小规模战斗。公元前5世纪至前4世纪的青铜器上有时会出现水战场景。赵武灵王也提到，他的国家缺乏船只来抵御中山国和齐国。他甚至可能了解中山国战船的储备。中山王䰩需要并重视所有这些装备，因为他自己是公元前4世纪末军事冒险的关键人物。

公元前5世纪青铜壶外壁的水战场景，
图中可见双层战船，下层为划桨人，上层为手持兵器和旌旗的士兵

坑里的铁钉向我们表明中山国在战场上的力量。这些铁钉是灵寿城大规模生产的产物。中山国大概有能力铸造铁制兵器、农具、炊具和盔甲，并在邻国广泛交易，尤其是燕和齐。铸铁是中国古代最著名的技术发展之一，比14世纪欧洲的类似技术早了近2000年。铁在草原上已经使用了数百年，那里的人们通常在1000摄氏度左右的熔炉中生产铁，然后进行锻造。一旦中国古代的定居社群更加了解铁，他们就会在制陶和铸铜技术的基础上发展冶铁技术。他们建造小型高炉，以木炭为燃料，将铁制品提升到了一个全新的

水平，这些高炉可以在接近1500摄氏度的温度下熔化铁。[42] 在这样的温度下，铁处于半液态，可以进行大范围的铸造。铸铁很硬但很脆，人们随后掌握了热处理（退火）工艺，即用相对较低的温度加热铁锭或初步铸好的铁器，以降低其中的碳含量。公元前5世纪，这两种技术在中原诸国得到了发展和传播。

虽然铁推动了武器和盔甲的发展，但当铸铁被用于制作工具时，时局又发生了新的变化。铁制工具使农耕人群能够进入不太有利的地形，清理灌木丛和树木。向北寻找更多的农业用地，导致与戎狄相遇，进而引发争斗。公元前221年秦统一六国之前盛行南北向迁徙两种趋势，中山国是一个显著的例子。随着牧民被吸引到南方的农业区，黄土高原的土地不再为国家地缘政治提供缓冲。此外，当中原诸国向更北的农场迁移时，它们不仅遇到了向南迁徙的牧民的阻力，更重要的是，还遇到了来自草原骑手的阻力。[43]

中山国展现出了外来者的高超技巧，很好地适应了周及中原诸国的一切。但这种融合产生了意想不到的结果，因为在公元前3世纪，秦开始将已有的长城连接起来，建起了新的长城，以持续保卫其所获得的领土。即使没有来自北方的威胁，中原诸国之间也不断发生冲突，其中铁器扮演了重要角色。

我们可以从中山王䰜几件礼器上的精美铭文中了解到他所进行的军事行动。30多件不同的礼器分别被放置在西库和东库。九鼎表明西库的礼器是供奉祖先的主要器皿。这些是比较朴素的青铜器，很少或根本没有装饰。在两件最大的鼎和壶的外壁，有两条400多字的长铭文。东库的另一件圆壶上有较短的铭文，为王䰜的儿子姫

蚤所作。⁴⁴

　　王𰻞的九鼎表明了他的王室地位。起初，随着礼制革命，九鼎只有周天子可以使用。但至少自公元前 5 世纪起，很多诸侯王也开始使用九鼎。中山王𰻞最大的鼎重量超过 60 公斤，有罕见的铁足，这凸显了它的重要性。器身和器盖上都有铭文。⁴⁵ 在所有早期的鼎上，长铭文都是铸造于器内壁的。将铭文錾刻于器外壁，而非铸造，是一个重大的转变。这意味着在仪式中，活着的人以及祖先都可以阅读这些文字。容器内壁的铭文表明，它们是和食物的香气一起传给祖先的。中山王𰻞的壶表面光滑，便于观者阅读其长铭文。靠近顶部的四角饰有四条巨大的龙，以优美的书法吸引人们注意它的信息。铭文中的信息表明，该壶用从燕国缴获的金属制成。这场战事发生于公元前 314 年，壶则铸造于中山王𰻞去世前不久。

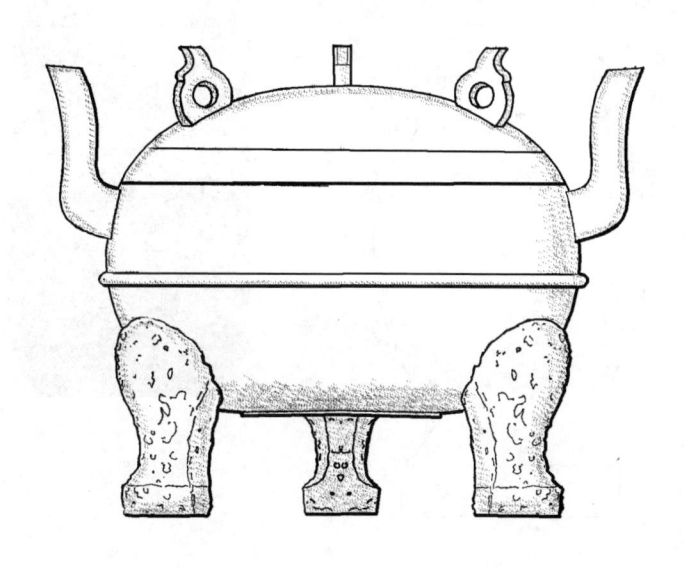

中山王𰻞的铁足铜鼎，高 51.5 厘米

第 10 章　设计之国

方壶上长铭文的主题是公元前 314 年齐国和中山国联军对燕国的军事胜利。[46] 铭文揭示了这次攻燕的原因，即燕国相邦子之迫使燕王"禅让"，以便自己取而代之。所有铭文都不关注战斗的细节，而是谴责子之称王这一事件，并表达了如下观点：

> "（赒）愿从在大夫，以请燕疆。"是以身蒙皋胄，以诛不顺。燕故君子哙，新君子之，不用礼义，不分逆顺，故邦亡身死，曾无匹夫之救。[47]

中山王方壶，外壁四面有铭文，四角肩部饰有四条龙，通高63厘米

中山国声称，其攻燕的行动是对不正当行为的反应，这种行为违反了君臣之道。[48] 这种对等级制度的无视不仅带来了危险，也推进了中山王䚘自己的目标。铭文中既有对子之的批判，也有对中山国相邦司马赒的赞扬。其实当时赞美国王美德的铭文更为常见。青铜器铭文告诉我们，除了中山王䚘之外，司马赒还曾侍奉另两位中山王。此外，他作为最高级别的统帅控制着军队：

今吾老赒，亲率三军之众，以征不义之邦，奋桴振铎，辟启封疆，方数百里，列城数十，克敌大邦。寡人庸其德，嘉其力。[49]

随着这一场军事胜利，司马赒显然对中山王䚘的权威构成了威胁。司马赒会推翻他的国君吗？为了确保他不会效仿子之，中山王䚘在铭文中加入了司马赒的声音。中山王䚘有自己的计划。他的子孙甚至先祖，应该注意不要被野心勃勃的文官武将误导。随之而来的是第二个警告，即如果人们想要生活繁荣，就必须服从国家的组织。权力等级制度是统治者合法性的基础，以周早期确立的世系中的长幼秩序为蓝本。一个家族的几代人应该是经久不衰的榜样。一个人不能（也不应该）在代际顺序上取代其父亲或祖父。规范有序的家族在当地社群和宫廷的重要性始终是公认的准则，尽管这有时更像是一种理想而不是现实。为了让人们不仅了解这些铭文，也了解周的古老文化，中山国的铭文使用了几百年前成书的《诗经》中大家都能认出的诗句。[50]

在方壶铭文的最后，国君强调了他的恐惧，并敦促他的继任者避免燕国那样的灾祸降临到自己头上。相邦鲁莽的不当行为可能会

带来道德和政治上的灾难。这既是他对后继者的警示,也是对司马赒的警告:

> 昊昊翼翼,昭告后嗣:"唯逆生祸,唯顺生福。载之简策,以戒嗣王。唯德附民,唯义可长。子之子,孙之孙,其永保用无疆。"[51]

中山王𫲨錾刻的铭文可以立即被当时的礼仪专家读出,也许是大声读出,这也成为他家族成员所参加的仪式的一部分。所有人都会很快意识到他的焦虑。许多较长的西周铭文都有类似的意图,但远没有那么明确。例如,乍一读,封赏土地似乎是在宣扬国君的力量,以及贵族因忠诚而获得的回报。但这些铭文背后也潜藏着军事叛乱和不忠诚的威胁——将这些封赏记录下来给后人看,是一种保险策略,以确保他们在动荡时期保持忠诚。由于周不太愿意公开展示其困境,因此在多数情况下,周器上的铭文并不会详细说明问题所在。中山国的情况正好相反,那里的风险是显而易见的。铭文中反复提及司马赒的名字还有另一个明确的目的:永远铭记国君对忠孝的直接劝诫。铭文内容的这一变化可能在一定程度上反映了受过教育的官员——士的权力日益增长带来的威胁,在其他诸侯国,已有士推翻国君的先例。[52] 此外,中山国君才进入大国圈子,他们的人脉很薄弱。这促使中山王𫲨使用《诗经》中的诗句,声称中山国与周有共同的传统。铭文是支持国君政治策略的便捷方式。鉴于中山国君的北方背景,这一点尤为必要。

乍一看,这套礼仪确实表明中山王𫲨想以中原诸国正式成员的身份出现。然而,这一切都显得很简约。我们可以辨认出这些青铜器的器型，但它们并没有足够的吸引力。它们没有错金银的车饰或武器配件上的那种奢华装饰。这种简约的形式向我们表明，它们并不是为了达到特别强烈的视觉效果。最壮观的两件青铜器，鼎和壶，最重要的功能是作为铭文的载体。这些器物已经根据新的政治目的进行了调整。我们还从鼎内发现的痕迹中了解到中山王䰿墓没有像曾侯乙墓中那样供奉牛、羊和猪。[53] 已经辨认出的遗存包括最大的鼎中的马，以及较小的鼎中的狗。[54] 将这些动物当作食物是当时北方人的一种特色。

西库里有更精致的黑色砑光陶器。这些陶器庄重的色彩表明，它们也是祭祀仪式的一部分。但其装饰是曲线状的。这些陶器看起来完好无损，所以可能是专为随葬而制作的。在燕国也发现了类似的陶器，所以中山国可能借鉴了燕国的做法。[55] 这种丧葬风格的不一致表明，礼仪性宴会的确切名称和做法存在一定的不确定性。

这些物品微妙地暗示了新思想和艺术风格在国与国之间渗透和传播的方式。一些背部有条纹的小型动物玉雕，可以说是早期草原金虎的重现。关于这些令人敬畏的野兽，没有什么文献可以告诉我们太多信息。然而，它们向我们展示了重要的两点：从北方人那里借用动物题材，以及中原诸国对玉石的偏爱胜过黄金。其他玉器的造型多数

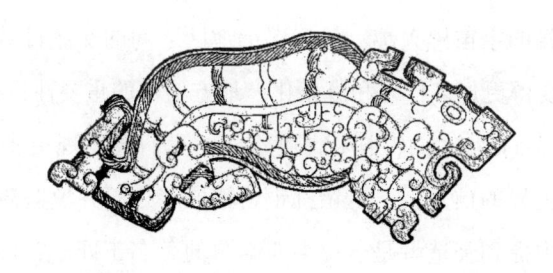

玉虎，长10.9厘米

第 10 章 设计之国

是龙或璧，其表面密密麻麻的卷纹都是对青铜装饰的重新诠释。[56] 所有的玉石都在西库，与主要的礼器放在一起。这可能不符合中山王的北方口味，即他认为黄金比玉石更有价值，这一点在东库有所表达。

成公陪葬墓中的随葬品表明，玉器在中山国有着不同的作用。陪葬墓中发现了有趣的玉石，其中包括一件交织着蛇纹的石刻棋盘。棋盘划分为九个独立的部分，其中四个雕刻着交织的蛇纹，四个雕刻着龙纹和兽首，有些部分结合在一起，令人称奇。正中央的正方形则由四个等腰直角三角形拼合而成，更多的纹饰为兽首。仔细观察这些令人眼花缭乱的图案，我们可以辨认出有棱角的 L 形标记。这是一种被称为六博的棋盘游戏。不管那些图像如何烦琐，只有这些标记才能提供决定比赛进程的路径。六博的两名玩家都需要六块长方形的棋子，以及六个骰子，才能在棋盘上移动。总共十二件物品，与一年的十二个月相匹配，这可能将游戏与对玩家命运的预测联系起来。[57] 掷骰子引入了命运的问题，这在占卜中起着重要作用。周朝及其后继者总是急于了解某个特定日期可能会发生什么，这导致了"择吉日"文化的诞生，这种做法至今仍在中国广泛存在。汉代画像砖石上常见仙人六博的图像。在后续的几百年间，汉镜上持续出现六博棋盘纹饰。这个游戏及其相关信仰无疑延续到了 3 世纪。从中山国的这块棋盘上，我们可以看出，除了祖先崇拜之外，当地人也对更广阔的宇宙感兴趣。尽管遥远地区之间的交流日益频繁，但随着社会变得更加多样化和复杂化，地方信仰的重要性日益凸显。

如果我们转向东库非凡的随葬品，我们会发现更多关于中山王䓜灵魂世界的信息。一对错红铜、镶嵌绿松石并填蓝漆的青铜方壶的铭文中提到督造者是一位名叫亳更的著名工匠。它们与燕国的另一对青铜壶非常相似。[58] 它们可能在中山国战胜燕国之后被带回

石刻六博棋盘，45厘米×40.2厘米

灵寿，其闪闪发光的表面与中原地区为祖先崇拜而制作的青铜器不同，代表着另一种宇宙观。这与另一件青铜盆的功能类似。铜盆立于高足之上，盆内为龟背负圆柱，柱顶有一只猛禽飞过。我们同样不清楚它们的用途和彼此的关联。但壶上的镶嵌工艺和铜盆上的猛禽纹样属于两种截然不同的、令人惊讶的物的语言。我们还会看到一种新的创造。它以两只有翼神兽的形式出现在东库，这样的青铜铸件共有两对。它们凶猛的嘴在宽阔的头上张开，它们似乎在扫视着这片风景。它们各有四条强壮的腿，每条腿都有凶猛的爪子。它

第 10 章　设计之国

们的身体和翅膀上布满了银色的螺旋纹。它们非常长,每只重10至11.5公斤。翅膀让它们得以翱翔于人类世界之上。西方人对翅膀习以为常,但翅膀很少出现在当时的中国,连大多数龙都没有翅膀。由于在当时和后来的东亚地区的灵魂世界和神仙中,翅膀都不是主要特征,因此,这些神兽创造背后的想法很可能来自其他地方,也许是中亚。[59]我们能察觉到它们的紧迫感,仿佛它们已经准备采取行动。它们可以说是舞台布景的一部分,和东库的另外五只青铜动物一样。另外两只青铜动物,一头牛和一只犀牛,可能是长方形屏风两端的底座。在中央的接合处,屏风由一件极具创意的雕塑支撑着:一只强壮、狡猾的老虎,嘴里叼着一只鹿(彩版28)。老虎突然转向,扑向鹿,并吞食。在这里,我们辨认出一个来自草原的主题,即掠食者抓住猎物的场景。[60]草原上的老虎和猛禽抓着

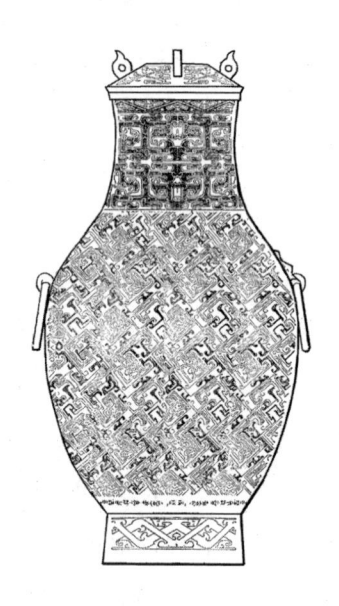

东库出土一对错红铜、镶嵌绿松石并填蓝漆的青铜方壶,图为其中一件,高45厘米

鹰柱铜盆，高47.5厘米

上：错银青铜有翼神兽，长40.1厘米
下：错金银青铜犀牛，长55.5厘米

第 10 章　设计之国　　　　　　　　　　　　　　　305

鹿或公羊等题材，几乎总是以剪影的形式出现，在这里与中山王舋墓中三维移动的野兽相呼应。在公元前4世纪至前5世纪的一些青铜器上，包括在灵寿发现的一些青铜器上，有密集的奇异生物场景，有些有翅膀——这是当地对北方神话的解读，也许最终源头在伊朗。[61]这可能是中山国工匠关注翅膀的原因。

充满神秘色彩的狩猎场景，来自一件公元前5世纪的青铜壶，高46.4厘米

这些生动逼真的生物并不只是草原主题的简单再现。一些杰出的工匠从草原的剪影风格中走出来，将它们变成三维的物质存在，以满足新的信仰体系的需求。明亮的铜和金银镶嵌物被用来强调它们的逼真身体。或许南方的漆木雕也为此提供了引人入胜的模型。[62]这种刺激在类似的青铜鹿身上表现得最为明显，用错金的水滴状纹饰来表示它们的皮毛。这让人联想起曾侯乙墓中漆鹿皮上的红色水滴状纹饰。这些青铜鹿是东库另一件杰作的底盘，这件青铜方形框架也许是为了固定一块方案，四角由四条龙支撑，另有四只孔雀和四只鹿分布在它们之间。这组动物无疑可以促进与无形灵魂的互动。这些动物与曾侯乙墓中其他旋转的生物形成鲜明对比，两种不同的工艺传统和两种独立的世界观并存。与曾国一样，这里的工匠也提供了非凡的美学戏剧性。中原其他地区也曾制作一些三维

青铜雕像，但没有一件像中山王䰇拥有的老虎和飞禽那样技艺高超和表现力非凡。镶嵌青铜的雕塑与当时的传统青铜铸造不同。中山国君利用来自中原诸国的技艺来表达自己的信仰和愿望。由于今天的我们无法与使用这些物品的人们见面和交谈，所以我们永远无法了解这些器物所承载的全部功能。

错金银青铜方案座，宽47.5厘米

东库有时被描述为中山王䰇的日常生活场景，多数器物跟宴饮娱乐有关。西库中的器皿则被视为用于特殊场合，如仪式。然而，东库中精美的动物造型青铜器绝非寻常之物。它们显然是用来展示的，也参与仪式。或者用我们的语言来说，它们可能是灵魂的表象。在中山国，表象与我们的现实观念之间并无差别，因此他们用青铜铸造有翼神兽，从而使这些灵魂出现在来世。华丽的树形青铜灯也是如此。它的每条树枝上都设计了一盘灯油和灯芯。有猴子挂在树枝上，它们似乎在向站在下面的小人扔水果。灯具最早出现在战国时期，但我们不知道是什么激发了灯具的使用——也许又是与中亚的互动。[63] 早些时候，室内照明可能是使用火把而非灯具。

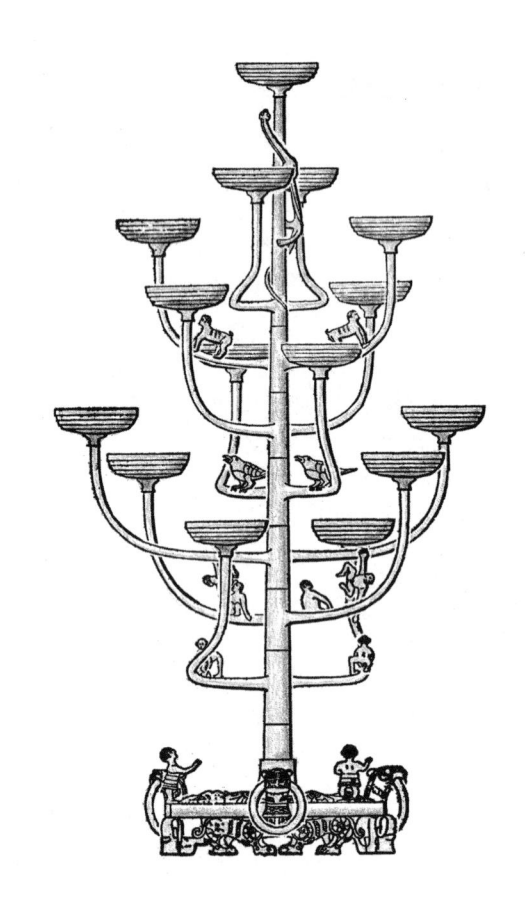

青铜灯，高82.9厘米

东库里的材料汇集了来自不同方向的思想，这在一定程度上体现了中原与草原和中亚之间日益频繁的联系。虽然中山王䰾的血统早先属于狄，有黄土高原的背景，但他也渴望在公元前 4 世纪加入有组织的国家体系。此时一个融合的过程正在进行中，北部、西部甚至南部地区的信仰与祖先的礼器和礼仪性宴会融为一体。中山王䰾架起了两个世界的桥梁，甚至曾在一段时间内将它们联结起来，他棺室的东西库象征着这两个世界。他死后仍颂扬自己的美德，追求自己的目标。随着兆域图对来世的规划，他希望并期待他的陵墓能按照自己的要求营建。青铜器的铭文表明了他的愿望，即他的王国不会被贪婪的大臣推翻。他和他的后代向祖先献上祭品，是为了确保他们的未来。与此同时，在同一座陵墓和同一个来世生活中，中山王䰾享受着其宇宙的另一部分，即一个充满灵魂的、自信呈现的世界。在中山王䰾的心目中，这一切是并存的。

目前为止，我们已经探访了 10 个不同的地区，分别是良渚、陶寺、安阳、三星堆、彊国、芮国、玉皇庙、钟离国、曾国和本章的中山国，它们有不同的景观和气候、不同的习俗、不同的生活方式和来世，以及截然不同的宇宙观。随着祖先崇拜的相关习俗和社会等级制度逐渐被采用，甚至被远离黄河流域的地方采用，其他关于可见和不可见事物的信仰也逐渐融入进来。所有统治者都渴望掌控自己的领土，对他们来说，祖先、神祇、灵魂和当地传说都很关键，对当下、未来而言都是如此。

第 10 章 设计之国

第四部分

马上天下

(公元前 300—前 221 年)

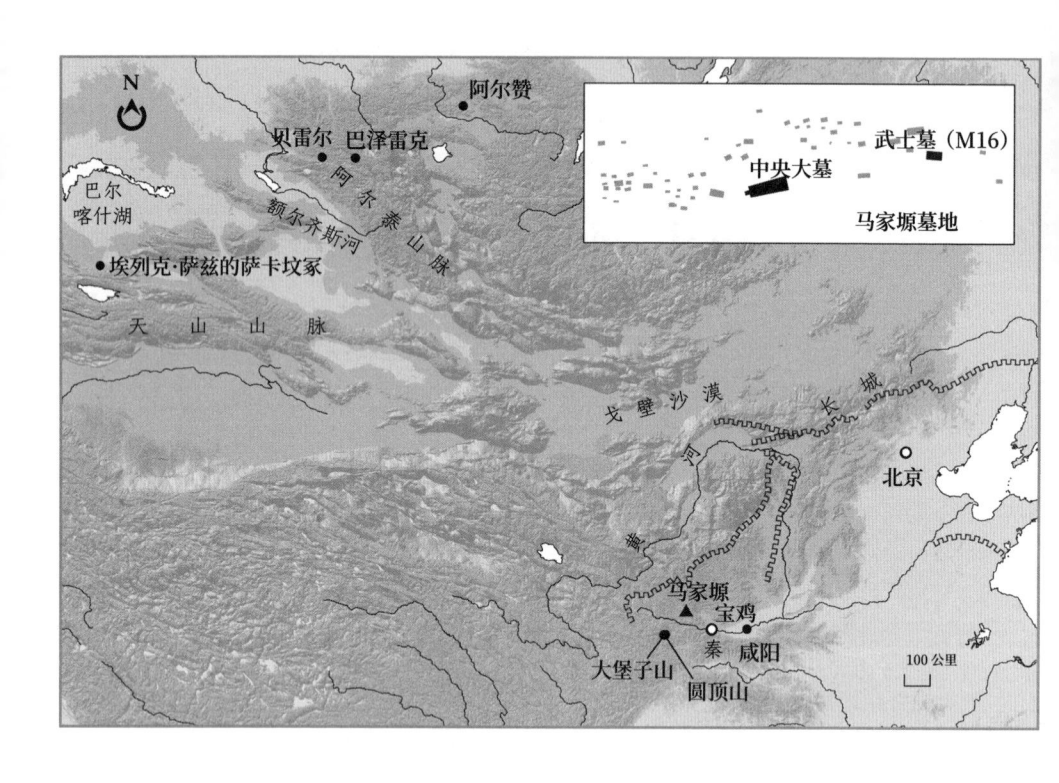

马家塬与秦国的西部

第 11 章　戎车即止

甘肃张家川马家塬遗址

在阿契美尼德王朝（公元前550—前330年）首都波斯波利斯的宫殿阿帕丹（Apadana，英文又称 Audience Palace，中译"觐见厅"）浮雕图像中，五名男子戴着带子系在下巴的尖帽，在大殿平台上的朝贡队伍中从容地行走。[1]这些浮雕人像代表来自今伊朗以北草原的萨卡人（Saka，又译萨迦人、塞人、塞种等），是来进献"贡品"或礼物的。萨卡是阿契美尼德王朝统治之下的多个政权之一，其他还有叙利亚、吕底亚、亚美尼亚、巴克特里亚和埃及。立柱高耸的阿帕丹由大流士一世于公元前518年始建，其中展示了长胡子的萨卡人形象，他们穿着短上衣、绑腿裤和靴子，腰带上挂着入鞘的匕首（彩版30）。队伍前面的萨卡人由阿契美尼德王朝的宫廷官员带领，紧随其后的是另一位萨卡人及其马。后方还有四位萨卡人，前面的一位拿着可能是金制的颈环或臂钏，另三位拿着厚重的羊毛织物或皮革制品，也许是斗篷和绑腿裤——草原生活的必备奢侈品。欧亚大陆的统治者都喜欢宣扬其财力、其人民多样性以及贡品的概念，这些都掩盖了阿契美尼德王朝一再征服草原人群以拱卫其帝国北疆的事实。没有记载表明他们的国王居鲁士二世战死于草原上的战斗，也没有迹象表明他于公元前530年针对阿姆河下游

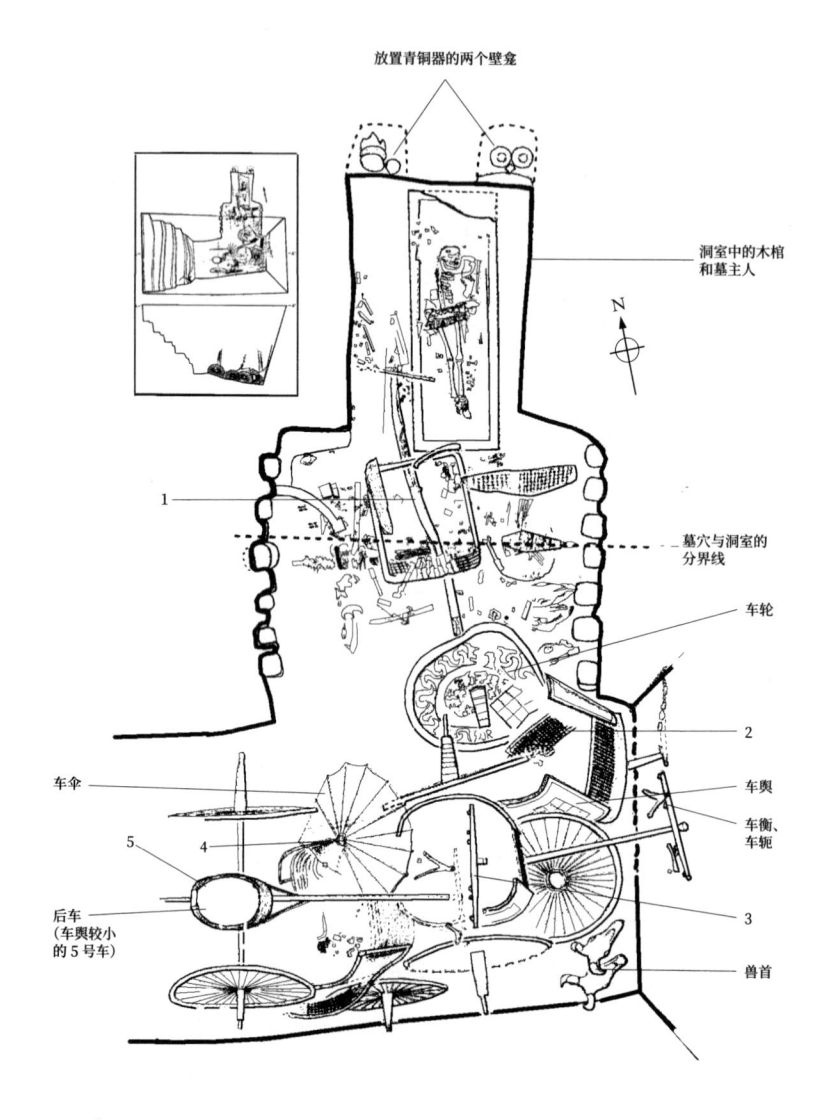

马家塬墓地M16

314　　　　　　　　　　　　　　　　　　　　　　　　　　厚土无疆

马萨格泰人的军事行动失败了。

阿契美尼德王朝的建立者最初也属于游牧民族,他们于公元前9世纪定居在今伊朗高原东南部的帕萨尔加德附近。从那里起步,他们后来建立了世界上最强大的帝国之一。阿契美尼德人与他们的草原邻居互动的方式,与周和秦处理欧亚草原东部事务的方式无疑存在明显相似之处。在伊朗和中国,游牧人群都将一些重要的材料和马匹带到了定居地区,同时也将青铜制品和精美的纺织品带回草原。大土墩下的墓葬揭示了游牧民族的财富,主要体现在黄金装饰的武器、腰带和饰品等方面。从公元前9世纪到前3世纪,这种物质文化在整个草原上传播开来。

甘肃南部山区的马家塬墓地,年代为公元前4世纪至前3世纪,那里的武士墓出土了大量腰带、戒指、耳环和手镯。这些墓葬叠压在早期的秦国地层之上,公元前7世纪至前6世纪,秦国也在这里建了墓地。当这些游牧民族来到六盘山脉,并在起伏的山丘上栖居时,秦人已经东迁了。如今当地的景观是小村镇和精心布局的梯田,多种植玉米和蔬菜。但在公元前4世纪至前3世纪,这里被林地覆盖。今天,这些墓葬俯瞰着张家川县城,这里是甘肃的几个回族自治县之一。来自今乌兹别克斯坦的商人——粟特人,从5世纪开始设立贸易站,从中亚延伸到西安,并为他们的琐罗亚斯德教信仰建造神庙。[2] 从7世纪末开始,来自更西的穆斯林商人和官员取代了粟特人的地位。[3]

马家塬墓地是一个丰富的草原畜牧文化宝库。草原文化从西方的萨卡延伸到东方的黄土高原北部。马家塬墓地有六七十座墓葬,分为两个部分。东段的中央大墓不幸被毁,其他墓葬呈半月形分布于其北部和东、西两侧。[4] 这座墓葬显然属于首领,入口宽10米,有一条 30 米长的斜坡墓道，两侧又有阶梯式墓道。椁室被埋藏在深达 14 米的墓坑底部。如此奢华的斜坡墓道和墓穴深度只能在黄土层中实现。坡道两侧的台阶体现了北方葬俗特色。这让许多人可以护送他们的首领，抬着并展示其棺椁。幸存的文物包括玻璃珠残件和一些人面形小金饰片，其面部明显的小胡子是草原风格，而不是中原诸国的风格（见本章第四幅插图）。椁室前部发现了四匹殉马。

中央大墓和周围附属墓葬的半月形布局类似于同时代欧亚草原上库尔干坟冢的布局。[5]要复制一座草原风格坟冢，马家塬的首领肯定是一位来自草原的受人尊敬的贵族，并有武士和侍从追随。如今我们只能通过这个墓地来衡量他的地位。其族人通常被归入"戎"的名下。马家塬墓地可以追溯到公元前 4 世纪末或前 3 世纪。然而，我们不知道这些陪葬墓是不是和主墓同时下葬的。但分布在各墓中的相似腰带、武器和车舆确实表明，它们都是在相对较短的时间内集中制作的。

马家塬墓地的精心布局，马家塬车舆博物馆展出的精美金银器，以及大量铁制兵器、车舆和兽首，都表明这一群体令人生畏。一个近乎方形的祭祀坑里有 100 多只羊头骨，另有少量马头骨和一定数量的马、羊蹄骨。[6]在夏季，这些人在宽阔的山顶上放牧，比如这个墓地所在的山。即使人们在冬天有小型定居点，如今也都不知所终。当他们和牲畜一起迁徙时，他们一定住在帐篷或简易的住所里。因此，从他们赖以生存的珍贵畜群中杀死如此多的动物，可能意味着一些重大的悲剧或政治灾难。我们不知道这个部族为什么聚集在六盘山麓建造一处规模宏大的墓地，但很明显，这一历史节点上背后隐藏着一些重要的信息。

关于居鲁士二世如何死于马萨格泰人之手，我们只有不太可靠的历史记录。与此类似，我们对定居农业平原边界上的流动牧民也只有相当偏颇的描述。这种近乎故意的无知在其他定居的文明中也有所体现，是中国历史上始终存在的一个特征，源于对"他者"的歧视。司马迁在描述匈奴时，描绘了书写汉字的人和"毋文书"的人之间的鸿沟：

> 唐虞以上有山戎、猃狁、荤粥，居于北蛮，随畜牧而转移。其畜之所多则马、牛、羊，其奇畜则橐驼、驴、骡、䮫騠、𬳿騟、驒騱。逐水草迁徙，毋城郭常处耕田之业，然亦各有分地。毋文书，以言语为约束。儿能骑羊，引弓射鸟鼠，少长则射狐兔，用为食。士力能毋弓，尽为甲骑。[7]

恺撒在评论莱茵河对岸的日耳曼人时，也重复着同样的论调。[8] 现代历史学家对没有记录自己生活的古代人也持相当不屑一顾的态度。马家塬遗址表明，文字并不是丰富而成功的文化生活所必需的。它的墓葬反映了一个富裕的社会，人们过着有意义的生活，偶尔会破坏和摧毁定居农民的生活。但可以说，更重要的是，他们花时间丰富自己的生活，纪念自己的成就。如果我们只关注征战，而忽视了游牧文化的高度复杂性，我们就会重蹈先辈的覆辙。埋葬在马家塬的是一个民族早期的文明碎片，他们不仅在中国，而且在未来的几百年间，在波斯、小亚细亚和欧洲大陆，都一直与定居文明实力相当，并屡屡对其构成挑战。[9]

马家塬墓地半月形地带中的一些附属墓葬是曲尺形的，一侧有陡峭的台阶通往墓底。我们将集中讨论的墓主人是一位武士。他的木棺放置在一个阶梯式墓道竖穴偏洞室墓内（彩版32）。洞室墓是

第 11 章 戎车即止

另一种来世的居所，相当于帐篷或庇护所，开放式竖井中的车舆和兽首代表了牲畜圈。洞室墓在斯基泰人中很重要。[10] 在欧亚草原东部，它们出现的频率要低得多，在中国则更为罕见。一旦出现，它们就是为战士准备的，尤其是战车驭手或圉人。[11] 甘肃还发现了另外三处包含洞室墓的墓地。[12]

墓主人头部后方的两个小壁龛里放置着青铜器。这些人常被认为是司马迁所说的西戎，是秦的附庸。这是在中原诸国背景下解读武士生活的一种典型方式。[13] 他们的文化和财富不会被认可或理解。两个高大的青铜壶是传统的酒器，但藏在洞室墓的小壁龛里，它们一定有其他用途。它们是珍贵而显赫的财产，但不是任何礼仪的一部分。青铜甗也是如此，下部为三足鬲，其中装水后在袋足下面生火，可以用来蒸熟上部甑中的谷物或蔬菜。亚长或彊伯等相对而言算是新来者的人，拥有整套标准器型的青铜器，对他们而言，这些青铜器表达了对祖先崇拜的忠诚。在马家塬，这些青铜壶可能是礼物或战利品，而不是当地制作的。与玉皇庙山戎墓的器物一样，这些物品的价值在于它们的青铜材质本身，而不在于它们在祖先崇拜中的功用。

就像波斯帝国阿帕丹上雕刻萨卡人的理念一样，一些学者倾向于忽视日期，认为马家塬墓地的主人是与秦有关系的地位较低的臣民，其西南约150公里外的早期秦墓主人是他们的统治者。[14] 公元前8世纪，当周人离开渭河平原时，他们鼓励秦国接管他们的土地。这是司马迁提出的，在解释秦国的世系时，他简要介绍了一位早期的地方领袖——非子，他生活在周孝王时期：

> 非子居犬丘，好马及畜，善养息之。犬丘人言之周孝王，

厚土无疆

> 孝王召使主马于汧渭之间，马大蕃息。[15]

司马迁随后将秦国的成功与其对西戎游牧民族的所谓霸权联系起来：

> 三十七年，秦用由余谋伐戎王，益国十二，开地千里，遂霸西戎。天子使召公过贺缪公以金鼓。[16]

我们不知道司马迁所说的"戎"和"国"是什么意思，因为西戎并没有建立类似于中原诸国的政体。司马迁的《史记》记载了公元前7世纪的历史，这比马家塬墓地的年代要早三四百年。他通过自己略带偏见的视角解读过去的事件，也知道他的汉朝统治者在北方面临匈奴的挑战。毫无疑问，他想证明中原王朝的统治者可以征服边疆民族。如果司马迁知道生活在马家塬的人群，那么我们可以肯定，司马迁会把他们当作微不足道的新的外来者，称他们为"戎"。

今天，我们仍然按照司马迁的方式，把马家塬的人称为西戎，这是一种将他们巧妙地融入秦历史的方式。然而，他们不是定居农业的从业者。他们可能是才到达盆地这一带的。在他们之前，该地区曾被其他人占据，可能包括非子和他的马，他们有自己的地方习俗，如东西向墓葬。[17] 这些早期墓葬的屈肢葬也告诉我们，许多人与西北有过接触。[18] 我们知道，几百年来，秦人一直东迁，到马家塬墓地建成时，他们已经在渭水流域以东建立了大量的城市和墓地。[19] 公元前4世纪末至前3世纪，秦人正在实现征服的野心。他们的兴趣在东方。如果秦国从国君到农民都知道马家塬人群的存在，他们也可能只是被视为有用的马匹来源。

在马家塬几座保存完好的陪葬墓中，有一座陈列着最奢华的财富。[20] 墓穴的入口东西长 12.6 米，南北宽 6.7 米。它有 7 米深，比中央大墓（M6）的 14 米浅得多。北侧角落的小开口是地下墓穴的入口。西侧有 9 级台阶。它们看起来不像是实际使用的，因为相对较窄。有人认为台阶意味着等级，因为马家塬墓葬的台阶数各不相同。然而，要成为等级的有用标志，它们必须是某种目的或者功能的信号。在葬礼期间，这些台阶可能为哀悼者提供了通道，这种情况我们在钟离君柏墓也看得到，它们同属一个更广泛的传统。[21] 将棺材和车舆放置在主墓室底部的方法现在已经不可知，尽管我们还没有发现任何痕迹，但推测当时可能使用了坡道，只不过坡道后来被拆除了。

洞室墓中的木棺上装饰着大角羱羊的扁平剪影，这些野羊长着巨大的弯曲的角。这些图案是用银片或金片剪切镂刻而成的，工匠们实际上是把贵金属当作纺织品来处理的。其中一些动物片饰上反复出现的小孔表明，这些动物片饰是被缝在布上的，也许是挂在棺材上的。[22] 墓主人的脖子上挂着一件用金属片剪切而成的金制胸饰。他也有一件类似的银饰，现在移到一边去了。这些金银饰品远没有阿尔赞二号冢巨大的项圈或胸饰那么精致，后者饰有一系列动物形象，但两者的目的都是一样的：吸引人们对墓主人头部的注意。[23] 璀璨的珠宝、项链、头饰和王冠，在西方文化圈有着悠久的传统。马家塬的武士也戴耳环，那是一串挂在金环上的绿松石珠子，珠子包裹着复杂的金箔。他的右臂上佩戴着一圈金饰，其凸起的层次与扭曲的金属丝中镶嵌的玻璃和费昂斯（又称釉砂）相间，玻璃还被染成蓝绿色，看起来像绿松石。这种形式的臂钏也发现于西伯利

320　　　　　　　　　　　　　　　　　　　　　　　　　　　　厚土无疆

大角羱羊金片饰，上有用于缝纫的小孔，长7.5厘米

亚，其起源地则是西亚。[24] 作为草原文化的重要组成部分，部落首领通过获取物资并分配给追随者来巩固地位。[25] 他们展示身上的金银，以魅力超凡的首领形象吸引追随者，进而增加牲畜数量、战胜敌人。这与中原统治者所拥有的森严的等级制度截然不同。

在这样一场身份与地位的展示中，墓主人还拥有三条腰带，这和玉皇庙山戎墓的草原风格的随葬品一致。对于那些与动物一起生活在草原上的人来说，腰带是最受欢迎的物品，用来悬挂工具和武器很方便。[26] 最明显、可能最重要的一条腰带有垂直的金饰块，和绿松石以及红玉髓珠交替排列。腰带的上下边缘是小的金凸起。这些饰牌精雕细琢，每块牌上都有两只猛禽啄向两条蛇。猛禽尾羽尖上有个小圆圈，可能象征着抓蛇的小鸟的眼睛。另两条较细的腰带还装饰着交缠的生物。所有这些都是当地对掠食者和猎物祥瑞主题的多元诠释。另外，还有一件巨大的铸金饰牌，上面有一个钩子，说明它是带钩。红色条纹的痕迹显示出两只老虎的形象，每只虎都

第 11 章 戎车即止　　　　　　　　　　　　　　　　321

饰有猛禽啄蛇和小鸟头的金腰带扣，长6.4厘米

抓住一只鹿的脖子，鹿的腿和蹄子都因恐惧而弯曲。这些器物闪耀着错金和彩色镶嵌，再次向我们展示了中山国的三维雕塑是多么独特。中山王䰉通过这些器物向他的游牧生活告别并重新建构其记忆，而马家塬的武士仍然充分享受着游牧生活。

放牧、骑马和旅行的人都把贵重物品带在身上。把珍宝系在衣服上，把工具挂在腰带上，这是一种草原美学。在马家塬墓地，铁制武器和工具被严重腐蚀。公元前4世纪末至前3世纪，中原的诸侯王还没有使用腰带的热情，也许是因为他们自己并不携带武器，他们有步兵部队为他们作战。在中国，权力的光环通常不是由这种个人展示来维持的，而是由高度组织的随从来维持的。官员和士兵因不同的等级穿着不同的袍服，统治者则隐于幕后，正如十七八世纪宫廷仪式和宴会题材的绘画所示。亚长、强伯和芮公各自对青铜礼器的分配，表明了在早期中国，正是以数量、尺寸和统一性彰显地位。[27]

在生前，马家塬武士不太可能同时佩戴三条带金牌饰的腰带。这是留给来世的奢华配置。他或许曾定制或获得几条高品质的腰带。金矿在哪里开采？或者金沙在哪里的河流筛出？这仍然是个谜。最有可能的来源是阿尔泰山脉著名的金矿。在这位武士所处的社会，一位当权者可以随时获得黄金，也许是通过交换的方式。这些珍贵的材料也可能来自天山山脉，那里的草原首领也拥有类似的黄金饰品，比如在哈萨克斯坦阿拉木图附近伊塞克坟冢发现的草原贵族的衣服上。[28]然而，在马家塬，这位墓主人只是众多武士之一，大家似乎很平等。这是一个令人印象深刻的部落。

靴子是马背上的武士日常生活中不可或缺的装备。他的墓葬还保存着银鞋底，那是来世穿靴用的。[29]马家塬墓地的其他墓葬中的一件小锡俑展现出草原人民的形象。靴子和绑腿裤使北方骑手与农业谷地的农民区分开来。偶尔，银鞋底会被仿制成玉鞋底，这提醒我们，如果我们从草原走向中原，价值所依托的材料就会发生变化。[30]马家塬墓葬中没有玉器，也没有我们在中山国看到的那些青铜器铭文。这件小锡俑还戴着一顶尖尖的带檐帽，就像波斯波利斯石雕上的人物形象一样。[31]贝希斯敦（Behistun）的悬崖上展现了萨卡人和定居邻居之间不断的互动。年代为公元前520—前519年的一幅巨大的浮雕上，大流士一世（公元前522—前486年在位）看起来比他的敌人高得多，面对着一排被打败的叛军国王，他们被绳子绑在一起。萨卡国王斯昆哈戴着高高的尖帽站在后面。[32]大流士一世用古波斯语、埃兰语和巴比伦语的铭文向臣民宣告他挫败阴谋、获得胜利，这些文字彰显着他的统治疆域。铭文完成后，斯昆哈国王的形象才被添加进来，这也许是事后的追记，或者也可能是后来才降伏了斯昆哈。虽然萨卡人一直存在，但阿契美尼德人并不知道萨卡人占领的土地面积有多大。我们只有在哈萨克斯坦进行更多的考古发掘，才能发现萨卡人的实力。马家塬的人身处于一个相互联系的社交网络，他们甚至可以对抗像阿契美尼德王朝那样强大的力量。[33] 张家川的博物馆进一步展示了欧亚草原最东缘部落的辉煌成就，其中有来自马家塬墓地中其他墓葬的随葬品：由两只猛禽的四个翅膀组成的金带扣，带有虎捕猎形象的饰板和纯金带钩。一个银狼饰则代表了袭击牧民畜群的危险狼群，尤其是在北方和山区。绵羊、山羊、虎，尤其是狼，既是想象世界的一部分，也是自然世界的一部分。这些形象通过多种工艺——铸造、捶揲、模压、嵌错和珠化（granulation，或称"金珠焊缀"）反复呈现。令人惊讶的是，锡青铜的技术也从遥远的西方传到了这里。仅这些工艺就证明了草原上思想、材料和技术的交流。[34] 从南西伯利亚萨彦岭的阿尔赞墓葬，再到中国境内的阿尔泰和天山山脉，绵延3000多公里的发掘揭示了类似的图像，这些图像由类似的信仰和金属制品驱动，还有几乎完全相同的靴子、武器和马具。

左：金人面形饰，以黑色颜料绘出上翘的胡须，
出土于被盗的中央大墓M6，高1.6厘米
右：草原风格的骑手锡俑，戴尖帽，身穿束腰上衣、绑腿裤和靴子，高7.5厘米

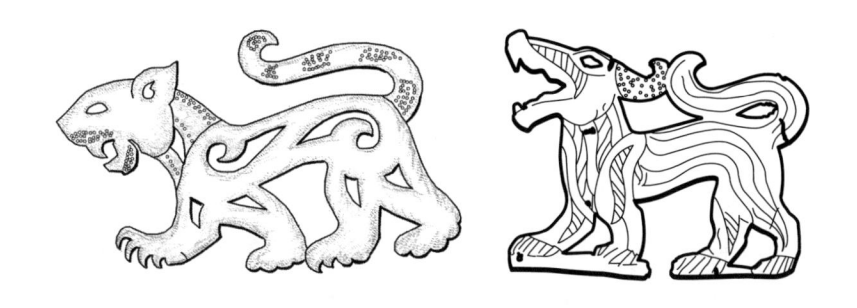

金虎饰，长9.5厘米；银狼饰，长7.7厘米

天山山脉并不是屏障，而是提供牧场、水源甚至庇护所的路径。人们总是沿着山脉迁徙，最早是作为猎人，后来带着他们的牲畜游牧。[35] 阿尔赞早期坟冢中奢华的随葬品——金项圈、金臂钏、金马（彩版7）、金饰武器和衣服上装饰的金鹿、金虎……这些都是马家塬金虎和猛禽的原型。定居的农业人群会发现，南西伯利亚、蒙古国西部和哈萨克斯坦的这些游牧人群，让人几乎不可能想象，很难抵达，更难掌控。他们的活动没有可靠的文字记录，这毫不奇怪，因为周人未能有效控制宝鸡周边地区。我们也永远不应该低估草原可能蕴含的力量和财富，那里的游牧民族拥有黄金、牧场和骏马，并在长距离的交流过程中培养出骑兵，后来还建立起帝国。

马家塬的武士及其随葬品，既呼应了他们的先辈，也借鉴了同时代人的经验。在阿尔赞二号冢，男女墓主人穿着精致的衣服，上面缝着数百颗小珠子。马家塬墓地中也发现了黄金、红玉髓、绿松石和费昂斯等质地的珠子。费昂斯起源于埃及和西亚，可能在公元前10世纪传入中原。它在西北边境特别受欢迎，在公元前4世纪，费昂斯贸易再一次繁荣，正如在马家塬发现的一个费昂斯杯

第 11 章 戎车即止

所示。[36] 在一些墓葬中，墓主人衣服、帽子和靴子上装饰的珠子太多了，因此其木棺连同洞室墓的底层部分被整体打包提取，并被送往甘肃省文物考古研究所，在那里的实验室开展精细发掘。[37]

马家塬的人并不是一个存在于大国边境的卑微群体，而是广大地区之间交流的重要人物。[38] 如果我们想象一下十三四世纪蒙古人举办的发酵马奶酒盛宴，大概更容易理解草原的命脉——交换是如何发生的。法国国王路易九世曾派方济各会会士鲁不鲁乞前往蒙古，他 1254 年提道：

> 在圣约翰节（6 月 24 日），他（蒙古大汗）举行了一场盛大的饮酒会，我数了数，有 105 辆装满马奶的车和 90 匹马；在使徒彼得和保罗的盛宴上（6 月 29 日）也是如此。[39]

正如鲁不鲁乞所描述的那样，定居国家的使臣也前来向大可汗致敬并进献贡品。我们知道，蒙古人肯定俘虏了其他地方的工匠，或者只是吸引他们来为自己工作。虽说来自遥远定居国家的使臣大概没有聚集在早期牧民的帐篷周围，但他们的营地肯定吸引了其他草原部落的人，其中也许有工匠。在马家塬墓地所处的时代，草原首领当然也会举行盛大的宴会。马家塬大墓的墓主人有一个小银杯，可以在这种场合使用。草原上的杯子通常由木头制成，有时杯柄呈马腿和马蹄的形状，反映了人们对马奶的长期热爱。[40] 阿尔泰山脉一个名为巴泽雷克的墓地发现了和马家塬墓地所处的时代相当的游牧人群。这个偏远遗址在第二次世界大战之前就被发现了，但战后才被发掘。今天，我们可以在圣彼得堡的艾尔米塔什博物馆看到它的毛毡和木桌。特别之处在于，这些封土堆之下的墓穴被冷冻保存。木棺内的尸体仍被永久冻土完好地保存着，因此我们可以清楚地看到他们的文身——这些动物图案与他们马鞍和马笼头上的装饰相呼应。[41] 与其他地方不同，巴泽雷克人用木头、织物和皮革打造的世界得以幸存。一件大型挂饰用彩色毛毡反复呈现了草原骑手的形象（彩版31）。这为我们提供了一幅罕见的图片，展现出草原上的人如何骑马以及他们穿什么衣服。我们可以清楚地看到他的侧脸轮廓，他留着小胡子，头发卷曲，穿着整洁的外套，左手紧握着缰绳，袖子紧贴着绑腿裤，也可能是裤子和靴子，末端呈圆形。一件短斗篷在他身后飘扬。他的腰间是一个大箭袋。[42] 一根绳子从马鞍引出，并从马尾下方绕过，这种尾鞘还出现在哈萨克斯坦贝雷尔的一座墓葬发现的马具上，后来也出现在秦始皇的骑兵马具中。[43]

老虎和格里芬袭击长角山羊，这种动物图案源自波斯，在巴泽雷克以毛毡贴花的形式出现在马鞍套上。在穿越新疆进入阿尔泰山脉的路线上，以及远至阿拉木图附近的伊塞克湖地区，我们都能找到类似的剪影造型。[44] 掠食者——虎、鹰和神话中的有翼兽在马鞍上也很常见。马家塬武士金带饰上的镂空图案，就是这些马鞍上毛毡的再现。巴泽雷克的另一个巨大优势是木制马笼头得以保存。木制装饰品中有公羊头雕刻形象，这些公羊在当地的山丘上跳跃，这种场景在草原上十分常见，它们经常被制成金箔或银箔装饰，在贝雷尔就是如此。[45] 巴泽雷克还有著名的棕叶饰马笼头，这种图案不仅在古亚述人和古希腊人的建筑及彩陶中非常闻名，最重要的是在阿契美尼德王朝也有。马儿还戴着由兽角和面具组成的奇特头饰，而公鹿巨大鹿角的尖端是一个猛禽头。[46] 草原游牧民族把这种长着小型猛禽头的角带到了中国北方，安在一只小金鹿身上（彩版9），

第 11 章　戎车即止　　　　　　　　　　　　　　　　　　　　327

巴泽雷克出土的木制马笼头,搭配S形马镳和波斯风格的棕叶饰

这表明北方地区有深入的文化交流。

阿契美尼德王朝的资料告诉我们,使团获赠袍服、武器、马饰和珠宝,以换取他们的马匹。[47] 3世纪的希腊作家埃里亚努斯记载,出使波斯的使节可获赠两个重达一塔兰特(又译他兰同,约合25公斤)的银杯,还有手镯、匕首和一条项链。[48] 随着时间的推移,奢侈品在游牧人群中传播开来,我们可以看到它们在东方的巴泽雷克产生了强烈影响,催生了波斯风格的挂毯和马鞍,伴随着草原风格的毛毡和皮革制品。[49] 这些迹象表明,宴会和人群聚集促进了交流,这似乎在西亚波斯人和萨卡人、巴泽雷克人之间建立了牢固联系,而萨卡人和巴泽雷克人又与更东的地区的人建立了联系。其他

奢侈品，包括一块铜镜碎片和另一个马鞍罩——丝绸刺绣，以深色线绣出凤凰，背景为淡黄色——也来自更远的东方。这一定是在中国织绣的，那里是当时唯一的丝绸产地。[50] 与之前在黄土高原北部的情况一样，马匹也朝着相反的方向，被游牧人群带往中国，以换取丝绸，尤其是金属。这就是我们所说的丝绸之路的前身之一。当然，这不是一条单一的路线，而是包含多种交易、涉及很长的距离并跨越几百年。[51] 马家塬的人离开当地之后很久，中国人仍然从西方寻求马匹，以抵御其他北方草原民族的入侵，尤其是汉朝时期的匈奴。在唐代，中原王朝定期与突厥进行绢马互市。[52] 我们无法确定马家塬武士生前的交易行为就是丝绸之路贸易。在战争中，获胜的一方往往获得败方的动物、金属和精美纺织品等作为战利品。[53] 战斗，还有婚姻和节日，将人们聚集起来，既传播腰带、点缀着猛禽的鹿角等器物，也传播丧葬模式和技术，尤其是车舆。

尽管这位武士的生活方式和装饰品与千百个其他群体有很多相似之处，但他的车舆使他与众不同。我们通过俯视陡峭的墓穴发现这些车辆。我们可以辨认出六七个圆盘状部件，两个在西端。长方形的车舆最初是木制的，车轴将两个轮辐连接到一个位于小椭圆形座下方的点上。这是墓内整齐排列的五辆车中的最后一辆（彩版 32、34）。这些车辆比周王朝的更复杂。装饰精美的车轮有 40 根辐条，绝对多于中原地区的 30 根或更少。而且，马应该被套在牵引杆上，但牵引杆与车轴的连接方式也发生了变化。这里使用了几种不同的连接方式，包括榫卯、车后部错金银铁门部分的套管，以及轭杆的多种绳索固定方式。[54] 牵引杆似乎也有严重的受力问题，因此在旁边增加了额外的支撑，将两侧的压力分散到车轴的两侧。[55] 据我们所知，没有其他草原部落埋葬过如此华丽

第 11 章 戎车即止

多彩的车辆，秦的统治者也没有拥有过如此宏伟的车辆。马家塬的武士将车辆埋葬于此，可能是为了效仿中原诸国的国君，甚至有意超越。然而，他们选择的展示形式是自己对阿契美尼德王朝传统的本土诠释。这种传统在巴泽雷克进行了再现和改造，那里曾出土一辆40根辐条的车。[56]

最重要的车在武士的洞室墓占据主要位置，就在主棺之外。[57]墓穴的这一侧已经加宽，车辆由木结构保护着。两侧排列着高达3米的柱子残骸，当时肯定支撑着一个屋顶。其他四辆车也安置在墓穴底部的主要区域。对马家塬发现的所有车辆的详细发掘使考古学家至少辨认出了五种不同类型的车，这些车可能具有不同的功能。[58]车身的形状和装饰都与周人传统不同。

供驭手和武士或坐或立的车厢，最能为我们提示结构的不同。

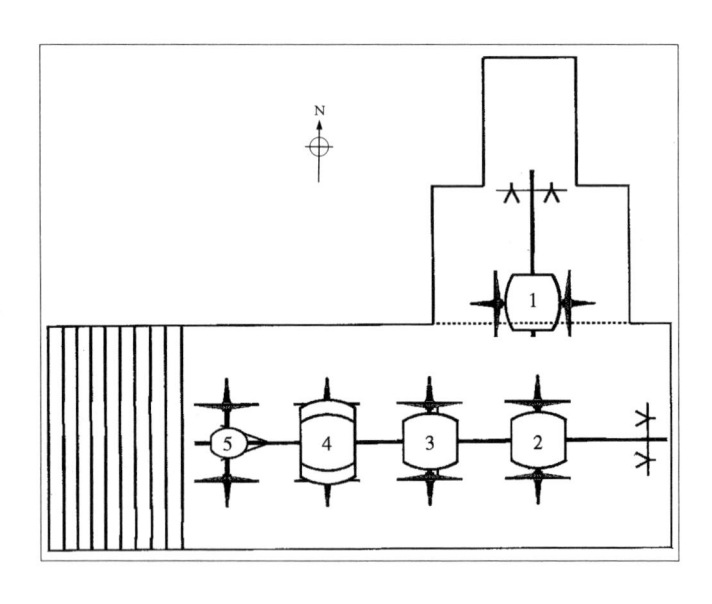

五辆车位置示意图

就放置位置和设计而言最奢华的三辆车，车舆两侧有略微外弧的高侧板。这些是故意添加的，远远高于较低的前后栏。两块较高的侧板不是连接成圆形或矩形的单一结构，而是分开建造的，由前后栏连接起来。后栏的制作方式是将狭窄的垂直杆穿过水平的套管。为了彰显墓主人的显赫地位，左右侧板均有嵌金铁条组成的三排各五个方格，方格的接合处有包金铜泡，每个方格中都饰有华丽的银色卷纹图案。这个装饰华丽的侧板周围环绕着金银交替的羱羊和老虎图案（彩版34）。车轮外缘装饰着两圈银色的镂空纹样，转动时可以形成闪闪发光的图案。伸出车轮的车軎上画着复杂的图案，为引人注目的旋转图案增添了色彩。另外的两套车辆地位较低，但侧面同样高大坚固，表面铺有木板，其中一辆的鲜红色表面上有彩绘图案。车轮也装饰了一番，同样是由金属图案剪切而成。再往下，是一辆低边向外延伸的车，这被认为是一种更舒适的车辆，并配有伞盖。[59]

第四组是几辆较小的普通车，车上有浅浅的木车舆，以及皮革装饰，看起来更像周人的车。最后一种类型，不属于武士，只有一辆没有装饰的车和一个宽车厢，也许是用来运送妇女儿童或帐篷等装备的。每个类型都有几种变体，但在所有著名的变体中，高边都是一个特征。这些在几座墓葬中重复的类型告诉我们，它们一定是在相当短的时间内制作的：要么是在几年内为一场葬礼制作的，要么最多是在10年内制作的。一些墓葬可能在很久以后才被修建于墓地中，但所有有车的墓葬似乎都是在某个特定时刻下葬的。

这些顶级车辆后部都连接着格栅，上面装饰着垂直的铁条，顶部有L形插座，其金银装饰引人注目。格栅中间凹下，好像形成了一个进入车厢的门。无论车轮和牵引杆有多坚固，车厢后部的重量都会影响车辆的平衡。这将阻碍所有这些贵重的车辆在出行和战争中的实际使用。两侧沉重的铁框架也是沉重的负担，会降低车辆的速度和稳定性。看起来它们在生活中被使用的可能性极小。简单的木制和皮革车厢，以及用于骑乘的马，对马家塬的人来说是更方便的选择。

这些车辆是如何生产和安装的？每辆车的零件很可能都是预先制造的，然后运到墓葬中组装。这进一步表明，这些车舆是为葬礼或来世制造的。虽然我们看到的墓葬数量有限，但车辆的装饰需要大量的工匠，甚至整个族群都要致力于创造它们。需要采购材料，并让数百名熟练的工匠对其进行加工。工匠的信息在历史上并无记载，但他们的才华至今仍然让我们钦佩。这里的人很熟悉巴泽雷克或草原上其他地方的做法。他们很可能和贵族一起迁到马家塬。其中也包括熟悉西方形式和结构的工匠。在后来的历史时期，我们知道蒙古人曾俘虏工匠，并鼓励他人搬到他们的城市为他们工作。[60] 许多草原族群很可能既吸引了异族工匠，也培养了自己的工匠。马家塬的武士当然热衷于使用精美的金属制品、雇用熟练的工匠。

这些装饰精美的车辆都是用来展示的。[61] 它们的主体由铁框架和木材制成，生动展示了出行、节日甚至战斗等情景。然而，这些情景所在的场景也很重要：这些金饰品和精致的车辆不是为了与秦对话，也不是为了与祖先的仪式化宇宙观对话，而是与广阔草原上的人建立联系。阿契美尼德王朝阿帕丹的浮雕为这一交流网络提供了进一步的证据。现收藏于芝加哥大学东方研究所的一块石刻上，展现出一辆侧面装饰的马车（彩版33），类似于马家塬的车辆。石刻画面中，车舆的侧板边缘是连续的狮子形象，中央偏左有一块波点纹的装饰。在马家塬，狮子形象被羱羊和老虎取代。这些阿帕丹上的马车装饰和马家塬的车饰非常相似，这标志着马家塬和阿契美尼德王朝之间的联系。[62]

巴泽雷克著名的毛毡向我们展示了交流的路线。这件织物比车舆面板精致得多，中心部分整齐排列着星星纹样，周围的边框纹样除了几何纹外，还有一圈连续动物纹和一圈重复的骑手形象。[63]这种构图来自美索不达米亚的雕刻，如伊拉克尼尼微的门槛，其中一件收藏于大英博物馆。[64]铁车框上带有金色凸起和银星形卷纹的图案是对这一主题的再现。巴泽雷克的马鞍上也有和波斯波利斯马车类似的菱形图案，每条线的交叉处都有圆形的凸起。[65]马家塬极具异域风情的马车背后，是熟悉巴泽雷克图案和阿契美尼德王朝马车的工匠所做的贡献。这是一个引人深思的案例，证明了草原人民与西方之间的密切联系。

一条两端装饰着金银贴花鸟头纹的优雅 S 形铁带，直接模仿了巴泽雷克出土的木制马镳。[66] S 形在草原上很常见，例如在哈萨克斯坦的贝雷尔发现的格里芬头木雕。[67]这种形状也被秦汉继承。[68]我们从公元前 6 世纪秦公一号大墓车马坑中发掘的马匹信息可知，其中部分马的母系来自欧亚大陆西部，中国的西北地区是家马传入中原的重要通道。[69]草原上的交流肯定涉及马匹的交换。在本书所讨论的内容中，马都是联系不同社群和文化的重要纽带。草原人民为了获得他们梦寐以求的奢侈品，也将马匹作为以物易物的通货。为了维持在部落内部和部落之间的地位，草原首领需要贵金属，如青铜、白银和黄金，以便分赏给下属。他们向西方寻求金银，向东方寻求青铜。

第 11 章 戎车即止　　333

三件S形马镳，公元前4世纪至前3世纪
上：贝雷尔出土，角制；中：巴泽雷克出土，木制；
下：马家塬出土，金、铁制，长25.3厘米

随着空气湿度增加，气候变化可能刺激了人们寻找优良牧场，从而促成了相互交流。[70] 在马家塬墓地所处的时代，草原民族正从今蒙古地区向中国北方和黄土高原推进，这一进程导致了定居人群的抵抗以及长城的修建，可能限制了人们之间的交流。马家塬的人是一段复杂历史的一部分。在这段历史中，游牧民族实力上升，但他们完全不了解中原王朝的政治和军事结构，这加剧了国与国之间的冲突，并最终导致了秦始皇的征服。在秦国的西部边疆，一些北方骑兵和弓箭手很可能被聚集于长城一带，成为秦国的雇佣军。然

而，马才是主要的吸引力。

马家塬的人的生活具有更大的地缘政治变革背景，但饲养和培育畜群成为他们日常生活的一部分。一定是发生了重大事件，才让他们选择了甘肃东部的这个地点，这里看起来很有前景。马家塬中央墓葬的规模表明，墓主人财力强大，他不仅在马家塬，而且在更广阔的草原上受人尊敬。华丽的车辆不仅将他们与邻近的牧民联系起来，还将他们与遥远的萨卡人联系起来。他墓中的车辆和大量黄金远远超过了当地其他洞室墓。但是，草原民族如何进行远距离的旅行，怎样到达了遥远的东方？是什么吸引他们来到这里？马家塬墓地是否揭示了一场入侵或袭击？秦国对马匹的需求是推动因素吗？这里是世界上两个最强大的文化群体的交会点，草原骑手和定居王朝的相遇，开启了一段漫长而激动人心的持续对话。马家塬墓地展示了一种欧亚大陆上最广泛、最持久的生活方式。我们永远不应该低估这些游牧民族，他们极具聪明才智，擅长处理人与自然的关系。相互联系的草原文化是世界上最重要的历史进程之一，其后续影响包括匈人的入侵、罗马帝国的衰亡、阿瓦尔人和金帐汗国，或386—534年的拓跋魏、907—1125年的辽、1115—1234年的金，以及蒙古人的复杂组织及其建立的元朝（1271—1368年）。游牧民族一次又一次地推翻定居文明，马家塬的人也是游牧民族的一部分，并不断用新思想和新材料丰富他们的历史。

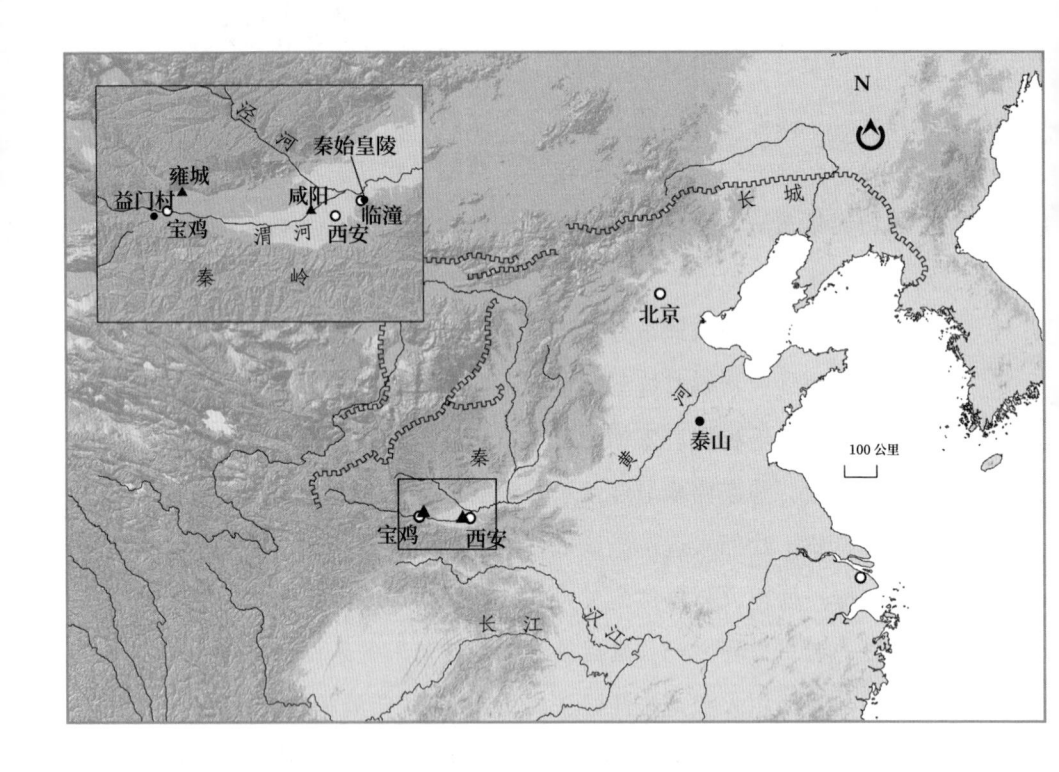

咸阳与西安

第 12 章　永恒军队

陕西临潼秦始皇陵

热切的游客摩肩接踵地沿着展厅行进，低头看着一列列的兵马俑（彩版37）。他们挤在一起，每个人都试图用手机或相机拍照。游客移动、伸展、重组，形成了一支新的"军队"，他们充满活力，与下方那支一动不动的永恒军队形成鲜明对比。没有什么旅游指南或明信片能真正重现这种奇观：一支完整的军队，却是用陶土制成的。那些灰色士兵制服上的鲜艳颜色现在消失了，他们属于另一个超越死亡的世界。

公元前9世纪和前8世纪，周人逐渐失去了对渭河平原的控制，这促使秦国的早期统治者沿甘肃向东迁徙，进入渭河谷地西部。[1] 可以这么说，周大概希望秦国能在西方防御外敌。陶兵马俑乍一看似乎是这种防御体系的一部分。但他们面向东方，他们并没有阻止来自秦国故地的入侵，而且到了公元前3世纪，秦始皇似乎已经无视了来自西部的危险。兵马俑是不是体现了这些新的军事野心？这些不可移动的军团的目的是什么？

公元前7世纪和前6世纪的秦王早期陵墓位于马家塬墓地的南方，展示着早期秦王的权力和财富。[2] 从公元前9世纪到前8世纪，当秦国国君首次出现在历史记载中时，我们就知道他们的敌人

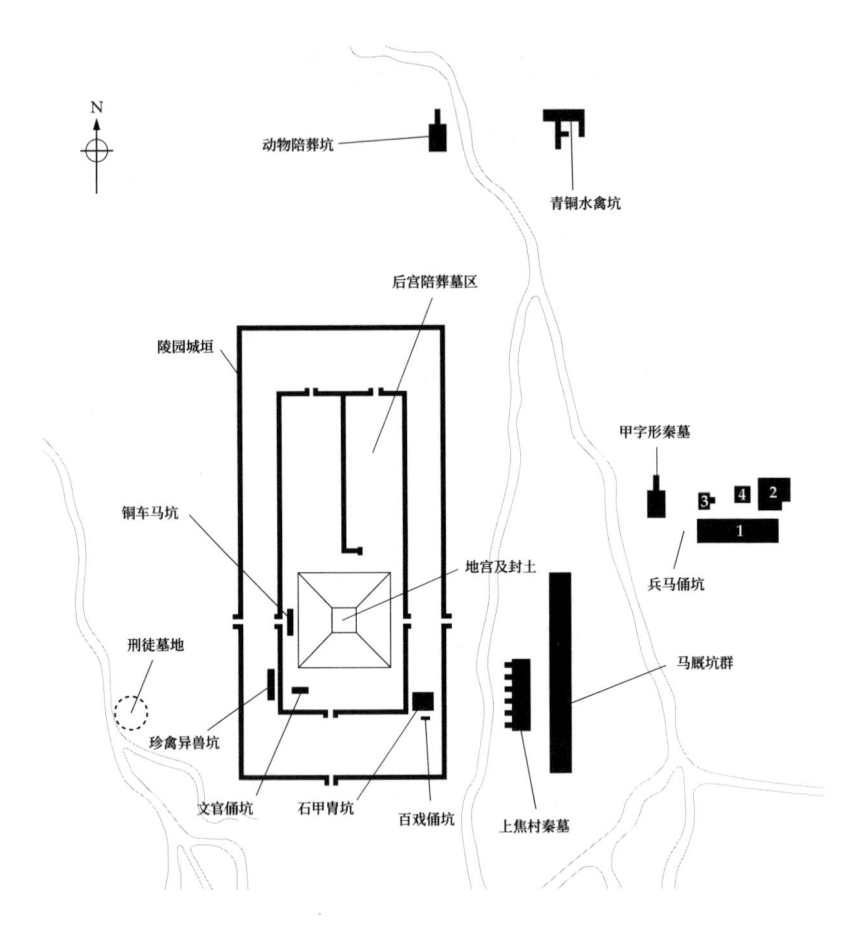

秦始皇陵平面图

在东方。然后，秦在中原诸国之间的竞争中几乎处于边缘地位，相反，他们与西方人群有着密切的联系。公元前6世纪，秦国在今陕西宝鸡凤翔区建立了新的都城雍城，也包括贵族墓地。随后秦国进一步稳定和进步，令人惊叹的秦始皇陵可以说是500年稳步发展的顶峰。[3]

在秦雍城一座巨大的陵墓前，我们感受到秦国的力量，甚至有些敬畏。这座大墓建于秦始皇执政前300多年，这个长方形的墓坑比今天的地面低24米，令人眩晕，万一掉进去是致命的。它被认为是秦景公（公元前576—537年在位）的陵墓。其东墓道长约156米，西墓道长84.5米，这体现着秦景公在来世崇高的地位。[4] 景公大墓的发掘是一项艰巨的任务。当考古学家最终到达椁室时，他们发现那里已被洗劫一空，但其结构没有被破坏。[5] 墓坑四壁有三层台阶，中央是黄肠题凑环绕着的双椁室，上面的柏木横梁每根长7米多，横截面约21厘米见方。当时一定有大量的劳力参与了许多树木的砍伐。与曾侯乙墓一样，中央椁室有几个单独的房间，并且有供景公通行的门。他并不孤单。关于殉人的数量，有几种不同的说法，但肯定超过100人。有些殉人有棺，有些没有，这取决于他们的身份。根据司马迁的说法，秦武公于公元前678年下葬，当时有66人殉葬。公元前621年，秦穆公有177人殉葬。殉葬的人数在不断增加。[6]

秦景公大墓被严重盗掘，棺椁结构也遭到了破坏。幸存的文物包括几只金制小动物和一件鸭首金带扣。[7] 这件小小的金带扣下方的卡槽用于容纳皮革或织物腰带，另一端应该有个环，卡在上方的鸭首上。秦景公大墓中的一些被盗文物，很可能后来又被埋葬在陕西宝鸡益门村的一座小墓里。该墓出土了大量金器，如奢华的金

秦景公大墓

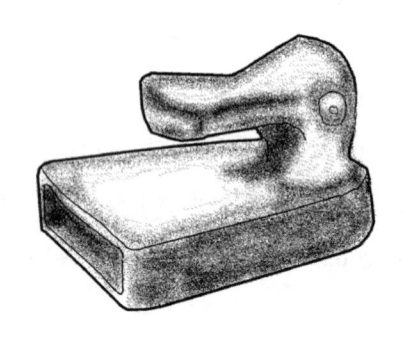

鸭首金带扣，长1.9厘米

柄铁剑（彩版35），类似于阿尔赞二号冢出土的武器，这种奢侈与墓葬的大小不匹配。[8] 益门村春秋墓还发现了一条质地似玉的石带，也类似于草原风格。秦景公大墓还出土了一件跪坐木胎黑漆猪，虽然髹漆是中原工艺，但这里猪的形象也有草原原型。[9] 我们现在可以看到，秦景公大墓是草原葬式和秦式葬制之间的一座桥梁。来世居所这种葬制最终也被秦始皇采用，这是秦国纪念性建筑演变的一个重要阶段。[10]

秦国的生活是丰富多彩的，首先表现在秦人构建来世的方式上，既有标准的周式礼仪，也伴随着北方甚至草原的埋葬习俗。殉葬习俗通常被归因于秦始皇对生命的漠视，事实上，这种葬俗应该放在秦朝的礼仪传统中重新思考：在那里，忠诚的侍从和守卫"从死"，以便来世保卫他们的主人。[11] 其他秦墓还曾发现屈肢葬式，这也是北方人生活在秦国土地上的另一个迹象。[12]

秦国与北方邻国的合作是其巨大的优势，在公元前6世纪及以后的政治乱局和军事混战中，秦国的实力不断增强。正如司马迁所说，早在草原人群迁徙到马家塬之前，甘肃南部的秦人就与农牧民混居，并充分利用他们的马匹管理技能。[13] 秦景公大墓的车马陪葬坑展示了他与北方人群的良好关系。对马的 DNA 的检测表明，它们来自西北的不同地区。[14] 秦人的力量可能在于他们有能力获得马匹，并在甘肃的山地放牧。由于他们与游牧民族的互动，秦国骑兵遥遥领先于其他诸侯国。本着这种精神，秦延续了周的策略，与邻国结为盟友或建立合作关系。秦始皇的先祖也成功地分阶段向东迁徙，逐渐获得了新领土。

当嬴政刚出生时，很难想象他最终会战胜所有其他竞争对手并成为皇帝。嬴政并非在祥瑞的环境中降临人世。他出生在赵国国都邯郸，而非咸阳的秦国宫殿中。他的父亲，即后来的秦庄襄王，在赵为质，以保障秦国和赵国之间的和平。秦庄襄王娶了一位女子为妻，她原本是邯郸富商吕不韦的妾。公元前249年庄襄王即位后，吕不韦成为他的相邦,嬴政也搬到咸阳。吕不韦被司马迁描述成一个熟练操纵局势的人。公元前 247 年,嬴政在其父去世后即位,吕不韦也是他主政时的重臣。我们现在公认的始皇帝的许多成就都是建立在吕不韦的建议之上。公元前 237 年,吕不韦被罢免相邦。[15]

秦始皇陵从开始营建的那一刻起,就已经成为传奇。公元前 247 年,年仅 13 岁的秦王嬴政即位,这项工作就开始了,秦统一六国后,工程加速了。公元前 221 年,他将自己的头衔改为"皇帝"。西方人倾向于将"皇帝"翻译为"the August Thearch",因为"帝"一词意味着一种超自然的力量。在接下来的几千年里,"皇帝"都是和西方"emperor"对应的头衔。100 多年后,司马迁完成了《史记·秦始皇本纪》,这是我们了解嬴政生平和抱负的主要来源。其中还有一段关于秦始皇陵内部情况的描述:

> 九月,葬始皇郦山。始皇初即位,穿治郦山,及并天下,天下徒送诣七十余万人,穿三泉,下铜而致椁,宫观百官奇器珍怪徙臧满之。令匠作机弩矢,有所穿近者辄射之。以水银为百川江河大海,机相灌输,上具天文,下具地理。以人鱼膏为烛,度不灭者久之。[16]

紧接着是秦二世的决定:"先帝后宫非有子者,出焉不宜。"然后:

> 葬既已下,或言工匠为机,臧皆知之,臧重即泄。大事毕,已臧,闭中羡,下外羡门,尽闭工匠臧者,无复出者。树草木以象山。[17]

我们无法核实这一描述的真实性。然而，这座陵墓可能确实为皇帝提供了一个完整绘制的、极度逼真的、包蕴天地的景观世界，他可以继续在那里生活并进行统治。[18]

虽然墓室尚未发掘，但考古工作者已经使用洛阳铲对封土堆进行了勘探，以揭示两种不同类型的夯土。遥感探测则发现了一种让人意想不到的内部形态，发掘者段清波对此进行了详细描述。[19]

我们今天看到的秦陵封土堆由两部分组成，包括更精细的夯土台及其上的粗土层结构。它位于地下宫殿上方约 55 米处。墓坑规模宏大，东西长约 170 米，南北宽约 145 米，据信深度超过 30 米，相当于 10 层楼的高度。这座地下宫殿是东西向的，遵循早期秦国陵墓的朝向，这种制度早已取代了商周传统的南北向。如果要发掘秦始皇陵，工程量甚至会超过秦景公大墓。从司马迁的叙述中，我们知道开挖墓坑的工匠们"穿三泉"，遇到了地下泉水的困扰，所以他们后来设计了地下阻排水系统。然后他说"下铜而致椁"，我们不知道这里指的是外椁还是内棺。段清波辨认出墓室周围有一圈石墙结构，这和中山王䰜墓室周围的石块类似，是一个更精致的版本。这堵墙高约 14 米，厚约 8 米，可能是用熟练的砖石技术砌成的，而不是在基坑中简单地堆放岩石或简单加工的石块。当时在草原上广泛分布的石圹墓在中国北方已经流行起来，例如前文提到的中山王陵，例如齐景公墓。但秦始皇墓室中突然出现的巨大石墙仍然令人惊讶。[20]

秦始皇陵最非凡的工程成就是高出地面 30 米左右的夯土台。在段清波的复原中，它看起来更像是一座护岸堤坝，但从上方看，它是矩形，外侧均为台阶状，环绕墓坑。从剖面看，这两堵墙看起来像两个塔楼，但它们形成了一个完整的墓坑，中间由东西两条直

第 12 章　永恒军队

通椁室的墓道分开。墓坑准备好之后，棺椁随后就位，最珍贵的漆器、青铜器、金器和玉器被放置在周围。墙的内侧设置了9级大台阶，外侧还有更多的大台阶。我们不知道这些台阶有什么作用，也许它们只是这个巨大结构工程的一部分，使其由下到上逐渐变窄。台阶上发现了柱洞和陶瓦等建筑遗迹，这些建筑可能是为葬礼而建的，但它们也有可能是为秦始皇建造的某种露台或来世花园，我们不能排除这种可能。无论如何，台阶式墙状夯土台上的所有这些都被封土堆覆盖了。[21] 这座宏伟的地下宫殿安全地坐落在墓坑之中，也坐落在黄土深墓的传统之中，这是数百年多种结构创新的结晶：钟离君柏墓的土墩和二层台、秦景公大墓墓穴侧壁的台阶、齐景公墓的石圹结构、中山王䚦墓封土堆外侧的台阶。然而，秦始皇陵及其令人生畏的仪式空间具有无与伦比的壮丽。

陵墓周围更广阔的景观可能覆盖多达 50 平方公里的土地。[22] 考古工作者通过勘探发现封土堆周围还有大量附属设施。曾侯乙墓和中山王䚦墓都有陪葬设施，秦景公大墓还有巨大的车马陪葬坑，秦始皇陵则将陪葬坑的做法扩大了。作为一座完整的宫殿，它被矩形的内外两层城墙环绕，东西两侧有大门，以及瞭望塔。这不仅是一座陵墓，这里还有广阔的陵园。

秦始皇陵园外墙以东分布着一些陪葬墓，墓主人暂时无法确定，可能是文武官员。陵园墙内则有大量陪葬坑，其中一些有木椁，用来容纳他的宫廷，包括石甲胄坑、铜车马坑、珍禽异兽坑等，所有这些都是来世生活所必需的。其中一些陪葬坑放满了陶俑。封土堆以北的区域是便殿等建筑。对于不同的建筑和机构、人和动物、官员和下属、宫殿及其周边环境，秦始皇生前都很熟悉。负责准备日常仪式的官员，如飤官等，被安置在封土堆西侧的内外

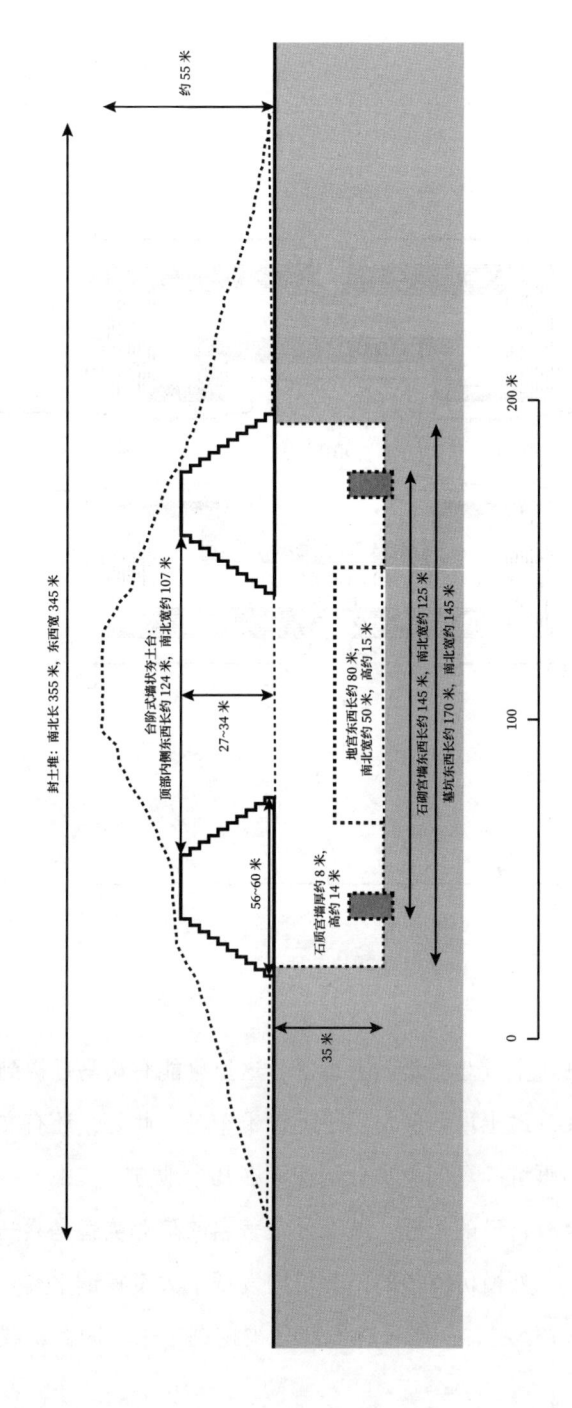

秦始皇陵封土堆剖面图

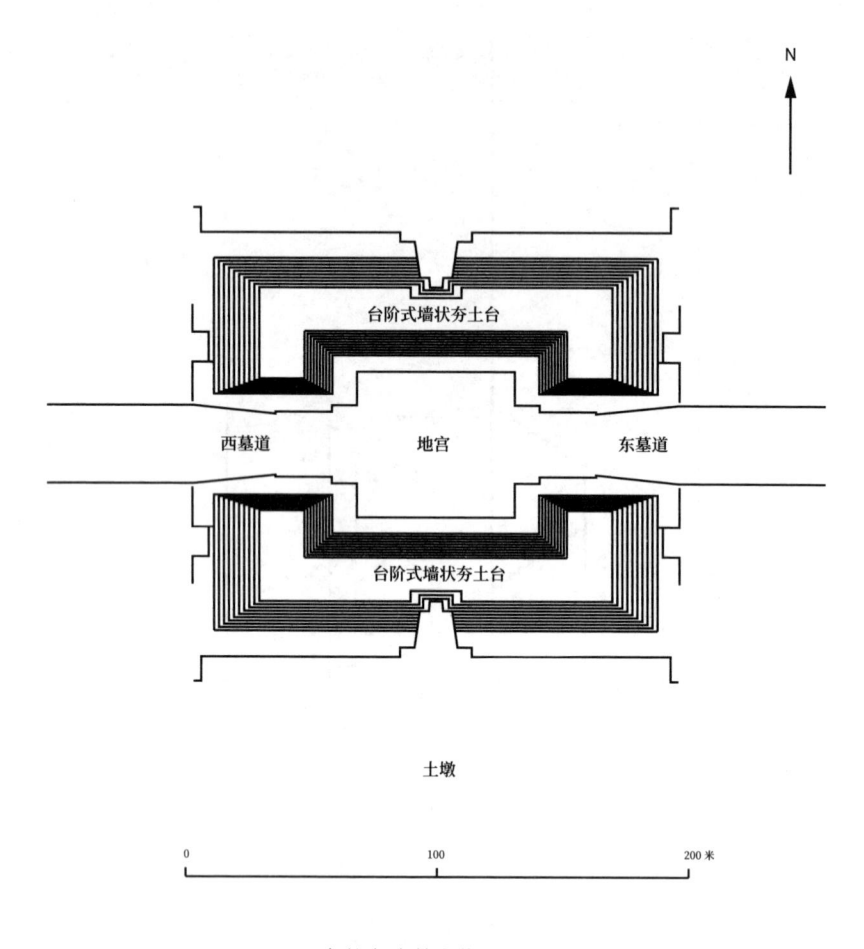

```
                        N
                        ↑

        ┌──台阶式墙状夯土台──┐
   西墓道          地宫          东墓道
        └──台阶式墙状夯土台──┘

                       土墩

   0           100          200 米
```

秦始皇陵封土堆平面图

墙之间。内城封土堆北侧是陪葬墓区，这里可能有司马迁提到的殉葬的后宫女性。封土堆西侧发现了缩微铜车马。此外，还有文官俑坑和曲尺形马厩坑。马匹也被分别埋葬在几个地方，其中一些最有价值的马甚至有自己的棺椁。城墙外最著名的陪葬坑就是兵马俑坑了。再往北，一处模仿河道的陪葬坑内发现了大量青铜水禽。陪葬坑的总数在 50 处左右，但只有一部分被挖掘出来。因此，我们不可能完整捕捉到陵墓和陵园的多样性。3000年来首领和君王一直在努力打造自己的来世生活，秦始皇陵可谓巅峰，因为秦始皇决心维持其永恒统治。

较早被发掘出来的陶俑是一个跽坐的男孩。他像许多兵俑一样，脖子上围着一条厚厚的围巾，穿着一件简单的宽袖长襦，他的手从袖子里露出。从出土位置可以看出，他应该是圉人。和他差不多大小的陶俑，高约68厘米，比兵俑小得多。[23] 1974年，农民在打井时从黄土中发现了更多陶俑残片。他们请来了考古工作者，由此第一批兵马俑逐渐被清理出来。[24] 1978年至1981年，共发掘了四座兵马俑坑，其中四号坑有坑无俑。考古工作者推测，还有三处俑坑，步兵俑、射手俑、骑兵俑和将军俑共计6000到8000名。

我们可能下意识地认为，兵马俑是真实军队的复制品。但如果我们接受兵马俑不是复制品这样一种观点，这将有助于我们理解兵马俑的用途和秦始皇的目标。兵马俑并不是一种纪念物，这些陶俑

圉人俑，高约68厘米

是秦始皇在来世的真实军队。对西方人来说，英语这种语言以及他们的思维框架很难解释这样一个概念。在西方人的思维中，模型或图片等图像，价值低于他们所谓的真实事物。在古代汉语中，士兵和士兵的模型之间往往没有区别。即使在今天，中国人也经常重建古代的亭子，并用古代的亭子来命名。司马迁在他对宫观的描述中没有使用"复制品"或"再现"等概念。相反，他直接说墓葬中有宫观。关于封土堆，司马迁则说"树草木以象山"，我把"象"翻译成 analogue 这一英文单词。也就是说，这座植满草木的墓葬是一座山的"象"。从同样的意义上讲，我们可以将陶兵俑视为活着的士兵的"象"。制作时需要非常谨慎并表达所有细节，这一点至关重要，因为如果没有准确性，陶兵俑就无法起到一支军队应有的作用。[25]

兵马俑坑位于秦始皇陵的东面，一号坑东西长 230 米，南北宽 62 米，9 条过洞中布满身着战袍或铠甲的陶兵俑，尚未被完全挖掘。外缘是单膝跪地的射手俑。略微扭曲的身体使其成为最具吸引力的雕塑之一。一号坑是庞大的主体军阵，步兵中间穿插着战车和驭手。二号坑有更多的战车和骑兵俑，而三号坑是军事指挥部。最高级别的将军可能被安葬在自己的墓葬里，甚至与皇帝葬在一起。

从发带到鞋子，人们对兵俑服饰的各个方面都给予了关注：跪射俑和步兵俑穿着的鞋子鞋底带有的点状装饰象征细密的针脚，脚趾微微上翘。很多骑兵则穿着软靴。铠甲因地位而异：将军着长甲，下级军官着短甲，战车驭手、骑兵、弓箭手和步兵也是如此。一些步兵和站立的弓箭手根本没有盔甲，而是穿着厚重的双层战袍。[26] 帽子也代表着地位高低，在非军事人员中也是如此。将军们戴着精致的长冠，比头盔更具装饰性。相比之下，骑兵们头戴圆形

左：一号坑出土的跪射俑，着铠甲，高1.22米
右：立射俑，未着铠甲，高1.78米

小帽，帽上有带扣系颌下。兵俑不同的发型也被精细展示。[27]

　　创造不同面相的方法比较简单。脸型共有8种，有些圆而宽，有些窄而尖，也许是为了表明这样一支军队会从哪些地区被抽调而来。[28]髭须的长度和形状也要仔细地选择。虽然我们可以看到人脸之间的区域差异，但在现实生活中如何招募军队，我们没有太多信息。[29]陶兵俑表面都涂了一层漆。中国与德国巴伐利亚遗产古迹研究所（巴伐利亚州文物保护局）合作进行的科学检测显示，兵俑的面部、头发、帽子和铠甲都有不同的颜色，他们的着装和动态外观因此更显活泼。特定级别的设定或重新设定至关重要。兵俑服装的

第 12 章　永恒军队

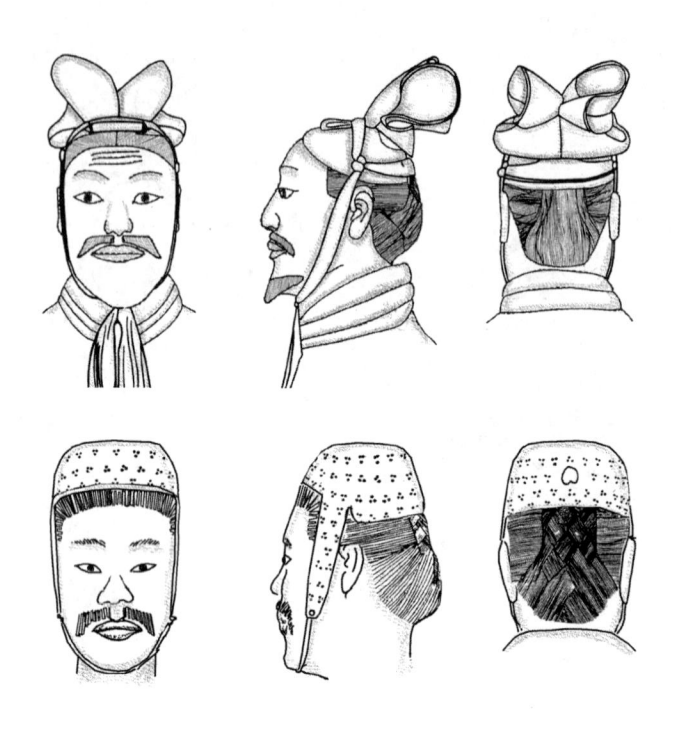

上：将军俑的长冠；下：骑兵俑的小帽

颜色包括深蓝、朱红和淡绿等。铠甲上饰有刺绣包边和花结，甲片的缀合需要缝合线，这些在陶俑身上也都用彩绘表达了出来。[30]

兵马俑大都面向东方，并且位于陵园的东面。可见兵马俑并不是为了保护秦帝国免受来自西部草原的侵扰，而是为了保卫秦始皇免受来自东方诸国故地的袭击。[31] 嬴政任命的将军们在漫长的战争中打了许多仗，使嬴政得以统一各诸侯国并建立秦朝。我们知道，秦国的将军高效且无情，领导着一支令人畏惧的军队。在后世的文献中，秦国因缺乏人性而受到谴责，并被描述为一个侵略性的诸侯国，充斥着屠杀俘虏、强迫人口迁徙等暴行，也会摧毁沿途的关隘、粮仓和供水等。[32] 敌军的许多士兵被屠杀了。死后，这些将士会组成幽灵军团，再次面对秦始皇。[33] 为了保护自己和来世宫殿，秦始皇需要自己的军队。召集一支活生生的军队，需要许多受过训练的士兵，他们也需要装备和食物。陶俑军队也必须进行类似的准备。

秦已经一步步地开始了征服并统治原周人土地的战略。起初，秦只是缓慢行动，在雍城营建了都城和墓地。然后，他们转向四川盆地，于公元前316年灭了巴蜀。从这个关键点开始，秦国积聚了可以战胜楚国的力量。随着在南方的军事胜利，秦国建立了一个卓有成效的网络，不仅使秦也使后来的王朝统治者能够获得丰富的水稻、金属和动物资源。[34] 对南方的胜利是最终征服东方列国的基础。赵国是晋国的主要继承者，公元前260年在长平之战被惨烈击败。[35] 但最终的统一战役直到公元前230年才开始。这一过程并无完整的详细记载，但到了公元前221年，东北方向的最后一个诸侯国齐国灭。[36] 尽管取得了成功，但秦始皇有理由担心叛乱。即使在完成统一之后，叛乱仍在持续，尤其是在东部地区。[37]

虽然我们可以在秦国军队的背景下认出兵马俑，但我们以前从未遇到过这种现实主义风格，之后的几百年间也不会再遇到。封土堆东侧内外墙之间有一座东西向40米长的狭窄陪葬坑，可能有助于我们发现兵马俑的起源。那里发现了许多碎片，可能属于30多个陶人俑。他们最初被认定为"百戏俑"，因为他们只穿着下裳，上面残留的颜色暗示着精致的丝绸图案。但从他们靠近石甲胄坑的位置来看，这些人更有可能与护卫秦始皇有关。有些俑的手臂举过头顶或抬起脚，仿佛在运动。其他人手里拿着又重又圆的石权站在那里等着。有些人又瘦又敏捷，有些人双手紧握，手臂肌肉发达，腰带上方有小肚子。同一陪葬坑还出土了一件坐姿俑，他似乎管理

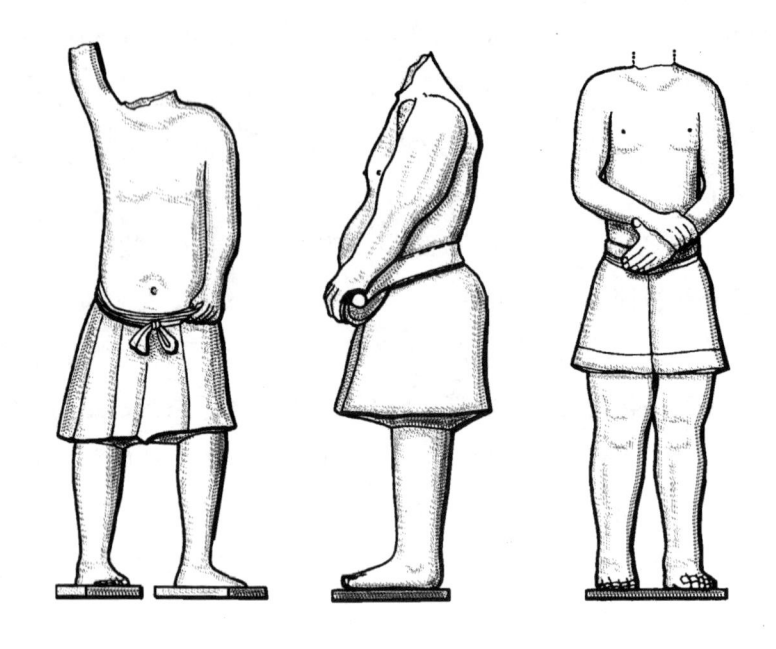

不同造型的"百戏俑",左1.62米,中1.68米,右1.52米

着这个充满活力的团队。从这些陶俑的身体细节中,我们可以看出工匠对人体雕塑更感兴趣,这与描绘那些裹着围巾、战袍、铠甲和靴子的静止陶兵俑完全不同。

在最近的一篇论文中,谢藏令人信服地提出,他们不是杂技演员,而是军队的精英成员,是训练有素的摔跤手。他们下裳的图案和那些身材修长的陶俑,与一件同时期南方墓葬出土的木梳上画着的摔跤手相似。一件匈奴青铜带扣上也有类似形象。[38] 同一陪葬坑中出土的石权、奇怪的青铜器和巨大的鼎可能都是用来举重的。虽然该鼎形制就像用于供奉祖先的青铜器一样,但它重达212公斤;另外,它的安放位置可能是在横梁或家具之上,表明它可能被举得很高,以展示受训者的力量,正如吴子(公元前381年去世)在早

年的兵书中所说:

> 然则一军之中,必有虎贲之士,力轻扛鼎,足轻戎马,搴旗斩将,必有能者。[39]

文献中提及马,可能可以部分解释百戏俑坑中发现的四只青铜马蹄。它们原本是奔马雕塑的一部分吗?是"足轻戎马"的隐喻吗?这种敏捷训练类似于古希腊的古代奥运会上流行的摔跤和举重。在中原诸国的文化体系中,通常不使用人体雕塑。裸体形象在古希腊非常有名,在中国却不受欢迎。我们所知道的唯一裸体人像是用来演示人体穴位的。[40]

段清波认为,秦始皇壮观陵墓的灵感来源是秦与中西亚希腊化世界的广泛接触。[41]当秦朝建立时,亚历山大大帝在今天的阿富汗建立统治,将希腊化世界带到了中西亚。阿富汗阿姆河南岸的阿

重达212公斤的青铜鼎,可能用于举重

依-哈努姆（Ai-Khanoum）遗址发现了数十件雕塑和建筑装饰残片，这一遗址几乎面对着今天塔吉克斯坦境内阿姆河北岸的塔赫提-桑金（Takht-i-Sangin）古城。维也纳大学的倪克鲁（Lukas Nickel）指出，司马迁在《史记·秦始皇本纪》中的几句话表明，秦始皇已经获悉一些雕塑相关的遥远信息，可能与阿依-哈努姆的雕塑类似，这鼓励秦始皇也创造自己的雕塑：[42]

> 收天下兵，聚之咸阳，销以为钟鐻。金人十二，重各千石，置廷宫中。[43]

倪克鲁认为，河西走廊一带有奇怪巨人的消息可能激发了咸阳十二金人的铸造。(《汉书·五行志》："二十六年，有大人长五丈，足履六尺，皆夷狄服，凡十二人，见于临洮，故销兵器，铸而象之。")这类雕塑的信息很可能一直在从希腊化世界向东传播，至少到达了今天的新疆，正如一件新疆出土的青铜人像所示。他左腿屈起，右腿跪地，腰间系短裙，上身赤裸，就像摔跤手一样，脖子下面有衣领的痕迹。他头戴高筒尖顶弯钩宽沿帽，这也让人想起了希腊化世界。

阿富汗罕见的石雕和青铜雕塑以及地中海周边的人像传统，甚至河西走廊传说中的巨人，都出于特定的信仰或政治目的。秦始皇及其谋士也许知道，西方强大的竞争对手正在建造陵墓并制作真人大小的人像，受此启发，他们以陶塑方式重建了一系列军队、摔跤手和官员。我们可以说，这些也是有精神目的的，因为其将在秦始皇的来世为他提供保护和支持。这些兵马俑是一群有组织的工匠及管理人员的非凡成就。要修建秦始皇陵，必须制定一幅蓝图，由文

青铜武士俑，头戴弗里吉亚（Phrygian）风格尖顶帽，高40厘米

官武将制定，并交付秦始皇。[44] 为了模拟一排身高相似、衣着规范、身穿铠甲、手持武器的士兵，工匠必须得到严格的指导和监督，他们必须按照一个共同的计划工作。在这个计划中，陶兵俑的不同组成部分，如头、臂、手、腿、脚和铠甲，都按照商定的形式精确制作。他们使用模具制作头部和手部，然后巧妙地对其进行修改，以创造个体差异感，这取决于工匠全面了解现实中军队本身。然后，这些人像在窑中烧制。所有这些步骤都必须与陵墓的建造过程一起讨论和实施。看着不同的面孔、发型、帽子、衣服和鞋子，我们意识到这些都是事先制定好的（彩版36）。[45]

对西方冶金技术和专业知识的直接了解也可能激发了秦陵中的一些创造，因为我们知道，优雅的青铜鹤，包括它们修长的脖子和低垂着捕鱼的头部，是通过一项新技术制成的。在秦始皇陵以北的

第 12 章　永恒军队

陪葬坑，这些青铜鹤、天鹅、鸿雁等沿着模拟河道排列着，还有陶俑出土，有时被描述为乐师。[46] 就像兵马俑一样，沿河的精致水禽也是一种全新的东西。在此前的几百年间，禽类攻击蛇和猫科动物的图像题材（以及中山王墓中的三维动物形象）遵循着草原主题，但使用当地材料制作。秦始皇陵的青铜水禽没有对北方的动物捕猎题材进行任何视觉参考。这种成熟的自然主义形式来自其他地方。

　　冶金学者得出的结论是，这些水禽可能是采用失蜡法铸造的。一些水禽长脖子上的芯骨进一步佐证了这一推断。有些则是将若干部件分开铸造后组合起来的，这种方式与希腊化世界青铜雕像的制作方式一致。[47] 这些青铜水禽的表面有修补痕迹，这也可能是由熟悉亚洲其他地区相关技术的工匠完成的。[48] 在两套微型铜车马上，有些焊接起来的部件也体现出了专业的失蜡法。这些复杂的青铜车辆，配有金制马饰品，只有实际车辆的一半大小。具有中亚技能和经验的设计师和工匠显然曾在马家塬工作。[49] 秦朝工匠很可能知道这些遥远而成熟的项目，甚至可能参与其中。

　　与远方的联系可能也解释了公元前3世纪人才的突然爆发。希

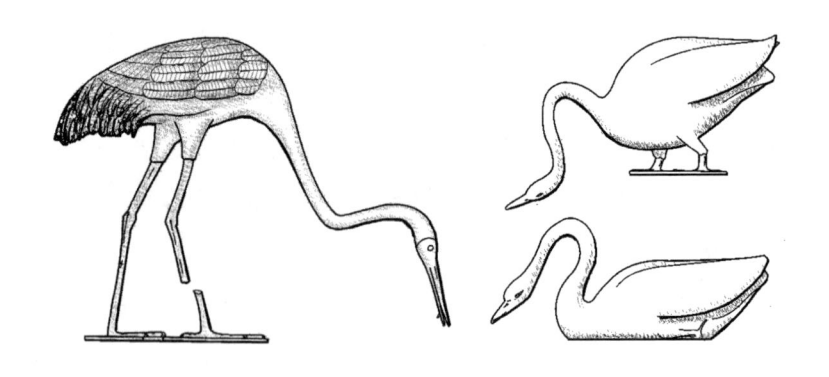

青铜鹤，高77.5厘米；两只青铜天鹅，分别高57.5厘米、39.5厘米

腊化和其他西方世界的技术和马匹表明，秦始皇宫廷里有一群谋士，在他们的指导下，新技术得以引入。关于参与这项伟大事业的人，历史并没有留下记载，就像我们对秦始皇的军队动向也只知道零星细节一样。我们并不知道这一切的设计者和督造者是谁。但是，正如清代学者洪亮吉（1746—1809年）所指出的那样，秦国没有良好的教育基础，不得不从其他地方引进人才，因此许多级别最高的秦国官员来自其他国。[50] 有些可能来自齐国或楚国，这两个诸侯国都有在墓葬中使用人像的悠久历史。来自今天甘肃的人群肯定也会参与其中，他们与今天的中国新疆和哈萨克斯坦一带都有联系。其他人可能来自更远的地方，也许来自中亚的绿洲。

三维人像雕塑在秦始皇陵异常繁荣，但在他去世后逐渐消退，这可能是因为工匠和督造者去世了，甚至为秦始皇殉葬了，也可能是因为他们没有被带到后来的汉朝宫廷。[51] 许多重要的汉朝陵墓内外保持着放置小型兵马俑的传统，但不是真人大小。[52] 巨大的陵墓、围绕着椁室的石墙、兵马俑、青铜水禽和铜车马都彰显了秦始皇的野心。通过与西部地区接触，他和其他秦人获知了一些奇迹的消息，这激发了他们创造前所未有的事物的欲望。[53]

在二号坑中，精心设计的陶马头上带有 S 形马镳，这体现出更强烈的西方影响。这种马镳表明，预设的骑手熟悉马家塬及天山以西至哈萨克斯坦一带的马挽具。雕刻在马身上的精致马鞍也透露了许多信息。原本柔软的皮革或纺织马鞍用陶土重现，可能最初是由皮革制成的带子向后延伸，和马尾周围的一根绳子连接。巴泽雷克毛毡所展示的草原骑手所骑的马身上也有同样的设计（彩版31）。连着马尾的带子上垂下许多装饰线，这与贝雷尔出土的马身上的装

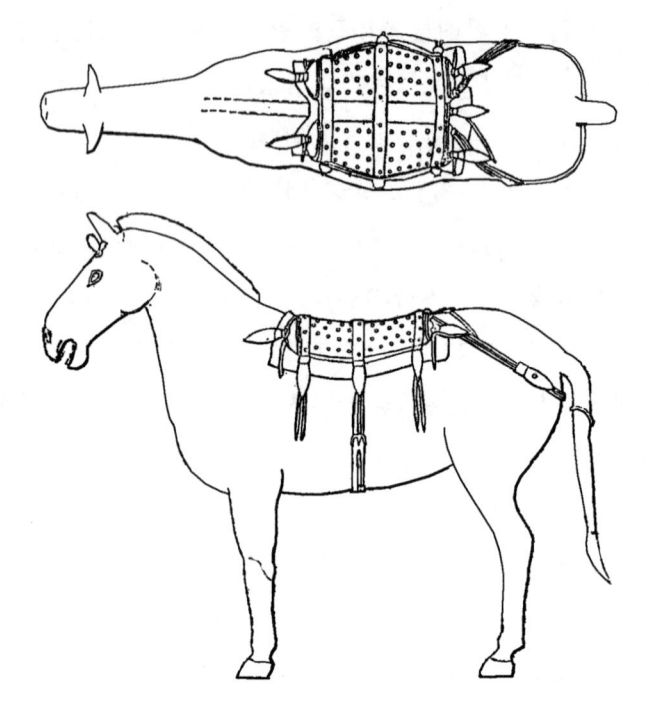

陶马俑，高1.75米，长2米，马鞍为草原样式，与巴泽雷克和贝雷尔的相同

饰线相同。这种马鞍最初一定是在那里设计的，并由马家塬的族群等草原人群引入了秦始皇的骑兵中。[54]《左传》提到，北方的晋国掌握了戎人的马匹资源。[55] 很明显，秦始皇的战马是由类似的北方游牧民族提供的。

封土堆西侧内外墙之间有一座大型马厩坑，呈曲尺形，东西向长117米，南北向长84.3米，里面埋葬有几百匹真马，三匹一组呈跪姿，其中一匹嘴里衔着刀（可能是用来杀死它们的刀）。[56] 正如真人与秦始皇一起埋葬在陪葬墓里一样，骑兵俑也得到了真马的补充。位于封土堆西南角附近的内墙内另有一处文官俑坑，其后室有20具马骨，前室有一排12尊着长袍立姿陶俑，其中8尊腰带右侧悬挂一件削和一个装着磨刀石的小布囊。[57] 这些工具是在竹简上写字时用来刮掉错字的，相当于今天的橡皮擦。这些人被称为文吏，因为他们戴着独特的冠，彼此之间的差异暗示着等级制度。有一种可能是，他们负责组织马匹，包括传递消息。[58] 这些马很特别，它们体格高大，我们认为它们可能来自其他地方。战国晚期和秦朝的邮驿制度，包括骑马、乘车或步行的信使，可能采用了阿契美尼德王朝早期发展的类似系统。[59]

文吏俑，高1.87米

要了解马匹对秦始皇成就霸业的贡献，不可避免地要依赖于考古研究，因为历史记载通常倾向于强调国家组织和政治野心，而忽视了抵御北方入侵的实际需求。然而，秦及其后继者汉充分意识到了来自西方的马匹资源。在雍城附近的山梁上，有一处秦汉时期持续使用的车马祭祀坑，"血池"这一地名令人浮想联翩。[60] 几百年间，数百甚至数千匹马在那里被献祭，这颠覆了我们对早期中国的认知。在中原诸国，没有证据表明有其他大规模的马匹献祭活动。虽然我们从马家塬墓地和山戎墓的随葬品可知，动物在其宇宙观中起着至关重要的作用，但周王室及其直接附属族群却并非如此。然而，在秦雍城，马匹在其主人和神灵的沟通中扮演着仪式性角色。

虽然秦始皇通过马匹与西北游牧民族建立起联系，但来自北方的侵扰显然仍在继续，穿过黄土高原的中心地带。司马迁知道赵国通过击退北方的入侵而成功获得领土。秦灭赵之后，北方防御上就出现了一个缺口，秦始皇和他的谋士决定采取行动：

> 后秦灭六国，而始皇帝使蒙恬将十万之众北击胡，悉收河南地。因河为塞，筑四十四县城临河，徙適戍以充之。[61]

略取了黄河"几字弯"以南的土地，秦始皇就控制了黄土高原的大部分地区。这似乎是一场伟大的军事胜利。然而，秦朝的土地离草原和匈奴更近了。在下一个世纪里，汉人将感受到匈奴的全部力量。边境地区的管理和劳动力的调取标志着秦朝的完善组织，这和秦始皇陵、长城等宏伟建筑一样伟大，也为其提供了支持。

作为行政工具的文字在秦始皇的陵墓中随处可见。大量的铭文痕迹来自我们已经熟知的中原传统。秦始皇和他的朝廷打算将这些铭文与多种新设计结合。一些武器，尤其是矛和戟，可以追溯到公元前244—前228年，即统一之前。上面有很长的铭文，从中我们可以更多了解工人的等级制度。相邦吕不韦被任命为戟的生产主管，尽管他似乎不太可能参与日常工作。他的立场无疑表明了中央政府对战备的关注。从铭文可以看出，吕不韦主管三个层次的组织，寺工（工官）、丞（督造者）和工（实际铸造者）。高层人士被视为官员，直接对皇帝负责，这是一种常见的做法。公元前237年，也许是因为专权的野心，也可能是因为被指控谋逆，吕不韦被免职。此后，再也没有其他武器铭文标识督造者。李斯也没有在兵器上留下名字。物勒工名的制度反映了一个严格有序的社会。秦始皇的政府组织无疑是中国现代社会组织的先驱。

考古工作者发现了成堆的石片，每片上都钻了12个小孔，这也体现出同样强烈的战时组织意识。这些已被重新组装成铠甲。复原它们就像是做一种具有挑战性的拼图游戏。在一座尚未被完全发掘的巨大陪葬坑中，有一堆石制铠甲。另一处已发掘的坑中发现了87套石铠甲、43顶石胄和4套马甲。[62] 当然，它们不是为兵俑准备的，因为兵俑已经有了自己的铠甲。这些石铠甲一定是为埋在东城墙外一排墓葬里的高级官员和首领准备的，那里发现了人类骨骸。其他陪葬者可能被直接埋在秦始皇的陵墓里。可以推测，当一场重大危机迫在眉睫时，军队的低级成员会把这些石铠甲带给长官穿

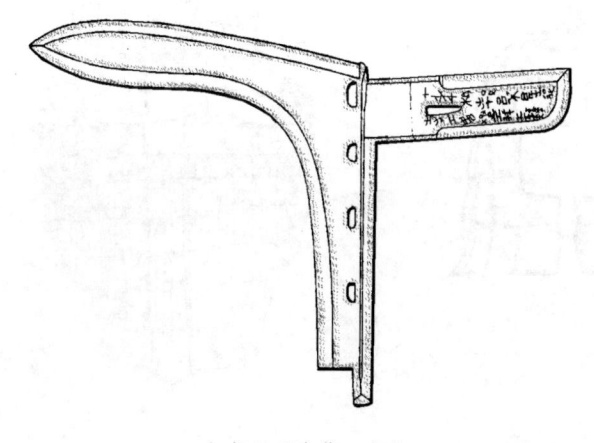

相邦吕不韦戟，戈部

上。在生活中，在使用青铜和铁兵器的战争中，石铠甲无法提供任何保护。一记重击就会让它们变得粉碎。然而，我们在年代更早的墓葬中曾发现了玉制武器，可能是为了抵御灵魂遭受袭击。[63] 石铠甲和玉兵器的功能一样，是为了保护首领来世免受幽灵军队袭击。

秦朝灭亡后，多数建筑被拆除，士兵的武器也被遗忘了。陶俑手中拿的是真正的武器，大多数是青铜铸造的。到目前为止，在兵马俑坑中，已经发掘了4万个箭镞，以及青铜剑、铍、矛和戟，最重要的是铜弩机。这是真正的战备，随时准备应对各种可能发生的情况。箭是100支一组的，这是一个弓箭手箭壶的容量。通过观察箭头的合金成分，科学家们发现它们是在一个精巧的制造系统中分批制造的，箭头、箭铤和箭竿是分开生产的，然后再组装在一起。几组人在一条高效的生产线上并行工作。弩机也是由不同的工匠小组分批制造的，有三个部件需要组装在一起，其精密功能需要精细

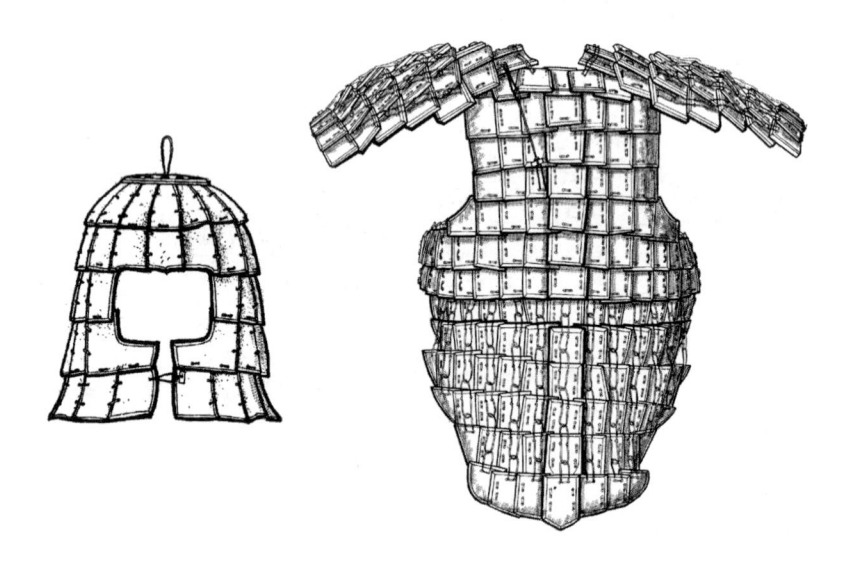

石胄，高38厘米，石铠甲，高约75厘米，扁铜条连缀石灰岩石片而成

的铸造、仔细的打磨和抛光才能实现。劳力、工匠和手工业者的协作体现了很高的组织水平，这是一种植根于中国古代劳动分工的组织形式。[64]

陶兵俑身上还有刻画或戳印的文字。其中一款印文为"官疆"，意为宫廷作坊的工匠"疆"。如果产品有缺陷，铭文上的个人信息就决定了谁来负责。物勒工名反映了一个运作良好的管理体系。挖掘墓穴、营建城墙以及大量陪葬坑也许需要大批劳力的组织和监督。[65]司马迁指出，建造陵墓的工人总数为70万，但他没有提到支持这些劳工的相关规划。作为太史令，一位受过教育的官员，司马迁对这一过程并不感兴趣。在大多数时候，文人和史官都不关心技术和体力劳动的具体细节。此外，司马迁的动机是描绘秦始皇的形象，强调他残酷地剥削人民。

官疆印文

一些陶片上也可以看到秦始皇管理体系的线索，上面不太清楚地刻画着一些悲伤的文字。这些陶片发现于秦始皇陵西面的小型简陋墓，那里埋葬着疲惫不堪、食不果腹、显然受罚的工匠。[66]这些是刑徒墓。有些刻画文字说明刑徒的籍贯、名字以及被判处了什么样的刑罚。下图的陶文说"东武东间居赀不更䁖"。[67] 这些刑徒通常是触犯了秦朝法律，被处以罚钱而本人无力偿还，便以居赀的劳役形式还债或赎罪。数百块陶片和大量陶文告诉我们，刑徒来自秦始皇新领土的各个地方。国家高效地将他们全部运送到了这里，就像从王朝各地征招士兵一样。刑徒劳役很普遍，是秦王朝向南方扩张的重要工具。[68] 我们不知道早期建造水坝、城墙或建筑台基的工匠是不是刑徒，是否被判有罪或负债，并被拖去为当地首领工作以赎罪。

刑徒墓地出土陶文拓片

秦始皇的行政成就并非首创。[69] 在此前100多年，一位严酷的官员商鞅（公元前338年去世）就通过变法建立了一个高效的官僚组织，改变了始于公元前9世纪或前8世纪的传统。[70] 商鞅原本侍奉魏国国相，在公元前4世纪来到日益强大的秦国寻找机会。商鞅以书面形式阐述了他增强国家权威和经济实力的计划，后来被汇编为《商君书》。[71] 在该书中，他重新评估了农业生产的重要性，并将其与自己的观点相结合，即一个有效的国家需要一个高度集中的政府和奖惩分明的制度。世袭制被一种新的制度取代，在这种制度下，官员的地位取决于个人的功绩。最低的几级爵位可因个人军功而授予，通过斩获敌人首级数量而确定。商鞅颁布了二十等爵制度，人们被授予各种法律和经济特权。[72] 整个人口都进行了登记，地区之间的人口流动受到限制，这表明人口被视作重要的资源。家庭成员之间有义务互相监督。一切都被记录在案。法律很严苛：程序严格，惩罚残酷，最显著的是车裂、斩首和夷三族的既定习俗。[73] 这些精心制定的法规也可见于竹简之上，多发现于南方浸水的墓葬或水井中。除了掌控人民的生活之外，马匹、手工业和商业也受到了控制。[74]

司马迁认为，李斯改革了文字，禁用各诸侯国的文字，以小篆为统一书体，前文提到的刑徒墓地出土陶文片段就是阴刻秦篆。[75] 这种特定代码般的文字是约束劳动力的重要手段。尽管监管严格，惩罚严厉，但一切都遵循了既定的法律制度。刻有法令的小型铜权在秦各地广泛分布。这些也在矩形青铜诏版上重复出现。对所有识字的人来说，秦的渗透是显而易见的。[76] 其中一块秦诏版写道：

> 皇帝尽并兼天下诸侯，黔首大安，立号为皇帝。乃诏丞相状、绾，法度量则不壹歉疑者，皆明壹之。[77]

包括度量衡在内的日常生活每一个细节都被纳入官方监控。秦始皇陵里的一切也都必须通过国家的官方系统征用并交付。

没有什么能逃过秦始皇的视线。在他生前，他征服了天下，他将他所能汇集的一切聚拢于他的陵墓中。我们永远听不到那些讨论声和命令声，也看不到庞大劳力队伍所干的苦差事。当我们试图理解秦始皇的来世军队和他的雕塑实验时，我们可能会迷失于成千上万工匠的庞杂的成果中。我们可以感受到许多人在严格的命令下行动。然而，秦始皇要做的不仅仅是建造一座有史以来最伟大的来世宫殿。他和他的先祖不仅想要统治其他国家，而且追求永恒的统治。在周的传统中，只有在一个仁慈君主的统治下，人民的福祉才有可能实现。几百年间，我们今天称之为"哲学家"的思想家一直致力于此。经过几百年的诸侯争霸，统一已成为无可争议的目标。

公元前6世纪，孔子在倡导恢复周的仪式和习俗方面走在了前列。周的模式拥有至高无上的地位，这在早期文献和后来的修订中都得到了体现，这些修订被认为是对周人成就的解释说明。周的影响非常深远，不断地被重新审视、扩大内涵。人们普遍认识到，一个单一的最高统治者至关重要。一位与孔子竞争的哲学家墨子甚至比周更早反思这一观点，并倡议任命一位有才能、有道德的人来统治天下。在秦始皇登基前后的几十年间，对美德和统一的追求融合并成为主流观点：

> 王者执一，而为万物正。军必有将，所以一之也；国必有君，所以一之也；天下必有天子，所以一之也；天子必执一，所以抟之也。一则治，两则乱。[78]

秦始皇的陵墓及其高耸的封土堆永远屹立于天下之中，这是对"执一"的终极表达。他将自己的头衔改为"皇帝"，从而获得了超自然的最高权威。为了强调其主张，秦始皇一开始就将他的王朝置于当时已经确立的体系内，这一体系将世界联系在关联性框架内：阴阳、五行、五方、五色、五音等许多其他宇宙基本元素的力量。秦始皇宣布，他将以水为德，尚黑色，这样可以克制周朝的火德和红色。尽管与阴阳五行等宇宙观保持一致，秦始皇还是以务实的方式表达了他的野心。为了在征服六国之后建立统一，"秦每破诸侯，写放其宫室……所得诸侯美人钟鼓，以充入之"[79]。除了在咸阳仿建诸侯宫殿外，根据司马迁的说法，类似的模型也被放置在秦始皇陵内。秦始皇还更进一步，将"天"引入了其国都和陵墓的自然地理之中。他用星象术语来命名咸阳内外的建筑和宫殿。当他在渭河以南建造阿房宫时，他将其命名为"极庙"，象征天极，与他在世界上的地位相对应。司马迁写道：

> 为复道，自阿房渡渭，属之咸阳，以象天极阁道绝汉抵营室也。[80]

在这里，我们认出渭河南岸的阿房宫是天极，渭河则象征银河，而北岸的咸阳宫是营室，这是西方所称的飞马座中一颗恒星的名字。[81]

秦始皇的权威还延伸到当时的偏远地区，比如西部的四川盆地、南方今湖南省，这些地区的组织和发展是通过派遣官员和流放者来完成的。[82]他拥有夯土修筑的道路系统，可以用来巡视他的王朝——因为他当然不了解那些他无法到达的世界。[83]为了来世还能旅行，秦始皇把两套铜车马放置在封土堆的西侧。出土时，它们被压扁成碎片，经精心修复才得以复原。它们由3000多个独立的部件组成，两套车马的总重量超过2000公斤。科学家的细致检测表明，这些复杂的青铜作品是基于由失蜡法发展而来的新技术。[84]秦始皇的谋士一定了解这一新技术，并认为这是实现车辆永恒的最佳方法。一号车有一个开放的车舆，内有一位驭手立在宽大的伞盖之下，手握着四匹马的缰绳。车轮很大，有近30根辐条，这暗示着它的设计在一定程度上可归功于我们在马家塬看到的车辆。[85]二号车更不寻常，作为一辆安车，可能是用于秦始皇巡视他的疆域。这是一辆更具私密性的车，侧面坚固，使秦始皇不可见，但他本人可以从车窗向外看。椭圆形的穹隆式篷盖可能由织物或皮革制成，由一套骨架固定在适当的位置，就像后来游牧民族使用的帐篷杆结构。[86]前面的驭手坐在一个悬垂的顶下，他也指挥着四匹饰有精致挽具的马。挽具的带子穿过金银相间的管子，就像我们在中山国遗址发现的猎犬项圈一样。[87]马额上饰有一件闪闪发光的金当卢。与骑兵的挽具和马鞍一样，车辆也是中亚和草原技艺的直接证据。

秦始皇生前很可能乘坐类似的车辆前往他领土的各个角落，旅途通常长达800甚至1000公里。统一后不久，在公元前210年去世之前，秦始皇前往帝国东缘，于公元前219年封禅泰山。他的目标泰山，海拔1533米，至今仍是五岳之首。虽然我们可能熟悉后来的山水画，但很少有参观兵马俑的游客了解秦始皇宇宙观之中山岳的存在，更不用说其重大意义了。中国的山有一种精神力量，作为朝圣之地，它承载着历史的厚重。山岩上常刻着长长的铭文，供那些爬数千级石阶到达山顶的人阅读和颂扬追思。后来有很多皇帝曾封禅泰山，也经常在皇陵举行盛大的祭祀仪式，这种做法一直持

一号立车,有铜伞和立姿御官,长2.25米
二号安车,更具私密性,长3.17米

续到清朝末年。中国许多家庭仍然在早春举行扫墓仪式,这是对早期礼仪的延续。

事实上,秦始皇通过巡游增强了山岳的文化和宇宙地位,这一传统被后世王朝纳入其祭祀仪式和宇宙观体系。秦始皇参访了今山东境内的圣山,这也标志着他完成最后的征服。为秦始皇歌功颂德的石刻也随之设置起来。由于秦始皇出巡有谋士和学者陪同,所以这些刻石铭文以传统的周的方式展开叙述,将他征服的诸侯国描述为"六国回辟"(之罘刻石,据《史记·秦始皇本纪》),将他关

小篆《峄山刻石》（前219年）宋代翻刻本（长安本）的拓片

心的民众称为"黔首"，他的政府的目标是"普施明法，经纬天下，永为仪则"。[88] 秦始皇不仅将自己安置在地理学和宇宙观的体系之中，还沿用周的方式书写历史，以证明他征服六国、登基执政的合法性。秦始皇曾祭祀传说中的统治者舜，据说舜曾封禅泰山，并校定月份和四季节气。大禹在南方的会稽山去世并葬在那里，秦始皇"上会稽，祭大禹"，也立石刻颂，不仅自我陈述，还礼仪性地表达了对大禹这位威严的前任之认可。大禹在秦始皇的巡视中具有特殊的意义，因为大禹以丈量土地和治水闻名。[89] 司马迁在描述这些旅程时，还加入了秦始皇遣人到蓬莱仙山上寻求不死之药。正如芝加哥大学的巫鸿所写，不朽和升仙的概念在当时并行发展，两者都以祖先崇拜和营建墓葬为基础。[90] 基于他的所有功绩，秦始皇赋予自己至高无上的地位，高于过去所有的统治者。他将自己与传说中的圣王相提并论，从而成为新的圣王。

当然，秦始皇期待守陵官员会定期甚至每天在他的墓前举行类似的祭祀仪式。他还期待他的伟大功绩将流传到遥远的未来，后来的统治者也会在他的陵墓前献祭。陵墓的封土堆甚至成为秦始皇自己的圣山。他庞大的陵园不仅体现了对数十万刑徒的惩罚，绝非暴虐军事领袖的作品。这座陵墓过去是，现在仍是独一无二的创造，既缘于秦始皇远达边疆乃至域外希腊化地区的广阔视野，也凝聚着周遭能工巧匠的智慧与劳作。与我们在本书中了解过的所有墓葬一样，这座体现宇宙观的陵墓的建造得到了国家管理体系的支持，其历史传统和典章制度皆承袭自先祖。

尾声

我们在本书中探访过的宏伟陵墓是中国悠久传统的一部分，它们也是了解古代中国的重要途径。人们从公元前5000年甚至更早就开始营建墓葬，并提供来世所需的一切，正如我们在良渚看到的精美玉器一样。另一个早期的例子是汾河流域陶寺古城遭到毁坏的墓葬，那里有为墓主人提供的永恒宴会。此外，还有许多其他陵墓确保了中国古代统治者的持续存在，从晚商的王陵，到清朝的皇家陵墓，莫不如此。这些巨大的地下建筑传统存在了数千年，其他任何文明都无法与之相媲美。当然，我们都知道古埃及的金字塔。但那种传统仅持续了1000年就消失了，彼时欧亚大陆的另一端，商王开始营建自己的宏伟陵墓。中国的墓葬传统一直延续到20世纪。许多游客都曾参观北京郊外著名的明十三陵，而清东陵和清西陵也离北京不远。

帝王和贵族的巨大陵墓都很复杂，通常处于广阔的陵园之内。墓坑的挖掘需要大量的劳动力。对于秦景公、其他秦王和秦始皇的墓穴来说，挖掘到二三十米的深度一定是危险的工程挑战。所有陵墓都会配备青铜器、漆器、陶瓷、金器、家具和衣物等随葬品，以丰富墓主人的来世生活。我们仍可以在博物馆里看到大量青铜器，看不到的是为了铸造它们而开采的大量矿石。同样看不到的是大型作坊和熟练工匠，是其将矿石变成了精美的礼器，不仅在日常生活中使用，也用于随葬。很多南方的墓葬因处于潮湿的环境反而有更多器物保存下来，如漆器和纺织品。曾侯乙墓出土的华丽编钟及其巨大的漆木架就是典型的例子。这些墓葬的结构和随葬品都向我们展示了中国丰富多彩的地域差异，所有这些都对中国的文化发展至关重要。鉴于中国的领土面积，地域多样性也是其最显著的特征之一。这种多样性构建了早期历史的框架，并在今天持续为中华文明注入活力。

然而，如果我们回过头看几座墓葬出人意料的深度，中国的成就似乎更加显著。安阳的亚长墓约6米深，梁带村的芮公墓约13米深，秦始皇的墓穴可能有30多米深。这种非凡的特征依赖于中国北方大面积分布的黄土。黄土具有不同寻常的性质，由细小的、几乎像灰尘一样的颗粒组成，在冬季从西北方、从青藏高原、从祁连山、从戈壁吹来，从甘肃向东延伸到北京甚至更远。风成沉积持续了数十万年甚至数百万年，逐渐形成了今天的黄土高原。在西安附近的地区，黄土层厚度可达100多米。黄土也具有多孔性，所以水会流过其间，这也让黄土区变得干旱。黄土高原这片广袤的土地见证了陶寺遗址最早的深墓，也见证了陶寺遗址和石峁遗址的礼制建筑及其高大台基。

黄土最初可能由冰川侵蚀岩石形成，这种非常细的颗粒不像海沙那样圆润，逐渐被吹向东方。在干旱的环境中，至少从公元前4500年开始，人们利用黄土的特性，将其夯筑成坚固的墙体，这可以说是长城的前身。这些黄土墙异常坚固，在干旱的土地上绵延数千公里。中国早期的土建筑及后来的木建筑往往矗立于黄土夯筑的高台基之上。和深墓一样，台基也是最早出现于黄土高原的山岇之上。[1]这些规模宏大的构造也开启了一种著名的建筑传统，例如精巧的故宫宫殿也都位于台基之上。这一传统还传播到了韩国和日本，这些极其复杂的建筑物至今仍备受赞誉。除了宏伟的陵墓、绵延的长城、巍峨的宫殿庙宇及其高台基之外，[2]在遥远的过去还有用黄土营建的整座古城。黄土高原至今仍有大量窑洞坚固如初。这些案例表明，黄土看似普通，其实是中华文明不可或缺的重要基础。

规划陵墓的人并不知道黄土形成的地质或环境因素，但他们一定了解黄土的特性，这使大型深墓和高台基成为可能。事实上，没有人确切知道这些墓葬是如何规划和建造的。这一过程既需要精密的数学知识，也需要严格遵循从地面挖掘到黄土层深处的工序。在开挖墓坑时，工匠必须使用一系列坡道，以便运出泥土。正如芮公墓那样，在整个墓穴完工之后，大型坡道仍然保留着。这些墓道也可能用于葬礼过程中。然而，葬礼和墓葬的信息通常仅限于家庭或宗族成员知晓，我们不确定这些信息是如何传播的。然而，大型墓葬的相关信息甚至传播到了南方的长江流域。那里土壤湿润，墓坑的深度更难实现。因此，南方的替代方案是，在倾斜的墓壁上设置多层阶梯状平台，这样墓坑结构仍然可以保持稳定。就这样，早在秦统一六国之前，这种墓葬传统就已经在中国的大部分地区得到了发展。一座宏伟陵墓的价值当然会得到认可，其尺寸和深度与统治者的等级制度相匹配。一旦墓穴上方堆起了封土，就像钟离君柏墓一样，这些封土堆的大小也就跟等级制度联系了起来。

大型陵墓和其中精心放置的大量贵重物品，可能是共同存在、共同发展的两种习俗或目标。毕竟，就像安阳的王陵一样，一座宏

尾声

伟的深墓才可以与其中巨大的棺椁和众多殉人相匹配。虽然商代王陵大都被盗掘，甚至可能是周人干的，但我们今天仍可以在博物馆看到不少显然来自安阳的大型青铜礼器。同样保存下来的还有许多相对较小的青铜器、漆器和玉器，比如亚长和强伯的墓葬出土的随葬品。芮公和曾侯乙的墓葬保存得比较完整，这无疑表明这些墓主人期待来世使用这些地下宫殿。

来世对我们理解古代中国至关重要。铭文、传世文献以及随葬品都可以证实，为来世做好准备是中国几千年来一直关注的主要问题之一，持续到当代。[3]这样的准备体现了一种广泛信仰，即祖先的存在及其力量。宴饮的供奉则为这种信仰提供了更多证据。同样重要的是相关礼仪，以及为寻求祖先的支持所做的努力。从商代甲骨文呈现的向先王献祭的占卜记录，到当代的扫墓仪式，尊敬祖先的义务一直存在。如果我们仔细观察芮国墓葬出土青铜器的数量和大小，我们就会发现这些仪式是多么有序，多么引人注目。然而，尽管有如此丰富的证据，但在中国以外，人们对来世的关注却很少。

对祖先的尊重和崇敬是相关习俗和信仰的核心，这些习俗和信仰在所有家庭中培养了长幼有序的等级制度，并被纳入地区乃至国家的行政体系，被记录在中国独特的文字中，至今仍被阅读和高度重视。在冲突不断的战国时期，人们仍在寻求实现和谐生活的方式，我们最早在周代青铜器铭文中看到的等级制度随之得到了强化。孔子及其追随者也谈到了这些目标，强调尊重和美德。曾侯乙编钟铭文中关于礼乐的内容也强烈表达了这些观点。这些信仰和习俗在后来宋代的新儒学运动中也得到了强化。

在审视中国的宗教和信仰时，人们往往更容易关注分布广泛的佛寺、道观和相关图像，甚至是其他民间信仰。在每个村庄或城市，在每个历史时期，一般都有当地的神灵受人敬畏，并被供奉在当地的祠庙中。此外，我们也应该记住阴阳五行等宇宙观的重要性。尽管这些信仰和习俗在不同时期的中国社会中占有重要地位，但它们并没有超越家庭礼仪。其实，与佛教和道教不同，祖先崇拜及相关习俗并没有相关的经典文本或僧侣，因此，这些基于家庭的仪式和信仰可能会随着地区的不同和时间的推移而变化。正因如此，这些信仰也就有了持久的力量。

在西方，中国的国家和家庭相关礼仪经常被贴上儒家思想的标签，这有一定的误导性，但儒家思想确实在中国社会中一直处于核心地位。与此相关的所有材料也是如此，尤其是精美的青铜礼器、墓葬和庙宇。它们非常清楚地展示了中国社会的目标。早期中国有着特色鲜明的信仰，与西亚和欧洲的早期文化分开发展，几乎完全独立。文化的独立性是中国的一个重要特点。其基础在于中国在欧亚大陆的地理位置。整个中原地区是中国早期发展的中心，位于青藏高原以东。虽然人们可以从东部或北部进入高原的边缘，但在机械发明之前，想要穿越青藏高原几乎是不可能的。经过世世代代，居住在那里的人当然已经适应了高海拔和艰苦环境。那些没有适应的人无法穿越整个青藏高原。因此，早期中国的城市与美索不达米亚、波斯等地的城市之间没有直接联系。几千年来，中国在广阔的领土范围内独立发展。在新石器时代晚期的陶寺，或者晚商的安阳，当冶金、马匹和马车等异域技术和材料被引进时，它们被吸纳、改造，并融入了当地复杂社会之中。因此，中国文化的这种独立性很少得到应有的重视。

中外文化交流必须穿越欧亚大陆，从北方进入中国。本书中已经多次指出，主要的交通线路必须经过青藏高原以北。这是一片极具多样性的广阔地域，有被阿尔泰山和萨彦岭隔开的大草原。再往西，人们必须穿过沙漠地带或准噶尔盆地，以及从阿尔泰山、天山向南绵延至帕米尔高原和兴都库什山脉的弧形地带。此外，中亚草原以南的绿洲和沙漠，也充满危险，让人很难直面。然而，这些地域是主要的交通线路所在。我们甚至可以将这里发展起来的交流形式视为机会主义。

东部的草原本身被戈壁沙漠环绕。在黄河以北，阴山和燕山山脉阻碍了人群的流动。在中原地区，渡过黄河往往是一项挑战，穿越黄土高原也不简单。然而，人们逐渐摸索出了进入中原地区的方式，相关信息在人群之间传播。从陶寺、安阳和宝鸡的早期墓葬中，我们可以看出三条主要的交通路线：一是河西走廊；二是从蒙古草原沿着向南流淌的黄河和更安全的支流汾河南下；三是在东部穿越沙漠和燕山。整个地区辽阔，东西绵延数千公里，有多种地貌，包括山脉、沙漠，尤其是黄土。这里是从草原到中原地区的关键过渡地带，也是东亚的一个显著特征。随之而来的是，中原地区的人与许多不同的北方族群建立了长期而独特的关系，通常是为了获得马匹。这不是持续了几百年，而是数千年。

我们考察过的所有墓葬都是与北方有不同接触的贵族墓：在陶寺，我们发现了早期小型青铜器的踪迹；在安阳，亚长有北方风格的鹿首刀和马具来驾驭他的战车；彊伯有管銎钺和西北草原风格的权杖头，以及模仿其他地区陶器器型的青铜器。[4]在商周时期，阿尔泰岩画中曾描绘的战车和马匹经由漫长的路线来到了中原。亚长用于随葬的管銎钺和矛，也模仿了西部草原的武器器型。[5]这些新型武器和马匹一样改变了中国的作战方式。由于北方游牧人群没有书写文字，所以这些为来世战斗精心准备的武器和战车对我们来说非常重要，是我们了解这些贵族人生经历的宝贵信息来源。最重要的是，这些向我们展示了中原统治者获得马匹的方式。这种极其珍贵的动物最初可能是在欧亚草原上被驯化的，后来也在蒙古草原上繁衍生息，在中原地区和草原都备受珍视。从商代开始，所有统治者都需要马匹用于战争，并在来世彰显自己的地位。这些主要不是通过贸易获得的。其实，很多北方人穿越黄土高原向南迁徙，其中包括像亚长这样的战车驭手精英。商代车舆中的青铜配件非常清楚地表明了这种北方起源。周代的策略则体现在弶伯身上。周的一些北方盟友进入了渭河流域，弶伯就是其中之一。他显然拥有马匹。周人送给他精美的青铜礼器以换取他的效忠，可能也包括他的战车和马匹资源。周王室统治下很多其他小国的国君也是如此。

中原王朝统治者与马的关系并不简单。北方风格的马鞍，甚至是典型的草原马鞍，可见于其他盟友的墓葬中，这说明了人们经常转向北方寻求新的马匹资源。[6]中原地区的夏季炎热潮湿，也缺乏一些营养物质，尤其是硒，这不利于马匹繁殖。干旱的黄土丘壑没有足够的有机物质，这导致所有放牧动物，尤其是马，严重缺乏合适的草料。因此，高品质的马匹主要是通过几条交通路线被带到中原，事实上，直到清朝都是如此。在周代及之后的几百年间，对北方马匹的巨大需求造成了长期的紧张局势，与此同时，马匹也是抵御北方游牧人群的必需品。

截然不同的墓葬形制决定了芮公和山戎首领不同的生前和来世，也为我们提供了两种不同的视角来看待当时与马匹有关的政治。芮公随葬的青铜器既有新设计的器型，也有传统器型或其复制品，这会告诉他，当然也会告诉我们，当时周王室遇到了一些麻烦，这也催生了一种新的祭祀形式。周王室以礼仪上的统一来确保

尾声

忠诚。这些器物有力地证明了一种在不断的冲突中寻求统一控制的努力。公元前 9 世纪和前 8 世纪，周所称的戎人入侵也说明了这一点。周被迫迁都洛邑。与此同时，芮公的金腰带及其夫人奢华的红玉髓珠同样有力地证明了问题的严重性——芮国获得越来越多的马匹。芮公墓旁有一个车马坑，芮国其他墓葬里也出土了各种马具。可见，他的策略是通过与北方人群结盟来获得马匹，对方要么乐于为他提供马匹，要么被迫向他献上黄金。他清楚地意识到两种截然不同的要求，他既要效忠周王室，也要与马匹的来源建立积极关系。这些需求他来世一定也需要解决。

玉皇庙山戎墓埋葬时间较晚，但向我们展示了另一面的图景——从游牧人群的角度看问题。草原地带也发生了周王室一样的大变化。亚长和强伯的武器器型已经不重要了。今北京以北的山区迁来了新的人群。匕首式短剑和单刃刀在山戎墓中占主导地位，还有新型马具和弓箭等典型的骑射装备。彼时，腰带已成为在腰间悬挂武器的必备工具。山戎首领的小型青铜猪饰件和黄金虎牌饰与图瓦地区阿尔赞坟冢中早期的金饰遥相呼应。在那里，马匹当然也是必不可少的。毫无疑问，包括山戎在内的游牧人群的军事力量日益增强，这也迫使不同人群向南迁徙。我们可以看到，在接下来的几百年间，压力仍在持续。黄土高原一带的墓葬中出土了带钩、青铜饰件甚至黄金的腰带牌饰，后来还出现了青铜或黄金带扣，饰有动物搏斗的复杂场景。中山国王是另一个杰出的例子。[7]像他一样，越来越多来自北方的人在华北平原一带站稳了脚跟。我们可以从一些细节辨认出他们：墓葬中使用石材，随葬兽首，还有金耳饰、一些当地制作的小型青铜器和一些来自周人的精美青铜礼器。周人反过来也被草原风格的腰带和武器吸引，中原地区的人逐渐采用了青铜剑、带钩、铜镜等。[8] 马家塬墓地出土的马车用金银精心装饰，结构也颇具异域风情，这是草原贵族品位的标志。这些都揭示了西北地区开始出现越来越多的新族群，他们带着马和其他畜群向渭河流域迁徙。在中原，他们的存在导致北方列国开始建造最早的长城，作为保卫其领土的边界。这也最终导致了公元前3世纪秦始皇修缮并连接战国长城，建起了万里长城。

正如我们所知，秦的崛起与养马之功有关，彼时恰逢草原发生重大变化以及周王室遇到一些困难。在这些错综复杂的历史线索下，我们可以感受到一场在欧亚大陆上演的复杂大戏。游牧人群侵扰农业文明，引发了周王室的许多问题，他们也进行了礼制革命。较小诸侯国的国君渐渐获得权力，同时与其他人群接触以获得马匹。后来秦统一六国，终结了动荡。然而，对马匹的需求并没有结束。我们可以看到秦始皇充分利用了北方的资源，从边疆那里获得了马匹。在兵马俑中，陶马俑身上的马镳和马鞍，与阿尔泰山脉巴泽雷克和哈萨克斯坦贝雷尔等地埋葬的马具几乎完全相同。这说明秦可能已经获得了这样的马匹甚至骑手。匈奴的崛起和长城的建立，促使对马匹的需求转向西方。秦始皇为下一个王朝汉朝打下了基础。为了打败匈奴，汉人也开始向西看。因此，马匹可以说是后来的丝绸之路的驱动力。[9] 自那时起，丝绸被运往西域，并用于马匹贸易。[10]

著名的丝绸之路出现得相对较晚，关于这一主题已有很多著作。[11] 马匹和丝绸贸易出现的基础，是在整个北部地区长期的、多次的交流，既有多种联系方式，也有庞大的交流网络，包括农作物、牲畜、冶金术、青铜和黄金，最重要的当然是马匹。[12] 中国在欧亚大陆东段的地理位置也是这些交流的驱动力之一，主要的交通线路位于青藏高原以北。另一个驱动力是中国对北方良马的不断需求，以弥补中原养马的不足。中国北方地区普遍缺乏硒元素，这对人类和牲畜都有不良影响。马对此尤其敏感，即使是从西域引进的苜蓿也没有减轻缺硒带来的负面影响。无法培育出良马其实一直是所有中国古代统治者的主要负担。第三个驱动力是中国大规模生产西方不熟悉的高品质器物，尤其是玉器、丝绸、漆器和瓷器。这些归因于中国温暖湿润的气候、稻粟农业的成功以及优良的地质条件。大规模的高水平劳动力当然也是无与伦比的。就像秦完成统一之前的几百年一样，后来的交流继续进行着，空间范围经常远超传统丝绸之路的绿洲和沙漠。在今天的蒙古国境内，匈奴贵族墓中出土了一些丝织品。汉代漆器远达黑海沿岸，中国铜镜及其仿品也发现于俄罗斯的米努辛斯克盆地，甚至远达东欧大草原以及更西的地域。[13]

因此，中国的墓葬为我们展示了全新的历史，不同于早期文献和正史的记载。这些地下大型建筑本身就是罕见的工程杰作，但它们几乎从未被视为中国的主要传统。墓葬建筑及其随葬品既为我们呈现了古代君王和贵族的生活，也为我们讲述了扑朔迷离的故事。当然，它们作为独特的建筑，也记录了中国不断发展的社会进程，以及文献记载中不断强调的等级制度，强调了来世生活的重要意义。这些墓葬还向我们展现了中原和遥远的北方及西方的交流，这些在历史文献中很少被提及。古代中国常常是完全独立的状态，与西亚和欧洲早期文化分开发展，并创造了辉煌的文明。当最早的旅行者穿越兴都库什山脉或帕米尔高原抵达中国时，他们肯定震惊于这一卓越却陌生的文明。丝绸、漆器、瓷器以及后来的茶叶一直备受推崇，并一直是西方与中国贸易的推动力。[14] 这些伟大的陵墓为我们保存了过去的历史，也帮助我们了解今天的中国。

注释

前言　来生的世界

1. https://www.theguardian.com/politics/2022/mar/31/teach-uk-students-about-china-to-tackle-knowledge-deficit-say-experts.
2. 黄土高原是对黄土覆盖的广大区域的简称。这种细粉尘通常被称为粉砂。
3. 到 15 世纪，小麦已经普遍取代了粟。小麦是以中国而非西方的方式烹饪与呈现的。
4. 夯土是一种特殊的建筑技术，人们用工具将泥土夯筑成某种形状，见：Xie Liye et al., 'Architectural Energetics for Rammed-Earth Compaction in the Context of Neolithic to Early Bronze Age Urban Sites in the Middle Yellow River Valley, China', *Journal of Archaeological Science* 126 (2021), pp. 1–14。
5. 本书第 1 章提到，早在良渚古城的建设过程中就已证明，大工程就由小团队分工合作，见：Wang Ningyuan, Dong Chuanwan, Xu Honggen and Zhuang Yijie, 'Letting the Stones Speak: An Interdisciplinary Survey of Stone Collection and Construction at Liangzhu City, Prehistoric Lower Yangtze River', *Geoarchaeology* 35 (2020), pp. 625–43。
6. 司马迁的《史记》作为重要的史料在本书中将被多次提及。《史记》的主要部分被翻译成英文出版，见：Burton Watson, *Records of the Grand Historian of China, Translated from the Shih Chi of Ssu-Ma Ch'ien*, 2 vols. (Columbia University Press, 1961)。另见：William H. Nienhauser (ed.), *The Grand Scribe's Records*, 10 vols. (Indiana University Press, 1994)。
7. 黄土是一种覆盖中国北方广大地区的风成沉积物。在兰州附近，它可能深达 300 米，而在更东部，它可能深达 40~80 米。黄土与中国北方陶器传统密切相关，详见第 2 章，另见：Rose Kerr and Nigel Wood, *Science and Civilisation in China*, vol. 5, *Chemistry and Chemical Technology*, part 12: *Ceramic Technology*

(Cambridge University Press, 2004), pp. 90–112. 此外，无论是风成还是水成沉积形式，黄土都能提供非常稳定的悬崖面。这使得第3、5、6章所描述的深墓得以建成。黄土的稳定性是这些章节中讨论大型墓葬的基础。有关其稳定性的介绍，见：Li Yanrong, Zhang Tao, Zhang Yongbo and Xu Qiang, 'Geometrical Appearance and Spatial Arrangement of Structural Blocks of the Malan Loess in NW China: Implications for the Formation of Loess Columns', *Journal of Asian Earth Sciences* 158 (2018), pp. 18–28; Ruth Mostern, *The Yellow River: A Natural and Unnatural History* (Yale University Press, 2021)。

8　"文明"一词经常被用来泛指西亚和古埃及的复杂社会，例如：David Wengrow, *What Makes Civilization?:The Ancient Near East and the Future of the West* (Oxford University Press, 2010)。在这本书中，地中海和欧洲的文化被视为这些早期社会的派生物。这使得所谓的"西方文明"占据了主导地位，例如，如果阿兹特克人或北美原住民的文化有效地抵御了伴随西方殖民而来的疾病，"西方文明"可能就不会有这样的地位。欧亚大陆的地理条件使中国和欧亚草原地区都发展出了我们应该承认的先进文明，至少是两种更进一步的先进文明。

9　过去有一种相当简单的观念，认为文明是分阶段发展的，而且是由西方世界的各个民族几乎独立采用的。这种观念被称为"新进化论"。今天，人与人之间的接触在传播我们所说的文明，这一点已被以下图书充分认知并深入讨论：Mark D. Pagel, *Wired for Culture: The Natural History of Human Cooperation* (Allen Lane, 2012)。

10　叶斐（Norman Yoffee）基于西亚和埃及对城市与国家的定义和比较尤其引人入胜，正如他在以下图书中的讨论：*Myths of the Archaic State: Evolution of the Earliest Cities, States, and Civilizations* (Cambridge University Press, 2005)。自从叶斐的著作出版以来，中国的发掘工作已揭示了很多有关早期城市与国家的遗存。

11　世界上许多早期社会的人们在其信仰和财产允许的基础之上精心准备了墓葬。这些墓葬让我们对他们的社会有了一定的了解。如果墓葬在规模或随葬品上受到限制，我们就能够探索相对财富、地位、社会阶层以及清教主义的权益或其他的社会条件。较大的墓葬提供了不同程度的信息。在所有情况下，这些墓葬信息必须与其他来源的证据相结合，不仅包括文献，还包括地理和气候条件等。中国各地民众的信仰、他们的制造技能，以及大型墓葬提供的空间，导致了大规模人造物品的积累。就中国而言，祖先崇拜的功能是墓葬具有社会重要性的另一个促成因素。虽然在欧亚大陆的许多地方，基督教、伊斯兰教和佛教后来都禁止使用这种复杂的墓葬，但这些信仰在中国并没有产生同样的影响。

12　李安敦曾对古埃及和古代中国进行了具有启发性的比较，见：Anthony J. Barbieri-Low, *Ancient Egypt and Early China: State, Society, and Culture*

(University of Washington Press, 2021)。

13 墓葬共有 11 座，但第 4 章中提到的三星堆的两个埋藏坑出土有精美的青铜器、玉器和金器，也是与宇宙另一部分的神灵、超自然事物相会的方式。

14 Neil MacGregor, *Living with the Gods: On Beliefs and Peoples* (Allen Lane, 2018), pp. xx–xxi.

15 我们将物的语言之选择看作皮埃尔·布迪厄的生存心态（habitus）概念的释义或简化版本可能是不正确的，见：Pierre Bourdieu, *Outline of a Theory of Practice* (Cambridge University Press, 1977)。布迪厄的作品关注的是西方社会及其阶级结构，而在中国，器物被视为一种进入我们无法接触的社会的生活方式、习俗和信仰的手段。毫无疑问，在所有中国社会中都有若干不同的阶层，但在所选择的框架下，这些阶层并没有得到充分考察。

16 艺术是一个难以捉摸的概念，它的定义取决于社会的需求和信仰。西方的先入之见强调再现表达，这给对早期中国艺术成就的认可设置了障碍。供奉祖先的器物也是当时艺术活动的中心。

17 Wu Hung, *Monumentality in Early Chinese Art and Architecture* (Stanford University Press, 1995), p. 71.

18 本书中《左传》的英文翻译多数来自：Stephen W. Durrant, Wai-yee Li and David Schaberg, *Zuo Tradition /Zuozhuan: Commentary on the 'Spring and Autumn Annals'*, 3 vols. (University of Washington Press, 2016), vol. 1, p. 301. 此处的英文翻译引自：Maria Khayutina, 'The Sacred Space of an Aristocratic Clan in Zhou China (11th–3rd Centuries BC) under Transformation: An Attempt at Interpretatio', in Michael Dickhardt and Vera Dorofeeva-Lichtmann (eds.), *Creating and Representing Sacred Spaces*. Göttinger Studien Zur Asienforschung (Monograph Series), Heft 2–3 (Peust & Gutschmidt Verlag, 2003), pp. 113–44, 而她则使用了理雅各的译文，参见：James Legge, *The Ch'un Ts'ew with the Tso Chuen. The Chinese Classics: With a Translation, Critical and Exegetical Notes, Prolegomena, and Copious Indexes* (1865, repr. Taipei: SMC Publishing, 1991), p. 157. 在两种翻译中，术语"祀"被正确地翻译为"sacrifice"，但这一术语通常用来描述使用大量的食器和酒器的供奉或礼仪性宴会。在本书中，"祭祀"一词被"礼仪性宴会"或"供奉"取代。有关家族祭祀参与者的讨论，见：Maria Khayutina, 'Welcoming Guests–Constructing Corporate Privacy? An Attempt at a Socio-Anthropological Interpretation of Ancestral Rituals Evolution in Ancient China (ca. XI–V cc. BC)', *Berliner China-Hefte* 24 (2003), pp. 35–50。

19 然而，随着时间的推移，在秦始皇时代之后很久，大的家族在中国南方和海外发展起来，形成了自己的大型社群。

20 Li Feng, *Early China: A Social and Cultural History* (Cambridge University Press, 2013), pp. 144–6.

21 中国也有组织，但其形式与西欧不同。受到高度控制和监督的工匠组织可见于罗泰的讨论：Lothar von Falkenhausen, *Chinese Society in the Age of Confucius (1000–250 BC): The Archaeological Evidence* (Cotsen Institute of Archaeology, University of California, 2006), pp.419-20。迟至宋代，受过良好教育的士人远远优先于商人甚至地主等群体，见：Yuri Pines, *The Everlasting Empire: The Political Culture of Ancient China and Its Imperial Legacy* (Princeton University Press, 2012), pp. 113–14。

22 Riccardo Fracasso, 'Holy Mothers of Ancient China: A New Approach to the Hsi-Wang-Mu 西王母 Problem', *T'oung Pao* 74 (1988), pp.1-46; Elfriede R. Knauer, 'The Queen Mother of the West: A Study of the Influence of Western Prototypes on the Iconography of the Taoist Deity', in Victor H. Mair (ed.), *Contact and Exchange in the Ancient World* (University of Hawai'i Press, 2006), pp. 62–115. 大量不同的传说汇集在各种专著之中，例如：Anne Birrell, *Chinese Mythology: An Introduction* (Johns Hopkins University Press, 1993)。这些传说有多种来源，最早通常可以追溯到战国晚期和汉代。其中还包括创世神话。然而，这些传说分量不如那些复杂的关联和占卜，它们描述了一个由多种成分组成的宇宙，而不是由神灵创造的。

23 Lothar von Falkenhausen, *Chinese Society in the Age of Confucius (1000–250 BC): The Archaeological Evidence* (Cotsen Institute of Archaeology, University of California, 2006), p. 287.

24 Angus Charles Graham, *Disputers of the Tao: Philosophical Argument in Ancient China* (Open Court, 1989), p. 320.

25 Neil MacGregor, *Living with the Gods: On Beliefs and Peoples* (Allen Lane, 2018), p. vii.

26 Lothar Ledderose, *China Schreibt Anders* (Alfred Kröner Verlag, 2021).

27 特别是自20世纪50年代以来，中国古代墓葬的广泛发掘使得更多的文献出土，这些文献提供了新的信息，也丰富了传统的历史叙事。

第1章 玉之神秘

1 昆仑山当然是中国最著名的玉料产地，但其他地区也有多处潜在的玉矿。这些玉矿曾在不同时期被开采。玉料产地概览见：Gina Lee Barnes, 'Understanding Chinese Jade in a World Context', *Journal of the British Academy* 6 (2018), pp. 1–63。

2 《天工开物》，英文翻译见：Sun E-tu Zen and Sun Shiou-chuan (trans.), *T'ien-Kung K'ai-Wu: Chinese Technology in the Seventeenth Century* (Pennsylvania State University, 1966), p. 300。

3 Zhuang Yijie and Du Shenglun, 'Holocene Sea-Level Change and Evolution of

Prehistoric Settlements around the Yangtze Delta Region', in M. T. Carson (ed.), *Palaeolandscapes in Archaeology: Lessons for the Past and Future* (Routledge, 2021), pp. 192–214.

4　中国东南部考古调研见：Liu Li and Chen Xingcan, *The Archaeology of China: From the Late Paleolithic to the Early Bronze Age* (Cambridge University Press, 2012), pp. 197–212。

5　一座城市的认定通常等同于城市化的水平，其定义首先适用于美索不达米亚。叶斐在其著作 (*Myths of the Archaic State*, pp. 60–62) 中强调了戈登·柴尔德 (V. Gordon Childe) 首先提出的城市和国家创建的革命性。良渚和陶寺在各自的历史背景下无疑是革命性的。中国幅员辽阔，人口众多，分布在多个多样化的地区，这给我们呈现了一系列社会发展图景，截然不同于美索不达米亚或埃及。鉴于中国的核心地区与美索不达米亚、伊朗和印度河流域的早期发展在地理上是分离的，我们不能期望在中国古代看到与上述地区相同的发展进程。关于"国家"一词的使用和适用问题，在中国也同样存在争议。一座城市或一个国家的单一定义意味着整个领土的高度统一，中国上古时期和我们今天在这片广袤土地上看到的情况是不一致的。考虑到中国丰富的地域多样性，对国家形态的产生进行个案研究可能最合适。关于国家概念的个案研究相关论证，参见：Gideon Shelach and Yitzhak Jaffee, 'The Earliest States in China: A Long-Term Trajectory Approach', *Journal of Archaeological Research* 22 (2014), pp. 327–64。

6　良渚遗址和很多其他考古发现一样，改变了我们对早期中国的认知。参见：Jessica Rawson (ed.), *Mysteries of Ancient China: New Discoveries from the Early Dynasties* (British Museum Publications, 1996)。

7　良渚古城及其周边遗址发掘的历史详见：Liu Bin, Qin Ling and Zhuang Yijie (eds.), *Liangzhu Culture: Society, Belief and Art in Neolithic China* (Routledge, 2020)。更详细的考古描述见：浙江省文物考古研究所，《良渚古城综合研究报告》，文物出版社，2019年。本章中对良渚墓葬及其出土的玉器以及良渚古城考古特征的介绍均基于以上著作。

8　与这一评估相关的重要论文见：Colin A. Renfrew and Liu Bin, 'The Emergence of Complex Society in China: The Case of Liangzhu', *Antiquity* 92 (2018), pp. 975–90。

9　这件玉器出土于瑶山2号墓，见：浙江省文物考古研究所，《良渚遗址群考古报告之一：瑶山》，文物出版社，2003年，第220页，彩版30。此器为玉梳背。梳齿仍保留下来的例子见：浙江省文物考古研究所，《良渚古城综合研究报告》，文物出版社，2019年，第20–33页。

10　玉石尤其是软玉的矿物学研究见：Andrew Middleton and Ian Freestone, 'The Mineralogy and Occurrence of Jade', in Jessica Rawson, *Chinese Jade: From the Neolithic to the Qing* (British Museum Publications, 1995), pp.413–23 and

Katherine Eremin, Angela Chang and Arieal O'Conner, 'Jade in the Lab', in Jenny F. So, *Early Chinese Jades in the Harvard Art Museums* (Harvard Art Museums, 2019), pp. 29–47。

11　良渚治玉工艺见：Fang Xiangming, 'A Controlled Fine Craft: Jade Production Techniques in the Liangzhu Culture', in Liu Bin, Qin Ling and Zhuang Yijie (eds.), *Liangzhu Culture: Society, Belief and Art in Neolithic China* (Routledge, 2020)。

12　治玉工艺的讨论见：Margaret Sax, Nigel D. Meeks, Carol Michaelson and Andrew P. Middleton, 'The Identification of Carving Techniques on Chinese Jade', *Journal of Archaeological Science* 31 (2004), pp. 1413–28。

13　Qin Ling, 'The Liangzhu Culture', in Anne P. Underhill (ed.), *A Companion to Chinese Archaeology* (Wiley-Blackwell, 2013), pp. 574–96; pp. 589–90 提到了良渚塘山遗址发现的玉器加工遗存。

14　战国时期的历史见：Mark Edward Lewis, 'Warring States: Political History', in Michael Loewe and Edward L. Shaughnessy (eds.), *The Cambridge History of Ancient China: From the Origins of Civilization to 221 BC* (Cambridge University Press, 1999), pp. 587–650。

15　《周礼·春官宗伯·大宗伯》，英文翻译和讨论见：James Legge, *Li Chi: Book of Rites: An Encyclopaedia of Ancient Ceremonial Usages, Religious Creeds, and Social Institutions*, 2 vols. (H. A. Humphrey, 1967)。中国早期关于玉器的文献传统综述见：Jessica Rawson, *Chinese Jade: From the Neolithic to the Qing* (British Museum Publications, 1995), pp. 54–60。

16　关联思维及相关概念在如下著作中均有讨论：Graham, *Disputers of the Tao*, pp. 315–18; Derk Bodde, *Chinese Thought, Society and Science: The Intellectual and Social Background of Science and Technology in Pre-Modern China* (University of Hawai'i Press, 1991), pp. 97–147; Roel Sterckx, *Chinese Thought: From Confucius to Cook Ding* (Pelican, 2019), pp. 84–94。

17　浙江省文物考古研究所，《良渚遗址群考古报告之二：反山》（上下册），文物出版社，2005 年。本章对反山 12 号墓及其出土文物的描述均基于此报告。

18　讨论象征权威的武器、个人饰品和符号方面使用玉器与金器之间的反差，保加利亚瓦尔纳墓地的考古发现尤为重要，见：Vladimir Slavchev, 'The Varna Eneolithic Cemetery in the Context of the Late Copper Age in the East Balkans', in David W. Anthony and Jennifer Y. Chi (eds.), *The Lost World of Old Europe: The Danube Valley, 5000–3500 BC* (Institute for the Study of the Ancient World / Princeton University Press, 2010), pp. 193–210。玉和金这两种材料，在生前和死后都是权威的标志，见：Svend Hansen, *Repräsentationen der Macht* (Harrassowitz Verlag, 2020)。

19　Liu Bin, Qin Ling and Zhuang Yijie (eds.), *Liangzhu Culture: Society, Belief and Art in Neolithic China* (Routledge, 2020), pp. 49–114.

20 关于早期中国的灵魂观念我们所知甚少，且不同地区之间也有差异，在下一章中我们对比良渚和陶寺的随葬品时可以看出这一点。总体讨论见：Guo Jue, 'The Spirit World', in P. R. Goldin (ed.), *Routledge Handbook of Early Chinese History* (Routledge, 2018), pp. 229–60。

21 Jessica Rawson, *Chinese Jade: From the Neolithic to the Qing* (British Museum Publications, 1995), pp. 32–348.

22 Liu Bin, Qin Ling and Zhuang Yijie (eds.), *Liangzhu Culture: Society, Belief and Art in Neolithic China* (Routledge, 2020), pp. 13–6, 40–42, 45; Yoffee, *Myths of the Archaic State*, p. 43.

23 有关水稻驯化的讨论见：Dorian Q. Fuller, Emma Harvey and Qin Ling, 'Presumed Domestication? Evidence for Wild Rice Cultivation and Domestication in the Fifth Millennium BC of the Lower Yangtze Region', *Antiquity* 81 (2007), pp. 316–31; Dorian Q. Fuller and Qin Ling, 'Water Management and Labour in the Origins and Dispersal of Asian Rice', *World Archaeology* 41 (2009), pp. 88–111。

24 Zhuang Yijie, Ding Pin and Charles French, 'Water Management and Agricultural Intensification of Rice Farming at the Late-Neolithic Site of Maoshan, Lower Yangtze River, China', *The Holocene* 24 (2014), pp. 531–45.

25 Qin Ling and Dorian Q. Fuller, 'Why Rice Farmers Don't Sail: Coastal Subsistence Traditions and Maritime Trends in Early China', in Wu Chunming and Barry Vladimir Rolett (eds.), *Prehistoric Maritime Cultures and Seafaring in East Asia* (Springer, 2019), pp. 159–91.

26 浙江省文物考古研究所，《良渚古城综合研究报告》，文物出版社，2019年，第195-196页，图7-64, 7-65。

27 Liu Bin, Qin Ling and Zhuang Yijie (eds.), *Liangzhu Culture: Society, Belief and Art in Neolithic China* (Routledge, 2020), pp. 33–6.

28 Liu Bin et al., 'Earliest Hydraulic Enterprise in China, 5,100 Years Ago', *Proceedings of the National Academy of Sciences* 114 (2017), pp. 13637–42.

29 Liu Bin, Qin Ling and Zhuang Yijie (eds.), *Liangzhu Culture: Society, Belief and Art in Neolithic China* (Routledge, 2020), p. 45.

30 关于良渚外城夯土台平面图，见：浙江省文物考古研究所，《良渚古城综合研究报告》，文物出版社，2019年，第201页，图8-1。

31 包括堤坝在内的多种建筑形式见：浙江省文物考古研究所，《良渚古城综合研究报告》，文物出版社，2019；关于莫角山台基见该书第138-139页。

32 Paola Demattè, 'Longshan-Era Urbanism: The Role of Cities in Predynastic China', *Asian Perspectives* 38 (1999), pp. 119–53.

33 浙江省文物考古研究所，《良渚古城综合研究报告》，文物出版社，2019年，第139页。

34 通过类比冶金术的起源和传播，我们可以追溯玉作为珍贵材料的引入及其分阶段传播的过程。叶夫根尼·切尔内赫曾以"冶金区"(metallurgical province)的形式展开讨论，见：Evgeny N. Chernykh, S. V. Kuz'minykh and L. B. Orlovskaya, 'Ancient Metallurgy of Northeast Asia: From the Urals to the Saiano-Altai', in Katheryn M. Linduff (ed.), *Metallurgy in Ancient Eastern Eurasia from the Urals to the Yellow River* (Edwin Mellen Press, 2004), pp. 15–36。

35 旧石器时代最早的个人饰品包括美石、动物牙齿、骨饰等，其中玉器出现的相关讨论见：吉平、邓聪，《哈民玉器研究》，中华书局，2018年。更多的例子见：邓淑苹，《故宫玉器精选全集·第一卷·玉之灵 I》，台北故宫博物院，2019年，第128页。

36 这一重要遗址的发掘报告见：李英魁、高波，《黑龙江饶河县小南山新石器时代墓葬》，《考古》，1996年第2期，第1-8页，第97-98页。哈民遗址发掘报告见：Ji Ping, 'The Excavation of the Neolithic Site at Hamin Mangha in Horqin Left Middle Banner, Inner Mongolia in 2011', *Chinese Archaeology* 14 (2014), pp. 10–17。

37 对红山地区考古工作的介绍和讨论见：Christian E. Peterson and Lu Xueming, 'Understanding Hongshan Period Social Dynamics', in Underhill (ed.), *A Companion to Chinese Archaeology* (Wiley-Blackwell, 2013), pp. 55–80。关于红山文化地区牛河梁遗址重要墓葬及其玉器已出版三册发掘报告，见：辽宁省文物考古研究所，《牛河梁：红山文化遗址发掘报告（1983—2003年度）》（三册），文物出版社，2012年。关于红山玉器的讨论亦可参考：Jenny F. So, *Early Chinese Jades in the Harvard Art Museums* (Harvard Art Museums, 2019), pp. 49–55。

38 Guo Jue, 'The Spirit World', in P. R. Goldin (ed.), *Routledge Handbook of Early Chinese History* (Routledge, 2018), pp. 232–3。

39 Zhao Hui, 'From the "Songze Style" to the "Liangzhu Mode"', in Liu Bin, Qin Ling and Zhuang Yijie (eds.), *Liangzhu Culture: Society, Belief and Art in Neolithic China* (Routledge, 2020), pp. 165–85.

40 东部沿海地区的玉石之路最早由邓聪提出，见：邓聪，《东亚玦饰的起源与扩散》，收录于山东大学东方考古研究中心编，《东方考古第1集》，科学出版社，2004年，第23-35页。又见：Tang Chung, Mana Hayashi Tang, Liu Guoxiang and Wen Yadi, 'The Neolithic Jade Revolution in Northeast China', in Elizabeth Childs-Johnson (ed.), *The Oxford Handbook of Early China* (Oxford University Press, 2020), pp. 73–100。又见：Guo Dashun, 'Hongshan and Related Cultures', in Sarah Milledge Nelson (ed.), *The Archaeology of Northeast China: Beyond the Great Wall* (Routledge, 1995), pp. 21–64。极其丰富的玉器遗存使得一些学者提出，我们应在石器时代和青铜时代之间增加一个玉器时代，如柴尔德提出的已经充分研究的序列，见：V. Gordon Childe, 'Archaeological Ages as Technological Stages', *The Journal of the Royal Anthropological Institute of Great Britain and Ireland* 74 (1944), pp. 7–24。关于玉器时代的存在，最中肯的论述见：Paola Dematté,

'The Chinese Jade Age: Between Antiquarianism and Archaeology', *Journal of Social Archaeology* 6 (2006), pp. 202–26。

41 关于红山玉器和良渚玉琮兽面纹的比较研究见：Li Xueqin, 'Liangzhu Culture and the Shang Dynasty Taotie Motif', in Roderick Whitfield (ed.), *The Problem of Meaning in Early Chinese Ritual Bronzes* (Percival David Foundation of Chinese Art, 1992), pp. 56–66; Fang Xiangming, 'A Controlled Fine Craft: Jade Production Techniques in the Liangzhu Culture', in Liu Bin, Qin Ling and Zhuang Yijie (eds.), *Liangzhu Culture: Society, Belief and Art in Neolithic China* (Routledge, 2020), p. 150, fig. 4.30。杭州良渚遗址管理区管理委员会、浙江省文物考古研究所，《良渚玉器》，科学出版社，2018年，图版 III 1-20；邓淑苹，《故宫玉器精选全集·第一卷·玉之灵 I》，台北故宫博物院，2019年，第138页，地图 B。

42 带有兽面纹的玉镯发现于瑶山遗址，有的兽面纹方向与圆环平行，有的垂直。详见：浙江省文物考古研究所，《良渚遗址群考古报告之一：瑶山》，文物出版社，2003年，图版 13, 313, 328。一系列与此类似的重要玉器见：Fang Xiangming, 'A Controlled Fine Craft: Jade Production Techniques in the Liangzhu Culture', in Liu Bin, Qin Ling and Zhuang Yijie (eds.), *Liangzhu Culture: Society, Belief and Art in Neolithic China* (Routledge, 2020), p. 151, fig. 4.31。这些纹饰无疑高度依赖治玉新工艺，即小型二氧化硅类工具。

43 Fang Xiangming, 'A Controlled Fine Craft: Jade Production Techniques in the Liangzhu Culture', in Liu Bin, Qin Ling and Zhuang Yijie (eds.), *Liangzhu Culture: Society, Belief and Art in Neolithic China* (Routledge, 2020), pp. 121-2。

44 有些钻芯保存了下来，向我们展示玉琮中心钻出的柱状玉芯及其台阶状痕迹，见：Qin Ling, 'Power and Belief: Reading the Liangzhu Jade and Society', in Liu Bin, Qin Ling and Zhuang Yijie (eds.), *Liangzhu Culture: Society, Belief and Art in Neolithic China* (Routledge, 2020), p. 88, fig. 2.33c。

45 江伊莉提供了一系列的阐释，见：Elizabeth Childs-Johnson, 'The Jade Age Revisited, ca. 3500–2000 BCE', in Elizabeth Childs-Johnson (ed.), *The Oxford Handbook of Early China* (Oxford University Press, 2020), pp.101–17。

46 相似的图案也出现于陶器刻纹中，但并未被完整复原，见：Liu Bin, Qin Ling and Zhuang Yijie (eds.), *Liangzhu Culture: Society, Belief and Art in Neolithic China* (Routledge, 2020), p. 47, fig. 2.24。

47 如寺墩遗址 3 号墓中出土的大量玉器，图解见：Jenny F. So, *Early Chinese Jades in the Harvard Art Museums* (Harvard Art Museums, 2019), pp. 60–61; 发掘报告见：汪遵国、李文明、钱锋，《1982 年江苏常州武进寺墩遗址的发掘》，《考古》，1984年第 2 期，第 109-129 页。该墓出土了 32 件方柱体玉琮，除头部的一件和脚后的四件外，其余呈两列排布，许多玉钺、玉璧覆盖于墓主身上。

48 James B. Innes and Zong Yongqiang, 'History of Mid- and Late Holocene Palaeofloods in the Yangtze Coastal Lowlands, East China: Evaluation of Non-Pollen

Palynomorph Evidence, Review and Synthesis', *Quaternary* 4 (2021), p. 21.

49 Zhuang Yijie, Ding Pin and Charles French, 'Water Management and Agricultural Intensification of Rice Farming at the Late-Neolithic Site of Maoshan, Lower Yangtze River, China', *The Holocene* 24 (2014).

50 东部沿海地区发生的事件还有很大争议。然而，淤泥和小海贝的堆积表明曾有海平面上升和海侵。Liu Yan, Sun Qianli, Ian Thomas, Zhang Li, Brian Finlayson, Zhang Weiguo, Chen Jing and Chen Zhongyuan, 'Middle Holocene Coastal Environment and the Rise of the Liangzhu City Complex on the Yangtze Delta, China', *Quaternary Research* 84 (2015), pp. 326–34; He Keyang, Lu Houyuan, Sun Guoping, Ji Xiang, Wang Yonglei, Yan Kaikai, Zuo Xinxin, Zhang Jiangping et al., 'Multi-Proxy Evidence of Environmental Change Related to Collapse of the Liangzhu Culture in the Yangtze Delta, China', *Science China Earth Sciences* 64 (2021), pp. 890–905.

51 Wang Zhanghua et al., 'Middle Holocene Marine Flooding and Human Response in the South Yangtze Coastal Plain, East China', *Quaternary Science Reviews* 187 (2018), pp. 80–93. Zhang Haiwei et al., 'Collapse of the Liangzhu and Other Neolithic Cultures in the Lower Yangtze Region in Response to Climate Change', *Science Advances* 7 (2021), eabi9275.

52 关于玉琮的传播及其不同形制的发展，见：黄翠梅，《再论中国新石器时代晚期玉琮形制与角色之演变》，《南艺学报》，2010年第1期，第25-52页。文中提供了一幅玉琮在中国境内的分布图。

53 石家河遗址发掘报告见：湖北省荆州博物馆石家河考古队、湖北省文物考古研究所石家河考古队、北京大学考古学系石家河考古队，《天门石家河考古发掘报告之一：肖家屋脊》（上下册），文物出版社，1999年。英文版发掘简报见：Meng Huaping, Liu Hui, Xiang Qifang and Lu Chengqiu, 'Surveys and Excavations in 2014–2016 at Shijiahe Site in Tianmen City, Hubei', *Chinese Archaeology* 18 (2018), pp. 13–27。

54 Mark E. Lewis, *The Flood Myths of Early China* (SUNY, 2006).

55 关于大禹及其他传说中的帝王事迹，记载于《尚书》中较晚成书的部分，相关讨论见：James Legge, *The Chinese Classics*, vol. 3, part 1: *The First Parts of the Shoo-King* (Trübner & Co., 1865)。远古帝王在伟大史学家司马迁的《史记》中也有记载，相关论述见：Nienhauser (ed.), *The Grand Scribe's Records*, vol. 1。以治水传说为基础的中国古代神话在如下著作中有所讨论：Li Min, *Social Memory and State Formation in Early China* (Cambridge University Press, 2018)。

56 和玉琮、玉璧一样，大量的玉璜、少量的动物造型的玉器，当然还有玉珠和玉牌饰，也经历了传播的过程。

57 Wu Wenxiang and Liu Tungsheng, 'Possible Role of the "Holocene Event 3" on the Collapse of Neolithic Cultures around the Central Plain of China', *Quaternary*

International 117 (2004), pp. 153–66; Zhuang Yijie and Tristram R. Kidder, 'Archaeology of the Anthropocene in the Yellow River Region, China, 8000–2000 Cal. BP', *The Holocene* 24 (2014), pp. 1602–23.

58 见：邓淑苹，《故宫玉器精选全集·第一卷·玉之灵 I》，台北故宫博物院，2019 年，第 133-141 页。若干早期文明对玉器的使用渐渐引起学界注意，包括从渭河流域的仰韶文化到黄土高原西部的陶寺、石峁一带。见本书第 2 章，以及邓淑苹，《史前至夏时期"华西系玉器"研究（上）(中)(下)》，《中原文物》，2021 年第 6 期，2022 年第 1 期，2022 年第 2 期。由于玉琮和玉璧都有所发现，因此华西与东部沿海地区之间一定有所联系，只是这种联系目前尚不明确。

59 《礼记·聘义》。孔子有关君子的观点及不同文献版本的引用见：Jenny F. So, *Early Chinese Jades in the Harvard Art Museums* (Harvard Art Museums, 2019), p. 190。

60 此外，宋代还有一些有趣的青铜琮，形制类似于良渚玉琮。见：杨文成等，《四川彭州宋代青铜器窖藏》，《文物》，2009 年第 1 期，第 54-70 页。

61 关于乾隆时期的玉器插图见：Evelyn S. Rawski and Jessica Rawson, *China: The Three Emperors, 1662–1795* (Royal Academy of Arts, 2005)。

62 《红楼梦》英文翻译见：Cao Xueqin (trans. D. Hawkes and J. Minford.), *The Story of the Stone*, 5 vols. (Penguin, 2012)。

第 2 章 狼藉盛宴

1 黄土高原这片广袤的地区经常被忽视，但这里的人们在中国历史和文明的发展过程中发挥了重要作用。童恩正教授特别指出，它具有鲜明的物质文化和社会文化特色，以畜牧业为重点。见：童恩正，《试论我国从东北至西南的边地半月形文化传播带》，收录于文物出版社编辑部编，《文物与考古论集》，文物出版社，1986 年，第 17-43 页。童恩正将这个半月形地带扩展到青藏高原东部山脉的不同地区。本书在第 5、6、7、10、11 章中强调了黄土高原在将马匹引入农业地区方面的作用。同时，黄土高原也为畜牧者提供了居住地，并让其可以由此迁入中原。在许多论文中，我将童恩正命名的半月形地带翻译为"the arc"，见：Jessica Rawson, 'China and the Steppe: Reception and Resistance', *Antiquity* 91 (2017), pp. 375–88。在其关于社会记忆的著作中，李旻将这一地区称作"高地"（the highlands），见：Li Min, *Social Memory and State Formation in Early China* (Cambridge University Press, 2018)。但这抹杀了一个主要特征，即黄土。他还暗示整个地区已经以某种方式与他所谓的低地联系或联合，后来低地则为商周王朝所统治。其实，黄土地区直到唐朝及以后仍保持着明显的独特性。

2 关于黄土的地质特征的讨论，见：Yang Xiaoping, Liu Tao and Yuan Baoyin, 'The Loess Plateau of China: Aeolian Sedimentation and Fluvial Erosion, Both with Superlative Rates', in Piotr Migoń (ed.), *Geomorphological Landscapes of the World* (Springer Netherlands, 2010), pp. 275–82。

3 黄土堆积后的动力学特征非同寻常，见：Li Yanrong, 'A Review of Shear and Tensile Strengths of the Malan Loess in China', *Engineering Geology* 236 (2018), pp. 4–10。

4 关于欧亚大陆的谷物交流，见：Liu Xinyi et al., 'From Ecological Opportunism to Multi-Cropping: Mapping Food Globalisation in Prehistory', *Quaternary Science Reviews* 206 (2019), pp. 21–8。

5 Harry Alverson Franck, *Wandering in Northern China* (The Century Co., 1923), p. 391.

6 尽管从公元前 7000 年起确实已存在许多定居点，但仰韶文化在黄土高原大部分地区的发展可以追溯到公元前 5000 年左右。仰韶遗址是中国新石器时代最早的考古发现之一。关于这一时期聚落的概述，见：Liu Li and Chen Xingcan, *The Archaeology of China: From the Late Paleolithic to the Early Bronze Age* (Cambridge University Press, 2012), pp. 169–212。

7 Pablo Librado et al., 'The Origins and Spread of Domestic Horses from the Western Eurasian Steppes', *Nature* 598 (2021), pp. 634–40.

8 关于这些变化的综述，见：Dominic Hosner et al., 'Spatiotemporal Distribution Patterns of Archaeological Sites in China During the Neolithic and Bronze Age: An Overview', *The Holocene* 26 (2016), pp. 1576–93; Zhang Chi et al., 'China's Major Late Neolithic Centres and the Rise of Erlitou', *Antiquity* 93 (2019), pp. 588–603; 张弛，《龙山—二里头——中国史前文化格局的改变与青铜时代全球化的形成》，《文物》，2017 年第 6 期，第 50-59 页。

9 重要考古发掘报告见：中国社会科学院考古研究所、山西省临汾市文物局，《襄汾陶寺：1978~1985 年考古发掘报告》（四册），文物出版社，2015 年。

10 与夏代有关的遗址之识别一直困扰着许多考古学家，见：Sun Qingwei, 'Toward an Archaeological Reconstruction of the Xia Dynasty as History: Delineations and Methods', *Journal of Chinese Humanities* (Leiden) 1 (2019), pp. 18–42。

11 关于本书中提到的所有早期中国文献，重要的英文背景信息见：Michael Loewe (ed.), *Early Chinese Texts: A Bibliographical Guide* (Society for the Study of Early China and the Institute of East Asian Studies, 1993)。关于《尚书》的英文论述，见：Michael Nylan, *The Five "Confucian" Classics* (Yale University Press, 2001)。

12 《史记·五帝本纪》的英文翻译见：Nienhauser (ed.), *The Grand Scribe's Records*, vol. 1, pp. 1–20。

13 He Nu, 'The Longshan Period Site of Taosi in Southern Shanxi Province', in Underhill (ed.), *A Companion to Chinese Archaeology* (Wiley-Blackwell, 2013), pp.

255-77.

14 关于另一处以前不为人知的古城的描述,见:Sun Zhouyong et al., 'The First Neolithic Urban Center on China's North Loess Plateau: The Rise and Fall of Shimao', *Archaeological Research in Asia* 14 (2018), pp. 33-45。

15 另一处重要遗址周家庄位于陶寺以南,见:Zhang et al., 'China's Major Neolithic Centres'。

16 黄土是异常稳固的建筑材料,这促进了大型城墙和台基的发展,见:Xie Liye et al., 'Architectural Energetics for Rammed-Earth Compaction in the Context of Neolithic to Early Bronze Age Urban Sites in the Middle Yellow River Valley, China', *Journal of Archaeological Science* 126 (2021), pp. 1-14。

17 Xie Liye, Zahid Daudjee, Liu Chunfu and Pauline Sebillaud, 'Settlement Relocation, Urban Construction, and Social Transformation in China's Central Plain, 2300-1500 B.C.', *Asian Perspectives* 59 (2020), pp. 299-329.

18 He Nu, 'Taosi: An Archaeological Example of Urbanization as a Political Center in Prehistoric China', *Archaeological Research in Asia* 14 (2018), pp. 20-32.

19 关于这些重要墓葬的结构及随葬品的描述和图片,详见:中国社会科学院考古研究所、山西省临汾市文物局,《襄汾陶寺:1978~1985年考古发掘报告》(第二册),文物出版社,2015年。

20 关于这座墓仅有一份发掘简报,见:何驽、严志斌、宋建忠,《陶寺城址发现陶寺文化中期墓葬》,《考古》,2003年第9期,第3-6页。本章中关于此墓的其他信息来自主要的四册考古发掘报告。

21 He Nu, 'Longshan Culture Issues: Taosi and Cosmology', in Elizabeth Childs-Johnson (ed.), *The Oxford Handbook of Early China* (Oxford University Press, 2020), pp. 139-57.

22 一个问题是,陶寺遗址的地面可能被修整过,因此早期墓葬的深度看起来在1~3米,但原本可能深得多。

23 这种带壁龛的墓葬可以与黄土高原以东的大甸子遗址和朱开沟遗址相提并论。发掘报告见:中国社会科学院考古研究所,《大甸子——夏家店下层文化遗址与墓地发掘报告》,科学出版社,1996年;内蒙古自治区文物考古研究所、鄂尔多斯博物馆,《朱开沟——青铜时代早期遗址发掘报告》,文物出版社,2000年。在黄土高原上的下魏洛遗址,房址中也曾发现壁龛,见:西北大学文化遗产与考古学研究中心、陕西省考古研究所,《旬邑下魏洛》,科学出版社,2007年。近年的讨论见:张弛,《窑洞征服史前黄土高原》,《考古与文物》,2022年第2期,第102-118页。

24 关于中国古代朱砂矿的开采,见:Chen Kuang-yu, 'The Cinnabar and Mercury Industry of the Qin Empire', in Yang Liu (ed.), *Beyond the First Emperor's Mausoleum: New Perspectives on Qin Art* (Minneapolis Institute of Arts, 2014), pp. 139-58。中文版见:陈光宇,《秦帝国的朱砂水银工业》,《陕西师范大学学

报》(哲学社会科学版), 2017年第2期, 第71-81页。

25 考古报告和图片见: 宋建忠、薛新民,《山西临汾下靳墓地发掘简报》,《文物》, 1998年第12期, 第4-13页。

26 洪石,《先秦两汉嵌绿松石漆器研究》,《考古与文物》, 2019年第3期, 第75-87页。

27 清凉寺遗址发现了大量玉琮, 见: 山西省考古研究所、运城市文物工作站、芮城县旅游文物局,《清凉寺史前墓地》(三卷), 文物出版社, 2016年。

28 石家河遗址与此类似的玉器见: Meng Huaping, Liu Hui, Xiang Qifang and Lu Chengqiu, 'Surveys and Excavations in 2014–2016 at Shijiahe Site in Tianmen City, Hubei', *Chinese Archaeology* 18 (2018), pp. 13–27, fig. 15。石家河类型的玉兽面传播范围较广, 其中一件发现于陕西沣西, 见: 张长寿,《记沣西新发现的兽面玉饰》,《考古》, 1987年第5期, 第470-473页。

29 Chen Guoke, Jiang Chaonian, Wang Hui and Yang Yueguang, 'The Excavation of the Mazongshan Jade Quarry Sites in Subei County, Gansu', *Chinese Archaeology* 16 (2016), pp. 1–12.

30 关于猪的驯化, 见: Liu Li and Chen Xingcan, *The Archaeology of China: From the Late Paleolithic to the Early Bronze Age* (Cambridge University Press, 2012), pp. 97–104。这一重要信息揭示了驯化的羊和牛来自遥远的西方, 穿过欧亚草原到达中国。

31 《东京梦华录·朱雀门外街巷》《东京梦华录·肉行》, 英文翻译见: Thomas O. Höllmann, *The Land of the Five Flavors: A Cultural History of Chinese Cuisine* (Columbia University Press, 2013), p. 49。

32 陶寺早期墓葬的发掘报告和图片见: 中国社会科学院考古研究所、山西省临汾市文物局,《襄汾陶寺: 1978~1985年考古发掘报告》(第二册), 文物出版社, 2015年。

33 《楚辞·招魂》, 英文翻译见: David Hawkes, *Ch'u Tz'u: The Songs of the South, an Ancient Chinese Anthology* (Clarendon Press, 1959), p. 107。

34 不同文化圈的不同宴饮方式, 见: Kaori O'Connor, *The Never-Ending Feast: The Anthropology and Archaeology of Feasting* (Bloomsbury Academic, 2015)。

35 典型陶鬲的制作方式为, 在底部打三个孔并接入三个锥足, 以便生火加热。这些袋足的成型方式通常是将陶泥包裹在陶模之外, 详见: 李文杰,《中国古代制陶工艺研究》, 科学出版社, 1996年。这是一个重要的发展, 影响了以黄土地区为主的广大区域内若干不同的人群, 通常被称作考古学文化。这一主题需要更多的分析和研究, 见: 韩建业,《晋西南豫西西部庙底沟二期——龙山时代文化的分期与谱系》,《考古学报》, 2006年第2期, 第179-204页。用于制作袋足的小型陶模见: 中国社会科学院考古研究所、山西省临汾市文物局,《襄汾陶寺: 1978~1985年考古发掘报告》(第一册), 文物出版社, 2015年, 第286-294页。

36 Rose Kerr and Nigel Wood, *Science and Civilisation in China*, vol. 5, *Chemistry and Chemical Technology*, part 12: *Ceramic Technology* (Cambridge University Press, 2004), pp. 87–120.

37 鬲这一器型后来又被使用了很久，不仅作为陶炊器，而且在青铜时代成为成套宴饮青铜器中的一员（详见第3章）。两者的区别在于，陶鬲的袋足在青铜鬲上不再使用，取而代之的是小型款足。

38 David R. Knechtges, 'A Literary Feast: Food in Early Chinese Literature', *Journal of the American Oriental Society* 106 (1986), pp. 49–63.

39 Patrick E. McGovern et al., 'Chemical Identification and Cultural Implications of a Mixed Fermented Beverage from Late Prehistoric China', *Asian Perspectives* 44 (2005), pp. 249–75.

40 《诗经·周颂·丰年》，英文翻译见：Arthur Waley, *The Book of Songs* (George Allen & Unwin, 1937), p. 161。

41 关于中国石器时代器物组合的讨论，见：张弛，《新石器时代葬仪空间所见饮具四例》，《江汉考古》，2019年第1期，第62-70页。

42 饮食对城镇化的贡献，在如下论文中得到了充分讨论：Anne P. Underhill, 'Urbanization and New Social Contexts for Consumption of Food and Drink in Northern China', *Archaeological Research in Asia* 14 (2018), pp. 7–19。

43 关于宴饮的社会角色，见：Brian Hayden, 'Fabulous Feasts: A Prolegomenon to the Importance of Feasting', in Michael Dietler and Brian Hayden (eds.), *Feasts: Archaeological and Ethnographic Perspectives on Food, Politics, and Power* (Smithsonian Institution Press, 2001), pp. 23–64。

44 Peter N. Hommel, 'Hunter-Gatherer Pottery: An Emerging 14C Chronology', in Peter Jordan and M. Zvelebil (eds.), *Ceramics Before Farming: The Dispersal of Pottery among Prehistoric Eurasian Hunter-Gatherers* (Left Coast Press, 2009), pp. 561–9; Wang Lixin and Pauline Sebillaud, 'The Emergence of Early Pottery in East Asia: New Discoveries and Perspectives', *Journal of World Prehistory* 32 (2019), pp. 73–110.

45 Ma Hongjiao, Anke Hein, Julian Henderson and Ma Qinglin, 'The Geology of Tianshui-Qin'an Area of the Western Loess Plateau and the Chemical Characteristics of Its Neolithic Pottery', *Geoarchaeology* 35 (2020), pp. 611–24.

46 Thomas O. Höllmann, *The Land of the Five Flavors: A Cultural History of Chinese Cuisine* (Columbia University Press, 2013), pp. 73–4.

47 中国有大量粗陶、釉陶或釉瓷的碗、碟、杯等，这也证实了食物多样性和精致菜肴的重要性，这些菜肴还要展示于不同的精美陶盘和陶碗中。

48 Rowan K. Flad, 'Urbanism as Technology in Early China', *Archaeological Research in Asia* 14 (2018), pp.121–34; He Nu, 'Taosi: An Archaeological Example of Urbanization as a Political Center in Prehistoric China', *Archaeological Research in*

Asia 14 (2018), pp. 20–32; Paola Demattè, 'Longshan-Era Urbanism: The Role of Cities in Predynastic China', *Asian Perspectives* 38 (1999), pp. 119–53.

49 关于早期鼓的讨论，见：Bo Lawergren, 'Neolithic Drums in China', *Orient-Archaologie* 20 (2006), pp. 109–27。关于鳄鱼的讨论，见：Wu Xiaotong et al., 'Strontium Isotope Analysis of Yangtze Alligator Remains from Late Neolithic North China', *Archaeological and Anthropological Sciences* 11 (2017), pp. 1049–58。

50 关于这次大规模破坏，详见：He Nu, 'The Longshan Period Site of Taosi in Southern Shanxi Province', in Underhill (ed.), *A Companion to Chinese Archaeology* (Wiley-Blackwell, 2013), pp. 255–77。

51 关于石峁遗址考古方方面面的讨论，见：陕西省考古研究院、榆林市文物考古勘探工作队、神木县文体广电局、神木县石峁遗址管理处，《发现石峁古城》，文物出版社，2016 年。英文概述见：Sun Zhouyong et al., 'The First Neolithic Urban Center on China's North Loess Plateau: The Rise and Fall of Shimao', *Archaeological Research in Asia* 14 (2018), pp. 33–45。在更广泛背景之下的石峁遗址评价，见：Jaang Li, Sun Zhouyong, Shao Jing and Li Min, 'When Peripheries Were Centres: A Preliminary Study of the Shimao-Centred Polity in the Loess Highland, China', *Antiquity* 92 (2018), pp. 1008–22。

52 关于此次迁徙概述，见：David W. Anthony, *The Horse, the Wheel, and Language: How Bronze Age Riders from the Eurasian Steppes Shaped the Modern World* (Princeton University Press, 2007), pp. 307–18。如今基于 DNA 兴起的新研究让这一话题充满争议，见：Pablo Librado et al., 'The Origins and Spread of Domestic Horses from the Western Eurasian Steppes', *Nature* 598 (2021), pp. 634–40。又见：Lisa Janz et al., 'Expanding Frontier and Building the Sphere in Arid East Asia', *Quaternary International* 559 (2020), pp. 150–64; Alexey A. Kovalev and Diimaajav Erdenebaatar, 'Discovery of New Cultures of the Bronze Age in Mongolia According to the Data Obtained by the International Central Asian Archaeological Expedition', in Jan Bemmann, Hermann Parzinger, Ernst Pohl and Damsdüren Tseveendorj (eds.), *Current Archaeological Research in Mongolia: Papers from the First International Conference on 'Archaeological Research in Mongolia' Held in Ulaanbaatar, August 19–23, 2007* (Vorund Frühgeschichtliche Archäologie, Rheinische Friedrich-Wilhelms-Universität, 2009), pp. 149–70; Alicia R. Ventresca Miller and Cheryl A. Makarewicz, 'Intensification in Pastoralist Cereal Use Coincides with the Expansion of Trans-Regional Networks in the Eurasian Steppe', *Scientific Reports* 9 (2019), 8363。

53 关于从狩猎到放牧的转变，见：Choongwon Jeong et al., 'Bronze Age Population Dynamics and the Rise of Dairy Pastoralism on the Eastern Eurasian Steppe', *Proceedings of the National Academy of Sciences* 115 (2018), E11248–55; 又见：Jean-Luc Houle, 'Emergent Complexity on the Mongolian Steppe: Mobility, Territoriality, and

the Development of Early Nomadic Polities', PhD dissertation (University of Pittsburgh, 2010); William T. T. Taylor et al., 'Radiocarbon Dating and Cultural Dynamics across Mongolia's Early Pastoral Transition', *PLoS ONE* 14 (2019), e0224241。关于阿尔泰地区畜牧业和马的传入，较新的研究见：Alicia R. Ventresca Miller et al., 'The Spread of Herds and Horses into the Altai: How Livestock and Dairying Drove Social Complexity in Mongolia', *PLoS ONE* 17 (2022), e0265775。

54　关于中国驯化动物的讨论，见：Rowan K. Flad, Yuan Jing and Li Shuicheng, 'Zooarcheological Evidence for Animal Domestication in Northwest China', *Developments in Quaternary Science* 9 (2007), pp. 167–203；关于陶寺动物的讨论，见：Katherine R. Brunson, He Nu and Dai Xiangming, 'Sheep, Cattle, and Specialization: New Zooarchaeological Perspectives on the Taosi Longshan', *International Journal of Osteoarchaeology* 26 (2016), pp. 460–75。

55　石峁选址于悬崖边的高地，这与俄罗斯的米努辛斯克盆地一种被称作"sve"的防御工事非常类似。见：A. I. Gotlib and M. I. Podol'skii, *Sve-Gornye Sooruzheniia Minusinskoy Kotloviny (Sve-Mountain Constructions of the Minusinsk Valley)* (Elexis Print, 2008)。

56　Sun Zhouyong et al., 'The Imperial City Terrace Locality of the Shimao City Site in Shenmu County, Shaanxi Province', *Chinese Archaeology* 18 (2018), pp. 28–37；孙周勇、邵晶、邸楠等，《陕西神木市石峁遗址皇城台大台基遗迹》，《考古》，2020年第7期，第34-46页。

57　韩建业，《老虎山文化的扩张与对外影响》，《中原文物》，2007年第1期，第20-26页。

58　详细的对比见：邵晶，《石峁遗址与陶寺遗址的比较研究》，《考古》，2020年第5期，第65-77页。

59　关于陶器的比较，见：邵晶，《石峁遗址与陶寺遗址的比较研究》，《考古》，2020年第5期，第67页，图2。

60　何驽的观点见：He Nu, 'The Longshan Period Site of Taosi in Southern Shanxi Province', in Underhill (ed.), *A Companion to Chinese Archaeology* (Wiley-Blackwell, 2013), pp. 269–70。

61　双人合葬墓的例子见：魏怀珩，《武威皇娘娘台遗址第四次发掘》，《考古学报》，1978年第4期，第421-428页；索秀芬等，《内蒙古伊金霍洛旗白敖包遗址发掘报告》，《考古学报》，2021年第2期，第233-260页。关于朱开沟的墓葬见本章注释23。

62　金属矿石在河西走廊以及太行山脉南缘的中条山中均有发现，但在黄土高原大部分地区难以获得。因此，与小亚细亚、巴尔干半岛等地的人不同，这里的人们不会偶然发现有色金属矿石并将其制成个人饰品。后来主要开采的金属矿是太行山脉的小矿和长江流域的大矿。见：Shi Tao, 'Copper Mining and Metallurgy in the Zhongtiao Mountains and Yangzi River Valleys in Early China',

Asian Perspectives 60 (2021), pp. 382–416。

63　Evgeny N. Chernykh, *Ancient Metallurgy in the USSR: The Early Metal Age* (Cambridge University Press, 1992); Evgeny N. Chernykh, S. V. Kuz'minykh and L. B. Orlovskaya, 'Ancient Metallurgy of Northeast Asia: From the Urals to the Saiano-Altai', in Katheryn M. Linduff (ed.), *Metallurgy in Ancient Eastern Eurasia from the Urals to the Yellow River* (Edwin Mellen Press, 2004), pp. 15–36.

64　关于早期冶金的发展及相关遗址的探索，见：Chen Guoke et al., 'The Xichengyi Site in Zhangye City, Gansu', *Chinese Archaeology* 15 (2015), pp. 14–25; 陈坤龙、梅建军、王璐,《中国早期冶金的本土化与区域互动》,《考古与文物》, 2019 年第 3 期, 第 114-121 页; Mei Jianjun et al., 'Archaeometallurgical Studies in China: Some Recent Developments and Challenging Issues', *Journal of Archaeological Science* 56 (2015), pp. 221–32; Huan Limin, *Taming Metals: The Use of Leaded Bronze in Early China, 2000–1250 BC*, DPhil thesis (University of Oxford, 2021)。

65　Katherine R. Brunson, He Nu and Dai Xiangming, 'Sheep, Cattle, and Specialization: New Zooarchaeological Perspectives on the Taosi Longshan', *International Journal of Osteoarchaeology* 26 (2016), pp. 460–75.

66　高江涛、何努,《陶寺遗址出土铜器初探》,《南方文物》, 2014 年第 1 期, 第 91-95 页。

67　陈坤龙等学者认为，陶寺与二里头的早期冶金术是从西北经由渭河流域传入的。见：陈坤龙等,《陕西神木市石峁遗址出土铜器的科学分析及相关问题》,《考古》, 2022 年第 7 期, 第 58-70 页。这一说法忽视了黄土高原和草原地带之间可能存在的多条接触途径的复杂性。这一观点尚不完整，因为渭河流域的金属来源仍未完全确定。

68　陶寺出土的残陶片上发现有书写痕迹。书写的内容及其含义引发争议，因为中国文字的早期历史仍有争议。关于不同的释读方案，见：Paola Demattè, 'The Origins of Chinese Writing: The Neolithic Evidence', *Cambridge Archaeological Journal* 20 (2010), pp. 211–28; 关于中国文字发展的更广泛研究，见：Adam Smith, 'Writing at Anyang: The Role of the Divination Record in the Emergence of Chinese Literacy', PhD dissertation (University of California, Los Angeles, 2008)。

69　Armin Selbitschka, 'Sacrifice vs. Sustenance: Food as a Burial Good in Late Pre-Imperial and Early Imperial Chinese Tombs and Its Relation to Funerary Rites', *Early China* 41 (2018), pp. 179–243; Rowan K. Flad, 'Divination and Power: A Multi-Regional View of the Development of Oracle Bone Divination in Early China', *Current Anthropology* 49 (2008), pp. 403–37.

70　此外，在宴会使用金属制品来展示的时候，最流行的青铜温酒器通常有三个锥足，这种形式来自黄土高原上的陶鬲的中空锥足，见本章第六幅插图。青铜斝见下一章第三幅插图。

第 3 章　铜臂武将

1. 在近 100 年的时间里，安阳的考古工作发表了大量发掘报告、调研和专题文章。其中有关最初发掘的介绍，见：Li Chi, *Anyang* (University of Washington Press, 1977); 关于遗址的介绍，见：Chang Kwang-Chih, *Shang Civilization* (Yale University Press, 1980); 关于新近的研究，见：Roderick B. Campbell, *Violence, Kinship and the Early Chinese State: The Shang and Their World* (Cambridge University Press, 2018)。

2. 商代的青铜礼器广泛分布于北方的黄土高原地区与南方的长江流域，这些实物和线索经常被用来佐证商王朝的疆土。在英文中，我们经常会提到"Shang state"（商王朝）的用法。"state"一词最初仅用于讨论西亚地区，它的概念较为复杂，见：Gideon Shelach and Yitzhak Jaffee, 'The Earliest States in China: A Long-Term Trajectory Approach', *Journal of Archaeological Research* 22 (2014), pp. 327–64。如今更好的方法是以交流网络的视角来讨论现有证据，见：Roderick Campbell, 'Toward a Networks and Boundaries Approach to Early Complex Polities: The Late Shang Case', *Current Anthropology* 50 (2009), pp. 821–48。青铜礼器在商代逐渐盛行，其广泛的分布揭示了古代中国南北之间的交流，见：Jessica Rawson, 'Bronze Vessels in Early China', in Shing Mueller and Armin Selbitschka (eds.), *Über den Alltag hinaus: Festschrift für Thomas O. Höllmann zum 65. Geburtstag* (Harrassowitz, 2017), pp. 3–17，特别是地图部分。通过这些青铜器，我们可以发现地区间不同的交流模式，其中一些地区（并不是全部）的约束力来自祖先崇拜，这也意味着他们之间维系关系的主要力量并非取决于官方的控制。

3. Maria Khayutina, 'Kinship, Marriage and Politics in Early China (13–8 c. BCE) in the Light of Ritual Bronze Inscriptions', Habilitation thesis (Ludwig Maximilian University of Munich, 2017), p. 89.

4. 关于墓葬的描述和相关讨论，见：中国社会科学院考古研究所，《安阳殷墟花园庄东地商代墓葬》，科学出版社，2007 年。

5. 商代的同时代文献中并没有对方位的记载，但有关方位的讨论至关重要，见：David N. Keightley, *The Ancestral Landscape: Time, Space, and Community in Late Shang China (ca. 1200–1045 BC)* (Institute of East Asian Studies, University of California, 2000), pp. 67–72。

6. 随着时代变化，死者的埋葬方式也在不断发展。那些在战争中受伤的人往往会令人产生畏惧和不安的情绪，见：Lai Guolong, *Excavating the Afterlife: The Archaeology of Early Chinese Religion* (University of Washington Press, 2015), pp. 48–9。这本书中主要描述的时代是战国时期，对死者的态度显然与晚商时期不同，但亚长墓中对断肢的再造行为表明，至少有人希望墓主人能够以完整的身体下葬。

7 关于商代埋葬习惯的讨论，见：Jessica Rawson, Konstantin V. Chugunov, Yegor Grebnev and Huan Limin, 'Chariotry and Prone Burials: Reassessing Late Shang China's Relationship with Its Northern Neighbours', *Journal of World Prehistory* 33 (2020), pp. 135–68。

8 中国社会科学院考古研究所，《安阳殷墟花园庄东地商代墓葬》，科学出版社，2007年，第232-252页。

9 如同陶寺壁龛墓中所见，有女性合葬者的墓葬在北方也有发现，如石峁和朱开沟，见：内蒙古自治区文物考古研究所、鄂尔多斯博物馆，《朱开沟——青铜时代早期遗址发掘报告》，文物出版社，2000年，第180-184页。

10 关于亚址墓的发掘报告，见：中国社会科学院考古研究所，《安阳殷墟郭家庄商代墓葬：1982年~1992年考古发掘报告》，中国大百科全书出版社，1998年。关于"亚"字作为称谓的讨论，见：Maria Khayutina, 'Kinship, Marriage and Politics in Early China (13–8 c. BCE) in the Light of Ritual Bronze Inscriptions', Habilitation thesis (Ludwig Maximilian University of Munich, 2017), pp. 165–96。在这篇论文中，作者给出了不同的见解，由于亚长和亚址均参与战争，"亚"的称谓或与此身份有关。

11 墓葬中的侍从被广泛讨论，其中较为全面的记录，见：黄展岳，《古代人牲人殉通论》，文物出版社，2004年。陪葬者和殉葬者的差别巨大，前者是墓主人在地下世界的助手，而后者则是献祭以获取商王室先祖的庇佑，相关讨论可以参见：孟宪武，《谈殷墟俯身葬》，《中原文物》，1992年第3期，第52-55页，及 Roderick B. Campbell, 'On Sacrifice: An Archaeology of Shang Sacrifice', in Anne Porter and Glenn M. Schwartz (eds.), *Sacred Killing: The Archaeology of Sacrifice in the Ancient Near East* (Eisenbrauns, 2012), pp. 305–23。

12 Li Zhipeng and Roderick B. Campbell, 'Puppies for the Ancestors: The Many Roles of Shang Dogs', *Archaeological Research in Asia* 17 (2019), pp. 161–72.

13 David N. Keightley, *Working for His Majesty: Research Notes on Labor Mobilization in Late Shang China (ca. 1200–1045 B.C.), as Seen in the Oracle-Bone Inscriptions, with Particular Attention to Handicraft Industries, Agriculture, Warfare, Hunting, Construction, and the Shang's Legacies*, China Research Monograph 67 (Institute of East Asian Studies, University of California, Berkeley, 2012), p. 198. 这段文字着重描述了一个循环中的一天，这个循环共60天，10天是一周。关于月相和相关顺序的讨论，见：David N. Keightley, *The Ancestral Landscape: Time, Space, and Community in Late Shang China (ca. 1200–1045 BC)* (Institute of East Asian Studies, University of California, 2000), pp. 37–53。

14 在王陵区，商王室的墓葬被大范围盗掘，盗坑直接破坏了墓葬主体，并被保留了很长时间。这样的行为或许是周人故意为之，宣告对商的胜利。见：Li Min, 'Ruins, Refugees, and Urban Abandonment in Bronze Age China', *Journal of Urban Archaeology* 4 (2021), pp. 99–117，特别是图5.5。

15 关于司马迁《史记》的英译本，见：William H. Nienhauser (ed.), *The Grand Scribe's Records*, 10 vols. (Indiana University Press, 1994), 及 Burton Watson, *Records of the Grand Historian of China. Translated from the Shih Chi of Ssu-Ma Ch'ien*, 2 vols. (Columbia University Press, 1961)。

16 关于早期刻辞甲骨的发现，以及安阳早期的发掘工作，见：Li Chi, *Anyang* (University of Washington Press, 1977)。

17 关于以甲骨文为基础讨论的商代历史，见：David N. Keightley, 'The Shang: China's First Historical Dynasty', in Michael Loewe and Edward L. Shaughnessy (eds.), *The Cambridge History of Ancient China: From the Origins of Civilization to 221 BC* (Cambridge University Press, 1999), pp. 232–91。

18 中国文字的基础和早期的发展轨迹并不清晰，见：Paola Demattè, 'The Origins of Chinese Writing: The Neolithic Evidence', *Cambridge Archaeological Journal* 20 (2010), pp. 211–28; Adam Smith, 'Writing at Anyang: The Role of the Divination Record in the Emergence of Chinese Literacy', PhD dissertation (University of California, Los Angeles, 2008)。

19 关于中国文字的讨论，见：William G. Boltz, 'Language and Writing', in Michael Loewe and Edward L. Shaughnessy (eds.), *The Cambridge History of Ancient China: From the Origins of Civilization to 221 BC* (Cambridge University Press,1999), pp.74–123; Robert W. Bagley, 'Anyang Writing and the Origin of the Chinese Writing System', in Stephen D. Houston (ed.), *The First Writing: Script Invention as History and Process* (Cambridge University Press, 2004), pp. 190–249; Adam Smith, 'Writing at Anyang: The Role of the Divination Record in the Emergence of Chinese Literacy', PhD dissertation (University of California, Los Angeles, 2008)。

20 关于中国卜骨的早期历史，见：Rowan K. Flad, 'Divination and Power: A Multi-Regional View of the Development of Oracle Bone Divination in Early China', *Current Anthropology* 49 (2008), pp. 403–37。

21 大多数卜辞的内容与其说是问题，不如说是愿望或者提议，见：David Keightley, *Sources of Shang History: The Oracle Bones Inscriptions of Shang China* (University of California Press, 1978), p. 33。

22 有学者从中国文字的角度讨论古代世界的书写系统，见：Wang Haicheng, *Writing and the Ancient State: Early China in Comparative Perspective* (Cambridge University Press, 2014)。

23 安阳的相关活动受到了统治者和贞人团体的明确控制，参见：David N. Keightley, *Working for His Majesty: Research Notes on Labor Mobilization in Late Shang China (ca. 1200–1045 B.C.), as Seen in the Oracle-Bone Inscriptions, with Particular Attention to Handicraft Industries, Agriculture, Warfare, Hunting, Construction, and the Shang's Legacies*, China Research Monograph 67 (Institute of East Asian Studies, University of California, Berkeley, 2012), p. 231。

24 在大多数新石器时代的大墓中随葬丰富的陶器，这种行为可以被理解为墓主人为葬礼和地下世界准备了足量的食物。但这只是我们的猜测，由于文献证据的缺失，其中真正的缘由我们已经无从得知。

25 中国社会科学院考古研究所的许宏是二里头遗址的发掘人之一，见：Xu Hong, 'The Erlitou Culture', in Underhill (ed.), *A Companion to Chinese Archaeology* (John Wiley & Sons, 2013), pp. 300–22。

26 关于郑州商城以及商势力南渐到盘龙城的讨论，参见：Robert W. Bagley, 'Shang Archaeology', in Loewe and Shaughnessy (eds.), *The Cambridge History of Ancient China: From the Origins of Civilization to 221 BC* (Cambridge University Press, 1999), pp. 124–231; Kyle Steinke and Dora C. Y. Ching (eds.), *Art and Archaeology of the Erligang Civilization* (P. Y. and Kinmay W. Tang Center for East Asian Art, Department of Art and Archaeology, Princeton University, 2014)。

27 商王的位次来自他们在商王世系中的位置，参见：David N. Keightley, *Working for His Majesty: Research Notes on Labor Mobilization in Late Shang China (ca.1200–1045 B.C.), as Seen in the Oracle-Bone Inscriptions, with Particular Attention to Handicraft Industries, Agriculture, Warfare, Hunting, Construction, and the Shang's Legacies*, China Research Monograph 67 (Institute of East Asian Studies, University of California, Berkeley, 2012), p. 107.

28 David N. Keightley, *Working for His Majesty: Research Notes on Labor Mobilization in Late Shang China (ca. 1200–1045 B.C.), as Seen in the Oracle-Bone Inscriptions, with Particular Attention to Handicraft Industries, Agriculture, Warfare, Hunting, Construction, and the Shang's Legacies*, China Research Monograph 67 (Institute of East Asian Studies, University of California, Berkeley, 2012), p. 109.

29 关于墓地的发现，见：Li Chi, *Anyang* (University of Washington Press, 1977)；有关墓地的详细介绍，可参见：Chang Kwang-Chih, *Shang Civilization* (Yale University Press, 1980)。

30 Roderick B. Campbell, 'On Sacrifice: An Archaeology of Shang Sacrifice', in Anne Porter and Glenn M. Schwartz (eds.), *Sacred Killing: The Archaeology of Sacrifice in the Ancient Near East* (Eisenbrauns, 2012).

31 Gideon Shelach-Lavi, 'The Qiang and the Question of Human Sacrifice in the Late Shang Period', *Asian Perspectives* 35 (1996), pp. 1–26.

32 英文翻译见：Li Feng, *Early China: A Social and Cultural History* (Cambridge University Press, 2013), p. 103。

33 有关"好"和"坏"的概念，见：David N. Keightley, *The Ancestral Landscape: Time, Space, and Community in Late Shang China (ca. 1200–1045 BC)* (Institute of East Asian Studies, University of California, 2000), pp. 121–9。对于祥瑞的早期形式，学界似乎并没有特别关注，但我们知道的是，周人在青铜器的铭文中经常将他们的礼器形容为祥瑞的象征。

34 妇好墓的发现对了解早期中国历史具有重要意义。由于这座墓没有被盗，它的发现使人们有机会窥探商王室墓葬的一角，关于该墓的考古报告，见：中国社会科学院考古研究所，《殷墟妇好墓》，文物出版社，1980 年。另一本有关妇好墓的展览图录将墓中最高规格的铜器和玉器发表，见：蔡玫芬、朱乃诚、陈光祖，《武丁与妇好——殷商盛世与文化艺术特展》，台北故宫博物院，2012 年。关于甲骨文中有关妇好的卜辞，见：Chang Ping-ch'üan, 'A Brief Description of the Fu Hao Oracle Bone Inscriptions', in Chang Kwang-chih (ed.), *Studies of Shang Archaeology: Selected Papers from the International Conference on Shang Civilization* (Yale University Press, 1986), pp. 121–40。

35 Roderick B. Campbell, *Violence, Kinship and the Early Chinese State: The Shang and Their World* (Cambridge University Press, 2018), p. 164.

36 两座略小但仍然随葬品丰富的墓——M17 和 M18 可以衬托出妇好墓和亚长墓的财富，见：郑振香，《安阳小屯村北的两座殷代墓》，《考古学报》，1981 年第 4 期，第 491–518 页。

37 关于亚长墓的随葬品，见：中国社会科学院考古研究所，《安阳殷墟花园庄东地商代墓葬》，科学出版社，2007 年。

38 有关兽面纹或者说"饕餮"的可能含义，学界曾进行过广泛讨论。其中较为重要的论述来自贝格利（Robert Bagley）和艾兰（Sarah Allan）在韦陀（Roderick Whitfield）所编论文集中的内容，见：Roderick Whitfield (ed.), *The Problem of Meaning in Early Chinese Ritual Bronzes* (Percival David Foundation of Chinese Art, 1992), pp. 9–33, 34–55。正如本书第 1 章在讨论兽面从红山文化转移至良渚文化时所说的那样，将含义完全归因于图案是十分困难的，特别是缺乏文献证据的前提下。随着考古工作的深入，越来越多的兽面在当地族群中被发现。可以肯定的是，这种图案对于制作者而言是极为重要的，但在多数情况下，我们无法破译其中的准确含义。

39 Maria Khayutina, 'Sacred Space of the Aristocratic Clan in Ancient China under Transformation', in Vera Michael Dickhardt and Dorofeeva-Lichtmann (eds.), *Creating and Representing Sacred Spaces*, p. 107.

40 这个对比由武德（Nigel Wood）等人完成，参见：Rose Kerr and Nigel Wood, *Science and Civilisation in China*, vol. 5, *Chemistry and Chemical Technology*, part 12: *Ceramic Technology* (Cambridge University Press, 2004), pp. 102–3。

41 青铜铸造技术的发展是以发达的制陶术为前提的，相关讨论可参见：Robert W. Bagley, 'Shang Archaeology', in Loewe and Shaughnessy (eds.), *The Cambridge History of Ancient China: From the Origins of Civilization to 221 BC* (Cambridge University Press, 1999), pp. 124–231; Robert W. Bagley, *Shang Ritual Bronzes in the Arthur M. Sackler Collections* (Arthur M. Sackler Foundation, 1987)。关于范铸工艺的具体流程，尤其是外范的装饰、模和芯范的制作等问题，仍然有讨论的空间，相关论述见：Robert W. Bagley, 'Anyang Mould-Making and the

Decorated Model', *Artibus Asiae* 69 (2009), pp.39–90, Lukas Nickel, 'Imperfect Symmetry: Re-Thinking Bronze Casting Technology in Ancient China', *Artibus Asiae* 66 (2006), pp. 5–39。不同时代和地域的铸铜作坊可能有不同的工艺传统，见：Yung-ti Li, *Kingly Crafts: The Archaeology of Craft Production in Late Shang China* (Columbia University Press, 2022)。

42　马修·查斯顿的博士论文改变了我们对陶范制作工艺的理解，特别是在西周早期，见：Matthew Chastain, 'The Ceramic Technology of Bronze-Casting Molds in Ancient China: Production Practices at Three Western Zhou Foundry Sites in the Zhouyuan Area', PhD dissertation (Massachusetts Institute of Technology, 2019)。

43　武德可能是第一个意识到黄土高原的独特土质对制陶术和范铸工艺的影响的人，参见：Rose Kerr and Nigel Wood, *Science and Civilisation in China*, vol.5, *Chemistry and Chemical Technology*, part 12: *Ceramic Technology* (Cambridge University Press, 2004), pp.102–3。较早的相关讨论还包括：Jessica Rawson, Ian Freestone and Nigel Wood, 'Chinese Bronze Casting Molds and Ceramic Figures', in Patrick E. McGovern and M. D. Notis (eds.), *Cross-Craft and Cross-Cultural Interactions in Ceramics* (American Ceramic Society, 1989), pp. 253–73。

44　Liu Li and Chen Xingcan, *State Formation in Early China* (Duckworth, 2003), pp. 37–43。

45　John Baines and Norman Yoffee, 'Order, Legitimacy and Wealth in Ancient Egypt and Mesopotamia', in Gary M. Feinman and Joyce Marcus (eds.), *Archaic States* (School of American Research Press, 1998), pp. 199–260. 其中第 238 页提供了一个令人信服的解释，作者认为，古代工艺品在美学上的成就可以用来巩固精英阶级统治的合法性。

46　关于商代墓葬中的成套器物，见：Jessica Rawson, 'Late Shang Bronze Design: Meaning and Purpose', in Roderick Whitfield (ed.), *The Problem of Meaning in Early Chinese Ritual Bronzes* (Percival David Foundation of Chinese Art, 1992), pp. 67–95。

47　这一外形似牛的器物有时直接被叫作牛尊。

48　相比牛牺尊，亚长墓中的这件青铜觥上的装饰图案则更加传统，器身的两侧在腹部位置分别饰有一个兽面。该兽面呈分体式结构，各个部分相互分开，以浅浮雕的形式略高于作为背景的云雷纹。这个例子很好地展现了一个兽面纹的变体（很可能是器主人或工匠喜爱的样子），与传统上较为紧凑的兽面形象有明显区别（比如第 70 页图中的方罍）。然而，觥盖和颈部仍然装饰了较为庞杂的图案（就像牛牺尊的器表装饰），包括颈部的象和鸟类图案，以及器盖上的双身龙纹。粗壮的三角形足纹表明，工匠在制作模范时仍在努力探索它们的相似之处，见：Fong Wen (ed.), *The Great Bronze Age of China: An Exhibition from the People's Republic of China* (Metropolitan Museum of Art, 1980), p. 163, no. 29 and p. 163, no. 30。

49 我们如果对比妇好墓中出土的青铜斝,就会发现亚长墓出土的青铜器的卓越品质。相关图像可参见: Jessica Rawson (ed.), *Mysteries of Ancient China: New Discoveries from the Early Dynasties* (British Museum Publications, 1996), p. 96, no. 42 and p. 97, fig. 42.2。

50 Katheryn M. Linduff, 'Why Have Siberian Artefacts Been Excavated Inside the Ancient Chinese Dynastic Borders?', in Laura. M. Popova, Adam T. Smith and David. L. Peterson (eds.), *Beyond the Steppe and the Sown: Proceedings of the 2002 University of Chicago Conference on Eurasian Archaeology* (Brill, 2006), pp. 358–70.

51 Roderick Campbell, 'Toward a Networks and Boundaries Approach to Early Complex Polities: The Late Shang Case', *Current Anthropology* 50 (2009), pp. 821–48; Roderick B. Campbell, Yitzchak Jaffe, Christopher Kim, Camilla Sturm and Jaang Li, 'Chinese Bronze Age Political Economies: A Complex Polity Provisioning Approach', *Journal of Archaeological Research* 30 (2021), pp. 69–116.

52 Robert W. Bagley, 'Percussion', in Jenny F. So (ed.), *Music in the Age of Confucius* (Freer Gallery of Art and Arthur M. Sackler Gallery, 2000), pp. 35–63.

53 在墓葬中,长江以南地区高温烧制的陶器(或者它们北方的复制品)往往更具价值,因此经常与青铜礼器一同下葬,见: Robert W. Bagley, 'Shang Archaeology', in Loewe and Shaughnessy (eds.), *The Cambridge History of Ancient China: From the Origins of Civilization to 221 BC* (Cambridge University Press, 1999), p. 171。

54 关于亚长钺,见: Jessica Rawson (ed.), *Mysteries of Ancient China: New Discoveries from the Early Dynasties* (British Museum Publications, 1996), p. 103-4。

55 江雨德在2012年一篇论文的最后提出了非常有趣的观点:将战争中的斩首行为与王陵区大墓内部和周围的斩首祭祀行为一并讨论,认为这些俘虏和受害者是羌人,而这群人在武丁时期可能对商王朝构成了强烈威胁,见: Roderick B. Campbell, 'On Sacrifice: An Archaeology of Shang Sacrifice', in Anne Porter and Glenn M. Schwartz (eds.), *Sacred Killing: The Archaeology of Sacrifice in the Ancient Near East* (Eisenbrauns, 2012)。

56 关于玉钺的图像可参见:中国社会科学院考古研究所,《安阳殷墟花园庄东地商代墓葬》,科学出版社,2007年,第185-186页,图136,图137。

57 关于商代玉器的描述,见: Jessica Rawson, *Chinese Jade: From the Neolithic to the Qing* (British Museum Publications, 1995), pp. 39-44; Jenny F. So, *Early Chinese Jades in the Harvard Art Museums* (Harvard Art Museums, 2019), pp. 101-44。

58 英文翻译引自: David N. Keightley, *Working for His Majesty: Research Notes on Labor Mobilization in Late Shang China (ca.1200–1045 B.C.), as Seen in the Oracle-Bone Inscriptions, with Particular Attention to Handicraft Industries, Agriculture,*

Warfare, Hunting, Construction, and the Shang's Legacies*, China Research Monograph 67 (Institute of East Asian Studies, University of California, Berkeley, 2012), p.179。

59　Robin D. S. Yates, 'Early China', in Kurt A. Raaflaub and Nathan Stewart Rosenstein (eds.), *War and Society in the Ancient and Medieval Worlds: Asia, the Mediterranean, Europe, and Mesoamerica* (Center for Hellenic Studies, Harvard University Press, 1999), pp. 7–45.

60　英文翻译引自: David N. Keightley, *Working for His Majesty: Research Notes on Labor Mobilization in Late Shang China (ca.1200–1045 B.C.), as Seen in the Oracle-Bone Inscriptions, with Particular Attention to Handicraft Industries, Agriculture, Warfare, Hunting, Construction, and the Shang's Legacies*, China Research Monograph 67 (Institute of East Asian Studies, University of California, Berkeley, 2012), p.182。

61　这种弓形器曾经引起了很大争议，但目前的主流观点认为，它应作悬挂马匹缰绳之用，可能源自蒙古一带常见的鹿石上所绘制的挂钩，见: Vitali V. Volkov, *Olennyye Kamni Mongolii* (Nauchnyy Mir, 2002)。弓形器中间的长柄似乎极少见于鹿石之上，只有少数报道。同时，商人那些精心装饰的弓形器可能只是为了展示，而非日常所用。

62　关于绿松石，见: 洪石，《先秦两汉嵌绿松石漆器研究》，《考古与文物》，2019年第3期，第75-87页。

63　这片区域对晚商早段的研究很有帮助，对其早期的发掘，见: Li Chi, *Anyang* (University of Washington Press, 1977), pp. 11-15。这里的重要性还在于它与亚长墓和妇好墓被归入了遗址的同一区域。关于这里的考古发掘报告，见: Shih Chang-Ju, *Hsiao-T'un*, vol. 1: *The Discovery and Excavations Fascicle 3: Burials of the Northern Section*, 2 vols. (Chungyang Yenchiuyuan Lishih Yuyen Yenchiuso, 1970)。

64　关于马车的结构、历史和相关出版物，见: Wu Hsiao-yun, *Chariots in Early China: Origins, Cultural Interaction and Identity* (Archaeopress, 2013)。另有一些较早的文章从欧亚草原的角度讨论，见: Stuart Piggott, 'Chariots in the Caucasus and in China', *Antiquity* 48 (1974), pp.16-24; Viktor A. Novozhenov, *Communications and the Earliest Wheeled Transport of Eurasia* (TAUS Publishing, 2012); Igor V. Chechushkov and Andrey V. Epimakhov, 'Eurasian Steppe Chariots and Social Complexity During the Bronze Age', *Journal of World Prehistory* 31(2018), pp. 435–83; Elena E. Kuzmina, *The Prehistory of the Silk Road* (University of Pennsylvania Press, 2008); 刘永华，《中国古代车舆马具》，清华大学出版社，2013年。

65　有关"方"的讨论，见: David N. Keightley, *Working for His Majesty: Research Notes on Labor Mobilization in Late Shang China (ca.1200–1045 B.C.), as Seen in* the Oracle-Bone Inscriptions, with Particular Attention to Handicraft Industries, Agriculture, Warfare, Hunting, Construction, and the Shang's Legacies, China Research Monograph 67 (Institute of East Asian Studies, University of California, Berkeley, 2012), pp. 293-4。

66　江雨德提供了一次战车事故的原文及释文——《祭祀狩猎涂朱牛骨刻辞》，甲骨编号为10405（正）："癸子（巳）卜，殻鼎（貞）：旬亡囗（憂）。王囗（占）曰：'乃兹亦虫（有）求（咎），若 ※。'甲午王往逐兕，小臣囗 ※，馬硪，囗王車，子央亦 ※（顛）"。

67　英文翻译引自：David N. Keightley, *Working for His Majesty: Research Notes on Labor Mobilization in Late Shang China (ca.1200–1045 B. C.), as Seen in the Oracle-Bone Inscriptions, with Particular Attention to Handicraft Industries, Agriculture, Warfare, Hunting, Construction, and the Shang's Legacies*, China Research Monograph 67 (Institute of East Asian Studies, University of California, Berkeley, 2012), p.180。

68　引自：David N. Keightley, *Working for His Majesty: Research Notes on Labor Mobilization in Late Shang China (ca.1200–1045 B.C.), as Seen in the Oracle-Bone Inscriptions, with Particular Attention to Handicraft Industries, Agriculture, Warfare, Hunting, Construction, and the Shang's Legacies*, China Research Monograph 67 (Institute of East Asian Studies, University of California, Berkeley, 2012), pp.187-8。

69　古埃及最著名的车战是公元前1275年与小亚细亚的赫梯人在今叙利亚地区的卡迭石战役。关于古埃及和西亚的战车及马匹的讨论，可参见：Mary A. Littauer and Joost H. Crouwel, *Selected Writings on Chariots and Other Early Vehicles, Riding and Harness* (Brill, 2002)。关于古埃及战车的图像，见：A. J. Veldmeijer and Salima Ikram (eds.), *Chasing Chariots: Proceedings of the First International Chariot Conference* (Cairo 2012) (Sidestone Press, 2013)。关于亚述王宫内的浮雕，见：Paul T. Collins, Lisa Baylis and Sandra L. Marshall, *Assyrian Palace Sculptures* (British Museum, 2008)。关于马匹的驯化利用，见：Pita Kelenka, *The Horse in Human History* (Cambridge University Press, 2009)。

70　研究蒙古地区和中国马匹的种类是一个相对较新的课题，其关键在于马在欧亚草原上的行进路线究竟如何，见：Pablo Librado et al., 'The Origins and Spread of Domestic Horses from the Western Eurasian Steppes', *Nature* 598 (2021), pp. 634–40。

71　可以从乳制品消费的角度追踪这一过程，详见：Alicia R. Ventresca Miller et al., 'The Spread of Herds and Horses into the Altai: How Livestock and Dairying Drove Social Complexity in Mongolia', *PloS ONE* 17 (2022), e0265775。

72　Esther Jacobson-Tepfer, 'The Emergence of Cultures of Mobility in the Altai Mountains of Mongolia: Evidence from the Intersection of Rock Art and Paleoenvironment', in Hans Barnard and Willeke Wendrich (eds.), *The Archaeology*

	of Mobility: Old World and New World Nomadism (Cotsen Institute of Archaeology, University of California, 2008), pp. 200–29.
73	William W. Fitzhugh, 'The Mongolian Deer Stone-Khirigsuur Complex: Dating and Organisation of a Late Bronze Age Menagerie', in Jan Bemmann, et al. (eds.), *Current Archaeological Research in Mongolia*, pp. 183–99.
74	这些青铜刀经常被纳入文化交流相关的讨论，见：Jessica Rawson, Konstantin V. Chugunov, Yegor Grebnev and Huan Limin, 'Chariotry and Prone Burials: Reassessing Late Shang China's Relationship with Its Northern Neighbours', *Journal of World Prehistory* 33 (2020), pp. 135–68; Lin Yun, 'A Reexamination of the Relationship between Bronzes of the Shang Culture and of the Northern Zone', in Chang (ed.) *Studies of Shang Archaeology*, pp. 237–73; 以及 Katheryn M. Linduff, Yan Sun, Cao Wei and Liu Yuanqing, *Ancient China and Its Eurasian Neighbors: Artifacts, Identity and Death in the Frontier, 3000–700 BCE* (Cambridge University Press, 2017)。关于北方边地发现的草原风格青铜器的广泛背景的讨论，见：Yang Jianhua, Shao Huiqiu and Pan Ling, *The Metal Road of the Eastern Eurasian Steppe: The Formation of the Xiongnu Confederation and the Silk Road* (Springer, 2020)。
75	Francis Allard et al., 'Ritual and Horses in Bronze Age and Present-Day Mongolia: Some Preliminary Observations from Khanuy Valley', in Laura M. Popova, Charles W. Hartley and Adam T. Smith (eds.), *Social Orders and Social Landscapes* (Cambridge Scholars, 2007), pp.151–67; Stuart Piggott, 'Heads and Hoofs', *Antiquity* 36 (1962), pp. 110–18; William T. T. Taylor et al., 'Horse Demography and Use in Bronze Age Mongolia', *Quaternary International* 436 (2017), pp. 270–82; 以及 William T. T. Taylor et al., 'A Bayesian Chronology for Early Domestic Horse Use in the Eastern Steppe', *Journal of Archaeological Science* 81 (2017), pp. 49–58。
76	更低的气温、更高的湿度、更丰富的生物量被认为是蒙古草原成为马匹主要活动场所的驱动因素，见：Julian Struck et al., 'Central Mongolian Lake Sediments Reveal New Insights on Climate Change and Equestrian Empires in the Eastern Steppes', *Scientific Reports* 12 (2022), 2829。
77	这种技巧在田野考古中有所发现，见：张长寿、张孝光，《井叔墓地所见西周轮舆》，《考古学报》，1994 年第 2 期，第 155-172 页。
78	一段米坦尼人为与赫梯人同时代的胡里安人撰写的楔形文字，向我们展示了如何成对地训练马匹，作者 Kikkuli 生活在公元前 1300 年左右的叙利亚，见：Pita Kelenka, *The Horse in Human History* (Cambridge University Press, 2009)。
79	俯身葬在多地被发现，包括蒙古国的南部和东部，以及阴山以南的内蒙古地区，见：Alexey A. Kovalev and Diimaajav Erdenebaatar, 'Pozdnii Bronzovyi Vek I Nachalo Rannego Zheleznogo Veka Mongolii V Svete Otkrytii Mezhdunarodnoi Tsentralno-Aziatskoi Arkheologicheskoi Ekspeditsii', in A. D. Tsybiktarov (ed.), *Drevniye Kul'tury Mongolii I Baykalkoy Sibiri. Materialy Mezhdunarodnoy Nauchnoy*

Konferentsii (*Ulan-Ude, 20–24 Sentyabrya 2010 G.*) (Buryat State University, 2010), pp.104–17; Dashtseveg Tumen, Dorjpurev Khatanbaatar and Myagmar Erdene, 'Bronze Age Graves in the Delgerkhaan Mountain Area of Eastern Mongolia', *Asian Archaeology* 2 (2013), pp. 40–49; 马健, 《内蒙古阴山地区早期石板墓的初步调查与研究》, 收录于《中国北方及蒙古、贝加尔、西伯利亚地区古代文化》, 科学出版社, 2015 年, 第 278–286 页; Kazuo Miyamoto and Hiroki Obata (eds.), *Excavations at Daram and Tevsh Sites: A Report on Joint Mongolian-Japanese Excavations in Outer Mongolia* (Department of Archaeology, Faculty of Humanities, Kyushu University, 2016)。

80　何毓灵, 《殷墟花园庄东地 M54 墓主再研究》, 收录于《三代考古（五）》, 科学出版社, 2013 年, 第 110–117 页。一些学者认为亚长是一位王室成员, 并且与南方关系密切, 见: Maria Khayutina, 'Kinship, Marriage and Politics in Early China (13–8 c. BCE) in the Light of Ritual Bronze Inscriptions', Habilitation thesis (Ludwig Maximilian University of Munich, 2017), p. 172。

81　Jessica Rawson, Konstantin V. Chugunov, Yegor Grebnev and Huan Limin, 'Chariotry and Prone Burials: Reassessing Late Shang China's Relationship with Its Northern Neighbours', *Journal of World Prehistory* 33 (2020), pp. 135–68.

82　关于牧场的需求及其引发的问题, 见: Noa Grass, 'A Million Horses: Raising Government Horses in Early Ming China', in Rotem Kowner et al. (eds.), *Animals and Human Society in Asia: Historical, Cultural and Ethical Perspectives* (Springer, 2019), pp. 299–328。

83　William T. T. Taylor and Tumurbaatar Tuvshinjargal, 'Horseback Riding, Asymmetry, and Changes to the Equine Skull: Evidence for Mounted Riding in Mongolia's Late Bronze Age', in Laszlo Bartosiewicz and Erika Gál (eds.), *Care or Neglect? Evidence of Animal Disease in Archaeology: Proceedings of the 6th Meeting of the Animal Palaeopathology Working Group of the International Council for Archaeozoology (Icaz), Budapest, Hungary, 2016* (Oxbow Books, 2018), pp. 134–54. 另见: Jessica Rawson, Huan Limin and William T. T. Taylor, 'Seeking Horses: Allies, Clients and Exchanges in the Zhou Period (1045–221 BC)', *Journal of World Prehistory* 34 (2021), 489–530。

84　经过仔细论证, 这一缺陷被证明是一个非常严重的问题, 对人类和马匹均有影响, 见: Richard Stone, 'A Medical Mystery in Middle China', *Science* 324 (2009), pp. 1378–81。至于为何中原地区及其西南部、东北部的硒元素如此匮乏, 有很多种解释, 见: Sun Guoxin et al., 'Distribution of Soil Selenium in China Is Potentially Controlled by Deposition and Volatilization?', *Scientific Reports* 6 (2016), 20953。特殊的地质条件似乎起了主导作用, 自然界中的硒元素主要来自长江流域, 见: Wen Hanjie and Qiu Yuzhuo, 'Geology and Geochemistry of Se-Bearing Formations in Central China', *International Geology Review* 44 (2002), pp. 164–78; Kieliszek Marek, 'Selenium-Fascinating Microelement, Properties and Sources in Food', *Molecules* 24 (2019), 1298。在西北地区，黄土高原对沉积物的丰富程度有重要帮助，见：Jessica Rawson, Huan Limin and William T. T. Taylor, 'Seeking Horses: Allies, Clients and Exchanges in the Zhou Period (1045–221 BC)', *Journal of World Prehistory* 34 (2021), 489–530。

85　Dazhi Cao, 'The Loess Highland in a Trading Network (1300–1050 BC)', PhD dissertation (Princeton University,2014). 这片半月形地带包含黄土高原，但更加广袤，最初被童恩正命名，见：童恩正，《试论我国从东北至西南的边地半月形文化传播带》，收录于《文物与考古论集》，文物出版社，1987年。

86　Susan Whitfield, 'Alfalfa, Pasture and the Horse in China: A Review', *Quaderni di Studi Indo-Mediterranei* 12 (2020), pp. 227–45.

87　Jassica Rawson, 'China and the Steppe: Reception and Resistance', Antiquity 91 (2017), pp. 375–88; Iver B. Neumann and Einar Wigen, *The Steppe Tradition in International Relations: Russians, Turks and European State-Building 4000 BCE–2018 CE* (Cambridge University Press, 2018).

88　这里成对的觚、爵似乎有不同的来源，见：中国社会科学院考古研究所，《安阳殷墟花园庄东地商代墓葬》，科学出版社，2007年，第105–114页。

89　用来装饰人和马的海贝来源经常引发争议，它们究竟是来自南海，还是印度洋？见：Peng Ke and Zhu Yanshi, 'New Research on the Origin of Cowries Used in Ancient China', *Sino-Platonic Papers* 68 (2010), pp. 1–21; Yung-ti Li, 'On the Function of Cowriesin Shang and Western Zhou China', *Journal of East Asian Archaeology* 5 (2003), pp. 1–26。

第4章　秘境献祭

1　英文翻译见：John Minford and Joseph S. M. Lau, *An Anthology of Translations of Classical Chinese Literature,* vol. 1: *From Antiquity to the Tang Dynasty* (Columbia University Press, 2000), p. 725。

2　Robert E. Harrist Jr, *The Landscape of Words: Stone Inscriptions from Early and Medieval China* (University of Washington Press, 2008), pp. 31–91.

3　秦国和楚国，以及后来的汉朝均实施了人口迁移的政策，用来有效地扩大控制范围，见：Maxim Korolkov and Anke Hein, 'State-Induced Migration and the Creation of State Spaces in Early Chinese Empires: Perspectives from History and Archaeology', *Journal of Chinese History* 5 (2021), pp. 203–25。

4　这项工作被视为秦人的一项重要工程，见：Yuri Pines, Gideon Shelach-Lavi, Lothar von Falkenhausen and Robin D. S. Yates (eds.), *Birth of an Empire: The State of Qin Revisited* (University of California Press, 2014), p.22。关于都江堰的调查

和对铁像的评论，见：James Hutson, *Mythical and Practical in Szechwan* (The National Review Office, 1915), pp. 14–15。该书作者在19世纪末目睹了铁龟和铁牛被打捞出水的场景，但目前为止这一场景并未被记录在任何中文文献中。

5 有关古代哲学和五行中对铁器作用的描述，见：Angus Charles Graham, *Disputers of the Tao: Philosophical Argument in Ancient China* (Open Court, 1989), p. 340-56, 及 Roel Sterckx, *Chinese Thought: From Confucius to Cook Ding* (Pelican, 2019), pp. 88。关于铁像与江河水系的关系，见：Ann Paludan, *Chinese Sculpture: A Great Tradition* (Serindia Publications, 2006)。关于铁牛及其与黄河上浮桥的讨论，见：Ann Paludan, 'The Tang Dynasty Iron Oxen at Pujin Bridge', *Orientations* 25 (1994), p. 61–8。

6 英文翻译引自：John Minford and Joseph S. M. Lau, *An Anthology of Translations of Classical Chinese Literature*, vol. 1: *From Antiquity to the Tang Dynasty* (Columbia University Press, 2000), p. 723–5。

7 台北故宫博物院藏着一幅著名的绘画作品《明皇幸蜀图》，描绘了唐玄宗入蜀的画面（彩版14）。作者有争议（一说李昭道），韩文彬认为作者为一位9至10世纪的画家所作，见：Robert E. Harrist Jr, *The Landscape of Words: Stone Inscriptions from Early and Medieval China* (University of Washington Press, 2008), pp. 37, fig. 1.4。画作中描绘了险峻的山脉，而栈道是唯一可行的通路。

8 英文翻译引自：Corey J. Byrnes, *Fixing Landscape: A Techno-Poetic History of China Three Gorges* (Columbia University Press, 2018), p.3。其他有关郦道元的引用和记录，见：Richard E. Strassberg, *Inscribed Landscapes: Travel Writing from Imperial China* (University of California Press, 1994)。

9 Isabella Lucy Bishop, *The Yangtze Valley and Beyond: An Account of Journeys in China, Chiefly in the Province of Sze Chuan and among the Man-Tze of the Somo Territory* (John Murray, 1899), p. 117.

10 关于大坝修建前后相关村落和地貌的描述，见：Deidre Chetham, *Before the Deluge: The Vanishing World of the Yangtze's Three Gorges* (Palgrave Macmillan, 2002)。

11 关于宝墩遗址的讨论，见：Rowan K. Flad and Chen Pochan, *Ancient Central China: An Archaeological Study of Centers and Peripheries Along the Yangzi River* (Cambridge University Press, 2013); Jade A. d'Alpoim Guedes, Jiang Ming, He Kunyu, Wu Xiaohong and Jiang Zhanghua, 'Site of Baodun Yields Earliest Evidence for the Spread of Rice and Foxtail Millet Agriculture to South-West China', *Antiquity* 87 (2013), pp. 758–71。

12 Jay Xu, 'Lithic Artifacts from Yueliangwan: Research Notes on an Early Discovery at the Sanxingdui Site', in Jerome Silbergeld, Dora C. Y. Ching, Judith G. Smith and Alfreda Murck (eds.), *Bridges to Heaven: Essays on East Asian Art in Honor of Professor Wen C. Fong* (Princeton University Press, 2011), pp. 233–50.

13　Lothar von Falkenhausen, 'The External Connections of Sanxingdui', *Journal of East Asian Archaeology* 5 (2003), pp. 191–245.

14　关于此处遗址的全面介绍，以及相关话题的讨论，见：Robert W. Bagley (ed.), *Ancient Sichuan: Treasures from a Lost Civilization* (Seattle Art Museum/Princeton University Press, 2001)。关于出土器物的介绍，见：四川省文物考古研究院等，《三星堆出土文物全记录》，天地出版社，2009年。

15　关于祭祀坑的描述和出土器物的总结，见：Jay Xu, 'Sichuan Before the Warring States Period', in Robert W. Bagley (ed.), *Ancient Sichuan: Treasures from a Lost Civilization* (Seattle Art Museum/Princeton University Press, 2001), pp. 21–38; Rowan K. Flad, 'Bronze, Jade, Gold, and Ivory: Valuable Objects in Ancient Sichuan', in John K. Papadopoulos and Gary Urton (eds.), *The Construction of Value in the Ancient World* (Cotsen Institute of Archaeology Press, 2012), pp. 306–35。

16　根据最新消息（2021－2022年），新近的考古工作在附近共找到6个祭祀坑，使目前已发现的祭祀坑数量达到了8个，参见：Jay Xu, 'Sanxingdui: New Wonders of a Lost Civilization', *China Pictorial*, no. 874 (2021), pp. 38–41;四川省文物考古研究院,《三星堆遗址四号祭祀坑出土铜扭头跪坐人像》,《四川文物》，2021年第4期，第104-118页；冉宏林,《四川广汉市三星堆遗址祭祀区》,《考古》，2022年第7期，第15-33页。

17　关于人像的全面介绍，见：Robert W. Bagley (ed.), *Ancient Sichuan: Treasures from a Lost Civilization* (Seattle Art Museum/Princeton University Press, 2001), pp. 72–6。

18　参见：Jay Xu, 'Bronze at Sanxingdui', in Robert W. Bagley (ed.), *Ancient Sichuan: Treasures from a Lost Civilization* (Seattle Art Museum/Princeton University Press, 2001), pp. 59-152, 及许杰,《三星堆文明的青铜铸造技术》，收录于《四川文物精品：青铜器》，巴蜀书社，2021年，第245-272页。新近找到的6个祭祀坑中发现的更多的人像（以单体和组合的形式出现）加入原本的铜器群中。许多较小的人像可能与灵魂世界有关，而另一些则可能是舞者或乐师。

19　安阳的王室墓葬中发现过少量白色石质或大理石材质雕像，见：蔡玫芬、朱乃诚、陈光祖，《武丁与妇好——殷商盛世与文化艺术特展》，台北故宫博物院，2012年，第226-231页。木雕或其他有机材料制品有可能存在，但已无证据留存。

20　此观点来自孙华，见：Sun Hua, 'The Sanxingdui Culture of the Sichuan Basin', in Underhill (ed.), *A Companion to Chinese Archaeology*, pp. 147–68。

21　关于成都西部及西北部的金矿，见：中国矿床发现史编委会，《中国矿床发现史：四川卷》，地质出版社，1996年，第118-130页。

22　有关木制原型的可能性已经被深入讨论，见：Jay Xu, 'The Sanxingdui Site: Art and Archaeology', PhD dissertation (Princeton University, 2008); Jay Xu, 'Reconstructing Sanxingdui Imagery: Some Speculations', *Orientations* 32 (2001), pp. 32–44。

23　Wu Hung, 'All about Eyes: Two Groups of Sculptures from the Sanxingdui Culture',

Orientations 28 (1977), pp. 58–66.

24 关于这类下颌和头顶平坦的人像，见：Jay Xu,'Bronze at Sanxingdui', in Robert W. Bagley (ed.), *Ancient Sichuan: Treasures from a Lost Civilization* (Seattle Art Museum/Princeton University Press, 2001), pp. 84-93。

25 关于颈部的论述有一个例外，是一件出土于一号坑（这里曾被认为年代比二号坑早数十年）的人像，下颌较为圆润，更加贴近真实人类的脸部特征，见：Jay Xu,'Bronze at Sanxingdui', in Robert W. Bagley (ed.), *Ancient Sichuan: Treasures from a Lost Civilization* (Seattle Art Museum/Princeton University Press, 2001), p. 79。

26 在这里我们还需要注意一个问题，即木雕是不是在青铜人像出现以后才开始流行的，若是如此，那么木雕只能被看作青铜器的附属品。

27 Jay Xu,'Mysterious Creatures, Towering Trees and Lofty Figures in Sacrifice: The Lost Civilization at Sanxingdui, China', *The Oriental Ceramic Society of Hong Kong Bulletin* 15 (2012), pp. 57-67.

28 Jay Xu,'Bronze at Sanxingdui', in Robert W. Bagley (ed.), *Ancient Sichuan: Treasures from a Lost Civilization* (Seattle Art Museum/Princeton University Press, 2001), pp. 77-8.

29 关于类似的U形青铜面具，见：四川省文物考古研究所，《三星堆祭祀坑》，文物出版社，1999年，第118-201页。

30 Jay Xu,'Reconstructing Sanxingdui Imagery: Some Speculations', *Orientations* 32 (2001).

31 Jay Xu,'Bronze at Sanxingdui', in Robert W. Bagley (ed.), *Ancient Sichuan: Treasures from a Lost Civilization* (Seattle Art Museum/Princeton University Press, 2001), pp. 134-5.

32 山形或三角形的设计在中原地区的青铜容器上也能够看到，如亚长墓出土的青铜尊（第72页），见：中国社会科学院考古研究所，《安阳殷墟花园庄东地商代墓葬》，科学出版社，2007年，第119页，图92。

33 羽翼的第二部分似乎经过修复或重建，可在广汉的博物馆中直接观察实物。

34 这一对比来自许杰，见：Jay Xu,'Bronze at Sanxingdui', in Robert W. Bagley (ed.), *Ancient Sichuan: Treasures from a Lost Civilization* (Seattle Art Museum/Princeton University Press, 2001), p. 78。

35 四川省文物考古研究所，《三星堆祭祀坑》，文物出版社，1999年，第255页，图142。

36 关于三星堆的青铜铸造技术，见：马江波等，《三星堆铜器的合金成分和金相研究》，《四川文物》，2012年第2期，第90-96页。

37 长江流域的青铜铸造研究是同类研究的焦点之一，相关研究有助于我们对比中原地区在南方设立的据点中出现的铸铜活动和南方当地的一些铸铜中心从事的铸铜活动，见：Kyle Steinke,'Erligang and the Southern Bronze Industries',

in Steinke and Ching (eds.), *Art and Archaeology of the Erligang Civilization*, pp.151-70; Robin McNeal, 'Erligang Contacts South of the Yangzi River: The Expansion of Interaction Networks in Early Bronze Age Hunan', in Steinke and Ching (eds.), *Art and Archaeology of the Erligang Civilization*, pp.173-87。盘龙城遗址尤其重要，正是这里将中央王朝的铸铜技术传入南方，见：湖北省文物考古研究所，《盘龙城——1963—1994年考古发掘报告》，文物出版社，2001年。我们可以看到青铜铸造技术的传播，见：Chen Jianming and Jay Xu, *Along the Yangzi River: Regional Culture of the Bronze Age from Hunan* (China Institute Gallery, 2011)；武汉大学历史学院考古系、安徽省文物考古研究所，《安徽阜南县台家寺遗址发掘简报》，《考古》，2018年第6期，第3-13页；Robert W. Bagley, 'An Early Bronze Age Tomb in Jiangxi Province', *Orientations* 24 (1993), pp. 20-36；江西省文物考古研究所，《新干商代大墓》，文物出版社，1997年；Zhang Liangren, 'Wucheng and Shang: A New History of a Bronze Age Civilization', *Bulletin of the Museum of Far Eastern Antiquities* 78 (2006), pp. 53-78；以及湖南省博物馆，《湖南出土殷商西周青铜器》，岳麓出版社，2007年。

38 湖南地区的一件凤鸟纹铜戈卣，在出土时器内有300多件玉器，见：Fong Wen (ed.), *The Great Bronze Age of China: An Exhibition from the People's Republic of China* (Metropolitan Museum of Art, 1980), no. 25, pp. 129-31，其他类似例子也收录于此。

39 关于一篇20世纪70年代的论文，见：Robert W. Bagley, 'P'an-Lung-Ch'eng: A Shang City in Hupei', *Artibus Asiae* 39 (1977), pp. 165-219。

40 关于长江下游的铜矿资源，见：刘海峰等，《综论长江中下游铜矿带先秦矿冶考古》，《中国国家博物馆馆刊》，2020年第7期，第17-34页；Pan Yuanming and Dong Ping, 'The Lower Changjiang (Yangzi/Yangtze River) Metallogenic Belt, East Central China: Intrusion- and Wall Rock-Hosted Cu–Fe–Au, Mo, Zn, Pb, Ag Deposits', *Ore Geology Reviews* 15 (1999), pp. 177-242。

41 罗泰曾讨论以长江干流为主要交流路线的可能性，见：Lothar von Falkenhausen, 'The External Connections of Sanxingdui', *Journal of East Asian Archaeology* 5 (2003), pp. 191-245。关于汉水上游的汉中地区出土的青铜器以及相关的交流网络，见：曹玮，《汉中出土商代青铜器》，巴蜀书社，2006年，第一卷 (18∶1)；Jessica Rawson, 'Ornament and Territory: The Case of the Bronzes from Hanzhong'，收录于曹玮，《汉中出土商代青铜器》，巴蜀书社，2011年，第四卷，第341-377页。

42 关于三星堆的玉文化，见：Jenny F. So, 'Jade and Stone at Sanxingdui', in Robert W. Bagley (ed.), *Ancient Sichuan: Treasures from a Lost Civilization* (Seattle Art Museum/Princeton University Press, 2001), pp.153-76; Jenny F. So, *Early Chinese Jades in the Harvard Art Museums* (Harvard Art Museums, 2019), pp. 92-4; 许杰，

《四川广汉月亮湾出土玉石器探析》,《四川文物》, 2006 年第 5 期, 第 51-57 页。

43 陕西省的石峁等地发现了大量这类玉器,颜色多为深色甚至是黑色,见:戴向明,《北方地区龙山时代的聚落与社会》,《考古与文物》, 2016 年第 4 期,第 60-69 页, 图 9; 邵晶,《论石峁文化与后石家河文化的远程交流——从牙璋、鹰笄、虎头等玉器说起》,《中原文物》, 2021 年第 3 期, 第 59-66 页。关于与二里头的联系, 见: Tang Chung and Wang Fang, 'The Spread of Erlitou Yazhang to South China and the Origin and Dispersal of Early Political States', in Childs-Johnson (ed.), *The Oxford Handbook of Early China*, pp. 202–23。本书第 1 章提到, 战国时期文献记载的一系列玉器名称中也有璋——"以赤璋礼南方"。然而, 和琮、璧、璜等器型一样, 璋的历史要比记载它的文献早得多。

44 关于这些材料的来源问题, 见: Rowan K. Flad, 'Bronze, Jade, Gold, and Ivory: Valuable Objects in Ancient Sichuan', in John K. Papadopoulos and Gary Urton (eds.), *The Construction of Value in the Ancient World* (Cotsen Institute of Archaeology Press, 2012), pp. 322。

45 关于鱼形牙璋, 见: 四川省文物考古研究所,《三星堆祭祀坑》, 文物出版社, 1999 年, 图版 14-7。

46 关于三星堆的全部玉器, 见: 四川省文物考古研究所,《三星堆祭祀坑》, 文物出版社, 1999 年, 第 354-413 页。

47 James I. Porter, 'The Value of Aesthetic Value', in Papadopoulos and Urton (eds.), *The Construction of Value*, pp. 336–53.

48 Zhu Zhangyi, Zhang Qing and Wang Fang, 'The Jinsha Site: An Introduction', *Journal of East Asian Archaeology* 5 (2003), 247–76. 关于青铜的合金成分, 见:黎海超等,《金沙遗址"祭祀区"出土铜器的生产问题研究》,《边疆考古研究 (第 25 辑)》, 科学出版社, 2019 年, 第 335-348 页。

49 随着 6 个新的祭祀坑被发现, 可以看出: 其中的两个可能是专门的献祭场所,所有器物均带有灼烧痕迹; 而另外 4 个祭祀坑, 加上之前发现的两个, 可能是社会财富的储藏地, 当然这些财富已被有意损毁。最新的简报可参见: 冉宏林,《四川广汉市三星堆遗址祭祀区》,《考古》, 2022 年第 7 期, 第 15-33 页。

第 5 章 礼物经济

1 Harry Alverson Franck, *Wandering in Northern China* (The Century Co., 1923), p. 371.

2 强国墓地出土了两件小型青铜人像, 拥有巨大的环状双手, 类似于三星堆的青铜人像。这直接证明了跨越秦岭两侧的交流。见: 卢连成、胡智生,《宝鸡强国墓地》，文物出版社，1988 年，第 315 页，图 221；第 375 页，图 257。

3　Huang Chun et al., 'Climatic Aridity and the Relocations of the Zhou Culture in the Southern Loess Plateau of China', *Climatic Change* 61 (2003), pp. 361–78. 相对潮湿的环境可能变相增强了草原地区在公元前 9 世纪的人类活动，见：Julian Struck et al., 'Central Mongolian Lake Sediments Reveal New Insights on Climate Change and Equestrian Empires in the Eastern Steppes', *Scientific Reports* 12 (2022), 2829。

4　《诗经·大雅·生民》，英文翻译见：Arthur Waley, *The Book of Songs* (George Allen & Unwin, 1937), p.242。

5　《诗经·大雅·緜》，英文翻译见：Arthur Waley, *The Book of Songs* (George Allen & Unwin, 1937), p. 248。

6　强国墓地的考古发掘报告见：卢连成、胡智生，《宝鸡强国墓地》，文物出版社，1988 年。本章内相关内容均出自此报告。

7　第 2 章中提到类似的双人合葬墓在石峁以北的朱开沟也有发现。这类墓葬通常年代较早，多出现于西北地区，见：韩建业，《中国西北地区先秦时期的自然环境与文化发展》，文物出版社，2008 年，第 259 页。

8　还有两座墓也有类似情况，墓主与一名女子合葬。

9　商末周初的青铜器双耳上的掠食者形象，以及玉器上栩栩如生的老虎、牛、鹿等形象为何会出现，到目前为止还没有特别合理的解释。然而，这些形象与波斯的青铜、象牙以及石雕上展示的图案类似，因此我们可以推测，这些图案有可能是从那个方向传入中国北部的。当然，这一观点还有待进一步研究。

10　根据私人通信的内容，夏玉婷认为这个字在周代并非标准的金文，可能是当地人特意创造出来，以表示某个氏族的名称。这种现象反映了在不同地区和时期，文字具有不同的使用和演变情况。

11　他们通常被看作家族的分支，参见：Maria Khayutina, 'Kinship, Marriage and Politics in Early China (13–8 c. BCE) in the Light of Ritual Bronze Inscriptions', Habilitation thesis (Ludwig Maximilian University of Munich, 2017), pp. 14-18.

12　当地制作的青铜器铭文质量及其体现出的识字水平相对较低，见：Li Feng, 'Literacy Crossing Cultural Borders: Evidence from the Bronze Inscriptions of the Western Zhou Period (1045–771 BC)', *Bulletin of the Museum of Far Eastern Antiquities* 74 (2002), pp. 210–42。然而，竹园沟墓地出土的强国青铜器铭文书体精致、铸造精良，而最晚的茹家庄墓地中，铜器铭文的质量有所下降，应为当地生产。

13　其他遗址的地图见：Yan Sun, *Many Worlds Under One Heaven: Material Culture, Identity, and Power in the Northern Frontiers of the Western Zhou, 1045–771 BCE* (Columbia University Press, 2021), p. 22, map 11.

14　Lin Yun, 'A Reexamination of the Relationship between Bronzes of the Shang

Culture and of the Northern Zone', in Chang (ed.) *Studies of Shang Archaeology: Selected Papers from the International Conference on Shang Civilization* (Yale University Press, c. 1986). 有关这些武器的讨论，见：张文立、林沄，《黑豆嘴类型青铜器中的西来因素》，《考古》，2004 年第 5 期，第 65-73 页。这些北方青铜武器上保留着许多草原风格的因素，参见：Yang Jianhua, Shao Huiqiu, Pan Ling, *The Metal Road of the Eastern Eurasian Steppe: The Formation of the Xiongnu Confederation and the Silk Road* (Springer, 2020)。还有一种方法，可以将这片广阔的边疆地区看作一个整体来考察，从而讨论其中的变异和混合的现象，见：Katheryn M. Linduff, Yan Sun, Cao Wei and Liu Yuanqing, *Ancient China and Its Eurasian Neighbors: Artifacts, Identity and Death in the Frontier, 3000–700 BCE* (Cambridge University Press, 2017)。

15 有关这些墓葬和随葬品的考古记录和调查，见：Jessica Rawson, Huan Limin and William T. T. Taylor, 'Seeking Horses: Allies, Clients and Exchanges in the Zhou Period (1045–221 BC)', *Journal of World Prehistory* 34 (2021), pp. 489–530。

16 有关弜国墓地中当地铸造的青铜器的合金成分，见：Li Haichao et al., 'Production and Circulation of Bronzes among the Regional States in the Western Zhou Dynasty', *Journal of Archaeological Science* 121 (2020), 105191。然而，在铸造方面，我们有必要将这些当地铸造的青铜器与主要用于祭祀仪式的青铜礼器分开。仪式用的礼器通常带有铭文，往往是中央王朝控制的高等级铸铜作坊的产品。根据私人通信的内容，夏玉婷认为这些缩微青铜器代表了用于布料染色的原始器具。

17 当首次发现时，发掘者认为当地与西南地区即今天的四川一带有更为密切的联系，见：卢连成、胡智生，《宝鸡弜国墓地》，文物出版社，1988 年，第 431-462 页。孙岩继续讨论了此地与西南地区的联系，并用柳叶剑作为证据，见：Yan Sun, 'A Divergent Life History of Bronze Willow-Leaf-Shaped Swords of Western Zhou China from the Eleventh to the Tenth Century BCE: Shaping the Life History of Objects', in Francis Allard, Yan Sun and Kathryn M. Linduff (eds.), *Memory and Agency in Ancient China: Shaping the Life History of Objects* (Cambridge University Press, 2018), pp. 120–51; 另见：Yan Sun, *Many Worlds Under One Heaven: Material Culture, Identity, and Power in the Northern Frontiers of the Western Zhou, 1045–771 BCE* (Columbia University Press, 2021)。弜国氏族确实可能从西南地区引入了一些特征，但显然他们与其他地区也保持着紧密联系，尤其是北方，这一点可见本章注释 7，特别是墓葬结构部分。至于对比南方和北方，考虑到青铜剑的相似性，我们认为应该有一个主要源头。由于北方地区也有使用剑的习惯，这种柳叶剑的风格不太可能是四川地区独立发明的，更有可能是沿着西部山脉传入四川的。

18 有关玛瑙珠的讨论，见：Jessica Rawson, 'Ordering the Exotic: Ritual Practices in the Late Western and Early Eastern Zhou', *Artibus Asiae* 73 (2013), pp. 5–76。

19　有关西周的历史，见：Edward L. Shaughnessy, 'Western Zhou History', in Michael Loewe and Edward L. Shaughnessy (eds.), *The Cambridge History of Ancient China: From the Origins of Civilization to 221 BC* (Cambridge University Press, 1999), pp. 293–351。

20　David Pankenier, 'The Cosmo-Political Background of Heaven's Mandate', *Early China* 20 (1995), pp. 121–76. 相比商末周初，东周对吉兆的表达更加关注。

21　本段引文引自《逸周书·世俘》，夏含夷的英文翻译和相关讨论见：Edward L. Shaughnessy, *Before Confucius: Studies in the Creation of the Chinese Classics* (State University of New York Press, 1997), p. 32。有关《逸周书》的讨论及其他问题，见：Yegor Grebnev, *Mediation of Legitimacy in Early China: A Study of the Neglected Zhou Scriptures and the Grand Duke Traditions* (Columbia University Press, 2022)。

22　英文翻译和相关讨论见：Edward L. Shaughnessy, *Before Confucius: Studies in the Creation of the Chinese Classics* (State University of New York Press, 1997), p. 33。

23　有关此处传世文献中的内容，其中一个重要的资料来源可参见：Michael Loewe (ed.), *Early Chinese Texts: A Bibliographical Guide* (Society for the Study of Early China and the Institute of East Asian Studies, 1993)，有关《尚书》的内容可参见第 376-389 页。关于此书的评论和断代，见：Michael Nylan, *The Five "Confucian" Classics* (Yale University Press, 2001)。有关《诗经》的内容，见：Michael Loewe (ed.), *Early Chinese Texts: A Bibliographical Guide* (Society for the Study of Early China and the Institute of East Asian Studies, 1993), pp.415-23。有关《诗经》流传最广的英译本，见：Arthur Waley, *The Book of Songs* (George Allen & Unwin, 1937)。

24　犹如众星捧月般，周人很早便拥有了一众追随者。他们拥有各自的习俗和传统，但同时也受到周人的吸引，甘愿加入大业之中。对这种现象更广泛的讨论，见：David Graeber and Marshall Sahlins, *On Kings* (Hau Books, 2017)。

25　有关相关墓葬中带有悬铃的青铜礼器（特别是方座簋），见：Chen Beichen, *Cultural Interactions During the Zhou Period (c.a. 1000–350 B.C.): A Study of Networks from the Suizao Corridor* (Archaeopress, 2019)。一个有趣的例子来自大河口霸国墓地的墓葬 M1，见：谢尧亭等，《山西翼城大河口西周墓地一号墓发掘》，《考古学报》，2020 年第 2 期，第 177-290 页，图 42。

26　正如第 2 章所述，这些墓葬中的壁龛显示了墓主与黄土高原北部的接触。同时壁龛也在北方的一些遗址中被发现，如陕西旬邑的下魏洛遗址，这些内容也在第 2 章中有所讨论。

27　这些青铜礼器的外形可以与安阳孝民屯铸铜作坊中出土的陶范相匹配，见：岳占伟，《2000—2001 年安阳孝民屯东南地殷代铸铜遗址发掘报告》，《考古学报》，2006 年第 3 期，第 351-384 页。这是一个极令人震惊的重要发现。我们再次强调，这些铸造精美的青铜礼器可能源自东方，在商王室或周王室的监督下铸造，最终来到了西部，出现在石鼓山和戴家湾的墓葬当中，见：刘军社等，《陕西宝鸡石鼓山西周墓葬发掘简报》，《文物》，2013 年第 2 期，第 4-54 页；王占奎等，《陕西宝鸡石鼓山商周墓地 M4 发掘简报》，《文物》，2006 年第 1 期，第 4-52 页。另一个有趣的对比，特别是对二战前宝鸡地区出土的青铜器的详细描述和配图，见：陈昭容，《宝鸡戴家湾与石鼓山出土商周青铜器》，2015 年。同样重要的还有石鼓山和戴家湾青铜器的铭文中，至少有一个名字或族徽也在纸坊头的夨国墓地中被发现，见：刘军社等，《陕西宝鸡纸坊头西周早期墓葬清理简报》，《文物》，2007 年第 8 期，第 28-47 页，图 35.1。

28 关于周王朝的早期墓葬或遗址中出土的青铜器，见：黄铭崇，《从考古发现看西周墓葬的"分器"现象与西周时代礼器制度的类型与阶段》，《"中央研究院"历史语言研究所集刊》，第 83 卷第 4 期，2012 年（上篇）；第 84 卷第 1 期，2013 年（下篇）。

29 Yan Sun, *Many Worlds Under One Heaven: Material Culture, Identity, and Power in the Northern Frontiers of the Western Zhou, 1045–771 BCE* (Columbia University Press, 2021), p.64.

30 《尚书·周书·牧誓》。英文翻译见：James Legge, *The Ch'un Ts'ew with the Tso Chuen. The Chinese Classics: With a Translation, Critical and Exegetical Notes, Prolegomena, and Copious Indexes* (1865, repr. Taipei: SMC Publishing, 1991), vol.3, part I, pp. 300–301. 有关《牧誓》的讨论，见：Michael Nylan, *The Five "Confucian" Classics* (Yale University Press, 2001), p. 135。

31 另一篇铭文记录了周人在东北地区的活动，同时也表明了他们在争夺和控制土地的行动中利用了不同的群体，见：Constance A. Cook and Paul R. Goldin (eds.), *A Source Book of Ancient Chinese Bronze Inscriptions* (Society for the Study of Early China, 2016), pp. 18–20。

32 有关周王室的分封，以及那些拥有王室血统的姬姓诸侯的重要地位，见：Edward L. Shaughnessy, 'Western Zhou History', in Michael Loewe and Edward L. Shaughnessy (eds.), *The Cambridge History of Ancient China: From the Origins of Civilization to 221 BC* (Cambridge University Press, 1999), p. 312。

33 Edward L. Shaughnessy, 'Western Zhou History', in Michael Loewe and Edward L. Shaughnessy (eds.), *The Cambridge History of Ancient China: From the Origins of Civilization to 221 BC* (Cambridge University Press, 1999), p. 305。

34 相关讨论见：Edward L. Shaughnessy, *Sources of Western Zhou History: Inscribed Bronze Vessels* (University of California Press, 1991), pp. 87–105。有关铭文第二行内容的争论不绝于耳。

35 Fong Wen (ed.), *The Great Bronze Age of China: An Exhibition from the People's Republic of China* (Metropolitan Museum of Art, 1980), no. 41.

36 相关讨论见：Fong Wen (ed.), *The Great Bronze Age of China: An Exhibition from*

the People's Republic of China (Metropolitan Museum of Art, 1980), no. 42; 另见：Maria Khayutina, 'The Story of the He Zun: From Political Intermediary to National Treasure', *Orientations* 50 (2019), pp. 54–60。

37 关于周王室的具体世系和统治的绝对年代，学界有着广泛的讨论和争议。本书的年代数据参考：Edward L. Shaughnessy, *Sources of Western Zhou History: Inscribed Bronze Vessels* (University of California Press, 1991), p. xix。夏商周断代工程将周康王在位时间拟定为公元前 1020—前 996 年，将周昭王在位时间拟定为公元前 995—前 977 年。此外，中国学界普遍认为，何尊铸造于周成王五年（公元前 1038 年）。

38 一个突出的例子来自陕西庄白村出土的微氏家族青铜器，包括史墙盘在内的铜器铭文为周王室的世系顺序的确定提供了有力的佐证，见：Edward L. Shaughnessy, *Sources of Western Zhou History: Inscribed Bronze Vessels* (University of California Press, 1991), pp. 3–4。

39 Jessica Rawson, 'Ancient Chinese Rituals as Seen in the Material Record', in J. P. McDermott (ed.), *State and Court Ritual in China* (Cambridge University Press, 1999), pp. 20–49.

40 Michael Nylan, *The Five "Confucian" Classics* (Yale University Press, 2001), p. 5.

41 有关"大一统"的概念演进，见：Yuri Pines, *The Everlasting Empire: The Political Culture of Ancient China and Its Imperial Legacy* (Princeton University Press, 2012), pp. 11-43。

42 吉德炜认为，在商周时期高等贵族之间的战斗非常少见，见：David Keightley, 'Clean Hands and Shining Helmets: Heroic Action in early Chinese and Greek Culture', in David N. Keightley, *These Bones Shall Rise Again: Selected Writings on Early China* (SUNY Press, 2014), pp. 253–81.

43 有关柳叶剑和更远的北方地区青铜武器的对比，见：李刚，《中国北方青铜器的欧亚草原文化因素》，文物出版社，2011 年，第 57-58 页；又见：乌恩岳斯图，《北方草原考古学文化比较研究——青铜时代至早期匈奴时期》，科学出版社，2008 年，第 18 页。使用柳叶剑的传统似乎不太可能在四川或西北地区独立出现。它们一定是彼此关联的，可能都受到了来自更加靠西地区的影响，包括新疆在内。石鼓山 M3 中出土的青铜胫甲提供了与西方联系的证据，见：刘军社等，《陕西宝鸡石鼓山西周墓葬发掘简报》，《文物》，2013 年第 2 期，第 13 页，图 15。这件胫甲似乎是一种在西亚甚至是西欧地区更为常见的盔甲的一部分，见：陈坤龙等，《陕西宝鸡石鼓山新出西周铜甲的初步科学分析》，《文物》，2015 年第 4 期，第 68-75 页。对盔甲的兴趣暗示另一种来自西方战争的特点，见：V. I. Matyushchenko and G. V. Sinitsyna, *Mogil'nik u Derevni Rostovka Blizi Omska* (Tomsk State University, 1988)。另一种可能来自西方的武器是管銎斧，见：张文立、林沄，《黑豆嘴类型青铜器中的西来因素》，《考古》，2004 年第 5 期，第 65-73 页。同时，本章注释 48 也有一例，显示柳叶剑与其他北方风格的武器的共存关系。

44 关于权杖头的分布，见：Li Shuicheng, 'The Mace-Head: A Significant Evidence of the Early Cultural Interaction between West and East', *Social Evolution & History* 17 (2018), pp. 258–72。

45 对此的详细阐述，见：Yan Sun, 'A Divergent Life History of Bronze Willow-Leaf-Shaped Swords of Western Zhou China from the Eleventh to the Tenth Century BCE: Shaping the Life History of Objects', in Francis Allard, Yan Sun and Kathryn M. Linduff (eds.), *Memory and Agency in Ancient China: Shaping the Life History of Objects* (Cambridge University Press, 2018), pp. 120–51。有关叶家山墓地M1中出土的柳叶剑，见：黄凤春等，《湖北随州叶家山西周墓地发掘简报》，《文物》，2011年第11期，第4-60页，第53页，图81；有关叶家山墓地M111中出土的鸟形铜觥，见：黄凤春等，《湖北随州叶家山M111发掘简报》，《江汉考古》，2020年第2期，第3-86页，第65页，图31。

46 关于此墓的发掘报告，见：谢尧亭等，《山西翼城大河口西周墓地一号墓发掘》，《考古学报》，2020年第2期，第177-290页。有关媵器和联姻关系，见：Yan Sun, *Many Worlds Under One Heaven: Material Culture, Identity, and Power in the Northern Frontiers of the Western Zhou, 1045–771 BCE* (Columbia University Press, 2021), pp. 136–9。

47 此观点是基于孙岩关于柳叶剑的讨论，详见：Yan Sun, 'A Divergent Life History of Bronze Willow-Leaf-Shaped Swords of Western Zhou China from the Eleventh to the Tenth Century BCE: Shaping the Life History of Objects', in Francis Allard, Yan Sun and Kathryn M. Linduff (eds.), *Memory and Agency in Ancient China: Shaping the Life History of Objects* (Cambridge University Press, 2018)。

48 有关周人四驾战车的讨论，见：Wu Hsiao-yun, *Chariots in Early China: Origins, Cultural Interaction and Identity* (Archaeopress, 2013), pp. 63–6，吴晓筠同时也提出，柳叶剑是北方传统武器的一部分。

49 Esther Jacobson-Tepfer, 'The Emergence of Cultures of Mobility in the Altai Mountains of Mongolia: Evidence from the Intersection of Rock Art and Paleoenvironment', in Hans Barnard and Willeke Wendrich (eds.), *The Archaeology of Mobility: Old World and New World Nomadism* (Cotsen Institute of Archaeology, University of California, 2008), pp. 200–29.

50 《诗经·小雅·采薇》。英文翻译见：Arthur Waley, *The Book of Songs* (George Allen & Unwin, 1937), p. 123。

51 相关讨论可见：Igor V. Chechushkov, Andrey V. Epimakhov and Andrei G. Bersenev, 'Early Horse Bridle with Cheekpieces as a Marker of Social Change: An Experimental and Statistical Study', *Journal of Archaeological Science* 97 (2018), pp. 125–36。

52 Shū Takahama, 'Two Technical Traditions of Casting Horse Bits in China and Their Relationships with the Steppe Area', *Asian Archaeology* 3 (2020), pp. 47–57.

53 Jessica Rawson, Huan Limin and William T. T. Taylor,'Seeking Horses: Allies, Clients and Exchanges in the Zhou Period (1045–221 BC)', *Journal of World Prehistory* 34 (2021), pp. 489–530.

54 《左传·昭公四年》，英文翻译见：Stephen W. Durrant, Wai-yee Li and David Schaberg, *Zuo Tradition / Zuozhuan: Commentary on the 'Spring and Autumn Annals'*, 3 vols. (University of Washington Press, 2016), p. 1365。德行和礼仪高于军事实力，这种表述在之后的许多朝代也被公开宣扬，不仅反映了文人在道德层面的主张，同时也表现出中央王朝在面对黄土高原和草原游牧民族时自身的优越感。

55 关于富含硒的区域，见：Jessica Rawson, Huan Limin and William T. T. Taylor, 'Seeking Horses: Allies, Clients and Exchanges in the Zhou Period (1045–221 BC)', *Journal of World Prehistory* 34 (2021), pp. 489–530。

56 Li Feng, *Landscape and Power in Early China: The Crisis and Fall of the Western Zhou, 1045–771 BC* (Cambridge University Press, 2006), pp. 141–92.

57 这些铭文通常被称为"册命"铭文，礼物的接收者通常会被授予职位或赐予土地。然而，我们在这里更加关注礼物的赠予，就像夏含夷在他的书中所强调的有关这种赠予制度的长期影响，见：Edward L. Shaughnessy, *Sources of Western Zhou History: Inscribed Bronze Vessels* (University of California Press, 1991), pp. 73–6, and 85–7。

58 Constance A. Cook and Paul R. Goldin (eds.), *A Source Book of Ancient Chinese Bronze Inscriptions* (Society for the Study of Early China, 2016), pp. 204–9.

59 Li Feng, *Landscape and Power in Early China: The Crisis and Fall of the Western Zhou, 1045–771 BC* (Cambridge University Press, 2006), pp. 180–87.

60 通常情况下，青铜器的年代判定所依据的是铭文中提到的周王、作器者等信息。陕西庄白村窖藏出土的铜器涉及多位家族先祖以及周王的名字，从而提供了可靠的族谱和世系，相关讨论见：Jessica Rawson, 'Western Zhou Archaeology', in Michael Loewe and Edward L. Shaughnessy (eds.), *The Cambridge History of Ancient China: From the Origins of Civilization to 221 BC* (Cambridge University Press,1999), pp. 352–449。有关庄白青铜器的铭文，见：Constance A. Cook and Paul R. Goldin, *A Source Book of Ancient Chinese Bronze Inscriptions* (Society for the Study of Early China, 2016), pp. 43–52。

61 有关新发现的文献及其相关讨论，见：Chen Minzhen and Yuri Pines, 'Where Is King Ping? The History and Historiography of the Zhou Dynasty's Eastward Relocation', *Asia Major* 31 (2018), pp. 1–27。

62 有关秦人的到来，见：Yuri Pines, Gideon Shelach-Lavi, Lothar von Falkenhausen and Robin D. S. Yates (eds.), *Birth of an Empire: The State of Qin Revisited* (University of California Press, 2014), p. 53。

第 6 章　逢新感旧

1　Edward L. Shaughnessy,'Western Zhou History', in Michael Loewe and Edward L. Shaughnessy (eds.), *The Cambridge History of Ancient China: From the Origins of Civilization to 221 BC* (Cambridge University Press, 1999), pp. 293-351; Li Feng, *Landscape and Power in Early China: The Crisis and Fall of the Western Zhou, 1045–771 BC* (Cambridge University Press, 2006), pp. 105-9.

2　人们不断努力去填补这段空白，并在最近发现的竹简上得到了新的线索。这些新材料改变了人们对东迁洛邑时间上的传统认识。详见: Chen Minzhen and Yuri Pines,'Where Is King Ping? The History and Historiography of the Zhou Dynasty's Eastward Relocation', *Asia Major* 31 (2018), pp. 1-27。

3　关于以姬姓为首的诸侯分封，可参见本书第 5 章的讨论，扩展内容见: Edward L. Shaughnessy,'Western Zhou History', in Michael Loewe and Edward L. Shaughnessy (eds.), *The Cambridge History of Ancient China: From the Origins of Civilization to 221 BC* (Cambridge University Press, 1999), p. 312。

4　Li Feng, *Landscape and Power in Early China: The Crisis and Fall of the Western Zhou, 1045–771 BC* (Cambridge University Press, 2006), pp. 84-8; Yitzchak Jaffe and Cao Bin,'Communities of Mortuary Practice: A Renewed Study of the Tianma-Qucun Western Zhou Cemetery', *Cambridge Archaeological Journal* 28 (2018), pp. 23-44; Jay Xu,'The Cemetery of the Western Zhou Lords of Jin', *Artibus Asiae* 56 (1996), pp. 193-231. 相关考古报告见: 北京大学考古学系商周组、山西省考古研究所，《天马-曲村（1980—1989）》，科学出版社，2000 年。

5　有关霸国，见: 谢尧亭等，《山西翼城大河口西周墓地一号墓发掘》，《考古学报》，2020 年第 2 期，第 177-290 页。有关倗国，见: 谢尧亭等，《山西绛县横水西周墓地 M2158 发掘简报》，《考古》，2019 年第 1 期，第 15-59 页。更多讨论见: Jessica Rawson, Huan Limin and William T. T. Taylor,'Seeking Horses: Allies, Clients and Exchanges in the Zhou Period (1045-221 BC)', *Journal of World Prehistory* 34 (2021), 489-530。关于倗国在更广泛的周代历史中的作用，见: Maria Khayutina,'The Tombs of the Rulers of Peng and Relationships between Zhou and Northern Non-Zhou Lineages (Until the Early Ninth Century BC)', in Edward L. Shaughnessy (ed.), *Imprints of Kinship: Studies of Recently Discovered Bronze Inscriptions from Ancient China* (CUHK Press, 2017), pp.71-132。

6　有关芮桓公的墓葬，见: 孙秉君等，《陕西韩城梁带村遗址 M27 发掘简报》，《考古与文物》，2007 年第 6 期，第 3-22 页。关于芮桓公夫人墓，见: 孙秉君等，《陕西韩城梁带村遗址 M26 发掘简报》，《文物》，2008 年第 1 期，第 4-21 页。另外一本更加详细的报告为: 陕西省考古研究院等，《梁带村芮国墓地：2007 年度发掘报告》，文物出版社，2010 年。

7　新来者也同样模仿了斜坡墓道和墓葬深埋的习惯，如西周中期位于陕西岐山孔头沟遗址的例子，可参见：王洋、种建荣、雷兴山、王占奎，《陕西岐山县孔头沟遗址西周墓葬 M10 的发掘》，《考古》，2021 年第 9 期，第 24-42 页。

8　David N. Keightley, *The Ancestral Landscape: Time, Space, and Community in Late Shang China (ca. 1200–1045 BC)* (Institute of East Asian Studies, University of California, 2000), pp. 86–93. 本文提到了商代甲骨文中有关四方的记载，但是我们并没有在商代或西周时期的文字材料中找到任何有关地理上的四个主要方向的明确认识，类似的观点到了周代晚期甚至是汉代才逐渐变得系统化。

9　这样的装饰安排曾在上海博物馆的一次展览中被展示，相关图录出版于 2012 年，见：上海博物馆、陕西省考古研究院，《金玉华年——陕西韩城出土周代芮国文物珍品》，上海书画出版社，2012 年。

10　这些串饰主要由玛瑙珠和料珠组成，后者是一种混合了粉末状黏土、石灰石、苏打和硅砂的材料，通常呈现蓝色或绿松石色。红玛瑙非常受欢迎，特别是在印度河流域和西亚地区，见：Jonathan M. Kenoyer, Massimo Vidale and Kuldeep Kumar Bhan, 'Contemporary Stone Beadmaking in Khambhat, India: Patterns of Craft Specialization and Organization of Production as Reflected in the Archaeological Record', *World Archaeology* 23 (1991), pp. 44–63。料珠在西亚、北非（尤其是埃及地区）也非常流行。芮国对串饰的兴趣表明其与拥有西亚串饰资源的游牧民族有着密切甚至是跨区域的联系。

11　梁带村东部和南部的其他地方势力的首领也会采用这种新风格，只是更加简化，规模也更小。见：河南省文物考古研究所、三门峡文物工作队，《三门峡虢国墓》（第一卷下册），文物出版社，1999 年，图版十三。

12　在对草原文化的描述中，我们已经多次见到了这些重要的墓葬，见：Hermann Parzinger (ed.), *Im Zeichen des Goldenen Greifen: Königsgräber der Skythen* (Prestel, 2007)；Barry W. Cunliffe, *The Scythians: Nomad Warriors of the Steppe* (Oxford University Press, 2019); St John Simpson and Svetlana Pankova (eds.), *Scythians: Warriors of Ancient Siberia* (Thames & Hudson, 2017)。关于阿尔赞墓地的一号冢，见：Michail P. Grjaznov, *Der Grosskurgan von Arzan in Tuva, Südsibirien* (Beck, 1984)。关于阿尔赞墓地的二号冢，见：Konstantin V. Chugunov, Hermann Parzinger and Anatoli Nagler, *Der Skythenzeitliche Fürstenkurgan Aržan 2 in Tuva* (Philipp von Zabern, 2010)。

13　Jessica Rawson, 'Gold, an Exotic Material in Early China', in Katheryn M. Linduff and Karen S. Rubinson (eds.), *How Objects Tell Stories: Essays in Honor of Emma C. Bunker* (Brepols Publishers, 2018), pp. 109–35.

14　关于芮桓公墓葬内出土的所有金器，见：孙秉君、蔡庆良，《芮国金玉选粹——陕西韩城春秋宝藏》，三秦出版社，2007 年；同时可参见：Yang Junchang, Paul Jett and Chen Jianli, *Gold in Ancient China (2000–200 BCE)* (Cultural Relics Press, 2017); Jessica Rawson, 'Gold, an Exotic Material in Early China', in Katheryn M. Linduff and Karen S. Rubinson (eds.), *How Objects Tell*

15 有关骑马的证据十分有限。一般认为，到了公元前 9 世纪以及阿尔赞墓地的一号冢的建造时期（此时马被大量献祭），骑兵作战已成为权力的主要来源之一。

16 谢尧亭等，《山西翼城大河口西周墓地 1017 号墓发掘》，《考古学报》，2018 年第 1 期，第 89-140 页。

17 新疆可能是铁器生产的来源，见: Wu Guo, 'From Western Asia to the Tianshan Mountains: On the Early Iron Artefacts Found in Xinjiang', in Jianjun Mei and Thilo Rehren (eds.), *Metallurgy and Civilisation: Eurasia and Beyond* (Archetype Publications, 2009), pp. 107–15。关于铁器特别是铁制武器在草原地区普及情况的概述，见: Jeannine Davis-Kimball, Vladimir A. Bashilov and Leonid T. Yablonsky (eds.), *Nomads of the Eurasian Steppes in the Early Iron Age* (Zinat Press, 1995)。铁作为贵金属被选择并传入中原地区的路径我们尚不清楚。

18 有关铁刃铜削的插图，见: 孙秉君等，《陕西韩城梁带村遗址 M27 发掘简报》，《考古与文物》，2007 年第 6 期，第 14 页，图 19.1。

19 绛县横水的倗国墓地，其墓葬大都选择浅埋，详见: 陈海波等，《山西绛县横水西周墓地 M2055 发掘简报》，《江汉考古》，2022 年第 2 期，第 38-60 页；另见: 谢尧亭等，《山西绛县横水西周墓地 1011 号墓发掘报告》，《考古学报》，2022 年第 1 期，第 75-148 页。

20 关于更多类似例子，可参见: Lothar von Falkenhausen, 'Forerunners of the Houma Bronze Styles: The Shangguo Sequence', 《故宫学术季刊 (23)》，2005 年, 第 111–174 页；孙华等，《曲村遗址北赵晋侯墓地第二次发掘》，《文物》，1994 年第 1 期，第 4-28 页。

21 关于晋国墓地出土的这些缩微青铜器复制品，见: 徐天进等，《天马-曲村遗址北赵晋侯墓地第五次发掘》，《文物》，1995 年第 7 期，第 4-39 页。

22 山西省考古研究所等，《山西绛县横水西周墓发掘简报》，《文物》，2006 年第 8 期，第 4-18 页。同时，关于此地女性墓葬中出土的北方风格陶器，见: Maria Khayutina, 'The Tombs of the Rulers of Peng and Relationships between Zhou and Northern Non-Zhou Lineages (Until the Early Ninth Century BC)', in Edward L. Shaughnessy (ed.), *Imprints of Kinship: Studies of Recently Discovered Bronze Inscriptions from Ancient China* (CUHK Press, 2017), pp.71–132。

23 本书第 2 章中曾有讨论。又见: 陈芳妹，《商周"稀有"青铜器类的文化意涵——所谓"边缘"文化研究的意义》，《台湾大学美术史研究集刊 (19)》，2005 年，第 1-62 页；同时可对比 Maria Khayutina, 'The Tombs of the Rulers of Peng and Relationships between Zhou and Northern Non-Zhou Lineages (Until the Early Ninth Century BC)', in Edward L. Shaughnessy (ed.), *Imprints of Kinship: Studies of Recently Discovered Bronze Inscriptions from Ancient China* (CUHK

Press, 2017), pp.84–96。

24　Maria Khayutina, 'Marital Alliances and Affinal Relatives (Sheng and Hungou) in the Society and Politics of Zhou China in the Light of Bronze Inscriptions', *Early China* 37 (2014), pp. 39–99.

25　这里出现的神秘梯形牌饰曾经在博物馆库房中放置了几十年之久，其功能尚不清楚。这种形状并不是传统玉器的常见形态，具有直边和尖角，以及许多细小的穿孔。在早期，类似设计的牌饰可能是木制或者骨制的。有关这些珠饰在中国的使用及其可能来源（这里特指欧亚草原的西部）的讨论，见：Jessica Rawson, 'Ordering the Exotic: Ritual Practices in the Late Western and Early Eastern Zhou', *Artibus Asiae* 73 (2013), pp.5–76; Jessica Rawson, 'Carnelian Beads, Animal Figures and Exotic Vessels: Traces of Contact Between the Chinese States and Inner Asia, c. 1000–650 BC', *Archaeologie in China* 1 (2010), pp. 1–42。有关这些串饰来源的进一步讨论，见：Jenny F. So, 'Connecting Friend and Foe: Western Zhou Personal Regalia in Jade and Colored Stones', *Archaeological Research in Asia* 19 (2019), 100108。关于珠饰在中国使用情况的讨论，见：黄翠梅，《流光溢彩、翠绕珠围——西周至春秋早期的梯形牌联珠串饰》，收录于陈光祖，《金玉交辉——商周考古、艺术与文化论文集》，"中央研究院"历史语言研究所，2013年，第559-600页。

26　最近有关东亚地区玛瑙珠的讨论及其向西的联系，见：Jonathan Mark Kenoyer et al., 'Carnelian Beads in Mongolia: New Perspectives on Technology and Trade', *Archaeological and Anthropological Sciences* 14 (2021)。

27　Jessica Rawson, Huan Limin and William T. T. Taylor, 'Seeking Horses: Allies, Clients and Exchanges in the Zhou Period (1045–221 BC)', *Journal of World Prehistory* 34 (2021), 489–530. 根据该文，对马匹的需求也将相关的材料和技术带入了农耕地区。在之后的几百年间，草原地带也进行着物质交换，见：William Honeychurch, *Inner Asia and the Spatial Politics of Empire: Archaeology, Mobility, and Culture Contact* (Springer, 2015)。这些交流和互动是后来的丝绸之路的重要成因之一，见：Nicola Di Cosmo, 'The "Birth" of the Silk Road between Ecological Frontiers and Military Innovation', in Jeffrey D. Lerner and Yaohua Shi (eds.), *Silk Roads: From Local Realities to Global Narratives* (Oxbow, 2020), pp. 11–20。

28　有关晋侯墓地出土的珠饰和玉器，见：李夏廷、张奎，《天马-曲村遗址北赵晋侯墓地第四次发掘》，《文物》，1994年第8期，第4-21页。

29　有关这些玉器的图片，见：孙秉君、蔡庆良，《芮国金玉选粹——陕西韩城春秋宝藏》，三秦出版社，2007年。

30　寓意吉祥观念的形成源于长期进行各种形式的占卜，以及对自然现象的解读。有关中国早期祥瑞图像的研究非常有限，见：Wu Hung, 'A Sanpan Shan Chariot Ornament and the *Xiangrui* Design in Western Han Art', *Archives of Asian*

Art 37 (1984), pp. 38–59; Jessica Rawson, 'Cosmological Systems as Sources of Art, Ornament and Design', *Bulletin of the Museum of Far Eastern Antiquities* 72 (2000), pp. 133–89; Jessica Rawson, 'Ornament in China', in Martin J. Powers and Katherine R. Tsiang (eds.), *A Companion to Chinese Art* (John Wiley & Sons, 2016), pp. 371–91。

31 有关玉衣对主人的保护作用，相关讨论见：James C. S. Lin, 'Armour for the Afterlife', in Jane Portal (ed.), *The First Emperor: China's Terracotta Army* (British Museum, 2007), pp.181–3; James C. S. Lin (ed.),*The Search for Immortality: Tomb Treasures of Han China* (Yale University Press, 2012)。

32 对于西周时期周王室礼物的相关讨论，见：Jessica Rawson, Huan Limin and William T. T. Taylor, 'Seeking Horses: Allies, Clients and Exchanges in the Zhou Period (1045–221 BC)', *Journal of World Prehistory* 34 (2021), 489–530 ; 类似的行为一直持续到公元前 8 世纪，见：Constance A. Cook and Paul R. Goldin, *A Source Book of Ancient Chinese Bronze Inscriptions* (Society for the Study of Early China, 2016), pp. 18–20。本书第 8 章也对此有进一步讨论。

33 Nicola Di Cosmo, *Ancient China and Its Enemies: The Rise of Nomadic Power in East Asian History* (Cambridge University Press, 2002).

34 英文翻译及相关讨论见：Li Feng, *Landscape and Power in Early China: The Crisis and Fall of the Western Zhou, 1045–771 BC* (Cambridge University Press, 2006), p. 147; Constance A. Cook and Paul R. Goldin, *A Source Book of Ancient Chinese Bronze Inscriptions* (Society for the Study of Early China, 2016), p. 187。

35 锻造工艺是由来自更远的西北地区的族群引入农耕地区的，技术层面的讨论见：陈坤龙等，《梁带村两周墓地出土青铜器初步检测分析》，《考古与文物》，2009 年第 6 期，第 91-95 页。

36 V. I. Matyushchenko and G. V. Sinitsyna, *Mogil'nik u Derevni Rostovka Blizi Omska (The Burial Site Near the Village of Rostovka in Omsk Suburbs)* (Tomsk State University, 1988).

37 相关发现中，最著名的是在安阳发现的青铜胄，见：蔡玫芬、朱乃诚、陈光祖，《武丁与妇好——殷商盛世与文化艺术特展》，台北故宫博物院，2012 年，第 178-179 页。

38 吉琨璋等，《山西北赵晋侯墓地一号车马坑发掘简报》，《文物》，2010 年第 2 期，第 4-22 页。

39 我曾将这一变化称为 "ritual revolution"（礼制革命），见：Jessica Rawson, 'A Bronze-Casting Revolution in the Western Zhou and Its Impact on Provincial Industries', in Robert Maddin (ed.), *The Beginning of the Use of Metals and Alloys: Papers from the Second International Conference on the Beginning of the Use of Metals and Alloys, Zhengzhou, China, 21–26 October 1986* (MIT Press, 1988), pp. 228–38。罗泰支持了这一观点，并使用了 "ritual reform" 词组，见：Lothar

von Falkenhausen, *Chinese Society in the Age of Confucius (1000–250 BC): The Archaeological Evidence* (Cotsen Institute of Archaeology, University of California, 2006), pp. 70–78。

40　Lothar von Falkenhausen, *Chinese Society in the Age of Confucius (1000–250 BC): The Archaeological Evidence* (Cotsen Institute of Archaeology, University of California, 2006), pp. 98–111.

41　以真实物品为基础进行的实践和相关概念的实现，见：Jessica Rawson, 'Chinese Burial Patterns: Sources of Information on Thought and Belief', in Colin Renfrew and Christopher Scarre (eds.), *Cognition and Material Culture: The Archaeology of Symbolic Storage* (McDonald Institute for Archaeological Research, 1998), pp. 107–33。

42　Jessica Rawson, 'Ordering the Material World of the Western Zhou', *Archaeological Research in Asia* 19 (2019), 100096.

43　Jessica Rawson, 'Ancient Chinese Rituals as Seen in the Material Record', in J. P. McDermott, *State and Court Ritual in China* (Cambridge University Press, 1999), pp. 20–49.

44　有关庄白一号窖藏的讨论，以及对礼制革命的呈现，见：Jessica Rawson, 'Western Zhou Archaeology', in Michael Loewe and Edward L. Shaughnessy (eds.), *The Cambridge History of Ancient China: From the Origins of Civilization to 221 BC* (Cambridge University Press, 1999), pp. 433–40; 以及 Jessica Rawson, *Western Zhou Ritual Bronzes from the Arthur M. Sackler Collections* (Arthur M. Sackler Foundation, 1990), pp. 93–114。

45　对于器物变化是由中心制定的重大变革所引起的说法，李峰提出了一定的异议，见：Li Feng, *Landscape and Power in Early China: The Crisis and Fall of the Western Zhou, 1045–771 BC* (Cambridge University Press, 2006), pp. 151-2；另见：Paul Vogt, 'Between Kin and King: Social Aspects of Western Zhou Ritual', PhD dissertation (Columbia University, 2012)。当然，将这一重大的礼制革命事件定位到公元前10世纪的说法，与公元前9世纪晚期这些新出现的青铜礼器并不相符。

46　Lothar von Falkenhausen, *Chinese Society in the Age of Confucius (1000–250 BC): The Archaeological Evidence* (Cotsen Institute of Archaeology, University of California, 2006), pp. 56–64.

47　Jessica Rawson, 'Novelties in Antiquarian Revivals: The Case of the Chinese Ritual Bronzes', 《故宫学术季刊(22)》, 2004年, 第1-34页；另见 Jessica Rawson, 'Reviving Ancient Ornament and the Presence of the Past: Examples from Shang and Zhou Bronze Vessels', in Wu Hung (ed.), *Reinventing the Past: Archaism and Antiquarianism in Chinese Art and Visual Culture* (University of Chicago, 2010), pp. 47–76。

48 孙秉君等，《陕西韩城梁带村遗址 M27 发掘简报》，《考古与文物》，2007 年第 6 期，第 14 页，图 8、9.4、9.6；梁带村遗址管理处，《梁带村遗址博物馆》，陕西科学技术出版社，2018 年，第 64-65 页。

49 与芮桓公不同，他的家族先辈（墓葬 M502 的墓主）似乎没有太多获得传世品的机会。相反，先辈拥有一些无法使用的缩微仿制品。这些缩微的器物是对家族历史的反映，映射出芮国氏族在渭河流域生活的情形，当时他们很可能使用着来自不同年代的青铜器。见：陕西省考古研究院等，《梁带村芮国墓地：2007 年度发掘报告》，文物出版社，2010 年，图版 27-8。关于这一情形的深入讨论，见：Jessica Rawson, 'Novelties in Antiquarian Revivals: The Case of the Chinese Ritual Bronzes', 《故宫学术季刊（22）》, 2004 年，第 1-34 页。

50 关于一件私人收藏的青铜器，参见：首阳斋等，《首阳吉金：胡盈莹、范季融藏中国古代青铜器》，上海古籍出版社，2008 年，第 34 件；另见：Maria Khayutina, 'Kinship, Marriage and Politics in Early China (13–8 c. BCE) in the Light of Ritual Bronze Inscriptions', Habilitation thesis (Ludwig Maximilian University of Munich, 2017), pp. 308-10。

51 有关这篇铭文的评述，见：Edward L. Shaughnessy, *Sources of Western Zhou History: Inscribed Bronze Vessels* (University of California Press, 1991), pp.1–4, 245–7; Martin Kern, 'Bronze Inscriptions, the *Shijing* and the *Shangshu*: The Evolution of the Ancestral Sacrifice During the Western Zhou', in John Lagerwey and Marc Kalinowski (eds.), *Early Chinese Religion*, part 1: *Shang through Han (1250 BC–220 AD)* (Brill, 2009), p. 153–5。

52 Maria Khayutina, 'The Beginning of Cultural Memory Production in China and the Memory Policy of the Zhou Royal House During the Western Zhou Period (ca. Mid-11th–Early 8th Century BCE)', *Early China* 44 (2021), pp. 19–108.

53 柯马丁的研究对于讨论西周晚期青铜器上显示的礼制革命是一个重要的补充，详见：Martin Kern, 'Bronze Inscriptions, the *Shijing* and the *Shangshu*: The Evolution of the Ancestral Sacrifice During the Western Zhou', in John Lagerwey and Marc Kalinowski (eds.), *Early Chinese Religion*, part 1: *Shang through Han (1250 BC–220 AD)* (Brill, 2009)。

54 《诗经·周颂·维天之命》。英文翻译及相关讨论见：Martin Kern, 'Bronze Inscriptions, the *Shijing* and the *Shangshu*: The Evolution of the Ancestral Sacrifice During the Western Zhou', in John Lagerwey and Marc Kalinowski (eds.), *Early Chinese Religion*, part 1: *Shang through Han (1250 BC–220 AD)* (Brill, 2009), p. 165。

55 Martin Kern, 'Bronze Inscriptions, the *Shijing* and the *Shangshu*: The Evolution of the Ancestral Sacrifice During the Western Zhou', in John Lagerwey and Marc Kalinowski (eds.), *Early Chinese Religion*, part 1: *Shang through Han (1250 BC–220 AD)* (Brill, 2009), pp. 165-9.

56 在以往的研究中，《尚书》中的五诰被认为是公元前 10 世纪早期的文献。其中的《酒诰》是一篇关于酒与道德败坏之关系的讨论，它通常被认为是五诰中较为早期的文本，但现在的人们认为，这些文本很可能在公元前 9 世纪或更晚的时期，才被人修订或增补过其中的内容。

57 《诗经·小雅·楚茨》。英文翻译和相关讨论见：Martin Kern, 'Bronze Inscriptions, the *Shijing* and the *Shangshu*: The Evolution of the Ancestral Sacrifice During the Western Zhou', in John Lagerwey and Marc Kalinowski (eds.), *Early Chinese Religion*, part 1: *Shang through Han (1250 BC–220 AD)* (Brill, 2009), pp. 174-5.

58 有关这一变化的总结，见：Robert W. Bagley, 'Percussion', in Jenny F. So (ed.), *Music in the Age of Confucius* (Freer Gallery of Art and Arthur M. Sackler Gallery, 2000), pp. 35–63.

59 《诗经·周颂·有瞽》。英文翻译和相关讨论见：Martin Kern, 'Bronze Inscriptions, the *Shijing* and the *Shangshu*: The Evolution of the Ancestral Sacrifice During the Western Zhou', in John Lagerwey and Marc Kalinowski (eds.), *Early Chinese Religion*, part 1: *Shang through Han (1250 BC–220 AD)* (Brill, 2009), p. 166。

60 有关带具在古代中国地位的讨论，见：孙机，《中国古代带具》，收录于孙机，《中国古舆服论丛》，文物出版社，2001 年，第 253-292 页。有关腰带作为身份象征的讨论，见：吉村苣子，《唐代の䩞鞢带について》，《美術史》，1976 年第 3 期，第 43–54 页。

第 7 章　草原边陲

1 关于自晚商时期以来中原地区与北方人群及其马匹的持续性互动，见：Jessica Rawson, Huan Limin and William T. T. Taylor, 'Seeking Horses: Allies, Clients and Exchanges in the Zhou Period (1045– 221BC)', *Journa of World Prehistory* 34 (2021), pp.489-530; Ute Luise Dietz, '"Cimmerian" Bridles: Progress in Cavalry Technology?', in Sandra Lynn Olsen, Mary Aiken Littauer and Ingrid Rea (eds.), *Horses and Humans: The Evolution of Human-Equine Relationships* (Archaeopress, 2006), pp. 157–63。

2 Edward L. Shaughnessy, 'Western Zhou History', in Michael Loewe and Edward L. Shaughnessy (eds.), *The Cambridge History of Ancient China: From the Origins of Civilization to 221 BC* (Cambridge University Press, 1999), pp. 293-351.

3 关于此墓地的考古报告，见：北京市文物研究所，《琉璃河西周燕国墓地 1973—1977》，文物出版社，1995 年。相关讨论见：Yitzchak Jaffe, 'Materializing Identity–A Statistical Analysis of the Western Zhou Liulihe Cemetery', *Asian Perspectives* 51 (2012), pp. 47–67。

4 关于玉皇庙墓地的四卷考古报告，见：北京市文物研究所，《军都山墓地：玉皇庙》，文物出版社，2007 年。另有一部重要的相关著作，见：Peter I. Shulga, *Mogil'nik Yuykhuanmyao V Severnom Kitaye (Vii-Vi Veka Do Nashey Ery)*, (Institute of Archaeology and Ethnography SB RAS, 2015)。

5 关于文献在研究中国早期历史中的作用，见：Edward L. Shaughnessy,'Western Zhou History', in Michael Loewe and Edward L. Shaughnessy (eds.), *The Cambridge History of Ancient China: From the Origins of Civilization to 221 BC* (Cambridge University Press, 1999), pp. 293–351。西方学者有幸翻阅《左传》的完整英译本，见：Stephen W. Durrant, Wai-yee Liand David Schaberg, *Zuo Tradition/ Zuozhuan: Commentary on the 'Spring and Autumn Annals'*, 3 vols. (University of Washington Press, 2016)。

6 英文翻译见：Stephen W. Durrant, Wai-yee Li and David Schaberg, *Zuo Tradition/ Zuozhuan: Commentary on the 'Spring and Autumn Annals'*, 3 vols. (University of Washington Press, 2016), pp. 228–9。

7 《史记·匈奴列传》。英文翻译见：Burton Watson, *Records of the Grand Historian of China. Translated from the Shih Chi of Ssu-Ma Ch'ien*, 2 vols. (Columbia University Press, 1961), p. 155。

8 Nicola Di Cosmo, 'The Northern Frontier in Pre-Imperial China', in Michael Loewe and Edward L. Shaughnessy (eds.), *The Cambridge History of Ancient China: From the Origins of Civilization to 221 BC* (Cambridge University Press, 1999), pp. 885–966; Nicola Di Cosmo, 'China-Steppe Relations in Historical Perspective', in Jan Bemmann and Michael Schmauder (eds.), *Complexity of Interaction along the Eurasian Steppe Zone in the First Millennium CE* (Vor- und Frühgeschichtliche Archäologie, Rheinische Friedrich Wilhelms-Universität, 2015), pp. 49–72.

9 Nicola Di Cosmo, *Ancient China and Its Enemies: The Rise of Nomadic Power in East Asian History* (Cambridge University Press, 2002), pp. 155–8.

10 Reuvan Amitai and Michael Biran (eds.), *Nomads as Agents of Cultural Change:The Mongols and Their Eurasian Predecessors* (University of Hawai'i Press, 2014).

11 关于过去及近期游牧人群的生活记述，见：William Honeychurch, 'Alternative Complexities: The Archaeology of Pastoral Nomadic States', *Journal of Archaeological Research* 22 (2014), pp. 277–326; Anatoly M. Khazanov (trans. Julia Crookenden), *Nomads and the Outside World* (University of Wisconsin Press,1994)。关于游牧人群威严和权力的具体表现形式，见：David Sneath, *The Headless State: Aristocratic Orders, Kinship Society, & Misrepresentations of Nomadic Inner Asia* (Columbia University Press, 2007)。

12 关于此处的更多相关讨论和例证，可参见本书第 8 章和第 10 章的内容。

13 关于草原人群的总体历史，特别是对欧亚草原西部的集中研究，见：David W. Anthony, *The Horse, the Wheel, and Language: How Bronze Age Riders from*

the Eurasian Steppes Shaped the Modern World (Princeton University Press, 2007)。关于欧洲地区墓葬封土扩散的综述，见：Chris Gosden, Peter N. Hommel and Courtney Nimura, 'Making Mounds: Monuments in Euasian Preh-istory', in Tanja Romankiewicz, Manuel Fernández-Götz, Gary R. Lock and Olivier Büchsenschütz (eds.), *Enclosing Space, Opening New Ground: Iron Age Studies from Scotland to Mainland Europe* (Oxbow Books, 2019), pp. 141–52.

14 哈萨克斯坦贝雷尔（Berel）一座年代较晚的墓葬中提供了很好的例子，详见：Hermann Parzinger, *Im Zeichen des Goldenen Greifen: Königsgräber Der Skythen* (Prestel, 2007), pp. 132-47。

15 Ute Luise Dietz, '"Cimmerian" Bridles: Progress in Cavalry Technology?', in Sandra Lynn Olsen, Mary Aiken Littauer and Ingrid Rea (eds.), *Horses and Humans: The Evolution of Human-Equine Relationships* (Archaeopress, 2006), pp. 157–63.

16 唯一可以比较的例子是一座来自渭河流域的特殊墓葬。这是一个拆车葬，车器被放置在墓主人的主棺周围。殉葬的马匹置于整个墓葬的前端，就好像要拉着棺椁和墓主人一起前往地下世界。或许玉皇庙墓地墓主人的众多先辈中，便有人埋葬在这里。他们在早年间迁居于此，并被纳入了周人的军事力量之中。关于渭河流域的墓地，见：陕西省考古研究所、秦始皇兵马俑博物馆，《华县东阳》，科学出版社，2006 年，第 18-114 页。在许多西周晚期的墓葬中，车轮被放置到二层台之上，仿佛椁室整体形成了一个带有车轮的车辆，见：贾靖、王均显，《扶风黄堆西周墓地钻探清理简报》，《文物》，1986 年第 8 期，第 56-68 页。

17 有关驭马的证据是零散且具有争议的。但至少可以肯定的是，埋葬在图瓦共和国阿尔赞墓地中的墓主人具有驭马的经验，年代大约是公元前 800 年，见：Grjaznov, *Der Grosskurgan Von Arzan in Tuva*; see also Robert Drews, *Early Riders: The Beginnings of Mounted Warfare in Asia and Europe* (Routledge, 2004); William T. T. Taylor et al., 'Understanding Early Horse Transport in Eastern Eurasia through Analysis of Equine Dentition', *Antiquity* 95 (2021), pp. 1478–94。

18 Stephen W. Durrant, Wai-yee Li and David Schaberg, *Zuo Tradition/Zuozhuan: Commentary on the 'Spring and Autumn Annals'*, 3 vols. (University of Washington Press, 2016), pp. 18-19.

19 在本书的多个章节中，阿尔赞墓地的二号冢为中国墓葬中出土的一些草原风格的材料提供了一个对比的基准，详见：Konstantin V. Chugunov, Hermann Parzinger and Anatoli Nagler, *Der Skythenzeitliche Fürstenkurgan Aržan 2 in Tuva* (Philipp von Zabern, 2010)，其中容器方面可对比图版七十。

20 Jenny F. So and Emma C. Bunker, *Traders and Raiders on China's Northern Frontier* (Arthur M. Sackler Gallery, Smithsonian Institution, in association with University of Washington Press, 1995).

21 阿尔赞墓地的二号冢的两件青铜容器中，较小那件的合金成分中有铅。铅青铜一般只在南方地区铸造，因此这可能是另一种迹象，表明一些南方青铜器会通过某种交换方式被提供给草原人群。更有可能的是，在黄土高原地区使用的某种青铜制品到达了南西伯利亚地区，并在这里被重熔后铸造成了这些容器。

22 正如本书第 6 章中提到的，这两种形制的青铜器在黄土高原的定居人群中被广泛使用，详见: Lothar von Falkenhausen, 'Forerunners of the Houma Bronze Styles: The Shangguo Sequence',《故宫学术季刊》，第 23 卷，2005 年，第 111–174 页。

23 北京市文物研究所,《军都山墓地: 玉皇庙 (二)》，文物出版社，2007 年，第 907-909 页，图 569-570。其中一件器物带有一个平坦的盖子，可能模仿了木制器盖的形状，这种形式在更南的山西和山东地区也流行。

24 宫衍兴、解华英、胡新立,《薛国故城勘查和墓葬发掘报告》,《考古学报》，1991 年第 4 期，第 449–495 页，图一〇，编号 79 "铜舟"。

25 可对比: 河南信阳地区文管会、光山县文管会,《春秋早期黄君孟夫妇墓发掘报告》,《考古》，1984 年第 4 期，第 302–332 页。

26 北京市文物研究所,《军都山墓地: 玉皇庙 (二)》，文物出版社，2007 年，第 906 页，图 567-568，来自二号墓。

27 罗泰在其著作中指出，中原地区的祖先崇拜在实践层面无法向北传播，因为这种行为需要大量财富，而这些财富来源于定居社会所辖的大量农耕土地。见: Lothar von Falkenhausen, *Chinese Society in the Age of Confucius (1000–250 BC): The Archaeological Evidence* (Cotsen Institute of Archaeology, University of California, 2006), pp. 287-8。

28 在中国的早期文献中，关于以物易物的贸易行为的讨论非常有限。尽管交换行为是必然的存在，但最初并没有受到研究者的关注，因为在后来的中国社会中，商人的地位远低于有文化的官员。我们可以期待，随着罗泰即将出版新作——*Economic Trends in the Age of Confucius (ca. 1000–250 BC): The Archaeological Evidence*，我们对这一领域的理解将会加深。其中一些实物证据可参见: Jenny F. So and Emma C. Bunker, *Traders and Raiders on China's Northern Frontier* (Arthur M. Sackler Gallery, Smithsonian Institution, in association with University of Washington Press, 1995) ; 以及 William Honeychurch, *Inner Asia and the Spatial Politics of Empire: Archaeology, Mobility, and Culture Contact* (Springer, 2015)。显然，交换行为在早期便已发生，芮公的黄金或许就是这样得到的。但我们对这些交换行为发生的地点、方式以及参与者和涉及的物品都一无所知。关于秦汉时期的类似行为，可参见: Mark E. Lewis, *The Early Chinese Empires, Qin and Han* (Harvard Belknap, 2007)。这些交换行为是我们所熟知的丝绸之路的基础之一，具体可参见: Nicola Di Cosmo, 'The "Birth" of the Silk Road between Ecological Frontiers and Military Innovation', in Jeffrey D. Lerner and Yaohua Shi (eds), *Silk Roads: From Local Realities to Global Narratives* (Oxbow,

2020), pp. 11–20。

29 北京市文物研究所，《琉璃河西周燕国墓地 1973—1977》，文物出版社，1995年，第 21 页，图 14；第 30 页，图 20；第 57 页，图 43；第 201‑202 页，图 117‑118；第 219 页，图 132。

30 在北京以北一系列已报道的窖藏中，喀左的一例较为典型，见：北洞文物发掘小组，《辽宁喀左县北洞村出土的殷周青铜器》，《考古》，1974 年第 6 期，第 364‑372 页。

31 夏家店上层文化相关墓葬的考古报告，见：内蒙古自治区文物考古研究所、宁城县辽中京博物馆，《小黑石沟：夏家店上层文化遗址发掘报告》，科学出版社，2009 年；刘观民、徐光冀，《宁城南山根遗址发掘报告》，《考古学报》，1975 年第 1 期，第 117‑140 页。相关英文概述见：Katheryn M. Linduff, Yan Sun, Cao Wei and Liu Yuanqing, *Ancient China and Its Eurasian Neighbors: Artifacts, Identity and Death in the Frontier, 3000–700 BCE* (Cambridge University Press, 2017), pp. 75‑95。

32 关于青铜制品合金成分的讨论，见：何堂坤、靳枫毅，《辽西夏家店上层文化青铜合金成分初步研究》，《考古》，2002 年第 1 期，第 76‑83 页；Hsu Yiu-Kang et al., 'Tracing the Flows of Copper and Copper Alloys in the Early Iron Age Societies of the Eastern Eurasian Steppe', *Antiquity* 90 (2016), pp. 357‑75。

33 关于中原地区铸造的青铜器向北流转的情况，见：Dazhi Cao, 'The Loess Highland in a Trading Network (1300–1050 BC)', PhD dissertation (Princeton University, 2014); Jessica Rawson, Konstantin V. Chugunov, Yegor Grebnev and Huan Limin, 'Chariotry and Prone Burials: Reassessing Late Shang China's Relationship with Its Northern Neighbours', *Journal of World Prehistory* 33 (2020), pp. 135‑68。

34 夏家店上层文化的铜器中，其中一个最典型的例子是横环耳罐，详见：内蒙古自治区文物考古研究所、宁城县辽中京博物馆，《小黑石沟：夏家店上层文化遗址发掘报告》，科学出版社，2009 年，第 373 页，图 303。关于阿尔赞二号冢的对比器物，见：Konstantin V. Chugunov, 'The Arzhan-2 Funerary Commemorative Complex: Stages of Function and Internal Chronology', in Pankova and Simpson (eds.), *Masters of the Steppe: The Impact of the Scythians*, pl. 67: 1。

35 关于玉皇庙墓地的武器，见：北京市文物研究所，《军都山墓地：玉皇庙（二）》，文物出版社，2007 年。

36 Konstantin V. Chugunov, 'The Arzhan-2 Funerary Commemorative Complex: Stages of Function and Internal Chronology', in Pankova and Simpson (eds.), *Masters of the Steppe: The Impact of the Scythians*, pls. 40‑41。

37 本书的第 3 章中曾提到过腰带，作为今蒙古国发现的鹿石上所描绘人物的基本服饰配件之一。第 6 章中还讨论了芮公所采用的草原风格的黄金腰带。关于不同形式的带饰，见：北京市文物研究所，《军都山墓地：玉皇庙（二）》，文物出版社，2007 年，第 1230-1234 页。

38　关于阿尔赞二号冢发现的例子，见：Konstantin V. Chugunov, Hermann Parzinger and Anatoli Nagler, *Der Skythenzeitliche Fürstenkurgan Aržan 2 in Tuva* (Philipp von Zabern, 2010), pls. 29-31；该书还有一些关于哈萨克斯坦中部、斯基泰人在塔斯莫拉（Tasmola）遗址留下的例子，见图 287:4, 5。关于秦国对这类腰带的本地解读，特别是使用玉石类材料的例子，见：宝鸡市考古研究所，《秦墓遗珍：宝鸡益门二号春秋墓》，科学出版社，2016 年，第 156-157 页，本书第 12 章有对此的详细讨论。这一定是草原风格腰带的一种相当常见的改制形式，在秦国尤其流行，见：田亚岐等，《陕西凤翔孙家南头春秋秦墓发掘简报》，《考古与文物》，2013 年第 4 期，第 3-34 页，特别是其中第 10 页的图 6:11。

39　关于主要考古发现的完整记述，见：Hermann Parzinger, *Im Zeichen des Goldenen Greifen: Königsgräber Der Skythen* (Prestel, 2007)。关于更概括的描述和完整的地图，见：Barry Cunliffe, *By Steppe, Desert and Ocean: The Birth of Eurasia* (Oxford University Press, 2015)。关于哈萨克斯坦境内新近考古发现的插图，见：Rebecca Roberts (ed.), *Gold of the Great Steppe: People, Power and Production* (Paul Holberton, 2021)。

40　在高加索山脉库班（Kuban）地区的凯勒梅斯（Kelermes）墓地，斯基泰人的一些早期墓葬被发现，见：Tatyana V. Ryabkova, 'The Formation of the Early Scythian Cultural Complex of the Kelermes Cemetery in the Kuban Region of the North Caucasus', in Svetlana Pankova and St John Simpson (eds.), *Masters of the Steppe: The Impact of the Scythians and Later Nomad Societies of Eurasia: Proceedings of a Conference Held at the British Museum, 27–29 October 2017* (Archaeopress Archaeology, 2020), pp. 483–97。

41　Konstantin V. Chugunov, Hermann Parzinger and Anatoli Nagler, *Der Skythenzeitliche Fürstenkurgan Aržan 2 in Tuva* (Philippvon Zabern, 2010)。关于图瓦地区的后续发展，见：Konstantin V. Chugunov, 'Der Skythenzeitliche Kulturwandel in Tuva'（'The Scythian Cultural Change in Tuva'）, *Eurasia Antiqua* 4 (1998), pp. 273–307。

42　Herodotus (trans. Robin Waterfield), *The Histories* (Oxford University Press, 2008), p. 258. Askoid Ivantchik, 'The Funeral of Scythian Kings: The Historical Reality and the Description of Herodotus (4.71–72)', in Larissa Bonfante (ed.), *The Barbarians of Ancient Europe: Realities and Interactions* (Cambridge University Press, 2011), pp. 71–106.

43　一本展览图录中典型地体现出这种讨论，见：Emma C. Bunker, Bruce Chatwin and Ann E. Farkas, *Animal Style Art from East to West* (Asia Society, 1970)。另见同作者的另一部著作：Emma C. Bunker (ed.), *Ancient Bronzes of the Eastern Eurasian Steppes from the Arthur M. Sackler Collections* (Arthur M. Sackler Foundation, 1997)。关于动物风格的最新评述，见：Emma Bunker and Ursular Brosseder, *The Guyuan*

Mizong Collection: A Study of Inner Asian Steppe Bronzes (Harrassowitz Verlag, 2022)。

44　事实上，在研究这些动物主题的过程中，研究人员总是不愿将它们放入一个更广泛的背景之中，尤其是涉及他们自己研究领域之外的情况。然而，早期的动物形象，包括家畜、掠食者以及它们的猎物，构成了美索不达米亚地区和波斯地区众多表现形式的基础，并通过高加索的迈科普（Maikop）等地区传入欧亚草原。关于这一过程，见：Joan Aruz and Ronald Wellenfelz (eds.), *Art of the First Cities: The Third Millennium B.C. from the Mediterranean to the Indus* (Metropolitan Museum of Art/Yale University Press, 2003)。其中有关迈科普地区的描述，详见第 290-296 页。此后，这些主题广泛地出现在滚筒印章之上，也在草原地区的岩画中流行，见：Joan Aruz, Kim Benzel and Jean M. Evans (eds.), *Beyond Babylon: Art, Trade, and Diplomacy in the Second Millennium B.C.* (Metropolitan Museum of Art/Yale University Press, 2008)，特别是第 404-417 页。在草原地区，动物形象自然地以岩画的形式表现出来，见：Esther Jacobson-Tepfer,'The Emergence of Cultures of Mobility in the Altai Mountains of Mongolia: Evidence from the Intersection of Rock Art and Paleoenvironment', in Hans Barnard and Willeke Wendrich (eds.), *The Archaeology of Mobility: Old World and New World Nomadism* (Cotsen Institute of Archaeology, University of California, 2008)。随着与西亚地区的接触逐渐增多，新兴的主题也不断涌现。我们实际上没有必要去精确掌握这些主题的起源或者传播方式。在古代中国的背景下，我们只需要认识到，在公元前 8 世纪以前动物形象普遍没有得到重视，除了小型玉雕之外。这些玉雕之所以流行，有可能是因为商周时期的中原地区与北方邻居的接触，就像我们在本书第 5 章中提到的那样。甘肃宁县发现的公元前 8 世纪的小型铜虎形象是草原文化的地方版本，详见：金东一，《玉皇庙文化青铜器研究》，吉林大学博士学位论文，2018 年，第 113-115 页。另一件相似的器物发现于陕西扶风县，见：贾靖、王均显，《扶风黄堆西周墓地钻探清理简报》，《文物》，1986 年第 8 期，第 63 页，图 30。在陕西岐山孔头沟遗址的外来者墓葬中，青铜器上也出现了虎的形象。它们可能是草原形象与中原形象混合后的例子，见：王洋、种建荣、雷兴山、王占奎，《陕西岐山县孔头沟遗址西周墓葬M10 的发掘》，《考古》，2021 年第 9 期，第 24-42 页，特别是第 37 页。

45　这里包括一些零散发现的青铜刀剑、匕首和小型动物形饰品，另外关于搜集品，见：Purevjav Erdenechuluun and Diimaajav Erdenebaatar, *The Sword of Heaven: Culture of Bronze Artefacts of the Bronze Age and Hunnu Empire* (Collections of Erdenechuluun Purevjav, 2011)。

46　关于较长时段的影响，相关讨论可参见：Gideon Shelach-Lavi,'Steppe Land Interactions and Their Effects on Chinese Cultures During the Second and Early First Millennia BCE', in Amitai and Biran (eds.), *Nomads as Agents of Cultural Change*, pp. 10-31。

47　有关早期气候条件的分析十分困难，因为相关数据难以获取，相关讨论可参见：Aleksandr Tairov, 'Rannie Kochevniki Zhaiyk-Irtyshskogo Mezhdurech'ya V VIII–VI VV. Do N.E.'（'Early Nomads of the Zhaiyk-Irtysh Interfluve in VIII-VI CC. BC'）(Kazakhskiy Nauchno-Issledovatel'skiy Institut Kul'tury, 2017). 狄宇宙给出了一个年代较晚的例子，见：Nicola Di Cosmo et al., 'Environmental Stress and Steppe Nomads: Rethinking the History of the Uyghur Empire (744–840) with Paleoclimate Data', *Journal of Interdisciplinary History* 48 (2018), pp. 439–63。

48 Yang Jianhua, 'Differentiation of Two Types of Cultural Remains of the Eastern Zhou Period in North China: On the Relationships among the Rong, Di and the Hu', *Chinese Archaeology* 12 (2012), pp. 136–48; Shan Yueying, 'The Pattern of Archaeological Cultures in Northern China During the Eastern Zhou Period to the Qin Dynasty–Also on the Interactions among the Rong, Di and Hu Ethnic Groups and the Central Plains', *Chinese Archaeology* 16 (2016), pp. 178–88.

49 对于秦代以前迁入中国北方各个地区的不同人群的描述，见：Emma C. Bunker (ed.), *Ancient Bronzes of the Eastern Eurasian Steppes from the Arthur M. Sackler Collections* (Arthur M. Sackler Foundation, 1997)。

50 《左传·隐公九年》。英文翻译见：Stephen W. Durrant, Wai-yee Li and David Schaberg, *Zuo Tradition / Zuozhuan: Commentary on the 'Spring and Autumn Annals'*, 3 vols. (University of Washington Press, 2016), p. 55。

51 Poo Mu-Chou, *Enemies of Civilization: Attitudes Toward Foreigners in Ancient Mesopotamia, Egypt, and China* (State University of New York Press, 2005). 这本书提供了有趣的比较，探讨了这些不同文化之间对"野蛮人"这一概念的相似态度。蒲慕州还研究了这些文化在同化外来者方面所做的努力，详见第126-128页。

第 8 章　南方之圆

1 关于周人迁都洛邑后数百年间的情况，见：Hsu Cho-yun, 'The Spring and Autumn Period', in Michael Loewe and Edward L. Shaughnessy (eds.), *The Cambridge History of Ancient China: From the Origins of Civilization to 221 BC* (Cambridge University Press, 1999), pp. 545–86。

2 见：Maxim Korolkov, 'Institutions of State Organised Migration in Late Warring States and Early Imperial China', paper presented at the Association for Asian Studies 2018 Conference, Washington; 'Convict Labour in the Qin Empire: A Preliminary Study of the "Registers of Convict Labourers" from Liye', 收录于复旦大学历史学系、复旦大学出土文献与古文字研究中心，《简帛文献与古代史——第二届出土文献青年学者国际论坛论文集》，中西书局，2015 年，第 132–156 页。

3　James Cahill, *Fantastics and Eccentrics in Chinese Painting* (Arno Press, 1976).

4　考古发掘报告见：安徽省文物考古研究所、蚌埠市博物馆，《钟离君柏墓》（全三册），文物出版社，2013 年。发掘报告的简要英文版见：Kan Xuhang, Zhou Qun and Qian Renfa, 'Spring and Autumn Tomb No. 1 at Shuangdun, Bengbu City, Anhui', *Chinese Archaeology* 10 (2010), pp. 31–7.

5　除了欧亚草原的类似例子之外，新疆也曾发掘圆形草原式墓葬，见：新疆维吾尔自治区文物考古研究所，《新疆莫呼查汗墓地》，科学出版社，2016 年。

6　安徽省文物考古研究所、凤阳县文物管理所，《凤阳大东关与卞庄》，科学出版社，2010 年。

7　关于楚国的介绍，见：Constance A. Cook and John S. Major (eds.), *Defining Chu: Image and Reality in Ancient China* (University of Hawai'i Press, 1999)。

8　最近江汉地区发现的早期楚墓提供了考古信息，见：张昌平，《论西周时期楚国的政治中心——从宜昌万福垴遗址谈起》，《江汉考古》，2021 年第 6 期，第 172-183 页。在公元前 10 世纪上半叶，周昭王南征荆楚，但遭遇了失败，于公元前 977 年溺死于汉水之滨。

9　《左传·成公十六年》有一段重要的评论，说明楚人愿意与土著合作以支持他们的军事行动——"蛮军而不陈"。关于这段记载的英文翻译，见：Stephen W. Durrant, Wai-yee Li and David Schaberg, *Zuo Tradition /Zuozhuan: Commentary on the "Spring and Autumn Annals"*, 3 vols. (University of Washington Press, 2016), pp. 832–3。

10　《公羊·僖公四年》，英文翻译见：trans. Henry Millar, *Commentary of the Gongyuan Zhuan on the Spring and Autumn Annals: A Full Translation* (Palgrave Macmillan, 2015), p. 88。

11　东南方的诸侯国吴和越以生产高质量的剑闻名，其中的一把越王勾践剑后来辗转到了晚期楚墓之中。见：湖北省文物考古研究所，《江陵望山沙塚楚墓》，文物出版社，1996 年，第 49 页，图 32:1, 33:1, 彩版 14:3。

12　罗泰在其著作中认为，此时大型宴会不再主要关注祖先的灵魂，而是涉及更广泛的人群。见：Lothar von Falkenhausen, *Chinese Society in the Age of Confucius (1000–250 BC): The Archaeological Evidence* (Cotsen Institute of Archaeology, University of California, 2006), pp. 294–7. 从商代到汉代，所有此类宴会有哪些参与者这一问题还需要更多的研究。然而，从许多铭文中可以清楚地看出，由于宴会是针对观众的，目的是宣扬主人的美德，因此祖先很可能总是被包括在内。

13　江苏省丹徒考古队，《江苏丹徒北山顶春秋墓发掘报告》，《东南文化》，1988 年 Z1 期，第 13-50 页，图 1-8。

14　杨鸠霞，《安徽舒城九里墩春秋墓》，《考古学报》，1982 年第 2 期，第 229-242 页；又见：Colin Mackenzie, 'Chu Bronze Work: A Unilinear Tradition, or a Synthesis of Diverse Sources', in Tom Lawton (ed.), *New Perspectives on Chu*

Culture During the Eastern Zhou Period (Smithsonian Institution, 1991), pp. 107-58。

15 这些青铜器似乎有不同的来源。同样的现象也存在于河南楚墓中的青铜器，见：Alain Thote, 'Intercultural Contacts and Exchanges Illustrate by a Sixth Century B.C. Cemetery in Henan', 收录于阎纯德，《汉学研究（第二集）》，中国和平出版社，1997年，第263-289页。

16 "冬，十有一月，叔孙侨如会晋士燮、齐高无咎、宋华元、卫孙林父、郑公子鳅、邾娄人会吴于钟离。"《左传·成公十五年》，英文翻译见：Stephen W. Durrant, Wai-yee Li and David Schaberg, *Zuo Tradition /Zuozhuan: Commentary on the "Spring and Autumn Annals"*, 3 vols. (University of Washington Press, 2016), p. 823。

17 "箴尹宜咎城钟离"，《左传·昭公四年》，英文翻译见：Stephen W. Durrant, Wai-yee Li and David Schaberg, *Zuo Tradition / Zuozhuan: Commentary on the "Spring and Autumn Annals"*, 3 vols. (University of Washington Press, 2016), p. 1379。

18 "吴人踵楚，而边人不备，遂灭巢及钟离而还。"《左传·昭公二十四年》，英文翻译见：Stephen W. Durrant, Wai-yee Li and David Schaberg, *Zuo Tradition / Zuozhuan: Commentary on the "Spring and Autumn Annals"*, 3 vols. (University of Washington Press, 2016), p. 1631。

19 仪式在社会群体间互动中的作用怎么强调都不为过，无论是那些声称自己是周体系一部分的人，还是需要寻求归属感的新人。本段引文来自《论语·学而》，英文翻译见：Simon Leys, *The Analects of Confucius* (W. W. Norton, 1997), p. 3; 以及 D. C. Lau, *The Analects* (Penguin, 1979)。

20 《左传·隐公十一年》，英文翻译见：Stephen W. Durrant, Wai-yee Li and David Schaberg, *Zuo Tradition / Zuozhuan: Commentary on the "Spring and Autumn Annals"*, 3 vols. (University of Washington Press, 2016), p. 63。

21 罗泰在其著作中提出，周人的祖先崇拜及其宗族组织体系有着千丝万缕的联系，这些也传播到了周文化领域以外的地区和社群。随着周式宗族体系的日益盛行，其他原有的社会形态要么被合并，要么被压制，要么被摒弃。见：Lothar von Falkenhausen, *Chinese Society in the Age of Confucius (1000–250 BC): The Archaeological Evidence* (Cotsen Institute of Archaeology, University of California, 2006), p. 287。

22 Edward L. Shaughnessy, *Sources of Western Zhou History: Inscribed Bronze Vessels* (University of California Press, 1991), pp. 75-6.

23 《左传·僖公二十八年》，英文翻译见：Stephen W. Durrant, Wai-yee Li and David Schaberg, *Zuo Tradition / Zuozhuan: Commentary on the "Spring and Autumn Annals"*, 3 vols. (University of Washington Press, 2016), p. 421。

24 中国古代如何在单一统治者的统治下实现统一，并在几百年甚至几千年

	的时间里保持统一，尤锐在其著作中讨论了这一问题，见: Yuri Pines, *The Everlasting Empire: The Political Culture of Ancient China and Its Imperial Legacy* (Princeton University Press, 2012)。
25	《左传·昭公十七年》，关于公元前525年的相关情况及英文翻译，见: Stephen W. Durrant, Wai-yee Li and David Schaberg, *Zuo Tradition / Zuozhuan: Commentary on the "Spring andAutumn Annals"*, 3 vols. (University of Washington Press, 2016), p. 1543。
26	通过《左传》中的评论，我们可以探索其他基于仪式的关系，这些关系在许多场景都得到了重申，如车舆的交接、婚姻的安排，甚至在正式场合的优先形式。英文翻译见: Stephen W. Durrant, Wai-yee Li and David Schaberg, *Zuo Tradition / Zuozhuan: Commentary on the "Spring and Autumn Annals"*, 3 vols. (University of Washington Press, 2016), p. 125; p.87 and p. 481。
27	我们在亚长墓和强伯墓中也看到了商周统治者与当地（通常是北方）习俗的结合。例如亚长的玉珠和黄金，以及强伯的小型青铜器、玉剑和鸟头青铜斝。
28	关于夏家店上层文化的剑，见: 内蒙古自治区文物考古研究所、宁城县辽中京博物馆，《小黑石沟: 夏家店上层文化遗址发掘报告》，科学出版社，2009年。
29	关于剑的讨论见: 田伟，《试论两周时期的青铜剑》，《考古学报》，2013年第4期，第431-468页；朱华东、田卫丽，《青铜平脊剑简论》，《考古与文物》，2017年第4期，第39-44页。
30	李步青、林仙庭，《山东蓬莱县柳格庄墓群发掘简报》，《考古》，1990年第9期，第803-810页。
31	芮公次夫人墓中出土的一把刀是早期的例子，我们仍然可以看出其在象牙盒中的轮廓，见: 孙秉君、蔡庆良，《芮国金玉选粹——陕西韩城春秋宝藏》，三秦出版社，2007年，第54-55页。吴王夫差当太子时的夫人勾敢夫人墓中出土了一件制作精美的漆盒，其中的刀保存完好，由此可见，女性对这些刀的依恋，也许是出于装饰目的，见: 河南省文物考古研究所，《固始侯古堆一号墓》，大象出版社，2004年，图版23。
32	这种现象在西方早期历史中广泛存在，希罗多德的《历史》中有所描述，见: Herodotus (trans. RobinWaterfield), *The Histories* (Oxford University Press, 2008), pp.258–9。关于葬仪更详细的研究，见: Askoid Ivantchik, 'The Funeral of Scythian Kings: The Historical Reality and the Description of Herodotus (4. 71–72)', in Larissa Bonfante (ed.), *The Barbarians of Ancient Europe: Realities and Interactions* (Cambridge University Press, 2011), pp. 71–106。
33	带有金箔或锡箔装饰的铠甲在包括曾侯乙墓在内的若干南方墓葬中有发现，更多的案例见第9章注释。关于河南省境内公元前6世纪的楚墓，见: 河南省文物研究所、河南省丹江库区考古发掘队、淅川县博物馆，《淅川下寺春秋楚墓》，文物出版社，1991年，图版73-76。

34　关于小型金虎，见：王彦民、姜楠、焦建涛，《河南登封告成东周墓地三号墓》，《文物》，2006 年第 4 期，第 4-16 页。关于郭家庙出土的一对金虎，见：方勤，《曾国历史与文化：从"左右文武"到"左右楚王"》，上海古籍出版社，2019 年，彩版 20。在许多墓葬中都发现了大量玉虎，见：欧潭生，《春秋早期黄君孟夫妇墓发掘报告》，《考古》，1984 年第 4 期，第 302-332 页。

35　关于这种共生关系更广阔的历史背景，狄宇宙的专著提供了重要信息，见：Nicola Di Cosmo, *Ancient China and Its Enemies: The Rise of Nomadic Power in East Asian History* (Cambridge University Press, 2002)。又见：Nicola Di Cosmo, 'China-Steppe Relations in Historical Perspective', in Jan Bemmann and Michael Schmauder (eds.), *Complexity of Interaction Along the Eurasian Steppe Zone in the First Millennium CE* (Vor- und Frühgeschichtliche Archäologie, Rheinische Friedrich-Wilhelms-Universität, 2015), pp. 49–72。

36　当然，这不太可能和夏家店下层文化的陶工有直接联系，但东海岸的联通性表明，绚丽多彩的彩绘陶很可能起源于那一地区。

37　最早的封土堆之一发现于黄国，见：欧潭生，《春秋早期黄君孟夫妇墓发掘报告》，《考古》，1984 年第 4 期，第 302-332 页。

38　发掘者认为，不同颜色泥土的使用体现了"关联性"的哲学思想，与五色、五音、五方的关联有关，这种观念从公元前 3 世纪开始变得更为普遍。他们认为，五色土的使用表明，在公元前 7 世纪末或前 6 世纪，相关的哲学思想已经存在于淮河流域。我们在第 1 章和第 4 章中已经看到了这些后期思想的一些例证。然而，虽然当地习俗很可能促成了不同颜色泥土的使用，但在这座墓葬中，很少有其他信息能够表明这里有"系统性关联思维"的早期迹象。《左传》虽显示出当时的人对"关联性"越来越感兴趣，但还没有达到汉代那种以有序形式传播的程度。见：Stephen W. Durrant, Wai-yee Li and David Schaberg, *Zuo Tradition /Zuozhuan: Commentary on the "Spring and Autumn Annals"*, 3 vols. (University of Washington Press, 2016), p. 1545 and p. 1637。

39　这种墓壁陡斜的竖穴土坑墓在战国时期的南方地区得到进一步发展，例如湖北的战国墓，见：李志芳等，《湖北荆州任家冢等墓地战国墓葬发掘简报》，《江汉考古》，2022 年第 1 期，第 15-28 页。

40　安徽凤阳一带被认为是中国主要的石英产地之一，见：高树学等，《我国脉石英成矿区带初步划分》，《中国非金属矿工业导刊》，2020 年第 5 期，第 5-9 页。

41　Jessica Rawson, Konstantin V. Chugunov, Yegor Grebnev and Huan Limin, 'Chariotry and Prone Burials: Reassessing Late Shang China's Relationship with Its Northern Neighbours', *Journal of World Prehistory* 33 (2020), pp. 135–68.

42　阶梯式墓道可能是一种在黄土高原早期就已使用的传统，例如陕西岐山县孔头沟西周墓 M10，见：王洋、种建荣、雷兴山、王占奎，《陕西岐山县孔头沟遗址西周墓葬 M10 的发掘》，《考古》，2021 年第 9 期，第 24-42 页。

43　这种轮辐状图案最终可以追溯到蒙古国的石堆墓，本书第 3 章中对此进行了讨论，这似乎是图瓦的阿尔赞一号冢木制部分布局的灵感来源，见：Michail P. Grjaznov, *Der Grosskurgan von Arzan in Tuva, Südsibirien* (Beck, 1984). 这种图案可能吸引了不同人群使用，他们可能有不同的地方原因，并且使用时也做了一些改变，中国境内阿尔泰山脉的花海子遗址也能见到类似于蒙古国石堆墓的形式，见：郭物等，《新疆青河县花海子三号遗址发掘简报》，《考古》，2016年第9期，第25-37页。新疆另一个类似的例子见：阮秋荣等，《新疆尼勒克乌吐兰墓地发掘简报》，《文物》，2014年第12期：第50-63页。钟离国墓葬形式的灵感来源更可能是辽东半岛的史前墓葬，见：中国社会科学院考古研究所，《双砣子与岗上：辽东史前文化的发现和研究》，科学出版社，1996年。辽东墓冢的形式可以和图瓦的一些例子比较，见：Konstantin V. Chugunov, 'Der Skythenzeitliche Kulturwandel in Tuva' ('The Scythian Cultural Change in Tuva'), *Eurasia Antiqua* 4 (1998), pp. 273–307.

44　Michail P. Grjaznov, *Der Grosskurgan von Arzan in Tuva, Südsibirien* (Beck, 1984).

45　关于殉葬的研究，见：黄展岳，《古代人牲人殉通论》，文物出版社，2004年。本书第3章也讨论了一些商代的案例。另外，有证据表明，甚至一些商代贵族墓葬也可能与黄土高原的人群存在联系，并从那里沿袭了殉葬习俗，见：赵辉等，《山西离石后石商代墓葬》，《中国国家博物馆馆刊》，2021年第12期，第6-15页。

46　河南伊川徐阳东周陆浑戎墓地发现有整齐环绕主墓的陪葬墓，见：国家文物局，《河南伊川徐阳墓地》，收录于国家文物局，《2020中国重要考古发现》，文物出版社，2021年，第87-92页。山东若干东周墓内有整齐排列的殉人，见：山东省兖石铁路文物考古工作队，《临沂凤凰岭东周墓》，齐鲁书社，1988年；吴文祺、张其海，《莒南大店春秋时期莒国殉人墓》，《考古学报》，1978年第3期，第317-336页；宫衍兴、解华英、胡新立，《薛国故城勘查和墓葬发掘报告》，《考古学报》，1991年第4期，第449-495页，第465页；山东省博物馆，《临淄郎家庄一号东周殉人墓》，《考古学报》，1977年第1期，第73-104页。

47　Michail P. Grjaznov, *Der Grosskurgan von Arzan in Tuva, Südsibirien* (Beck, 1984).

48　新疆维吾尔自治区文物考古研究所，《新疆莫呼查汗墓地》，科学出版社，2016年。

49　Konstantin V. Chugunov, 'The Arzhan-2 Funerary-Commemorative Complex: Stages of Function and Internal Chronology', in Svetlana V. Pankova and St John Simpson (eds.), *Masters of the Steppe: The Impact of the Scythians and Later Nomad Societies of Eurasia: Proceedings of a Conference Held at the British Museum, 27–29 October 2017* (Archaeopress Archaeology, 2020), pp. 80–104.

50　前文提到的山东临沂凤凰岭东周墓有整齐排列的殉人，也有独立于墓室的器物坑，与钟离君柏墓类似。

51　这些与戎人的互动记录于《左传》，英文翻译见：Stephen W. Durrant, Wai-yee Li and David Schaberg, *Zuo Tradition / Zuozhuan: Commentary on the "Spring and Autumn Annals"*, 3 vols. (University of Washington Press, 2016), pp. 18–19; 200–201, 218–21, 552–3, 706–7; 212–13; 756–7。

52 《左传·襄公四年》，英文翻译见: Stephen W. Durrant, Wai-yee Li and David Schaberg, *Zuo Tradition / Zuozhuan: Commentary on the "Spring and Autumn Annals"*, 3 vols. (University of Washington Press, 2016), pp.915–19。

53 Maria Khayutina, '"Bi Shi", Western Zhou Oath Texts, and the Legal Culture of Early China', in Martin Kern and Dirk Meyer (eds.), *Origins of Chinese Political Philosophy: Studies in the Composition and Thought of the Shangshu* (Brill, 2017), pp. 416–45. 本段引文来自冬簋铭文，英文翻译见: Edward L. Shaughnessy, *Sources of Western Zhou History: Inscribed Bronze Vessels* (University of California Press, 1991), p. 180。

54 见前文提到的临沂凤凰岭东周墓，可以和草原青铜斧比较，见: Nikolai A. Bokovenko, 'The Tagar Culture in the Minusinsk Basin', in Jeannine Davis-Kimball, Vladimir A. Bashilov and Leonid T. Yablonsky (eds.), *Nomads of the Eurasian Steppes in the Early Iron Age* (Zinat Press, 1995), pp. 296–314。

55 《左传·昭公元年》，英文翻译见: Stephen W. Durrant, Wai-yee Li and David Schaberg, *Zuo Tradition / Zuozhuan: Commentary on the "Spring and Autumn Annals"*, 3 vols. (University of Washington Press, 2016), pp. 1296–7。

56 关于山东临沂凤凰岭东周墓及莒国、薛国等小国墓葬，见本章注释46。罗泰在其著作中认为，东夷很容易地被同化了，我们可以看到他们使用礼器以及汉字名字，见: Lothar von Falkenhausen, *Chinese Society in the Age of Confucius (1000–250 BC): The Archaeological Evidence* (Cotsen Institute of Archaeology, University of California, 2006), p. 254。但东夷作为交通线路的一部分这一重要性尚未被充分注意：东夷将北方习俗带向南方，被钟离君柏使用，又先后被齐国和秦国继承。

57 在南方的江苏和浙江，土墩墓通常建在平坦的地面之上，而不是地下。许多已发掘的南方土墩墓显示，棺椁之上通常建有斜坡屋脊状木结构，然后封土覆盖于其上。有些随葬品之下有小石块。随葬品主要是高温陶，其既是当地的主要产品，也是中国伟大瓷器工业的先驱。商周贵族墓中也有发现少量陶器。南方土墩墓中偶尔会随葬一些当地制作的青铜器，在极少数大墓中也曾发现中原铸造的精美青铜器。个别土墩下有多个墓穴，呈轮辐状排列，大部分土墩下只有两三个墓穴。位于江苏邳州的一座公元前6世纪末的土墩墓，内部布局复杂，有16名殉人和大量随葬品，见：孔令远、陈永清，《江苏邳州市九女墩三号墩的发掘》，《考古》，2002年第5期，第19-30页。当然，蚌埠的土墩墓可能部分受到了这些本地例子的影响，但其圆形结构、深坑、精心安排的陪葬和平台肯定源自其他地方。

58 公元前7世纪晚期，中国北方常被称作"狄"的族群间的冲突，导致新的外来者也开始像南方一样，为自己随葬青铜礼器。见：田建文，《辨识南吕梁白狄墓》，《中原文物》，2021 年第 1 期，第 73-82 页。

59　后来的齐国墓葬经常有独立于墓室的器物坑埋藏礼器或其他随葬品，类似于钟离君柏墓的器物箱，见：山东省博物馆，《临淄郎家庄一号东周殉人墓》，《考古学报》，1977 年第 1 期，第 73-104 页；山东省文物考古研究所，《临淄齐墓（第一集）》，文物出版社，2007 年；张学海、罗勋章，《齐故城五号东周墓及大型殉马坑的发掘》，《文物》，1984 年第 9 期，第 14-19 页。从这一变化我们可以看出，类似于器物箱的结构可能是从草原边境传来的，后来被中原东部的一些人使用，最终在齐国得到广泛应用。

第 9 章　曾之礼乐

1　这片洪泛区孕育着后来被驯化为水稻的禾本科植物。如今人们认为最早的水稻种植发现于洞庭湖西面的澧阳平原，见：Zhang Chi, 'The Qujialing-Shijiahe Culture in the Middle Yangzi River Valley', in Anne P. Underhill (ed.), *A Companion to Chinese Archaeology* (Wiley-Blackwell, 2013), pp. 510–34。

2　《楚辞·招魂》。英文翻译见：David Hawkes, *Chʻu Tzʻu: The Songs of the South, an Ancient Chinese Anthology* (Clarendon Press, 1959), p. 110。

3　此时的漆具有毒性，有关内容可参见：Catharina Blänsdorf, Erwin Emmerling and Michael Petzet (eds.), *Die Terrakottaarmee des Ersten Chinesischen Kaisers, Qin Shihuang* (Bayerisches Landesamt für Denkmalpflege, 2001), pp. 391–3。

4　英文版由葛瑞汉（A. C. Graham）翻译，见：Cyril Birch (ed.) with Donald Keene (assoc. ed.), *Anthology of Chinese Literature* (Penguin, 1967), pp. 385–6。

5　方勤，《曾国历史与文化：从"左右文武"到"左右楚王"》，上海古籍出版社，2019 年。

6　Alain Thote, 'Une Tombe Princière Chinoise Du Ve Siècle Avant Notre Ère', *Comptes rendus des séances de l'année–Académie des Inscriptions et Belles-Lettres* 130 (1986), pp. 393–413.

7　关于对应的考古报告，见：湖北省博物馆，《曾侯乙墓》，文物出版社，1989 年。

8　有关铜绿山的铜矿资源，见：黄石市博物馆，《铜绿山古矿冶遗址》，文物出版社，1999 年；Yang Xiaoneng (ed.), *New Perspectives on China's Past: Chinese Archaeology in the Twentieth Century* (Yale University Press, 2004), pp. 203-5。

9　关于乌尔王朝的重要墓葬，见：Joan Aruz and Ronald Wellenfelz (eds.), *Art of the First Cities: The Third Millennium B.C. from the Mediterranean to the Indus* (Metropolitan Museum of Art/Yale University Press, 2003), pp. 93-132。

10　关于楚国的描述，见：Constance A. Cook and John S. Major (eds.), *Defining*

Chu: Image and Reality in Ancient China (University of Hawai'i Press, 1999); 特别是 Jenny F. So, 'Chu Art: Link between the Old and the New', in Constance A. Cook and John S. Major (eds.), *Defining Chu: Image and Reality in Ancient China* (University of Hawai'i Press,1999), pp. 33–47。有关当时的政治格局, 见: Mark Edward Lewis, 'Warring States: Political History', in Michael Loewe and Edward L. Shaughnessy (eds.), *The Cambridge History of Ancient China: From the Origins of Civilization to 221 BC* (Cambridge University Press, 1999); Thomas Lawton (ed.), *New Perspectives on Chu Culture During the Eastern Zhou Period* (Arthur M. Sackler Gallery, 1991)。

11 这些地方势力的领地和边界通常并不明确。相反, 他们会在自己控制的地区建立定居点, 并以此为基础试图防止敌对势力的入侵。

12 考古报告见: 河南省文物考古研究所, 《固始侯古堆一号墓》, 大象出版社, 2004 年。

13 湖北省博物馆, 《曾侯乙墓》, 文物出版社, 1989 年, 第 19-26 页。

14 在秦雍城遗址一座墓地的建筑基址中出土了木梁的青铜构件, 见: Yang Xiaoneng, 'Capital Site of the Qin State and the Necropolis of the Dukes of Qin at Fengxiang, Shaanxi Province', in Yang (ed.), *New Perspectives on China's Past*, pp. 181–3。

15 Alain Thote, 'Chinese Coffins from the First Millennium B.C. and Early Images of the Afterworld', *RES: Anthropology and Aesthetics* 61/62 (2012), pp. 22–40; Alain Thote, 'Burial Practices as Seen in Rulers' Tombs of the Eastern Zhou Period: Patterns and Regional Traditions', in John Lagerwey (ed.), *Religion and Chinese Society*, 2 vols. (Chinese University Press/École française d'Extrême-Orient, 2004), vol. 1, pp. 65–107.

16 湖北省博物馆, 《曾侯乙墓》, 文物出版社, 1989 年, 第 26-45 页。

17 本书第 12 章对这样的类比问题有更多讨论。

18 Alain Thote, 'The Double Coffin of Leigudun Tomn No.1: Iconographic Sources and Related Problems', in Lawton (ed.), *New Perspectives on Chu Culture*, pp. 23–46.

19 Ling Li and Constance Cook, 'Translation of the Chu Silk Manuscript', in Constance A. Cook and John S. Major (eds.), *Defining Chu: Image and Reality in Ancient China* (University of Hawai'i Press, 1999), pp. 171–6.

20 《楚帛书·乙篇·创世神话》。英文翻译见: Ling Li and Constance Cook, 'Translation of the Chu Silk Manuscript', in Constance A. Cook and John S. Major (eds.), *Defining Chu: Image and Reality in Ancient China* (University of Hawai'i Press, 1999), p. 174.

21 这些云纹的造型与蘑菇类似, 但我们并不知道它们在此的实际意义和用途。衣箱的更多图片见: 湖北省博物馆, 《曾侯乙墓》, 文物出版社, 1989 年, 第 356-357 页。

22　Alain Thote, 'Aspects of the Serpent on Eastern Zhou Bronzes and Lacquerware', in Whitfield (ed.), *The Problem of Meaning*, pp. 150–60.

23　这种木雕上的鸟、兽、鹿角、翅膀等图像组合，见：Colin Mackenzie, 'Chu Bronze Work: A Unilinear Tradition or a Synthesis of Diverse Sources?', in Thomas Lawton (ed.), *New Perspectives on Chu Culture During the Eastern Zhou Period* (Arthur M. Sackler Gallery, 1991), pp. 107–57。

24　现陈列于旧金山亚洲艺术博物馆的艾弗里·布伦戴奇（Avery Brundage）的收藏中有一件类似器物，见：Charles D. Weber, *Chinese Pictorial Bronze Vessels of the Late Chou Period* (Artibus Asiae, 1968), 图 37c。关于青铜器上鸟和蛇的组合图像也可参见该图录图 42 和图 43。

25　Alain Thote, 'Une Sculpture Chinoise en Bronze du Ve Siècle Avant Notre Ère: Essai D'interprétation', *Arts Asiatiques* 42 (1987), pp. 45–58。

26　有关东周墓葬中出土的鹿角类器物，见：陶正刚、李奉山，《山西长子县东周墓》，《考古学报》，1984 年第 4 期，第 503-529 页；程永建等，《洛阳西工区春秋墓发掘简报》，《文物》，2010 年第 8 期，第 8-28 页。另见：赵德祥，《当阳曹家岗 5 号楚墓》，《考古学报》，1988 年第 4 期，第 455-500 页，图 91；以及黄凤春、黄旭初，《湖北郧县乔家院春秋殉人墓》，《考古》，2008 年第 4 期，第 28-50 页，图 6、7、28。山东薛国故城遗址的墓葬中出土过一件不同寻常的器物，是一件鹿角铜鸟形饰品，见：宫衍兴等，《薛国故城勘查和墓葬发掘报告》，《考古学报》，1991 年第 4 期，第 449-495 页，图版 15.6。虽然鹿角似乎与北方的草原民族有关，但就像其他来自北方的特征一样（比如积石墓），鹿角的采纳也并非一蹴而就，而是先沿着东部沿海向南传播，最终进入中部地区。

27　《荀子·乐论》。英文翻译见：John S. Major and Jenny F. So, 'Music in Late Bronze Age China', in Jenny F. So (ed.), *Music in the Age of Confucius* (Freer Gallery of Art and Arthur M. Sackler Gallery, 2000), p. 24。

28　Robert W. Bagley, 'Percussion', in Jenny F. So (ed.), *Music in the Age of Confucius* (Freer Gallery of Art and Arthur M. Sackler Gallery, 2000), pp. 48-52。

29　Lothar von Falkenhausen, 'The Zenghou Yi Finds in the History of Chinese Music', in Jenny F. So (ed.), *Music in the Age of Confucius* (Freer Gallery of Art and Arthur M. Sackler Gallery, 2000), pp. 101-13。

30　Robert W. Bagley, 'Percussion', in Jenny F. So (ed.), *Music in the Age of Confucius* (Freer Gallery of Art and Arthur M. Sackler Gallery, 2000), p. 41。

31　英文翻译见：David Hawkes, *Ch'u Tz'u: The Songs of the South, an Ancient Chinese Anthology* (Clarendon Press, 1959), pp. 107-8。

32　Robert W. Bagley, 'Percussion', in Jenny F. So (ed.), *Music in the Age of Confucius* (Freer Gallery of Art and Arthur M. Sackler Gallery, 2000)。本章之后对编钟音域的描述是基于贝格利在此文中的表述。

33 湖北省博物馆，《曾侯乙墓》，文物出版社，1989 年，第 146-147 页，图 66 和 67。

34 Bo Lawergren, 'Strings', in Jenny F. So (ed.), *Music in the Age of Confucius* (Freer Gallery of Art and Arthur M. Sackler Gallery, 2000), pp. 65-85; Feng Guangsheng, 'Winds', in Jenny F. So (ed.), *Music in the Age of Confucius* (Freer Gallery of Art and Arthur M. Sackler Gallery, 2000), pp. 87-99.

35 由于这套编钟尚未在中国以外的地区展出，事实上可能永远也不会展出，因此在大多数展览图录中几乎找不到非常详细的高质量照片。一幅较为清晰的插图见: Robert W. Bagley, 'Percussion', in Jenny F. So (ed.), *Music in the Age of Confucius* (Freer Gallery of Art and Arthur M. Sackler Gallery, 2000), p. 34。

36 英文翻译见: David Hawkes, *Ch'u Tz'u: The Songs of the South, an Ancient Chinese Anthology* (Clarendon Press, 1959), p. 49。

37 湖北省博物馆，《曾侯乙墓》，文物出版社，1989 年，第 229-230 页。

38 失蜡法铸造工艺已经经过了长期研究，但对其明确的发展脉络，直到今天学者仍未达成共识。当前对失蜡法的梳理，见: Peng Peng, *Metalworking in Bronze Age China: The Lost-Wax Process* (Cambria, 2020)。

39 河南省文物研究所等，《淅川下寺春秋楚墓》，文物出版社，1991 年。

40 方辉、崔大庸，《长清仙人台五号墓发掘简报》，《文物》，1998 年第 9 期，第 18-30 页。

41 即便我们承认失蜡法工艺或者其变体曾经被应用在一些东周时期的青铜器上，这项技术也从未得到广泛应用，直到 3 世纪汉朝式微之后。关于秦代失蜡法应用的案例，可参看本书第 12 章的内容。

42 Jenny F. So, 'Foreign/Eurasian Elements in Pre-Imperial Qin Culture: Materials, Techniques and Types', in Liu (ed.), *Beyond the First Emperor's Mausoleum*, pp. 193–211.

43 湖北省博物馆，《曾侯乙墓》，文物出版社，1989 年，第 449-452 页。

44 新疆文物考古研究所，《新疆阿勒泰地区考古与历史文集》，文物出版社，2015 年，图版 24-2 ; Chugunov et al., *Der Skythenzeitliche Fürstenkurgan*, pl. 57, no. 6; 'Izzat Allāh Nigahbān, *Marlik: The Complete Excavation Report*, 2 vols. (University Museum, University of Pennsylvania, 1996), vol. 2, pl. 58 (no. 211)。

45 赵德祥，《当阳曹家岗五号楚墓》，《考古学报》，1988 年第 4 期，第 455-500 页；李有成，《原平县刘庄塔岗梁东周墓》，《文物》，1986 年第 11 期，第 21-26 页。

46 Lothar von Falkenhausen, *Chinese Society in the Age of Confucius (1000–250 BC): The Archaeological Evidence* (Cotsen Institute of Archaeology, University of California, 2006), pp. 294–7.

47 漆豆形制与青铜豆类似，但拥有复杂的漆木装饰，相关描述见：湖北省博物馆，《曾侯乙墓》，文物出版社，1989 年，第 368 页，图 227。

48 关于箕和熏炉的更多介绍，见：湖北省博物馆，《曾侯乙墓》，文物出版社，1989年，第247页，图144。

49 Lai Guolong, *Excavating the Afterlife: The Archaeology of Early Chinese Religion* (University of Washington Press, 2015), pp. 146–54.

50 关于曾侯乙帷帐的复原和组装方法，见：张昌平等，《湖北随州市曾侯乙墓一号陪葬坑发掘简报》，《考古》，2017年第11期，第31-44页。另外，山西太原的一座重要墓葬中也出土帷帐相关配件，见：山西省考古研究所、太原市文物管理委员会，《太原晋国赵卿墓》，文物出版社，1996年。中山国墓葬的相关发现中也有类似的配件，具体可参看本书第10章内容。

51 Patrick McGee, 'How Cook Tied Apple's Fortunes to China', *Financial Times*, 18 January (2023), www.ft.com/content/d5a80891-b27d-4110-90c9-561b7836f11b.

52 湖北省博物馆，《曾侯乙墓》，文物出版社，1989年，第358-361页。

53 此时首先出现的是战车部队的显著增加，随后便是大量步兵部队日益突出的军事作用，详见：Mark Lewis, *Sanctioned Violence in Early China* (SUNY, 1990), pp. 59–64。

54 Wang Yingchen et al., 'Imported or Indigenous? The Earliest Forged Tin Foil Found in China', *Journal of Cultural Heritage* 40 (2019), pp. 177–82.

55 此处的讨论和相关图片见：Jessica Rawson, Huan Limin and William T. T. Taylor, 'Seeking Horses: Allies, Clients and Exchanges in the Zhou Period (1045–221 BC)', *Journal of World Prehistory* 34 (2021), 489–530。

56 有关剑的使用，见：Alain Thote, 'Origine et Premiers Développements de L'épée En Chine', *Comptes rendus des séances de l'année–Académie des Inscriptions et Belles-Lettres* 147 (2003), pp. 773–802。

57 汉朝将一些正统的宫廷风格加入富于想象力的楚国诗歌之中，从而形成了被称为"赋"的长篇诗歌，英语学界常将其译为"rhapsody"。本段文字为扬雄《羽猎赋》节选，全文见萧统《文选》，康达维的英文全译见：Xiaotong (trans. David Knechtges), *Wen Xuan or Selections of Refined Literature*, vol. 2, *Rhapsodies on Sacrifices, Hunting, Travel, Sightseeing, Palaces and Halls, Rivers and Seas* (Princeton University Press, 1987), p. 123。

第10章 设计之国

1 关于中山国及其背景的完整英文介绍，见：Wu Xiaolong, *Material Culture, Power, and Identity in Ancient China* (Cambridge University Press, 2017)。关于考古发掘报告，见：河北省文物研究所，《㽔墓——战国中山国国王之墓》（上下册），文物出版社，1996年。

2 图片见：Emma C. Bunker (ed.), *Ancient Bronzes of the Eastern Eurasian Steppes from*

the Arthur M. Sackler Collections (Arthur M. Sackler Foundation, 1997); 田广金、郭素新，《鄂尔多斯式青铜器》，文物出版社，1986 年。关于带扣在汉代的传播，见：Ursula Brosseder, 'Belt-Plaques as Indicator of East-West Relations in the Eurasian Steppe at the Turn of the Millennium', in Urusla Brosseder and Brian Miller (eds.), *Xiongnu Archaeology: Multidisciplinary Perspectives of the First Steppe Empire in Inner Asia* (Frederich-Wilhelms Universität, 2011), pp. 349–424。

3 《左传》描述了一系列中原诸国与狄的相遇和胜利，英文翻译见：Stephen W. Durrant, Wai-yee Li and David Schaberg, *Zuo Tradition / Zuozhuan: Commentary on the "Spring and Autumn Annals"*, 3 vols. (University of Washington Press, 2016), pp. 220–21, 234–5, 238–9, 298–9。关于狄和晋国相关活动的大量评论，见：Nicola Di Cosmo, 'The Northern Frontier in Pre-Imperial China', in Michael Loewe and Edward L. Shaughnessy (eds.), *The Cambridge History of Ancient China: From the Origins of Civilization to 221 BC* (Cambridge University Press, 1999), pp. 885–966, 尤其是第 948–949 页；又见：陶正刚，《山西东周戎狄文化初探》，收录于《远望集》编委会，《陕西省考古研究所华诞四十周年纪念文集》，陕西人民美术出版社，1998 年，第 415-425 页。

4 Yuri Pines, 'The Warring States Period: Historical background', in Elizabeth Childs-Johnson (ed.), *The Oxford Handbook of Early China* (Oxford University Press, 2020), pp. 581–94.

5 关于若干狄墓的说明，见：田建文，《辨识南吕梁白狄墓》，《中原文物》，2021 年第 1 期，第 73-82 页。

6 关于墓葬材料所显示的外来者广泛分布的情况，见：Yang Jianhua, 'Differentiation of Two Types of Cultural Remains of the Eastern Zhou Period in North China: On the Relationships among the Rong, Di and the Hu', *Chinese Archaeology* 12 (2012), pp.136–48; Shan Yueying, 'The Pattern of Archaeological Cultures in Northern China During the Eastern Zhou Period to the Qin Dynasty–Also on the Interactions among the Rong, Di and Hu Ethnic Groups and the Central Plains', *Chinese Archaeology* 16 (2016), pp. 178–88。

7 张春长、齐瑞普、常怀颖、闫炜，《河北行唐县故郡东周遗址》，《考古》，2018 年第 7 期，第 44-66 页。

8 关于灵寿地区早期墓葬及成公墓的发掘报告，见：河北省文物研究所，《战国中山国灵寿城——1975~1993 年考古发掘报告》，文物出版社，2005 年；河北省文物考古研究院、中国人民大学考古文博系，《朔黄铁路平山段古中山国墓葬发掘报告》，科学出版社，2020 年。

9 外来者或者说新来者展示出从草原地带带到南方的特征，并与中原诸国交流互动，包括对石材、金器、兽首、独特青铜器等的使用，见：国家文物局，《山西襄汾陶寺北两周墓地：2016~2017 年发掘收获》，收录于《2017 中国重要考古发现》，文物出版社，2018 年，第 44-49 页；王京燕等，《山西襄汾陶寺北墓地 2014 年 I 区 M7 发掘简报》，《文物》，2018 年第 9 期，第 4-21 页；王京燕等，《山西襄汾陶寺北两周墓地 2014 年发掘简报》，《中原文物》，2018 年第 2 期，第 4-16 页；河北省文物研究所，《滦平县虎什哈炮台山山戎墓地的发现》，收录于《文物》编辑委员会，《文物资料丛刊 7》，文物出版社，1983 年，第 67-74 页。

10　关于战国时期的历史，见: Mark Edward Lewis, 'Warring States: Political History', in Michael Loewe and Edward L. Shaughnessy (eds.), *The Cambridge History of Ancient China: From the Origins of Civilization to 221 BC* (Cambridge University Press, 1999), pp. 587–650; Charles Sanft, 'Change and Continuity at the Intersection of Received History and the Material Record in the Warring States Period', in Elizabeth Childs-Johnson (ed.), *The Oxford Handbook of Early China* (Oxford University Press, 2020), pp. 623–36。

11　Wu Xiaolong, *Material Culture, Power, and Identity in Ancient China* (Cambridge University Press, 2017).

12　在战国时期，有城墙的城市广泛出现，见: Lothar von Falkenhausen, 'Stages in the Development of "Cities" in Pre-Imperial China', in Joyce Marcus and Jeremy A. Sabloff (eds.), *The Ancient City: New Perspectives on Urbanism in the Old and New World* (School for Advanced Research Press, 2008), pp. 209–28。

13　关于灵寿城的英文描述，见: Wu Xiaolong, *Material Culture, Power, and Identity in Ancient China* (Cambridge University Press, 2017), pp. 34–74。

14　在本书内容所涉的前几百年，硬币尚不存在。一些人认为，贝币是一种交易的形式。不过，虽然海贝确实代表着财富，但尚不清楚它们是否在贸易中作为持续的元素存在。贝币特别受北方人群重视，并在其墓葬中大量发现，例如本书第 3 章提到的安阳殷墟妇好墓和亚长墓。我们熟悉的圆形硬币最早铸造于今天土耳其境内的古希腊殖民地吕底亚。公元前 6 世纪，铲形币和刀币开始使用，但与西亚尚无商业联系。关于这一系列历史进程，见: François Thierry, 'Currency', in P. R. Goldin (ed.), *Routledge Handbook of Early Chinese History* (Routledge, 2018), pp. 336–66。关于中国货币史的完整描述，见: Peng Xinwei, *A Monetary History of China*, 2 vols. (Western Washington University, 1994)。关于可能的贸易路线的讨论，见: Wu Xiaolong, *Material Culture, Power, and Identity in Ancient China* (Cambridge University Press, 2017), pp. 130–3。

15　关于半两的图片，见: François Thierry, 'Currency', in P. R. Goldin (ed.), *Routledge Handbook of Early Chinese History* (Routledge, 2018), p. 351, figs. 16:11, 16:12。

16　关于诸侯国之间的对立和纷争，见: Mark Edward Lewis, 'Warring States: Political History', in Michael Loewe and Edward L. Shaughnessy (eds.), *The Cambridge History of Ancient China: From the Origins of Civilization to 221 BC* (Cambridge University Press, 1999), pp. 587–650。

17　Wu Xiaolong, *Material Culture, Power, and Identity in Ancient China* (Cambridge

University Press, 2017), pp. 77–133. 譻墓的完整考古报告见：河北省文物研究所，《譻墓——战国中山国国王之墓》（上下册），文物出版社，1996 年。关于灵寿城的情况及成公墓的发掘报告，见：河北省文物研究所，《战国中山国灵寿城——1975~1993 年考古发掘报告》，文物出版社，2005 年。本章的主要考古资料均来自这两本发掘报告。

18　田伟，《试论两周时期的积石积炭墓》，《中国历史文物》，2009 年第 2 期，第 59-67 页。

19　这种墓穴剖面的阶梯状结构是譻墓最重要的特征之一，也提供了很多信息，相关讨论见：Wu Xiaolong, *Material Culture, Power, and Identity in Ancient China* (Cambridge University Press, 2017), pp. 78–9. 施杰在其论文中表达了和我不同的观点，见：Shi Jie, 'The Hidden Level in Space and Time: The Vertical Shaft in the Royal Tombs of the Zhongshan Kingdom in Late Eastern Zhou (475–221BCE) China', *Material Religion* 11(2015), pp. 76–102。

20　该墓下方的基岩位于太行山脚下，而太行山则挡住了不少风吹来的黄土。

21　本书第 8 章末尾提到，齐国的领土曾经是东夷活动的地区，齐国墓葬也遵循了典型的东方丧葬传统，尤其是封土堆的使用，以及中央墓葬周围整齐排列陪葬墓这一做法。齐墓还增加了阶梯状侧边，部分高于地平面，这可能是对钟离国墓葬阶梯式墓道的发展，用来为参加葬礼的人提供站立空间，这起到了与钟离君柏墓中平台一样的效果。见：山东省文物考古研究所，《临淄齐墓（第一集）》，文物出版社，2007 年，第 380-382 页；山东省博物馆，《临淄郎家庄一号东周殉人墓》，《考古学报》，1977 年第 1 期，第 73-104 页。虽然早期历史学家认为齐国是周体系的一员，但其丧葬模式表明，齐人也喜欢北方传统。尽管中山国和齐国这样的诸侯国属于不同的体系，但它们遵循类似的丧葬模式。

22　关于参加祖先祭祀仪式和进入神圣空间等活动，见：Maria Khayutina, 'Welcoming Guests–Constructing Corporate Privacy? An Attempt at a Socio-Anthropological Interpretation of Ancestral Rituals Evolution in Ancient China (ca. XI–V cc. BC)', *Berliner China-Hefte* 24 (2003), pp. 35–50。

23　关于封土堆上的遗存和建筑结构，见：Wu Xiaolong, *Material Culture, Power, and Identity in Ancient China* (Cambridge University Press, 2017), pp. 171–9; Wu Hung, 'The Art and Architecture of the Warring States Period', in Michael Loewe and Edward L. Shaughnessy (eds.), *The Cambridge History of Ancient China: From the Origins of Civilization to 221 BC* (Cambridge University Press, 1999), pp. 651–744。

24　见：河北省文物研究所，《战国中山国灵寿城——1975~1993 年考古发掘报告》，文物出版社，2005 年，第 278 页，图 214，第 282 页，图 218、219。这件带有刻划纹的青铜盆可能来自南方，见杜德兰讨论场景纹青铜器的论文：Alain Thote, 'Intercultural Relations as Seen from Chinese Pictorial Bronzes of the

Fifth Century B.C.E', *RES: Anthropology and Aesthetics* 35 (1999), pp. 10–41。

25　比如在湖北包山楚墓出土的一件著名漆奁上，描绘着近乎叙事性的场景，见：湖北省荆沙铁路考古队，《包山楚墓》（全两册），文物出版社，1991年，上册：第146页，图八九（D）；下册：彩版七、八。

26　林巳奈夫曾讨论这一话题，见：Minao Hayashi, 'Concerning the Inscription "May Sons and Grandsons Eternally Use This [Vessel]"', *Artibus Asiae* 53 (1993), pp. 51–8。

27　见本书第8章。

28　关于成公墓的结构，见：河北省文物研究所，《战国中山国灵寿城——1975~1993年考古发掘报告》，文物出版社，2005年，第122-133页，图88。

29　这段铭文的重要性及其英文翻译见：Wu Xiaolong, *Material Culture, Power, and Identity in Ancient China* (Cambridge University Press, 2017), p. 173, fig. 6. 1。

30　Wu Xiaolong, *Material Culture, Power, and Identity in Ancient China* (Cambridge University Press, 2017), p. 177.

31　《战国策》的英文翻译见：James I. Crump (trans.), *Chan-Kuo Ts'e (Intrigues of the Warring States)*, (University of Michigan, 1996); Wu Xiaolong, *Material Culture, Power, and Identity in Ancient China* (Cambridge University Press, 2017), p. 178。

32　关于西周时期的类似做法的讨论见：Maria Khayutina, 'Kinship, Marriage and Politics in Early China (13–8 c. BCE) in the Light of Ritual Bronze Inscriptions', Habilitation thesis (Ludwig Maximilian University of Munich, 2017)。更简单但涉及更广泛背景的讨论见：Anne B. Kinney, 'Women in Early China: Views from the Archaeological Record', in P. R. Goldin (ed.), *Routledge Handbook of Early Chinese History* (Routledge, 2018), pp. 367–85。

33　本书第7章展示了北方草原埋葬动物肢体的习俗，这在中原大墓是没有的。但到了公元前5世纪和前4世纪，在黄土高原包括中山国一带的许多墓葬中，经常埋葬兽首。

34　本书第5章曾讨论过，戎狄占领的北方地区被认为是良马的来源，见《左传》，英文翻译见：Stephen W. Durrant, Wai-yee Li and David Schaberg, *Zuo Tradition / Zuozhuan: Commentary on the "Spring and Autumn Annals"*, 3 vols. (University of Washington Press, 2016), 又见本章注释54。

35　齐国与北方的联系体现在若干墓葬中殉葬的大量马匹，较突出的例子见：张学海、罗勋章，《齐故城五号东周墓及大型殉马坑的发掘》，《文物》，1984年第9期，第14-19页；山东省文物考古研究所，《临淄齐墓（第一集）》，文物出版社，2007年，彩版22。关于草原模式的案例，见：Timothy F. Taylor, 'Thracians, Scythians, and Dacians, 800 BC-AD 300', in Barry W. Cunliffe (ed.), *Prehistoric Europe: An Illustrated History* (Oxford University Press, 1998), pp. 373–410。

36　关于战国时期的战争及相关的暴力活动，见：Mark Lewis, *Sanctioned Violence in*

Early China (SUNY, 1990)。

37 河北省文物研究所，《战国中山国灵寿城——1975~1993年考古发掘报告》，文物出版社，2005年。河北省文物考古研究院、中国社会科学院考古研究所、石家庄市文物研究所、行唐县文物保护管理所，《车出中山：行唐故郡考古发现》，文物出版社，2021年。

38 中山侯钺铭文。英文翻译见：Wu Xiaolong, *Material Culture, Power, and Identity in Ancient China* (Cambridge University Press, 2017), p. 108。

39 Wu Xiaolong, *Material Culture, Power, and Identity in Ancient China* (Cambridge University Press, 2017), p. 83。

40 关于随葬羊的报告，见：河北省文物研究所，《战国中山国灵寿城——1975~1993年考古发掘报告》，文物出版社，2005年，第516页；Wu Xiaolong, *Material Culture, Power, and Identity in Ancient China* (Cambridge University Press, 2017), p. 85, fn. 29；埋葬完整动物的习俗完全不同于游牧民族常见的埋葬兽首习俗，如本书第7章提到的玉皇庙山戎墓，以及本章注释2和注释5提到的案例。

41 相关描述见：河北省文物研究所，《战国中山国灵寿城——1975~1993年考古发掘报告》，文物出版社，2005年，第332页。

42 关于中国早期冶铁的综述，见：Donald B. Wagner, *Science and Civilisation in China*, vol. 5, *Chemistry and Chemical Technology*, Part 11: *Ferrous Metallurgy* (Cambridge University Press, 2008)。相对较新的研究见：Wengcheong Lam, 'The Iron Technology and Its Regional Development During the Eastern Zhou Period', in Elizabeth Childs-Johnson (ed.), *The Oxford Handbook of Early China* (Oxford University Press, 2020), pp. 595–614；韩汝玢、陈建立，《中国古代冶铁替代冶铜制品的探讨》，收录于曹玮、任天洛（Thilo Rehren），《秦时期冶金考古国际学术研讨会论文集》，科学出版社，2014年，第121-133页。

43 Nicola Di Cosmo, 'The Northern Frontier in Pre-Imperial China', in Michael Loewe and Edward L. Shaughnessy (eds.), *The Cambridge History of Ancient China: From the Origins of Civilization to 221 BC* (Cambridge University Press, 1999), pp. 960–63。

44 关于随葬品的分布，见：河北省文物研究所，《战国中山国灵寿城——1975~1993年考古发掘报告》，文物出版社，2005年；英文讨论见：Wu Xiaolong, *Material Culture, Power, and Identity in Ancient China* (Cambridge University Press, 2017), pp. 87–93；铭文见该书第150-160页。

45 在讨论这件鼎时，吴霄龙对铭文的识读和翻译主要基于：Gilbert L. Mattos, 'Eastern Zhou Bronze Inscriptions', in Edward Shaughnessy (ed.), *New Sources of Early Chinese History: An Introduction to the Reading of Inscriptions and Manuscripts* (The Society for the Study of Early China, and the Institute of East Asian Studies, University of California, 1997), pp. 104–9。

46 关于燕下都的考古描述，见：河北省文物研究所，《燕下都》（上下册），文物出版社，1996 年；Wu Xiaolong, *Material Culture, Power, and Identity in Ancient China* (Cambridge University Press, 2017), p. 141。

47 方壶铭文英文翻译见：Wu Xiaolong, *Material Culture, Power, and Identity in Ancient China* (Cambridge University Press, 2017), p. 192–3；吴霄龙的译文参考：Constance A. Cook, 'Chungshan Bronze Inscriptions: Introduction and Translation', MA dissertation (University of Washington, 1980)。

48 论资排辈的等级制度之重要性，本书第 8 章有简要介绍。关于中山国和燕国的关系，见：Wu Xiaolong, *Material Culture, Power, and Identity in Ancient China* (Cambridge University Press, 2017), p. 141。

49 铭文的英文翻译见：Wu Xiaolong, *Material Culture, Power, and Identity in Ancient China* (Cambridge University Press, 2017), p.152；在这里吴霄龙的译文也参考：Constance A. Cook, 'Chungshan Bronze Inscriptions: Introduction and Translation', MA dissertation (University of Washington, 1980)。

50 铭文的英文翻译见：Wu Xiaolong, *Material Culture, Power, and Identity in Ancient China* (Cambridge University Press, 2017), p. 154-8。

51 铭文的英文翻译见：Wu Xiaolong, *Material Culture, Power, and Identity in Ancient China* (Cambridge University Press, 2017), p. 153。

52 关于"士"的地位上升，见：Yuri Pines, *The Everlasting Empire: The Political Culture of Ancient China and Its Imperial Legacy* (Princeton University Press, 2012), pp. 152–4。

53 李零，《楚国铜器类说》，《江汉考古》，1987 年第 4 期，第 69-78 页。英文翻译见：Li Ling (trans. Lothar von Falkenhausen), 'On the Typology of Chu Bronzes', *Beiträge zur Allgemeinen und Vorgleichended Archäologie* 11 (1991), pp. 57–113。

54 Wu Xiaolong, *Material Culture, Power, and Identity in Ancient China* (Cambridge University Press, 2017), pp. 90-92.

55 Lothar von Falkenhausen, *Chinese Society in the Age of Confucius (1000–250 BC): The Archaeological Evidence* (Cotsen Institute of Archaeology, University of California, 2006), p. 303, fig. 61.

56 Jessica Rawson, *Chinese Jade: From the Neolithic to the Qing* (British Museum Publications, 1995); Jenny F. So, *Early Chinese Jades in the Harvard Art Museums* (Harvard Art Museums, 2019).

57 关于棋盘的描述和六博的一些细节，见：Wu Xiaolong, *Material Culture, Power, and Identity in Ancient China* (Cambridge University Press, 2017), pp. 117-21; Jessica Rawson (ed.), *Mysteries of Ancient China: New Discoveries from the Early Dynasties* (British Museum Publications, 1996), pp. 159–61。

58 Wu Xiaolong, *Material Culture, Power, and Identity in Ancient China* (Cambridge University Press, 2017), p. 142.

59 欧亚草原上的人从西亚尤其是伊朗采纳了很多视觉特征，比如有翼神兽，这是他们物的语言的一部分。这些有翼神兽带有长长的银角，更有异域风情的则是金角，发现于一些著名的遗址，比如哈萨克斯坦的伊塞克（Issyk）遗址，见：Sören Stark, 'Nomads and Networks: Elites and Their Connections to the Outside World', in Sören Stark and Karen S. Rubinson (eds.), *Nomads and Networks: The Ancient Art and Culture of Kazakhstan* (Institute for the Study of the Ancient World / Princeton University Press, 2012), pp. 106–38；这种图像被广泛引入中国北部边境地区，并出现在青铜器上的镶嵌图案中，再现了草原未知世界中牧民的狩猎场景，见：Charles D. Weber, *Chinese Pictorial Bronze Vessels of the Late Chou Period* (Artibus Asiae, 1968), figs. 62–4；又见本章第 16 幅插图。翅膀造型通常与阿尔泰山脉巴泽雷克遗址出土的毛毡上的纹饰类似，见：Sergei Rudenko, *Frozen Tombs of Siberia: The Pazyryk Burials of Iron Age Horsemen* (Dent, 1970), pls. 169–70，木刻图案见第 166 页。

60 在公元前 4 千纪的西亚，驯养动物和掠食者相关的场景在各类材质和功能的器物上都很流行，尤其是在小型雕刻滚筒印章上，这些印章可以在人们之间交换和传递，见：Joan Aruz and Ronald Wellenfelz (eds.), *Art of the First Cities: The Third Millennium B.C. from the Mediterranean to the Indus* (Metropolitan Museum of Art/Yale University Press, 2003)。与本书第 7 章中描述的所有动物主题一样，这一著名题材也进入了草原地带，并在许多不同地区发展出了各种材质和风格。

61 河北易县辛庄头燕国墓 M30 出土的金剑饰是草原图案融入中原物品的绝佳案例，见：Wu Xiaolong, *Material Culture, Power, and Identity in Ancient China* (Cambridge University Press, 2017), p. 124, fig. 3:32。

62 吴霄龙认为，北方的掠食者捕猎形象在楚地被重新诠释为其他更具地方性的生物（见本书第 9 章），例如一件漆木屏风上的鸟啄蛇图案，见：Wu Xiaolong, *Material Culture, Power, and Identity in Ancient China* (Cambridge University Press, 2017), pp. 103–14, fig. 3:19。

63 关于成公墓出土的另一件灯具，见：Jessica Rawson (ed.), *Mysteries of Ancient China: New Discoveries from the Early Dynasties* (British Museum Publications, 1996), pp. 156–7, no. 74。该书也讨论了其他战国灯具及相关文献。

第 11 章　戎车即止

1 关于伊朗古代史，尤其是阿契美尼德帝国史，见：Pierre Briant (trans. Peter T. Daniels), *From Cyrus to Alexander: A History of the Persian Empire* (Eisenbrauns, 2002)。

2 粟特人是令人印象深刻的商人群体，从 5 世纪开始，他们为中国的文化和社会做出了重大贡献，见：Annette L. Juliano and Judith A. Lerner, *Monks and Merchants: Silk Road Treasures from Northwest China. Gansu and Ningxia 4th–7th Century* (Harry N. Abrams with the Asia Society, 2001)。关于在华粟特人的详细信息，见：Patrick Wertmann, *Sogdians in China: Archaeological and Art Historical Analyses of Tombs and Texts from the 3rd to the 10th Century AD* (Verlag Philipp von Zabern, 2015)。关于更全面的背景，见：J. Harmatta, Baij Nath Puri and G. F. Etemadi (eds.), *History of Civilizations of Central Asia*, vol. 2, *The Development of Sedentary and Nomadic Civilizations: 700 B.C. to A.D. 250* (UNESCO, 1992)。

3 Denis Sinor (ed.), *The Cambridge History of Early Inner Asia* (Cambridge University Press, 1990)。关于海路贸易，见：John W. Chaffee, *The Muslim Merchants of Premodern China: The History of a Maritime Asian Trade Diaspora, 750–1400* (Cambridge University Press, 2018)。

4 由于马家塬墓地的发掘仍在进行中，目前尚无完整的发掘报告，已有若干简报。关于中央大墓，见：周广济、赵吴成、赵卓、花平宁、王辉，《张家川马家塬战国墓地2007~2008年发掘简报》，《文物》，2009年第10期，第25-51页。

5 草原地带或欧亚大陆的其他地方不可能挖出黄土地区那样深的墓穴。本书第8章指出，附属墓葬的弧形布局与阿尔赞二号冢的附属墓葬及器物坑非常相似，下文的分析也持同样的观点：Konstantin V. Chugunov, 'The Arzhan-2 Funerary Commemorative Complex: Stages of Function and Internal Chronology', in Svetlana V. Pankova and St John Simpson (eds.), *Masters of the Steppe: The Impact of the Scythians and Later Nomad Societies of Eurasia: Proceedings of a Conference Held at the British Museum, 27–29 October 2017* (Archaeopress Archaeology, 2020)。

6 刘兵兵、谢焱、王辉，《甘肃张家川马家塬战国墓地2012~2014年发掘简报》，《文物》，2018年第3期，第4-25页。

7 《史记·匈奴列传》。英文翻译见：Burton Watson, *Records of the Grand Historian of China, Translated from the Shih Chi of Ssu-Ma Ch'ien*, 2 vols. (Columbia University Press, 1961), vol. 2: p. 155。

8 恺撒在《高卢战记》中写道："他们不太重视农业，大部分食物是奶、乳酪和肉；任何人都没有固定的土地数量或个人疆域。"见：Carolyn Hammond (ed.), *Seven Commentaries on the Gallic War* (Oxford University Press, 2008), pp. 130-31。

9 这种广泛的分布让许多历史学家感到困惑。有人认为，当时有一个斯基泰人的社会占据了主导地位，它似乎几乎是一个帝国，见：St John Simpson and Svetlana Pankova (eds.), *Scythians: Warriors of Ancient Siberia* (Thames & Hudson, 2017); Svetlana V. Pankova and St John Simpson (eds.), *Masters of the Steppe: The Impact of the Scythians and Later Nomad Societies of Eurasia: Proceedings of a Conference Held at the British Museum, 27–29 October 2017* (Archaeopress

Archaeology, 2020), pp. 80–104。这种说法源自欧洲人与斯基泰人的遭遇，但低估了从阿尔赞到乌克兰的范围内，欧亚草原上不同社群的丰富程度、密集程度和悠久历史。

10 Renate Rolle, *Totenkult der Scythen: Teil 1: Das Steppengebiet*, 2 parts (De Gruyter, 1979)。

11 周人的核心区域也发现了洞室墓，例如西安附近的张家坡墓地，年代在公元前10世纪到前9世纪，证明了周人与北方人长期的关系，见：中国社会科学院考古研究所，《张家坡西周墓地》，中国大百科全书出版社，1999年，第68-78页。关于非周人部族的重要性，以及遥远的新来者埋葬在周人墓地的情况，见：Jessica Rawson, Huan Limin and William T. T. Taylor, 'Seeking Horses: Allies, Clients and Exchanges in the Zhou Period (1045–221 BC)', *Journal of World Prehistory* 34 (2021), 489–530。

12 见：赵雪野、王山、田松亭、孙明霞，《甘肃秦安王洼战国墓地2009年发掘简报》，《文物》，2012年第8期，第27-37页。在宁夏境内的六盘山脉北麓，发现了杨郎青铜文化墓地。见：宁夏文物考古研究所、彭阳县文物管理所，《王大户与九龙山：北方青铜文化墓地》（上下册），文物出版社，2016年。那里的人也使用洞室墓，但这些洞室墓使用竖穴墓道，并有大量动物头、蹄殉葬。见：许成等，《宁夏固原杨郎青铜文化墓地》，《考古学报》，1993年第1期，第13-56页。

13 郭物，《马家塬墓地所见秦霸西戎的文化表象及其内因》，《四川文物》，2019年第4期，第46-53页；张寅，《东周西戎文化马家塬类型来源初探》，《考古与文物》，2019年第2期，第71-76页；刘羽阳、王辉，《先秦时期西北游牧地区动物埋葬习俗——从埋葬头蹄的现象谈起》，2017年第1期，第2-9页。

14 戴春阳，《礼县大堡子山秦公墓地及有关问题》，《文物》，2000年第5期，第74-80页；毛瑞林、李永宁、赵吴成、王刚，《礼县圆顶山春秋秦墓》，《文物》，2002年第2期，第4-30页；李永宁、王刚、毛瑞林、赵吴成，《甘肃礼县圆顶山98LDM2、2000LDM4春秋秦墓》，《文物》，2005年第2期，第4-27页。

15 《史记·秦本纪》。英文翻译见：Burton Watson, *Records of the Grand Historian of China, Translated from the Shih Chi of Ssu-Ma Ch'ien: Qin Dynasty* (Columbia University Press, 1993), p. 3。

16 《史记·秦本纪》。英文翻译见：Burton Watson, *Records of the Grand Historian of China, Translated from the Shih Chi of Ssu-Ma Ch'ien: Qin Dynasty* (Columbia University Press, 1993), p. 17。

17 该地区在唐代仍被用来养马，见：Jonathan K. Skaff, *Sui-Tang China and Its Turko-Mongol Neighbours: Culture, Power and Connections, 580–800* (Oxford University Press, 2012), pp. 262–6。

18 秦人和草原人群的紧密联系被讨论得很少，见：Lothar von Falkenhausen,

'Mortuary Behaviors in Pre-Imperial Qin: A Religious Interpretation', in John Lagerwey (ed.), *Religion and Chinese Society*, 2 vols. (Chinese University Press / École française d'Extrême-Orient, 2004), vol. 1, pp. 109–72。不过，北方人群与秦人有明显的密切关系，但他们的埋葬方式与秦人不同，见：田亚岐等，《陕西凤翔孙家南头春秋秦墓发掘简报》，《考古与文物》，2013年第4期，第3-34页。

19　焦南峰、孙伟刚、杜林渊，《秦人的十个陵区》，《文物》，2014年第6期，第64-76页。

20　关于M16的发掘报告，见：王辉等，《张家川马家塬战国墓地2008~2009年发掘简报》，《文物》，2010年第10期，第4-26页。

21　吴霄龙认为，台阶是文化交融的标志，也被用来彰显等级地位，见：Wu Xiaolong, 'Cultural Hybridity and Social Status: Elite Tombs on China's Northern Frontier During the Third Century BC', *Antiquity* 87 (2013), pp. 121–36。但更适合的做法可能是将其和其他案例做一些比较，例如本书第8章提到的钟离君柏墓阶梯式墓道，以及悠久的北方传统。

22　黄炜均在其博士论文中提出了这一观点，见：Raphael Wong, 'Steppe and Local Identities on the Frontier of the State and Empire of Qin During the 7th to 3rd Centuries BC', DPhil thesis (University of Oxford, 2019)。

23　Konstantin V. Chugunov, Hermann Parzinger and Anatoli Nagler, *Der Skythenzeitliche Fürstenkurgan Aržan 2 in Tuva* (Philipp von Zabern, 2010), pl. 35.

24　Raphael Wong, 'Steppe and Local Identities on the Frontier of the State and Empire of Qin During the 7th to 3rd Centuries BC', DPhil thesis (University of Oxford, 2019), figs. 4:26, 4:27。晚期的例子持续存在于东北的鲜卑部落，见：吉林省文物考古研究所，《榆树老河深》，文物出版社，1987年。

25　William Honeychurch, *Inner Asia and the Spatial Politics of Empire: Archaeology, Mobility, and Culture Contact* (Springer, 2015), pp. 278–88.

26　大量金银带饰及其他金银饰品的图片，见：甘肃省文物考古研究所，《西戎遗珍：马家塬战国墓地出土文物》，文物出版社，2014年。

27　本书第3、5、6章有关于这些器物的论述和插图。

28　关于这一重要材料的报告，见：K. A. Akishev, *Kurgan Issyk: Iskusstvo Sakov Kazahstana (Kurgan Issyk: Art of the Sakas of Kazakhstan)* (Iskusstvo, 1978); 又见：Hermann Parzinger (ed.), *Im Zeichen des Goldenen Greifen: Königsgräber der Skythen* (Prestel, 2007), pp.106–7; Yang Jianhua and Katheryn M. Linduff, 'A Contextual Explanation for "Foreign" or "Steppic" Factors Exhibited in Burials at the Majiayuan Cemetery and the Opening of the Tianshan Mountain Corridor', *Asian Archaeology* 1 (2013), pp. 73–84。

29　王辉等，《张家川马家塬战国墓地2008~2009年发掘简报》，《文物》，2010年第10期，第24页，图62。

30	山东临淄范家村墓地发现了两件青玉鞋底，这几乎肯定是中原对草原原型的改造，见：李东江等，《山东临淄范家村墓地 2012 年发掘简报》，《文物》，2015 年第 4 期，第 9-27 页，图 24。
31	Pierre Briant (trans. Peter T. Daniels), *From Cyrus to Alexander: A History of the Persian Empire* (Eisenbrauns, 2002).
32	John Curtis and Nigel Tallis (eds.), *Forgotten Empire: The World of Ancient Persia* (British Museum Press, 2005), p. 13, fig. 2.
33	关于这些遗址中出土文物的图片，见：Hermann Parzinger (ed.), *Im Zeichen des Goldenen Greifen: Königsgräber der Skythen* (Prestel, 2007)。
34	关于工艺的讨论，见：Jenny F. So, 'Foreign / Eurasian Elements in Pre-Imperial Qin Culture: Materials, Techniques and Types', in Yang Liu (ed.), *Beyond the First Emperor's Mausoleum: New Perspectives on Qin Art* (Minneapolis Institute of Arts, 2014), pp. 193–211; Liu Yan, 'Exotica as Prestige Technology: The Production of Luxury Gold in Western Han Society', *Antiquity* 91 (2017), pp. 1588–602。
35	Michael D. Frachetti, 'Multiregional Emergence of Mobile Pastoralism and Nonuniform Institutional Complexity across Eurasia', *Current Anthropology* 53 (2012), pp. 2–38.
36	周广济、方志军、谢言、马明远，《2006 年度甘肃张家川回族自治县马家塬战国墓地发掘简报》，《文物》，2008 年第 9 期，第 4-28 页，图 19。
37	黄晓娟、王辉、赵西晨，《甘肃张家川县马家塬战国墓地 M4 木棺实验室考古简报》，《文物》，2013 年第 8 期，第 25-35 页。
38	也有其他与之相关但数量较少的群体发现于当地其他墓地。
39	英文原文转引自：David Morgan and Peter Jackson (trans.), *The Mission of Friar William of Rubruck: His Journey to the Great Khan Möngke, 1253–1255* (Hackett Publishing Company Inc., 1990, repr. 2009), p. 248; 又见：Marie Favereau, *The Horde: How the Mongols Changed the World* (Harvard Belknap, 2021), p. 112。
40	Konstantin V. Chugunov, Hermann Parzinger and Anatoli Nagler, *Der Skythenzeitliche Fürstenkurgan Aržan 2 in Tuva* (Philipp von Zabern, 2010), pl. 68; 可与另一件巴泽雷克出土的杯子对比，见：Sergei Rudenko, *Frozen Tombs of Siberia: The Pazyryk Burials of Iron Age Horsemen* (Dent, 1970), pl. 54。
41	这些墓葬的完整信息见：Sergei Rudenko, *Frozen Tombs of Siberia: The Pazyryk Burials of Iron Age Horsemen* (Dent, 1970); 关于最新研究的综述，见：Katheryn M. Linduff and Karen S. Rubinson, *Pazyryk Culture up in the Altai* (Routledge, 2021)。关于巴泽雷克和马家塬的关系，见：吴晓筠，《山巅上的雄鹿、猛虎与野山羊：马家塬马车草原装饰的来源与传播途径》，《故宫学术季刊》，2016 年第 34 卷，第 1-51 页。
42	Sergei Rudenko, *Frozen Tombs of Siberia: The Pazyryk Burials of Iron Age Horsemen* (Dent, 1970), pl. 154.

43 对于研究从哈萨克斯坦到甘肃的密切联系的社群来说，这种对比尤为重要。关于贝雷尔的这种马具，见：Rebecca Roberts (ed.), *Gold of the Great Steppe: People, Power and Production* (Paul Holberton, 2021), p.125。关于巴泽雷克的例子，见：Sergei Rudenko, *Frozen Tombs of Siberia: The Pazyryk Burials of Iron Age Horsemen* (Dent, 1970), p.130, fig. 66。该书第 12 章图 10 展示了秦马具。

44 大量遗址中都发现了类似的主题和材料，见：Hermann Parzinger (ed.), *Im Zeichen des Goldenen Greifen: Königsgräber der Skythen* (Prestel, 2007)。

45 巴泽雷克和马家塬令人震惊的发现都展示了一些与西亚和地中海世界有联系的主题，见：Sergei Rudenko, *Frozen Tombs of Siberia: The Pazyryk Burials of Iron Age Horsemen* (Dent, 1970), pp.144-71；马笼头见 figs.79-92。原型来自地中海卷草纹的纹饰在马家塬大量发现，见：王辉等，《张家川马家塬战国墓地 2008~2009 年发掘简报》，《文物》，2010 年第 10 期，第 7 页，图 6。关于贝雷尔遗址，见：Hermann Parzinger (ed.), *Im Zeichen des Goldenen Greifen: Königsgräber der Skythen* (Prestel, 2007), pp. 132-47; Rebecca Roberts (ed.), *Gold of the Great Steppe: People, Power and Production* (Paul Holberton, 2021), pp. 118-28。

46 Sergei Rudenko, *Frozen Tombs of Siberia: The Pazyryk Burials of Iron Age Horsemen* (Dent, 1970), pls. 119-20.

47 Soren Stark and Karen S. Rubinson (eds.), *Nomads and Networks: The Ancient Art and Culture of Kazakhstan* (Institute for the Study of the Ancient World / Princeton University Press, 2012), p. 110.

48 Soren Stark and Karen S. Rubinson (eds.), *Nomads and Networks: The Ancient Art and Culture of Kazakhstan* (Institute for the Study of the Ancient World / Princeton University Press, 2012), p. 113-16。

49 Sergei Rudenko, *Frozen Tombs of Siberia: The Pazyryk Burials of Iron Age Horsemen* (Dent, 1970), pls. 174, 177; Soren Stark and Karen S. Rubinson (eds.), *Nomads and Networks: The Ancient Art and Culture of Kazakhstan* (Institute for the Study of the Ancient World / Princeton University Press, 2012), figs. 7:5, 7:6; Wu Xin, 'Persian and Central Asian Elements in the Social Landscape of the Early Nomads at Pazyryk, Southern Siberia', in Laura M. Popova, Charles W. Hartley and Adam T. Smith (eds.), *Social Orders and Social Landscapes* (Cambridge Scholars, 2007), pp. 120-49.

50 Sergei Rudenko, *Frozen Tombs of Siberia: The Pazyryk Burials of Iron Age Horsemen* (Dent, 1970), p. 175, fig. 89, p. 115, fig. 55.

51 Valerie Hansen, *The Silk Road: A New History* (Oxford University Press, 2012).

52 唐神龙年间，约 707 年，西突厥"遣使献马五千、驼二百、牛羊十余万"（《新唐书·郭震传》），英文翻译见：Jonathan K. Skaff, *Sui-Tang China and Its Turko-Mongol Neighbours: Culture, Power and Connections, 580–800* (Oxford University Press, 2012), p. 267。唐开元二十四年（736 年），唐玄宗对与突厥

之间的绢马逆差表示担忧：如果买 1.4 万匹马，那么要花费 50 万绢帛（《全唐文》卷 286 张九龄《敕突厥可汗书》），见：Jonathan K. Skaff, *Sui-Tang China and Its Turko-Mongol Neighbours: Culture, Power and Connections, 580–800* (Oxford University Press, 2012), p. 269。

53 William Honeychurch, 'From Steppe Roads to Silk Roads: Inner Asian Nomads and Early Interregional Exchange', in Amitai and Biran (eds.), *Nomads as Agents of Cultural Change*, pp. 50–87; Nicola Di Cosmo, 'China-Steppe Relations in Historical Perspective', in Jan Bemmann and Michael Schmauder (eds.), *Complexity of Interaction along the Eurasian Steppe Zone in the First Millennium CE* (Vor- und Frühgeschichtliche Archäologie, Rheinische Friedrich-Wilhelms-Universität, 2015), pp. 49–72.

54 赵吴成在两篇论文中详细复原了马车的结构和装饰，英文版见：Zhao Wucheng, 'The Restoration of the Chariots of the Warring-States Period in Majiayuan, Gansu', *Chinese Archaeology* 13 (2013), pp.176–85, and Zhao Wucheng, 'The Restoration of the Chariots of the Warring-States Period in Majiayuan, Gansu (continued) – the Designing and Making Skills of Chariots and Modifying and Designing Ideas of Oxcarts', *Chinese Archaeology* 19 (2019), pp. 169–81。

55 赵吴成，《甘肃马家塬战国墓马车的复原——兼谈族属问题》，《文物》，2010 年第 6 期，第 75-83 页。该文图三展示了两根额外的木支架。也可参考本章注释 44。

56 相对周而言，这些马车更多展示出草原风格，见：吴晓筠，《山巅上的雄鹿、猛虎与野山羊：马家塬马车草原装饰的来源与传播途径》，《故宫学术季刊》，2016 年第 34 卷，第 1-51 页。多辐条的车轮可以与一辆巴泽雷克发掘的不寻常马车比较，见：Sergei Rudenko, *Frozen Tombs of Siberia: The Pazyryk Burials of Iron Age Horsemen* (Dent, 1970), fig. 131。

57 赵吴成，《甘肃马家塬战国墓马车的复原——兼谈族属问题》，《文物》，2010 年第 6 期，第 75-83 页，图二；王辉等，《张家川马家塬战国墓地 2008~2009 年发掘简报》，《文物》，2010 年第 10 期，第 24 页，图 49。

58 关于不同类型的分类，见：Zhao Wucheng, 'The Restoration of the Chariots of the Warring-States Period in Majiayuan, Gansu', *Chinese Archaeology* 13 (2013), pp.176–85, and Zhao Wucheng, 'The Restoration of the Chariots of the Warring-States Period in Majiayuan, Gansu (continued) – the Designing and Making Skills of Chariots and Modifying and Designing Ideas of Oxcarts', *Chinese Archaeology* 19 (2019), pp. 169–81。

59 关于最精致的马车以及大量镀金银的铁部件，见：甘肃省文物考古研究所，《西戎遗珍：马家塬战国墓地出土文物》，文物出版社，2014 年。

60 托马斯·爱尔森在多部论著中提到这一点，见：Thomas Allsen, *Culture and Conquest in Mongol Eurasia* (Cambridge University Press, 2001); 又见：Marie Favereau, *The Horde:*

How the Mongols Changed the World (Harvard Belknap, 2021)。

61　黄炜均在其博士论文中提出了这一观点，见：Raphael Wong, 'Steppe and Local Identities on the Frontier of the State and Empire of Qin During the 7th to 3rd Centuries BC', DPhil thesis (University of Oxford, 2019)。这对我们在本书下一章中理解秦始皇陵的多种特征尤为重要。

62　这些重要观点均由黄炜均提出，见：Raphael Wong, '"Steppe Style" in Southeast Gansu Province (China) in the 4th and 3rd Centuries BC', in Svetlana V. Pankova and St John Simpson (eds.), *Masters of the Steppe: The Impact of the Scythians and Later Nomad Societies of Eurasia: Proceedings of a Conference Held at the British Museum, 27–29 October 2017* (Archaeopress Archaeology, 2020), pp. 650–59; Raphael Wong, 'Carpets, Chariots and the State of Qin', *Orientations* 48 (2017), pp. 60–70。

63　Sergei Rudenko, *Frozen Tombs of Siberia: The Pazyryk Burials of Iron Age Horsemen* (Dent, 1970), pl. 174.

64　大英博物馆的这件藏品编号为124962，年代为公元前645年。

65　Sergei Rudenko, *Frozen Tombs of Siberia: The Pazyryk Burials of Iron Age Horsemen* (Dent, 1970), pl. 162.

66　关于巴泽雷克出土的木制马镳，见：Sergei Rudenko, *Frozen Tombs of Siberia: The Pazyryk Burials of Iron Age Horsemen* (Dent, 1970), pl. 94B。

67　Soren Stark and Karen S. Rubinson (eds.), *Nomads and Networks: The Ancient Art and Culture of Kazakhstan* (Institute for the Study of the Ancient World / Princeton University Press, 2012), p. 102, figs. 6–9.

68　关于两者的比较，见：杰西卡·罗森、宦立旻，《从马镳形制的演变看中原与欧亚草原的早期交流》，收录于北京大学出土文献研究所，《青铜器与金文（第八辑）》，上海古籍出版社，2022年，第167-204页。

69　蔡大伟、朱司祺、胡松梅、田亚岐、孙洋、陈曦、周慧，《陕西凤翔秦公一号大墓车马坑马骨遗骸古DNA研究》，《考古与文物》，2018年第3期，第106-112页。

70　B. van Geel et al., 'Climate Change and the Expansion of the Scythian Culture after 850 BC: A Hypothesis', *Journal of Archaeological Science* 31 (2004), pp. 1735–42; Ganna I. Zaitseva et al., 'Chronology and Possible Links Between Climatic and Cultural Change During the First Millennium BC in Southern Siberia and Central Asia', *Radiocarbon* 46 (2004), pp. 259–76.

第12章　永恒军队

1　见本书第5章。

2　　见本书第 11 章。

3　　秦人东进以及证明这一进程的考古材料，见：Teng Mingyu, 'From Vassal State to Empire: An Archaeological Examination of Qin Culture', in Yuri Pines, Gideon Shelach-Lavi, Lothar von Falkenhausen and Robin D. S. Yates (eds.), *Birth of an Empire: The State of Qin Revisited* (University of California Press, 2014), pp. 71–112。又见：Maria Khayutina (ed.), *Qin: The Eternal Emperor and His Terracotta Warriors* (Neue Zürcher Zeitung Publishing, 2013); Jane Portal (ed.), *The First Emperor: China Terracotta Army* (British Museum, 2007); Edward Burman, *Terracotta Warriors: History, Mystery and the Latest Discoveries* (Weidenfeld & Nicolson, 2018)。

4　　同一陵区内其他较小的秦公陵墓也有巨大的墓道，这因渭河平原西部厚厚的黄土层而得以实现。

5　　关于这座墓葬及秦雍城早期历史，见：Alain Thote, 'Tombs of the Principality of Qin: Elites and Commoners', in Maria Khayutina (ed.), *Qin: The Eternal Emperor and His Terracotta Army* (Neue Zürcher Zeitung Publishing, 2013), pp. 37–45。

6　　见《史记·秦本纪》。英文翻译见：Burton Watson, *Records of the Grand Historian of China, Translated from the Shih Chi of Ssu-Ma Ch'ien: Qin Dynasty* (Columbia University Press, 1993), pp. 8 and 17。

7　　Carol Michaelson, *Gilded Dragons: Buried Treasures from China's Golden Ages* (British Museum, 1999), p. 25, nos 1, 2。

8　　Maria Khayutina (ed.), *Qin: The Eternal Emperor and His Terracotta Warriors* (Neue Zürcher Zeitung Publishing, 2013), p.43；田仁孝、雷兴山，《宝鸡市益门村二号春秋墓发掘简报》，《文物》，1993 年第 10 期，第 1–14 页；宝鸡市考古研究所，《秦墓遗珍：宝鸡益门二号春秋墓》，科学出版社，2016 年。

9　　Maria Khayutina (ed.), *Qin: The Eternal Emperor and His Terracotta Warriors* (Neue Zürcher Zeitung Publishing, 2013), p. 42, fig. 13。

10　关于秦对巨大建筑结构的开发，见：Gideon Shelach-Lavi, 'Collapse or Transformation? Anthropological and Archaeological Perspectives on the Fall of the Qin', in Yuri Pines, Gideon Shelach-Lavi, Lothar von Falkenhausen and Robin D. S. Yates (eds.), *Birth of an Empire: The State of Qin Revisited* (University of California Press, 2014), pp. 113–38。

11　结合希罗多德《历史》中的记载以及阿尔赞墓葬等草原原型，本书第 8 章讨论了陪葬棺整齐排列于中央主墓周围这种草原模式的封土墓。

12　关于屈肢葬，见：韩建业，《中国古代屈肢葬谱系梳理》，《文物》，2006 年第 1 期，第 53-60 页。陕西凤翔一处春秋秦墓提供了很好的案例，其殉葬者整齐排列且为屈肢葬，见：田亚岐等，《陕西凤翔孙家南头春秋秦墓发掘简报》，《文物》，2013 年第 4 期，第 3-34 页。又见：Lothar von Falkenhausen, 'Mortuary Behavior in Pre-Imperial Qin: A Religious Interpretation',

注释　　465

in John Lagerwey (ed.), *Religion and Chinese Society*, 2 vols. (Chinese University Press / École française d'Extrême-Orient, 2004), vol. 1, pp. 109–72; Lothar von Falkenhausen, *Chinese Society in the Age of Confucius (1000–250 BC): The Archaeological Evidence* (Cotsen Institute of Archaeology, University of California, 2006), pp. 213–21。

13 司马迁在《史记·秦本纪》中描述了秦与戎之间的关系。英文翻译见：Burton Watson, *Records of the Grand Historian of China, Translated from the Shih Chi of Ssu-Ma Ch'ien: Qin Dynasty* (Columbia University Press, 1993), pp.15-16。

14 蔡大伟、朱司祺、胡松梅、田亚岐、孙洋、陈曦、周慧，《陕西凤翔秦公一号大墓车马坑马骨遗骸古 DNA 研究》，《考古与文物》，2018 年第 3 期，第 106-112 页。

15 见《史记·秦始皇本纪》。英文翻译见：Burton Watson, *Records of the Grand Historian of China, Translated from the Shih Chi of Ssu-Ma Ch'ien: Qin Dynasty* (Columbia University Press, 1993), pp. 159–78。

16 见《史记·秦始皇本纪》。英文翻译见：Burton Watson, *Records of the Grand Historian of China, Translated from the Shih Chi of Ssu-Ma Ch'ien: Qin Dynasty* (Columbia University Press, 1993), p.63。在本书英文原文中，作者罗森对华兹生的英文译文做了修改，删除了'replicas''imitations''representations'等原文中没有的单词。

17 见《史记·秦始皇本纪》。英文翻译见：Burton Watson, *Records of the Grand Historian of China, Translated from the Shih Chi of Ssu-Ma Ch'ien: Qin Dynasty* (Columbia University Press, 1993), p. 63-4。在本书英文原文中，作者华兹生的英文译文做了修改，将"象"翻译为 analogue。

18 在用英文写作和思考时，我们倾向于将墓葬视为一个模型，或者至少是一个象征，如巫鸿在著作中所言，见：Wu Hung, *The Art of the Yellow Springs: Understanding Chinese Tombs* (Reaktion Books, 2020), pp.19-20。然而，建造秦始皇陵在人力和物力方面的巨大付出表明，秦始皇希望来世居住在那里。

19 见：段清波，《秦始皇帝陵的物探考古调查——"863"计划秦始皇陵物探考古进展情况的报告》，《西北大学学报（哲学社会科学版）》，2005 年第 1 期，第 80-86 页；段清波，《秦始皇陵封土建筑探讨——兼释"中成观游"》，《考古》，2006 年第 5 期，第 70-76 页。我很感激宣立旻博士在段清波的基础上绘制了一幅很有启发性的剖面图，展示了秦始皇陵封土堆之下的墓葬结构。由于段清波的描述是基于遥感而非发掘，因此还有很多细节和数据仍待确认。目前此处的剖面图信息只是暂时的。

20 2022 年，海德堡大学举办了致敬雷德侯（Lothar Ledderose）教授八十寿辰"万法"系列讲座。在 7 月 12 日的讲座中，倪克鲁教授提醒大家注意秦始皇陵园内的一件大型预制石材。它被切割并放置于此，最初很可能是为椁室外围的石墙准备的。又见：Wu Xin, 'Persian and Central Asian Elements

in the Social Landscape of the Early Nomads at Pazyryk, Southern Siberia', in Laura M. Popova, Charles W. Hartley and Adam T. Smith (eds.), *Social Orders and Social Landscapes* (Cambridge Scholars,2007), pp.120–49; Duan Qingbo, 'Sino-Western Cultural Exchange as Seen through the Archaeology of the First Emperor's Necropolis', *Journal of Chinese History* (2022), pp. 1–52。

21 完整的描述见: Jie Shi, 'Incorporating All for One: The First Emperor's Tomb Mound', *Early China* 37 (2014), pp. 359–91。施杰的研究是在以下文献的基础上完成的: 段清波,《秦始皇帝陵的物探考古调查——"863"计划秦始皇陵物探考古进展情况的报告》,《西北大学学报(哲学社会科学版)》, 2005 年第 1 期, 第 80-86 页;陕西省考古研究院、秦始皇兵马俑博物馆,《秦始皇帝陵园考古报告(2001—2003)》,文物出版社, 2007 年。

22 关于陵园遗址及完整的地图, 见: Armin Selbitschka, 'The Tomb Complex and Its Hidden Secrets', in Maria Khayutina (ed.), *Qin: The Eternal Emperor and His Terracotta Army* (Neue Zürcher Zeitung Publishing, 2013), pp. 37–45。

23 内容广泛的、包含这些小陶俑的发掘报告, 见: 袁仲一,《秦始皇陵考古发现与研究》, 陕西人民出版社, 2002 年, 第 210-215 页。

24 Cao Wei, 'The Discovery of a Century: The Terracotta Army of the First Emperor of China', in Maria Khayutina (ed.), *Qin: The Eternal Emperor and His Terracotta Army* (Neue Zürcher Zeitung Publishing, 2013), pp. 37–45.

25 这一观点由罗森提出, 见: Jessica Rawson, 'The Power of Images: The Model Universe of the First Emperor and Its Legacy', *Historical Research* 75 (2002), pp.123–54; 李安敦也认可这一观点, 见: Anthony Barbieri-Low, *Ancient Egypt and Early China: State, Society, and Culture* (University of Washington Press, 2021), pp. 185–91; 关于制作人形俑总体背景的讨论, 见: Armin Selbitschka, 'Miniature Tomb Figurines and Models in Pre-Imperial and Early Imperial China: Origins, Development and Significance', *World Archaeology* 47 (2015), pp. 20–44; 关于山东的案例, 见: 李曰训,《山东章丘女郎山战国墓出土乐舞陶俑及有关问题》,《文物》, 1993 年第 3 期, 第 1-6 页。

26 陶俑的详细线图以及该遗址其他方面的信息, 见: 袁仲一,《秦始皇陵考古发现与研究》, 陕西人民出版社, 2002 年。

27 Armin Selbitschka, 'The Terracotta Men and Their Roles', in Maria Khayutina (ed.), *Qin: The Eternal Emperor and His Terracotta Army* (Neue Zürcher Zeitung Publishing, 2013), pp. 156–63.

28 关于多种头型、脸型、发型、胡须类型的插图见: Catharina Blänsdorf, Erwin Emmerling and Michael Petzet (eds.), *Die Terrakottaarmee des Ersten Chinesischen Kaisers Qin Shihuang* (Bayerisches Landesamt für Denkmalpflege, 2001), pp. 157–710。

29 雷德侯在其著作中讨论了这种表现一支军队的系统, 见: Lothar Ledderose, *Ten*

30 关于兵马俑色彩的大量研究报告和相关讨论，见：Catharina Blänsdorf, Erwin Emmerling and Michael Petzet (eds.), *Die Terrakottaarmee des Ersten Chinesischen Kaisers Qin Shihuang* (Bayerisches Landesamtfür Denkmalpflege, 2001)。

31 其他草原游牧民族，如匈奴，也会从北方来犯。

32 Maria Khayutina (ed.), *Qin: The Eternal Emperor and His Terracotta Army* (Neue Zürcher Zeitung Publishing, 2013), p.5; Maxim Korolkov, *The Imperial Network in Ancient China: The Foundation of Sinitic Empire in Southern East Asia* (Routledge, 2021)。

33 这种观点早在1989年就已被提出，见：曾布川宽著，苁岚译，《陵墓制度和灵魂观》，《文博》，1989年第2期，第34-38页。

34 Maxim Korolkov, *The Imperial Network in Ancient China: The Foundation of Sinitic Empire in Southern East Asia* (Routledge, 2021).

35 Mark Edward Lewis, 'Warring States: Political History', in Michael Loewe and Edward L. Shaughnessy (eds.), *The Cambridge History of Ancient China: From the Origins of Civilization to 221 BC* (Cambridge University Press, 1999), pp. 587–650; Lothar von Falkenhausen, *Chinese Society in the Age of Confucius (1000–250 BC): The Archaeological Evidence* (Cotsen Institute of Archaeology, University of California, 2006); Robin D. S. Yates, 'The Rise of Qin and the Military Conquest of the Warring States', in Jane Portal (ed.), *The First Emperor: China's Terracotta Army* (British Museum, 2007), pp. 30–57.

36 Yuri Pines, 'King Zheng of Qin, the First Emperor of China', in Maria Khayutina (ed.), *Qin: The Eternal Emperor and His Terracotta Army* (Neue Zürcher Zeitung Publishing, 2013), pp. 105–15.

37 新领土人心不太稳定，与秦国旧有疆域有所不同，见：Maxim Korolkov, *The Imperial Network in Ancient China: The Foundation of Sinitic Empire in Southern East Asia* (Routledge, 2021), pp. 92–5。

38 Armin Selbitschka, 'Physical Exercise vs. Acrobatic Performance: A Re-Evaluation of the So-Called "Acrobat Figures" from Pit 9901 at the First Emperor's Mausoleum', in Lillian Lan-ying Tseng (ed.), *Art, Archaeology and the First Emperor: A Global Approach* (Global Institute for Advanced Studies, New York University/Open Book Publishers, forthcoming).

39 《吴子兵法》。英文翻译见注释38。

40 该人体经穴俑出土于四川，见：谢涛、武家璧、索德浩、刘祥宇，《成都市天回镇老官山汉墓》，《考古》，2014年第7期，第59-70页。

41 段清波，《秦始皇帝陵园考古研究》，北京大学出版社，2011年。段清波的观点由李安敦以英文呈现，见：DuanQingbo, 'Sino-Western Cultural Exchange as

Seen through the Archaeology of the First Emperor's Necropolis', *Journal of Chinese History* (2022), pp. 1–52。

42　Rachel Mairs, *The Archaeology of the Hellenistic Far East: A Survey* (Archaeopress, 2011); *The Hellenistic Far East: Archaeology, Language, and Identity in Greek Central Asia* (University of California Press, 2014).

43　《史记·秦始皇本纪》。英文翻译见：Burton Watson, *Records of the Grand Historian of China, Translated from the Shih Chi of Ssu-Ma Ch'ien: Qin Dynasty* (Columbia University Press, 1993), p.45。倪克鲁也在其论文中引用了这段文献，并指出我们可以由此看出秦人对人像雕塑的兴趣，见：Lukas Nickel, 'The First Emperor and Sculpture in China', *Bulletin of the School of Oriental and African Studies* 76 (2013), pp. 413–47。

44　我们不可能复原出指导陵墓建造形式的蓝图。但雷德侯认为一定有这样的蓝图，并分析了制造方法，见：Lothar Ledderose, *Ten Thousand Things: Module and Mass Production in Chinese Art* (Princeton University Press, 2000), pp. 51–73。

45　雷德侯通过分析兵马俑的组合与制作方式，提出了中国古代艺术中的模件系统，见：Lothar Ledderose, *Ten Thousand Things: Module and Mass Production in Chinese Art* (Princeton University Press, 2000), pp. 51–73。

46　考古发掘报告见：陕西省考古研究院、秦始皇兵马俑博物馆，《秦始皇帝陵园考古报告（2001—2003）》，文物出版社，2007年，第109-185页。

47　邵安定的研究对我们理解秦始皇陵的创新技术至关重要，见：邵安定，《秦始皇帝陵园出土彩绘青铜水禽制作工艺及相关问题研究》，科学出版社，2019年。

48　邵安定等，《秦始皇帝陵园出土青铜水禽的补缀工艺及相关问题初探》，《考古》，2014年第7期，第96-104页。关于材料和物件从中亚到达秦国西部边境的大背景，见：Jenny F. So, 'Foreign / Eurasian Elements in Pre-Imperial Qin Culture: Materials, Techniques and Types', in Yang Liu (ed.), *Beyond the First Emperor's Mausoleum: New Perspectives on Qin Art* (Minneapolis Institute of Arts, 2014), pp. 193–211。

49　Raphael Wong, '"Steppe Style" in Southeast Gansu Province (China) in the 4th and 3rd Centuries BC', in Svetlana V. Pankova and St John Simpson (eds.), *Masters of the Steppe: The Impact of the Scythians and Later Nomad Societies of Eurasia: Proceedings of a Conference Held at the British Museum, 27–29 October 2017* (Archaeopress Archaeology, 2020), pp. 650–59.

50　Dingxin Zhao, *The Confucian-Legalist State: A New Theory of Chinese History* (Oxford University Press, 2015), p. 258.

51　从公元前2世纪至前1世纪的茂陵石雕，相对而言不那么精致，但极具感染力，也体现出了来自西方的影响，见：Ann Paludan, *The Chinese Spirit Road: The Classical Tradition of Stone Tomb Statuary* (Yale University Press, 1991); Ann

52　Paludan, *Chinese Sculpture: A Great Tradition* (Serindia Publications, 2006)。

52　关于汉代诸侯王墓中尺寸较小的兵马俑,英文描述见: Alison R. Miller, *Kingly Splendour, Court Art and Materiality in Han China* (Columbia University Press, 2021)。

53　将秦始皇陵与包括今伊朗在内的很多地区联系起来,这一视野非常宏大,最先由段清波提出,见: 段清波,《秦始皇帝陵园考古研究》,北京大学出版社,2011 年。又见: Alain Thote, 'Defining Qin Artistic Traditions: Heritage, Borrowing and Innovation', in Yang Liu (ed.), *Beyond the First Emperor's Mausoleum: New Perspectives on Qin Art* (Minneapolis Institute of Arts, 2014), pp. 13–29; Wang Hui, 'Archaeological Finds of the Majiayuan Cemetery and Qin's Interaction with Steppe Culture', in Yang Liu (ed.), *Beyond the First Emperor's Mausoleum: New Perspectives on Qin Art* (Minneapolis Institute of Arts, 2014), pp. 213–39; Yang Jianhua and Katheryn M. Linduff, 'A Contextual Explanation for "Foreign" or "Steppic" Factors Exhibited in Burials at the Majiayuan Cemetery and the Opening of the Tianshan Mountain Corridor', *Asian Archaeology* 1 (2013), pp. 73–84。

54　见: 杰西卡·罗森、宜立旻,《从马镳形制的演变看中原与欧亚草原的早期交流》,收录于北京大学出土文献与古代文明研究所,《青铜器与金文(第八辑)》,上海古籍出版社,2022 年,第 167-204 页。关于贝雷尔出土的几乎一模一样的马鞍,见: Rebecca Roberts (ed.), *Gold of the Great Steppe: People, Power and Production* (Paul Holberton, 2021), p. 125。关于巴泽雷克出土毛毡上的骑手形象,见彩版 31。

55　《左传·昭公四年》。英文翻译见: Stephen W. Durrant, Wai-yee Li and David Schaberg, *Zuo Tradition / Zuozhuan: Commentary on the "Spring and Autumn Annals"*, 3 vols. (University of Washington Press, 2016), p. 1365。又见: Nicola Di Cosmo, 'The Northern Frontier in Pre-Imperial China', in Michael Loewe and Edward L. Shaughnessy (eds.), *The Cambridge History of Ancient China: From the Origins of Civilization to 221 BC* (Cambridge University Press, 1999), pp. 960–63。

56　令人惊讶的是,这一马厩极少被提到,几乎从未被研究。这一马坑甚至没有编号,说明它的存在未受到充分的重视。简要的描述见: Armin Selbitschka, 'The Tomb Complex and Its Hidden Secrets', in Maria Khayutina (ed.), *Qin: The Eternal Emperor and His Terracotta Army* (Neue Zürcher Zeitung Publishing, 2013), pp. 148–9。该文引用: 袁仲一,《秦始皇陵兵马俑研究》,文物出版社,1990 年,第 33 页。

57　考古发掘报告见: 陕西省考古研究所、秦始皇兵马俑博物馆,《秦始皇帝陵园考古报告(2000)》,文物出版社,2006 年。

58　陕西省考古研究所、秦始皇兵马俑博物馆,《秦始皇帝陵园考古报告(2000)》,文物出版社,2006 年,第 65-94 页; Li Yue et al., 'Horses in Qin Mortuary Practice: New Insights from Emperor Qin Shihuang's Mausoleum',

Antiquity 96 (2022), pp. 903–19。

59 段清波认为，秦始皇对其陵墓以及秦朝的组织方式均建立在阿契美尼德王朝类似做法的基础之上。但李安敦在将段清波的论文翻译成英文时指出，段清波的所有论断并不是均能得到证明，见：Duan Qingbo, 'Sino-Western Cultural Exchange as Seen through the Archaeology of the First Emperor's Necropolis', *Journal of Chinese History* (2022), pp. 1–52。不过，李安敦和叶山（Robin Yates）均支持驿站系统源自波斯的观点，见：Anthony J. Barbieri-Low and Robin D. S. Yates. *Law, State, and Society in Early Imperial China: A Study with Critical Edition and Translation of the Legal Texts from Zhangjiashan Tomb Numbers 247*, 2 vols. (Brill, 2015), pp. 736–7。

60 田亚岐等，《陕西凤翔雍山血池秦汉祭祀遗址考古调查与发掘简报》，《考古与文物》，2020 年第 6 期，第 3-49 页；Edward Burman, *Terracotta Warriors: History, Mystery and the Latest Discoveries* (Weidenfeld & Nicolson, 2018), pp. 18–19。

61 《史记·匈奴列传》。英文翻译见：Burton Watson, *Records of the Grand Historian of China, Translated from the Shih Chi of Ssu-Ma Ch'ien*, vol. 2 (Columbia University Press, 1993), p. 160。

62 关于甲胄、马甲的考古发掘报告和复原，见：陕西省考古研究所、秦始皇兵马俑博物馆，《秦始皇帝陵园考古报告（2000）》，文物出版社，2006 年，第 95-247 页；陕西省考古研究院、秦始皇兵马俑博物馆，《秦始皇帝陵园考古报告（2001—2003）》，文物出版社，2007 年，第 237-305 页。

63 James C. S. Lin, 'Armour for the Afterlife', in Jane Portal (ed.), *The First Emperor: China's Terracotta Army* (British Museum, 2007), pp. 181–3.

64 关于武器的制造，见：Marcos Martinón-Torres et al., 'Making Weapons for the Terracotta Army', *Archaeology International* 13 (2011), pp. 65–75; Xiuzhen Janice Li et al., 'Crossbows and Imperial Craft Organisation: The BronzeTriggers of China's Terracotta Army', *Antiquity* 88 (2014), pp. 126–40; Xiuzhen Janice Li, *Bronze Weapons of the Qin Terracotta Warriors: Standardisation, Craft Specialisation and Labour Organisation* (BAR Publishing, 2020)。劳动分工是早期中国的重要优势之一，雷德侯将相关分析推进一步，在其《万物》中讨论了模件系统。关于武器上的铭文相关的研究，见：袁仲一，《秦始皇陵兵马俑研究》，文物出版社，1990 年，第 248-262 页。

65 许多学者认为，兵马俑并非对真实军队的直接表现。较早的文献见：Ladislav Kesner, 'Likeness of No One: (Re)Presenting the First Emperor's Army', *The Art Bulletin* 77 (1995), pp. 115–32。

66 Jane Portal (ed.), *The First Emperor: China's Terracotta Army* (British Museum, 2007), p.132, figs.133 and 134.

67 袁仲一，《秦始皇陵考古发现与研究》，陕西人民出版社，2002 年，第 342-351 页。关于大规模征用刑徒承担不同任务的研究，见：Maxim

Korolkov, 'Convict Labour in the Qin Empire: A Preliminary Study of the "Registers of Convict labourers" from Liye', 收录于复旦大学历史学系、复旦大学出土文献与古文字研究中心,《简帛文献与古代史——第二届出土文献青年学者国际论坛论文集》,中西书局,2015 年。

68　刑徒的使用可能持续相当长的时间。这是秦朝行政的一个显著特征,不仅用于建造长城或陵墓,也用于将秦朝的权威传播至新的领土。见: Maxim Korolkov, 'Convict Labour in the Qin Empire: A Preliminary Study of the "Registers of Convict labourers" from Liye', 收录于复旦大学历史学系、复旦大学出土文献与古文字研究中心,《简帛文献与古代史——第二届出土文献青年学者国际论坛论文集》,中西书局,2015 年。

69　Yang Liu (ed.), *Beyond the First Emperor's Mausoleum: New Perspectives on Qin Art* (Minneapolis Institute of Arts, 2014).

70　更完整的秦国法制史见: Ernest Caldwell, *Writing Chinese Laws: The Form and Function of Legal Statutes Found in the Qin Shuihudi Corpus* (Routledge, 2018)。

71　《商君书》完整地展现了商鞅的抱负。英文翻译见: Yuri Pines (trans. and ed.), *The Book of Lord Shang: Apologetics of State Power in Early China* (Columbia University Press, 2017)。

72　Yuri Pines, 'Qin: From Principality to Kingdom to Empire', in Maria Khayutina (ed.), *Qin: The Eternal Emperor and His Terracotta Army* (Neue Zürcher Zeitung Publishing, 2013), pp. 27–35.

73　将惩罚拓展到家族成员,即"三族之罪"始于公元前 8 世纪的秦文公时期,见《史记·秦本纪》。英文翻译见: Burton Watson, *Records of the Grand Historian of China, Translated from the Shih Chi of Ssu-Ma Ch'ien: Qin Dynasty* (Columbia University Press, 1993), p. 6。关于详细的法律文献,见: Anthony J. Barbieri-Low and Robin D. S. Yates. *Law, State, and Society in Early Imperial China: A Study with Critical Edition and Translation of the Legal Texts from Zhangjiashan Tomb Numbers 247*, 2 vols. (Brill, 2015)。

74　关于睡虎地秦简法律文献的英文翻译和研究见: A. F. P. Hulsewé, *Remnants of Ch'in Law: An Annotated Translation of the Ch'in Legal and Administrative Rules of the 3rd Century B.C., Discovered in Yün-Meng Prefecture, Hu-Pei Province, in 1975* (Brill, 1985)。其他相关考古发现的完整记录和汉代主要法律文献的英文翻译见: Anthony J. Barbieri-Low and Robin D. S. Yates. *Law, State, and Society in Early Imperial China: A Study with Critical Edition and Translation of the Legal Texts from Zhangjiashan Tomb Numbers 247*, 2 vols. (Brill, 2015)。

75　关于汉字的改革,见: Ch'en Chao-jung, 'The Standardization of Writing', in Maria Khayutina (ed.), *Qin: The Eternal Emperor and His Terracotta Army* (Neue Zürcher Zeitung Publishing, 2013), pp. 130–37。

76　通过不停重复,这些铭文巩固了秦始皇的统一和控制力,关于其更深远影响的研究，见：Charles Sanft, *Communication and Cooperation in Early Imperial China: Publicizing the Qin Dynasty* (State University of New York Press, 2014); Michael Loewe, 'The First Emperor and the Qin Empire', in Jane Portal (ed.), *The First Emperor: China's Terracotta Army* (British Museum, 2007), pp. 60–79。

77　秦诏版。英文翻译见：Maria Khayutina (ed.), *Qin: The Eternal Emperor and His Terracotta Army* (Neue Zürcher Zeitung Publishing, 2013), p. 185, no. 185。

78　《吕氏春秋·审分览·执一》。英文翻译及相关讨论见：Yuri Pines, 'Contested Sovereignty: Heaven, Monarch, the People, and the Intellectuals in Traditional China', in Zvi Ben-Dor Benite, Stefanos Geroulanos and Nicole Jerr (eds.), *The Scafolding of Sovereignty: Global and Aesthetic Perspectives on the History of a Concept* (Columbia University Press, 2017), pp. 80–101。尤锐（Yuri Pines）还认为，贾谊（前200—前168年）意识到，彼时的人们需要统一，需要一位新的统治者："既元元之民冀得安其性命，莫不虚心而仰上。"原文引自《过秦论》，英文翻译及相关讨论见：Yuri Pines, *The Everlasting Empire: The Political Culture of Ancient China and Its Imperial Legacy* (Princeton University Press, 2012), p. 20。

79　《史记·秦始皇本纪》。英文翻译见：Burton Watson, *Records of the Grand Historian of China, Translated from the Shih Chi of Ssu-Ma Ch'ien: Qin Dynasty* (Columbia University Press, 1993), p. 45.

80　《史记·秦始皇本纪》。英文翻译见：Burton Watson, *Records of the Grand Historian of China, Translated from the Shih Chi of Ssu-Ma Ch'ien: Qin Dynasty* (Columbia University Press, 1993), p. 56。

81　秦始皇的思想与工程可能体现着一定的宇宙观，相关讨论见：David W. Pankenier, 'Qin Cosmography and the First Cosmic Capital: Xianyang', in Yang Liu (ed.), *Beyond the First Emperor's Mausoleum: New Perspectives on Qin Art* (Minneapolis Institute of Arts, 2014), pp. 45–57。

82　Maxim Korolkov and Anke Hein, 'State-Induced Migration and the Creation of State Spaces in Early Chinese Empires: Perspectives from History and Archaeology', *Journal of Chinese History* 5 (2021), pp. 203–25.

83　关于秦朝的道路系统以及秦朝扩张的很多其他方面，相关讨论见：Maxim Korolkov, 'Empire-Building and Market-Making at the Qin Frontier: Imperial Expansion and Economic Change, 221–207 BCE', PhD dissertation (Columbia University, 2020), p. 451。

84　这一观点由邵安定提出，见：邵安定，《秦始皇帝陵园出土彩绘青铜水禽制作工艺及相关问题研究》，科学出版社，2019年。杨欢推进了这一观点，见：杨欢，《秦始皇帝陵出土青铜马车铸造工艺新探》，《文物》，2019年第4期，第88–96页。杨欢在邵安定材料的基础上提出，这些铜车马中芯骨、针状金属芯撑（也称支钉）、补缀等工艺的使用均是失蜡法铸造工艺的特征，这些在中国传统的块范铸造工艺中从未出现过。

85 Raphael Wong, '"Steppe Style" in Southeast Gansu Province (China) in the 4th and 3rd Centuries BC', in Svetlana V. Pankova and St John Simpson (eds.), *Masters of the Steppe: The Impact of the Scythians and Later Nomad Societies of Eurasia: Proceedings of a Conference Held at the British Museum, 27–29 October 2017* (Archaeopress Archaeology, 2020), pp. 650–59.

86 同上。

87 这两套铜车马是秦始皇帝陵博物院最受欢迎的展品之一。考古发掘报告见：秦始皇兵马俑博物馆、陕西省考古研究所，《秦始皇陵铜车马发掘报告》，文物出版社，1998年。关于其中可以与伊朗比较的特征，见本章注释85。

88 《之罘刻石》与《泰山刻石》的部分内容收录于《史记·秦始皇本纪》。英文翻译和相关研究见：Martin Kern, 'Imperial Tours and Mountain Inscriptions', in Jane Portal (ed.), *The First Emperor: China's Terracotta Army* (British Museum, 2007), p. 110. Martin Kern, *The Stele Inscriptions of Ch'in Shih-Huang: Text and Ritual in Early Chinese Imperial Representation* (American Oriental Society, 2000)。

89 Martin Kern, 'Imperial Tours and Mountain Inscriptions', in Jane Portal (ed.), *The First Emperor: China's Terracotta Army* (British Museum, 2007), p. 112, fn. 19.

90 Wu Hung, *The Art of the Yellow Springs: Understanding Chinese Tombs* (Reaktion Books, 2020), pp. 53–64.

尾声

1 本书作者于2024年10月15日至16日在神木召开的学术会议上阐述了"石峁：中华文明的核心点"（Shimao: A Central Point in China's Civilization）这一主题，会议论文集即将出版。

2 在较晚的历史时期，这些台基通常由其他材料营建。

3 关于如何看待来世及其"官僚体系"，汉代及之后的传世文献和出土文献提供了丰富的细节，见：Guo Jue, 'Western Han Funerary Relocation Documents and the Making of the Dead in Early Imperial China'. Brill, *Bamboo and Silk* (2019), 141-233。

4 在第3章提到的亚长墓中的武器装备和战车之上，在第5章提到的强伯的管銎钺、銎式直内戈和权杖头之上，我们可以看出中原与北方交流的第一阶段。管銎钺并非安阳的典型器型，但在黄土高原北部很受欢迎，见：Jessica Rawson, Konstantin V. Chugunov, Yegor Grebnev and Huan Limin, 'Chariotry and Prone Burials: Reassessing Late Shang China's Relationship with Its Northern Neighbours', *Journal of World Prehistory* 33 (2020), pp. 135–68. 关于一件罕见的早期銎式斧，见：吉县文物工作站，《山西吉县出土商代青铜器》，《考古》，1985年第9期，第848-849页。

5 来自西伯利亚地区塞伊玛-图尔宾诺（Seima-Turbino）现象和安德罗诺沃（Andronovo）阶段的原型，见：Katheryn M. Linduff, Yan Sun, Cao Wei and Liu Yuanqing, *Ancient China and Its Eurasian Neighbors: Artifacts, Identity and Death in the Frontier, 3000–700 BCE* (Cambridge University Press, 2017), p.33。

6 Jessica Rawson, Huan Limin and William T. T. Taylor, 'Seeking Horses: Allies, Clients and Exchanges in the Zhou Period (1045–221 BC)', *Journal of World Prehistory* 34 (2021), 489–530.

7 随着山戎到达玉皇庙，随之而来的是武器装备与服饰尤其是腰带装饰的彻底变革，这影响了从黄土地区到中原地区的人，见本书第7章、第10章。这套新的武器、工具、动物饰品和腰带装饰体系遍布黄土地区，见本书第10章注释2。

8 下一步，中原地区的人采用了带扣及草原风格动物纹饰，见：Jessica Rawson, 'The Han Empire and its Northern Neighbours: The Fascination of the Exotic', in James Lin (ed.), *The Search for Immortality, Tomb Treasures of the Han Dynasty* (The Fitzwilliam Museum and the University of Cambridge, in association with Yale University Press, 2012), pp. 23–36。

9 Valerie Hansen, *The Silk Road: A New History* (Oxford University Press, 2012).

10 后来的唐朝与突厥进行了重要的绢马互市，见：Jonathan K. Skaff, *Sui-Tang China and its Turko-Mongol Neighbours: Culture, Power and Connections, 580–800* (Oxford University Press, 2012), pp. 258–266。

11 彼得·弗兰科潘别开生面地从罗马视角出发，讨论更广泛的贸易和资源开发，丝绸之路无疑是典范。见：Peter Frankopan, *The Silk Roads: A New History of the World* (Bloomsbury, 2015)。

12 Andrew Sherratt, 'The Trans-Eurasian Exchange: The Prehistory of Chinese Relations with the West', in Victor Mair (ed.), *Contact and Exchange in the Ancient World* (University of Hawai'i Press, 2006), pp. 30–61.

13 Exhibition Catalogue: *Die Krim: Goldene Insel Schwarzen Meer, Griechnen-Skythen-Goten* (LVR-Landes Museum Bonn, 2013), pp. 102–151; Mikhail Treister and Irina Ravich, 'Chinese Mirrors from the Burials of the Nomads of Eastern Europe of the Second Half of the 1st Millennium BC-First Centuries AD: Typology, Chronology, Distribution and Technology of Manufacture', *Advances in Archaeomaterials*, Volume 2, Issue 1, pp. 24-48；白云翔，《汉式铜镜在中亚的发现及其认识》，《文物》，2010年第1期，第78–86页。

14 Teresa Canepa, *Silk, Porcelain and Lacquer: China and Japan and Their Trade with Western Europe and the New World, 1500-1644* (Paul Holberton Publishing, 2016).

墓葬列表

1. 拥有玉琮王的首领之墓,浙江省良渚反山 12 号墓。长 3.1 米,宽 1.65 米,深 1.1 米。引自:浙江省文物考古研究所,《良渚遗址群考古报告之二:反山》(上下册),文物出版社,2005 年,上册,第 29 页,图 11。
2. 山西省临汾陶寺被破坏的 22 号墓。长 5~5.3 米,宽 3.7 米,面积约 19.34 平方米,深 7~8 米。引自:何驽、严志斌、宋建忠,《陶寺城址发现陶寺文化中期墓葬》,《考古》,2003 年第 9 期,第 3-6 页,图 1。
3. 亚长墓,河南安阳花园庄墓地 M54。长 6.03 米,宽 4.4 米,面积约 26.5 平方米,深 5~6 米。引自:中国社会科学院考古研究所,《安阳殷墟花园庄东地商代墓葬》,科学出版社,2007 年,图 62、图 64,以及图 74 中的随葬品。
4. 四川广汉三星堆二号祭祀坑。坑口为 5 米 ×2 米,面积 10 平方米,深约 1.5 米。引自:四川省文物考古研究所,《三星堆祭祀坑》,文物出版社,1999 年,第 159 页,图 81。
5. 强伯夫妻合葬墓,陕西宝鸡竹园沟 M13。长 3.75 米,口宽 4.4 米,面积 16.5 平方米,深 2.8 米。引自:卢连成、胡智生,《宝鸡强国墓地》,文物出版社,1988 年,第 48 页,图 34。
6. 陕西韩城梁带村芮国墓地,包括芮桓公墓 M27、两位配偶墓 M26 和 M19,以及一位可能是芮公之子的墓葬 M28。其中 M27 长 9.3 米,宽 7.1 米,面积 66.03 平方米,深 13.2 米,南墓道长约 34 米,北墓道长约 18 米,引自:孙秉君等,《陕西韩城梁带村遗址 M27 发掘简报》,《考古与文物》,2007 年第 6 期,第 3 页,图 1。M26 长 5.6 米,宽 4.5 米,面积 25.2 平方米,深 12.1 米,南墓道长约 26 米,引自:孙秉君等,《陕西韩城梁带村遗址 M26 发掘简报》,《文物》,2008 年第 1 期,第 5 页,图 2。M19 长 5.73 米,宽 4.7 米,面积约 26.93 平方米,深 11.98 米,南墓道长约 26 米,引自:孙秉君等,《陕西韩城梁带村遗址 M19 发掘简报》,《考古与文物》,2007 年第 2 期,第 5 页,图 5。M28 长 5 米,宽 3.5 米,面积 17.5 平方米,南墓道长约 19 米,引自:陕西省考古研究院等,《梁带村芮国墓地:2007 年度发掘报告》,文物出版社,2010 年,第 104 页,图 105、图 106。
7. 北京延庆军都山墓地玉皇庙 M18,山戎首领墓葬的俯视图和剖面图。墓口长 3.6

米，西端宽 3.23 米，东端宽 1.6 米，深 2.66 米。引自：北京市文物研究所，《军都山墓地：玉皇庙（一）》，文物出版社，2007 年，第 287-291 页。
8. 安徽蚌埠钟离君柏墓，墓口直径约 20 米，墓底直径超过 14 米，深 7.5 米，封土堆残高约 9 米，底径 56~70 米。引自：安徽省文物考古研究所、蚌埠市博物馆，《钟离君柏墓》（全三册），文物出版社，2013 年，第一册，第 37 页，图 6。
9. 湖北随州曾侯乙墓，墓坑深 13 米左右，木制椁室分为四部分，高 3.3~3.5 米。东室长 9.5 米，宽 4.75 米；中室长 9.75 米，宽 4.75 米；西室长 8.65 米，宽 3.25 米；北室长 4.25 米，宽 4.75 米。引自：湖北省博物馆，《曾侯乙墓》，文物出版社，1989 年，第 7-19 页。
10. 河北省石家庄市灵寿城附近的中山王䰜墓。椁室总深 8.2 米，上部约 3 米为夯筑，下部凿于岩石层中。墓坑两侧上方的四层阶梯状平台每层高 1.5 米。南墓道残长约 40 米，北墓道残长约 45 米。现存陵台南北长约 100 米，东西宽约 90 米，残高约 15 米。引自：河北省文物研究所，《䰜墓——战国中山国国王之墓》（上册），文物出版社，1996 年，第 27-38 页。
11. 甘肃省张家川马家塬遗址 M16 武士墓。墓穴入口东西长 12.6 米，南北长 6.7 米，深 7 米。引自：王辉等，《张家川马家塬战国墓地 2008~2009 年发掘简报》，《文物》，2010 年第 10 期，第 20 页，图 49。
12. 秦始皇陵封土堆，几乎呈正方形，南北长 355 米，东西宽 345 米，高约 55 米。台阶式墙状夯土台底部东西长 170 米，南北宽约 145 米；顶部内侧东西长约 124 米，南北宽约 107 米；高 30 米；通往地宫的墓道宽 52~57 米。墓圹东西长约 170 米，南北宽约 145 米，30 米深。地宫东西长约 80 米，南北宽约 50 米，高约 15 米。环绕着地宫的石砌宫墙东西长约 145 米，南北宽约 125 米，墙体约 14 米高，约 8 米厚。陵园城垣外墙长 2188 米，宽 971 米，面积约 2.13 平方公里；内墙长 1355 米，宽 580 米，面积约 0.79 平方公里。引自：段清波，《秦始皇帝陵的物探考古调查——"863"计划秦始皇陵物探考古进展情况的报告》，《西北大学学报（哲学社会科学版）》，2005 年第 1 期，第 80-86 页；段清波，《秦始皇陵封土建筑探讨——兼释"中成观游"》，《考古》，2006 年第 5 期，第 70-76 页。

单色插图列表

第 1 章 玉之神秘

1. 玉梳背，瑶山 M2 出土。引自：浙江省文物考古研究所，《良渚遗址群考古报告之一：瑶山》，文物出版社，2003 年，第 35 页，图 32 左。
2. 刻有神人兽面纹的玉钺，反山 M12 出土。引自：浙江省文物考古研究所，《良渚遗址群考古报告之二：反山》（上下册），文物出版社，2005 年，上册，第 64 页，图 48:1、5。
3. 玉瑁，反山 M12 出土。引自：浙江省文物考古研究所，《良渚遗址群考古报告之二：反山》（上下册），文物出版社，2005 年，上册，第 67 页，图 51。
4. 蜷曲玉龙，良渚出土。引自：邓淑苹，《故宫玉器精选全集·第一卷·玉之灵 I》，台北故宫博物院，2019 年，第 129 页，图 030。
5. 玉镯，左为瑶山 M1 出土，右为瑶山 M9 出土。分别引自：浙江省文物考古研究所，《良渚遗址群考古报告之一：瑶山》，文物出版社，2003 年，第 28 页，图 26；第 119 页，图 146。
6. 玉琮王，反山 M12 出土。引自：浙江省文物考古研究所，《良渚遗址群考古报告之二：反山》（上下册），文物出版社，2005 年，第 54 页，图 37。

第 2 章 狼藉盛宴

1. 玉兽面，陶寺 M22 出土。引自：何驽、严志斌、宋建忠，《陶寺城址发现陶寺文化中期墓葬》，《考古》，2003 年第 9 期，第 3-6 页，图 3。
2. 四件陶器，分别出土于陶寺 H334、H3403、T399、H302。分别引自：中国社会科学院考古研究所、山西省临汾市文物局，《襄汾陶寺：1978~1985 年考古发掘报告》（第一册），文物出版社，2015 年，第 215 页，图 3-51: 5；第 213 页，图 3-50: 4；第 202 页，图 3-44: 1；第 207 页，图 3-47: 8。
3. 陶罐，陶寺 M2014 出土。引自：中国社会科学院考古研究所、山西省临汾市文

479

物局，《襄汾陶寺：1978~1985 年考古发掘报告》（第二册），文物出版社，2015年，第 564 页，图 4-94: 1。
4. 一组陶器，分别出土于陶寺 M2079、M2001、M3002、M2001。分别引自：中国社会科学院考古研究所、山西省临汾市文物局，《襄汾陶寺：1978~1985 年考古发掘报告》（第二册），文物出版社，2015 年，第 587 页，图 4-104: 9, 4；第 589页，图 4-105: 1；第 587 页，图 4-104: 10；第 589 页，图 4-105: 3。
5. 绘有蟠蛇纹或蟠龙纹的彩绘陶盘，陶寺 M2001 出土。引自：中国社会科学院考古研究所、山西省临汾市文物局，《襄汾陶寺：1978~1985 年考古发掘报告》（第二册），文物出版社，2015 年，第 617 页，图 4-120。
6. 陶斝，陶寺 M2001 出土。引自：中国社会科学院考古研究所、山西省临汾市文物局，《襄汾陶寺：1978~1985 年考古发掘报告》（第二册），文物出版社，2015年，第 555 页，图 4-89: 3。
7. 深陶盆，陶寺 M2168:3 出土。引自：中国社会科学院考古研究所、山西省临汾市文物局，《襄汾陶寺：1978~1985 年考古发掘报告》（第二册），文物出版社，2015年，第 608 页，图 4-114: 1。
8. 陶鼓，陶寺 M3002 出土。引自：中国社会科学院考古研究所、山西省临汾市文物局，《襄汾陶寺：1978~1985 年考古发掘报告》（第二册），文物出版社，2015年，第 631 页，图 4-126: 1。
9. 铜齿轮形器，陶寺出土。引自：高江涛、何驽，《陶寺遗址出土铜器初探》，《南方文物》，2014 年第 1 期，第 91-95 页，图 3。

第 3 章　铜臂武将

1. 方罍，安阳花园庄 M54 出土。引自：中国社会科学院考古研究所，《安阳殷墟花园庄东地商代墓葬》，科学出版社，2007 年，第 115 页，图 91。
2. 尊，安阳花园庄 M54 出土。引自：中国社会科学院考古研究所，《安阳殷墟花园庄东地商代墓葬》，科学出版社，2007 年，第 119 页，图 92。
3. 亚长牛牺尊，安阳花园庄 M54 出土。引自：中国社会科学院考古研究所，《安阳殷墟花园庄东地商代墓葬》，科学出版社，2007 年，第 126 页，图 95。觥，青铜礼器，安阳花园庄 M54 出土。引自：中国社会科学院考古研究所，《安阳殷墟花园庄东地商代墓葬》，科学出版社，2007 年，第 123 页，图 94。
4. 铙，安阳花园庄 M54 出土。引自：中国社会科学院考古研究所，《安阳殷墟花园庄东地商代墓葬》，科学出版社，2007 年，第 135 页，图 102。
5. 亚长钺，安阳花园庄 M54 出土。引自：中国社会科学院考古研究所，《安阳殷墟花园庄东地商代墓葬》，科学出版社，2007 年，第 137 页，图 103。
6. 族徽拓片，引自：罗振玉，《三代吉金文存》，中华书局，1983 年，上册，卷二，第 19 页第二图。
7. 亚长的青铜弓形器，安阳花园庄 M54 出土。引自：中国社会科学院考古研究所，《安阳殷墟花园庄东地商代墓葬》，科学出版社，2007 年，第 158 页，图 120。
8. 车坑平面图（编号 M20），安阳小屯。引自：Li Chi, *Anyang* (University of Washington

Press, 1977), p. 112, fig. 17。
9. 商代战车。引自:"中央研究院"历史语言研究所,《殷墟出土器物选粹》,"中央研究院",2009 年,第 106-107 页。
10. 鹿石,彼得·霍梅尔(Peter Hommel)绘图。原图引自: Michail P. Gryaznov, 'O Monumental' nom Iskusstve Na Zare Skifo-Sibirskikh Kul'tur V Stepnoy Azii'('On the Monumental Art at the Dawn of the Scythian–Siberian Cultures in the steppe Asia'), *Arkheologicheskiy Sbornik* 25 (1984), pp. 76–82。

第 4 章 秘境献祭

1. 青铜大立人像,三星堆二号祭祀坑出土。引自:四川省文物考古研究所,《三星堆祭祀坑》,文物出版社,1999 年,第 162 页,图 82。
2. 戴簪笄发青铜人头像,三星堆二号祭祀坑出土。引自:四川省文物考古研究所,《三星堆祭祀坑》,文物出版社,1999 年,第 178 页,图 96。戴金面罩青铜人头像,三星堆二号祭祀坑出土。引自:四川省文物考古研究所,《三星堆祭祀坑》,文物出版社,1999 年,第 183 页,图 98。
3. 兽首冠人像,三星堆二号祭祀坑出土。引自:四川省文物考古研究所,《三星堆祭祀坑》,文物出版社,1999 年,第 167 页,图 84。
4. U 形青铜面具,三星堆二号祭祀坑出土。引自:四川省文物考古研究所,《三星堆祭祀坑》,文物出版社,1999 年,第 197 页,图 109。
5. 青铜面具,三星堆二号祭祀坑出土。引自:四川省文物考古研究所,《三星堆祭祀坑》,文物出版社,1999 年,第 194 页,图 106-1。
6. 青铜神树(正面与侧面),三星堆二号祭祀坑出土。引自:四川省文物考古研究所,《三星堆祭祀坑》,文物出版社,1999 年,第 218 页,图 120。
7. 青铜神坛,三星堆二号祭祀坑出土。引自:四川省文物考古研究所,《三星堆祭祀坑》,文物出版社,1999 年,第 233 页,图 129。
8. 南方风格的青铜尊,三星堆二号祭祀坑出土。引自:四川省文物考古研究所,《三星堆祭祀坑》,文物出版社,1999 年,第 252 页,图 139。
9. 青铜小人像,三星堆二号祭祀坑出土。引自:四川省文物考古研究所,《三星堆祭祀坑》,文物出版社,1999 年,第 235 页,图 133。
10. 玉制牙璋的细部花纹,三星堆二号祭祀坑出土。引自:四川省文物考古研究所,《三星堆祭祀坑》,文物出版社,1999 年,第 361 页,图 197。
11. 石跪坐人像,金沙遗址出土。引自 Zhu Zhangyi, Zhang Qing and Wang Fang, 'The Jinsha Site: An Introduction', *Journal of East Asian Archaeology* 5 (2003), pp. 247-76, fig. 14。

第 5 章　礼物经济

1. 方座簋，宝鸡竹园沟 M1 出土。引自：卢连成、胡智生，《宝鸡強国墓地》，文物出版社，1988 年，第 27 页，图 19。
2. 缩微青铜器，宝鸡竹园沟 M13 出土。引自：卢连成、胡智生，《宝鸡強国墓地》，文物出版社，1988 年，第 79 页，图 63。
3. 一套三件簋的礼器组合，图为其中一件，宝鸡竹园沟 M13 出土。引自：卢连成、胡智生，《宝鸡強国墓地》，文物出版社，1988 年，第 57 页，图 43。
4. 一套包含一尊和二卣的礼器组合，宝鸡竹园沟 M13 出土。引自：卢连成、胡智生，《宝鸡強国墓地》，文物出版社，1988 年，第 61-63 页，图 48-50。
5. 何尊上的铭文拓片。引自：上海博物馆商周青铜器铭文选编写组，《商周青铜器铭文选》，文物出版社，1986 年，第 21 页。
6. 伯各尊，宝鸡竹园沟 M7 出土。引自：卢连成、胡智生，《宝鸡強国墓地》，文物出版社，1988 年，第 102 页，图 79。
7. 短剑和鸟首状铜旄，宝鸡竹园沟 M13 出土。引自：卢连成、胡智生，《宝鸡強国墓地》，文物出版社，1988 年，第 74 页，图 61-10，以及第 71 页，图 59。
8. 方形马镳，宝鸡石鼓山 M3 出土。引自：刘军社等，《陕西宝鸡石鼓山西周墓葬发掘简报》，《文物》，2013 年第 2 期，第 15 页，图 17-4。弧形马镳，宝鸡竹园沟 M7 出土。引自：卢连成、胡智生，《宝鸡強国墓地》，文物出版社，1988 年，第 123 页，图 97-2。弧形马镳，宝鸡茹家庄车坑出土。引自：Shū Takahama, 'Two Technical Traditions of Casting Horse Bits in China and Their Relationships with the Steppe Area', *Asian Archaeology* 3 (2020), pp. 47–57, p. 52, fig. 7:1。
9. 軜饰，宝鸡茹家庄车坑出土。引自：卢连成、胡智生，《宝鸡強国墓地》，文物出版社，1988 年，第 403 页，图 272。

第 6 章　逢新感旧

1. 仲姜墓中发现的 6 件青铜礼器，韩城梁带村 M26 出土。引自：上海博物馆、陕西省考古研究院，《金玉华年——陕西韩城出土周代芮国文物珍品》，上海书画出版社，2012 年，第 206, 208, 209, 212, 214, 215 页。
2. 神人龙凤纹玉柄形器纹饰面的拓片，韩城梁带村 M27 出土。引自：孙秉君、蔡庆良，《陕西韩城春秋宝藏》，三秦出版社，2007 年，第 81 页，编号 21。
3. 青铜马甲胄，韩城梁带村 M28 出土。引自：陕西省考古研究院等，《梁带村芮国墓地：2007 年度发掘报告》，文物出版社，2010 年，第 139 页，图 142-2。
4. 韩城梁带村的四组青铜礼器组合，分别出土于 M27、M26、M19、M28。引自：孙秉君等，《陕西韩城梁带村遗址 M27 发掘简报》，《考古与文物》，2007 年第 6 期，第 8-9 页；孙秉君等，《陕西韩城梁带村遗址 M26 发掘简报》，《文物》，2008 年第 1 期，第 13-15 页；孙秉君等，《陕西韩城梁带村遗址 M19 发掘简报》，《考古与文物》，2007 年第 2 期，第 10 页；陕西省考古研究院等，《梁带村芮国基地：2007年度发掘报告》，文物出版社，2010年，第108-111页。
5. 青铜提梁卣，韩城梁带村M27出土。引自：上海博物馆、陕西省考古研究院，《金玉华年——陕西韩城出土周代芮国文物珍品》，上海书画出版社，2012年，第92页。
6. 芮伯簋器身铭文拓片。引自：首阳斋、上海博物馆、香港中文大学文物馆，《首阳吉金：胡盈莹、范季融藏中国古代青铜器》，上海古籍出版社，2008年，编号34。
7. 一套八件编钟中的一件，韩城梁带村M27出土。引自：孙秉君等，《陕西韩城梁带村遗址M27发掘简报》，《考古与文物》，2007年第6期，第11页，图14.2。

第7章 草原边陲

1. 军都山玉皇庙M18主棺墓葬内部示意图。引自：北京市文物研究所，《军都山墓地：玉皇庙（一）》，文物出版社，2007年，第291页，图43。
2. 青铜铆和青铜镂，军都山玉皇庙M18出土。引自：北京市文物研究所，《军都山墓地：玉皇庙（二）》，文物出版社，2007年，第908页，图570，第912页，图572-1。
3. 青铜敦和青铜罍，军都山玉皇庙M18出土。引自：北京市文物研究所，《军都山墓地：玉皇庙（二）》，文物出版社，2007年，第902页，图562-2，第904页，图564。
4. 直刃匕首式短剑和削刀，军都山玉皇庙M18出土。引自：北京市文物研究所，《军都山墓地：玉皇庙（二）》，文物出版社，2007年，第928页，图582-3，第1031页，图624-4。金饰铁匕首和金饰铁削刀，俄罗斯图瓦共和国阿尔赞二号冢出土。引自：Konstantin V. Chugunov, Hermann Parzinger and Anatoli Nagler, *Der Skythenzeitliche Fürstenkurgan Aržan 2 in Tuva* (Philipp von Zabern, 2010), pls. 8, 10。
5. 公羊造型的带钩，军都山玉皇庙M18出土。引自：北京市文物研究所，《军都山墓地：玉皇庙（三）》，文物出版社，2007年，第1221页，图715-1。
6. 黄金腰带装饰，阿尔赞二号冢出土。引自：Konstantin V. Chugunov, Hermann Parzinger and Anatoli Nagler, *Der Skythenzeitliche Fürstenkurgan Aržan 2 in Tuva* (Philipp von Zabern, 2010), pl. 29。双联小铜扣，军都山玉皇庙M230出土。引自：北京市文物研究所，《军都山墓地：玉皇庙（三）》，文物出版社，2007年，第1232页，图722-14。
7. 黄金虎牌饰，军都山玉皇庙M18出土。引自：北京市文物研究所，《军都山墓地：玉皇庙（三）》，文物出版社，2007年，第897页，图561-1。
8. 马形青铜牌饰，军都山玉皇庙M92出土。引自：北京市文物研究所，《军都山墓地：玉皇庙（三）》，文物出版社，2007年，第1180页，图693-4。

第 8 章　南方之圆

1. 一套九件编钟中的第三件，钟离君柏墓出土。引自：安徽省文物考古研究所、蚌埠市博物馆，《钟离君柏墓》（第一册），文物出版社，2013 年，第 80 页，图 44。
2. 小青铜鼓座，钟离君柏墓出土。引自：安徽省文物考古研究所、蚌埠市博物馆，《钟离君柏墓》（第一册），文物出版社，2013 年，第 108 页，图 60。
3. 钟离君柏墓出土青铜礼器。引自：安徽省文物考古研究所、蚌埠市博物馆，《钟离君柏墓》（第一册），文物出版社，2013 年。其中青铜鼎引自：第 54 页，图 21；簠引自：第 57 页，图 23；罍引自：第 62 页，图 29。
4. 钟离君柏墓出土的一把青铜剑，两把草原风格的青铜刀，以及一把较小的青铜刀。分别引自：安徽省文物考古研究所、蚌埠市博物馆，《钟离君柏墓》（第一册），文物出版社，2013 年，第 120 页，图 71；第 146 页，图 95:1, 2；第 146 页，图 95:3。
5. 饰有猛禽和蛇的包金青铜甲饰牌残片，钟离君柏墓出土。引自：安徽省文物考古研究所、蚌埠市博物馆，《钟离君柏墓》（第一册），文物出版社，2013 年，第 190 页，图 130:1。
6. 虎形包金青铜甲饰牌残片，钟离君柏墓出土。引自：安徽省文物考古研究所、蚌埠市博物馆，《钟离君柏墓》（第一册），文物出版社，2013 年，第 191 页，图 131。
7. 双腹联体青铜盒，钟离君柏墓出土。引自：安徽省文物考古研究所、蚌埠市博物馆，《钟离君柏墓》（第一册），文物出版社，2013 年，第 66 页，图 34。
8. 墙，钟离君柏墓出土。引自：安徽省文物考古研究所、蚌埠市博物馆，《钟离君柏墓》（第三册），文物出版社，2013 年，彩版 43, 1, 2。
9. 阿尔赞二号冢平面图。引自：Konstantin V. Chugunov, 'The Arzhan-2 Funerary Commemorative Complex: Stages of Function and Internal Chronology', in Svetlana V. Pankova and St John Simpson (eds.), *Masters of the Steppe: The Impact of the Scythians and Later Nomad Societies of Eurasia: Proceedings of a Conference Held at the British Museum, 27–29 October 2017* (Archaeopress Archaeology, 2020), pp. 80–104, fig. 21.
10. 戟。引自：安徽省文物考古研究所、蚌埠市博物馆，《钟离君柏墓》（第一册），文物出版社，2013 年，第 142 页，图 92。

第 9 章　曾之礼乐

1. 楚惠王所赠镈钟钮部一对龙形纹饰之一。引自：湖北省博物馆、北京工艺美术研究所，《战国曾侯乙墓出土文物图案选》，长江文艺出版社，1984 年，第 84 页。
2. 曾侯乙外棺挡板。引自：湖北省博物馆，《曾侯乙墓》，文物出版社，1989 年，第 25 页，图 15。
3. 曾侯乙内棺守护者。引自：湖北省博物馆、北京工艺美术研究所，《战国曾侯乙墓出土文物图案选》，长江文艺出版社，1984 年，第 22 页。

4. 曾侯乙墓出土的两个漆木衣箱的盖子。引自：湖北省博物馆、北京工艺美术研究所，《战国曾侯乙墓出土文物图案选》，长江文艺出版社，1984年，第9页。
5. 曾侯乙内棺装饰的鸟、龙和蛇。引自：湖北省博物馆、北京工艺美术研究所，《战国曾侯乙墓出土文物图案选》，长江文艺出版社，1984年，第23页。
6. 鹿角立鹤。引自：湖北省博物馆，《曾侯乙墓文物艺术》，湖北美术出版社，1992年，第60页。
7. 漆木鹿。引自：湖北省博物馆，《曾侯乙墓》，文物出版社，1989年，第381页，图238-1。
8. 饰有奏乐场景的鸭形漆盒。引自：湖北省博物馆、北京工艺美术研究所，《战国曾侯乙墓出土文物图案选》，长江文艺出版社，1984年，第6-7页。
9. 青铜壶上嵌错的乐舞场景。原壶出自杨宁史（Werner Jannings）北京旧藏，引自：Charles D. Weber, *Chinese Pictorial Bronze Vessels of the Late Chou Period* (Artibus Asiae, 1968), pl.68e。
10. 曾侯乙编钟中的一件甬钟。引自：湖北省博物馆，《曾侯乙墓》，文物出版社，1989年，第93页，图49-1。
11. 曾侯乙编磬。引自：湖北省博物馆、北京工艺美术研究所，《战国曾侯乙墓出土文物图案选》，长江文艺出版社，1984年，第38页。
12. 曾侯乙钟架中部的两个铜人。引自：湖北省博物馆，《曾侯乙墓》，文物出版社，1989年，第77页，图38。
13. 曾侯乙墓出土的金盏和金杯。引自：湖北省博物馆，《曾侯乙墓》，文物出版社，1989年，第391页，图242，以及第392页，图243。
14. 曾侯乙墓出土的青铜鉴缶。引自：湖北省博物馆、北京工艺美术研究所，《战国曾侯乙墓出土文物图案选》，长江文艺出版社，1984年，第57页。
15. 曾侯乙帷帐的局部重建。陈北辰绘图，原图引自：张昌平等，《湖北随州市曾侯乙墓一号陪葬坑发掘简报》，《考古》，2017年第11期，第31-44页。
16. 曾侯乙墓出土的皮制马胄。引自：湖北省博物馆，《曾侯乙墓》，文物出版社，1989年，第346页，图212。
17. 曾侯乙墓出土的玉剑和玉环首铜削刀。引自：湖北省博物馆，《曾侯乙墓》，文物出版社，1989年，第419页，图250-2，第248页，图145-5。

第10章　设计之国

1. 封土堆上方建筑复原图。引自：Wu Xiaolong, *Material Culture, Power, and Identity in Ancient China* (Cambridge University Press, 2017), p. 176, fig. 6.4. 吴霄龙的绘图基于：杨鸿勋，《战国中山王陵及兆域图研究》，《考古学报》，1980年第1期，第119-138页。
2. 青铜盆上的錾刻图像，灵寿城M8101出土。引自：河北省文物研究所，《战国中山国灵寿城——1975~1993年考古发掘报告》，文物出版社，2005年，第282页，图219。
3. 中山王陵兆域图。杜敏绘图，中文版原图引自：杨鸿勋，《战国中山王陵及兆域图研究》，《考古学报》，1980 年第 1 期，第 119–138 页，图五；个别细节根据莫阳的研究有所调整，见：莫阳，《中山王的理想：兆域图铜版研究》，《美术研究》，2016 年第 1 期，第 45–52 页。

4. 中山王陵出土中山侯钺。引自：河北省文物研究所，《𰯼墓——战国中山国国王之墓》（上册），文物出版社，1996 年，第 295 页，图 173。

5. 中山王陵出土青铜山字形器。引自：河北省文物研究所，《𰯼墓——战国中山国国王之墓》（上册），文物出版社，1996 年，第 103 页，图 31。

6. 青铜鉴外壁的狩猎场景，美国华盛顿弗利尔美术馆藏。引自：Charles D. Weber, *Chinese Pictorial Bronze Vessels of the Late Chou Period*, pl. 69f。

7. 青铜壶外壁嵌错的水战场景，杨宁史北京旧藏。引自：Charles D. Weber, *Chinese Pictorial Bronze Vessels of the Late Chou Period*, pl. 68g。

8. 中山王陵出土铁足铜鼎。引自：河北省文物研究所，《𰯼墓——战国中山国国王之墓》（上册），文物出版社，1996 年，第 112 页，图 35。

9. 中山王陵出土中山王方壶，外壁四面有铭文。引自：河北省文物研究所，《𰯼墓——战国中山国国王之墓》（上册），文物出版社，1996 年，第 120 页，图 39。铭文拓片引自：上海博物馆商周青铜器铭文选编写组，《商周青铜器铭文选》（第二册），文物出版社，1987 年，第 616 页。

10. 中山王陵出土玉虎。引自：河北省文物研究所，《𰯼墓——战国中山国国王之墓》（上册），文物出版社，1996 年，第 214 页，图 91:3。

11. 灵寿城中山成公陪葬墓出土石刻六博棋盘。引自：河北省文物研究所，《战国中山国灵寿城——1975~1993 年考古发掘报告》，文物出版社，2005 年，第 222 页，图 169。

12. 中山王陵出土错红铜、镶嵌绿松石并填蓝漆的青铜方壶。引自：河北省文物研究所，《𰯼墓——战国中山国国王之墓》（上册），文物出版社，1996 年，第 122 页，图 40。

13. 中山王陵出土鹰柱铜盆。引自：河北省文物研究所，《𰯼墓——战国中山国国王之墓》（上册），文物出版社，1996 年，第 132 页，图 7。

14. 中山王陵出土错银青铜有翼神兽。引自：河北省文物研究所，《𰯼墓——战国中山国国王之墓》（上册），文物出版社，1996 年，第 143 页，图 51。

15. 中山王陵出土错金银青铜犀牛。引自：河北省文物研究所，《𰯼墓——战国中山国国王之墓》（上册），文物出版社，1996 年，第 266 页，图 114。

16. 青铜壶上的狩猎场景。引自：Charles D. Weber, *Chinese Pictorial Bronze Vessels of the Late Chou Period*, pl. 64d。

17. 中山王陵出土错金银青铜方案座。引自：河北省文物研究所，《𰯼墓——战国中山国国王之墓》（上册），文物出版社，1996 年，第 138 页，图 49。

18. 中山王陵出土青铜灯。引自：河北省文物研究所，《𰯼墓——战国中山国国王之墓》（上册），文物出版社，1996 年，第 134 页，图 48。

第 11 章　戎车即止

1. 大角羱羊金片饰，张家川马家塬墓地 M16 出土。引自：王辉等，《张家川马家塬战国墓地 2008~2009 年发掘简报》，《文物》，2010 年第 10 期，第 22 页，图 52。
2. 金腰带扣，张家川马家塬墓地 M16 出土。引自：甘肃省文物考古研究所，《西戎遗珍：马家塬战国墓地出土文物》，文物出版社，2014 年，第 42 页。
3. 金人面形饰，张家川马家塬墓地 M6 出土。引自：周广济、赵吴成、赵卓、花平宁、王辉，《张家川马家塬战国墓地 2007~2008 年发掘简报》，《文物》，2009 年第 10 期，第 30 页，图 8。
   锡俑，张家川马家塬墓地 M3 出土。引自：周广济、方志军、谢言、马明远，《2006 年度甘肃张家川回族自治县马家塬战国墓地发掘简报》，《文物》，2008 年第 9 期，第 22 页，图 52。
4. 金虎饰，张家川马家塬墓地 M16 出土。引自：王辉等，《张家川马家塬战国墓地 2008~2009 年发掘简报》，《文物》，2010 年第 10 期，第 22 页，图 54。
   银狼饰，张家川马家塬墓地 M5 出土。引自：甘肃省文物考古研究所，《西戎遗珍：马家塬战国墓地出土文物》，文物出版社，2014 年，第 84 页。
5. 南西伯利亚阿尔泰山脉巴泽雷克出土的木制马笼头。引自：Sergei Rudenko, Frozen Tombs of Siberia: The Pazyryk Burials of Iron Age Horsemen (Dent, 1970), pl. 79A。
6. 三件 S 形马镳。
   上为哈萨克斯坦贝雷尔出土，引自：Sören Stark and Karen S. Rubinson (eds.), *Nomads and Networks: The Ancient Art and Culture of Kazakhstan* (Institute for the Study of the Ancient World / Princeton University Press, 2012), p. 102, fig. 6–9。
   中为南西伯利亚阿尔泰山脉巴泽雷克二号冢出土，引自：Sergei Rudenko, Frozen Tombs of Siberia: The Pazyryk Burials of Iron Age Horsemen (Dent, 1970), pl. 94b。
   下为张家川马家塬 M1 出土，引自：甘肃省文物考古研究所，《西戎遗珍：马家塬战国墓地出土文物》，文物出版社，2014 年，第 208-209 页。

第 12 章　永恒军队

1. 秦雍城 M1 秦景公大墓线图。原图引自：Alain Thote, 'Tombs of the Principality of Qin: Elites and Commoners', in Maria Khayutina (ed.), *Qin: The Eternal Emperor* (Neue Zürcher Zeitung Publishing, 2013), p. 42, fig. 12。
2. 鸭首金带扣，秦景公大墓出土。原图引自：Yang Junchang, Paul Jett and Chen Jianli, *Gold in Ancient China (2000–200 BCE)* (Cultural Relics Press, 2017), p. 111, fig. 3:7。
3. 圉人俑，秦始皇陵 76DCK3 号坑出土。引自：袁仲一，《秦始皇陵考古发现与研究》，陕西人民出版社，2002 年，第 212 页，图 84:5。
4. 跪射俑，一号坑出土。引自：袁仲一，《秦始皇陵兵马俑研究》，文物出版社，1990 年，第 144 页，图 82。
   立射俑，一号坑出土。引自：袁仲一，《秦始皇陵考古发现与研究》，陕西人民出版社，2002年，第249页，图99。
5. 将军俑的长冠和发型，引自：Catharina Blänsdorf, Erwin Emmerling and Michael Petzet (eds.), *Die Terrakottaarmee des Ersten Chinesischen Kaisers, Qin Shihuang* (Bayerisches Landesamt für Denkmalpflege, 2001), p. 236, fig. 51。
骑兵俑的小帽和发型，引自：Catharina Blänsdorf, Erwin Emmerling and Michael Petzet (eds.), *Die Terrakottaarmee des Ersten Chinesischen Kaisers, Qin Shihuang* (Bayerisches Landesamt für Denkmalpflege, 2001), p. 228, fig. 46。
6. 三件"百戏俑"，实为摔跤手，秦始皇陵K9901号坑出土。分别引自：袁仲一，《秦始皇陵考古发现与研究》，陕西人民出版社，2002年，第186页，图73；第188页，图75；第183页，图71。
7. 青铜鼎，秦始皇陵K9901号坑出土。改绘自：Armin Selbitschka, 'The Tomb Complex and Its Hidden Secrets', in Maria Khayutina (ed.), *Qin: The Eternal Emperor and His Terracotta Warriors* (Neue Zürcher Zeitung Publishing, 2013), fig. 45。
8. 青铜武士俑，新疆出土。改绘自：Lukas Nickel, 'The First Emperor and Sculpture in China', *Bulletin of the School of Oriental and African Studies* 76 (2013), fig. 20。
9. 一只青铜鹤与两只青铜天鹅，秦始皇陵K0007号坑出土。引自：陕西省考古研究院、秦始皇兵马俑博物馆，《秦始皇帝陵园考古报告（2001—2003）》，文物出版社，2007年，第170-171页。
10. 陶马俑，二号坑出土。引自：袁仲一，《秦始皇陵考古发现与研究》，陕西人民出版社，2002年，第246页，图98。
11. 文吏俑，秦始皇陵K0006号坑出土。引自：陕西省考古研究所、秦始皇兵马俑博物馆，《秦始皇帝陵园考古报告（2000）》，文物出版社，2006年，第76页，图46。
12. 相邦吕不韦戟，一号坑出土。引自：袁仲一，《秦始皇陵考古发现与研究》，陕西人民出版社，2002年，第260页，图104:2。
13. 石胄和石铠甲，秦始皇陵K9801号坑出土。分别引自：袁仲一，《秦始皇陵考古发现与研究》，陕西人民出版社，2002年，第165页，图63:3；第160页，图60(1)。
14. 官疆印文，一号坑出土。引自：袁仲一，《秦始皇陵考古发现与研究》，陕西人民出版社，2002年，第264页，图107:1。
15. 陶文拓片，刑徒墓出土。引自：袁仲一，《秦始皇陵考古发现与研究》，陕西人民出版社，2002年，第345页，图129:1。
16. 秦始皇陵铜车马。一号立车、二号安车分别引自：秦始皇兵马俑博物馆、陕西省考古研究所，《秦始皇陵铜车马发掘报告》，文物出版社，1998年，第328页，图191；第140页，图85。
17. 《峄山刻石》宋代翻刻本的拓片，图片由雷德侯提供，原石收藏于西安碑林博物馆。

彩版列表

1. 玉琮王，通高 8.9 厘米，宽 17.6 厘米，图片由浙江省良渚博物院院长提供。
2. 陶寺一座残墓中出土的彩绘陶杯，通高 18.5 厘米，图片由中国社会科学院考古研究所山西工作队提供。
3. 陶寺墓葬 M3073 中出土的彩绘陶盆，直径 42 厘米，图片由中国社会科学院考古研究所山西工作队提供。
4. 青藏高原，以及珠穆朗玛峰、马卡鲁峰、洛子峰、卓穷峰，图片由 Bbwizard | Dreamstime.com 提供。
5. 黄土高原，图片由作者提供。
6. 陕西宝鸡茹家庄一座弨国首领墓中出土的玉鹿，长 7.2 厘米，图片由陕西省考古研究院提供。
7. 俄罗斯图瓦共和国阿尔赞二号冢中出土的两件金马，长约 8 厘米，图片由阿尔赞二号冢发掘项目领队提供。
8. 位于蒙古国库苏古尔省乌什金乌布尔的鹿石，图片由作者提供。
9. 陕西神木出土的金鹿，长 11 厘米，图片由宦立旻提供。
10. 安阳殷墟墓葬 M1400，深 10.6 米，图片由台北"中央研究院"提供。
11. 安阳殷墟亚长墓出土的青铜手臂，长 13.03 厘米，引自：中国社会科学院考古研究所，《安阳殷墟花园庄东地商代墓葬》，科学出版社，2007 年，第 162 页，图 12，图版 26-2。
12. 安阳殷墟妇好墓出土的青铜觥，造型为兽和鸟的组合，年代为公元前 13 世纪后半叶，图片由 GRANGER / Historical Picture Archive / Alamy 提供。
13. 安阳殷墟墓葬 M1004 出土的青铜方鼎，通高 60.9 厘米，长 37.4 厘米，重 60.02 公斤，图片由台北"中央研究院"提供。
14. 《明皇幸蜀图》（明皇即唐玄宗，712—756 年在位），年代和作者有争议，绢本设色，55.9 厘米 ×81 厘米，图片由台北故宫博物院提供。
15. 金沙出土的大金面具，通高 10.7 厘米，宽 20.7 厘米，图片由宦立旻提供。
16. 三星堆青铜大立人像，全身像见本书第 4 章，图片由三星堆博物馆提供。
17. 陕西省延川县境内的黄河航空摄影图，拍摄时间为 2020 年 9 月 10 日，图片由

Shao Rui / Xinhua / Alamy 提供。
18. 陕西宝鸡石鼓山 M3 出土的一号铜禁和户方彝（左，高 63.7 厘米），两件青铜卣（右，户卣甲和户卣乙分别高 50 厘米和 30 厘米，户卣乙置于二号铜禁上），图片由陕西省考古研究院提供。
19. 太行山脉云海的航空摄影图，拍摄地点位于河北省沙河市刘石岗镇，时间为 2020 年 5 月 5 日，图片由 Mu Yu / Xinhua / Alamy 提供。
20. 芮公内棺及随葬品，图片由陕西省考古研究院提供。
21. 仲姜墓出土的玉猪龙，高 13.6 厘米，宽 11 厘米，图片由陕西省考古研究院提供。
22. 红山文化牛河梁遗址第二地点 M4 出土的玉猪龙，年代约为公元前 3500 年，高 18.6 厘米，图片由作者提供。
23. 仲姜墓出土串饰，图片由陕西省考古研究院提供。
24. 蚌埠双墩出土彩绘陶罐，高约 48 厘米，图片由刘睿良提供。
25. 曾侯乙编钟，图片由湖北省博物馆提供。
26. 曾侯乙漆木内棺，图片由湖北省博物馆提供。
27. 曾侯乙尊盘，尊高 30.1 厘米，盘直径 58 厘米，图片由湖北省博物馆提供。
28. 河北中山王䜣墓出土错金银虎噬鹿屏风座，高 21.9 厘米，长 51 厘米，图片由宦立旻提供。
29. 山东临淄齐墓殉马坑，图片由山东省文物考古研究院提供。
30. 阿帕丹东侧阶梯浮雕细部，展示了进献礼物的萨卡人使节形象，年代为公元前 6 世纪，图片由 Bridgeman Images 提供。
31. 南西伯利亚巴泽雷克出土毛毡上的草原驭马者形象，年代为公元前 4 世纪至前 3 世纪，图片由 Fine Art Images / Heritage Images / Getty Images 提供。
32. 甘肃马家塬武士墓俯视图，图片由甘肃省文物考古研究所提供。
33. 阿帕丹的浮雕残块，图片由芝加哥大学西亚北非古代文化研究所提供。
34. 甘肃马家塬武士墓出土马车复原图，图片由甘肃省文物考古研究所提供。
35. 陕西宝鸡益门村秦墓出土金柄铁剑，图片由宝鸡市考古研究所提供。
36. 陕西西安秦始皇陵兵马俑，图片由 studioEAST / Getty Images 提供。
37. 陕西西安秦始皇陵兵马俑一号坑，图片由 API / Gamma-Rapho via Getty lmages 提供。

拓展阅读

Amitai, Reuvan and Michael Biran (eds.). *Nomads as Agents of Cultural Change: The Mongols and Their Eurasian Predecessors*. Honolulu: University of Hawai'i Press, 2014.

Bagley, Robert W. (ed.). *Ancient Sichuan: Treasures from a Lost Civilization*. Seattle, WA/Princeton, NJ: Seattle Art Museum/Princeton University Press, 2001.

Bunker, Emma C. (ed.). *Ancient Bronzes of the Eastern Eurasian Steppes from the Arthur M. Sackler Collections*. New York: Arthur M. Sackler Foundation, 1997.

Campbell, Roderick B. *Violence, Kinship and the Early Chinese State: The Shang and Their World*. Cambridge: Cambridge University Press, 2018.

Chang, Kwang-chih. *Shang Civilization*. New Haven, CT: Yale University Press, 1980.

Childs-Johnson, Elizabeth (ed.). *The Oxford Handbook of Early China*. Oxford: Oxford University Press, 2020.

Chugunov, Konstantin V., Hermann Parzinger and Anatoli Nagler. *Der Skythenzeitliche Fürstenkurgan Aržan 2 in Tuva*. Mainz: Philipp von Zabern, 2010.

Cook, Constance A. and John S. Major (eds.). *Defining Chu: Image and Reality in Ancient China*. Honolulu: University of Hawai'i Press, 1999.

Di Cosmo, Nicola. *Ancient China and Its Enemies: The Rise of Nomadic Power in East Asian History*. Cambridge: Cambridge University Press, 2002.

Durrant, Stephen W., Wai-yee Li and David Schaberg. *Zuo Tradition/Zuozhuan: Commentary on the 'Spring and Autumn Annals'*. 3 vols. Seattle, WA: University of Washington Press, 2016.

von Falkenhausen, Lothar. *Chinese Society in the Age of Confucius (1000–250 BC): The Archaeological Evidence*. Los Angeles: Cotsen Institute of Archaeology, University of California, 2006.

Goldin, Paul Rakita (ed.). *Routledge Handbook of Early Chinese History*. London/New York: Routledge, 2017.

Graham, Angus Charles. *Disputers of the Tao: Philosophical Argument in Ancient China*. La Salle, IL.: Open Court, 1989.

Grebnev, Yegor. *Mediation of Legitimacy in Early China: A Study of the Neglected Zhou Scriptures and the Grand Duke Traditions*. New York: Columbia University Press, 2022.

Hawkes, David. *Ch'u Tz'u: The Songs of the South, an Ancient Chinese Anthology*. Oxford: Clarendon Press, 1959.

Keightley, David N. *The Ancestral Landscape: Time, Space, and Community in Late Shang China (ca. 1200–1045 B.C.)* Berkeley, CA: Institute of East Asian Studies, University of California, Berkeley, 2000.

Keightley, David N. *Working for His Majesty: Research Notes on Labor Mobilization in Late Shang China (ca. 1200–1045 B.C.), as Seen in the Oracle-Bone Inscriptions, with Particular Attention to Handicraft Industries, Agriculture, Warfare, Hunting, Construction, and the Shang's Legacies*. China Research Monograph 67. Berkeley, CA: Institute of East Asian Studies, University of California, Berkeley, 2012.

Kern, Martin. *The Stele Inscriptions of Ch'in Shih-Huang: Text and Ritual in Early Chinese Imperial Representation*. New Haven, CT: American Oriental Society, 2000.

Kern, Martin, 'Bronze Inscriptions, the *Shijing* and the *Shangshu*: The

Evolution of the Ancestral Sacrifice During the Western Zhou', in J. Lagerwey and M. Kalinowski (eds.) *Early Chinese Religion. Part 1: Shang through Han (1250 BC – 220 AD)*. Leiden: Brill, 2009, pp. 143–200.

Khayutina, Maria (ed.). *Qin: The Eternal Emperor and His Terracotta Warriors*. Zurich: Neue Zürcher Zeitung Publishing, 2013.

Korolkov, Maxim. *The Imperial Network in Ancient China: The Foundation of Sinitic Empire in Southern East Asia*. London and New York: Routledge, 2022.

Ledderose, Lothar. *Ten Thousand Things: Module and Mass Production in Chinese Art*. Princeton, NJ: Princeton University Press, 2000.

Legge, James. *The Chinese Classics*. 5 vols. London: Trübner, 1861–72.

Lewis, Mark Edward. *The Early Chinese Empires: Qin and Han*. Cambridge, MA: Harvard University Press, 2007.

Li, Feng. *Landscape and Power in Early China: The Crisis and Fall of the Western Zhou, 1045–771 BC*. Cambridge: Cambridge University Press, 2006.

Linduff, Katheryn M., Sun Yan, Cao Wei and Liu Yuanqing. *Ancient China and Its Eurasian Neighbors: Artifacts, Identity and Death in the Frontier, 3000–700 BCE*. Cambridge: Cambridge University Press, 2017.

Liu, Bin, Qin Ling and Zhuang Yijie (eds.). *Liangzhu Culture: Society, Belief and Art in Neolithic China*. Abingdon/New York: Routledge, 2018.

Liu, Li and Chen Xingcan. *The Archaeology of China: From the Late Paleolithic to the Early Bronze Age*. Cambridge: Cambridge University Press, 2012.

Liu, Yang (ed.). *Beyond the First Emperor's Mausoleum: New Perspectives on Qin Art*. Minneapolis, MN: Minneapolis Institute of Arts, 2014.

Loewe, Michael (ed.). *Early Chinese Texts: A Bibliographical Guide*. Berkeley, CA: Society for the Study of Early China and the Institute of East Asian Studies, 1993.

Loewe, Michael and Edward L. Shaughnessy (eds.). *The Cambridge History of Ancient China: From the Origins of Civilization to 221 B.C*. Cambridge:

Cambridge University Press, 1999.

Mei, Jianjun. 'Cultural Interaction between China and Central Asia During the Bronze Age', *Proceedings of the British Academy*, vol. 121, 2003, pp. 1–39.

Nylan, Michael. *The Five "Confucian" Classics*. New Haven, CT: Yale University Press, 2001.

Pines, Yuri. *The Everlasting Empire: The Political Culture of Ancient China and Its Imperial Legacy*. Princeton, NJ: Princeton University Press, 2012.

Pines, Yuri, Gideon Shelach-Lavi, Lothar von Falkenhausen and Robin D.S. Yates (eds.). *Birth of an Empire: The State of Qin Revisited*. Berkeley, CA: University of California Press, 2014.

Portal, Jane (ed.). *The First Emperor: China's Terracotta Army*. London: British Museum Press, 2007.

Rawson, Jessica (ed.). *Mysteries of Ancient China: New Discoveries from the Early Dynasties*. London: British Museum Publications, 1996.

Rawson, Jessica. 'Chinese Burial Patterns: Sources of Information on Thought and Belief', in A. C. Renfrew and C. Scarre (eds.), *Cognition and Material Culture: The Archaeology of Symbolic Storage*. Cambridge: McDonald Institute for Archaeological Research, 1998, pp. 107–33.

Sanft, Charles. *Communication and Cooperation in Early Imperial China: Publicizing the Qin Dynasty*. Albany, NY: State University of New York Press, 2014.

Shaughnessy, Edward L. *Sources of Western Zhou History: Inscribed Bronze Vessels*. Berkeley, CA: University of California Press, 1991.

So, Jenny F. (ed.). *Music in the Age of Confucius*. Washington, DC: Freer Gallery of Art and Arthur M. Sackler Gallery, 2000.

—. *Early Chinese Jades in the Harvard Art Museums*. Cambridge, MA: Harvard Art Museums, 2019.

Steinke, Kyle and Dora C. Y. Ching (eds.). *Art and Archaeology of the Erligang Civilization*. Princeton, NJ: P. Y. and Kinmay W. Tang Center for East Asian

Art, Department of Art and Archaeology, Princeton University, 2014.

Sterckx, Roel. *Chinese Thought: From Confucius to Cook Ding*. London: Pelican, 2019.

Sun, Yan. *Many Worlds under One Heaven: Material Culture, Identity, and Power in the Northern Frontiers of the Western Zhou, 1045–771 BCE*. New York: Columbia University Press, 2021.

Sun, Zhouyong et al. 'The First Neolithic Urban Center on China's North Loess Plateau: The Rise and Fall of Shimao', *Archaeological Research in Asia* 14 (2018), pp. 33–45.

Underhill, Anne P. *Craft Production and Social Change in Northern China*. New York/London: Kluwer Academic/Plenum Publishers, 2002.

Underhill, Anne P. (ed.). *A Companion to Chinese Archaeology*. Hoboken, NJ: Wiley-Blackwell, 2013.

Watson, Burton. *Records of the Grand Historian of China. Translated from the Shih Chi of Ssu-Ma Ch'ien*. 2 vols. New York/London: Columbia University Press, 1961.

Wu, Xiaolong. *Material Culture, Power, and Identity in Ancient China*. Cambridge/New York: Cambridge University Press, 2017.

Yang, Jianhua, Shao Huiqiu and Pan Ling. *The Metal Road of the Eastern Eurasian Steppe: The Formation of the Xiongnu Confederation and the Silk Road*. Singapore: Springer, 2020.